Repertorium

zu den

Erkenntnissen des Reichsgerichts

in Strafsachen

aus der Zeit vom 1. Januar 1885 bis 31. December 1888,

zugleich als

Register

zu

Bd. VII bis X der „Rechtsprechung"

und

Bd. XII bis XVIII incl. der „Entscheidungen des Reichsgerichts,"

zusammengestellt

von

J. Zuerl,
kgl. Staatsanwalt in Regensburg.

Dritte Folge.

München und Leipzig.
Druck und Verlag von R. Oldenbourg.
1889.

Inhaltsverzeichniß.

A. Reichsgesetze.

B. Landesgesetze.

Preußen.

A. Reichsgesetze.

I. Einführungsgesetz zum Strafgesetzbuch.

§ 2.

Die landesgesetzlichen Bestimmungen über ungebührliche Aeußerungen in Eingaben an öffentliche Behörden stehen noch in Kraft.

U. v. 17./24. IX. 88. R. X. 490.

§ 6.

Wo ein preußisches Gesetz eine Gefängnißstrafe bis zu 6 Wochen androht, ist jetzt auf Haft zu erkennen.

U. v. 27. XI. 85. R. VII. 704 E. XIII. 93.

II. Strafgesetzbuch.

Einleitende Bestimmungen.

§ 3.

1. Besteht eine strafbare Handlung aus einer complexen, ausgedehnte Zeit- und Raumverhältnisse umspannenden Thätigkeit, so füllt die Begangenschaft der That auch diese zeitlichen und räumlichen Grenzen aus und sie muß als auf deutschem Territorium deutsche Strafnormen verletzend erachtet werden, sobald auch nur ein Theil des einheitlichen Begehungsaktes innerhalb der Grenzen des deutschen Reiches in die äußere Erscheinung getreten ist.

U. v. 11. II. 86. R. VIII. 113. E. XIII. 337.

2. Die Beihülfe zu einer im Auslande begangenen Zolldefraudation gegen einen fremden Staat ist, wenn sie auch im Inlande begangen ist, abgesehen von besonderen gesetzlichen oder vertragsmäßigen Bestimmungen im Inlande nicht strafbar.

U. v. 12. IV. 86. R. VIII. 281. E. XIV. 124.

3. Der Bankbruch ist im Inlande vollendet, auch wenn nur die Concurseröffnung im Inlande stattgefunden hat.

U. v. 20. IX. 87. R. IX. 445. E. XVI. 188.

§ 4.

1. Bei den von einem Deutschen im Auslande begangenen Verbrechen haben die Geschworenen, und nicht das Gericht, zu befinden, ob die Voraussetzungen zur Strafbarkeit nach §§ 4 und 5 des StGB. gegeben sind. U. v. 14. I. 86. R. VIII. 51. E. XIII. 229.

2. Ein Deutscher, welcher in den Niederlanden einen preußischen Beamten zu bestechen versucht, kann nach den Strafgesetzen des deutschen Reiches verfolgt werden. U. v. 14. I. 87. R. IX. 52. E. XV. 221.

3. Der in § 4 Abs. 2 Ziff. 3 Schlußsatz erforderte Antrag ist nicht von dem zur Strafverfolgung im Auslande zuständigen Beamten, sondern von der im internationalen Verkehr zur Antragstellung von Staat zu Staat zuständigen Staatsbehörde zu stellen.

Der Antrag ist an die in § 61 vorgeschriebene Frist nicht gebunden. U. v. 30. IX. 87. R. IX. 481. E. XVI. 216.

§ 5.

Vollzogen im Sinne des § 5 Ziff. 1 des StGB. ist die Strafe, wenn sie ganz zur Vollstreckung gelangt ist, während bei theilweiser Vollziehung nur Anrechnung nach § 7 das. stattzufinden hat. U. v. 15. XI. 87. R. IX. 608. E. XVI. 319.

§ 11.

Es liegt keine Gesetzesverletzung vor, wenn die Rede eines Abgeordneten im Reichstag zur Ueberführung des Abgeordneten bezüglich einer außerhalb des Reichstages begangenen strafbaren Handlung benutzt wird. U. v. 11. X. 86. R. VIII. 611.

§ 12.

1. Ein Zeitungsartikel, welcher nicht nur das in einer öffentlichen Sitzung des Reichstages Verhandelte wahrheitsgetreu mittheilt, sondern auch das solchergestalt Mitgetheilte einer Besprechung unterwirft, ist nicht von jeder Verantwortlichkeit frei. U. v. 5. XI. 86. R. VIII. 676. E. XV. 32.

2. Wahrheitsgetreu ist weiter als wortgetreu, im Uebrigen wesentlich thatsächlich.

Bericht ist die erzählende Darstellung des historischen Vorganges in seinem wesentlichen Verlaufe ohne eigene Betrachtung des Berichterstatters.

Verhandlung begreift die gesammten Debatten einschließlich der Verhandlung. U. v. 6. XI. 88. R. X. 627. E. XVIII. 207.

Erster Theil.

Von der Bestrafung der Verbrechen, Vergehen und Uebertretungen im Allgemeinen.

Erster Abschnitt.

Strafen.

§ 21.

Bei der Anrechnung der erlittenen Untersuchungshaft auf eine erkannte Zuchthausstrafe muß das Werthverhältniß der Gefängnißstrafe zur Zuchthausstrafe nicht beobachtet werden.

U. v. 3. I. 87. E. XV. 143.

§ 27.

Auch wenn die Geldstrafe für ein vollendetes Vergehen nur mit 3 *M.* bemessen ist, darf bei Vorliegen bloßen Versuches nicht auf eine geringere Geldstrafe erkannt werden.

U. v. 28. VI. 88. R. X. 454. E. XVIII. 125.

§ 28.

Im Falle der realen Concurrenz von Geldstrafen ist die Strafe fürjede Strafthat besonders festzustellen, damit die Höchstsumme der zu substituirenden Freiheitsstrafe richtig bemessen werden kann.

U. v. 24. II. 85. R. VII. 144.

§ 29.

1. Eine Geldstrafe von weniger als einer Mark, welche nach einem Gesetze (Vereinszollges. v. 1. Juli 1869 § 162) zu erkennen ist, auf welches die allgemeinen Bestimmungen des StGB. Anwendung finden, kann nicht in Freiheitsstrafe umgewandelt werden.

U. v. 9. VI. 87. R. IX. 369. E. XVI. 159.

2. Bei Umwandlung mehrerer Geldstrafen ist nicht deren Gesammtbetrag zu Grunde zu legen, vielmehr jeder einzelnen Geldstrafe entsprechende Freiheitsstrafe zu substituiren.

U. v. 26. IX. 87. R. IX. 466.

3. Die Umwandlung der Geld- in Freiheitsstrafe hat nicht arithmetisch nach dem zulässigen Höchstmaß der Freiheitsstrafe zu erfolgen, wohl aber dann, wenn nur ein Theil der Geldstrafe bezahlt wird, im Verhältniß zwischen erkannter Freiheits- und bezahlter Geldstrafe.

U. v. 2. I. 88. R. X. 1.

§ 32.

1. Wenn zu Gunsten des Todschlägers Reizung zum Zorn im Sinne des § 213 des StGB. festgestellt ist, kann auf Verlust der bürgerlichen Ehrenrechte erkannt werden.

U. v. 8. VI. 86. R. VIII. 441. E. XIV. 299.

2. Neben lebenslänglicher Zuchthausstrafe kann Ehrverlust nur auf Lebensdauer und nicht in beschränkter Dauer ausgesprochen werden.

U. v. 10. III. 87. R. IX. 175.

§ 40.

1. Alle Einziehungsinteressenten haben zwar das Recht, gegen Urtheile auf Einziehung Rechtsmittel einzuwenden, aber nur innerhalb der einwöchigen, auf Verkündung des Urtheils folgenden Frist. Anspruch auf Zustellung des Urtheils wegen Verkündung des Urtheils in ihrer Abwesenheit haben nur die zur Verhandlung geladenen Interessenten.

U. v. 26. I. 85. R. VII. 52. E. XI. 414.

2. Der Anspruch des Fiscus auf eingezogene Gegenstände besteht als bedingtes Gläubigerrecht schon vor Rechtskraft des die Einziehung aussprechenden Urtheils. U. v. 7. I. 87. R. IX. 10. E. XV. 164.

3. Einziehung nach § 40 setzt voraus, daß der Gegenstand dem Thäter oder einem Theilnehmer zur Zeit der Urtheilsfällung gehört.

U. v. 24. V. 87. R. IX. 335. E. XVI. 114.

4. Für die nach § 40 statthafte Einziehung der zur Begehung eines vorsätzlichen Verbrechens oder Vergehens bestimmten Gegenstände, und insbesondere für die nach § 42 selbständig zu erkennende Einziehung solcher Gegenstände ist erforderlich, daß der Thatbestand einer vollendeten oder versuchten Strafthat wirklich vorliegt.

U. v. 7. X. 87. E. XVI. 268.

5. Die Maßregeln der §§ 40, 41 des StGB. können in der Weise verbunden werden, daß für einzelne Exemplare einer Schrift die Einziehung, für andere die Unbrauchbarmachung angeordnet wird.

U. v. 20. IV. 88. R. X. 323. E. XVII. 311.

§ 41.

1. Die theilweise Einziehung im Falle theilweisen Nachdruckes findet auch dann Anwendung, wenn in Folge der Aussonderung des als Nachdruck erkannten Theiles der organische Zusammenhang des Werkes zerrissen ist, vorausgesetzt, daß nicht äußere mechanische Gründe der Ausscheidung entgegenstehen.

U. v. 15. V. 85. R. VII. 297. E. XII. 198.

2. Die Verurtheilung oder Freisprechung einer bestimmten Preson steht einem nachträglichen Verfahren behufs Unbrauchbarmachung bezw.

Einziehung der im § 41 des StGB. bezeichneten Gegenstände nicht entgegen. U. v. 28. V. 86. R. VIII. 400. E. XIV. 161.

3. Die Verjährung der Strafverfolgung einer durch den Inhalt einer Druckschrift begründeten strafbaren Handlung hindert nicht die Einleitung des objectiven Verfahrens auf Unbrauchbarmachung der Schrift. U. v. 8./15. X. 86. R. VIII. 617. E. XIV. 382.
U. v. 7. I. 87. R. IX. 15.

Zweiter Abschnitt.

Versuch.

§ 43.

1. Wenn der durch eine Drohung angestrebte Vermögensvortheil objectiv nicht rechtswidrig war, aber vom Thäter für rechtswidrig gehalten wurde, so liegt Versuch der Erpressung vor.
U. v. 23. IV. 85. R. VII. 248.

2. Ein Diebstahl ist erst dann vollendet, wenn die Sache aus der Verfügungsgewalt des Eigenthümers thatsächlich in die Verfügungsgewalt des Diebes übergegangen ist, sollte sie auch noch nicht aus den Räumen des Bestohlenen herausgeschafft sein.
U. v. 29. IX. 85. R. VII. 539.

3. Ein Versuch, die im § 14 d. Reichsgeſ. v. 14. Mai 1879 betr. den Verkehr mit Nahrungsmitteln vorgesehene Fahrlässigkeitshandlungen zu begehen, ist ausgeschlossen.
U. v. 2. XI. 85. R. VII. 634.

4. Zum Versuch des betrüglichen Bankerutts wird nicht erfordert, daß die Concurseröffnung oder Zahlungseinstellung bereits eingetreten sei. U. v. 9. XI. 85. R. VII. 642. E. XIII. 41.

5. Es liegt nur eine straflose vorbereitende Handlung vor, wenn die Handlung des Thäters, welcher die von ihm beabsichtigte Urkundenfälschung mittels Anfertigung der falschen Urkunde auf mechanischem Wege — durch Holzdruck — begehen wollte, nur bis zur Herstellung des Holzstockes und Anfertigung eines Probedruckes vorgeschritten ist.
U. v. 17. XII. 85. E. XIII. 212.

6. Es ist nicht rechtsirrthümlich, versuchten Betrug anzunehmen, wenn der, welcher betrogen werden soll, unterrichtet von der betrügerischen Absicht, die Ausführungshandlungen geduldet hat, um den Betrüger zu überführen. U. v. 26. I. 86. R. VIII. 98.

7. In dem Feilhalten gesundheitsschädlicher Nahrungsmittel kann nicht der Versuch eines Verkaufes derselben gefunden werden.
U. v. 20. XI. 86. E. XV. 56.

8. Ein Anfang der Ausführung einer Urkundenfälschung liegt auch dann vor, wenn der Thäter in Bethätigung seines auf Ausführung der Urkundenfälschung in deren vollem Umfange gerichteten und nur das zur Vollendung der That erforderliche Gebrauchmachen an weitere Bedingungen knüpfenden Entschlusses die Urkunde fälschlich angefertigt hat. U. v. 27. V. 87. R. IX. 352. E. XVI. 133.

9. Zum Thatbestand des Versuches zur Verbreitung falschen Geldes ist die Absicht erforderlich, es als solches sich zu verschaffen und in Verkehr zu bringen. U. v. 20. V. 87. E. XVI. 111.

10. Es ist rechtsirrig, anzunehmen, daß eine weibliche Person, welche beabsichtigt, ihre Leibesfrucht abzutreiben, indem sie das zur Abtreibung bestimmte Mittel in den Mund nimmt, nur eine Vorbereitungshandlung, nicht den Anfang der Ausführung des Verbrechens begeht. U. v. 1. XII. 87. R. IX. 687.

11. Versuch der Beihülfe ist straflos.
U. v. 13. XII. 87. R. IX. 724.

12. Im Falle der Untauglichkeit des zur Herbeiführung des Erfolges angewendeten Mittels kann das Geschehene als Versuch bestraft werden. U. v. 27. II. 88. E. XVII. 158.

13. Für den strafbaren Versuch ist es kein Erforderniß, daß das Object des Verbrechens zur Zeit der vorgenommenen Handlung von derselben hatte getroffen werden können.
U. v. 9. VII. 88. R. X. 467. E. XVIII. 82.

14. Die von einem Zeugen gemachte falsche Aussage enthält den Versuch eines Meineides auch dann, wenn der Zeuge noch innerhalb derselben Vernehmung auf Vorhalt des Vorsitzenden seine Aussage richtig stellt. U. v. 9. X. 88. R. X. 555.

§ 44.

1. Bei Versuch zum Meineid kann auf Eidesunfähigkeit nicht erkannt werden. U. v. 12. XI. 85. R. VII. 660. E. XIV. 76.

2. In den Fällen, in welchen als Strafe wahlweise lebenslängliches und zeitiges Zuchthaus angedroht ist, wie beim Todschlag, steht auch beim Versuch dem Richter die Wahl zwischen den Strafmaßen des § 44 Abs. 2 oder 4 offen und kann auf Zulässigkeit der Polizeiaufsicht erkannt werden. U. v. 24. XI. 87. R. IX. 641. E. XVI. 400.

3. Auch wenn die Geldstrafe für ein vollendetes Vergehen nur mit 3 ℳ. bemessen ist, darf bei Vorliegen bloßen Versuchs nicht auf eine geringere Geldstrafe erkannt werden.
U. v. 28. VI. 88. R. X. 454. E. XVIII. 125.

§ 46.

1. Der freiwillige Rücktritt des einen Mitthäters kommt dem anderen nicht zu statten. U. v. 5. I. 86. R. VIII. 12.

2. Ein beeidigter Zeuge, der anfänglich die Unwahrheit sagt, dann aber, ohne durch von seinem Willen unabhängige Umstände gezwungen zu sein, die Wahrheit sagt, begeht hierdurch einen straflosen Versuch des Meineids. U. v. 15. III. 86. R. VIII. 171. E. XIV. 19.

3. Bei Abwendung des zur Vollendung einer Strafthat gehörigen Erfolges kommt als „eigene Thätigkeit" im Sinne Abs. 2 auch die vom Thäter veranlaßte Thätigkeit eines Beauftragten in Betracht.

Ein Betrugsversuch ist mit dem Abschlusse der Täuschungshandlungen nicht als beendigt anzusehen, falls die Absicht des Thäters dahin geht, den Getäuschten zur Zahlung einer Nichtschuld zu vermögen. U. v. 12. XI. 86. E. XV. 44.

4. In der durch das unvermuthete Erscheinen eines Dritten veranlaßten Abstandnahme von der begonnenen Ausführung eines Diebstahls liegt kein freiwilliger Rücktritt.
U. v. 8. VII. 87. E. XVI. 182.

Dritter Abschnitt.

Theilnahme.

§ 47.

1. War zwischen mehreren Mitthätern, welche eine Strafthat verursacht haben, ein völliges gegenseitiges Einverständniß nicht vorhanden und zwar in Momenten, welchen das Strafgesetz eine Bedeutung beimißt, so ist Mitthäterschaft nur insoweit anzunehmen, als das Zusammenwirken auf gegenseitigem Einverständnisse beruht, darüber hinaus nicht. Es ist daher möglich, daß zwei Personen gemeinschaftlich einen Diebstahl ausführen, der bei dem einen Mitthäter als Diebstahl, bei dem andern Mitthäter als Mundraub bestraft wird. U. v. 13. II. 85. R. VII. 102. E. XII. 8.

2. Wenn von mehreren zur That entschlossenen Personen die eine den Anfang der Ausführung gemacht hat, so können die demnächst zugezogenen anderen Personen, welche nur vorbereitende Handlungen ihrerseits unternommen haben, nicht als Mitthäter bestraft werden.
U. v. 2. VI. 85. R. VII. 341.

3. Auch solche Personen können sich der Mitthäterschaft oder Beihülfe zur verbotenen Einfuhr von Vieh schuldig machen, welche

sich nur beim Transport des Viehes jenseits der Zollgrenze nicht über diese betheiligt haben. U. v. 30. VI. 85. R. VII. 445.

4. Der freiwillige Rücktritt des einen Mitthäters kommt dem andern nicht zu statten. U. v. 5. I. 86. R. VIII. 12.

5. Dadurch, daß eine Person im Einverständniß mit dem Dieb sich an den Ort des Diebstahls begibt, dort während der Verübung Wache steht und das Gestohlene sodann an sich nimmt und wegbringt, kann sich dieselbe der Mitthäterschaft am Diebstahl schuldig machen. Erschwerende Umstände, welche bei der Verübung vorkommen, können ihr aber nur dann zugerechnet werden, wenn auch hierüber im Voraus Einverständniß bestund. U. v. 21. I. 86. R. VIII. 80.

6. Wer auf eigene Rechnung sich bei dem Unternehmen und bei Ausführung eines Glückspiels betheiligt, in der Absicht, das Spiel als eigene That ins Werk zu setzen und daraus einen fortlaufenden Gewinn zu ziehen, ist, wenn er noch andere Theilhaber hat, Mitthäter wenn auch ein Anderer, Mitthäter oder Gehülfe, das Spiel physisch ausführt. U. v. 18. III. 86. R. VIII. 189. E. XIV. 28.

7. Der Begriff der Mitthäterschaft erfordert nicht, daß jeder der Thäter bei Ausführung eines gemeinschaftlich beschlossenen Diebstahls physisch mitwirke, auch eine wesentliche Beihülfe, z. B. durch Weglocken des zu Bestehlenden kann denselben in Verbindung mit dem Entschlusse, die That als eigene herbeizuführen, erfüllen.
U. v. 3. V. 86. R. VIII. 337.

8. Die Annahme, daß der Verleger einer periodischen Druckschrift Mitthäter an einer, dem Redakteur als Thäter zur Last gelegten strafbaren Handlung sein könne, ist nicht rechtsirrig.
U. v. 11. V. 86. R. VIII. 355.

9. Auch bei der Urkundenfälschung gestattet das gemeinschaftliche Zusammenwirken mehrerer Personen die Annahme einer Mitthäterschaft, selbst dann, wenn der eine Thäter persönlich nur die Fälschung, der andere aber die Gebrauchshandlung vorgenommen hat.
U. v. 24. VI. 86. R. VIII. 481.

10. Auch derjenige, der für seine Person vom Jagdberechtigten die Erlaubniß zum Jagen erhalten hat, macht sich als Mitthäter nach § 293 d. StGB. strafbar, wenn er die Jagd in Gemeinschaft mit einem Unberechtigten ausübt. U. v. 21. IX. 86. R. VIII. 546.

11. Mitthäterschaft an einem nach § 134 des Vereinszollges. bezw. § 328 des StGB. strafbaren Unternehmen wird dadurch nicht

ausgeschlossen, daß der Beschuldigte bei dem Hinüberschaffen über die Grenze unmittelbar nicht thätig gewesen ist.
U. v. 11. I. 87. R. IX. 33.

§ 48.

1. Eine selbständige Anstiftung von Seite mehrerer Personen zu derselben That ist rechtlich ausgeschlossen.
U. v. 7. XII. 85. R. VII. 720. E. XIII. 121.

2. Ein beeideter Zeuge, der anfänglich die Unwahrheit sagt, dann aber, ohne durch von seinem Willen unabhängige Umstände gezwungen zu sein, die Wahrheit sagt, begeht zwar hierdurch einen straflosen Versuch des Meineids, der Anstifter desselben ist aber als Anstifter eines versuchten Meineids, nicht aus § 159 strafbar.
U. v. 15. III. 86. R. VIII. 171. E. XIV. 19.

3. Auch ohne Gemeinschaft ist Anstiftung seitens Mehrerer zu derselben That anzunehmen, wenn die Thätigkeit eines Jeden für den Entschluß des Thäters causal geworden ist.
U. v. 16. IV. 86. R. VIII. 286. E. XIV. 92.

4. Anstiftung und Beihülfe zu derselben Strafthat können ideell concurriren. U. v. 20. IV. 86. R. VIII. 303.

5. In der Aufforderung eines Andern zu Strafthaten im Allgemeinen kann Anstiftung zur concreten That gefunden werden, wenn die Verübung der letzteren im Willen des Auffordernden gelegen hat.
U. v. 1. II. 87. R. IX. 107.

6. Der zur Anstiftung oder Hülfeleistung erforderliche Dolus ist bei demjenigen nicht gegeben, welcher einen anderen vorsätzlich bestimmt hat, zu der von demselben versuchten strafbaren Handlung Mittel von einer, zu deren Ausführung, wie jener weiß, nicht geeigneten Beschaffenheit zu gebrauchen, oder welcher dem Thäter zur Förderung der Begehung der verbrecherischen Handlung Mittel eben solcher, jenem bekannten, Art verschafft hat. U. v. 17. II. 87. R. IX. 139. E. XV. 315.
U. v. 19. IV. 87. R. IX. 253.

7. Die §§ 48. 49 des StGB. finden auf die Theilnahme an einem militärischen Delict durch Nichtmilitärpersonen Anwendung. Dabei sind die militärischen Verbrechen bezw. Vergehen als Verbrechen oder bezw. Vergehen im Sinne des deutschen StGB. anzusehen und gegen Nichtmilitärpersonen auf Haft zu erkennen, wo auf Arrest gegen Militärpersonen zu erkennen sein würde.
U. v. 1. IV. 87. R. IX. 218. E. XV. 396.

8. Anstiftung zum Diebstahl und die durch vor Begehung der That zugesagte Begünstigung begangene Beihülfe kann nicht als in realem Zusammenfluß stehend bestraft werden.

U. v. 3. XI. 87. R. IX. 553. E. XVI. 374.

9. Versuch des Meineides liegt auch dann vor, wenn der Zeuge noch innerhalb derselben Vernehmung auf Vorhalt des Vorsitzenden seine Aussage richtig stellt; Anstiftung zu diesem Versuch nach § 48 des StGB., nicht § 159 strafbar. U. v. 9. X. 88. R. X. 555.

§ 49.

1. Auch solche Personen können sich der Mitthäterschaft oder Beihülfe zur verbotenen Einfuhr von Vieh schuldig machen, welche sich nur beim Transport des Viehes jenseits der Zollgrenze, nicht über diese betheiligt haben. U. v. 30. VI. 85. R. VII. 445.

2. Bei Beihülfe zum Meineid kann auf Eidesunfähigkeit nicht erkannt werden. U. v. 12. XI. 85. R. VII. 660. E. XIII. 76.

3. In der Mitwirkung bei einem Ehrengerichte, welches lediglich darüber zu befinden hat, auf welche Waffen ein beschlossener Zweikampf ausgefochten werden soll, kann ohne Rechtsirrthum Beihülfe zum Zweikampf gefunden werden.

U. v. 18. I. 86. R. VIII. 63. E. XIII. 265.

4. Die Beihülfe zu einer im Auslande begangenen Zolldefraudation gegen einen fremden Staat ist, wenn sie auch im Inlande begangen ist, abgesehen von besonderen gesetzlichen oder vertragsmäßigen Bestimmungen im Inlande nicht strafbar.

U. v. 12. IV. 86. R. VIII. 281. E. XIV. 124.

5. Anstiftung und Beihülfe zu derselben Strafthat können ideell concurriren. U. v. 20. IV. 86. R. VIII. 303.

6. Beim Vergehen der Untreue machen sich diejenigen, zu deren Gunsten der Thäter das Vergehen durch Hingabe veruntreuter Sachen begeht, durch die wissentliche Annahme der Beihülfe schuldig, wenn sie nicht nach Maßgabe ihres Vorsatzes Mitthäter sind.

U. v. 1. VII. 86. R. VIII. 507.

7. Beihülfe zur Anstiftung ist möglich.

U. v. 8. VII. 86. E. XIV. 318.

8. Jede Thätigkeit, mittelst welcher eine Förderung oder Erleichterung der Hauptthat bezweckt wird, genügt. Unerheblich ist, wenn die Beihülfe für den Erfolg ohne Einfluß war.

U. v. 22. II. 87. R. IX. 149.

U. v. 13. XII. 87. R. IX. 724.

9. Der Wille des Gehülfen muß auf das Zustandekommen des Verbrechens oder Vergehens gerichtet sein, zu dessen Förderung er thätig wird. Der Gehülfe muß daher mit dem Bewußtsein handeln, die Ausführung in ihrem wesentlichen Thatbestande durch die eigene Thätigkeit in irgend einer Richtung zu fördern.

Der eventuelle Dolus kann die Beihülfe zum Versuche der Abtreibung einer Leibesfrucht begründen, wenn dem Thäter die Gefährlichkeit eines Mittels als Abtreibungsmittel bekannt war und er dennoch dasselbe angewendet hat. U. v. 28. III. 87. E. XVI. 25.

10. Der Gehülfe ist nur in dem Umfange für die Handlung des Thäters strafbar, als er um dieselbe wußte und sie wollte. Wurde die That in anderer Weise verübt, so tritt Strafbarkeit des Gehülfen nicht ein, wenn die Identität der That entfällt, wohl aber dann, wenn nur ein Exceß des Thäters oder eine Abweichung nur in unwesentlichen Modalitäten und Nebenumständen stattfindet.
U. v. 19. IX. 87. R. IX. 436.

11. Beihülfe zum einfachen Bankerutt ist dann nicht strafbar, wenn es sich bei der Hauptthat nicht um ein vorsätzliches Thun oder Unterlassen handelt. U. v. 1. XI. 87. R. IX. 549. E. XVI. 277.
U. v. 13. VIII. 88. R. X. 487.

12. Der straferhöhende Umstand der Gewerbsmäßigkeit kann dem Gehülfen nur zugerechnet werden, wenn er selbst gewohnheitsmäßig gehandelt hat. U. v. 6. XII. 87. R. IX. 708.

13. Derjenige ist wegen Beihülfe zur versuchten Gefangenenbefreiung zu bestrafen, welcher Geld hergab zur Anschaffung von Werkzeugen, bestimmt zur Ausführung der Befreiung, auch wenn er später erklärt, seinen Willen geändert zu haben.

Die Strafbarkeit des Gehülfen bleibt bestehen, auch wenn der Thäter auf Grund des § 46 des StGB. freigesprochen ist.
U. v. 13. XII. 87. R. IX. 724.

14. Beihülfe zu einer strafbaren Handlung schließt den Thatbestand der Hehlerei bezüglich der vom Thäter mittelst jener Handlung erlangten Sachen nicht aus.
U. v. 13. I. 88. R. X. 33. E. XVII. 59.

15. Eine fortgesetzte Strafthat kann von einer und derselben Person je nach Maßgabe des von ihr gefaßten Entschlusses sowohl in den einzelnen Fortsetzungshandlungen mehrfach in realem Zusammenfluß

mittelst Beihülfe unterstützt werden, als auch in Folge des Entschlusses in Bezug auf alle oder mehrere Fortsetzungshandlungen als eine That.

U. v. 5. III. 88. R. X. 207. E. XVII. 227.

16. Der Abonnent einer verbotenen Druckschrift macht sich auch ohne eigene Verbreitungsthätigkeit der Beihülfe schuldig, wenn er sich bewußt ist, eine dem § 19 des Ges. vom 21. Okt. 1878 gegen die gemeingefährlichen Bestrebungen der Socialdemokratie widersprechende Verbreitungsthätigkeit des Verlegers zu befördern.

Dadurch, daß Thäter und Gehülfe einander persönlich nicht kennen, wird die Annahme strafbarer Beihülfe nicht ausgeschlossen.

U. v. 13. III. 88. R. X. 242.

17. Die Handlung desjenigen, der dem Hauptthäter das Mittel, wissend, daß es zur Ausführung der That absolut untauglich, verabreicht, ist nicht wegen Beihülfe zum Versuche mit untauglichen Mitteln strafbar. U. v. 29. V. 88. E. XVII. 377.

18. In der bloßen Annahme einer verbotenen Druckschrift mit der ausgesprochenen Absicht, dieselbe an den Adressaten weiter zu befördern, kann Beihülfe zur strafbaren Verbreitung der Druckschrift gefunden werden. U. v. 7. V. 88. E. XVII. 384.

§ 49a.

1. Ein ideelles Zusammentreffen der in den §§ 49a und 333 StGB. vorgesehenen Reate ist für den Fall, daß durch die Bestechung dem Beamten eine Diensthandlung zugemuthet wird, welche außer der Verletzung seiner Dienstpflicht zugleich noch die Begehung eines Verbrechens enthalten würde, principiell nicht ausgeschlossen.

U. v. 26. II. 85. E. XII. 54.

2. Der Eigenthümer eines Gebäudes, welcher einen Dritten zur Inbrandsetzung dieses Gebäudes gegen Belohnung auffordert, fordert, falls das Gebäude nicht geeignet ist, das Feuer anderen Gebäuden mitzutheilen, diesen nicht zur Begehung des Verbrechens der Brandstiftung auf, weil das Gebäude für den Beauftragten kein fremdes Gebäude ist. Urt. v. 30. III. 85. R. VII. 207. E. XII. 138.

3. Zur strafbaren mündlichen Aufforderung wird nicht erfordert, daß der in Aussicht gestellte Vortheil auch realisirbar oder dafür vom Aufgeforderten gehalten worden ist.

U. v. 24. III. 87. R. IX. 191. E. XV. 359.

4. Der Thatbestand ist nicht erfüllt, wenn der Auffordernde die Aufforderung nicht ernstlich meint, selbst wenn der Aufgeforderte sie

für ernstlich gemeint hielt. Der Thatbestand ist erfüllt, wenn der Aufgeforderte die Aufforderung für keine ernstliche ansah, während der Auffordernde sie ernstlich meinte.

Ob eine Aufforderung vorliegt, ist Sache der thatsächlichen Feststellung. U. v. 20. XII. 87. R. IX. 743.

Vierter Abschnitt.

Gründe, welche die Strafe ausschließen oder mildern.

§ 51.

Durch sog. „moralisches Irrsein" wird Zurechnungsfähigkeit nur dann ausgeschlossen, wenn der Mangel aus krankhafter Störung zu erklären ist. U. v. 14. XII. 86. R. VIII. 760. E. XV. 97.

§ 52.

1. Die bloße thatsächliche, wenn auch mit Zustimmung der Eltern erfolgte Uebernahme eines Kindes in Pflege und Erziehung begründet an sich noch nicht die Familienangehörigkeit im Sinne des § 52 Abs. 2 des StGB. U. v. 18. XI. 86. R. VIII. 715.

2. Zwischen den Ehemännern zweier Schwestern unter sich besteht keinerlei Verwandtschaft oder Schwagerschaft, obwohl jeder derselben mit der Ehefrau des anderen als einer Blutverwandten seiner Frau verschwägert ist. U. v. 13. XII. 86. E. XV. 78.

§ 53.

1. Bei wechselseitigen Körperverletzungen genügt die Annahme nicht zur Freisprechung, es sei die Möglichkeit nicht ausgeschlossen, daß beide Betheiligte, d. h. sei es der eine, sei es der andere, sich im Stande der Nothwehr befunden haben.
U. v. 13. XI. 85. R. VII. 664.

2. Die Aufzählung der Geisteszustände in Abs. 3 ist limitativ.
U. v. 8. II. 87. R. IX. 120.

3. Durch die Möglichkeit, mittelst der Flucht dem Angriffe zu entgehen, wird Nothwehr nur nach Bewandtniß des Falles ausgeschlossen. Nicht ausgeschlossen wird sie, wenn die Flucht unehrenhaft oder mit Preisgebung anderer schutzberechtigter Interessen verbunden war.
U. v. 13. V. 87. R. IX. 314. E. XVI. 69.
U. v. 27. IX. 87. R. IX. 471.

§ 56.

1. Zwischen § 176 Ziff. 3 und 240 StGB. kann ideale Concurrenz bestehen.

Wenn der Thäter zwar nicht die zur Erkenntniß der Strafbarkeit der That nach § 176 Ziff. 3 StGB., dagegen die zur Erkenntniß der Strafbarkeit nach § 240 StGB. erforderliche Einsicht besessen, kann trotz Nichtverurtheilung aus § 176 Ziff. 3 eine Verurtheilung aus § 240 StGB. eintreten. U. v. 18. XII. 84. E. XI. 387.

2. Die Straflosigkeit einer bei einer Strafthat in an sich strafbarer Weise betheiligten jugendlichen Person im Alter von 12—18 Jahren ist nicht dadurch bedingt, daß jene Person im concreten Falle die Strafbarkeit der That erkannt hat, sondern daß sie überhaupt die Einsicht nicht besessen hat, welche erforderlich war, die Strafbarkeit zu erkennen. U. v. 9. VI. 87. R. IX. 367.

§ 57.

1. Die irrthümliche Feststellung, daß der Angeklagte das 18. Lebensjahr überschritten hat, gibt keinen Revisionsgrund, sondern nur etwa Anlaß zur Wiederaufnahme des Verfahrens, denn die Feststellung ist rein thatsächlicher Natur und nicht die einer processualen Voraussetzung der Strafverfolgung. U. v. 2. II. 86. R. VIII. 109.

2. Die Strafe eines mit zeitlicher Zuchthausstrafe bedrohten, aber unter mildernden Umständen verübten und deshalb mit Gefängniß zu ahndenden Verbrechens ist, wenn der Thäter eine jugendliche Person ist, 1. nicht Verweis, 2. im Falle des schweren Diebstahls zwischen 1 Tag und 2 Jahren 6 Monat Gefängniß zu bemessen.

U. v. 28. IX. 86. R. VIII. 571.

3. § 57 Ziff. 1 des StGB. setzt als Maximum eine 15jährige Gefängnißstrafe fest, über welche hinaus, selbst bei der Concurrenz anderer Delicte, nicht erkannt werden darf.

U. v. 10. XI. 87. R. IX. 574. E. XVI. 282.

4. Der Strafmilderungsgrund des § 57 Ziff. 3 ist auf Geldstrafen anzuwenden, selbst wenn sie absolut bestimmt sind.

U. v. 5. XII. 87. R. IX. 693. E. XVI. 417.

§ 59.

1. Der Irrthum des Stiefvaters, er sei mit der unehelichen Tochter seiner Ehefrau nicht verschwägert, beruht auf einer Unkenntniß des Strafgesetzes und fällt daher nicht unter die im § 59 des StGB. bezeichneten Thatumstände.

U. v. 19. II. 85. R. VII. 130. E. XII. 275.

2. Die Strafbarkeit fahrlässig begangener Handlungen ist von einem bestimmten Grade der Verschuldung nicht abhängig.

U. v. 30. VI. 85. E. XII. 317.

3. Nach den Vorschriften des StGB. besteht in Betreff der subjectiven Erfordernisse der Strafbarkeit kein grundsätzlicher Unterschied zwischen Uebertretungen und Vergehen. Der Mangel des Bewußtseins der Rechtswidrigkeit bewirkt Straflosigkeit dann nicht, wenn er beruht auf einem Irrthum über die Bedeutung des Strafgesetzes.

U. v. 8. XII. 85. R. VII. 722.

4. Der Irrthum des Gerichtsvollziehers über den Begriff einer erwachsenen Person im Sinne des § 166 Abs. 1 der RCPrO. fällt, als ein civilrechtlicher, unter die Beurtheilung des § 59 des StGB.

U. v. 8. IV. 86. R. VIII. 266.

5. Ein Irrthum, welcher die Frage betrifft, was unter dem Veranstalten einer öffentlichen Lotterie zu verstehen sei, ist ein Irrthum über die Bedeutung des Strafgesetzes und schließt dessen Anwendung nicht aus. U. v. 16. IV. 86. R. VIII. 295.

6. Der Umstand, daß der dem Privatforstaufseher Widerstand Leistende nicht weiß, daß derselbe auf das Forstdiebstahlsgesetz vereidigt ist, befreit von der Strafe des § 117. (Preußen.)

U. v. 24. VI. 87. R. IX. 382.

7. Der Untergebene, welcher in Unkenntniß von der Widerrechtlichkeit der von dem Vorgesetzten begangenen Nöthigung auf Befehl desselben Hülfe leistet, handelt ohne subjective Verschuldung.

U. v. 20. IX. 87. R. IX. 447.

8. Wenn der Angeklagte bei Abgabe einer von ihm zu gerichtlichen Protokoll verlautbarten Erklärung sich in dem, wenn auch irrigen, Glauben befand, er sei zur Benutzung des fremden Namens berechtigt, so kann angenommen werden, daß er ohne subjective Verschuldung handelte. U. v. 20. IX. 87. R. IX. 451.

9. Der Umstand, daß der dem Privatförster in der rechtmäßigen Ausübung seines Rechtes Widerstand Leistende nicht weiß, daß der Förster als Aufseher für denjenigen Waldbezirk bestellt ist, in welchem er sein Recht ausübte, macht straflos.

U. v. 27. IX. 87. R. IX. 473.

§ 60.

Bei der Anrechnung der erlittenen Untersuchungshaft auf eine erkannte Zuchthausstrafe muß das Werthverhältniß der Gefängnißstrafe zur Zuchthausstrafe nicht beobachtet werden.

U. v. 3. I. 87. E. XV. 143.

§ 61.

1. Dem Strafantragstellenden obliegt nicht der Nachweis rechtzeitiger Stellung seines Antrages. U. v. 15. I. 85. E. XI. 397.

2. Bei Prüfung der Frage, ob ein gesetzlich wirksamer Strafantrag rechtzeitig gestellt ist, ist der Umstand, daß der Instanzrichter hierbei von unrichtigen Beweisregeln ausgegangen ist, für sich allein nicht geeignet, einen Revisionsgrund abzugeben.

U. v. 2. II. 85. E. XII. 34.
U. v. 17. II. 88. R. X. 156.

3. Der Antrag, Recherchen zu pflegen, um den unbekannten Thäter einer strafbaren Handlung zu erforschen, ist ein Strafantrag, auch genügt die Vermerkung eines Staatsanwalts, ein Antragsberechtigter sei erschienen und habe Strafantrag gestellt.

U. v. 30. IV. 85. R. VII. 259. E. XII. 173.

4. Aus dem Umstande, daß ein Gewerbetreibender zum Vertriebe seiner mit geschützten Zeichen versehenen Waaren einen Generalagenten aufgestellt hat, läßt sich die Berechtigung des letzteren nicht ableiten, für ersteren Strafantrag wegen Mißbrauchs des Zeichens von Seiten eines Dritten zu stellen.

Ein von einem hierzu nicht Berechtigten gestellter Strafantrag kann durch die nach Ablauf der Antragsfrist erklärte Genehmigung des Berechtigten nicht wirksam werden.

Ueber die Begründung eines behaupteten Rechtes zu rechtzeitig erklärtem Strafantrage sind nach Ablauf der Antragsfrist Erhebungen zulässig. U. v. 2. VII. 85. E. XII. 327.

5. Der verantwortliche Redakteur einer Zeitung ist nicht ohne weiteres zur Stellung des Strafantrages bei beleidigenden Angriffen auf die Zeitung befugt.

U. v. 4. XII. 85. R. VII. 718. E. XIII. 126.

6. Die Beifügung einer Suspensivbedingung entkräftet den Strafantrag.

Sonstige Einschränkungen haben diese Wirkung nur dann, wenn in Folge derselben Ungewißheit darüber, ob der Antragsberechtigte die Strafverfolgung will, vorhanden ist.

Resolutivbedingungen sind für das durch den Antrag entstandene Strafverfolgungsrecht ohne Wirkung.

U. v. 16. IV. 86. R. VIII. 291. E. XIV. 96.

7. Der durch den Inhalt eines Schriftstückes Verletzte kann den erforderlichen Strafantrag auf einzelne Theile des Inhalts beschränken,

und es ist dann die Verfolgung wegen des sonstigen Inhaltes ausgeschlossen. U. v. 21. V. 86. R. VIII. 377.

8. Es nicht zulässig, dem Strafantrage, lediglich weil derselbe erst nach Eröffnung des Hauptverfahrens angebracht worden, die Wirksamkeit abzusprechen. U. v. 21. I. 87. R. IX. 83.

9. Bei absoluten Antragsvergehen bedarf es zur Wirksamkeit des Strafantrages der Bezeichnung der Person des Thäters nicht.
U. v. 25. I. 87. R. IX. 95.

10. Dem durch ein fortgesetztes Delict Verletzten läuft die Strafantragsfrist von der Zeit ab, zu welcher er von der letzten Einzelhandlung Kenntniß erlangte, ohne Rücksicht darauf, ob er von früheren Einzelhandlungen auch schon früher Kenntniß gehabt hat.
U. v. 18. III. 87. R. IX. 183. E. XV. 370.

11. § 156 Abs. 2 der StPrO. erfordert nicht die Anbringung des Strafantrages bei einem örtlich oder sachlich zuständigen Gericht, sondern läßt die Anbringung bei einem Gericht, also bei jedem Gericht genügen. Er unterscheidet auch nicht zwischen einem Civil- und einem Militärgericht. Das GVG. hat nach § 7 des Einführungsges. zu demselben die Militärgerichtsbarkeit unberührt gelassen. Die Anbringung des Strafantrages bei dem Commandanturgericht zu Protokoll ist daher wirksam. U. v. 20. IX. 87. R. IX. 446.

12. Wenn das Gesetz das Recht zur Stellung des Strafantrages den „Eltern" gewährt, muß nicht Vater und Mutter gemeinschaftlich den Antrag stellen, sondern ist jeder von ihnen allein berechtigt.
U. v. 25. IX. 88. E. XVIII. 101.

13. Bei Verfolgung eines Antragsdelicts ist der Anschluß des Verletzten als Nebenkläger im Zweifel als Strafantrag zu betrachten.
U. v. 29. X. 88. R. X. 606.

§ 63.

1. Der gegen eine bestimmte Person gestellte Strafantrag gestattet die Verfolgung aller bei derselben That strafbar Betheiligten, auch wenn dieselben weder im Antrag genannt, noch eine Mitschuld derselben im strafrechtlichen Sinne festgestellt ist.
U. v. 28. III. 85. R. VII. 201.

2. Der Grundsatz von der Untheilbarkeit des Strafantrages gilt auch bei den relativen Antragsdelicten und insbesondere im Falle des § 247 des StGB. U. v. 17. I. 88. R. X. 38. E. XVII. 246.

3. Ein bei einer bezüglich des Hauptthäters fortgesetzten Strafthat gegen den Thäter gerichteter Strafantrag erstreckt sich auf alle Beihülfe- und Begünstigungshandlungen, auch wenn letztere zeitlich dem Stranfantrage nachfolgen.

U. v. 5. III. 88. R. X. 207. E. XVII. 227.

§ 65.

1. Für Taubstumme, welche das 18. Lebensjahr vollendet haben, ist nur dann der Vormund zur Stellung des Strafantrages berufen, wenn außerdem eine Vormundschaft sich als nothwendig erwiesen hat. Außerdem unterliegt der Strafantrag einer taubstummen Person keinen Besonderheiten. U. v. 3. VII. 85. R. VII. 465.

2. Durch das in § 195 StGB. den Ehemännern und Vätern eingeräumte Recht, auf Bestrafung anzutragen, ist die Anwendung des § 65, nach welchem jeder gesetzliche Vertreter eines minderjährigen Verletzten befugt ist, den Antrag zu stellen, nicht ausgeschlossen.

Vom Standpunkte des StGB. kann auch die eheliche Mutter bei Lebzeiten des Vaters als „gesetzlicher Vertreter“ ihres Kindes im Sinne des § 65 StGB. angesehen werden, insbesondere kann sie im Gebiete des bayer. Landrechts in Folge Auftrags des Vaters als solcher auftreten. U. v. 8. X. 85. E. XII. 415.

3. Solange über die Vaterschaft eines durch nachfolgende Ehe legitimirten Kindes Zweifel obwalten, kann die Vormundschaft über das Kind mit der Wirkung fortdauern, daß der Vormund zum Strafantrage gegen den Vater des Kindes berechtigt ist.

U. v. 14. I. 87. R. IX. 47. E. XV. 176.

4. Nach bremischem Rechte ist die Mutter als die zu Strafanträgen berechtigte gesetzliche Vertrerin ihres minderjährigen unehelichen Kindes nicht anzusehen. U. v. 28. VI. 88. E. XVIII. 65.

§ 67.

1. Die mehrfachen Handlungen, welche wegen Vorliegens der Voraussetzungen der Fortsetzung als eine That zu bestrafen sind, verjähren nicht einzeln, sondern die Verjährung beginnt für alle gemeinsam mit der letzten Fortsetzungshandlung.

U. v. 23. IV. 85. R. VII. 247.

2. Die Vorschriften des StGB. über die Verjährung der Strafverfolgung gehören dem materiellen Strafrechte an, dergestalt, daß das Revisionsgericht bei vorliegender materiellen Rechtsbeschwerde auch

ohne ausdrücklich hierauf gerichteten Revisionsangriff die Frage, ob Verjährung eingetreten sei, zur Entscheidung zu bringen hat.

U. v. 8. X. 85. R. VII. 560. E. XII. 434.

3. In die Verjährungsfrist ist der Tag der Begehung der That mit einzurechnen. U. v. 25. VI. 86. R. VIII. 493.

§ 68.

1. Jede Handlung eines deutschen Richters zur Ergründung des Thatbestandes in einer gegen eine bestimmte Person anhängigen Untersuchung unterbricht gegen diese die Verjährung, mag auch die nächste Veranlassung der richterlichen Handlung keine die Verfolgung bezweckende und die veranlassende Person hierzu nicht befugt gewesen sein.

U. v. 12. I. 85. R. VII. 28. E. XI. 364.

2. Das Revisionsgericht ist befugt, bei Entscheidung der Frage, ob eine Unterbrechung der Verjährung eingetreten sei, den Inhalt der Untersuchungsakten zu berücksichtigen.

U. v. 8. X. 85. R. VII. 560. E. XII. 434.

3. Die neue Verjährungsfrist nach Unterbrechung der Verjährung beginnt mit dem Tage der Unterbrechung, nicht erst mit dem darauffolgenden Tage. Auch die Vernehmung eines Mitbeschuldigten ist geeignet, die Verjährung zu unterbrechen. Der Revisionsrichter muß, wenn er die vom Instanzrichter bei Annahme, daß die Verjährung nicht eingetreten sei, befolgten Rechtsgrundsätze nicht billigt, prüfen, ob die Verjährung nicht auf andere Weise unterbrochen worden sei.

U. v. 19. X. 85. R. VII. 594. E. XII. 57.

4. In solchen Rechtsgebieten, innerhalb deren landesgesetzlich Richter nur durch ständig angestellte Richter vertreten werden können, ist die von einem dem Amtsgerichte zur Beschäftigung überwiesenen Gerichtsassessor im Auftrage des dieserhalb ersuchten Amtsrichters bewirkte Vernehmung des Beschuldigten geeignet, eine die Verjährung unterbrechende richterliche Handlung darzustellen.

U. v. 11. III. 86. E. XIII. 408.

5. Die Handlung des Richters, welche im steueramtlichen Ermittlungsverfahren auf Requisition des Steueramtes vorgenommen ist, unterbricht die Verjährung der Strafverfolgung.

U. v. 11. V. 86. R. VIII. 353. E. XIV. 134.

6. Unter richterlichen Handlungen, welche wegen der begangenen That gegen den Thäter gerichtet sind, sind nur solche zu verstehen, welche sich auf die in der öffentlichen Klage bezeichnete That erstrecken.

U. v. 7. XII. 86. E. XV. 107.

7. Bezüglich der Unterbrechung der Verjährung der Strafverfolgung übt die sich später ändernde rechtliche Beurtheilung der Strafthat keinen Einfluß aus. U. v. 12. I. 88. R. X. 31.

§ 69.

Die Verjährung bei dem Vergehen des Ehebruches beginnt mit dem Tage der Rechtskraft des Ehescheidungsurtheils.

U. v. 8. II. 87. R. IX. 121. E. XV, 261.

Fünfter Abschnitt.

Zusammentreffen mehrerer strafbarer Handlungen.

§ 73.

1. Eine That kann eine Verfehlung in idealer Concurrenz gegen § 176 Ziff. 3 und § 240 StGB. bilden.

U. v. 18. XII. 84. E. XI. 387.

2. Die vorsätzliche und mit Ueberlegung erfolgte Tödtung und Beraubung eines Menschen erfüllt in idealer Concurrenz sowohl den Thatbestand des § 211 als des § 251 des StGB.

U. v. 17. II. 85. R. VII. 127.

3. Ein ideelles Zusammentreffen der in den §§ 49a und 333 StGB. vorgesehenen Reate ist für den Fall, daß durch die Bestechung dem Beamten eine Diensthandlung zugemuthet wird, welche außer der Verletzung seiner Dienstpflicht zugleich noch die Begehung eines Verbrechens enthalten würde, principiell nicht ausgeschlossen.

U. v. 26. II. 85. E. XII. 54.

4. Im Falle der Idealconcurrenz muß stets und ausschließlich dasjenige Gesetz zur Anwendung kommen, welches die schwerste Strafe androht. Wenn dies Gesetz ein minderes Strafminimum hat, als das andere, so kann bei der Strafabmessung bis zu demselben herabgegangen werden. U. v. 24. IV. 85. R. VII. 256.

5. Wenn eine Strafthat verschiedene Strafgesetze verletzt, so ist dasjenige Gesetz, welches die schwerere Strafart gebietet, als das schwerere Strafgesetz anzusehen. U. v. 5. V. 85. R. VII. 276.

6. Bei idealer Concurrenz des Nahrungsmittelgesetzes mit dem bayer. Malzaufschlaggesetze kommt ausschließlich das erstere zur Anwendung und darf daher bei der Strafzumessung auch unter das Minimum des letzteren herabgegangen werden.

U. v. 15. VI. 85. R. VII. 382.

7. Zwischen § 211 und 214 des StGB. ist Idealconcurrenz nicht denkbar. U. v. 17. IX. 85. E. XII. 364.

8. Auf die im § 135 des Vereinszollgesetzes angedrohte Geldbuße ist auch dann zu erkennen, wenn durch die Defraudationshandlung zugleich ein anderes Strafgesetz verletzt ist, welches eine schwerere Strafe enthält. U. v. 24. XI. 85. R. VII. 697. E. XIII. 69.

9. Wenn der Thäter den nach § 9 des Reichsgesetzes v. 9. Juni 1884 strafbaren Besitz von Sprengstoffen durch Diebstahl erlangt hat, liegt Idealconcurrenz vor. U. v. 8. XII. 85. E. XIII. 145.

10. Beleidigung mehrerer Personen durch nur eine Aeußerung stellt nicht mehrere selbständige Beleidigungen dar.
U. v. 2. III. 86. R. VIII. 149.

11. In der Wegnahme der dem Zurückbehaltungsrecht unterworfenen Sache mittelst vorsätzlicher Körperverletzung gegen die Person des Berechtigten kann nur eine Handlung gefunden werden.

Wenn ein und dieselbe Handlung die §§ 223, 289 des StGB. verletzt, so kommt das letztere, den Verlust der bürgerlichen Ehrenrechte zulassende Gesetz trotz geringerer Hauptstrafe zur Anwendung.
U. v. 12. III. 86. R. VIII. 162. E. XIII. 399.

12. Anstiftung und Beihülfe zu derselben Strafthat können ideell concurriren. U. v. 20. IV. 86. R. VIII. 303.

13. Die Ansicht, daß mehrere in einem Preßerzeugniß begangene Strafthaten stets ideal concurriren, ist rechtsirrig.
U. v. 20. IV. 86. R. VIII. 305.

14. Ob mehrere strafbare Aeußerungen in einem und demselben Schriftstück sich als eine einheitliche Strafthat oder als eine Mehrheit von strafbaren Handlungen darstellen, ist nach den concreten Umständen zu entscheiden. U. v. 21. V. 86. R. VIII. 377.

15. In der widerrechtlichen Erhebung von Geld auf ein verpfändetes Sparkassenbuch durch einen Pfandleiher liegt Unterschlagung des Buches, nicht auch ideale Concurrenz mit unbefugter Ingebrauchnahme desselben.
U. v. 13. XII. 86. R. VIII. 751. E. XV. 147.

16. Der in einer Einheitshandlung begangene versuchte schwere und vollendete einfache Diebstahl kann unter den Gesichtspunkt des idealen Zusammentreffens gestellt werden.
U. v. 13. I. 87. E. XV. 281.

17. Ob in der Begehung von Anstiftung und Hehlerei durch eine und dieselbe Person in Bezug auf einen und denselben Diebstahl realer oder idealer Zusammenfluß beider Delicte gegeben ist, hängt von den thatsächlichen Umständen des Falles ab.
U. v. 24. III. 87. R. IX. 193.

18. Dieselbe Körperverletzung kann nicht als vorsätzliche und als fahrlässige angesehen werden.
U. v. 27. V. 87. R. IX. 348. E. XVI. 129.

19. Die einzelnen successiven Acte, welche durch Verlag und Vertrieb einer Druckschrift bedingt sind, können ohne Rechtsirrthum als eine einzige Handlung angesehen werden.
U. v. 30. IX. 87. R. IX. 483.

20. Zwischen Defraudation der Loosestempelsteuer und der öffentlichen Veranstaltung einer Ausspielung ohne obrigkeitliche Erlaubniß ist ideale Concurrenz zulässig; bei der Verurtheilung aus dem schwereren Gesetze des § 286 des StGB. kann unter das Strafminimum des Stempelgesetzes herabgegangen werden.
U. v. 10. XI. 87. R. IX. 576. E. XVI. 301.

21. Anstiftung durch Ueberredung und Geschenke kann mit Beihülfe zu derselben That durch Rathertheilen ideell concurriren.
U. v. 22. XI. 87. R. IX. 631.

22. Weder die Annahme ideellen Zusammenflusses von Körperverletzung mit erfolgtem Tode des Verletzten und Schlägerei, noch die der Begehung beider Strafthaten in Fortsetzung durch eine und dieselbe Person ist rechtsirrig. U. v. 10. XII. 87. R. IX. 716.

23. Das Wesen des fortgesetzten Delicts beruht auf der Identität des Rechtsgutes, gegen welches sich alle successiven Acte mit gleicher rechtlicher Beschaffenheit richten, auf der Möglichkeit einer quantitativ größeren oder geringeren Verletzung dieses Rechtsgutes, sowie darauf, daß der Vorsatz gegen das nämliche, von Anfang an oder wenigstens im Verlaufe der Ausführung in den Vorsatz aufgenommene Gesammtobject geht. U. v. 19. XII. 87. R. IX. 731. E. XVII. 103.

24. Im Falle der Idealconcurrenz von § 129 des StGB. und §§ 19. 22 des Socialistengesetzes kommt § 129 des StGB. allein zur Anwendung und darf daher nicht auf die Zulässigkeit der Einschränkung des Aufenthalts erkannt werden.
U. v. 22. XII. 87. R. IX. 747. E. XVII. 193.

25. Der Thatbestand des § 137 des StGB. schließt den des § 288 nicht aus; beide Vergehen können ideell concurriren.
U. v. 10. I. 88. R. X. 19. E. XVII. 42.

26. Wenn im Falle der Idealconcurrenz durch den Wahrspruch der Geschworenen bei der einen Handlung mildernde Umstände an-

genommen, bei der anderen versagt sind, so kommt dasjenige Gesetz zur Anwendung, welches die schwerste ordentliche Hauptstrafe androht.

U. v. 17. II. 88. R. X. 158.

27. Der Grundsatz von der ausschließlichen Anwendung des härteren Strafgesetzes greift auch für den Fall Platz, daß neben der Confiscation gemäß § 134 des Vereinszollges. aus § 328 des StGB. Gefängnißstrafe zu verhängen ist.

Bei Idealconcurrenz des § 328 des StGB. mit einem Vergehen gegen § 146 des Vereinszollges. tritt Häufung der aus beiden Vorschriften zu verhängenden Freiheitsstrafen ein.

U. v. 2. XI. 88. R. X. 619.

28. Um Idealconcurrenz von Gebührenüberhebung und Betrug anzunehmen, ist es erforderlich, daß außer der in der Forderung liegenden Täuschung über die Höhe der geschuldeten Gebühren noch weitere Vorspiegelungen oder Unterdrückung von Thatsachen stattgefunden haben, um den höheren Betrag zu erlangen.

U. v. 15. XI. 88. R. X. 664. E. XVIII. 219.

29. Treffen in einer That die Merkmale der §§ 235 und 237 des StGB. zusammen, so liegt idealer Zusammenfluß, nicht Gesetzesconcurrenz vor. U. v. 27./30. XI. 88. R. X. 692. E. XVIII. 273.

§ 74.

1. Wenn das Gericht annimmt, daß die Zuwiderhandlung gegen § 115 Gew.-O. an verschiedenen Lohnzahlungstagen auf selbständigen Entschlüssen des Arbeitgebers beruht, kann realer Zusammenfluß mehrerer Delicte angenommen worden.

U. v. 13. I. 85. R. VII. 32. E. XII. 102.

U. v. 21. I. 86. R. VIII. 66. E. XIII. 285.

2. Neben der Feststellung eines einfachen Bankerutts im Sinne des § 210 der Conc.-O. kann, soweit es sich um dieselbe Zahlungseinstellung oder Concurseröffnung handelt, eine Bestrafung wegen Begünstigung eines Gläubigers auf Grund des § 211 der Conc.-O. in realer Concurrenz nicht erfolgen. U. v. 16. VI. 85. R. VII. 399.

3. Die Begünstigung mehrerer Gläubiger durch zeitlich getrennte Sicherungsacte stellt nur eine einheitliche Strafthat dar und nicht mehrere in realer Concurrenz befindliche.

U. v. 18. IX. 85. R. VII. 517.

4. Das durch Nichtanzeige der Eröffnung einer mit dem Bordellbetrieb verbundenen Schankwirthschaft begangene Steuervergehen steht

zu der von dem Wirthe betriebenen Kuppelei im Verhältniß realer Concurrenz (Preußen).

U. v. 31. V. 86. R. VIII. 408. E. XIV. 174.

5. Einheit der That durch Fortsetzung kann nicht schon dann angenommen werden, wenn nur Einheit des Entschlusses vorliegt, sondern dieser Entschluß muß im Voraus auf successive Ausführung einer That durch Einzelacte gerichtet gewesen sein.

U. v. 28. X. / 4. XI. 86. R. VIII. 643. E. XV. 23.

6. Wenn mehrere gefälschte Urkunden durch eine einzige Handlung zur Täuschung gebraucht werden, liegt nur eine Strafthat vor. U. v. 11. XI. 86. R. VIII. 700. E. XV. 290.

7. Es ist nicht rechtsirrthümlich, reale Concurrenz zwischen zwei zeitlich auseinander liegenden Handlungen, von welchen jede den Thatbestand eines Delictes erfüllt, auch dann anzunehmen, wenn die eine zum Zwecke der andern verübt wurde.

U. v. 14. XII. 86. R. VIII. 762.

8. Ob die mehrfache Verletzung der Eidespflicht innerhalb desselben Proceßverfahrens als ein einheitliches oder als ein wiederholtes Delict zu betrachten sei, ist wesentlich Sache der thatsächlichen Feststellung. U. v. 4. I. 87. R. IX. 7.

9. Die Verursachung mehrerer fahrlässiger Körperverletzungen durch eine und dieselbe Unterlassung kann reale Concurrenz nicht begründen. Wohl aber kann dieselbe durch wiederholte gleichartige Unterlassung begründet werden. Ob das Eine oder Andere anzunehmen, fällt der thatsächlichen Beurtheilung anheim.

U. v. 1. XI. 87. R. IX. 545. E. XVI. 290.

10. Anstiftung zum Diebstahl und die durch vor Begehung der That zugesagte Begünstigung begangene Beihülfe kann nicht als in realem Zusammenfluß stehend bestraft werden.

U. v. 3. XI. 87. R. IX. 553. E. XVI. 374.

11. Die Annahme, daß bei der Zurichtung und dem Verkauf der gefälschten Nahrungsmittel die Absicht des Thäters von vornherein auf gelegentliche Verübung wiederholter Betrügereien gerichtet war, schließt die Realconcurrenz der einzelnen Betrugshandlungen nicht aus.

U. v. 8. XII. 87. R. IX. 710.

12. Der durch die Erhebung der Brandentschädigungsgelder durch den Versicherten unter Verschweigung der Thatsache, daß er den Brand verursacht und deshalb — wie er weiß — keinen Anspruch auf

Entschädigung hat, verübte Betrug kann mit der Inbrandsetzung der versicherten Sache nur real concurriren.

U. v. 21. I. 88. R. X. 51. E. XVII. 62.

13. Eine fortgesetzte Strafthat kann von einer und derselben Person je nach Maßgabe des von ihr gefaßten Entschlusses sowohl in den einzelnen Fortsetzungshandlungen mehrfach in realem Zusammenfluß mittels Beihülfe unterstützt oder begünstigt werden, als auch in Folge eines Entschlusses in Bezug auf alle oder mehrere Fortsetzungshandlungen als eine That. Unter allen Umständen aber erstreckt sich der gegen den Thäter gerichtete Strafantrag auf alle Beihülfe- oder Begünstigungshandlungen, auch wenn letztere zeitlich dem Strafantrag nachfolgen. U. v. 5. III. 88. R. X. 207. E. XVII. 227.

14. Bei dem mittelst Sachbeschädigung (Einbruch) und widerrechtlichen Eindringens in die fremde Behausung ausgeführten sog. Mundraub concurriren selbständig und realiter die beiden Delicte aus § 303 und 123 des StGB.

U. v. 29. V. 88. R. X. 418.

15. Ist die Unterschlagung durch Manifestirung des auf Zueignung gerichteten Willens vollendet worden, so kann in der späteren Vernichtung der unterschlagenen Sache durch den Thäter der Unterschlagung eine neue selbständige Strafthat nicht gefunden werden.

U. v. 12. IX. 88. R. X. 488.

16. Daraus, daß ein Handelsgeschäft dem andern mehrere gefälschte Wechsel zum Diskonto gleichzeitig überschickt, ist nicht mit Nothwendigkeit zu folgern, daß wegen Einheit des Gebrauchmachens Einheit der That vorliege. U. v. 24. IX. 88. R. X. 515.

§ 79.

1. Die unterlassene Anwendung des § 79 des StGB. bietet dann keinen Grund zur Revision, wenn dem Richter die frühere Verurtheilung unbekannt gewesen war.

U. v. 17. III. 85. R. VII. 186.

2. Es ist nicht gerechfertigt, die Bildung der Gesammtstrafe aus Zweckmäßigkeitsrücksichten dem Strafvollstreckungsverfahren vorzubehalten.

Ist die früher erkannte Strafe in der Verbüßung begriffen, so ist so zu erkennen, daß die frühere Strafe in Wegfall gebracht, zu einer Gesammtstrafe verurtheilt und ausgesprochen wird, daß von derselben die zur Zeit der Rechtskraft des neueren Urtheils auf Grund des früheren verbüßte und eventuell umzuwandelnde Strafe in Abrechnung zu bringen sei. U. v. 2./5. I. 86. R. VIII. 3.

3. Die Voraussetzung zur Verhängung einer Gesammtstrafe liegt nicht vor, wenn die neue Strafthat nachgängig einer im Wiederaufnahmeverfahren bestätigten Verurtheilung erfolgte, da § 79 bloß von einer Verurtheilung, nicht aber von einer rechtskräftig gewordenen Entscheidung spricht. U. v. 5. IV. 86. R. VIII. 253.

4. § 79 des StGB. findet auch dann Anwendung, wenn die strafbare Handlung vor mehreren früheren Einzelverurtheilungen begangen war. U. v. 1. XI. 86. R. VIII. 657. E. XV. 29.

5. Wenn ein Gericht zur Verurtheilung des Angeklagten gelangt, nachdem derselbe schon früher, jedoch noch nicht rechtskräftig zu einer Strafe verurtheilt worden war, so kann das Gericht trotz Vorliegen der Voraussetzungen des § 79 von Verhängung einer Gesammtstrafe Umgang nehmen und dieselbe einem Nachtragsurtheile überlassen.
U. v. 14. III. 87. R. IX. 177.

6. Kommen mehrere selbständige strafbare Handlungen zur Aburtheilung, von denen einige vor der früheren, auf eine Gesammtstrafe erkennenden Verurtheilung fallen, so ist für alle diese vorgängigen, zum Theil schon abgeurtheilten, strafbaren Handlungen die Gesammtstrafe nach den Grundsätzen des § 74 des StGB. gesondert festzustellen und sodann, selbständig hiervon, auf eine weitere Gesammtstrafe wegen der, nachgängig der früheren Aburtheilung verübten Delicte zu erkennen.

Belanglos ist, daß bei der Vorverurtheilung bereits die zulässige Höhe der Gesammtstrafe erschöpft wurde.
U. v. 29. X. 88. R. X. 600.

Zweiter Theil.
Von den einzelnen Verbrechen, Vergehen und Uebertretungen und deren Bestrafung.

Erster Abschnitt.
Hochverrath und Landesverrath.

§ 81.

Unter den Begriff der Gewalt im Sinne § 81 Ziff. 3 fällt der Krieg als Mittel, um durch denselben das Bundesgebiet ganz oder theiweise einem fremden Staate gewaltsam einzuverleiben oder einen Theil desselben vom Ganzen loszureißen.
U. v. 13./18. VI. 87. R. IX. 423. E. XVI. 165.

§ 86.

1. Die in der Absicht der Verbreitung erfolgte Herstellung eines die Aufforderung zur gewaltsamen Aenderung der Verfassung des deutschen Reiches und der Bundesstaaten enthaltenden Plakats stellt sich als eine ein hochverrätherisches Unternehmen vorbereitende Handlung dar. U. v. 30. X. 86. R. VIII. 653.

2. Die Versendung einer Druckschrift durch die Post erfüllt den Begriff der Verbreitung, wenn die Absicht ausgeschlossen ist, daß nur der Adressat sie lese, und kommt es alsdann darauf nicht an, ob die Schrift wirklich in die Hände des Adressaten gelangt ist.
U. v. 10. X. 87. R. IX. 490. E. XVI. 245.

§ 87.

Wenn das Einlassen mit einer auswärtigen Regierung, um dieselbe zu einem Kriege gegen das deutsche Reich zu veranlassen, zum Zwecke der Vorbereitung oder Durchführung eines hochverrätherischen Unternehmens geschieht, so liegt Landesverrath und Hochverrath in einer der in den §§ 81—86 des StGB. bezeichneten Formen in idealem Zusammenflusse, keineswegs aber Gesetzesconcurrenz vor.
U. v. 13./18. VI. 87. R. IX. 423. E. XVI. 165.

Zweiter Abschnitt.
Beleidigung des Landesherrn.

§ 97.

Der Deutsche Kaiser ist nicht als Landesherr von Elsaß-Lothringen anzusehen. U. v. 26. IV. 88. R. X. 335. E. XVII. 334.

Dritter Abschnitt.
Beleidigung von Bundesfürsten.

Vierter Abschnitt.
Feindliche Handlungen gegen befreundete Staaten.

Fünfter Abschnitt.
Verbrechen und Vergehen in Beziehung auf die Ausübung staatsbürgerlicher Rechte.

§ 108.

Die Abgabe eines Stimmzettels für einen Anderen unter Mißbrauch des Namens des Letzteren ist strafbar, ohne daß etwas darauf ankommt, daß der Unberechtigte demselben Candidaten die Stimme gab, dem der Berechtigte sie gegeben haben würde.
U. v. 12. III. 85. R. VII. 168.

§ 109.

Für den Stimmenkauf des § 109 sind nicht die civilrechtlichen Grundsätze, sondern die Anschauung des gemeinen Lebens über Kauf maßgebend; es genügt daher die dem Wähler gegebene und von diesem angenommene Zusage eines materiellen Vortheils; ein solcher Vortheil liegt auch in dem Versprechen, für eine Unterstützung des Wählers bei einem Dritten sich verwenden zu wollen. Wie der Wähler vorher beabsichtigt hatte, zu stimmen, oder ob er später der Abmachung gemäß gestimmt hat, ist gleichgültig.

U. v. 9. IV. 88. R. X. 289. E. XVII. 296.

Sechster Abschnitt.

Widerstand gegen die Staatsgewalt.

§ 110.

1. Die öffentliche Aufforderung zum Ungehorsam gegen Anordnungen der Obrigkeit erfüllt den Thatbestand des § 110, wenn die Behörde an sich zuständig war, die Anordnung zu treffen. Die subjective Auffassung des Einzelnen von den Grenzen dieser Zuständigkeit ist einflußlos.

U. v. 10. II. 85. R. VII. 94. E. XII. 6.

2. Eine dem § 110 im Uebrigen entsprechende Aufforderung ist strafbar, auch wenn sie sich an einzelne Personen oder an einen Einzelnen wendet. Der Zweck der Strafvorschrift geht dahin, zu verhüten, daß die Autorität der Gesetze, Verordnungen und obrigkeitlichen Anordnungen öffentlich herabgesetzt werde. Es genügt deshalb das Ergehen der Aufforderung vor einer Menschenmenge und ist nicht erforderlich, daß sie an dieselbe gerichtet wird.

U. v. 25. I. 87. R. IX. 92.

3. Die Versendung einer Druckschrift durch die Post erfüllt den Begriff der Verbreitung, wenn die Absicht ausgeschlossen ist, daß nur der Adressat sie lese, und kommt es alsdann darauf nicht an, ob die Schrift wirklich in die Hände des Adressaten gelangt ist.

U. v. 10. X. 87 R. IX 490. E. XVI. 245.

§ 113.

1. Zum Begriffe der Gewalt bei Widerstand genügt jede gegen die Person des Beamten gerichtete Kraftäußerung, welche sich gegen eine Kraftäußerung des Beamten derart wendet, daß dadurch das berechtigte Vorgehen des Beamten beschränkt oder aufgehoben wird.

U. v. 5. II. 85. R. VII. 85.

2. Für die Rechtmäßigkeit der Amtshandlung ist ein unverschuldeter Irrthum des Beamten über die seiner Befugniß zu Grunde liegenden thatsächlichen Voraussetzungen einflußlos.

U. v. 20. IV. 85. R. VII. 238.

3. Niedere Polizeibedienstete, welche in Folge des Befehls eines ihnen dienstlich Vorgesetzten eine Person vorführen, sind in rechtmäßiger Amtsausübung, auch wenn der Befehl rechtswidrig war.

U. v. 7. V. 85. R. VII. 280.

4. Der thätliche Angriff gegen eine zur Uebung ausrückende Truppe von Spielleuten fällt unter § 113 des StGB.; ob der Angriff erfolgte, um Widerstand zu leisten, ist ohne Belang.

U. v. 2. XI. 85. R. VII. 632. E. XIII. 105.

5. Die Bestimmungen des § 98 der StPrO. beziehen sich nur auf die in Verfolgung des Strafzwecks vorzunehmenden Beschlagnahmen, nicht aber auch auf die als Präventivmaßregel zur Aufrechthaltung der öffentlichen Ruhe und Sicherheit den Polizeibehörden zustehende vorläufige Wegnahme von Gegenständen. Der hierbei den polizeilichen Hülfsbeamten, zu denen in Preußen auch die Gendarmen zu zählen sind, geleistete Widerstand ist strafbar.

U. v. 16. XI. 85. R. VII. 668. E. XIII. 44.

6. Die Beamten des Polizeidienstes sind befugt, die Persönlichkeit eines Zeugen, nöthigenfalls durch Sistirung auf das Polizeibureau, festzustellen. U. v. 25. V. 86. R. VIII. 390.

7. Ein Amtsrichter, welcher mit seinem Protokollführer auf Antrag der Staatsanwaltschaft in einer Strafsache einen Zeugen außerhalb des Gerichtssitzes zu vernehmen hat, ist nicht als Beamter anzusehen, welcher zur Vollstreckung von Gesetzen und Anordnungen der Verwaltungsbehörden berufen ist.

U. v. 24. VI. 86. E. XIV. 259.

8. Die Verletzung unwesentlicher Formvorschriften von Seiten des Vollstreckungsbeamten übt auf die Rechtmäßigkeit seiner Amtsausübung keinen Einfluß aus. U. v. 20. IX. 86. R. VIII. 546.

9. Eine auf Antrag des Gläubigers zuständig erlassene richterliche Verfügung, welche dem bisher noch nicht gehörten Drittbesitzer auflegt, eine vom Schuldner in dessen Gewahrsam gebrachte Sache an den Gerichtsvollzieher herauszugeben unter Ueberweisung der Sache an den Gläubiger, berechtigt den Gerichtsvollzieher nicht zur Zwangsvollstreckung gegen den Drittbesitzer.

U. v. 8. XI. 86. R. VIII. 688.

10. Wenn ein Richter sich veranlaßt sieht, eine von ihm in Ausübung der Sitzungspolizei getroffene Verfügung selbst zu vollstrecken, so kann Widerstand gegen denselben verübt werden.

U. v. 10./17. I. 87. R. IX. 26. E. XV. 227.

11. Ein Verstoß des Vollziehungsbeamten gegen § 679 der CPrO., wodurch der Amtsausübung der Charakter der Rechtmäßigkeit entzogen wird, liegt nicht vor, wenn gegen den Beamten, der die Vollstreckungshandlung, ohne Widerstand zu finden und rechtmäßig begonnen, ein Act der Gewalt oder des thätlichen Angriffs so unvorbereitet und überraschend ausgeübt wird, daß er Zeugen zuzuziehen weder im Stande noch veranlaßt war.

U. v. 24. V. 87. R. IX. 340.

12. Die Grenzaufsichtsbeamten sind befugt, zu Zwecken der Ausübung des Grenzaufsichtsdienstes ungeschlossene Privatgrundstücke auch wider Willen des Eigenthümers zu betreten. Ein hierbei geleisteter Widerstand kann strafbar sein.

U. v. 14. X. 87. R. IX. 496. E. XVI. 248.

13. Der Gerichtsvollzieher befindet sich in rechtmäßiger Amtsausübung, wenn er zum Zwecke einer Pfändung die Taschen in den Kleidern am Leibe des Schuldners zwangsweise durchsucht.

U. v 15. X. 87. R. IX. 503. E. XVI. 218.

14. Eine dem Proceßbevollmächtigten erfolgte Urtheilszustellung genügt, um mit der Zwangsvollstreckung zu beginnen.

U. v. 20./24. X. 88. R. IX. 519. E. XVI. 275.

15. Der Grundsatz, daß der öffentliche Beamte sich auch dann in rechtmäßiger Amtsausübung befinden kann, wenn er in einer sein Ermessen leitenden Voraussetzung irrt, findet nur Anwendung, wenn es ein Irrthum über Thatsachen, nicht aber, wenn es ein Irrthum in Bezug auf das Gesetz war.

U. v. 17. I. 88. R. X. 40.

16. Die Vorschrift der Anweisung vom 15. September zur Ausführung der preuß. Verordnung vom 7. September 1879, betr. das Verwaltungs-Zwangsverfahren wegen Beitreibung von Geldbeträgen, über Einhaltung einer dreitägigen Frist für die Bekanntmachung einer Versteigerung enthält nur eine reglementäre Dienstanordnung, hat daher nur eine instruktionelle Bedeutung und ist für die Rechtsgültigkeit der Versteigerungsvornahme ohne Einfluß.

U. v. 6. II. 88. R. X. 97. E. XVII. 122.

17. Die Polizei hat regelmäßig nur dann Grund zum Einschreiten, wenn entweder die öffentliche Ruhe, Sicherheit und Ordnung zu wahren oder eine strafbare Handlung zu verhüten ist.

U. v. 23. X. 88. R. X. 585.

18. Der einem Forstbeamten bei Leitung und Beaufsichtigung von Forstkulturarbeiten von einem Dritten (Nichtarbeiter) geleistete Widerstand fällt unter § 113, nicht § 117.

U. v. 25. X. 88. R. X 590.

§ 114.

1. Der § 114 kann nicht zur Anwendung gelangen, wenn § 113 als das speziellere und mildere Strafgesetz Platz greift. Gehört daher der Beamte, dem Widerstand geleistet wurde, zu der in § 113 bezeichneten Kategorie und war die Amtshandlung desselben bereits in der Vollstreckung begriffen, so kann nicht der § 114, sondern nur der § 113 in Frage kommen. U. v. 21. X. 87. R. IX. 525.

2. Drohungen gegen einen Beamten, welche nicht gegen eine begonnene oder unmittelbar bevorstehende Amtshandlung gerichtet sind, sondern die Unterlassung einer für die Zukunft in Aussicht gestellten Amtshandlung bezwecken, sind aus § 114 des StrGB. strafbar.

U. v. 23. II. 88. R. X. 179.

§ 116.

Die Aufforderung zum Auseinandergehen muß an die versammelte Menge, nicht an den einzelnen Ungehorsamen allein, gerichtet sein.

Daß auch nach der dritten Aufforderung noch eine Menschenmenge versammelt ist, ist nicht nothwendig.

Schutzmänner in Preußen erscheinen als zur Aufforderung zuständige Beamte. U. v. 12. X. 85. E. XII. 426.

§ 117.

1. Im Herzogthum Braunschweig ist der einem Privatjagdaufseher geleistete Widerstand strafbar, wenn auch der Aufseher gemäß des Jagdpolizeigesetzes vom 1. April 1879 nicht beeidigt ist.

U. v. 15. I. 85. E. XI. 421.

2. Die Ausübung des Amtes bei Vornahme einer Vollstreckungshandlung ist nur dann eine rechtmäßige, wenn die gesetzlichen Vorschriften über Zuziehung gewisser Kategorien von Zeugen eingehalten sind.

Der § 137 des bayer. Forstgesetzes erfordert zur Haussuchung die Zuziehung von Polizeibeamten; zu Letzteren können nicht die in § 114 Ziff. 2 a. a. O. erwähnten Angehörigen des niederen Polizeipersonals, wie Polizeidiener oder Gemeindediener gerechnet werden.
U. v. 15. VI. 85. R. VII. 383. E. XII. 261.

3. Die Zuziehung eines Gemeindebeamten oder zweier Gemeindemitglieder zu den ohne Beisein des Richters oder des Staatsanwalts stattfindenden Durchsuchungen ist nicht als ein unumgänglich nöthiges Erforderniß solcher Durchsuchung anzusehen, vielmehr hat in jedem einzelnen Falle der die Durchsuchung vornehmende Beamte nach Lage der Umstände pflichtgemäß zu ermessen, ob die Zuziehung „möglich", d. h. ohne Gefährdung des Erfolges der Durchsuchung ausführbar ist. Hat der Beamte die Sachlage nach dem ihn vom Gesetze eingeräumten Ermessen pflichtgemäß geprüft, so stellt sich seine Amtshandlung auch dann als eine rechtmäßige dar, wenn er sich nach der Auffassung des Gerichts in der Beurtheilung der Verhältnisse geirrt und zu einem objektiv unrichtigen Verfahren gelangt ist
U. v. 29. IX. 85. R. VII. 544.

4. Ein kgl. preuß. Forstreferendar ist vermöge seiner Dienststellung zu der Ausübung des Forstschutzes nicht berechtigt und verpflichtet. U. v. 21./23. XII. 85. E. XIII. 215.

5. In Preußen befindet sich ein beeidigter Privatforstaufseher nicht in der rechtmäßigen Ausübung seines Amtes oder Rechtes, wenn er aus eigener Entschließung eine Durchsuchung der Wohnung des Forstdiebs vornimmt, um die zur Begehung des Forstdiebstahls geeigneten Werkzeuge in Beschlag zu nehmen. Daß zur Durchsuchung der Gemeindevorsteher oder dessen Stellvertreter zugezogen worden ist, ist von keiner Bedeutung.
U. v. 29. I. 86. R. VIII. 105. E. XIII. 270.

6. Der zum Jagdschutz bestellte Privataufseher, auch wenn er unbeeidet ist, befindet sich in der rechtmäßigen Ausübung seines Rechtes, wenn er den in seinem Aufsichtsbezirke betroffenen unbekannten Jagdcontravenienten vorläufig festnimmt und der Behörde vorführt. Ein während des Transportes außerhalb des Aufsichtsbezirkes geleisteter gewaltsamer Widerstand ist strafbar.
U. v. 29. I. 86. R. VIII. 103.

7. Dieser Paragraph umfaßt alle Fälle des Widerstands gegen Forstbeamte in Ausübung des Forstschutzes; daß die Amtshandlung, gegen welche Widerstand geleistet wird, gerade innerhalb des Forstes

vorgenommen wurde, oder im unmittelbaren Zusammenhange mit der Verfolgung eines im Forste auf frischer That entdeckten Frevels steht, ist nicht erforderlich. U. v. 20. V. 86. R. VIII. 367.

8. Die Befugniß eines in Preußen im Privatdienst angestellten und auf das Forstdiebstahlsgesetz vereideten Försters zur Wegnahme des Gewehres, welches der Jagdfrevler bei sich führt, kann begründet sein, wenn die vorläufige Festnahme oder die Privatpfändung gerechtfertigt ist. Zu einer Beschlagnahme ist er, wenn es sich um Jagdcontraventionen handelt, nicht befugt.

Ein solcher Förster ist zum Eindringen in eine Wohnung berechtigt, wenn es sich um die Feststellung der Persönlichkeit eines verfolgten Jagdfrevlers handelt.

U. v. 5. X. 86. R. VIII. 598.

9. Der Umstand, daß der dem Privatforstaufseher Widerstand Leistende nicht weiß, daß derselbe auf das Forstdiebstahlsgesetz vereidigt ist, befreit von der Strafe des § 117 (Preußen).

U. v. 24. VI. 87. R. IX. 382.

10. Die Worte „Gewalt a n der Person" im Abs. 2 sind nicht gleichzusetzen den Worten „Gewalt g e g e n die Person".

Für die Gewalt g e g e n die Person ist ausreichend, daß die Vergewaltigung der letzteren bezielt worden, dagegen erfordert die Gewalt a n der Person, daß die Gewaltshandlung die Person selbst getroffen hat. U. v. 28. VI. 87. E. XVI. 172.

11. Der Umstand, daß der dem Privatförster in der rechtmäßigen Ausübung seines Rechtes Widerstand Leistende nicht weiß, daß der Förster als Aufseher für denjenigen Waldbezirk aufgestellt ist, in welchem er sein Recht ausübte, macht straflos.

U. v. 27. IX. 87. R. IX. 473.

12. Der Jagdpolizeibeamte ist außer den Fällen der Beschlagnahme, der Befugniß zur vorläufigen Festnahme und der Privatpfändung zur Wegnahme des Gewehrs auch dann berechtigt, wenn er nur hierdurch die Fortsetzung der Uebertretung verhindern kann.

U. v. 4. XI. 87. R. IX. 556.

13. In Württemberg befindet sich ein Waldeigenthümer oder ein von ihm bestellter Privatforstaufseher in rechtmäßiger Ausübung seiner Befugnisse, wenn er bei Betretung einer Person auf einem Forstdiebstahl in dem Privatwalde die zur Begehung des Forstdiebstahles gebrauchten oder bestimmten Werkzeuge, welche der Thäter bei sich führt, in Beschlag nimmt. U. v. 23. I. 88. R. X. 57. E. XVII. 69.

§ 119.

Die Annahme, daß zwei einem Beamten in rechtmäßiger Ausübung seines Amtes Widerstand leistende Personen die That gemeinschaftlich begangen haben, wird weder dadurch ausgeschlossen, daß eine vorhergehende Verabredung nicht festgestellt ist, noch dadurch, daß gegen die eine Person ein thätlicher Angriff gegen den Beamten während Ausübung des Amts, gegen die andere Widerstand durch Bedrohung mit Gewalt festgestellt ist.

U. v. 1. VII. 85. R. VII. 453.

§ 120.

1. Auch derjenige ist Gefangener im Sinne des Gesetzes, welcher in Folge eines gerichtlichen Vorführungsbefehles als Angeklagter zu einem Termine transportirt wird.

U. v. 1. V. 85. R. VII. 273. E. XII. 162.

2. Auch die von der Polizeimannschaft zur Ermittelung ihres Namens 2c. vorläufig Sistirten erscheinen als Gefangene.

U. v. 12. X. 85. R. VII. 571. E. XII. 426.

3. Eine Besserungsanstalt kann nicht schon mit Bezug auf den von ihr verfolgten Zweck der Zwangserziehung als Gefangenenanstalt betrachtet werden.

Selbst wenn in Folge besonderer Zwangseinrichtungen letztere Eigenschaft zutrifft, so ist der Pflegling, wenn er mit Erlaubniß außerhalb der Anstalt ohne Beaufsichtigung sich befindet, in diesem Zustande nicht einem Gefangenen gleich zu stellen.

U. v. 8. XI. 86. R. VIII. 687. E. XV. 39.

§ 122.

1. Zur „Zusammenrottung" kann schon die Vereinigung von nur zwei Personen ausreichen.

U. v. 22. X. 85. R. VII. 606. E. XIII. 17.

2. Außer dem mit vereinten Kräften unternommenen Zusammenwirken zweier oder mehrerer, räumlich nicht getrennter Gefangener zum Zwecke eines gewaltsamen Ausbruchs ist zum Begriffe der Zusammenrottung nicht noch eine weitere, dieselbe documentirende Handlung erforderlich. U. v. 29. IV. 86. R. VIII. 322.

3. Das Erforderniß des Ausbruchs mit vereinten Kräften setzt nicht voraus, daß alle zusammengerotteten Gefangenen beim gewaltsamen Ausbruch Hand angelegt haben, sondern daß dieselben beim gewalt-

samen Ausbruch als Einheit aufgetreten sind, der Ausbruch im Willen Aller lag und sie zur Mitwirkung bereit standen.

U. v. 18. XII. 86. R. VIII. 764. E. XV. 217.

U. v. 20. I. 88. R. X. 47. E. XVII. 47.

4. In der Benutzung eines falschen Schlüssels liegt an sich keine Gewaltanwendung.

U. v. 20. I. 88. R. X. 47. E. XVII. 47.

Siebenter Abschnitt.

Verbrechen und Vergehen wider die öffentliche Ordnung.

§ 123.

1. Eine beschränkte Befugniß zum Betreten bestimmter Räume schließt den Thatbestand der Hausfriedensstörung nicht aus, wenn die Ermächtigung überschritten wird.

Wenn bestimmte Räume ausschließend oder zu bestimmten Zwecken einzelnen Personen aus dem Hausstande des Wohnungsinhabers zur Benutzung angewiesen sind, erscheinen diese Personen während der Dauer der Benutzung berechtigt, das Hausrecht auszuüben.

Ein „Eindringen" ist nicht nur anzunehmen, wenn dem Eintritt entgegenstehende Hindernisse überwunden werden, sondern auch dann, wenn der Eintritt gegen den bekannten oder auch nur vermutheten oder zu vermuthenden Willen des Berechtigten oder seines Stellvertreters geschieht.

„Widerrechtlich" ist die Handlung stets dann, wenn sie ohne ein dem Eindringenden zustehendes stärkeres Recht mit Verletzung des Hausfriedens und des Rechtes auf ungestörte Innehabung von Seiten des Wohnungsinhabers geschieht.

Die Verfolgung eines unerlaubten Zweckes kann für das Thatbestandsmerkmal des „widerrechtlichen" Eindringens von Bedeutung sein. U. v. 16. IV. 85. E. XII. 132.

2. Beim Hausfriedensbruche ist die Handlung von einer mit Waffen versehenen Person begangen, wenn der Thäter, nachdem er widerrechtlich eingedrungen, eine Waffe ergreift, um sich in dem durch das Eindringen ermöglichten unberechtigten Verweilen zu erhalten.

U. v. 4. V. 85. E. XII. 183.

3. Das Verweilen eines Dienstboten in der Herrschaftswohnung wird unbefugt, wenn der Aufforderung sich zu entfernen, die sofortige Dienstentlassung, soweit letztere ohne Aufkündigung nach den Landesgesetzen zulässig war, unmittelbar vorausging.

U. v. 22. XII. 85. E. XIII. 189.

4. Ein unbewohntes Schiff ist nicht als Wohnung oder als befriedetes Besitzthum und als Geschäftsraum nur in den zu besonderen Geschäften bestimmten einzelnen Theilen des Schiffes zu erachten. U. v. 22. I. 86. R. VIII. 82. E. XIII. 312.

5. Der Vermiether ist kraft des ihm zustehenden Pfandrechts an den Illaten zum Betreten der Wohnung und der Geschäftsräume des Miethers nicht berechtigt.

U. v. 29. III. 87. E. XV. 391.

6. Hausfriedensbruch liegt nicht vor, wenn Jemandem zur Erreichung eines bestimmten Zweckes das Betreten einer fremden Wohnung und das Verweilen in derselben gestattet worden war, und er bevor der Zweck erreicht ist, auf die Aufforderung des Berechtigten sich nicht aus dessen Wohnung entfernt.

U. v. 20. X. 87. E. XVI. 225.

7. Ein mecklenburgischer Geistlicher ist ein öffentlicher Beamter im Sinne des § 11 des Einf.-Ges. zum GVG. Wenn er aus Anlaß von Aergerniß oder sittlichen Anstoß erregenden Vorgängen zum Zweck seelsorgerischer Vorhaltungen oder Ermahnungen die Wohnung eines Gemeindemitglieds betritt, so befindet er sich in der berechtigten Ausübung seines Berufs. Sein Verweilen wird jedoch zu einem unbefugten und er überschreitet seine Amtsbefugnisse, wenn er die von hierzu legitimirter Seite kraft des Hausrechtes an ihn gerichtete Aufforderung, sich zu entfernen, unbeachtet läßt.

Beschl. v. 7. V. 88. R. X. 385.

8. Ein Neubau kann ein befriedetes Besitzthum bilden, jedoch nur dann, wenn er in äußerlich erkennbarer Weise mittels zusammenhängender Schutzvorrichtungen gegen das beliebige Betreten durch Fremde gesichert ist. U. v. 12. XI. 88. R. X. 638.

§ 128.

1. Das Wort „Verbindung" bezeichnet jede organisirte Vereinigung von einer gewissen Dauer, welche die Unterordnung ihrer Mitglieder unter den Gesammtwillen für die Dauer der Mitgliedschaft voraussetzt, wobei jedoch der Beitritt und die Unterordnungserklärung zusammenfallen und durch concludente Handlungen ausgedrückt und zugleich die Gründung der Verbindung vollzogen werden kann.

Eine politische Partei kann eine Verbindung im Sinne des Gesetzes sein, dies ist aber nicht nothwendig der Fall.

Die Absicht der Geheimhaltung bedarf keiner ausdrücklichen Verabredung, sondern kann sich von selbst und stillschweigend ergeben.
U. v. 21./23. XII. 85. R. VII. 762. E. XIII. 273.

2. Der Begriff der Theilnahme an einer unerlaubten Verbindung ist nicht im Sinne der allgemeinen Bestimmungen des §§ 47 flg. des StGB. über Theilnahme aufzufassen. Es genügt die Betheiligung an einer Verbindung, deren unerlaubte Zwecke dem Mitgliede bekannt sind; der Nachweis einer besonderen Thätigkeit in Verfolgung der Zwecke der Gesellschaft ist nicht erforderlich. Daß die Verbindung außerhalb Deutschlands ihren Sitz hat, ist gleichgültig, sobald ein Deutscher während seines Aufenthaltes im deutschen Reich der auf den Umsturz. des Bestehenden auch in Deutschland gerichteten Verbindung angehört. U. v. 20. V. 86. R. VIII. 363.

3. Der Thatbestand des § 128 wird dadurch nicht ausgeschlossen, daß die in Deutschland bestehende Verbindung, deren Dasein in Deutschland vor der Staatsregierung geheim gehalten werden soll, zugleich im Auslande besteht und dort nach Dasein, Verfassung und Zweck nicht geheim gehalten werden soll.
U. v. 13./18. VI. 87. R. IX. 424. E. XVI. 165.

4. Theilnahme an einer geheimen Verbindung kann schon durch Förderung der Verbindungszwecke, demnach, wenn die Verbindung zur Verbreitung verbotener Schriften eingegangen ist, schon und allein durch Mitwirkung zu dieser Verbreitung stattfinden.
U. v. 26. IX. 87. R. IX. 464.

5. Ein Verein, welcher bei einer Reichstagswahl die Wahl einer bestimmten Person bezweckt, kann als Verbindung im Sinne der §§ 128 und 129 des StGB. aufgefaßt werden. Soweit das Erforderniß längerer Dauer in Frage kommt, ist die Dauer in concreto zu bemessen, wobei es der Prüfung des Thatrichters anheimfällt, welcher Zeitraum genüge.

Eine bestimmte Art der Organisation ist zum Begriffe der „Verbindung" nicht wesentlich; es genügt in dieser Hinsicht die Unterordnung des Einzelnen unter den irgendwie, z. B. durch Mehrheitsbeschluß, Befehle der Oberen u. s. w. zum Ausdrucke gebrachten Willen der Gesammtheit.

Das preuß. Vereinsgesetz vom 11. März 1850 rechnet Wahlvereine zu den „politischen" Vereinen und entzieht in § 21 die Wahlvereine nur den für politische Vereine vorgesehenen Beschränkungen (bezüglich der Mitgliedschaft von Frauen, Schülern und Lehrlingen und bezüglich der Verbindung mit gleichartigen Vereinen), nicht aber der Anzeigepflicht, welche nach § 8 für alle politischen Vereine besteht.

In der Geheimhaltuug der Verbindung kann ein Mittel zur Verhinderung obrigkeitlicher Maßregeln, nicht aber ein dem § 129 des StGB. entsprechende Zweck gefunden werden.

U. v. 8. XI. 87. R. IX. 567. E. XVI. 294.

§ 129.

1. Die Vollziehung eines Gesetzes im Sinne des § 129 geschieht nicht bloß durch Beamte, sondern durch alle die Maßregeln, welche das Gesetz zur Erreichung seiner Zwecke anordnet.

In der Verbreitung einer verbotenen Druckschrift kann ein ungesetzliches Mittel zur Verhinderung der Vollziehung des Gesetzes vom 21. October 1878 gegen die gemeingefährlichen Bestrebungen der Socialdemokratie im Sinne des § 129 des StGB. gefunden werden.

Das vor dem Gesetze vom 31. Mai 1880 betr. die Gültigkeitsdauer des Ges. v. 31. October 1878 erlassene Verbot einer Druckschrift bedurfte keiner Erneuerung behufs seiner Gültigkeit für die Zeit nach dem 31. März 1881. U. v. 2. I. 85. E. XI. 350.

U. v. 22. XII. 87. E. XVII. 193.

2. Die gesetzwidrigen Zwecke der Verbindung im Sinne des § 129 können vorliegen, auch wenn es noch nicht zur Beschäftigung damit gekommen ist.

Eine Aufforderung, den gesetzwidrigen Zweck zu verfolgen, ist schon eine Beschäftigung mit demselben.

U. v. 21./23. XII. 85. R. VII. 762. E. XIII. 273.

§ 130.

1. Die Feststellung, durch einen Zeitungsartikel werde die Anreizung zu Gewaltthätigkeiten gegeben, welche von allen Staatsangehörigen gefürchtet werden müssen, genügt zur Erfüllung des Thatbestandsmomentes der Friedensgefährdung.

Das Gesetz erfordert nicht den Anreiz zu *bestimmten* Gewaltthätigkeiten. U. v. 9. II. 86. R. VIII. 109.

2. Zur Annahme einer stattgefundenen Gefährdung des öffentlichen Friedens ist keine naheliegende Möglichkeit, daß es zu Gewaltthätigkeiten zwischen verschiedenen Klassen der Bevölkerung habe kommen können, erforderlich.

U. v. 22. XII. 86. R. VIII. 783. E. XV. 116.

3. Es wird vorausgesetzt, daß nicht lediglich Einzelne, welche verschiedenen Bevölkerungsklassen angehören, sondern die Klassen selbst zu Gewaltthätigkeiten der einen gegen die andere Klasse angereizt werden. U. v. 23. IX. 87. R. IX. 458.

4. Das Gesetz erheischt die nach den concreten Umständen nahe liegende Möglichkeit einer Störung des öffentlichen Friedens.

Eine solche Möglichkeit kann auch dann angenommen werden, wenn Gefahr, daß Gewaltthätigkeiten bei einem künftigen Anlasse ausbrechen werden, vorhanden ist.

U. v. 17. IV. 88. R. X. 302. E. XVII. 309.

§ 130a.

1. Zum Dolus im Sinne des § 130a Abs. 1 genügt das Bewußtsein, daß die bezügliche Aeußerung geeignet sei, den öffentlichen Frieden zu stören, d. h. die Staatsangehörigen in ihren berechtigten Interessen zu beunruhigen; eine hierauf gerichtete Absicht wird nicht erfordert. U. v. 16. II. 85. R. VII. 108.

2. Unter Angelegenheiten des Staates sind nicht nur die Staatsgesetze und die Staatseinrichtungen zu verstehen. Gefährdung des öffentlichen Friedens ist das Herbeiführen von Umständen, welche die Aufhebung oder Störung des öffentlichen Friedens nicht wirklich, sondern wahrscheinlich machen.

U. v. 11. XII. 85. R. VII. 740. E. XIII. 169.

3. Die Annahme, ein Religionsdiener habe in Ausübung seines Berufes öffentlich Angelegenheiten des Staates in einer Weise erörtert, welche die Absicht, zu Gewaltthätigkeiten unmittelbar oder mittelbar anzureizen, ausschließt, ist nicht geeignet, das Thatbestandsmerkmal der „Friedensgefährdung" in objectiver oder subjectiver Beziehung zu beseitigen. U. v. 17. XII. 88. E. XVIII. 314.

§ 131.

1. Wenn ein Zeitungsartikel als Motiv für die von der preuß. Regierung getroffenen Ausweisungsmaßregeln blinden Haß gegen alle Polen hinstellt, so kann hierin die Erdichtung einer Thatsache im Sinne des Gesetzes gefunden werden.

Unter Anordnungen der Obrigkeit sind auch concrete, selbst für einen bestimmten Fall oder eine bestimmte Person erlassene Verwaltungsacte zu verstehen. U. v. 9. II. 86. R. VIII. 109.

2. Der § 131 findet keine Anwendung, wenn es sich um Anordnungen einer früheren Regierung handelt, welche zu der gegenwärtigen

Regierung in gar keiner Beziehung stehen, auch nicht fälschlich in eine solche Beziehung gebracht sind.

U. v. 29. XI. 87. R. IX. 674. E. XVI. 368.

§ 132.

1. Das Gesetz hat in der zweiten Alternative zur Voraussetzung, daß die in dem im Allgemeinen zur Anklage gestellten Falle vorgenommene Handlung eine solche ist, zu deren Vornahme einem Nichtbeamten die Befugniß fehlt. Gleichgültig ist, ob die concreten Umstände des Falles die Handlung, wenn von einem Beamten vorgenommen, gerechtfertigt haben würden.

U. v. 4. I. 87. R. IX. 6.

2. In der Anstellung eines Auctionators zur Versteigerung von Immobilien ist nicht die Berufung zu einem öffentlichen Amte, resp. zu Handlungen, die nur kraft eines öffentlichen Amtes vorgenommen werden dürfen, enthalten.

U. v. 28. III. 88. R. X. 274. E. XVII. 291.

§ 133.

1. Wer den berechtigten Inhaber einer amtlichen Urkunde zur freiwilligen Herausgabe derselben durch Täuschung veranlaßt, kann sich hierdurch der Beiseiteschaffung schuldig machen.

U. v. 13. II. 85. R. VII. 100. E. XII. 67.

2. Der Begriff des „Beiseiteschaffens" setzt nicht nothwendig ein positives Handeln voraus.

Die Worte „einem Beamten oder einem Dritten" sind nicht im Gegensatz zum Thäter gestellt und findet die Strafvorschrift auch auf den Dritten selbst Anwendung, dem Gegenstände amtlich übergeben worden sind. U. v. 9. VI. 85. R. VII. 361. E. XII. 247.

3. Der Entwurf eines Protokolls über eine Vollstreckungshandlung, welchen der Vollstreckungsbeamte dem Schuldner zur Einsicht und Unterzeichnung übergibt, ist ein einem Dritten amtlich übergebener Gegenstand und dessen vorsätzliche Vernichtung strafbar.

U. v. 20. XI. 88. R. X. 679.

§ 137.

1. Ein Beamter, welcher bestallungsmäßig die Pflicht hat: 1. diejenigen Präventivmaßregeln vorzunehmen, welche die Erhaltung der öffentlichen Ruhe, Sicherheit und Ordnung oder die Abwendung einer dem Publikum oder einzelnen Mitgliedern desselben bevorstehenden Gefahr bezwecken; 2. durch Anzeige begangener Contra-

ventionen und Beschlagnahme der Ueberführungsstücke das strafrechtliche Interesse zu wahren, ist zur Anordnung und Vornahme von Beschlagnahmen zuständig: a) unbedingt, wenn er die Funktion ad 1 ausübt, b) bedingt, nämlich nur als Hülfsbeamter der Staatsanwaltschaft, wenn er die Funktion ad 2 ausübt.

U. v. 9. I. 85. R. VII. 25.

2. Das Herantreten des Gerichtsvollziehers an zu pfändende Viehstücke mit der Erklärung, sie seien gepfändet, bilden eine genügende Besitzergreifung, und in Verbindung mit einem Anschlage am Stalle, daß das im Stalle befindliche Vieh gepfändet sei, eine rechtswirksame Pfändung. U. v. 30. IV. 85. R. VII. 264.

3. Unter Sachen sind auch Forderungen zu verstehen.

Der Drittschuldner macht sich durch Zahlung der arrestirten Forderung an den ursprünglichen Gläubiger nur dann strafbar, wenn unter besonderen Umständen der durch die Beschlagnahme geschaffene Rechtszustand vermöge der Zahlung oder sonstigen Verfügung verändert wird. U. v. 8. V. 85. R. VII. 287. E. XII. 184.

4. Es genügt zur Besitzergreifung eines Executionsobjects durch den Gerichtsvollzieher, wenn derselbe unter Hinweis auf ein vorhandenes Object dessen Besitzergreifung erklärt und Protokoll darüber errichtet, auch wenn er sich sofort entfernt, um Leute behufs Wegschaffung des Objects herbeizuholen. In der bloßen Beschädigung des Objects liegt keine Entziehung aus der Verstrickung.

U. v. 12. X. 85. R. VII. 572.

5. Das gemäß § 156 des Vereinszollgesetzes vom 1. Juli 1869 eingetretene Eigenthum des Fiscus an der beschlagnahmten Sache schließt das Fortbestehen einer Beschlagnahme der Sache und damit die Anwendbarkeit des § 137 des StGB. nicht aus.

U. v. 4. V. 86. R. VIII. 339. E. XIV. 112.

6. Die Vollziehung einer einstweiligen Verfügung ohne vorherige oder gleichzeitige Zustellung derselben (CPrO. §§ 815, 808, 671) an den Schuldner ist unwirksam und stellt keine Beschlagnahme im gesetzlichen Sinne dar. U. v. 25. V. 86. R. VIII. 391. E. XIV. 151.

7. Zur wirksamen Pfändung ist, wenn auch nicht unbedingt körperliche Berührung der Sache, so doch mindestens außer der Kundgebung des Besitzergreifungswillens das Vorhandensein solcher Umstände erforderlich, welche nach der concreten Sachlage den Uebergang der Verfügungsgewalt auf den Pfändenden herbeiführen.

U. v. 22. VI. 86. R. VIII. 479.

8. Die Concurseröffnung enthält eine Beschlagnahme des der Zwangsvollstreckung unterliegenden Vermögens des Concursschuldners und kann der Verkauf hierzu gehöriger Sachen, auch wenn sie dem Schuldner zum Gebrauch überlassen waren, bestraft werden.

U. v. 6. VII. 86. R. VIII. 519. E. XIV. 286.

9. Die Täuschung eines Gerichtsvollziehers, durch welche er veranlaßt wird, daß derselbe in gutem Glauben eine andere, als die von ihm gepfändete Sache im Wege der Zwangsvollstreckung versteigert, kann Arrestbruch und Betrug in Concurrenz sein.

U. v. 14. I. 87. R. IX. 49. E. XV. 205.

10. Das Recht der Verwaltungsbehörden, unbestrittene Forderungen des Fiscus aus privatrechtlichen Titeln selbst zur Execution zu bringen, ist durch § 4 des Einf. Ges. zur CPrO. nicht ausgeschlossen.

U. v. 24./31. I. 87. R. IX. 85. E. XV. 323.

11. Wenn ein von der Polizei aus sanitätspolizeilichen Gründen vergrabener Gegenstand von dritten Personen wieder ausgegraben und in Besitz genommen wird, liegt kein Vergehen des Arrestbruches vor.

U. v. 25. III. 87. R. IX. 197. E. XV. 388.

12. Eine durch den Gerichtsvollzieher vorgenommene Pfändung, wobei er das Pfandobject im Gewahrsam des Schuldners läßt, ohne an demselben die vollzogene Pfändung ersichtlich zu machen, ist auch dann unwirksam und eine Veräußerung durch den Schuldner straffrei, wenn der Gerichtsvollzieher das Object an sich genommen, dann aber wieder in den Gewahrsam des Schuldners zurückgebracht hatte.

U. v. 17. X. 87. R. IX. 515. E. XVI. 273.

13. Der Thatbestand des § 137 des StGB. schließt den des § 288 nicht aus; beide Vergehen können ideell concurriren.

U. v. 10. I. 88. R. X. 19. E. XVII. 42.

14. Da für die Beauftragung des Gerichtsvollziehers zur Zwangsvollstreckung neben der Uebergabe der vollstreckbaren Ausfertigung keine Form vorgeschrieben ist, so kann der Auftrag des Gläubigers auch durch eine Mittelsperson an den Gerichtsvollzieher gelangen. Uebergibt diese dem Gerichtsvollzieher die vollstreckbare Ausfertigung und hat Letzterer gegen deren Legitimation kein Bedenken, so ist derselbe befugt und verpflichtet, die von ihm verlangte Zwangsvollstreckung vorzunehmen. Eines schriftlichen Ausweises bedarf es für die Mittelsperson nicht. U. v. 17. II. 88. R. X. 157.

15. Die Veränderung des Aufbewahrungsortes enthält nicht ohne weiteres eine Beiseiteschaffung der beschlagnahmten Sache.

U. v. 23. III. 88. R. X. 264.

16. Die Beschlagnahme von Ueberführungsstücken erfordert außer der Anordnung einen Ausführungsact. Dieser Act kann bestehen in einem bloßen amtlichen Verbot; einer Besitzergreifung der Sache bedarf es nicht. U. v. 19. VI. 88. R. X. 443. E. XVIII. 71.

17. Nach gemeinem Rechte geht durch den Fortfall der Pfandzeichen an den gepfändeten, im Gewahrsam des Schuldners belassenen Sachen das Pfändungspfandrecht nicht verloren.

U. v. 25. X. 88. R. X. 592. E. XVIII. 163.

18. Die Wirksamkeit der Pfändung ist nicht dadurch bedingt, daß dem bei der Pfändung nicht zugegen gewesenen Schuldner Abschrift des Protokolls zugestellt wird.

U. v. 13. XI. 88. R. X. 648.

§ 139.

Bei gemeingefährlichen Verbrechen besteht die Anzeigepflicht, solange der durch die Begehung des Verbrechens herbeigeführte Zustand der Gefahr andauert.

U. v. 7. VI. 86. R. VIII. 425. E. XIV. 214.

§ 140.

Wenn eine Freisprechung darauf gegründet wird, daß das militärpflichtige Alter erst erreicht sei, nachdem mehr als 10 Jahre seit der Auswanderung 2c. abgelaufen waren, so muß aus der Feststellung unzweideutig hervorgehen, daß der ausländische Aufenthalt ein ununterbrochener war. U. v. 22. XI. 87. R. IX. 628.

§ 143.

Das Gesetz erfordert zu seiner Anwendung, daß die auf Täuschung berechneten Mittel gegenüber einer Behörde gebraucht werden, welche in irgend einer Instanz über die Wehrpflicht des Thäters zu entscheiden hat. U. v. 10. IX. 86. R. VIII. 538.

§ 145.

Die Vorschriften der kaiserlichen Verordnung vom 7. Januar 1880 über das Ausweichen der Schiffe findet auch auf offene Fischerboote und andere offene Boote Anwendung.

U. v. 21. IX. 88. R. X. 505. E. XVIII. 89.

Achter Abschnitt.

Münzverbrechen und Münzvergehen.

§ 146.

Wenn der Zweck des Thäters nicht dahin geht, das nachgemachte Geld als echtes in Verkehr zu bringen, sondern nur dahin dasselbe als echtes Geld im Rechtsverkehre vorzuzeigen, ist der Thatbestand der Falschmünzerei und Münzfälschung gegeben.

U. v. 28. V. 86. R. VIII. 400. E. XIV. 161.

§ 147.

Zum Thatbestande des Versuchs zur Verbreitung falschen Geldes ist die Absicht erforderlich, es als solches sich zu verschaffen und in Verkehr zu bringen. U. v. 20. V. 87. E. XVI. 111.

§ 152.

Nachgemachtes oder verfälschtes Geld ist einzuziehen, auch wenn ein strafbarer Thatbestand nicht vorliegt.

Die Verurtheilung oder Freisprechung einer bestimmten Person steht einem nachträglichen Verfahren behufs Unbrauchbarmachung bezw. Einziehung der in § 152 des StGB. bezeichneten Gegenstände nicht entgegen. U. v. 28. V. 86. R. VIII. 400. E. XIV. 161.

Neunter Abschnitt.

Meineid.

§ 154.

1. Der Thatbestand des § 154 ist erfüllt, wenn der falsche Eid vor einer Behörde geleistet worden ist, welche in abstracto zur Abnahme von Eiden zuständig ist. U. v. 24. XI. 85. R. VII. 696.

2. Der Zeuge oder Sachverständige, welcher einen Theil seiner Wissenschaft absichtlich verschweigt, macht sich auch dann eines Meineides schuldig, wenn er den betr. Theil für unerheblich hält. Das setzt aber voraus, daß er darnach besonders befragt wurde, oder daß er sich wenigstens der Möglichkeit bewußt war, man könne den verschwiegenen Umstand für erheblich ansehen.

U. v. 8. I. 86. R. VIII. 23.

3. Die von einem Zeugen auf Eid gemachte falsche Aussage enthält den Versuch eines Meineides auch dann, wenn der Zeuge noch innerhalb derselben Vernehmung auf Vorhalt des Vorsitzenden seine Aussage richtig stellt. Die Anstiftung zu diesem Versuch ist nach § 48, nicht 159 des StGB. strafbar. U. v. 9. X. 88. R. X. 555.

§ 155.

Die Versicherung, welche ein Zeuge unter Berufung auf den bereits früher in derselben Angelegenheit geleisteten Zeugeneid abgibt, ist auch dann der Eidesleistung gleichzuachten und bezw. als Meineid zu bestrafen, wenn sie in einem Falle gefordert und abgenommen worden ist, in welchem nach processualer Vorschrift die förmliche Eidesleistung hätte stattfinden sollen.

U. v. 15. V. 88. R. X. 393. E. XVII. 409.

§ 156.

1. Urkundlich abgegebene eidesstattliche Versicherungen von Zeugen sind zulässige Beweismittel für die Glaubhaftmachung einer thatsächlichen Behauptung. Zu deren Ab- und Entgegennahme sind die Gerichte zuständig. Die wissentlich falsche Abgabe einer solchen Versicherung fällt unter § 156 des StGB. U. v. 13. II. 85. R. VII. 106.

2. Eine wissentlich falsch abgegebene eidesstattliche Versicherung unterliegt der Strafbestimmung dann, wenn sie einem an sich für die Sache zuständigen Beamten in einem Falle erstattet worden ist, für welchen das Gesetz die Zulässigkeit eidesstattlicher Versicherung gegeben hat, ohne daß der Strafrichter im concreten Falle nachzuprüfen hat, ob die Entgegennahme solcher Versicherung geboten war.

U. v. 11. XII. 85. R. VII. 733. E. XIII. 161.

3. Wenn ein Reclamant bei Veranlagung der classificirten Einkommensteuer in Preußen der Bezirkscommission gegenüber unaufgefordert Erklärungen wissentlich falsch unter eidesstattlicher Versicherung abgibt, so ist dies strafbar.

U. v. 24. V. 86. R. VIII. 380. E. XIV. 170.

4. Zur Begründung sowohl des Antrages auf Erlaß einstweiliger Verfügung als des Gegenantrages können eidesstattliche Versicherungen vorgelegt werden. (CPO. § 266.) U. v. 7. XII. 86. R. VIII. 730.

5. Bei eidesstattlichen Versicherungen können die Worte „an Eidesstatt" durch gleichbedeutende Ausdrücke ersetzt — für gleichbedeutend kann jedoch das Erbieten zur eidlichen Bestärkung nicht erachtet werden.

U. v. 28. XII. 86. R. VIII. 790. E. XV. 126.

6. Nach preuß. allg. LR. ist der Amtsrichter zuständig, in dem Verfahren, durch welches der Vater mit seinen minderjährigen Kindern sich vor Eingehen einer zweiten Ehe auseinander setzt, die eidesstattliche Versicherung der Richtigkeit des Inventars abzunehmen.

U. v. 2. XII. 87. R. IX. 688. E. XVI. 372.

7. In Preußen und Mecklenburg sind die Universitätsfacultäten Behörden; in Mecklenburg mit autonomer Befugniß, in Preußen mit Zuständigkeit zur Abnahme eidesstattlicher Versicherungen nur in denjenigen Angelegenheiten, in denen der einzelnen Universität die Berechtigung hierzu durch Gesetz oder kraft gesetzlicher Ermächtigung erlassene Instruction gegeben ist.

U. v. 9. III. 88. R. X. 227. E. XVII. 208.

8. Die auf Grund des § 3 Abs. 2 Satz 2 des preuß. Ges. vom 12. März 1869, betr. die Ausstellung gerichtlicher Erbbescheinigungen, ohne Auftrag des zuständigen Nachlaßgerichts zum Protokoll eines preußischen Notars aufgenommene, aber an das zuständige Nachlaßgericht nicht abgegebene eidesstattliche Versicherung ist im Sinne des § 156 des StGB. als eine vor einer zur Abnahme einer Versicherung an Eidesstatt zuständigen Behörde abgegebene eidesstattliche Versicherung anzusehen. U. v. 14. XI. 88. R. X. 652. E. XVIII. 246.

9. In einem Verfahren, welches die Beurkundung einer Geburt bezweckt, ist der Standesbeamte nicht berechtigt, über die Richtigkeit der zu beurkundenden Thatsachen eidesstattliche Versicherungen abzunehmen. U. v. 28. XII. 88. E. XVIII. 309.

§ 159.

1. Ein beeideter Zeuge, der anfänglich die Unwahrheit sagt, dann aber, ohne durch von seinem Willen unabhängige Umstände gezwungen zu sein, die Wahrheit sagt, begeht hiedurch einen straflosen Versuch des Meineids. Der Anstifter desselben ist als Anstifter eines versuchten Meineids, nicht aus § 159 strafbar.

U. v. 15. III. 86. R. VIII. 171. E. XIV. 19.

2. Der Thatbestand liegt auch dann vor, wenn das Unternehmen, einen Anderen zur Begehung eines Meineides zu verleiten, deshalb ohne Erfolg geblieben ist, weil der zu Verleitende gutgläubig den falschen Eid geleistet hat. U. v. 20. IV. 86. R. VIII. 302.

3. Es ist bedeutungslos, ob die erstrebte Verletzung der Zeugenpflicht auch wirklich eintreten konnte, oder ob dies objectiv unmöglich war und nur der Thäter dies nicht wußte.

Es wird nicht die Festellung concreter Thatsachen erfordert, auf deren wahrheitswidrige Bezeugnng die Absicht des Verleitenden gerichtet gewesen ist.

Es genügt die bloße Aufforderung an eine Mittelsperson behufs der weiteren Einwirkung an den zu Verleitenden zur Vollendung des Verbrechens. U. v. 4. II. 87. R. IX. 112. E. XV. 259.

4. Der Thatbestand des § 159 ist auch dann gegeben, wenn das Unternehmen um deswillen erfolglos blieb, weil die dem Zeugen zugemuthete und vom Verleiter für falsch gehaltene Aussage objectiv richtig war. U. v. 15. X. 88. R. X. 569.

§ 160.

1. Eine Verurtheilung wegen Verleitung zur Ableistung eines falschen Eides kann nicht erfolgen, wenn dieser Eid wissentlich falsch geschworen ist. U. v. 29. I. 85. E. XI. 418.

2. Das vollendete Vergehen hat die wirkliche Ableistung des falschen Eides zur Voraussetzung.
U. v. 5. VI. 85. R. VII. 349. E. XII. 254.

3. Der § 160 setzt voraus, daß die That, zu welcher verleitet wird, auch wirklich begangen, nur von dem Thäter nicht als strafbar gewollt ist. U. v. 14. XII. 86. E. XV. 148.

§ 161.

Bei Versuch und Beihülfe zum Meineid kann auf Eidesunfähigkeit nicht erkannt werden. U. v. 12. XI. 85. R. VII. 660. E. XIII. 76.
U. v. 6. II. 88. R. X. 100.

§ 163.

1. Die fahrlässige Verletzung des Offenbarungseides durch unvollständige Angaben des Vermögens ist durch die Fassung des Eides nicht ausgeschlossen. U. v. 7. I. 85. R. VII. 20.

2. Ein falscher Ueberzeugungseid (CPO. § 424) kann nur aus § 155, nicht aus § 163 StGB. gestraft werden.
U. v. 27. II. 85. E. XII. 58.

3. Abs. 2 ist auch auf Partheieide anwendbar; der unmittelbar nach der Eidesleistung vor Gericht erfolgte Widerruf fällt unter Abs. 2; unter „Rechtsnachtheil" ist nur derjenige zu verstehen, welcher als eine materielle üble Folge aus der falschen Eidesleistung bereits erwachsen ist. U. v. 25. IV. 87. R. IX. 280. E. XVI. 29.

4. Dem Widerrufe darf die Wirkung nicht lediglich um deswillen abgesprochen werden, weil er sich als Folge des Zwanges zur Eidesleistung darstellt.

Ein Widerruf liegt nur vor, wenn in der späteren Erklärung zum Ausdruck gebracht ist, daß dadurch die frühere Abgabe abgeändert werden soll.

Der Widerruf ist verspätet, wenn vor Erklärung desselben zufolge der falschen Versicherung eine Zwangsvollstreckung einstweilen eingestellt war. U. v. 6. XII. 87. R. IX. 697.

5. Unter Widerruf ist jede — auch die auf behördlichen Vorhalt abgegebene — Erklärung zu verstehen, durch welche der Erklärende den Inhalt einer früher von ihm abgegebenen Erklärung als unrichtig anerkennt.

Der Widerruf kann mit Erfolg vor demjenigen Notar erklärt werden, welcher behufs Erlangung einer Erbbescheinigung gemäß § 3 des preuß. Ges., betr. die Ausstellung gerichtlicher Erbbescheinigungen, vom 12. März 1869 die eidesstattliche Versicherung aufgenommen hat.

Die preußischen Notare sind staatliche Behörden, auch im Sinne der §§ 156, 163 des StGB.

U. v. 24. II. 88. R. X. 192. E. XVII. 341.

6. Die nach dem preuß. Ges. vom 12. März 1869 § 3 bei einer Nachlaßregulirung verlangte und abgegebene Versicherung an Eidesstatt, keine näheren oder gleichnahen Erben zu kennen, ist nicht fahrlässig falsch abgegeben, wenn der versichernde Erbe wirklich keine solche Erben kannte, auch wenn er sich die Kenntniß noch so leicht verschaffen konnte. Die Aushändigung der Eidesbescheinigung an einzelne Erben enthält für besser oder gleichberechtigte Erben, denen sie nicht ertheilt ist, einen Rechtsnachtheil, der die Straflosigkeit einer fahrlässig abgegebenen Versicherung ausschließt.

U. v. 6. III. 88. R. X. 210. E. XVII. 185.

7. In der Erhebung der Anklage und Eröffnung des Hauptverfahrens wegen einer schwereren als der wirklich begangenen Strafthat kann ein Rechtsnachtheil im Sinne des § 163 Abs. 2 gefunden werden. U. v. 13. IV. 88. R. X. 295. E. XVII. 307.

Zehnter Abschnitt.

Falsche Anschuldigung.

§ 164.

1. Der Thatbestand der falschen Anschuldigung liegt nicht vor, wenn der Angezeigte eine strafbare Handlung derart, wie sie ihm zur Last gelegt ist, begangen, der Anzeigende aber wider besseres Wissen den Sachverhalt entstellt vorgetragen hat.

U. v. 16. X. 85. E. XIII. 12.

2. Nimmt das erkennende Gericht an, daß die den Gegenstand der Anklage bildende falsche Anzeige nicht wider besseres Wissen ge-

macht sei, so hat es weiter festzustellen, ob nicht mit Bezug auf die vorgeworfenen Thatsachen die §§ 186 und 193 des StGB. Anwendung zu finden haben. U. v. 22. XII. 86. R. VIII. 785.

3. Eine Anzeige kann in Angaben gefunden werden, welche Jemand bei Gelegenheit seiner Vernehmung, jedoch ohne Veranlassung durch dieselbe und lediglich in der Absicht, einen Zeugen zu beschuldigen, vorbringt. U. v. 11. I. 87. R. IX. 31.

4. Das Verschweigen von Thatsachen bei Erstattung einer Anzeige kann nur dann als „falsche" Anschuldigung aufgefaßt werden, wenn die zur Anzeige gebrachte That des Denunziaten sich nicht als eine strafbare Handlung darstellen würde, sofern der Denunziant die ihm bekannten und von ihm verschwiegenen Umstände angegeben hätte.
U. v. 29. III. 87. E. XV. 391.

5. Der Thatbestand falscher Anschuldigung liegt nicht schon dann vor, wenn die Thatsache, in welche die Beschuldigung der Begehung einer strafbaren Handlung von dem Thäter eingekleidet worden (Erzählung des Beschuldigten von der Begehung der Strafthat) wissentlich unwahr behauptet worden ist, die Verurtheilung setzt vielmehr die Feststellung voraus, daß der Beschuldigte die Strafthat nicht begangen habe und dies dem Anzeigenden bekannt gewesen sei.
U. v. 21. IV. 87. E. XVI. 37.

6. Eine Beschuldigung ist nicht als wider besseres Wissen erhoben anzusehen, wenn der Anzeigende von der Unwahrheit der Beschuldigung nicht überzeugt war, ihm aber doch die Ueberzeugung von der Wahrheit derselben fehlte. U. v. 18. IX. 88. E. XVIII. 88.

7. In der Anzeige eines unwürdigen außeramtlichen Verhaltens kann der Vorwurf der Verletzung einer Amtspflicht gefunden werden. U. v. 9. X. 88. R. X. 554.

§ 165.

1. Publicationsbefugniß kann nach dem Tode des Verletzten nur zuerkannt werden, wenn der Verletzte vor seinem Tode Ertheilung dieser Befugniß beantragt hat.
U. v. 17. V. 87. R. IX. 324. E. XVI. 73.

2. Nach § 165 des StGB. ist nicht nur die Art, sondern auch die Frist zu der Bekanntmachung im Urtheil zu bestimmen, so daß die der Verletzten ohne Fristbestimmung beigelegte Bekanntmachungsbefugniß über die Grenzen hinaus geht, welche im Urtheil zu setzen waren. Zur Ergänzung dieses Mangels ist die Sache in die Instanz zurückzuweisen. U. v. 12. X. 88. R. X. 564.

Elfter Abschnitt.

Vergehen, welche sich auf die Religion beziehen.

§ 166.

1. In dem Begriffe der Beschimpfung liegt, daß eine rohere, herabwürdigendere Form der Aeußerung erforderlich ist, als zur einfachen Beleidigung. Die Grenzen zwischen Beschimpfung, Beleidigung und erlaubter scharfer Kritik zu finden, ist Sache des Thatrichters.
U. v. 5. II. 85. R. VII. 83.

2. Es ist nicht rechtsirrthümlich, wenn ein Kirchhof, auf welchem herkömmlich bei Beerdigung religiöse Handlungen vorgenommen werden, für einen religiösen Versammlungsort erachtet wird.

In einer ehebrecherischen Beischlafsvollziehung an diesem Orte kann die Verübung eines beschimpfenden Unfugs gefunden werden.
U. v. 27. III. 85. R. VII. 195.

3. Angriffe gegen einzelne Lehren der Bibel, insbesondere des Alten Testamentes, sind nur dann Angriffe gegen die christliche Kirche und ihre Einrichtungen, wenn feststeht, daß die Bibel als solche und als dogmatische Grundlage des christlichen Glaubens angegriffen ist, nicht bloß die einzelne Lehre und ihre Verwendung für bestimmte Zwecke. Der Vorsatz bei Begehung des Delicts aus § 166 erfordert, daß der Thäter sich dieser Beziehungen bewußt war.
U. v. 12. XI. 85. R. VII. 659.

4. Nach Lage der concreten Umstände kann eine Beschimpfung Luthers als eine solche der evangelischen Kirche erscheinen, beides ist aber an sich nicht identisch. U. v. 13. XI. 85. R. VII. 664.

5. Die Beschimpfung der Mutter Christi an sich, wenn darin nicht zugleich die Beschimpfung einer kirchlichen Einrichtung, wie des Mariencultus, oder eine Beschimpfung der christlichen Kirche selbst festgestellt wird, ist nicht strafbar.
U. v. 5. VII. 86. R. VIII. 511.

6. Sonntagsheiligung und geistliches Lehramt sind Einrichtungen der evangelischen Kirche. U. v. 9. XI. 86. R. VIII. 692.

7. Eine in einer Schule ausgesprochene Gotteslästerung ist nicht öffentlich verübt, wenn die Schule nur von den Schülern und den Schulbeamten betreten wird. U. v. 24. II. 87. R. IX. 151.

8. Die Ansicht, daß das Gesetz, indem es Aergernißerregung durch die Lästerung Gottes fordert, nur voraussetze, daß die öffentliche Lästerung so beschaffen, daß sie Aergerniß zu erregen geeignet sei, ist irrig. U. v. 10. X. 87. R. IX. 490. E. XVI. 245.

§ 167.

1. Das Gesetz erfordert weder nach seinem Wortlaute noch nach seinem Sinne, daß der Thäter sich bei Vornahme der störenden Handlung innerhalb des zu religiösen Versammlungen bestimmten Ortes befunden hat, wenn nur die auch außerhalb desselben vorgenommene Handlung ihre störende Wirkung auf die in dem Ort stattfindende gottesdienstliche Verrichtung ausgeübt hat und hat ausüben sollen.

U. v. 27. I. 85. R. VII. 55.

2. Das Thatbestandsmoment „Gottesdienst" ist ein Rechtsbegriff. Die Voraussetzungen desselben, Ort und Zweck, sind wesentlich thatsächlicher Natur. U. v. 9. VI. 85. R. VII. 363.

3. Ob die Verlesung der Thora vor einer jüdischen Gemeinde zum Gottesdienste zu erachten sei oder nicht, kann nur für die concrete Gemeinde und thatsächlich entschieden werden.

U. v. 7. I. 86. R. VIII. 18.

4. Die Frage, ob eine gottesdienstliche Handlung bereits begonnen habe, ist eine thatsächliche. Es ist nicht rechtsirrthümlich, wenn angenommen wird, daß der kirchliche Act bei einem Begräbniß schon begonnen hat, nachdem der Geistliche an den zur Einsenkung bereiten Sarg getreten war. U. v. 3. III. 87. R. IX. 169.

5. Die Strafbarkeit einer an sich den Gottesdienst störenden Handlung wird durch eine Berechtigung zu derselben ausgeschlossen.

U. v. 5. IV. 87. E. XVI. 15.

6. Es genügt, wenn die Andacht Einzelner (nicht einer einzelnen Person) gestört wird. Zum Dolus genügt das Bewußtsein, daß die Handlung, wenn auch nicht für sich allein, doch in Verbindung mit anderen Umständen (Mitwirkung Anderer bei störendem Geplauder) Unordnung herbeiführt.

U. v. 19. IV. 88. R. X. 307. E. XVII. 316.

§ 168.

1. Die unbefugte Entfernung des Sargdeckels aus einem Grabe kann nach § 168 bestraft werden.

U. v. 12. III. 85. R. VII. 167. E. XII. 168.

2. Es ist nicht rechtsirrig, in dem Beschädigen der auf ein Grab gepflanzten oder in Töpfen eingegrabenen Gewächse und dem Herausreißen und Wegwerfen derselben, begangen wegen einer feindseligen Gesinnung gegen den Verstorbenen, beschimpfenden Unfug an dem Grabe zu finden. U. v. 1. VII. 87. R. IX. 399.

Zwölfter Abschnitt.

Verbrechen und Vergehen in Beziehung auf den Personenstand.

§ 169.

1. Dadurch, daß die Mutter eines unehelichen Kindes der Pflegschaftsbehörde eine Mannsperson fälschlich als Vater des Kindes bezeichnet, und der Bezeichnete sich in einem gerichtlichen Protokolle unwahrerweise zur Vaterschaft bekennt, wird eine Veränderung des Personenstandes auch mit Rücksicht auf die Vorschriften des bayerischen Landrechtes begründet. U. v. 7. XII. 85. E. XIII. 129.

2. Die unwahre Angabe vor dem Standesamte, daß die Mutter des angemeldeten Kindes verheirathet und also das Kind ein eheliches sei, ist strafbar. U. v. 4. I. 87. R. IX. 9.

Dreizehnter Abschnitt.

Verbrechen und Vergehen wider die Sittlichkeit.

§ 172.

1. Es wird nicht eine absolut gültige, gegen jede Anfechtung namentlich wegen formeller Mängel bei Eingehung derselben, sicher gestellte Ehe vorausgesetzt. U. v. 12. IV. 86. R. VIII, 277.

2. Die im vorausgegangenen Ehescheidungsverfahren nicht geltend gemachte Thatsache der Einwilligung des anderen Ehegatten zu der Begehung des Ehebruchs kann in der Untersuchung wegen Ehebruchs weder als ein die Strafbarkeit der That, noch des Strafantragsrecht des anderen Ehegatten ausschließendes Moment in Betracht kommen. U. v. 7. VI. 86. E. XIV. 201.

3. Zur Feststellung, daß die Ehe wegen Ehebruchs geschieden ist, genügt im Geltungsbereiche des preuß. LR., wenn die Ehe wegen eines die dringende Vermuthung der verletzten ehelichen Treue begründenden Umganges geschieden ist.

Verurtheilung wegen Ehebruches ist auch in diesem Falle dadurch bedingt, daß nach den Feststellungen des Strafrichters eine Vollziehung des Beischlafs stattgefunden hat.

U. v. 8. X. 86. R. VIII. 601. E. XIV. 352.

4. Das Erforderniß der Identität des vom Strafrichter festgestellten mit dem zur Trennung der Ehe verwertheten Ehebruche ist processualer Natur. Die Feststellung desselben liegt im Schwurgerichtsverfahren außerhalb der den Geschworenen zugewiesenen Entscheidung.

Ist die Ehe wegen ehebrecherischen Geschlechtsverkehrs — ohne Beschränkung auf spezielle Beischlafsacte — getrennt worden, so kann Identität auch dann angenommen werden, wenn die einzelnen Acte der geschlechtlichen Vereinigung, aus welcher der Ehe- bezw. Strafrichter den Ehebruch hergeleitet hat, nicht identisch sind.

U. v. 28. XII. 86. R. VIII. 791. E. XV. 122.

5. Die Verjährung bei dem Vergehen des Ehebruchs beginnt mit dem Tage der Rechtskraft des Ehescheidungsurtheils.

U. v. 8. II. 87. R. IX. 121. E. XV. 261.

§ 173.

Der Irrthum des Stiefvaters, er sei mit der unehelichen Tochter seiner Ehefrau nicht verschwägert, beruht auf einer Unkenntniß des Strafgesetzes und fällt daher nicht unter die im § 59 des StGB. bezeichneten Thatumstände.

U. v. 19. II. 85. R. VII. 130. E. XII. 275.

§ 174.

1. Der Stief- und Adoptivvater, welcher mit seinem Stief- und Adoptivkinde den Beischlaf ausübt, macht sich in ideeller Concurrenz sowohl der Blutschande, wie des in § 174 Ziff. 1 des StGB. vorgesehenen Verbrechens schuldig; durch das Schwägerschaftsverhältniß wird dessen Bestrafung aus § 174, als dem schwereren Gesetze nicht ausgeschlossen.

Die Volljährigkeit der Adoptivtochter schließt die Strafbarkeit nach § 174 nicht aus.

U. v. 22. VI. 85. R. VII. 422. E. XII. 292.

U. v. 23. XII. 85. R. VII. 759.

2. Der Begriff der Pflegeeltern und Pflegekinder im Sinne des StGB. und des preuß. allg. LR. setzt ein Verhältniß voraus, welches dem Verhältnisse zwischen natürlichen und Adoptiveltern und Adoptivkindern ähnlich, so gestaltet ist, daß es wie dieses ein dauerndes sittliches Band zwischen den Verbundenen herstellt.

U. v. 11. XII. 85. E. XIII. 148.

3. Vormund im Sinne § 174 Ziff. 1 ist nur derjenige, welcher durch Uebertragung einer Pflicht zur Beaufsichtigung der Person, der persönlichen Pflege und Fürsorge für dieselbe ein Autoritätsverhältniß über die Pflegbefohlene eingeräumt ist, nicht derjenige, der nur für eine bestimmte Rechtshandlung oder zur Aufsicht über das

Vermögen bestellt ist, wenn ihn auch das Landesrecht als Vormund bezeichnet. U. v. 9. XII. 86. R. VIII. 737. E. XV. 72.

4. Das Pflegevaterverhältniß ist nach preuß. LR. für denjenigen begründet, welcher nach Vertrag mit einer gemeindlichen Waisenverwaltung ein Kind zur Erziehung übernommen hat, ohne daß in Bezug auf sittliche Erziehung eine Beschränkung pactirt ist.
U. v. 13. VII. 88. R. X. 483.

§ 175.

Ein Mann, welcher den Geschlechtstheil eines Anderen, nicht bei Bewußtsein befindlichen Mannes zu Zwecken der Unzucht in den Mund nimmt, ist aus § 175 strafbar. U. v. 28. V. 88. R. X. 416.

§ 176.

1. Eine That kann eine Verfehlung in idealer Concurrenz gegen § 176 Ziff. 3 und § 240 StGB. bilden.
U. v. 18. XII. 84. E. XI. 387.

2. Der subjective Thatbestand des § 176 Ziff. 3 wird ausreichend durch die Feststellung begründet, der Angeklagte habe für möglich gehalten, daß das gemißbrauchte Kind noch nicht 14 Jahre alt sei. U. v. 20. XII. 87. R. IX. 742.

§ 180.

1. Ein Vorschubleisten liegt auch in der vorsätzlichen Unterlassung der pflichtgebotenen Verhinderung der Unzucht.
U. v. 15. I. 85. R. VII. 33.

2. Ein Vorschubleisten der Unzucht durch Gewährung von Gelegenheit kann auch in dem Unterlassen eines Einspruches in den Fällen gefunden werden, wo nach Recht und guter Sitte der Einspruch geboten war.
U. v. 16. I. 85. R. VII. 34.

3. Dadurch, daß eine Person, welche factisch, jedoch nicht rechtlich in der Lage war, Kuppelei zu verhindern, wie der Zuhälter einer Bordellinhaberin, dies zu thun unterläßt, wenn auch aus eigennützigen Gründen, begeht sie nicht selbst Kuppelei.
U. v. 18. IX. 85. R. VII. 515.

4. Der Vermiether einer Wohnung kann sich auch dadurch der Kuppelei schuldig machen, wenn er trotz Kenntniß von der in der vermietheten Wohnung betriebenen Unzucht die Fortsetzung des Miethverhältnisses duldet, auch wenn bei Abschluß des Miethsvertrags der Unzuchtsbetrieb nicht bekannt und eine desfallsige Bestimmung im Vertrage nicht getroffen war. U. v. 6. X. 85. R. VII. 552.

5. Ein Dienstmann, welcher Fremden auf Ansuchen ein Bordell bezeichnet und dieselben dorthin führt, macht sich hierdurch allein, wenn nicht besondere Umstände hinzutreten, einer Vorschubleistung nicht schuldig. U. v. 19. IV. 86. R. VIII. 296.

6. Wer ein Freudenmädchen von einem Bordell in das andere verbringt, leistet der Unzucht Vorschub.
U. v. 19. IV. 86. R. VIII. 300.

7. Das durch Nichtanzeige der Eröffnung einer mit dem Bordellbetrieb verbundenen Schankwirthschaft begangene Steuervergehen steht zu der von dem Wirthe betriebenen Kuppelei im Verhältniß realer Concurrenz. U. v. 31. V. 86. R. VIII. 408. E. XIV. 174.

8. Für das gesetzliche Merkmal der Vorschubleistung ist es keine nothwendige Voraussetzung, daß die von dem Thäter beförderte Unzucht demnächst thatsächlich verübt oder daß ein Zustand herbeigeführt worden ist, welcher unmittelbar die Begehung der Unzucht ermöglicht, sondern es genügt schon, daß jener durch seine Thätigkeit eine oder die andere der den unzüchtigen Verkehr ermöglichenden oder erleichternden Vorbedingungen herbeiführe, gleichviel ob die übrigen Bedingungen später sämmtlich hinzugetreten sind oder nicht.
U. v. 25. III. 87. E. XV. 361.

9. Auch derjenige handelt aus Eigennutz im Sinne des Gesetzes, dessen Beweggrund bloß in der Absicht besteht, sich ohne eigentliche Bereicherung den materiellen Nutzen der Befriedigung eines körperlichen Gelüstes oder der physischen Genußsucht zu verschaffen. (Gestattung des Beischlafes.) U. v. 3. V. 87. R. IX. 298. E. XVI. 56.

10. Zum subjectiven Thatbestande ist das Bewußtsein der Rechtswidrigkeit der Handlung nicht erforderlich.
U. v. 9. VI. 87. R. IX. 363.

11. Das nicht angenommene Anerbieten eines Miethverhältnisses mit dem bewußten Zwecke, daß die angebotenen Wohnungsräumlichkeiten zur Ausübung der Unzucht würden benutzt werden, ist nicht als Kuppelei strafbar. U. v. 9. VI. 87. R. IX. 371.

12. In der Beherbergung von Frauenspersonen gegen Ablieferung des Geldes, welches von diesen außerhalb der Wohnung durch Unzucht verdient wird, kann ein der Unzucht geleisteter Vorschub nur nach Bewandtniß des Falles gefunden werden.
U. v. 10. II. 88. R. X. 133.

13. Ein Vorschubleisten der Unzucht liegt auch in der Wohnungsvermiethung an solche Personen, die, wie dem Vermiether bekannt, Prostituirte zur Ausübung der Unzucht bei sich aufnehmen oder in Untermiethe zulassen. U. v. 29. XI. 88. R. X. 703.

§ 181.

1. Eltern, welche dazu Vorschub leisten, daß ihre Tochter mit ihrem Verlobten in eine geschlechtliche Gemeinschaft zu einer Zeit treten, in welcher die Ehe nur in Aussicht genommen ist, sind schwerer strafbarer Kuppelei schuldig.

U. v. 21. V. 85. R. VII. 317.
U. v. 29. X. 86. R. VIII. 649.
U. v. 10. II. 88. R. X. 139.

2. Ziff. 2 setzt keineswegs voraus, daß eine von den beim Betriebe der Unzucht betheiligten Personen als Object der Unzucht anzusehen sei, und mit dieser der Schuldige in dem Verhältnisse von Eltern zu Kindern oder einem anderen der dort gedachten Verhältnisse stehe und ist auf die Mutter in ihrem Verhältnisse zu einem großjährigen und selbständigen Sohne anwendbar.

U. v. 6. V. 87. R. IX. 301. E. XVI. 49.

§ 182.

Ein Verführen liegt vor, wenn ein Mädchen unter 16 Jahren, welches den Willen zur Beischlafsvollziehung nicht hatte, zu dieser durch das Verhalten des Mannes geneigt gemacht worden ist, ohne daß es auf die größere oder geringere Schwierigkeit ankommt, mit welcher der Mann zum Ziele gelangte.

U. v. 13. III. 85. R. VII, 172.

§ 183.

1. Eine in einer Schulklasse begangene unzüchtige Handlung ist nicht öffentlich verübt, wenn die Schulklasse nur dem Lehrer und den aufgenommenen Schülern und außerdem möglicherweise den Schulaufsichtsbeamten zugänglich ist, weil in solchem Falle der Kreis der wahrnehmenden Personen sowohl nach ihrer Individualität als nach ihrer Höchstziffer bestimmt ist.

U. v. 23. IX. 87. R. IX. 464.

2. Konnte die Handlung, unbestimmt von welchen und wie vielen Personen wahrgenommen werden, so ist dieselbe als öffentlich geschehen

auch dann zu erachten, wenn außer den von der That umfaßten Personen Andere der That nicht beigewohnt haben.

U. v. 22. XI. 87. R. IX. 627. E. XVI. 345.

§ 184.

1. Ein Ausstellen einer objectiv unzüchtigen Druckschrift liegt nur dann vor, wenn das Publikum durch das Ausstellen Kenntniß von dem Inhalte nehmen kann, also nicht, wenn es nur bezüglich des nicht unzüchtigen Titels, in einem dem Publikum nicht zugänglichen Schaufenster erfolgt.

U. v. 11./18. X. 86. R. VIII. 607. E. XIV. 397.

2. Darin, daß Jemand unzüchtige Bilder in einer Gaststube der Wahrnehmung der dort anwesenden Gäste durch Vorzeigen zugänglich macht, kann ein Ausstellen dieser Bilder gefunden werden.

U. v. 24. III. 87. R. IX. 196.

Vierzehnter Abschnitt.

Beleidigung.

§ 185.

1. Nicht jede Weitergabe eines Zeitungsblattes, welche mit dem Bewußtsein geschah, daß das Blatt eine (Majestäts-) Beleidigung enthält, stellt sich schon als eine (Majestäts-) Beleidigung dar.

U. v. 13. II. 85. R. VII. 107.

2. Der Thatbestand der Beleidigung wird nicht schon durch die Feststellung ausgeschlossen, daß der Thäter im Scherze gehandelt habe, sondern es kommen hierbei noch weitere Gesichtspunkte in Betracht.

U. v. 13. IV. 85. E. XII. 140.

3. Beleidigung mehrerer Personen durch nur eine Aeußerung stellt nicht mehrere selbständige Beleidigungen dar.

U. v. 2. III. 86. R. VIII. 149.

4. Der Thatbestand der Beleidigung wird dadurch nicht ausgeschlossen, daß die beleidigende Aeußerung in Bezug auf eine bevorstehende Handlung des Beleidigten erfolgt, insbesondere, wenn mit Wahrscheinlichkeit vorauszusehen ist, daß die Handlung werde vorgenommen werden. U. v. 22. VI. 86. R. VIII. 479.

5. Die Entscheidung der Frage, ob eine Aeußerung als Beleidigung aufzufassen, ist nicht unter allen Umständen der Anfechtung durch die Revision entzogen. U. v. 8. XI. 87. R. IX. 572.

6. Im Falle der beleidigenden Collectiväußerung genügt zur Feststellung des Dolus der Nachweis, daß der Angeklagte gerade die

Collectivbezeichnung gewählt hat, um sämmtliche von derselben umfaßte Personen zu treffen.

Abgesehen hiervon wird die Freisprechung durch die Feststellung gerechtfertigt, der Angeklagte sei sich nicht bewußt gewesen, daß die incriminirte Aeußerung von dritten Personen auf denjenigen bezogen werden könne, welcher demnächst den Strafantrag gestellt hat.

U. v. 26. X. 88. R. X. 597. E. XVIII. 167.

§ 186.

1. Zum Thatbestande wird vorausgesetzt, daß die ehrverletzende Kundgabe zur Kenntniß dritter Personen gelangt ist; die bloße Möglichkeit der Kenntnißnahme genügt nicht.

U. v. 29. X. 85. R. VII. 626.

2. Urtheile, welche die Behauptung eines concreten Vorgangs enthalten, fallen unter § 186 oder 187 des StGB., während § 185 allgemeine Urtheile und Reflexionen trifft.

U. v. 29. X. 86. R. VIII. 649.

3. Nimmt das erkennende Gericht an, daß die den Gegenstand der Anklage bildende falsche Anzeige nicht wider besseres Wissen gemacht sei, so hat es weiter festzustellen, ob nicht mit Bezug auf die vorgeworfenen Thatsachen die §§ 186 und 193 des StGB. Anwendung zu finden haben. U. v. 22. XII. 86. R. VIII. 785.

U. v. 9. XI. 88. R. X. 635.

4. In dem Vorwurfe der Parteilichkeit kann Behauptung einer Thatsache gefunden werden, wenn der Vorwurf zu bestimmten Handlungen des Betroffenen in Beziehung gesetzt ist.

U. v. 15. III. 87. R. IX. 179.

§ 187.

Wenn die Strafkammer constatirt, daß die von dem Angeklagten in Beziehung auf den Verletzten behauptete Thatsache geeignet ist, denselben in der öffentlichen Meinung herabzuwürdigen, und nicht zugleich die Wahrheit der Thatsache feststellt, vielmehr es offen läßt, daß die Thatsache nur „nicht erweislich wahr sei“, so darf die Strafkammer sich nicht darauf beschränken, die That des Angeklagten nur auf Grund des in dem Eröffnungsbeschluß geltend gemachten Gesichtspunktes des § 187 des StGB. zu entscheiden, sondern sie muß die That auch aus dem in ihren Constatirungen zu Tage getretenen Gesichtspunkte des § 186 beurtheilen, ohne daß es eines hierauf gerichteten Antrages bedarf. U. v. 9. XI. 88. R. X. 635.

§ 191.

Diese Bestimmung erfordert zu seiner Anwendung keinen besonderen Antrag des Angeklagten, wenn die stattgefundene Anzeige bei der Behörde gerichtsbekannt geworden war.

U. v. 26. II. 85. E. XII. 53.

§ 193.

1. Die Annahme, daß im Falle Vorliegens der Voraussetzungen des § 193 das Vorhandensein einer Beleidigung und die Feststellung einer beleidigenden Form der Aeußerungen lediglich auf den Inhalt der letzteren gestützt werden können, ist rechtsirrthümlich.

U. v. 20. V. 85. R. VII. 313.

2. Die der Ausführung und Vertheidigung von Rechten, beziehentlich der Wahrnehmung berechtigter Interessen gewährte Begünstigung kommt dem Angeschuldigten auch dann zu statten, wenn er zur Wahrung fremder Rechte oder Interessen zwar nicht berufen war, hierzu aber sich für berufen halten konnte.

U. v. 6. XI. 85. E. XIII. 38.

3. Auch derjenige befindet sich in Wahrnehmung berechtigter Interessen, welcher lediglich beabsichtigt, sich über einen Vorgang nähere Aufklärung zu verschaffen, um eine Anzeige bei der zuständigen Behörde vorzubereiten. U. v. 2. II. 86. R. VIII. 108.

4. Durch die Feststellung, daß eine Anzeige **lediglich** zur Befriedigung der Rachsucht gemacht sei, wird die Anwendung des § 193 ausgeschlossen. U. v. 6. VII. 86. R. VIII. 524.

5. Berechtigt sind nur solche Interessen, welche das Recht und zwar auch gegenüber dem Rechte des Einzelnen auf Achtung seiner Person anerkennen.

Die Wahrnehmung eines berechtigten Interesses kann darin allein, daß die zuständige Behörde zur Aufklärung eines vermeintlichen Uebelstandes von der Tagespresse angerufen wird, nicht gefunden werden.

U. v. 5. XI. 86. R. VIII. 681. E. XV. 15.

6. Die Zugehörigkeit zu einer politischen Partei stellt den Parteigenossen nicht ohne weiteres unter den Schutz des § 193.

U. v. 16. XI. 87. R. VIII. 714.

7. Die Annahme, es sei die Wahrnehmung berechtigter Interessen bedingt durch die positive Ueberzeugung von der Begründbarkeit der behaupteten Umstände, ist rechtsirrthümlich.

U. v. 18. II. 87. R. IX. 147.

8. Die verleumderische Beleidigung ist an sich dem Schutze des § 193 nicht entzogen, wenn auch nur in seltenen Fällen die Feststellung wird erfolgen können, daß wider besseres Wissen aufgestellte Behauptungen beleidigenden Inhalts zum Zwecke der Ausführung von Rechten oder der Wahrnehmung berechtigter Interessen geschehen seien. U. v. 7. VI. 87. R. IX. 361. E. XVI. 139.

9. Der Redacteur eines Fachblattes ist durch § 193 nicht geschützt, wenn er die Interessen desjenigen Standes, für welchen er schreibt und welchem die Mehrzahl seiner Leser angehört, in einer für Andere beleidigenden Weise vertritt, auch wenn er hierzu berechtigt zu sein glaubt, ohne dabei in einem thatsächlichen Irrthum sich zu befinden. U. v. 1. VII. 87. R. IX. 395.

10. Der § 193 bleibt außer Anwendung, wenn der Thäter, mochte er auch berechtigte Interessen wahrnehmen **können**, dies nicht **gewollt** hat. U. v. 1. XI. 87. R. IX. 539.

11. Die landesgesetzlichen Bestimmungen über ungebührliche Aeußerungen in Eingaben an öffentliche Behörden stehen noch in Kraft. Auf die in solchen mit Strafe bedrohten Handlungen ist § 193 nicht anwendbar. U. v. 17./24. IX. 88. R. X. 490.

12. Wenn auch § 193 auf Beleidigungen der in §§ 95, 97 des StGB. gedachten Art keine unmittelbare Anwendung findet, so schließt doch die Absicht, lediglich sein Recht zu wahren, den Vorsatz und damit die Strafbarkeit aus. Die Tagespresse hat kein Recht, beleidigende Aeußerungen des Interesses halber, welches sie für das Publikum haben, zu reproduciren. U. v. 17. XII. 88. R. X. 724.

§ 195.

1. Durch das den Ehemännern und Vätern eingeräumte Recht, auf Bestrafung anzutragen, ist die Anwendung des § 65 StGB., nach welchem jeder gesetzliche Vertreter eines minderjährigen Verletzten befugt ist, den Antrag zu stellen, nicht ausgeschlossen.

Vom Standpunkte des Strafgesetzbuches kann auch die eheliche Mutter bei Lebzeiten des Vaters als „gesetzlicher Vertreter" ihres Kindes im Sinne des § 65 StGB. angesehen werden; insbesondere kann sie im Gebiete des bayer. Landrechts in Folge Auftrags des Vaters als solcher auftreten. U. v. 8. X. 85. E. XII. 415.

2. Der Vater kann den Strafantrag auch noch in dem Falle stellen, daß das an seinem Körper verletzte Kind — nicht in Folge der erlittenen Körperverletzung — bereits gestorben war. U. v. 26. XI. 85. E. XIII. 115.

§ 196.

1. Der Vorgesetzte eines Mitgliedes der bewaffneten Macht ist zur Stellung eines Strafantrages berechtigt, wenn der Untergebene durch den Vorwurf des Waffenmißbrauches außer Dienst beleidigt worden ist. U. v. 24. II. 85. R. VII. 140. E. XII. 49.
U. v. 28. IX. 85. R. VII. 535.

2. Das Consistorium ist nicht berechtigt, den Strafantrag zu stellen, wenn einem untergebenen Geistlichen der Vorwurf des Ehebruchs und unsittlichen Verhaltens gemacht worden ist, sofern nicht diese Verläumdung in ausdrückliche Beziehung zu dem Amte des Geistlichen gebracht ist. U. v. 10. IV. 85. R. VII. 222.
U. v. 16. VI. 85. R. VII. 397. E. XII. 267.

3. Der Vorgesetzte eines Beamten kann den Strafantrag wegen Beleidigung nicht erheben, wenn dieselbe nach dessen Tode stattgefunden hat. U. v. 26. XI. 85. R. VII. 698. E. XIII. 95.

4. In Preußen ist die Generalcommission der amtliche Vorgesetzte der von ihr ernannten Commissionen.
U. v. 28. V. 86. E. XIV. 182.

5. Wegen dienstlicher Beleidigung eines preußischen Gendarmen kann der militärische Vorgesetzte Strafantrag stellen, wenn die Beleidigung auch in Bezug auf eine dem Civildienst angehörige Handlung erfolgt war. U. v. 5. VII. 86. R. VIII. 512.

6. Der preußische Kriegsminister ist amtlicher Vorgesetzter der dem preußischen stehenden Heere angehörenden Personen und zur Stellung des Strafantrages berechtigt.
U. v. 10. XII. 86. R. VIII. 743. E. XV. 75.

7. Das bayerische Gesammt-Staatsministerium erscheint als Behörde im Sinne des Gesetzes, der von sämmtlichen Ministern unterzeichnete Strafantrag ist rechtswirksam zur Verfolgung einer gegen das Gesammtministerium gerichteten Berufsbeleidigung.
U. v. 13. XII. 86. R. VIII. 747. E. XV. 85.

8. In Bayern ist wegen Beleidigung eines Amtsgerichts in dessen Eigenschaft als Behörde der mit der allgemeinen Dienstaufsicht über dasselbe betraute Richter zur Stellung des Strafantrages berechtigt.
U. v. 20. I. 87. E. XV. 212.

9. Der Gymnasialdirektor (Rektor) ist zum Strafantrage für die Lehrer befugt. U. v. 6. V. 87. R. IX. 307.

10. Die Gerichtskasse ist in Preußen eine Behörde, Vertreter derselben der Kassencurator. U. v. 10. I. 88. R. X. 23.

11. Der einem preußischen Amtsgericht zur unentgeltlichen Beschäftigung überwiesene Gerichtsassessor ist zur Stellung von Strafanträgen wegen Beleidigungen, die dem Amtsgericht mit Bezug auf die von ihm wahrgenommenen Geschäfte zugefügt worden sind, berechtigt. U. v. 27. I. 88. R. X. 86. E. XVII. 88.

12. In der preußischen Rheinprovinz kann der Landrath den Strafantrag wegen Beleidigung eines städtischen Bürgermeisters stellen. U. v. 30. I. 88. E. XVII. 81.

13. Wie der Strafantrag selbst, so sind die denselben in besonderen Fällen näher bedingenden Voraussetzungen in der Revisionsinstanz bei erhobenem Angriff selbständig festzustellen; insoweit unterliegt die Frage, ob Beleidigung oder Mißhandlung eines Beamten während der Ausübung seines Berufes oder in Beziehung auf denselben anzunehmen ist, nicht dem § 266 der StPO., sondern der freien Prüfung des Revisionsgerichts. U. v. 17. II. 88. R. X. 156.

14. Das Ehrengericht einer Anwaltskammer ist eine Behörde, kann beleidigt werden und Strafantrag stellen.
U. v. 20. II. 88. R. X. 168.

15. Der Vorgesetzte der als Beamte zu erachtenden Mitglieder der bei den Magistraten in Preußen bestehenden Deputationen ist der Magistrat. U. v. 12. X. 88. R. X. 565.

§ 198.

In dem wegen Beleidigung durch öffentliche Klage anhängig gemachten Strafverfahren ist die Anbringung einer Widerklage unstatthaft. U. v. 31. III. 85. R. VII. 216.

§ 199.

Erwiderungsbeleidigungen können auch dann, wenn dieselben zur Kenntniß des Gegners nicht bestimmt sind, aufgerechnet werden.
U. v. 21. XII. 86. R. VIII. 779.

§ 200.

1. Eine Beleidigung ist darum allein, daß sie bei einem gerichtlichen Termine vor dem Richter und Protokollführer einem Anderen zugefügt ist, noch keine öffentliche.
U. v. 1. V. 85. R. VII. 269.

2. Die Strafe des § 200 des StGB. darf nicht verhängt werden, wenn wegen des im § 21 des Preßgesetzes vom 7. Mai 1874 vorgesehenen Fahrlässigkeitdelictes erkannt ist.
U. v. 2. II. 86. R. VIII. 107. E. XIII. 319.

3. Bei Verurtheilung wegen öffentlicher Beleidigung muß stets, auch im Falle des Abs. 2 des § 200 dem Beleidigten, unabhängig von dessen Antrag, die Publicationsbefugniß nach Abs. 1 zugesprochen werden. U. v. 27. V. 86. R. VIII. 393. E. XIV. 153.

4. Auch dem amtlich Vorgesetzten, welcher gemäß § 196 auf Bestrafung angetragen hat, kann die Befugniß zur Bekanntmachung des Strafurtheils zuerkannt werden.

U. v. 24. IX. 86. R. VIII. 560. E. XIV. 327.

5. Beleidigungen, welche in öffentlicher Gerichtssitzung ausgesprochen wurden, sind öffentlich verübt, auch wenn nicht nachgewiesen ist, daß Jemand im Zuhörerraum sich befand.

U. v. 7. X. 86. R. VIII. 600.

6. Publicationsbefugniß kann nach dem Tode des Verletzten nur zuerkannt werden, wenn der Verletzte vor seinem Tode Ertheilung dieser Befugniß beantragt hat.

U. v. 17. V. 87. R. IX. 324. E. XVI. 73.

7. Bei einer wegen verschiedener Delicte auferlegten Gesammtstrafe braucht in die dem Beleidigten zuzusprechende Bekanntmachung die Höhe der Strafe nicht aufgenommen zu werden.

U. v. 8. X. 88. R. X. 548.

Fünfzehnter Abschnitt.
Zweikampf.

§ 201.

1. Einem Assistenzarzt der (Marine-) Reserve kommt bei Herausforderungen und Zweikämpfen der Militärgerichtsstand zu.

U. v. 23. V. 85. R. VII. 326. E. XII. 231.

2. In der Mitwirkung bei einem Ehrengerichte, welches lediglich darüber zu befinden hat, auf welche Waffen ein beschlossener Zweikampf ausgefochten werden soll, kann ohne Rechtsirrthum Beihülfe zum Zweikampfe gefunden werden.

U. v. 18. I. 86. R. VIII. 63. E. XIII. 265.

3. Als Gehülfen eines stattgehabten Zweikampfes sind nicht nur die stimmberechtigten Mitglieder, sondern auch der Protokollführer eines studentischen Ehrengerichts strafbar, welches den Zweikampf zugelassen hat. U. v. 25. IV. 87. R. IX. 285.

§ 204.

Die Herausforderung zum Zweikampfe mit tödtlichen Waffen wird dadurch nicht straffrei, daß die Parteien den Zweikampf aufgegeben haben, nachdem der Beginn des Zweikampfes durch das Einschreiten der Behörde verhindert worden war.

U. v. 20. X. 85. R. VII. 603. E. XIII. 1.

§ 209.

Straflosigkeit des Cartellträgers tritt nur ein, wenn derselbe nach Ueberbringung der Herausforderung um Verhinderung des Zweikampfes bemüht gewesen ist.

U. v. 20. III. 88. R. X. 258. E. XVII. 243.

§ 210.

In der Mittheilung einer beleidigenden Aeußerung an einen Dritten, von welcher der Ueberbringer weiß, daß sie zum Zweikampf führen muß, kann eine Anreizung gefunden werden.

U. v. 5. XI. 88. R. X. 623. E. XVIII. 239.

Sechzehnter Abschnitt.

Verbrechen und Vergehen wider das Leben.

§ 211.

1. Die vorsätzliche und mit Ueberlegung erfolgte Tödtung und Beraubung eines Menschen erfüllt in idealer Concurrenz sowohl den Thatbestand des § 211 als des § 251 des StGB.

U. v. 17. II. 85. R. VII. 127.

2. Die Fragestellung, ob der Angeklagte den Entschluß, den N. N. vorsätzlich zu tödten, und zwar diese Tödtung mit Ueberlegung auszuführen, durch Handlungen bethätigt habe, welche den Anfang der Ausführung dieser beabsichtigten That enthielten, ist nicht zu beanstanden, da sie die Merkmale des Mordversuchs in sich schließt.

U. v. 19. III. 88. R. X 256.

§ 213.

Der Thatbestand des § 213 des StGB. ist nicht ein selbständiger im Verhältniß zu dem des § 212.

U. v. 8. VI. 86. R. VIII. 441. E. XIV. 298.

§ 214.

Die qualificirte Tödtung des § 214 bildet keinen weiteren selbständigen Thatbestand der Tödtung, sondern nur einen die Strafbarkeit der Tödtung erhöhenden Umstand, so daß bei der Fragestellung an die Geschworenen § 295 und nicht § 294 der StPrO. in Anwendung zu kommen hat.

U. v. 11. VI. 85. R. VII. 367. E. XII. 250.

§ 218.

1. Die Anwendung äußerer Mittel zur Abtreibung der Frucht bei einer Schwangeren von Seiten eines Dritten ist nur bei wirklich erfolgter Abtreibung ein selbständiges Delict aus Abs. 3; in den sonstigen Fällen kommen die allgemeinen Grundsätze über Theilnahme zur Anwendung.

Der Thäter handelt mit Eventualdolus im Falle des Abs. 3, wenn ihm die Gefährlichkeit eines Mittels als Abtreibungsmittel bekannt war, und er dennoch dasselbe angewendet hat.

U. v. 28. III. 87. E. XVI. 25.

2. Die Verurtheilung aus § 218 Abs. 3 § 219 des StGB. hat die Strafbarkeit der Schwangeren nicht zur Voraussetzung.

U. v. 28. VI. 87. R. IX. 387.

3. Es ist rechtsirrig, anzunehmen, daß eine weibliche Person, welche beabsichtigt, ihre Leibesfrucht abzutreiben, indem sie das zur Abtreibung bestimmte Mittel in den Mund nimmt, nur eine Vorbereitungshandlung, nicht den Anfang der Ausführung des Verbrechens begeht. U. v. 1. XII. 87. R. IX. 687.

§ 219.

Für die Anwendung des § 219 ist es ohne Bedeutung, ob die Schwangere als Thäterin oder Gehülfin des begangenen Verbrechens zu beurtheilen ist. U. v. 13. VII. 87. E. XVI. 184.

§ 220.

Die festgestellte Beihülfe zu einer vermeintlichen Abtreibung seitens einer Schwangeren begründet keine Bestrafung aus § 220 des StGB. U. v. 22. XI. 88. E. XVIII. 229.

§ 221.

Das Vergehen der Aussetzung kommt erst zur Vollendung, wenn der Thäter der hülflosen Person seine Hülfe thatsächlich entzogen, die Obhut über dieselbe aufgegeben und sie dem Zufalle überlassen hat, bleibt aber ausgeschlossen, so lange die Absicht auf Leistung der Fürsorge fortbesteht und sich zu bethätigen vermag.

U. v. 24. IV. 85. R. VII. 250.

§ 222.

1. Die Anwendung des Gesetzes ist nicht nur dann gegeben, wenn der Thäter bei Vornahme der fahrlässigen Handlung innerhalb des Kreises seiner bestallungsmäßigen Functionen thätig ist, sondern auch

dann, wenn die Handlung in den Kreis der Amts-, Berufs- oder Gewerbshandlungen überhaupt fällt.

U. v. 16. V. 85. R. VII. 301.

2. Die Möglichkeit, daß der beim Receptiren in Abwesenheit des Apothekers unterlaufene Mißgriff auch in seiner Anwesenheit und bei Anwendung äußerster Vorsicht hätte eintreten können, übt an sich keinen Einfluß auf die strafrechtliche Verantwortung des Principals aus. U. v. 10. VI. 86. R. VIII. 446.

3. Der Eigenthümer eines Steinbruchs ist nicht schon als solcher verpflichtet, dafür Sorge zu tragen, daß durch Einfriedigung die Gefahren für Menschen vermieden werden. Um denselben für einen durch Hineinstürzen erfolgten Unglücksfall verantwortlich zu machen, ist eine besondere rechtliche Verpflichtung zur Sicherstellung erforderlich.

U. v. 23. XI. 86. R. VIII. 717. E. XV. 58.

4. Auf dem Gebiete der Fahrlässigkeitsvergehen ist der Causalzusammenhang zwischen der die Verletzung einer Berufspflicht enthaltenden Handlung und dem eingetretenen rechtswidrigen Erfolge dann als ausgeschlossen zu erachten, wenn feststeht, daß der letztere auch ohne das Vorliegen der ersteren eingetreten sein würde.

U. v. 20. XII. 86. E. XV. 151.

5. Abs. 2 findet auch auf diejenigen Hebammen Anwendung, welche die Geburtshülfe ohne das im § 30 der Reichsgewerbeordnung vorgesehene Prüfungszeugniß gewerbsmäßig betreiben.

U. v. 14. I. 87. E. XV. 181.

6. Die Verletzung einer weder auf ausdrücklicher Gesetzesvorschrift, noch auf Vertrag, sondern ausschließlich auf einer bestehenden strafrechtlichen Norm beruhenden Rechtspflicht durch Unterlassung kann zur Herstellung des Thatbestandes fahrlässiger Tödtung verwerthet werden. U. v. 21. III. 88. E. XVII. 260.

7. Der Unternehmer einer der behördlichen Genehmigung unterstehenden gewerblichen Anlage kann sich gegen den Vorwurf, daß er es fahrlässigerweise unterlassen, eine zur Sicherheit der Arbeiter erforderliche Schutzvorrichtung herzustellen, nicht mit dem Einwande schützen, daß die ihm ertheilte Concessionsurkunde die Herstellung einer solchen Vorrichtung nicht vorgesehen habe.

U. v. 3. VII. 88. E. XVIII. 73.

8. Fahrlässige Tödtung kann in der Beschleunigung des Todes durch Kurpfuscherei auch dann gefunden werden, wenn der tödtliche Ausgang der Krankheit unabwendbar war. U. v. 18. IX. 88. R. X. 493.

9. Selbst wo specielle Instructionsvorschriften fehlen, darf der Apotheker stark wirkende Gifte, welche in außergewöhnlichen übermäßigen Dosen verschrieben sind, nicht ohne besondere Erklärung des Arztes verabfolgen.

U. v. 27. IX. 88. R. X. 518.

Siebzehnter Abschnitt.

Körperverletzung.

§ 223.

1. Dem Ehemanne steht nach preußischem Recht (LR. Thl. II. Ttl. 1 § 701) ein Züchtigungsrecht gegen die Ehefrau nicht zu.

U. v. 18. IX. 85. R. VII. 517. E. XII. 368.

2. Das Züchtigungsrecht der Lehrer besteht, auch wenn es durch LR. nicht ausdrücklich eingeräumt ist. Jedoch ist jede Anwendung desselben rechtswidrig und als Körperverletzung strafbar, welche sich nicht innerhalb der vom Landesrecht bestimmten Grenzen bewegt. Eine solche Anwendung kann auch vom Landesrecht der criminellen Bestrafung nicht entzogen werden. U. v. 3. III. 87. R. IX. 165.

3. Das Züchtigungsrecht des Lehrers ist kein Recht im privatrechtlichen Sinne, sondern ein Attribut des Amtes und als solches den dem Gesetze entsprechenden Amtsinstructionen unterworfen.

U. v. 29. III. 87. R. IX. 205. E. XV. 376.

4. Die gegen eine Person durch einen Act verübte Körperverletzung kann nicht zugleich als vorsätzliche Mißhandlung und als fahrlässige Körperverletzung angesehen werden.

U. v. 27. V. 87. R. IX. 348. E. XVI. 129.

5. Mißhandlung ist jede vorsätzliche und rechtswidrige Einwirkung auf den Körper eines Anderen, durch welche eine Störung des körperlichen Wohlbefindens hervorgerufen wird.

U. v. 18. V. 88. R. X. 407.

§ 223 a.

1. Qualificirt sich die von Mehreren gegen Mehrere verübte Mißhandlung als eine gemeinschaftliche im Sinne des § 223a, so ist jeder einzelne Mitthäter für diese Mißhandlungen im Ganzen strafrechtlich verantwortlich, gleichviel ob er bei der Mißhandlung eines jeden Einzelnen persönlich betheiligt war oder nicht.

U. v. 10. V. 86. R. VIII. 348.

2. Der Umstand, daß der Angeklagte fortgesetzte Mißhandlungen heils in Gemeinschaft mit einem Andern, theils nach dessen Rücktritt

allein ausgeführt hat, schließt nicht aus, daß die That des Angeklagten als eine einheitliche erscheint. U. v. 1. X. 86. R. VIII. 577.

3. In dem Hetzen eines Hundes auf den durch denselben Verletzten kann eine lebensgefährdende Behandlung gefunden werden; zum Thatbestande derselben genügt, daß die Behandlung objectiv geeignet war, in concreto das Leben zu gefährden; Bewußtsein dieser Gefährdung auf Seiten des Thäters wird nicht erfordert.

U. v. 6. XII. 86. R. VIII. 724.

4. Bei Feststellung des Umstandes einer das Leben gefährdenden Behandlung kommt es nicht darauf an, ob eine lebensgefährliche Verletzung eingetreten ist, sondern nur darauf, ob die Behandlung geeignet war, eine solche herbeizuführen. Hierbei sind die concreten Umstände zu berücksichtigen. Als solche kommen in Betracht die individuelle Schädlichkeit der in Bewegung gesetzten Einwirkungen und die individuelle Beschaffenheit des gemißhandelten, besonders schwächlichen oder besonders widerstandsfähigen Menschen.

U. v. 23. IX. 87. R. IX. 464.

5. Das Erforderniß lebensgefährlicher Behandlung kann nicht ohne weiteres angenommen werden, wenn eine vorsätzliche Mißhandlung eine Gefahr für das Leben der mißhandelten Person herbeigeführt hat, sondern die That muß so, wie sie sich objectiv gestaltet hat, im Willen des Thäters gelegen, und der Thäter die Eigenschaften des von ihm zur That verwendeten Gegenstandes gekannt haben, wenn er sich auch der das Leben gefährdenden Wirkung nicht bewußt sein mußte. U. v. 12. III. 88. R. X. 237. E. XVII. 279.

§ 224.

1. Der Begriff des Siechthums wird dadurch nicht ausgeschlossen, daß die Möglichkeit der Heilung besteht. Jede langandauernde Krankheit, welche den ganzen Organismus ergreifend eine erhebliche Beeinträchtigung des Allgemeinbefindens bewirkt, fällt unter jenen Begriff.

U. v. 9. IV. 85. R. VII. 221. E. XII. 127.

U. v. 13. I. 88. R. X. 32.

2. Der Verlust des Sehvermögens kann nicht schon dann angenommen werden, wenn eine Erblindung erst in sicherer Aussicht steht. U. v. 25. III. 86. E. XIV. 4.

3. Der Begriff des Sehvermögens ist wesentlich thatsächlich. Die Annahme, die Untauglichkeit des Auges zu praktischer Arbeit genüge nicht, um den Verlust des Sehvermögens festzustellen, wenn nur die

Verrichtung einer, sei es auch noch so schwachen Function des Auges möglich sei, enthält keine Verkennung des Begriffs.

U. v. 4. V. 86. R. VIII. 342. E. XIV. 118.

4. Wenn gegen mehrere Personen gemeinschaftliche Körperverletzung im Sinne des § 223a und gegen eine von ihnen festgestellt ist, daß sie hierbei einen Schlag führte, der eine schwere Körperverletzung zur Folge hatte, so sind auch die übrigen Thäter wegen der schweren Körperverletzung zu bestrafen, falls nicht die schwerere That im Exceß verübt ist. U. v. 7. V. 86. R. VIII. 346. E. XIV. 119.

5. Eine erhebliche Entstellung verliert diese Eigenschaft nicht dadurch, daß sie durch künstliche Mittel nicht oder nicht leicht erkennbar gemacht wird. Entscheidend ist nur, ob der entstellte Körpertheil nach den natürlichen und socialen Lebensverhältnissen des Verletzten derart bedeckt zu werden pflegt, daß der Mangel als wesentliche Entstellung nur unter besonderen Verhältnissen nach außen erkennbar ist und als solche empfunden wird.

U. v. 1. X. 86. R. VIII. 578. E. XIV. 344.

§ 226.

Weder die Annahme ideellen Zusammenflusses von Körperverletzung mit erfolgtem Tode des Verletzten und Schlägerei, noch die der Begehung beider Strafthaten in Fortsetzung durch eine und dieselbe Person ist rechtsirrig. U. v. 10. XII. 87. R. IX. 716.

§ 227.

1. Die bloße Abwehr erscheint nicht als Betheiligung an einer Schlägerei. U. v. 10. XI. 87. R. IX. 584.

2. Ob der Angeklagte in dem Momente, als er dem Gegner die tödtliche Wunde versetzte, sich im Zustande der Nothwehr befand oder zu befinden glaubt, ist für die Anwendbarkeit des § 227 Abs. 1 ohne Belang.

Daß die Betheiligung an der Schlägerei keine unverschuldete war, muß dem Angeklagten nachgewiesen werden.

U. v. 6. XI. 88. R. X. 627.

U. v. 16. XI. 88. R. X. 668.

§ 230.

1. Der Hauseigenthümer, welcher die Treppen seines Hauses in Uebereinstimmung mit den von ihm geschlossenen Miethsverträgen während der Nacht unbeleuchtet läßt, handelt deshalb allein in Bezug auf das Herabfallen einer Person über die Treppe nicht fahrlässig.

U. v. 14. IV. 85. R. VII. 226.

2. Wer Arbeiten zum dauernden Erwerbe, also im Sinne des StGB. gewerbsmäßig übernimmt, dieselben aber zu leisten unterläßt und dadurch in einer zur Fahrlässigkeit zuzurechnenden Weise die Beschädigung einer Person verursacht, wie bei der Verpflichtung eines Portiers die Treppenbeleuchtung zu besorgen, kann hierdurch eine besondere Gewerbs- oder Berufspflicht aus den Augen setzen.
U. v. 6. XI. 85. R. VII. 638.

3. Die Vorschrift des Abs. 2 umfaßt alle Handlungen, welche in den Kreis der Amts-, Berufs- oder Gewerbshandlungen fallen, sollten dieselben auch nicht in der Ausübung des Amtes, Berufes oder Gewerbes vorgenommen sein. U. v. 8. I. 86. R. VIII. 21.
U. v. 10. V. 87. R. IX. 311.

4. Der Eigenthümer eines bewohnten oder auf andere Weise dem Verkehr übergebenen Hauses ist verpflichtet, Flur und Treppenaufgänge bei Dunkelheit solange zu beleuchten, als der regelmäßige Verkehr daselbst stattfindet.
U. v. 19. X. 86. R. VIII. 629. E. XIV. 362.

5. Der Thatbestand einer durch Fahrlässigkeit verursachten Körperverletzung setzt in subjectiver Beziehung voraus die Vorhersehbarkeit des schädlichen Erfolges als Wirkung der Handlung. Von einer ausdrücklichen Erörterung und Feststellung dieses Moments kann nur dann abgesehen werden, wenn der Angeklagte das Vorhandensein desselben nicht ausdrücklich bestritten hat und wenn außerdem nach der Beschaffenheit des festgestellten Sachverhaltes kein Zweifel darüber aufkommen kann, daß der Richter das subjective Verschulden als nachgewiesen angesehen und durch die dem Wortlaut des Gesetzes angepaßte Schlußfeststellung stillschweigend hat mitfeststellen wollen.
U. v. 18. u. 25. I. 87. R. IX. 63.

6. Die gegen eine Person durch einen Act verübte Körperverletzung kann nicht zugleich als vorsätzliche Mißhandlung und als fahrlässige Körperverletzung angesehen werden.
U. v. 27. V. 87. R. IX. 348. E. XVI. 129.

7. Stehen Handlungen in Frage, welche der Gewerbetreibende durch Angestellte, die dazu technisch vorgebildet sind, auszuüben pflegt, so kann Uebertretung einer Gewerbspflicht dem Gewerbetreibenden regelmäßig nur dann vorgeworfen werden, wenn er die Handlung selbst und in Ausübung seines Gewerbes vorgenommen hat.
U. v. 23. IX. 87. R. IX. 460.

8. Es ist nicht rechtsirrig, wenn eine fahrlässige Körperverletzung darin gefunden wird, daß Droguisten einem Menschen ohne ärztliche Anordnung Morphium in solchen Mengen geben, daß der Gebrauch desselben geeignet ist, die Gesundheit des Gebrauchenden zu schädigen, und mit dem Bewußtsein, der Käufer werde es zu Injectionen benutzen und könne sich dadurch schaden. U. v. 23. II. 88. R. X. 187.

9. Selbst wenn der üble Erfolg einer Krankheit durch Kunsthülfe nicht abzuwenden war, kann fahrlässiges Verschulden des die Behandlung leitenden Pfuschers doch insoweit vorliegen, als durch verkehrte Behandlung das Uebel befördert und beschleunigt und sonach vom Pfuscher causal zum Eintritt des Erfolges mitgewirkt wurde. U. v. 26. III. 88. R. X. 268.

U. v. 18. IX. 88. R. X. 493.

10. Wenn der verantwortliche Leiter eines Fabrikwesens gewisse nur mittelbar zum Fabrikbetriebe gehörige Vorrichtungen, welche an sich außerhalb des von dem Fabrikleiter betriebenen Gewerbes liegen, unberufenerweise selbst ausführt oder im einzelnen anordnet und hierbei durch Fahrlässigkeit Körperverletzungen verursacht, kann eine mit Uebertretung einer Gewerbspflicht begangene Körperverletzung gefunden werden. U. v 25. X. 88. E. XVIII. 204.

§ 231.

1. Auch im Falle der im Amte zugefügten vorsätzlichen Körperverletzung kann neben der Strafe auf Verlangen des Verletzten auf eine an denselben zu erlegende Buße erkannt werden.

U. v. 22. V. 85. R. VII. 321. E. XII. 223.

U. v. 31. V. 86. R. VIII. 409.

2. Die Buße hat nicht den Charakter einer Strafe, sondern einer Entschädigung, welche indeß nicht auf die Vergütung rein vermögensrechtlicher Nachtheile beschränkt ist, sondern jeden durch die zugefügte Verletzung entstandenen körperlichen oder physischen Schaden mitumfaßt.

U. v. 7. III. 87. R. IX. 171. E. XV. 352.

3. Auf die an den Verletzten zu erlegende Buße darf nicht in der Form einer Rente erkannt werden.

U. v. 24. II. 88. E. XVII. 178.

4. Für die Frage, ob es dem Strafrichter zusteht, auf eine Buße zu erkennen, sind lediglich die Bestimmungen der Strafgesetze maßgebend, und § 231 gestattet gegen den einer fahrlässigen Körperverletzung schuldig Befundenen die Festsetzung einer Buße, ohne daß

diese Befugniß davon abhängig gemacht ist, ob der Verletzte nach den Vorschriften des Civilrechtes einen Entschädigungsanspruch würde begründen können. U. v. 10. IV. 88. R. X. 293.

§ 233.

Nur leichte Körperverletzungen (§ 223), nicht auch gefährliche (§ 223a) können mit leichten Körperverletzungen aufgerechnet werden. U. v. 12. X. 86. R. VIII. 611. E. XIV. 360.

Achtzehnter Abschnitt.

Verbrechen und Vergehen wider die persönliche Freiheit.

§ 235.

1. Diese Bestimmung findet auch dann Anwendung, wenn die Kinder dem Vater von der eigenen Mutter entzogen werden. Nicht jedes „heimliche Handeln" ist als List aufzufassen. Durch die dem berechtigten Elterntheile zustehenden processualen Zwangsmaßregeln auf Herausgabe der Kinder wird das strafrechtliche Einschreiten nicht ausgeschlossen, wenn sonst die Erfordernisse des § 235 vorliegen, z. B. wenn die durch den Vollstreckungsbeamten zu bewirkende Abholung der bei den Großeltern sich aufhaltenden Kinder in listiger Weise vereitelt wird. U. v. 21. VI. 86. R. VIII. 465.

2. Die Entziehung im Sinne des Gesetzes dauert so lange, als der Minderjährige der gesetzlichen Beaufsichtigung und Einwirkung entrückt ist.

Auch die dem Vormundschaftsgerichte gegenüber verübte List erfüllt den Thatbestand.

Nur eine gegen den von der List Betroffenen beobachtete Heimlichkeit des Handelns kann in Betracht kommen, wenn diese für ein durch den Begriff der List bedingtes Erforderniß erachtet wird.
U. v. 28. I. 87. R. IX. 102. E. XV. 340.

3. Auch wenn in dem Versteckthalten des Kindes eine positive Thätigkeit nicht entwickelt wird, liegt ein „Entziehen" vor, sofern der Thäter in Folge eines vorausgegangenen eigenen Thuns oder kraft einer Rechtspflicht zur Abwendung des dem Strafgesetze zuwiderlaufenden Erfolgs verbunden ist.

Zur List ist keine Täuschung erforderlich; es genügt neben der Anwendung eines gewissen Grades von Klugheit ein geflissentliches Verbergen der Absicht oder der gebrauchten Mittel.
U. v. 27. I. 88. R. X. 74. E. XVII. 90.

4. Das Vergehen des § 235, erste Alternative, setzt nicht voraus, daß die der Gewalt der Eltern oder des Vormundes entzogene Person einer andern Gewalt unterworfen wird. Derjenige, welcher mit der der berechtigten Gewalt entzogenen Person die Entziehung geplant und beschlossen und derselben die Mittel zur Selbstentziehung verschafft hat, erscheint nicht bloß als Gehülfe einer strafbaren Selbstentziehung, sondern als Thäter des nach § 235 strafbaren Delicts. Treffen in einer That die Merkmale der §§ 235 und 237 zusammen, so liegt idealer Zusammenfluß, nicht Gesetzesconcurrenz vor.

U. v. 27./30. XI. 88. R. X. 692. E. XVIII. 273.

§ 237.

Die Entführung einer minderjährigen Frauensperson ist nicht bloß strafbar, wenn dieselbe erfolgt, um die Entführte erst zur Unzucht zu verführen, sondern auch, wenn die Fortsetzung eines unzüchtigen Verhältnisses den Zweck der That bildete.

U. v. 17. XI. 87. R. IX. 617. E. XVI. 391.

§ 239.

1. Eine objectiv unberechtigte Festnahme ist als Freiheitsberaubung nicht strafbar, wenn der Festnehmende sich für berechtigt hält, die Festnahme vorzunehmen.

U. v. 11. V. 85. R. VII. 290. E. XII. 194.

2. Der Begriff der „Einsperrung" setzt ein wirkliches Hinderniß voraus; ein nur scheinbares genügt nicht. Ein Irrthum des Einsperrenden oder des Eingesperrten über die Qualität des Hindernisses ändert hieran nichts. U. v. 10. XI. 85. R. VII. 657.

3. Die Möglichkeit, eine verschlossene Thür dadurch zu öffnen, daß man sie in die Höhe hebt, macht den Verschluß nicht zu einem bloß scheinbaren.

Das Gegentheil gilt, wenn das Schloß der Thüre ordnungsmäßig durch Hebung des Hebels geöffnet werden kann. In diesem Falle kann die irrige Voraussetzung, daß sich die Thüre nicht öffnen lasse, den objectiven Thatbestand nicht ersetzen.

U. v. 19. II. 86. R. VIII. 128.

4. Derjenige, welcher zum Zwecke der Feststellung einer Person einen Anderen, welchen er als Zeugen für einen Vorfall benennen will, zur Polizei sistiren läßt, handelt auch dann nicht widerrechtlich, wenn er diese Sistirung durch Täuschung des Beamten bewirkt.

U. v. 19. III. 86. R. VIII. 204. E. XIII. 426.

5. Einsperrung des Angreifers unter Umständen, unter denen dem Angegriffenen die Möglichkeit eines nicht unehrenhaften Rückzugs zur Abwendung weiterer Thätigkeiten geboten, der Rückzug jedoch — objectiv oder nach der irrthümlichen Meinung des Angegriffenen — mit Preisgebung vermögensrechtlicher Interessen verbunden ist.

U. v 27. IX. 87. R. IX. 471.

6. Vorsätzliche Freiheitsberaubung liegt vor, wenn die Grenzen der auf vorläufige Festnahme zustehenden Befugnis widerrechtlich und wissentlich überschritten werden.

U. v. 13. II. 88. R. X. 139. E. XVII. 127.

§ 240.

1. Eine That kann eine Verfehlung in idealer Concurrenz gegen § 176 Ziff. 3 und § 240 StGB. bilden und findet § 240 auch dann Anwendung, wenn sich die Bedrohung mit einem Verbrechen oder Vergehen gegen eine Person unter 14 Jahren richtet.

U. v. 18. XII. 84. E. XI. 387.

2. Die Widerrechtlichkeit einer Nöthigung kann durch Nothwehr und durch civilrechtlich gestattete Selbsthülfe ausgeschlossen sein.

U. v. 31. III. 85. R. VII. 216.

U. v. 18. VI. 85. R. VII. 402.

3. Die Widerrechtlichkeit der Bedrohung mit einem Vergehen ꝛc. entfällt, wenn der Thäter zur Anwendung von Gewalt berechtigt war, oder auf Grund thatsächlichen oder civilrechtlichen Irrthums berechtigt zu sein glaubte; denn wo selbst die Gewaltanwendung erlaubt ist, um Jemand zu einer Duldung zu nötigen, muß es auch die bloße Drohung sein. U. v. 11. V. 85. R. VII. 290. E. XII. 194.

4. Nicht nur vis compulsiva, sondern auch vis absoluta werden unter dem Begriffe „Gewalt" verstanden.

U. v. 29. IX. 85. R. VII. 545.

5. Unter den Begriff der Gewalt fällt jede unmittelbare oder mittelbare Einwirkung auf den Körper eines anderen und bedarf es zu einer solchen Einwirkung nicht der Aufwendung physischer Kraft, sie kann auch durch ein Unterlassen erfolgen; ebensowenig braucht die Gewalt eine unwiderstehliche zu sein.

U. v. 30. X. 85. E. XIII. 49.

6. Die Annahme, daß zum Begriffe der Gewalt die Ueberwindung oder Verhinderung eines Widerstandes der vergewaltigten Person gehöre, ist rechtsirrig. U. v. 18. III. 86. R. VIII. 188.

7. Für den Thatbestand der Nöthigung wird das Begriffsmerkmal der Gewalt auch durch gegen Sachen angewendete Gewalt erfüllt, wenn die ausgeübte Vergewaltigung mittelbar zugleich die Person trifft. U. v. 2. XII. 86. E. XV. 138.

8. Auch eine gegen eine dritte Person verübte Gewalt ist zur Anwendung des § 240 ausreichend, wenn sie dazu geeignet und bestimmt ist, den Verfügungsberechtigten zu einer Handlung, Duldung oder Unterlassung zu nöthigen, ebenso wie es unter dieser Voraussetzung zum Requisit der Bedrohung ausreicht, daß sie nicht den zu Nöthigenden, sondern dritte Personen, namentlich Angehörige desselben, betroffen hat. U. v. 17. I. 88. R. X. 37. E. XVII. 82.

9. Die Thatbestände in § 153 der GO. und § 240 des StGB. decken sich nicht; beide stellen daher „mehrere Strafgesetze" im Sinne des § 73 des StGB. dar. U. v. 2. XI. 88. R. X. 619.

§ 241.

Die Bedrohung ist auch dann strafbar, wenn sie durch concludente Handlungen zum Ausdruck gebracht wird.

Die Beifügung einer Bedingung schließt das subjective Schuldmoment nicht aus. U. v. 18. V. 86. R. VIII. 362.

Neunzehnter Abschnitt.

Diebstahl und Unterschlagung.

§ 242.

1. Wenn Mehrere eine Sache als Mitthäter gestohlen haben, und ehe eine weitere Verfügung darüber getroffen wird, der eine Dieb das gesammte Diebstahlsobject aus dem Verstecke an sich nimmt und sich zueignet, so begeht er keinen neuen Diebstahl.

U. v. 2. II. 85. R. VII. 79. E. XI. 438.

2. Die Absicht der rechtswidrigen Zueignung wird durch die Absicht, sich für eine Kaufgeldforderung bezahlt machen zu wollen, nicht, und durch die Absicht der Pfandnahme nicht unbedingt ausgeschlossen.

U. v. 10. III. 85. R. VII. 164. E. XII. 88.

3. Der Dieb, welcher gelegentlich einer mittelst Einbruchs verübten Entwendung von Nahrungsmitteln in Folge eines neu gefaßten Entschlusses andere Gegenstände stiehlt, macht sich nur des einfachen und nicht des schweren Diebstahls schuldig.

U. v. 9. IV. 85. R. VII. 218.

4. Diebstahl — und nicht Unterschlagung — kann in der Aneignung von Arbeitsmaterial seitens des Arbeiters gefunden werden,

welches demselben vom Arbeitsherrn zur Verarbeitung in den dienstherrlichen Arbeitsräumen übergeben ist.

U. v. 16. V. 85. R. VII. 302.

5. Tauben auf dem Felde, welche die Gewohnheit der Rückkehr haben, können Gegenstand des Diebstahls sein, jedoch muß das Bewußtsein des Wegnehmenden festgestellt sein, daß die weggenommene Taube eine solche war. U. v. 11. VI. 85. R. VII. 470. E. XII. 308.

6. Es ist nicht rechtsirrig, anzunehmen, daß ein Dieb eine Sache weggenommen habe, obwohl er dieselbe vom Orte der That nicht wegbringen konnte, sondern daselbst verstecken mußte, um sie erst später an sich zu nehmen. In diesem Falle bildet die spätere Wegnahme selbst wenn sie mittelst Einsteigens oder Einbruchs erfolgt, keinen Diebstahl. U. v. 9. VII. 85. R. VII. 479. E. XII. 353.

7. Ein Diebstahl ist erst dann vollendet, wenn die Sache aus der Verfügungsgewalt des Eigenthümers thatsächlich in die Verfügungsgewalt des Diebes übergegangen ist, sollte sie auch noch nicht aus den Räumen des Bestohlenen hinausgeschafft sein.

U. v. 29. IX. 85. R. VII. 539.

8. Holzdiebe, welche das ihnen vom Förster abgenommene Holz sich später dennoch wieder aneignen, begehen einen neuen selbständig strafbaren Diebstahl. U. v. 20. X. 85. R. VII. 597.

9. Die Annahme, es müsse von der Anklage wegen Diebstahls an Tauben deshalb freigesprochen werden, weil Tauben, sobald sie sich außerhalb ihres Verwahrungsortes befinden, Gegenstand des freien Thierfanges sind, und das Recht, Tauben zu halten, dem Taubenhalter nur einen civilrechtlichen Anspruch auf Rückgabe der ihm weggefangenen Tauben gewährt — ist rechtsirrthümlich (Preußen).

U. v. 12. II. 86. R. VIII. 116. E. XIII. 341.

10. Wer Nahrungsmittel in geringer Quantität oder von unbedeutendem Werthe zum alsbaldigen Verbrauch dritter Personen stiehlt, begeht keinen Diebstahl, sondern nur eine Uebertretung im Sinne des § 370 Ziff. 5 des StGB.

U. v. 26. II. 86. R. VIII. 139. E. XIII. 371.

11. Die Beschlagnahme contrebandirter Gegenstände begründet für den Fiscus sofortiges, jedoch resolutiv bedingtes Eigenthum; das Eigenthum fällt weg, wenn in dem geordneten Verfahren festgestellt ist, daß die Gegenstände der Confiscation nicht unterliegen.

Wer die beschlagnahmte und damit Eigenthum des Fiscus gewordene Sache rechtswidrig, aber in Unkenntniß von dem Verluste seines Eigenthums wieder in Besitz nimmt, begeht keinen Diebstahl, ist jedoch nach § 137 des StGB. strafbar.

U. v. 4. V. 86. R. VIII. 339. E. XIV. 112.

12. Die rechtswidrige Aneignung des Wassers aus Leitungsröhren einer Wasserleitung ist auch dann, wenn das Aufsichtspersonal der Wasserleitung über die zur Aneignung bewirkten Aenderungen der Anlage getäuscht wird, nicht Betrug, sondern Diebstahl.

U. v. 11. V. 86. R. VIII. 350. E. XIV. 121.

13. Derjenige, welcher in der Absicht, lediglich Nahrungs- oder Genußmittel von unbedeutendem Werthe oder in geringer Menge zum alsbaldigen Gebrauche zu entwenden, in einem Gebäude ein Behältniß erbricht, demnächst aber in Folge eines nach dem Erbrechen gefaßten neuen Entschlusses Sachen anderer Art aus diesem Behältnisse stiehlt, begeht in dem Falle, wenn eine einheitliche That vorliegt, einen schweren Diebstahl, dagegen in dem Falle, wenn mehrere selbständige Thaten vorliegen, einen einfachen Diebstahl.

Beschl. d. vereinigten Straffenate v. 7. VII. 86. R. VIII. 525. E. XIV. 312. (vide U. v. 9. IV. 85. R. VII. 218 oben Ziff. 3).

14. Ein im Dienste des preußischen Staats angestellter Förster, welcher in dem seiner Obhut unterstellten Walde Holz schlagen läßt und sich zueignet, begeht keine Unterschlagung, sondern Forstdiebstahl oder Diebstahl, je nachdem er die Absicht rechtswidriger Zueignung schon beim Fällen des Holzes oder erst bei Wegnahme des gefällten Holzes gehabt hat. U. v. 24. IX. 86. R. VIII. 556. E. XIV. 305.

15. Fortgesetzte Entwendungen im Sinne des § 370 Ziff. 5 des StGB., deren Gesammtsumme eine geringe Menge oder unbedeutenden Werth übersteigt, sind als Diebstahl zu qualificiren, wenn der Entschluß des Thäters von vornherein auf die successive Wegnahme solcher allmählich anwachsenden Mengen gerichtet war.

U. v. 26. IV. 88. R. X. 333. E. XVII. 332.

16. Die Entwendung von Wingertspfählen aus Weinbergen kann nicht als Feldpolizeiübertretung unter Art. 112 des bayer. PStGB. subsumirt werden, sondern ist als gemeiner Diebstahl im Sinne des RStGB. aufzufassen.

U. v. 27. IX. 88. R. X. 521. E. XVIII. 128.

17. Die Annahme, daß die Anwendung der Diebstahlsstrafe auf die unbefugte Aneignung von Mineralien aus den Halden ausgeschlossen sei, ist rechtsirrthümlich (Preußen).

U. v. 2. X. 88. R. X. 543. E. XVIII. 188.

§ 243 Ziff. 2.

1. Der Begriff des Einsteigens setzt voraus ein dem Eindringen in das Gebäude oder den umschlossenen Raum sich entgegenstellendes Hinderniß. Ob ein solches vorliegt, ist wesentlich Sache der thatsächlichen Feststellung. U. v. 2. I. 85. R. VII. 10.

2. Der Umstand, daß die Gärten verschiedener Eigenthümer unter sich keine genügende Umfriedigung haben, genügt, wenn dieselben in ihrer Gemeinschaft nach außen als genügend umschlossen erscheinen, nicht, diese Eigenschaft zu beseitigen.

U. v. 21. V. 85. R. VII. 320.

3. Der Begriff des Einsteigens verlangt nicht mit Nothwendigkeit eine steigende Thätigkeit der Füße, setzt aber jedenfalls die Ueberwindung eines entgegenstehenden Hindernisses voraus.

U. v. 5. VI. 85. R. VII. 348.

U. v. 8. X. 86. R. VIII. 601.

4. In der Beseitigung des Verschlusses durch einen vorgeschobenen hölzernen Riegel durch Einführung eines Messers und Zurückschieben des Riegels ohne Gewaltanwendung und ohne Verletzung der Verschlußmittel kann weder ein Einbruch noch die Anwendung falscher Schlüssel oder anderer zur ordnungsmäßigen Eröffnung nicht bestimmter Werkzeuge erblickt werden.

U. v. 10. XII. 85. R. VII. 724. E. XIII. 200.

5. Diebstahl mittelst Einsteigens kann angenommen werden, wenn kein Steigen, sondern ein Hindurchkriechen durch eine Oeffnung stattgefunden hat, sobald dabei Hindernisse zu überwinden sind.

U. v. 21. I. 86. E. XIII. 257.

6. Ein umzäunter Garten verliert dadurch noch nicht die Eigenschaft eines umschlossenen Raumes, daß eine in dem Zaune befindliche Thüre zur Zeit des Diebstahls unverschlossen gewesen ist.

U. v. 19. III. 86. R. VIII. 207. E. XIII. 423.

7. Für den Begriff des umschlossenen Raumes ist es ohne Bedeutung, ob die Umschließung (hier eine Geschirrhütte) in feste Verbindung mit der Erdfläche gebracht oder beweglich ist.

U. v. 8. IV. 86. R. VIII. 267. E. XIV. 226.

8. Der Diebstahl von Sachen, welche der Post zum Transport übergeben sind, dadurch, daß im Postgebäude die als Umhüllung dienende Leinwand aufgeschnitten und ein Theil des Inhalts weggenommen wird, ist sowohl aus § 243 Ziff. 2 als aus Ziff. 4 strafbar.

U. v. 27. VII. 86. R. VIII. 536.

9. Zum „Erbrechen von Behältnissen" bedarf es nicht einer Substanzverletzung, zum Einbruch oder Erbrechen wird nur erfordert, daß das der Wegnahme der Sache durch den Verschluß des Gebäudes oder Behältnisses entgegengestellte Hinderniß überhaupt mit Gewalt, wenn auch ohne Brechen der Substanz, überwunden worden ist.

U. v. 23. VI. 87. R. IX. 381.

10. Die Annahme des Diebes bei Verletzung eines Verschlußmittels, das letztere sei nicht befestigt und lasse sich daher ohne Verletzung und Kraftanwendung beseitigen, schließt dessen strafrechtliche Verantwortung für den verübten Einbruch nicht aus.

U. v. 19. III. 88. R. X. 253.

§ 243 Ziff. 3.

1. Der vom Eigenthümer bei Vermiethung eines verschlossenen Raumes ohne Wissen des Miethers zurückbehaltene zweite Schlüssel hat dadurch seine Bestimmung für das Schloß verloren und ist ein falscher Schlüssel im Sinne des Gesetzes.

U. v. 30. I. 85. R. VII. 63. E. XI. 436.

2. Nicht nur der Eigenthümer, sondern auch der berechtigte Inhaber einer Wohnung ist befugt, an Stelle eines verlorenen Schlüssels einen anderen zu setzen und dadurch den Gebrauch des verlorenen Schlüssels zu einem Diebstahl als den Gebrauch eines falschen Schlüssels erscheinen zu lassen. U. v. 26. IV. 88. R. X. 341.

§ 243 Ziff. 4.

1. Eine Sache wird zum Gegenstand der Beförderung, wenn sie zum Zweck der Weiterbeförderung an eine der im vorcitirten Gesetze genannten Oertlichkeiten gebracht ist, ohne daß es weiter darauf ankommt, ob eine Uebergabe oder Annahme der Sache seitens der hierzu berechtigten Bediensteten stattgefunden hat.

U. v. 17. IX. 85. R. VII. 510. E. XIII. 243.

2. Der Diebstahl von Sachen, welche der Post zum Transport übergeben sind, dadurch, daß im Postgebäude die als Umhüllung dienende Leinwand aufgeschnitten und ein Theil des Inhalts weggenommen wird, ist sowohl aus § 243 Ziff. 2 als aus Ziff. 4 strafbar.

U. v. 27. VII. 86. R. VIII. 536.

§ 243 Ziff. 5.

Der bewaffnete Dieb kann nur dann aus obiger Gesetzesstelle bestraft werden, wenn er sich bei der That selbst bewußt war, daß er eine Waffe bei sich führe.

U. v. 24. II. 85. R. VII. 145. E. XII. 69.

§ 243 Ziff. 6.

Der Begriff des sog. Bandendiebstahls ist ausgeschlossen, wenn keine Mehrzahl selbständiger Handlungen Gegenstand der Verbindung waren, sondern die Mehrheit der Handlungen vermöge Fortsetzung eine rechtliche Einheit bildete. Zwei Mitglieder genügen zur Verbindung. U. v. 4./11. VII. 87. R. IX. 405. E. XVI. 173.

§ 243 Ziff. 7.

Der Thatbestand ist erfüllt, wenn der Eintritt des Diebes ohne Geräusch und heimlich bewirkt und absichtlich der Wahrnehmung Anderer entzogen worden ist. Das Abpassen einer besonderen Gelegenheit ist nicht erforderlich. U. v. 16. V. 85. R. VII. 302.

§ 244.

1. Rückfall liegt nicht vor, wenn einer der späteren Diebstähle begangen ist, nachdem zwar die Strafe des vorangegangenen Diebstahls verbüßt, jedoch bevor das bezügliche Erkenntniß rechtskräftig geworden war. U. v. 25. IX. 85. E. XIII. 18.

2. Eine unter der Geltung des vormaligen bayr. StGB. § 271 erfolgte Vorbestrafung wegen Diebstahlsübertretung begründet den Rückfall nach § 244 des StGB., wenn auch diese Vorbestrafung auf eine Strafhandlung sich bezogen hatte, welche nach dem RStGB. nicht als Diebstahl im Sinne des § 242 des StGB. sich charakterisirt.

U. v. 15. III. 86. R. VIII. 169.

U. v. 28. VI. 88. R. X. 453.

3. Der in dem früheren Urtheile neben der erkannten Freiheitsstrafe ausgesprochene Verlust der bürgerlichen Ehrenrechte ist hinsichtlich der Rückfallsverjährung nicht als eine Strafe zu betrachten, von deren Verbüßung an die zehnjährige Diebstahlsverjährungsfrist zu berechnen ist. U. v. 23. IX. 86. E. XIV. 413.

4. Der gegen den jugendlichen Angeschuldigten erkannte Verweis ist geeignet, die Rückfallstrafe zu begründen; vollstreckt wird die Strafe durch Ertheilung des Verweises; findet letztere sofort nach der Urtheilsverkündung statt, so wird sie mit dem Eintritt der Rechtskraft des Urtheils in Bezug auf die Rückfallsstrafe wirksam.

U. v. 14. X. 86. R. VIII. 612. E. XIV. 421.

5. Der Strafrichter ist berechtigt, bei Feststellung der Voraussetzungen eines im wiederholten Rückfalle verübten Diebstahls Vorbestrafungen, welche der Angeklagte vor vollendetem zwölften Lebensjahre erlitten hat, in Betracht zu ziehen.

U. v. 20. IX. 88. R. X. 501. E. XVIII. 116.

§ 246.

1. Der Begriff der Unterschlagung wird dadurch nicht ausgeschlossen, daß die Erlangung der Gewahrsame eine rechtswidrige war, wenn nur dieselbe nicht die Annahme eines andern Delicts nach sich zieht. U. v. 18. VI. 85. R. VII. 407.

2. Ein Schuldschein über eine Darlehensforderung kann nach preußischem Recht Gegenstand der Unterschlagung sein.

U. v. 19. VI. 85. R. VII. 420. E. XII. 313.

3. Werthpapiere, welche ein Commissionär auf eigenem Namen bei einem Dritten für den Committenten angekauft und bei dem Verkäufer liegen hatte, sind für den Commissionär fremde Sachen, welche er in Gewahrsam hat, wenn der Committent den Ankaufspreis bezahlt hat und die Werthpapiere unter seiner Zustimmung bei dem Verkäufer deponirt bleiben. U. v. 17. XII. 85. E. XIII. 178.

4. Wenn Jemand in legaler Ausübung der ihm vom Fischereiberechtigten übertragenen Stellvertretung ohne rechtswidrige Absicht fischt oder Krebse fängt, erwirbt er Eigenthum für den Stellvertreter und macht sich durch späteren Verkauf der Fische und Krebse und rechtswidrige Aneignung des Erlöses der Unterschlagung schuldig.

U. v. 10. XII. 85. E. XIII. 195.

5. Die Veräußerung einer Banknote, welche dem Veräußerer in der irrthümlichen Meinung übergeben ist, daß sie einen geringeren Werth habe als der ist, den sie wirklich hat, kann Unterschlagung, und zwar der ganzen Banknote, sein.

U. v. 12. I. 86. R. VIII. 43.

6. In dem Vorenthalten einer abzuliefernden Sache kann Zueignung gefunden werden.

Die Absicht des Thäters braucht nicht auf Erlangung eines Vermögensvortheils gerichtet gewesen zu sein.

U. v. 22. VI. 86. R. VIII. 481.

7. Bei der Zueignung fremden Geldes wird das Bewußtsein der Rechtswidrigkeit derselben nicht mit rechtlicher Nothwendigkeit durch die Annahme ausgeschlossen, daß der Zueignende die Mittel zur Rückerstattung jeder Zeit bereit gehalten habe.

U. v. 25. VI. 86. E. XIV. 242.

8. In der widerrechtlichen Erhebung von Geld auf ein verpfändetes Sparkassenbuch durch einen Pfandleiher liegt Unterschlagung des Buchs, nicht aber Ingebrauchnahme desselben.

U. v. 13. XII. 86. R. VIII. 751. E. XV. 147.

9. Es ist nicht rechtsirrthümlich, den Aneignungsact desjenigen, der eine fremde Sache in Gewahrsam hat, in der Erklärung zu finden: er gebe die Sache dem Berechtigten nicht heraus, er behalte sie für sich. U. v. 28. IV. 87. R. IX. 291.

10. Unterschlagung an einer Sache, welche der Thäter mittelst Betrugs in seinen Besitz oder Gewahrsam gebracht hatte, ist nur dann möglich, wenn der Thäter erst später, nachdem er die Sache bereits hatte, den Entschluß gefaßt und ausgeführt hat, über dieselbe, als wäre sie sein eigen, zu verfügen.
U. v. 26. IV. 87. E. XV. 426.

11. Wer von einem anderen Werthpapiere zur Verpfändung für ein aufzunehmendes Darlehen leihweise überlassen erhalten und jene einem Dritten für letzteres als Pfand bestellt hat, kann durch deren Veräußerung eine Unterschlagung begehen. Umfang des in diesem Falle durch die rechtswidrige Veräußerung behufs Deckung des Pfandgläubigers dem benachtheiligten Eigenthümer verursachten Schadens.
U. v. 13. VII. 87. E. XVI. 241.

12. Die zum Thatbestande der Unterschlagung erforderliche Zueignungshandlung kann schon in dem bloßen Abschlusse eines Kaufvertrages über die im Besitz oder Gewahrsam des Thäters befindlichen fremden Sachen gefunden werden.
U. v. 13. I. 88. R. X. 33. E. XVII. 59.

13. Der persönlich haftende Gesellschafter einer Commanditgesellschaft kann an der Commanditgesellschaft gehörigen Geldern Unterschlagung verüben. U. v. 4. X. 88. E. XVIII. 123.

14. Eine Unterschlagung setzt begrifflich voraus, daß die Aneignung erst erfolgte, nachdem der Thäter den Gewahrsam erlangt hatte.
U. v. 29. XI./3. XII. 88. R. X. 707.

15. Ein Wechsel, anf welchem die Unterschrift des Ausstellers und eines Acceptanten sich befinden, und welcher ausgestellt wird, um zur Prolongation eines gleichbeschaffenen Wechsels zu dienen, ist gemeinschaftliches Eigenthum des Ausstellers und Acceptanten, gleichviel wem bis dahin das Papier gehörte, und kann vom Aussteller unterschlagen, wie auch gestohlen und veruntreut werden.
U. v. 10. XII. 88. R. X. 715.

§ 247.

1. Unter „Gesinde" können nur die eigentlichen Dienstboten, keinesfalls aber Gewerbegehülfen oder Gesellen begriffen werden.
U. v. 19. X. 85. R. VII. 588. E. XIII. 14.

2. Es bedarf eines Strafantrages nur, wenn der Dienstherr der Bestohlene war, nicht aber, wenn der Bestohlene in der häuslichen Gemeinschaft des Dienstherrn sich befindet und zu dessen Angehörigen gehört. U. v. 2. II. 86. R. VIII. 109.

Zwanzigster Abschnitt.

Raub und Erpressung.

§ 251.

Die vorsätzliche und mit Ueberlegung erfolgte Tödtung und Beraubung eines Menschen erfüllt in idealer Concurrenz sowohl den Thatbestand des § 211 als des § 251 des StGB.

U. v. 17. II. 85. R. VII. 127.

§ 252.

Die Strafbestimmung des § 252 findet auch auf den Fall des Gartendiebstahls nach § 18 des preuß. Feld- und Forstpolizeigesetzes vom 1. April 1880 Anwendung.

U. v. 5. III. 86. R. VIII. 155. E. XIII. 391.

§ 253.

1. Wenn der durch eine Drohung angestrebte Vermögensvortheil objectiv nicht rechtswidrig war, aber vom Thäter für rechtswidrig gehalten wurde, so liegt Versuch der Erpressung vor.

U. v. 23. IV. 85. R. VII. 248.

2. Nicht nur vis compulsiva, sondern auch vis absoluta werden unter dem Begriffe „Gewalt" verstanden.

U. v. 29. IX. 85. R. VII. 544.

3. Derjenige, welcher das durch falsches Spiel verlorene Geld von dem falschen Spieler unter Drohung zurückfordert, erstrebt dadurch nicht einen rechtswidrigen Vermögensvortheil.

U. v. 10. XI. 85. R. VII. 653.

4. Die Frage, ob der Thäter den Willen eines Anderen durch eine Drohung beugen, oder ob er ihm nur die Lage der Dinge darstellen wollte, ist thatsächlich zu entscheiden. Die Zufügung des Uebels mit welchem bei Erpressung gedroht wird, muß von der Macht und dem Willen des Drohenden abhängen.

U. v. 14. I. 86. R. VIII. 55.

5. Der Zwangsvergleich im Concurse enthält nicht nothwendig für den Gemeinschuldner einen Vermögensvortheil und erfüllt die

Nöthigung zu einem solchen durch Bedrohung seitens des Schuldners deshalb nicht mit Nothwendigkeit den Thatbestand der Erpressung.

U. v. 23. II. 86. R. VIII. 136.

6. Auch die Drohung mit dem Fortbestehenlassen eines Uebels und die Drohung mit einem Unterlassen kann genügen.

U. v. 25. VI. 86. R. VIII. 492. E. XIV. 264.

7. Der Thatbestand der Erpressung kann auch durch Ankündigung der Zufügung eines durch einen Dritten zu verwirklichenden Uebels erfüllt werden. U. v. 25. II. 87. E. XV. 333.

8. In der Nöthigung zur Zurücknahme einer Klage kann Erstrebung eines rechtswidrigen Vermögensvortheils nur dann, wenn der eingeklagte Anspruch begründet oder doch zweifelhaft ist, gefunden werden. U. v. 23. XII. 87. R. IX. 748.

9. Zwischen der Erpressung und der Anstiftung zu dem Vergehen gegen den z. Z. noch gültigen § 270 des preuß. StGB. vom 14. April 1851 betreffend das Abhalten vom Mit- oder Weiterbieten bei öffentlichen Versteigerungen besteht keine Gesetzesconcurrenz.

U. v. 6. III. 88. E. XVII. 202.

10. Bei dem Mangel einer Verpflichtung zum Handeln kann in der Ankündigung einer Unterlassung keine Drohung gefunden werden.

U. v. 19. X. 88. R. X. 582.

Einundzwanzigster Abschnitt.

Begünstigung und Hehlerei.

§ 257.

1. Begünstigung kann auch in unwahren Angaben gegenüber den zuständigen Beamten über den Erwerb der, dem Thäter zu sichernden, vitiös erworbenen Sache gefunden werden.

U. v. 9. VI. 85. R. VII. 364.

2. Zum Thatbestande der Begünstigung ist nicht erforderlich, daß der Begünstiger von der concreten Gestaltung des von dem Anderen verübten Verbrechens oder Vergehens Kenntniß hatte.

U. v. 27. XI. 85. E. XIII. 81.

U. v. 15. X. 86. R. VIII. 621.

3. Der Strafausschließungsgrund des § 257 Abs. 2 findet auch dann Anwendung, wenn der Angehörige eine derartige Begünstigungshandlung nicht selbst vorgenommen, sondern einen Dritten zu derselben angestiftet hat.

U. v. 29. IV. 86. R. VIII. 313. E. XIV. 102.

4. Darin, daß Jemand den zur Anzeige einer von Amtswegen zu verfolgenden Straftħat Entschlossenen bestimmt, von der Strafanzeige abzustehen, kann ein Beistandleisten gefunden werden.

U. v. 6. IV. 86. E. XIV. 88.

5. In der vor der That gegebenen Zusage des Ankaufs von geschmuggeltem Vieh kann eine Begünstigung der Uebertretung des Vieheinfuhrverbots gefunden werden.

U. v. 23. IX. 86. R. VIII. 551.

6. Die Strafbarkeit der Begünstigung einer gewerbsmäßigen Strafthat setzt weder die Kenntniß von dem gewerbsmäßigen Handeln des Thäters noch einen gewerbsmäßigen Betrieb auf Seiten des Begünstigers voraus. U. v. 29. X. 86. R. VIII. 650.

7. In der im Voraus versprochenen Begünstigung eines Diebstahls kann Anstiftung oder Beihülfe, nicht aber Mitthäterschaft liegen, selbst wenn der Begünstiger die That als seine eigene wollte, es sei denn, daß außer der Verabredung des auf die That gerichteten Complots und außer der Begünstigungshandlung noch eine, wenigstens geistige Unterstützung bei Ausführung der That hinzutritt.

U. v. 10. I. 87. R. IX. 17. E. XV. 295.

8. Der § 257 findet auf die Begünstigung eines militärischen Delicts durch Nichtmilitärpersonen Anwendung. Dabei sind die militärischen Verbrechen bezw. Vergehen als Verbrechen oder bezw. Vergehen im Sinne des deutschen StGB. anzusehen und gegen Nichtmilitärpersonen auf Haft zu erkennen, wo auf Arrest gegen Militärpersonen zn erkennen sein würde.

U. v. 1. IV. 87. R. IX. 218. E. XV. 396.

9. Die zum Thatbestande der persönlichen Begünstigung erforderliche Absicht, den Thäter der Bestrafung zu entziehen, liegt auch dann vor, wenn die Absicht nur darauf gerichtet war, den Thäter vorübergehend der Vollstreckung der erkannten Strafe zu entziehen.

U. v. 9. VI. 87. R. IX. 362. E. XVI. 204.

10. Die bloße Vorbereitung einer Thätigkeit, durch welche dem Thäter die Vortheile seiner Strafthat gesichert werden sollen, ist nicht schon als Begünstigung anzusehen.

U. v. 9. VI. 87. E. XVI. 157.

11. Anstiftung zum Diebstahl und die durch vor Begehung der That zugesagte Begünstigung begangene Beihülfe kann nicht als in realem Zusammenfluß stehend bestraft werden.

U. v. 3. XI. 87. R. IX. 553. E. XVI. 374.

12. Zwischen dem Thatbestand des § 257 des StGB. und § 212 der Concursordnung besteht keine Gesetzesconcurrenz.

U. v. 29. XI. 87. R. IX. 684.

13. Eine fortgesetzte Strafthat kann von einer und derselben Person je nach Maßgabe des von ihr gefaßten Entschlusses sowohl in den einzelnen Fortsetzungshandlungen mehrfach in realem Zusammenfluß begünstigt werden, als auch in Folge eines Entschlusses in Bezug auf alle oder mehrere Fortsetzungshandlungen als eine That. U. v. 5 III. 88. R. X. 207. E. XVII. 227.

§ 258.

Die Rechtswidrigkeit des Vortheils wird nicht vorausgesetzt.

U. v. 21. IX. 88. R. X. 512.

§ 259.

1. Der Empfang zur Zubereitung und zum Mitverzehren gestohlener Victualien seitens Hausbediensteter enthält weder ein Ansichbringen noch einen Vortheil.

U. v. 9. VII. 85. R. VII. 484.

2. Hehlerei, wobei der Hehler den strafbaren Erwerb der gehehlten Sache den Umständen nach annehmen mußte, ist kein Fahrlässigkeitsdelict, sondern die Annahme derselben stützt sich auf eine gesetzliche Beweisregel. U. v. 22. XII. 85. R. VII. 752.

3. Jede auf den Verkauf gestohlener Sachen gerichtete Thätigkeit genügt, um ein Mitwirken zum Absatz vorzunehmen, wie die Ermittelung des Werthes einer solchen Sache zum Zwecke des Verkaufs.

U. v. 9. VII. 86. R. VIII. 531.

4. Ein „Ansichbringen“ kann auch in concludenten Handlungen, welche der Thätigkeit Anderer hinzutreten, gefunden werden.

U. v. 18. I. 87. R. IX. 62.

5. Das Vergehen der Hehlerei kann nicht angenommen werden, wohl aber unter Umständen ein selbstständiges Delict, wenn Derjenige, der die Sache durch eine strafbare That erlangt hat, dieselbe dem der Hehlerei Beschuldigten nicht übertragen wollte, sondern Letzterer jene aus eigenem Antriebe, nicht um die strafbare That zu fördern, sondern eines eigenen Interesses halber an sich nahm.

U. v. 8. XII. 87. R. IX. 711.

6. Es ist nicht rechtsirrthümlich, wenn Hehlerei an der unterschlagenen Sache durch Ankauf darin gefunden wird, daß die durch Kaufabschluß zwischen dem Unterschlagenden und dem Hehler unterschlagene Sache später dem Hehler übergeben wird.

Beihülfe zu einer strafbaren Handlung schließt den Thatbestand der Hehlerei bezüglich der vom Thäter mittelst jener Handlung erlangten Sachen nicht aus.

U. v. 13. I. 88. R. X. 33. E. XVII. 59.

7. In dem Verpfänden von Sachen kann ein „Absatz“ im Sinne des § 259 gefunden werden.

U. v. 15. V. 88. E. XVII. 392.
U. v. 8. X. 88. R. X. 547.

8. Der Eigenthümer, welcher die eigene Sache, die ein Dritter zu Gunsten des Eigenthümers dem Pfandgläubiger weggenommen hat, wissend, daß sie in rechtswidriger Absicht weggenommen ist, an sich bringt, kann aus § 259 gestraft werden.

U. v. 11. XII. 88. R. X. 719. E. XVIII. 303.

9. Wenn die Hauptthat von einem Ausländer im Auslande begangen ist, also die deutschen Gerichte zur Verfolgung der Hauptthat nicht befugt sind, ist gleichwohl die im Inlande verübte Hehlerei nach § 259 strafbar.

U. v. 17. XII. 88. R. X. 722. E. XVIII. 298.

§ 260.

Die Feststellung der „fortgesetzt auf Erzielung eines Vermögensvortheils gerichteten Absicht“ genügt nicht zum Thatbestande der Gewerbsmäßigkeit. U. v. 9. XII. 87. R. IX. 714.

§ 261.

Zur Erfüllung des Thatbestandes genügt nicht, daß sich objectiv die Hehlerei auf einen schweren Diebstahl ꝛc. bezieht; es muß vielmehr hinzukommen die Kenntniß des Hehlers von der thatsächlichen Beschaffenheit der Hauptthat.

U. v. 15. III. 87. R. IX. 179. E. XV. 364.

Zweiundzwanzigster Abschnitt.

Betrug und Untreue.

§ 263.

1. Durch die Hingabe von Wechseln zum Discont, welche von gänzlich vermögenslosen Personen, mit dem Anschein von Waarenwechseln nur zu dem Zweck ausgestellt und girirt wurden, um dem Hingeber Credit zu verschaffen, kann Betrug begangen werden, wenn der Discontirende sich durch den Anschein, daß es Waarenwechsel

sind, täuschen ließ. Der Betrug liegt auch vor, wenn die Wechsel eingelöst wurden und die Einlösung beabsichtigt war.

U. v. 25. VI. 85. R. VII. 434. E. XII. 395.

2. Wenn bei Liquidation von Brandschaden der Versicherte theils zu hoch, theils zu niedrig oder gar nicht liquidirte, so kann von einer Vermögensbeschädigung der Versicherungsanstalt bezw. einem Vortheil des Liquidanten nicht gesprochen werden, wenn der wirkliche zu ersetzende Schaden nicht überschritten ist und die Art des Versicherungsvertrages nicht eine solche Liquidation ausschloß.

U. v. 1. VII. 85. R. VII. 450.

3. Derjenige, welcher ausdrücklich nur auf feste Prämien versichern und eine Verpflichtung zu Nachschüssen nicht übernehmen will, ist in seinem Vermögen nicht ohne weiteres beschädigt, wenn er durch Täuschung veranlaßt wird, eine auf Gegenseitigkeit gegründete Versicherung und damit die Verpflichtung zu Nachschüssen zu übernehmen.

U. v. 2. X. 85. R. VII. 548. E. XII. 392.

Beschl. der vereinigten Strafs. 20. IV. 87. R. IX. 253. E. XVI. 1.

4. Für den Thatbestand des Betruges kann das Merkmal der Vermögensbeschädigung begrifflich dadurch erfüllt werden, daß demjenigen, welcher als Creditgeber zur Sicherung seiner Forderung mit der eigenhändigen Unterschrift des Verpflichteten versehene Urkunden zu beanspruchen befugt war, statt dessen fälschlich Schriftstücke übergeben sind, welche nicht die eigenhändige, sondern die von einem Bevollmächtigten vollzogene Unterschrift des Verpflichteten enthielten. U. v. 12. X. 85. E. XIII. 6.

5. Der Eigenthümer eines Grundstückes, welcher ohne Beiziehung des von ihm als Unterhändler Angenommenen mit einem Dritten Verkaufsunterhandlungen eingeleitet hat, ist im Falle Zurücktretens des Kaufliebhabers nicht dadurch am Vermögen beschädigt, daß in diesem Falle seine bedingte Verpflichtung, dem Unterhändler beim Zustandekommen eines durch diesen vermittelten Verkaufs eine Mäklergebühr zu zahlen, fortbesteht. U. v. 12. X. 85. E. XIII. 8.

6. Der Begriff des Betrugs ist mit dem des Collectirens nicht unvereinbar. U. v. 3. XI. 85. R. VII. 638.

7. Eine Vermögensbeschädigung liegt nicht ohne weiteres vor, wenn bezüglich des eingetauschten Grundstückes falsche Angaben über die Hypothekanlage und den Miethsertrag gemacht sind.

U. v. 21. XI. 85. R. VII. 687.

8. Eine zum Schein bewirkte Auflassung von Grundstücken begründet zwischen den Contrahenten keine Rechte und kann als Mittel zum Betruge zum Nachweise eines Eigenthumsüberganges benutzt werden. U. v. 4. XII. 85. R. VII. 712. E. XIII. 138.

9. Es ist nicht rechtsirrthümlich, versuchten Betrug anzunehmen, wenn der, welcher betrogen werden soll, unterrichtet von der betrügerischen Absicht, die Ausführungshandlungen geduldet hat, um den Betrüger zu überführen. U. v. 26. I. 86. R. VIII. 98.

10. Strafbarer Betrug, namentlich mit Bezug auf die eingetretene Vermögensbeschädigung, liegt vor, wenn der Eintritt in eine auf Gegenseitigkeit beruhende Versicherungsgesellschaft durch Täuschung über die Vermögenslage derselben herbeigeführt wird.
U. v. 29. IV. 86. R. VIII. 310. E. XIV. 229.

11. Die rechtswidrige Aneignung des Wassers aus Leitungsröhren einer Wasserleitung ist auch dann, wenn das Aufsichtspersonal der Wasserleitung über die zur Aneignung bewirkten Aenderungen der Anlage getäuscht wird, nicht Betrug, sondern Diebstahl.
U. v. 11. V. 86. R. VIII. 350. E. XIV. 121.

12. Dadurch, daß ein Mann eine Frauensperson durch Täuschung über seine Vermögenslage veranlaßt, mit ihm die Ehe einzugehen, kann Betrug verübt werden, wenn der Mann die Täuschung in der Absicht bewirkt, durch die Eheschließung das Vermögen der Frau in die Hände zu bekommen, um dasselbe nicht für Zwecke der Ehe, sondern für sich zu verwenden.
U. v. 21. V. 86. R. VIII. 370. E. XIV. 137.

13. Der von den Parteien bei einem zweiseitigen Geschäfte normirte Preis der zu leistenden Objecte ist, wenn durch Täuschung der Preis erhöht wurde, geeignet, der Berechnung einer Vermögensbeschädigung zu Grund gelegt zu werden.
U. v. 21. VI. 86. R. VIII. 470.

14. Das bloße Verschweigen einer erfolgten Theilzahlung kann dem die volle, ursprüngliche Summe einklagenden Gläubiger nicht ohne weiteres zum strafbaren Betruge zugerechnet werden.
U. v. 29. VI. 86. R. VIII. 506.

15. Der Thatbestand des Betruges und dessen Begriffsmerkmal der Vorspiegelung falscher, bezw. Unterdrückung wahrer Thatsachen kann nicht schon dadurch hergestellt werden, daß der zur Lieferung einer nur der Gattung nach bestimmten Waare in einer gewissen Beschaffenheit Verpflichtete eine Waare geringerer Beschaffenheit liefert,

ohne daß der Empfänger der letzteren die Mängel sofort zu erkennen in der Lage ist. U. v. 5. VII. 86. E. XIV. 310.

16. Für den Thatbestand des Betrugs ist erforderlich, daß die Absicht auf die Erreichung eines Vermögensvortheils gerichtet war und genügt nicht das Bewußtsein, daß die Irrthumserregung den Vortheil zur Folge haben werde.
U. v. 28. IX. 86. E. XV. 9.
U. v. 5. III. 88. E. XVII. 233.

17. Falsche Vorspiegelungen, um Versicherungsbeträge, welche der Thäter zur Verwendung für seine Arbeiter, bezw. deren Relikten empfangen hat, nachdem er selbst die Versicherungsverträge abgeschlossen hatte, rechtswidrig sich anzueignen, sind als Betrug strafbar.
U. v. 16. XII. 86. R. VIII. 763.

18. In der vertragswidrigen Leistung unter dem Scheine einer vertragsmäßigen kann Vorspiegelung einer falschen Thatsache gefunden werden; die Vermögensbeschädigung besteht in der durch die Irrthumserregung über die Vertragserfüllung herbeigeführten Gewährung der Gegenleistung. U. v. 10. I. 87. R. IX. 15.

19. Die Täuschung eines Gerichtsvollziehers, durch welche er veranlaßt wird, daß derselbe in gutem Glauben eine andere, als die von ihm gepfändete Sache im Wege der Zwangsvollstreckung versteigert, kann Arrestbruch und Betrug in Concurrenz sein.
U. v. 14. I. 87. R. IX. 49. E. XV. 205.

20. Die Benutzung eines als unübertragbar bezeichneten Abonnementsbillets von Seiten eines Dritten stellt sich als ein durch Täuschung des Billeteurs zum Schaden der Eisenbahn verübter Betrug dar. U. v. 7. II. 87. R. IX. 114.
U. v. 13. III. 88. R. X. 244. E. XVII. 217.

21. Die auf Grund des § 50 Nr. 4 des Eisenbahnbetriebsreglement vom 11. Mai 1874 für die unrichtige Declaration des Gewichtes der Frachtgüter angedrohte Conventionalstrafe hat nicht die Natur einer öffentlichen Strafe, welche die Betrugsstrafe ausschließt.
U. v. 11. II. 87. E. XV. 266.

22. Sucht der Proceßführende durch falsche Angaben über seine Persönlichkeit den Gegner irrezuführen, so können hierin falsche Vorspiegelungen und nicht bloß unwahre Parteibehauptungen gefunden werden. U. v. 14. IV. 87. R. IX. 232.

23. Ein gegen Krankheit verabreichtes Mittel oder ein gegen Krankheit ertheilter Rath hat Gebrauchswerth für den Kranken, wenn

derselbe glaubt, ein durch sachverständiges Urtheil ausgewähltes Mittel oder den Rath eines Sachverständigen zu erhalten (betrügerische Täuschung durch Kurpfuscher). U. v. 16. V. 87. E. XVI. 93.

24. Die durch Täuschung des Gläubigers erlangte Stundung einer Forderung enthält dann keine Vermögensbeschädigung, wenn der Schuldner zur Zeit der Stundung schon völlig außer Stand war, die Forderung zu befriedigen, also die Einbringlichkeit dieser durch die Stundung weder vereitelt noch vermindert, noch gefährdet wurde. U. v. 9. VI. 87. R. IX. 364. E. XVI. 161.

25. In der Vorlegung des eingeklagten Wechsels vor dem Proceßrichter kann Unterdrückung der Thatsache, daß die Wechselforderung getilgt war, auch dann gefunden werden, wenn die Tilgung weder vom Beklagten eingewandt noch sonst im Processe zur Sprache gebracht war. U. v. 20. IX. 87. R. IX. 441.

26. Die Vorspiegelung falscher oder die Unterdrückung wahrer Thatsachen im Civilprocesse kann Betrug begründen, sobald eine Partei zur Bescheinigung ihres unwahren Vorbringens falsche Beweismittel benützt, insbesondere sich auf falsche, simulirte oder erschlichene Urkunden bezieht; auch die Benützung an sich ächter Urkunden unter Vorspiegelung falscher oder Unterdrückung wahrer Thatsachen begründet Betrug. U. v. 26. IX. 87. E. XVI. 193.

27. Ein Unterdrücken ist in dem Verschweigen von Thatsachen nicht bloß bei dem Vorhandensein einer Rechtspflicht des Angeklagten zur Mittheilung jener Thatsachen, sondern auch dann zu finden, wenn, ohne daß diese Rechtspflicht besteht, dem Verschweigen ein actives, auf Täuschung angelegtes Verhalten des Angeklagten hinzutritt. U. v. 20. XII. 87. R. IX. 742.

28. Die Erhebung der Brandentschädigungsgelder durch den Versicherten unter Verschweigung der Thatsache, daß er den Brand verursacht und deßhalb — wie er weiß — keinen Anspruch auf Entschädigung hat, ist Betrug.

Dieser Betrug kann mit der Inbrandsetzung der versicherten Sache nur realiter concurriren. U. v. 21. I. 88. R. X. 51. E. XVII. 62.

29. Der Verkauf eines von dem Apotheker hergestellten minderwerthigen Präparats unter der falschen Bezeichnung eines andern vom Käufer verlangten Bitterwassers fällt unter Betrug, selbst wenn die Herstellungskosten den Bezugspreis der echten Waare übersteigen, und das Fabrikat zum Preise der letzteren abgesetzt wird. U. v. 26. I. 88. R. X. 66.

30. In einer Belohnung, welche dem Thäter für den Fall, daß er durch Irrthumserregung die beschädigende Handlung des in Irrthum Versetzten herbeiführen würde, in Aussicht gestellt worden ist, kann ein rechtswidriger Vermögensvortheil gefunden werden.

Das Thatbestandsmerkmal der Vermögensbeschädigung liegt nicht vor, wenn dem Gläubiger ein Werthgegenstand aus dem Vermögen des Schuldners entzogen worden ist, an welchen er sich später, nachdem er seine Forderung gerichtlich geltend gemacht haben würde, im Wege der Zwangsvollstreckung hätte halten können.

U. v. 23. III. 88. E. XVII. 264.

31. Betrug durch Vorspiegelung einer vollstreckbaren Forderung gegenüber einem Gerichtsvollzieher. U. v. 6. IV. 88. R. X. 279.

32. In der durch die Auflassung eines Grundstücks bewirkten Belastung des Erwerbers mit einer von demselben nicht übernommenen Hypothekenschuld ist eine Vermögensbeschädigung auch dann enthalten, wenn der Erwerber das Grundstück unter dem Werthe gekauft hat. U. v. 20. IV. 88. R. X. 325.

33. Zum Betrugsversuch wird nicht erfordert, daß zur Zeit der auf die Vollendung gerichteten Handlung, das Object, an welchem sich dieselbe vollziehen soll, bereits vorhanden gewesen sein muß.

U. v. 9. VII. 88. R. X. 467. E. XVIII. 82.

34. Um Idealconcurrenz von Gebührenüberhebung und Betrug anzunehmen, ist es erforderlich, daß außer der in der Forderung liegenden Täuschung über die Höhe der geschuldeten Gebühren noch weitere Vorspiegelungen oder Unterdrückung von Thatsachen stattgefunden haben, um den höheren Betrag zu erlangen.

U. v. 15. XI. 88. R. X. 664. E. XVIII. 219.

35. Bei Betrug, verübt durch falsche Einträge in das Brauregister durch einen mit Vorbehalt der Nachversteuerung fixirten Brauer wird durch Uebergabe des Brauregisters an die Steuerbehörde die Vorspiegelung begangen. U. v. 3. XII. 88. R. X. 710.

§ 264.

Die Bestrafung wegen Urkundenfälschung in idealem Zusammenflusse mit Betrug ist geeignet, bei Betrug im Rückfall als Vorstrafe angerechnet zu werden. U. v. 15. X. 88. R. X. 570. E. XVIII. 193.

§ 266.

1. Der Begriff der „Verfügung über ein Vermögensstück des Auftraggebers“ setzt in der Regel eine positive Thätigkeit des Bevollmächtigten voraus.

In der bloßen vorsätzlichen Verzögerung der Ablieferung des von dem Bevollmächtigten für den Auftraggeber vereinnahmten Geldes kann eine solche „Verfügung" nicht gefunden werden.

U. v. 26. I. 85. E. XI. 412.

2. In der nicht herbeigeführten Ersatzleistung veruntreuter Mündelgelder seitens des veruntreuenden Vormundes kann weder eine selbstständige Untreue noch eine Fortsetznng der Untreue oder ein ein Zustandsdelict begründendes Unterlassen erblickt werden.

U. v. 23. XI. 85. R. VII. 692.

3. Zum Begriffe des „Bevollmächtigten" wird vorausgesetzt, daß er berufen war, für seinen Auftraggeber Rechtsgeschäfte vorzunehmen, also rechtserzeugende, rechtstilgende oder rechtsabändernde Willenserklärungen für ihn abzugeben.

U. v. 10. XII. 85. E. XIII. 195.
U. v. 28. III. 87. R. IX. 200.

4. Der Vormund kann wegen Untreue nicht bestraft werden, wenn das „absichtliche Handeln zum Nachtheile der Bevormundeten" in einer Angelegenheit stattgefunden hat, für welche dem letzteren wegen collidirenden Interesses des Vormundes ein Pfleger bestellt worden ist.

U. v. 28. I. 86. E. XIII. 333.

5. Derjenige, welcher ein mit einem Accept versehenes Wechselformular mit dem Auftrage übernimmt, durch Discontirung des Wechsels dem Acceptanten Geld zu verschaffen, statt dessen aber, nachdem er den Wechsel als Aussteller selbst unterzeichnet hat, denselben in eigenem Nutzen versilbert, begeht Untreue.

U. v. 1. III. 86. R. VIII. 143. E. XIII. 376.

6. Als Bevollmächtigter macht sich der Untreue schuldig, wer unter Benutzung der widerrufenen Vollmacht über ein in seinen Händen gebliebenes Vermögensstück des Auftraggebers zum Nachtheile desselben absichtlich verfügt. U. v. 4. VI. 86. R. VIII. 423. E. XIV. 184.

7. Beim Vergehen der Untreue machen sich diejenigen, zu deren Gunsten der Thäter das Vergehen durch Hingabe veruntreuter Sachen begeht, durch die wissentliche Annahme der Beihülfe schuldig, wenn sie nicht nach Maßgabe ihres Vorsatzes Mitthäter sind.

U. v. 1. VII. 86. R. VIII. 507.

8. Die Vorstandsmitglieder einer mit Corporationsrecht bestehenden Innung sind Bevollmächtigte der Innung — nicht der Innungsgenossen — und machen sich der Untreue schuldig, wenn sie die von der Generalversammlung statutenwidrig beschlossene Vertheilung eines zum

Innungsvermögen gehörigen Kapitals mit Kenntniß von der Ungültigkeit des Beschlusses und mit dem Bewußtsein, die Innung zu benachtheiligen, in Ausführung bringen.

U. v. 1. X. 86. R. VIII. 575.

9. Ein Bürgermeister in Preußen kann in seiner verwaltenden Amtsthätigkeit als Bevollmächtigter der Stadtgemeinde im Sinne des Strafgesetzes angesehen werden.

U. v. 9. XI. 86. R. VIII. 694. E. XV. 41.

10. Der Vater, welcher als gesetzlicher Vormund seiner Kinder deren Vermögen, ohne Ersatz leisten zu können, für sich verbraucht, kann gegen die Verurtheilung wegen Untreue sich auf das ihm nach badischem Landrechte zustehende Nutznießungsrecht nicht berufen.

U. v. 17. I. 87. E. XV. 211.

11. In der über eine simulirte Forderung errichteten Hypothekenurkunde kann ein Vermögensstück des Eigenthümers des verhafteten Grundstückes gefunden werden.

Bevollmächtigter ist auch derjenige, welcher den Auftrag zu einem unerlaubten Rechtsgeschäft annimmt.

U. v. 19. IV. 87. R. IX. 247.

12. Die vollendete Untreue des Vormundes setzt zum Thatbestand die Zufügung eines Vermögensnachtheils voraus, welcher bereits eingetreten ist; und in einer Vermögensgefährdung nur dann gefunden werden kann, wenn durch dieselbe eine nachtheilige Veränderung des gegenwärtigen Vermögensstandes bewirkt ist. Der Thäter muß sich dieser Benachtheiligung bewußt gewesen sein, sowie der Rechtswidrigkeit seines Handelns.

U. v. 21./28. IV. 87. R. IX. 267. E. XVI. 77.

U. v. 17. I. 88. R. X. 37.

13. Der Kassier einer eingetragenen Genossenschaft erscheint schon vermöge der ihm zustehenden Verwaltung der Gesellschaftskasse als Bevollmächtigter im Sinne des § 266; der schlechthin aufgestellte Grundsatz, daß Beamte einer Genossenschaft keine Bevollmächtigten in diesem Sinne seien, ist rechtsirrthümlich.

U. v. 2. VI. 87. R. IX. 356.

14. In der vom Leihenden ertheilten und vom Entleiher angenommenen Ermächtigung, Werthpapiere in eigenem Namen zu verpfänden, liegt ein Vollmachtsverhältniß.

U. v. 13. VII. 87. E. XVI. 241.

15. Im Bezirke des Appellationsgerichtes zu Cöln wird der Vater nach dem Tode der Mutter gesetzlicher Vormund seiner Kinder und untersteht daher seine Verwaltung des Mündelvermögens dem strafrechtlichen Schutze des § 266 Ziff. 1 des StGB.

U. v. 10. XI. 87. R. IX. 580. E. XVI. 307.

16. Die Anwendung des § 266 Ziff. 1 wird nicht dadurch ausgeschlossen, daß dem Vormunde in seiner Eigenschaft als Vater Nießbrauchsrechte an dem von ihm verwalteten Mündelgute zustehen, noch dadurch, daß wegen Unterschlagung auf Grund § 247 Abs. 2 des StGB. eine Bestrafung nicht erfolgen kann.

U. v. 24. XI. 87. R. 635. E. XVI. 343.

17. Der als Liquidator einer aufgelösten Handelsgesellschaft fungirende frühere Gesellschafter, gleichviel ob er durch das Gericht oder durch Vereinbarung der bisherigen Gesellschafter bestellt worden ist, erscheint als Bevollmächtigter, und macht sich daher bei mißbräuchlicher schädigender Ausübung seines Vollmachtsverhältnisses einer Untreue schuldig, womit ideell Unterschlagung concurriren kann.

U. v. 1. III. 88. R. X. 201.

18. Der Thatbestand der Untreue liegt auch dann vor, wenn der Vormund nach Beendigung der Vormundschaft über das in seinen Händen befindliche Vermögen des bisherigen Mündels, welches er demselben herauszugeben hat, absichtlich zu dessen Nachtheil verfügt.

U. v. 17. III. 88. R. X. 251. E. XVII. 241.

Dreiundzwanzigster Abschnitt.

Urkundenfälschung.

§ 267.

1. Für das Thatbestandsmerkmal der fälschlichen Anfertigung einer Urkunde ist die Beschaffenheit der hergestellten Urkunde entscheidend. In dem öffentlichen Anschlage einer falschen öffentlichen Urkunde liegt ein Gebrauch der letzteren zum Zwecke einer Täuschung.

U. v. 12. I. 85. E. XII. 17.

2. Wer einen stempelpflichtigen Vertrag zur Abwendung einer Stempelstrafe in der Datirung verändert und der Stempelsteuerbehörde zur Kassierung des Stempels vorlegt, um sie über den Ablauf der gesetzlichen Kassirungsfrist zu täuschen, macht sich der Urkundenfälschung schuldig. U. v. 6 II. 85. R. VII. 86.

3. Die Adresse eines Briefes ist eine Urkunde. Der Gebrauch einer solchen unbefugterweise veränderten Adresse wird dadurch nicht

entschuldigt, daß ein Angeschuldigter seine Unschuld oder geringere Strafbarkeit beweisen will.

U. v. 16. III. 85. R. VII. 180. E. XII. 170.

4. Im Gebiete der preuß. Landgemeindeverfassung v. 14. April 1856 ist ein von einer Gemeindeversammlung zur Prüfung und Abnahme der Gemeinderechnungen gewählter Ausschuß keine öffentliche Behörde und sind die von einem solchen Rechnungsausschusse ausgestellten Entlastungserklärungen nicht als öffentliche Urkunden anzusehen. U. v. 13. III. 85. E. XII. 91.

5. Die rechtswidrige Absicht desjenigen, welcher in Erwartung der Genehmigung für einen Anderen eine Urkunde ausstellt, unterschreibt und zum Zwecke der Täuschung gebraucht, wird durch die erwartete Genehmigung des Namensträgers nicht ausgeschlossen, sofern nicht auch den andern Personen gegenüber die rechtswidrige Absicht durch besondere Umstände ausgeschlossen wird.

U. v. 1. V. 85. R. VII. 266.

6. Den mit dem Portovermerk versehenen Abschnitten zu den Postpacketadressen kommt die Eigenschaft von öffentlichen Urkunden nicht zu. U. v. 15. VI. 85. R. VII. 390. E. XII. 323.

7. Im Zweifel genügt zur Verpflichtung eines öffentlichen Beamten nicht die unterschriftliche Vollziehung eines Eidesformulars, sondern nur die Ableistung eines körperlichen Eides.

Eine Zustellungsbescheinigung, welche von einem formlos bestellten Zustellungsbeauftragten ohne ausdrückliche Beifügung eines Amtscharakters vollzogen ist, kann nicht für eine „öffentliche" Urkunde erachtet werden.

Die Eigenschaft der fraglichen Zustellungsbescheinigung als „öffentliche" Urkunde kann dadurch nicht als hergestellt angesehen werden, daß das fragliche Schriftstück mit anderen zweifellos öffentlichen Urkunden äußerlich verbunden ist.

U. v. 15. VI. 85. R. VII. 393. E. XII. 270.

8. Die fälschliche Anfertigung einer Urkunde durch Unterschrift des Namens einer dritten Person stellt dann nicht den Thatbestand der Urkundenfälschung dar, wenn derjenige, welchem gegenüber von der Urkunde Gebrauch gemacht ist, wußte, daß die Unterschrift nicht von demjenigen herrührt, auf welchen die Schrift hinweist, und sich nur darüber im Irrthum befand, daß der Schreiber von dem Träger des geschriebenen Namens zum Gebrauch desselben ermächtigt sei.

U. v. 9. X. 85. R. VII. 568.

9. Geldrollen, welche mit der Bezeichnung ihres Inhaltes und mit einem zu dieser Bezeichnung in Beziehung gebrachten Namen versehen worden sind, können für beweiserhebliche Privaturkunden erachtet werden. U. v. 26. X. 85. E. XIII. 71.

10. Es ist nicht rechtsirrthümlich, wenn in der Absicht der Braut, durch Verfälschung des Taufscheins den Bräutigam zu dem Zweck über ihr Alter zu täuschen, um die projectirte Eheschließung oder sich doch in der Ehe ein glückliches Zusammenleben zu sichern, die rechtswidrige Absicht im Sinne des § 267 nicht gefunden wird.
U. v. 21. XI. 85. R. VII. 681. E. XIII. 65.

11. Eine in Bayern von einem gerichtlich verpflichteten Hypothekenschätzer über den Werth von Liegenschaften behufs hypothekarischer Sicherung einer Forderung schriftlich abgegebene Erklärung ist zum Beweise von Rechten oder Rechtsverhältnissen erheblich, auch wenn dieselbe vorschriftswidrig nicht als Beilage zu hypothekenamtlichen Protokolle oder zu einer Notarsurkunde genommen wurde.
U. v. 26. XI. 85, E. XIII. 112.

12. Auch solche Privaturkunden, welche auf dem Wege mechanischer Vervielfältigung hergestellt und nur mit einer gedruckten Unterschrift versehen sind, können das Produkt einer Urkundenfälschung sein.
U. v. 11. XII. 85. R. VII. 738. E. XIII. 168.

13. Es liegt Urkundenfälschung vor, wenn Jemand eine Urkunde mit seinem Familiennamen und seinem Rufnamen, eine zweite Urkunde mit seinem Familiennamen und einem anderen seiner Vornamen unterzeichnet und, indem er von beiden Urkunden zusammen Gebrauch macht, den täuschenden Schein hervorrufen will, als rührten die Unterschriften von verschiedenen Personen her.
U. v. 15. XII. 85. R. VII. 743. E. XIII. 171.

14. Die unberechtigte Veränderung des an den zollpflichtigen Waaren angebrachten Bleiverschlusses ist als Urkundenfälschung anzusehen. U. v. 23. XII. 85. R. VII. 758. E. XIII. 193.

15. Auch die vor dem Abschluß des Frachtvertrages vorgenommene unberechtigte Abänderung eines Frachtbriefes, von welchem zum Zwecke der Täuschung Gebrauch gemacht wird, ist als Verfälschung einer beweiserheblichen Urkunde aufzufassen.
U. v. 11. I. 86. R. VIII. 30.

16. Der Thatbestand der Urkundenfälschung wird dadurch nicht ausgeschlossen, daß derjenige, welcher die Urkunde unter einer falschen Namensbezeichnung ausstellt, schon vorher sich diesen falschen Namen

beigelegt hat und durch die Fälschung nur die schon vorher bewirkte Täuschung über den Namen des Ausstellers unterhalten will.

U. v. 11. I. 86. E. XIII. 245.

17. Ein von der Ortspolizeibehörde in Bayern ausgestelltes Zeugniß, durch welches die Dauer des Besitzes eines zur Preisbewerbung vor der Prämiirungscommission des Landesgestütes vorzuführenden Pferdes bestätigt wird, ist eine öffentliche Urkunde.

Die Legalität eines solchen Zeugnisses der Ortspolizeibehörde wird dadurch nicht beeinträchtigt, daß dasselbe Namens der „Gemeindeverwaltung“ ausgestellt wird. U. v. 25. II. 86. E. XIII. 367.

18. Eine nach § 636 der CPrO. im Mahnverfahren erfolgte Ladung zur mündlichen Verhandlung kann eine Urkunde im Sinne des § 267 des StGB. sein. U. v. 19. III. 86. R. VIII. 209. E. XIV. 1.

19. Die auf Grund der preuß. Verordnung vom 13. Febr. 1843 über die Legitimation zur Veräußerung eines Pferdes auszustellenden Atteste sind öffentliche Urkunden und verlieren diese Eigenschaft darum noch nicht, daß die in jener Verordnung aufgestellten Formvorschriften nicht überall erfüllt sind. U. v. 2. IV. 86. R. VIII. 247.

20. Es kommt nicht darauf an, ob die gefälschte Urkunde für den Gebrauchszweck des Thäters beweiserheblich ist; vielmehr genügt es, daß sie im Falle ihrer Echtheit irgend ein Rechtsverhältniß zu beweisen dienlich gewesen wäre. U. v. 6. IV. 86. R. VIII. 262.

21. Eine schriftliche geschäftliche Empfehlung kann als beweiserhebliche Privaturkunde in Betracht kommen.

U. v. 19. IV. 86. R. VIII. 298.

22. Das Anerbieten, eine gefälschte Urkunde zur Einsicht vorzulegen, mit dem Erfolg, daß Jemand an einem dritten Orte von der Urkunde Einsicht nimmt, ist Gebrauch der gefälschten Urkunde zur Täuschung. U. v. 29. IV. 86. R. VIII. 319.

23. Die einem Objecte behufs dessen Unterscheidung sichtbar beigefügte Numerirung kann als Urkunde nicht angesehen werden, selbst wenn die Beifügung von einer öffentlichen Behörde erfolgte.

U. v. 31. V. 86. R. VIII. 412. E. XIV. 175.

24. Nicht nur die durch einen Postboten in einer Strafsache über eine Zustellung errichtete Urkunde, sondern auch die dem Adressaten übergebene Abschrift hat die Eigenschaft einer öffentlichen Urkunde.

U. v. 31. V. 86. R. VIII. 417.

25. Durch Abänderung der in seinem Besitze gebliebenen Handelsbücher begeht ein Kaufmann keine Urkundenfälschung, auch wenn er

die Abänderung vornimmt, um durch die Bücher einen Beweis über seinen Geschäftsumfang zu führen; wohl aber kann diese Abänderung als ein Mittel zur Begehung eines beabsichtigten Betruges sich darstellen. U. v. 21. VI. 86. R. VIII. 470.

U. v. 29. VI. 86. R. VIII. 504.

26. Auch bei der Urkundenfälschung gestattet das gemeinschaftliche Zusammenwirken mehrerer Personen die Annahme einer Mitthäterschaft, selbst dann, wenn der eine Thäter persönlich nur die Fälschung, der andere aber die Gebrauchshandlung vorgenommen hat.

U. v. 24. VI. 86. R. VIII. 481.

27. Wird zur Täuschung des Civilproceßrichters auf eine bei Strafacten befindliche gefälschte Urkunde Bezug genommen, so ist diese Bezugnahme als ein das Delict vollendender Gebrauch auch dann anzusehen, wenn der Proceßrichter zur Heranziehung der Urkunde keine Veranlassung findet.

U. v. 25. VI. 86. R. VIII. 489. E. XIV. 242.

28. Die rechtswidrige Absicht wird nicht dadurch ausgeschlossen, daß die Fälschung, bezw. der Gebrauch, behufs Ausübung eines Rechts, welches ohnedem und unabhängig von der Fälschung bereits bestand, vorgenommen wurde. U. v. 28. VI. 86. R. VIII. 493.

29. In dem Vorlesen des gefälschten Schriftstückes der zu täuschenden Person gegenüber kann ein Gebrauchmachen gefunden werden.

U. v. 10. XII. 86. R. VIII. 746. E. XV. 110.

30. Eine bei der Staatsanwaltschaft unter fremden Namen eingereichte Strafanzeige ist als beweiserhebliche Privaturkunde anzusehen. U. v. 20. XII. 86. R. VIII. 770.

31. Falsche Anfertigung einer öffentlichen Urkunde liegt vor, wenn die von einem zollamtlichen Waarenverschluß abgetrennte Plombe zur Nachmachung eines dergleichen Verschlusses bei anderen Waaren verwendet wird. U. v. 1. II. 87. R. IX. 105. E. XV. 214.

32. Auszüge aus dem Standesregister sind, sofern dieselben die in das Register bewirkte Eintragung eines Geburtsfalles beweisen, als öffentliche Urkunden auch dann anzusehen, wenn das Standesregister zur Beurkundung der eingetragenen Geburt nicht bestimmt ist.

U. v. 11. II. 87. R. IX. 124.

33. Fälschliche Anfertigung liegt vor, wenn eine Urkunde angefertigt wird, welche nicht von demjenigen herrührt, welcher ihr Aussteller zu sein scheint. Ob die durch die Urkunde bestätigte Thatsache wahr oder unwahr, ist nicht entscheidend. U. v. 18. II. 87. R. IX. 148.

34. Wenn auch für das linksrheinische deutsche Gebiet ein vor Erlaß des Standesgesetzes vom 6. Februar 1875 vom Geistlichen ausgestelltes Geburtsattest nicht als öffentliche Urkunde in Betracht kommt, so ist ein solches Attest doch als eine rechtserhebliche Privaturkunde anzusehen. U. v. 19. IV. 87. R. IX. 250.

35. Ein Anfang der Ausführung einer Urkundenfälschung liegt auch dann vor, wenn der Thäter in Bethätigung seines auf Ausführung der Urkundenfälschung in deren vollem Umfange gerichteten, und nur das zur Vollendung der That erforderliche Gebrauchmachen an weitere Bedingungen knüpfenden Entschlusses die Urkunde fälschlich angefertigt hat. U. v. 27. V. 87. R. IX. 352. E. XVI. 133.

36. Darin, daß Jemand von seinem Rechtsanwalt behufs Gebrauchs in einer Prozeßsache die Abschrift einer gefälschten Urkunde anfertigen läßt, kann solange keine Vollendung der That erblickt werden, als nicht festgestellt ist, daß der Thäter den Rechtsanwalt täuschen wollte. U. v. 27. VI. 87. R. IX. 384. E. XVI. 228.

37. Urkundenfälschung liegt vor, wenn jemand in der irrigen Meinung, die Frist zur Nachbringung des Stempels sei abgelaufen, zur Abwendung einer vermeintlich verwirkten Stempelstrafe das Datum einer stempelpflichtigen Urkunde verändert und die Urkunde der Steuerbehörde behufs Cassation des Stempels vorlegt.
U. v. 1. XI. 87. R. IX. 540. E. XVI. 262.

38. Ein Wildpassirschein als rechtserhebliche Privaturkunde.
U. v. 4. XI. 87. R. IX. 555.

39. Der mit einem falschen Namen unterzeichnende Thäter kann sich nicht auf die von dem Namensträger hierzu ertheilte Ermächtigung berufen, wenn die Anfertigung der Urkunde überhaupt in unberechtigter Weise zur Täuschung Anderer erfolgt ist; der Namensträger macht sich daher auch einer Anstiftung schuldig, wenn er den Thäter durch strafbare Mittel zur fälschlichen Anfertigung der Urkunde bestimmt hat. U. v. 14. XI. 87. R. IX. 602. E. XVI. 325.

40. In Preußen sind Gemeinden, welche ein öffentliches Schlachthaus errichtet haben, befugt, nur dasjenige Fleisch zum Verkehr im Gemeindebezirke zuzulassen, von welchem durch Attest dargethan wird, daß es von einem einer sachverständigen Untersuchung unterzogenen Thiere herrührt.

Wird ein solches Attest von einem öffentlich angestellten Fleischbeschauer, jedoch außerhalb seines amtlichen Geschäftskreises ausgestellt, so gilt dasselbe zwar nicht als öffentliche, wohl aber als eine das Recht auf Einfuhr des Fleisches begründende Privaturkunde.

U. v. 27. I. 88. R. X. 70. E. XVII 94.

41. Der Abschnitt auf einer Postpacketbegleitadresse mit einem unwahr ausgefüllten Namen des Absenders kann nur unter besonderen Umständen als eine gefälschte Urkunde erscheinen.

U. v. 9. II. 88. R. X. 104. E. XVII. 141.

42. Die rechtswidrige Absicht setzt nicht das Bewußtsein voraus, durch die Fälschung die Rechte Dritter zu verletzen, sondern besteht in dem Willen, für eine Thatsache mittelst Täuschung ein falsches, rechtserhebliches Beweisinstrument sich zu verschaffen.

U. v. 13. II. 88. R. X. 141. E. XVII. 200.

43. Eine Rechnung kann als eine beweiserhebliche Privaturkunde erachtet werden. U. v. 5. III. 88. R. X. 205.

44. Wer in einem nur datirten und unterschriebenen Vollmachtsformular das Datum in der Absicht ändert, die Festsetzung einer Stempelstrafe zu verhüten, macht sich der Urkundenfälschung nicht schuldig. U. v. 6. III. 88. R. X. 218. E. XVII. 205.

45. § 267 setzt voraus, daß der Zweck der Verfälschung mit dem des Gebrauchs übereinstimmt; ist die rechtswidrige Absicht bei der Verfälschung und bei dem Gebrauche eine verschiedene gewesen, so findet § 270 Anwendung.

Ein das Delict vollendender Gebrauch liegt vor, wenn die Urkunde zu den Acten des Schöffengerichts behufs Berücksichtigung in der zu erwartenden Verhandlung übergeben ist.

Verfälschung bloß zum besseren Fortkommen liegt nicht vor, wenn gesetzwidrige Erleichterung der Jagdausübung oder Beseitigung einer drohenden Strafe bezweckt ist.

U. v. 9. III. 88. R. X. 233.

46. Die Bezeichnung der Verpackung einer Waare mit der Firma und dem Handelsniederlassungsorte des Versenders stellt keine Urkunde dar. U. v. 12. III. 88. R. X. 239. E. XVII. 282.

47. Die Annahme, eine Urkunde im Sinne des § 267 sei nur dann vorhanden, wenn der (angebliche) Aussteller durch sie verpflichtet erscheine, ist rechtsirrthümlich.

U. v. 10. IV. 88. R. X. 293. E. XVII. 298.

48. Die Stempelung einer Waare auf Grund eines Vertrags, laut dessen die zu liefernde Waare einer Vorprüfung zu unterstellen und nur die abgestempelte Waare zu definitiver Lieferung geeignet

sein soll, genügt, um den aufgedruckten Stempel als Urkunde erscheinen zu lassen. U. v. 19. IV. 88. R. X. 317. E. XVII. 352.

49. Die Verfälschung einer Urkunde ist nicht unbedingt ausgeschlossen, wenn zur Zeit der Abänderung noch ein Theil des Inhalts der später vervollständigten Urkunde gefehlt hat.

Die Genehmigung des Kreisdirektors in Elsaß-Lothringen, welche derselbe in einer Kirchenbausache zur Leistung einer von den normirten Bedingungen abweichenden Zahlung seitens der Gemeinde ertheilt hat, erscheint als öffentliche Urkunde.

U. v. 23. IV. 88. E. XVII. 328.

50. Eine Strafanzeige ist, insofern sie geeignet, die Staatsbehörde zur Verfolgung des Angezeigten zu veranlassen, für die desfallsigen Rechte und Pflichten der behördlichen Organe von rechtlicher Bedeutung, also für die Begründung eines öffentlich-rechtlichen Verhältnisses erheblich, und die gefälschte Anfertigung derselben kann nach § 267 strafbar sein. U. v. 15. V. 88. R. X. 396.

51. Die Ladung des Angeklagten zur Hauptverhandlung ist eine öffentliche Urkunde, auch wenn sie nicht die richtige Warnung vor Strafe wegen Nichterscheinens enthält, oder wenn der Beschluß über Eröffnung des Hauptverfahrens nicht beigefügt ist, oder wenn die Ladung durch die Post überschickt worden war; sie trägt jenen Charakter nicht an sich, wenn sie vom Vorsitzenden, dem hierzu nicht zuständigen Beamten, nicht vom Staatsanwalt ausgefertigt ist.

U. v. 6./13. VII. 88. R. X. 464. E. XVIII. 76.

52. Aerztliche Recepte sind rechtserhebliche Privaturkunden.

U. v. 12. X. 88. R. X. 563. E. XVIII. 149.

§ 268.

1. In der Abwendung einer Conventional-Geldstrafe ist ein Vermögensvortheil zu erblicken. U. v. 11. II. 86. R. VIII. 112.

2. Die Beeidigung und öffentliche Anstellung der in § 36 Abs. 1 der Gewerbeordnung vom 21. Juni 1869 bezeichneten Gewerbetreibenden hat nicht die rechtliche Bedeutung, daß die von ihnen ausgestellten schriftlichen Zeugnisse als öffentliche Urkunden erscheinen.

U. v. 20. VI. 88. E. XVIII. 37.

§ 269.

Ein Wechselformular, welches vollständig ausgefüllt ist, mit Ausnahme des Zahlungstages, erscheint noch als Blanket. Die unbefugte Ausfüllung einer solchen unvollständigen Urkunde gegen den Willen desjenigen, der in der Urkunde mit einer Verpflichtung belastet ist, stellt sich als Fälschung im Sinne des § 269, nicht des § 267 dar.

U. v. 9. XII. 86. R. VIII. 740. E. XV. 67.

§ 270.

1. Zum Thatbestande gehört neben dem Gebrauche der falschen Urkunde zum Zwecke der Täuschung, um sich einen rechtswidrigen Vermögensvortheil zu verschaffen, noch die rechtswidrige Absicht des Thäters, die daher ausdrücklich in der an die Geschworenen gestellten Frage ihre Aufnahme finden muß.

U. v. 20. III. 85. R. VII. 186. E. XII. 112.

2. Der wissentliche Gebrauch einer echten, aber falsche Thatsachen versichernden Urkunde zum Zwecke einer Täuschung erfüllt nicht den Thatbestand des § 270. U. v. 26. X. 86. E. XV. 5.

§ 271.

1. Die von dem Standesbeamten zwar unterschriebene, aber in dessen Abwesenheit von einer andern Person entgegengenommene und bewirkte Eintragung in das Standesregister kann die Bedeutung einer öffentlichen Urkunde nicht in Anspruch nehmen.

U. v. 3. III. 85. R. VII. 154. E. XII. 62.

2. Der Dolus besteht nicht allein in dem Bewußtsein, eine unrichtige Beurkundung bewirkt zu haben; es muß vielmehr hinzukommen das Bewußtsein davon, daß die unrichtig beurkundete Thatsache eine für Rechte oder Rechtsverhältnisse erhebliche ist.

U. v. 20. III. 85. R. VII. 190.

3. Das von dem Einwohnermeldeamt in Berlin geführte Melderegister ist kein öffentliches Register.

U. v. 2. VI. 85. R. VII. 343. E. XII. 228.

4. Das bei den preußischen Justizgefängnissen zu führende Gefangenbuch I ist ein öffentliches Register.

U. v. 24. VI. 85. R. VII. 429. E. XII. 315.

5. Eine Person, welche zu Protokoll einer Verwaltungsbehörde eine Anzeige macht und sich hiebei eines falschen Namens bedient, ist nicht aus § 271, wohl aber aus § 360 Ziffer 8 des StGB. strafbar.

U. v. 6. VII. 85. R. VII. 469.

6. Wer bewirkt, daß durch einen Beamten eine falsche Thatsache beurkundet wird, ist wegen Anstiftung oder Beihülfe aus § 348 des StGB. strafbar, wenn der Beamte vorsätzlich handelte, ist dies nicht der Fall oder auch bloß nicht beweisbar, so ist jener nach § 271 l. c. strafbar. U. v. 19. X. 85. R. VII. 590. E. XIII. 52.

7. Die von den Gefängnißwärtern in Bayern in die Verzeichnisse der Untersuchungsgefangenen oder in die von ihnen zu erstattenden Anzeigen aufzunehmenden Einträge des Namens, Gewerbes und Wohnortes der Untersuchungsgefangenen sind nicht als Beurkundungen im Sinne des § 271 aufzufassen. U. v. 4. II. 86. E. XIII. 334.

8. Eine falsche Beurkundung kann dadurch nicht bewirkt werden, daß eine die Urkunde vorbereitende Mittelsperson getäuscht wird, ohne daß die Täuschung auf den beurkundenden Beamten selbst übertragen wurde. U. v. 25. II. 86. E. XIII. 367.

9. Derjenige, welcher sich von der zuständigen Polizeibehörde in Preußen ein Abzugsattest oder ein Gesindedienstbuch unter falschem Namen ausstellen läßt, ist nach § 271 des StGB. nicht strafbar.
U. v. 20. IV. 86. R. VIII. 307. E. XIV. 99.

10. Ein Beschuldigter, welcher bewirkt, daß der von ihm angegebene Name in die in Württemberg vorgeschriebene amtsgerichtliche Gefängnißliste für Untersuchungsgefangene eingetragen und in der Folge, nach der unter jenem falschen Namen erfolgten Verurtheilung, in der von dem Amtsrichter behufs der Strafvollstreckung erlassenen Verfügung als der Name des Verurtheilten angeführt wird, begeht keine sog. intellectuelle Urkundenfälschung.
U. v. 1. IV. 86. E. XIV. 11.
U. v. 19. IX. 87. R IX. 432.

11. Die falsche Beurkundung in einem Eheschließungsact, ein zugezogener Zeuge sei volljährig, während er noch minderjährig ist, kann, selbst wenn die Täuschung des Standesbeamten hierüber auf wissentlich unwahren Angaben des Zeugen selbst beruht, nicht aus § 271 bestraft werden. U. v. 20. I. 87. R. IX. 77. E. XV. 256.

12. Dadurch, daß ein Arbeitgeber bei der durch § 49 des Gesetzes, betreffend die Krankenversicherung der Arbeiter, vom 15. Juni 1883 vorgeschriebenen Anmeldung der von ihm beschäftigten versicherungspflichtigen Personen, für welche Gemeindekrankenversicherung eintritt, wissentlich unwahre Angaben über die Zeit des Beginnes der Beschäftigung macht und dadurch vorsätzlich bewirkt, daß diese unwahren Angaben in das von der Gemeindebehörde über diese Anmeldungen geführte Verzeichniß Aufnahme finden, wird der Thatbestand der intellectuellen Urkundenfälschung nicht erfüllt. U. v. 4. IV. 87. E. XV. 414.

13. Die Bewirkung eines unrichtigen Eintrages in eine öffentliche Urkunde ist nur dann strafbar, wenn sich die unwahre Angabe auf einen Umstand bezieht, welcher durch die Urkunde bewiesen werden soll.

Bei einem Sterberegister gehört der Familienstand des Anzeigenden nicht zu den durch die Urkunde zu erweisenden Thatsachen.

Unter „Stand" im Sinne des § 59 Ziff. 1 des Gesetzes, betr. die Beurkundung des Personenstandes, ist bei jenen Anzeigern, welche kein Gewerbe betreiben, ihre Berufsstellung, nicht aber, und namentlich bei Frauenspersonen, ihr Familienstand zu verstehen.

U. v. 21. V. 87. R. IX. 328. E. XVI. 87.

14. Eine anzeigepflichtige Person, welche bei der Anzeige einer erfolgten Geburt zum Standesregister den Ort der Geburt unrichtig insoferne angibt, als sie Straße und Hausnummer wissentlich unrichtig angibt mit dem Bewußtsein, daß der Standesbeamte die Bezeichnung von Straße und Haus für erheblich hält, ist strafbar.

U. v. 12. VII. 87. R. IX. 415.

15. Die nach § 1 Ziff. 1 der Bundesraths-Verordnung vom 16. Juni 1882 von der Staatsanwaltschaft über den Strafvollzug zu führenden Strafregister sind mit Bezug auf Namen und Stand, sowie überhaupt auf die Identität der darin genannten bestraften Personen, ebenso wie die in Württemberg vorgeschriebenen, zum inneren Dienst bestimmten Gefängnißregister der Gefangenwärter, nicht als öffentliche Urkunden anzusehen. U. v. 19. IX. 87. R. IX. 432.

U. v. 17. V. 88. R. X. 397.

16. Die bei der Anzeige zum Sterberegister gemachte unwahre Angabe über eine zwischen der Anzeigenden und dem Erzeuger ihres unehelichen Kindes — dessen Tod beurkundet werden soll — bestehende Ehe stellt den Thatbestand der intellectuellen Urkundenfälschung dar.

U. v. 17. I. 88. R. X. 42.

17. Die von den Gefängnißwärtern in Bayern zu führenden Gefangenenverzeichnisse sind nicht dazu bestimmt, die Richtigkeit des Namens festzustellen, und haben daher in dieser Richtung nicht die den öffentlichen Urkunden zukommende Beweiskraft.

U. v. 3. V. 88. R. X. 369. E. XVII. 402.

18. Ein Justizanwärter in Preußen, welcher der Leitung eines Gerichtsschreibers zur Ausbildung in den Geschäften der Gerichtsschreiberei unterstellt wurde, ist zur Aufnahme von öffentlichen Urkunden in Sachen des § 271 nicht ohne weiteres befugt.

U. v. 23./30. X. 88. R. X. 589.

19. Die Handelsregister sind bestimmt, Urkundenbeweis zu erbringen darüber, daß, wann und von wem eine Firma, und welche

angemeldet worden ist, nicht aber darüber, daß die Anmeldeerklärung auch ihrem Inhalte nach thatsächlich richtig ist.

U. v. 5. XI. 88. R. X. 625. E. XVIII. 179.

20. Der Thatbestand der intellectuellen Urkundenfälschung erfordert nicht die Ueberzeugung des Thäters von der Unrichtigkeit der beurkundeten Thatsachen, Verhandlungen oder Erklärungen.

U. v. 28. XII. 88. E. XVIII. 309.

§ 272.

Die Absicht, sich einen Vermögensvortheil zu verschaffen, kann im § 272 des StGB. darin gefunden werden, daß der Thäter das Vergehen gegen den § 271 des StGB. für eine zugesagte oder gewährte Belohnung begeht.

U. v. 9. X. 88 R. X. 551. E. XVIII. 145.

§ 274.

1. In der Veränderung einer Urkunde, wodurch deren Beweisinhalt beeinträchtigt wird, kann Beschädigung der Urkunde, und in der Absicht, einem Anderen ein Beweismittel zu entziehen, kann die Absicht, einen Nachtheil zuzufügen, gefunden werden, ohne daß es darauf ankommt, ob das Recht, welches durch die Urkunde in derjenigen Gestalt, wie sie ohne die Veränderung vorlag, bewiesen wurde, wirklich bestand und mit rechtlichem Erfolg in Anspruch genommen werden konnte. U. v. 3. XII. 86. R. VIII. 722.

2. Unter der Absicht in § 274 Ziff. 1, einem anderen Nachtheil zuzufügen, wird die Richtung des Willens auf ein bestimmtes Ziel verstanden; Absicht ist nicht gleichbedeutend mit Vorsatz.

Derjenige kann nicht zur Strafe gezogen werden, der sich in den Grenzen gesetzlich erlaubter Selbsthülfe gehalten hat, oder doch vermöge eines thatsächlichen Irrthums angenommen hat, innerhalb dieser Grenzen zu handeln. (Preuß. ALR. Einleit. § 78.)

U. v. 24. V. 87. E. XVI. 150.

3. Es wird in Ziff. 1 nicht eine Urkunde erfordert, welche zum Beweise von Rechten oder Rechtsverhältnissen von Erheblichkeit ist, sondern um eine Urkunde im weiteren Sinne.

U. v. 28. X. 87. R. IX. 537.

4. Die vom Gesetz im Abs. 2 geforderte Absicht, einem Anderen Nachtheil zuzufügen, ist genügend festgestellt, wenn das Urtheil ausspricht, der Angeklagte habe aus Eigennutz mit dem Bewußtsein gehandelt, daß der eigene Nutzen ohne Verletzung des fremden Rechtsgebietes nicht möglich sei. U. v. 3. XI. 87. R. IX. 552.

5. Unter dem fälschlichen Setzen von Grenzsteinen wird verstanden, daß Gegenstände als Grenzsteine oder anderweite Grenzmerkmale fälschlich gesetzt werden, die äußerlich diese Eigenschaften zu erkennen geben. U. v. 5. XI. 87. E. XVI. 280.

6. Ein von den Feldgeschworenen in Bayern errichtetes Grenzzeichen hat nicht schon vermöge der Thatsache allein, daß dieses von ersteren gesetzt worden ist, strafrechtlichen Schutz anzusprechen.

Im Geltungsgebiete des bayerischen LR. verleiht das unter einzelnen der mehreren Miteigenthümer aneinder stoßender Liegenschaften über die Bestimmung eines Merkmals zur Bezeichnung der Grenze getroffene Abkommen jenem nicht die rechtliche Eigenschaft eines solchen. U. v. 8. XII. 87. E. XVII. 10.

7. Die Anerkenntniß eines Grenzzeichens kann durch stillschweigende Willenserklärung erfolgen.

Die willkürliche Beseitigung eines zur Bezeichnung der Grenze bestimmten Merkmals ist auch dann strafbar, wenn dasselbe die Grenze unrichtig bezeichnet. U. v. 20. I. 88. R. X. 46.

§ 275.

Die Zusammensetzung von Stücken verschiedener beschädigter Postfreimarken zu einem Ganzen, welches den Anschein hat, eine unbeschädigte Freimarke zu sein, ist nicht als Anfertigung unechter Freimarken strafbar. Auch die Benutzung von Postwerthzeichen zur Frankirung einer Sendung, welche entwerthet sind, nach Vertilgung des Entwerthungszeichens ist nicht aus § 275 strafbar.

U. v. 19. IV. 88. R. X. 311. E. XVII. 394.

§ 276.

Die nochmalige Verwendung schon einmal zu stempelpflichtigen Urkunden unter Beseitigung oder Aenderung des Cassationsvermerks auf den Marken, ist weder als Urkundenfälschung noch als Gebrauch gefälschter Marken, sondern ausschließlich aus § 276 des StGB. strafbar. U. v. 12./19. XI. 88. R. X. 642. E. XVIII. 286.

Vierundzwanzigster Abschnitt.

Bankerott.

§ 281—283.

Siehe Concursordnung.

Fünfundzwanzigster Abschnitt.

Strafbarer Eigennutz und Verletzung fremder Geheimnisse.

§ 284.

1. Das Halten von Glücksspielen, wobei der Unternehmer nur einen feststehenden Unternehmergewinn, nicht aber am Spiel und dessen Gewinn- und Verlustchancen theilnimmt, wird auch durch Fortsetzung nicht zum gewerbsmäßigen Glücksspiel.

U. v. 5. I. 85. R. VII. 17.

2. Ein Kartenspiel verliert den Character des Glücksspieles nicht und wird nicht zur Lotterie dadurch, daß die Gewinnkarten als Loose bezeichnet werden (Kartenlotterie).

Die Absicht, sich durch den Gewinn beim Glücksspiele einen Erwerb zu schaffen, begründet für sich allein noch nicht die Gewerbsmäßigkeit. U. v. 29. IX. 85. R. VII. 541. E. XII. 388.

3. Wer auf eigene Rechnung sich bei dem Unternehmen und bei Ausführung eines Glücksspiels betheiligt, in der Absicht, das Spiel als eigene That ins Werk zu setzen und daraus einen fortlaufenden Gewinn zu ziehen, ist, wenn er noch andere Theilhaber hat, Mitthäter, wenn auch ein Anderer, Mitthäter oder Gehülfe, das Spiel physisch ausführt.

U. v. 18. III. 86. R. VIII. 189. E. XIV. 28.

4. Es ist nicht rechtsirrig, wenn das Instanzgericht die Gewerbsmäßigkeit eines Glückspiels deshalb verneint, weil der Spieler nur von der Leidenschaft zum Spiel beherrscht, nicht aber von der Absicht, zu gewinnen, geleitet gewesen sei.

U. v. 23. XI. 86. R. VIII. 720.

5. Ein Wirth, welcher Glücksspiele gestattet, wird dadurch allein nicht Theilnehmer eines dabei betheiligten gewerbsmäßigen Glückspielers. U. v. 3. XI. 87. R. IX. 551.

§ 285.

1. Der Umstand, daß der Ausgang des Spieles für den einzelnen Spieler mit Rücksicht auf deren Vermögensverhältnisse nicht von erheblicher pecuniärer Bedeutung sein kann, schließt den Begriff eines Glücksspiels nicht aus. U. v. 3. XI. 85. R. VII. 636.

U. v. 1. XI. 87. R. IX. 547

2. Die Gestattung eines Glücksspiels von Seite eines Wirthes oder dergleichen kann nicht unwissentlich oder fahrlässig, sondern nur ausdrücklich oder durch wissentliche Duldung oder mit eventuellem Vorsatz begangen werden. U. v. 29. IV. 86. R. VIII. 317.

3. Mitwirkung zur Verheimlichung eines Glückspiels kann darin gefunden werden, daß von dem Wirth die Fortsetzung des in seinem Privatzimmer ohne seine Kenntniß begonnenen Spiels nach erlangter Kenntniß nicht gehindert wird.

U. v. 25. II. 87. R. IX. 153.

§ 286.

1. Der Verkauf eines Prämienlooses unter Suspension des Uebergangs des Eigenthums an den Käufer bis zur Zahlung mehrerer Raten des Kaufpreises stellt kein Veranstalten einer Lotterie dar, wohl aber dann, wenn stipulirt ist, daß unter gewissen Bedingungen der Gewinn dem Verkäufer zufällt und derselbe dem Käufer ein anderes Loos zu liefern hat.

U. v. 20./28. X. 86. R. VII. 621.

2. Ein Irrthum, welcher die Frage betrifft, was unter dem Veranstalten einer öffentlichen Lotterie zu verstehen sei, ist ein Irrthum über die Bedeutung des Strafgesetzes und schließt dessen Anwendung nicht aus. U. v. 16. IV. 86. R. VIII. 295.

3. Derjenige, welcher ohne obrigkeitliche Erlaubniß Waaren im Umherziehen in der Art feilhält, daß dieselben im Wege der Ausspielung (Lotterie) abgesetzt werden, ist, wenn die Ausspielung öffentlich veranstaltet wurde, ausschließlich nach § 286 zu bestrafen.

U. v. 15. X. 86. R. VIII. 624. E. XIV. 384.

4. Auch innerhalb eines durch Beruf und Interessen begrenzten Personenkreises kann eine öffentliche Ausspielung veranstaltet werden, wenn die durch Beruf 2c. begründeten Beziehungen keine derartigen sind, daß die dem Kreise Angehörigen in näherer Verbindung zu einander stehen.

U. v. 15. II. 87. R. IX. 134. E. XV. 274.

5. Die Veranstaltung einer öffentlichen Lotterie kann auch dann angenommen werden, wenn der für die Betheiligung an dem Unternehmen zu erlegende Preis in dem Betrage für das Abonnement einer Zeitung enthalten ist, welches in gleicher Höhe auch von den an dem Unternehmen sich nicht betheiligenden Zeitungsabonnenten gezahlt werden muß.

U. v. 2. V. 87. R. IX. 294. E. XVI. 83.

6. In dem Verkaufe von Waaren, denen Anweisungen auf Zufallsgewinne beiliegen, kann Veranstaltung einer öffentlichen Lotterie gefunden werden. U. v. 5. V. 87. R. IX. 300.

7. Die Strafnorm des § 286 Abs. 2 trifft nur öffentliche Ausspielungen, insoweit dieselben mittels eines vom Zufall abhängigen Spiels bewirkt werden; dieselbe erschöpft jedoch die Materie der öffentlichen Ausspielungen und schließt das Bestehen einer landesgesetzlichen Norm aus, nach welcher eine öffentliche Ausspielung mittels eines als Glücksspiel nicht zu betrachtenden Spiels bestraft werden könnte. U. v. 3. V. 88. R. X. 376. E. XVIII. 1.

8. Nach § 286 ist jedes öffentliche Ausspielen von Mobilien strafbar, wenn dabei irgend etwas in Ungewißheit ist und durch Zufall entschieden wird. Daß Gewinn oder Verlust eines Theils der Spielenden bezweckt wird oder thatsächlich eintritt, ist nicht erforderlich. U. v. 18. V. 88. R. X. 409. E. XVII. 379.

§ 288.

1. Der von einer Zwangsvollstreckung bedrohte Schuldner schafft Bestandtheile seines Vermögens beiseite, wenn er für eine simulirte Forderung eine Hypothek auf sein Grundstück eintragen läßt. U. v. 14. IV. 85. E. XII. 129.

2. Es ist zwar nicht die Absicht erforderlich, die Befriedigung eines Gläubigers definitiv zu vereiteln; dennoch ist der Besitz von anderweitem, zur Befriedigung des Gläubigers ausreichendem Vermögen von Belang für die fraudulose Absicht und darf deshalb ein dahin abzielender Beweisantrag nicht als unerheblich abgelehnt werden. U. v. 18. V. 85. R. VII. 304.

3. Der Kostenanspruch des Fiscus gegen einen Beschuldigten wird nicht erst durch das Strafurtheil begründet, sondern entsteht mit dem Zeitpunkte, in welchem zwecks Strafverfolgung staatliche Organe in Thätigkeit treten. U. v. 4. XII. 85. R. VII. 712. E. XIII. 138.

4. Das Beiseiteschaffen setzt zwar eine dauernde Entziehung nicht voraus; andrerseits genügt aber nicht ein nur passives Verhalten des Exequenden. U. v. 15. I. 86. R. VIII. 60.

5. Wenn die Zwangsvollstreckung aus einem nichtigen, aber noch nicht gerichtlich als nichtig anerkannten Geschäfte droht, kann das Vergehen aus § 288 nicht begangen werden. U. v. 25. I. 86. E. XIII. 292.

6. Derjenige handelt nicht mit der vom Gesetze erforderten Vereitelungsabsicht, welcher bei drohender Zwangsvollstreckung Sachen,

deren Pfändung bevorsteht, einem Dritten als Pfand in der Absicht übergibt, um ein bereits früher gegebenes Versprechen zu erfüllen.

U. v. 19. II. 86. R. VIII. 126.

7. Eine drohende Zwangsvollstreckung kann schon aus der vom Gläubiger zur Sicherung seiner urtheilsmäßig noch nicht festgestellten Forderung erwirkten Arrestanlage entnommen werden.

U. v. 22. XII. 86. R. VIII. 781. E. XV. 114.

8. Der Anspruch des Fiscus auf eingezogene Gegenstände besteht als bedingtes Gläubigerrecht schon vor Rechtskraft des die Einziehung aussprechenden Urtheils.

Werden Confiscate der drohenden Zwangsvollstreckung entzogen, so ist in Preußen, soweit nicht besondere Vorschriften die Vertretung des Fiscus anderweit regeln, der Regierungspräsident die zur Stellung des Strafantrages berufene Behörde.

Das Letztere gilt insbesondere dann, wenn Gegenstände, welche auf Grund des § 295 des StGB. eingezogen sind, beseitigt werden.

U. v. 7. I. 87. R. IX. 10. E. XV. 164.

9. Die Vorstände einer Actiengesellschaft, welche bei einer der Gesellschaft drohenden Zwangsvollstreckung in der Absicht, die Befriedigung des Gläubigers zu vereiteln, Bestandtheile des Vermögens der Actiengesellschaft veräußern oder bei Seite schaffen, sind aus § 288 selbst dann nicht strafbar, wenn jene Vorstände Actionäre sind.

U. v. 26. V. 87. R. IX. 344. E. XVI. 121.

10. Die Subhastation droht nicht bloß von dem Gläubiger, welcher das Subhastationsverfahren beantragt hat oder demselben beigetreten ist; erforderlich ist nur, daß der Gläubiger Schritte auf Geltendmachung seiner Forderung vorgenommen hat.

U. v. 10. I. 88. R. X. 19. E. XVII. 42.

11. Zur Stellung des erforderlichen Strafantrages ist, wenn es sich um eine Gerichtskostenschuld handelt und der Fiscus derjenige Gläubiger ist, dessen Befriedigung vereitelt werden soll, in Preußen der Kassencurator und nicht der Kassenrendant befugt. Dies gilt auch für diejenigen Fälle, in welchen die Beitreibung der Kosten bereits vor dem 1. April 1885 versucht war.

U. v. 18. V. 88. R. X. 412.

§ 289.

1. Im Gebiete des Großherzogthums Mecklenburg-Schwerin, bezw. im Gebiete des deutschen gemeinen Rechtes begründet eine be-

rechtigterweise vorgenommene Privatpfändung von Vieh an diesem ein Zurückbehaltungsrecht.

U. v. 18. II. 86. E. XIII. 405.

2. Für die Frage, ob ein Zurückbehaltungsrecht besteht, ist das Erforderniß der Bescheinigung (§ 541 Titl. 20 Thl. I allg. preuß. LR.) strafrechtlich bedeutungslos.

U. v. 12. III. 86. R. VIII. 162. E. XIII. 399.

3. Das gesetzliche Pfandrecht des Vermiethers ergreift alle inferirten Sachen, ohne Rücksicht, ob sie zur Deckung der Miethforderung erforderlich sind oder nicht.

In dem Wegschaffen inferirter Sachen aus einer Miethwohnung in eine andere desselben Hauses kann eine Wegnahme nach preuß. LR. selbst dann nicht erblickt werden, wenn die Wegschaffung mit einer Veräußerung der Sachen verbunden ist.

U. v. 9. IV. 86. R. VIII. 272.

4. Die Rechte des Ehemannes an dem Vermögen seiner Ehefrau folgen auch in der Kurmark Brandenburg der Regel des preuß. LR., wonach alles, was nicht durch Vertrag oder Gesetz der Frau vorbehalten ist, die Eigenschaft des Eingebrachten hat; dergestalt, daß die in die Miethswohnung des Mannes gebrachten Mobilien der Frau, wenn eine Ausnahme von der Regel nicht vorliegt, der Verfügung des Ehemannes und mithin dem Pfandrecht des Vermiethers unterworfen sind. U. v. 1. VI. 86. R. VIII. 419.

5. Das heimliche Wegschaffen inferirter Sachen aus dem Quasipfandbesitze des Vermiethers erfüllt an sich den Begriff des Vergehens, auch wenn der Vermiether keine darauf bezügliche Erklärung abgegeben hat, nach Hamburger wie nach gemeinem oder preußischem Recht. U. v. 5. VII. 86. R. VIII. 514. E. XIV. 321.

U. v. 9. II. 88. R. X. 120.

6. Der Begriff der Wegnahme umfaßt nicht die Zerstörung der dem Pfandrecht des Vermiethers unterworfenen Sache.

U. v. 29. III. 87. R. IX. 211. E. XV. 434.

7. Wer einen gültigen Miethvertrag abgeschlossen hat, ist berechtigt, bei Verschleppung von Illaten den erforderlichen Strafantrag zu stellen, auch wenn er nicht Eigenthümer ist.

U. v. 25. IV. 87. R. IX. 284.

8. Nach Hamburger Recht ist das in die Miethwohnung eingebrachte Eigenthum auch dritter Personen dem Pfandrechte des gutgläubigen Vermiethers unterworfen. U. v. 26. IX. 87. R. IX. 467.

9. Der Eintritt eines dem Verpächter verursachten materiellen Schadens ist keine nothwendige Voraussetzung.

Rechtsirrig ist die Annahme, daß dem Verpächter bloß der Anspruch auf Zurücklassung so vieler Illaten zustehe, als zur Deckung des Pachtzinses erforderlich sei. U. v. 16. XII. 87. R. IX. 730.

10. Allerdings ist das Pfandrecht nach preuß. LR. Thl. I § 395 nur für den Miethzins und andere Forderungen des Vermiethers aus dem Miethsverhältnisse gegeben. Zu diesen Forderungen gehört indeß auch der Anspruch auf rechtzeitige Rückgewähr der Miethswohnung nach Beendigung der Miethe und bei verzögerter Rückgewähr ein Entschädigungsanspruch für die Dauer der rechtswidrigen Fortbenutzung der Wohnung, wobei der Miether vom Tage des ihm zugekommenen Widerspruchs des Vermiethers die Pflichten und Lasten eines unredlichen Besitzers hat. U. v. 3. II. 88. R. X. 91.

11. Der Einwand vermeintlicher Gegenforderungen gegenüber der Pachtgeldforderung ist auch dann bezüglich der Schuldfrage erheblich, wenn die Gegenforderungen nicht liquide waren.

Der Dolus ist ausgeschlossen, wenn der Angeklagte in der, wenngleich irrthümlichen, Ueberzeugung handelte, daß die Pachtgeldforderung mit Rücksicht auf Gegenforderungen nicht mehr bestehe.
U. v. 10. II. 88. R. X. 137.

12. Das Pfandrecht des Verpächters umfaßt, auch wegen des laufenden Zinses, sämmtliche Früchte einschließlich derer, welche in ordnungsmäßigem Wirthschaftsbetriebe zum Verkaufe bestimmt sind.
U. v. 21. II. 88. R. X. 170.

13. Der § 289 des StGB. schützt jedes Gebrauchsrecht.

Eine Wegnahme liegt vor, wenn die im gemeinsamen Gewahrsam des Eigenthümers und des Gebrauchsberechtigten befindliche Sache von dem Ersteren in seinen alleinigen Gewahrsam gebracht wird. U. v. 8. V. 88. R. X. 389. E. XVII. 358.

14. In Preußen wird der Miether durch den Umstand, daß der Vermiether mehr Sachen zurückbehält, als zu seiner Deckung erforderlich ist, nicht berechtigt, die retinirten Sachen wegzunehmen, sondern nur dazu, den Civilrichter anzugehen. U. v. 10. VII. 88. R. X. 476. E. XVIII. 80.

§ 290.

In der widerrechtlichen Erhebung von Geld auf ein verpfändetes Sparkassenbuch durch einen Pfandleiher liegt Unterschlagung des Buchs, nicht aber Ingebrauchnahme desselben.
U. v. 13. XII. 86. R. VIII. 751. E. XV. 147.

§ 292.

1. Jede nicht bloß vorbereitende Handlung, welche auf Erlangung von Wild gerichtet ist, stellt ein Jagen dar, und das Durchstreifen der Forste mit schußfertigem Gewehre kann als ein Act angesehen werden, welcher den Willen, Wild zu occupiren, bethätigt.

U. v. 17. III. 85. R. VII. 184.

U. v. 29. I. 86. R. VIII. 102.

2. Der Jagdberechtigte ist allein berechtigt, todtes Wild, gleichviel ob erlegtes oder eingegangenes, auf seinem Jagdbezirk zu occupiren und erstreckt sich dies auf alle Theile des Wildes, wie auf die mit dem todten Körper noch verbundenen Geweihe.

U. v. 19. XI. 85. R. VII. 674. E. XIII. 84.

3. Der Anstand auf eigenem Jagdgebiete, verbunden mit Anstellung von Treibern, welche das Wild aus fremdem Gebiete zutreiben sollen, ist als Eingriff in fremdes Jagdrecht auch dann anzusehen, wenn das Wild erst nach dem Uebertreten erlegt werden sollte. U. v. 1. VI. 86. R. VIII. 420.

U. v. 12. X. 88. R. X. 565.

4. Auch das Tödten des Wildes durch Giftlegung auf eigenem Grund und Boden, um Wildschaden abzuwenden, resp. der Versuch hierzu, fällt unter den Begriff der Jagdausübung.

U. v. 23. IX. 86. R. VIII. 555. E. XIV. 419.

5. Das Aufscheuchen von Wild auf einem Reviere, auf dem der Thäter zu jagen nicht berechtigt ist, mit der Absicht, dasselbe Jägern, die berechtigt auf einem anderen Reviere jagen, zuzutreiben, ist auch dann Jagdausübung, wenn ein Einverständniß des Thäters mit den Jägern nicht festgestellt ist.

U. v. 25. IV. 88. R. X. 331.

6. In Preußen ist der Grundeigenthümer zur Jagdausübung auf seinen eingefriedigten Grundstücken erst nach erfolgter Entscheidung des Landraths darüber, daß die Einfriedigung für dauernd und vollständig zu erachten sei, befugt.

Die Entscheidung des Landraths ist der richterlichen Cognition entzogen. U. v. 14. V. 88. R. X. 391. E. XVII. 363.

7. Für den Begriff der unbefugten Jagdausübung sind in der bayerischen Rheinpfalz die Grundsätze des RStGB., und nicht der französischen Gesetze maßgebend; das Ergreifen tödtlich angeschossenen oder verendeten Wildes auf fremdem Jagdgebiete fällt daher unter § 292 des StGB. U. v. 22. XI. 88. R. X. 680. E. XVIII. 226.

§ 293.

1. Die Nachtzeit beginnt nicht mit dem Augenblicke des Sonnenunterganges, sondern erst dann, wenn in Folge des Sonnenunterganges die nächtliche Dunkelheit eingetreten ist.

U. v. 27. I. 85. R. VII. 56.

2. Das Nachstellen mittelst Schlingen, als Merkmal der vollendeten Jagdausübung, kann schon darin gefunden werden, daß der Jagdfrevler, mit zubereiteten Schlingen ausgerüstet, die zur Legung derselben geeigneten Stellen im fremden Jagdgebiete aufsucht.

U. v. 24. V. 86. R. VIII. 378.

3. Das Vergehen unberechtigten Jagens während der gesetzlichen Schonzeit kann bezüglich des erschwerenden Umstandes nicht durch unbefugte Wegnahme von Fallwild begangen werden.

U. v. 16. IX. 86. R. VIII. 540.

4. Auch derjenige, der für seine Person vom Jagdberechtigten die Erlaubniß zum Jagen erhalten hat, macht sich als Mitthäter nach § 293 strafbar, wenn er die Jagd in Gemeinschaft mit einem Unberechtigten ausübt. U. v. 21. IX. 86. R. VIII. 546.

5. Die Straferhöhung des § 293 hat auch bei der Aneignung von Fallwild einzutreten, wenn diese in Wäldern, zur Nachtzeit oder gemeinschaftlich mit Mehreren erfolgt.

U. v. 14. II. 87. R. IX. 127. E. XV. 268.

6. Das Vergehen des gemeinschaftlichen unbefugten Jagens liegt nicht vor, wenn von zwei mit einander Jagenden der eine, welcher unbefugt die Jagd ausübte, dabei in gutem Glauben handelte.

U. v. 16. IV. 88. R. X. 300. E. XVII. 413.

§ 294.

1. Wenn ein Angeklagter durch rechtskräftiges Urtheil des Berufungsgerichts als Gericht I. Instanz mehrerer Jagdvergehen für schuldig erklärt ist, obgleich der St.=A. die Anklage auf gewerbsmäßiges Jagdvergehen und mehrere Delictsfälle erweitert hatte, als ursprünglich zur Anklage stunden, kann wegen der im ersten Urtheile nicht berücksichtigten Fälle nicht neue Anklage erhoben und nun wegen gewerbsmäßigen Jagdvergehens Strafe verhängt werden.

U. v. 19. XI. 86. R. VII. 670.

2. Gewerbsmäßige Jagdausübung kann auch dann angenommen werden, wenn der unbefugt Jagende den fortgesetzten Gewinn da-

durch zu erlangen sucht, daß er einen beträchtlichen Theil des Unterhalts seiner Familie durch die erlangte Jagdbeute deckt.

U. v. 24. I. 87. R. IX. 90.

§ 295.

1. Transportmittel, welche der Jagdcontravenient bei dem unberechtigten Jagen zur Wegschaffung des erbeuteten Wildes aus dem fremden Jagdgebiete bei sich führt, fallen unter den Begriff des „Jagdgeräthes“ und unterliegen der Einziehung.

U. v. 19. VI. 85. R. VII. 416. E. XII. 305.

2. Bei Idealconcurrenz einfachen Jagdvergehens mit fahrlässiger Körperverletzung kann auf Einziehung des Gewehrs nicht erkannt werden. U. v. 30. IV. 86. R. VIII. 330.

3. Auf Einziehung des Gewehres, welches der Thäter vor Beginn verbotener Jagdfolge zurückläßt, demnächst aber nach beendeter Occupation des Wildes wieder an sich nimmt, darf nicht erkannt werden. U. v. 15. X. 87. R. IX. 502.

4. Die Einziehung ist ausgeschlossen, wenn durch eine andere positive Gesetzesvorschrift die Berücksichtigung der Rechte eines unbetheiligten Dritten ausdrücklich geboten ist.

U. v. 2. VII. 88. R. X. 457. E. XVIII. 43.

§ 296.

1. Das Fischen mittelst Dynamits fällt nicht unter die unerlaubten Zwecke im Sinne des Reichs-Gesetzes vom 9. Juni 1884. Durch dieses Gesetz ist § 296 des StGB. auch nicht in Bezug auf das Fischen mittelst Dynamits aufgehoben.

U. v. 22. I. 86. R. VIII. 86. E. XIII. 305.

2. Der Ausdruck „Fischen“ umfaßt im Reichsstrafgesetzbuch neben dem Fange von Fischen auch den anderer Wasserthiere, wobei der Schutz in dem Umfange gewährt ist, in welchem das Fischereirecht landesrechtlich anerkannt ist.

U. v. 21. II. 88. R. X. 173. E. XVII. 161.

§ 296a.

Unter Fischen im Sinne dieser Gesetzesstelle sind nicht nur diejenigen Handlungen zu verstehen, welche unmittelbar auf die Occupation von Fischen gerichtet sind, sondern auch diejenigen, durch welche Fische aufgesucht, sie verfolgt, ihnen nachgestellt wird, um sie einzufangen und in Besitz zu nehmen.

U. v. 7. XI. 87. R. IX. 563.

§ 300.

Das Familienoberhaupt ist in der Regel berechtigt, gegen den von ihm angenommenen Hausarzt Strafantrag wegen Offenbarung der seine Familienglieder treffenden ärztlichen Geheimnisse zu stellen.

U. v. 22. X. 85. R. VII. 607. E. XIII. 60.

Sechsundzwanzigster Abschnitt.

Sachbeschädigung.

§ 303.

1. Die Zerstörung gütergemeinschaftlicher Sachen durch den Ehemann ist eine rechtswidrige, wenn mit der Zerstörung die Absicht verbunden ist, die Ehefrau in ihren Rechten zur Sache zu kränken.

U. v. 25. IX. 85 R. VII. 531. E. XII. 376.

2. Wenn die Bretter eines Stauwerks aus den Fachsäulen ohne Verletzung der Substanz herausgenommen und beiseite geworfen werden, liegt Sachbeschädigung nicht vor, wenn auch der Zweck des Stauwerks vorübergehend beeinträchtigt oder vereitelt wird.

U. v. 19. X. 85. E. XIII. 27.

3. Die Abstandnahme von der Ausführung des Diebstahlsversuches mittelst Einbruches hat nur die Straflosigkeit des Diebstahlsversuches zur Folge; es bleibt aber bestehen die Strafbarkeit der durch den Einbruch bewirkten Sachbeschädigung.

U. v. 29. X. 86. R. VIII. 652. E. XV. 12.

4. Auch unbewegliche und zusammengesetzte Sachen können Gegenstand des Vergehens sein. U. v. 4. III. 87. R. IX. 171.

5. Ist die Unterschlagung durch Manifestirung des auf Zueignung gerichteten Willens vollendet worden, so kann in der späteren Vernichtung der unterschlagenen Sache durch den Thäter der Unterschlagung eine neue selbständige Strafthat nicht gefunden werden.

U. v. 12. IX. 88. R. X. 488.

§ 304.

Auch der Eigenthümer ist strafbar, der Gegenstände, welche zum öffentlichen Nutzen dienen, unter Umgehung der zuständigen Polizeibehörde beschädigt oder zerstört (Preußen).

U. v. 26. X. 88. R. X. 595.

§ 305.

1. In der unbefugten Wegnahme des Geländers einer Brücke kann eine theilweise Zerstörung erblickt werden, wenn dieselbe dadurch

zu einem Theil ihrer Zweckbestimmungen unbrauchbar gemacht, eine bestimmte Gebrauchsart ausgeschlossen wird.

U. v. 4. V. 85. R. VII. 274.

2. Künstliche Fischteiche können als Bauwerke angesehen werden.

U. v. 11. II. 87. R. XV. 263.

3. Ein freistehender, auf einem Balkenfundamente ruhender, ausgemauerter und gedeckter Abtritt ist als Gebäude anzusehen.

U. v. 28. III. 87. R. IX. 198.

Siebenundzwanzigster Abschnitt.

Gemeingefährliche Verbrechen und Vergehen.

§ 306.

Zum Begriff des Inbrandsetzens ist ein Flammenausbruch nicht wesentlich; es genügt eine ohne Flammenbildung durch Glimmen entstandene Fortpflanzung des Feuers.

U. v. 7. V. 88. R. X. 383.

§ 308.

1. Das im Eigenthum des Ehemannes stehende Gebäude ist im Sinne des § 308 StGB. für die Ehefrau fremdes Eigenthum.

U. v. 2. I. 85. R. VII. 3. E. XI. 345.

2. Der Eigenthümer eines Gebäudes, welcher einen Dritten zur Inbrandsetzung dieses Gebäudes gegen Belohnung auffordert, fordert, falls das Gebäude nicht geeignet ist, das Feuer anderen Gebäuden mitzutheilen, diesen nicht zur Begehung des Verbrechens der Brandstiftung auf, weil das Gebäude für den Beauftragten kein fremdes Gebäude ist. U. v. 30. III. 85. R. VII. 207. E. XII. 138.

3. Die Begriffsmerkmale des Vorrathes von Baumaterialien lassen sich nicht durch Umstände aus dem Willensbereiche des Eigenthümers begründen, sondern nur die objective Beschaffenheit des Haufens kann die Eigenschaft eines Vorrathes begründen.

U. v. 4. I. 86. E. XIII. 218.

4. Unter Magazin sind die magazinirten Vorräthe einschlüssig der dieselben sichernden Umschließung zu verstehen.

U. v. 11. III. 86. R. VIII. 161 E. XIII. 407.

5. Zum Begriff einer „Hütte“ wird im Allgemeinen erfordert, daß sie ein selbständiges unbewegliches Ganzes bildet, eine nicht völlig geringfügige Bodenfläche bedeckt, und zum Schutze gegen äußere Ein-

wirkungen in einer dem jeweiligen Zwecke genügenden Dauerhaftigkeit und Festigkeit, sei es durch Wand und Dach oder sonst ausreichend, abgeschlossen ist. U. v. 16. II. 88. R. X. 151. E. XVII. 179.

§ 314.

Der Begriff der Ueberschwemmung ist gegeben, wenn die Menge und die Gewalt des aus seinem, ihm durch Natur oder Kunst gezogenen Grenzen austretenden Wassers eine Gefahr für das von ihm überströmte Gebiet in sich birgt.

Gemeine Gefahr für Eigenthum liegt vor, sobald die Gefährdung nicht sowohl das Eigenthum nur einer oder einzelner bestimmter Personen betrifft, sondern in unbestimmter, bei ihrem Ursprung nicht zu ermessender Ausdehnung auftritt. Auf den Werth und die Größe der bedrohten Eigenthumsobjecte kommt es nicht an.

U. v. 13. X. 85. R. VII. 577.

§ 315.

1. Auf Pferdebahnen finden die Bestimmungen der §§ 315 und 316 d. StGB. keine Anwendung.

U. v. 19. V. 85. R. VII. 306. E. XII. 205.

2. Die elektrische Eisenbahn fällt unter den Begriff der „Eisenbahn“ im Sinne der §§ 315 und 316 d. StGB.

U. v. 17. IX. 85. R. VII. 508. E. XII. 371.

3. Das Gesetz findet auch auf solche Eisenbahnen Anwendung, welche nur industriellen Zwecken und Privatinteressen dienen, namentlich dann, wenn die Eisenbahn sich nicht bloß innerhalb der Grenzen eines bestimmten industriellen Etablissements sich befindet, sondern zugleich zur Beförderung von Gütern nach anderen Ortschaften benützt wird. U. v. 2. III. 86. R. VIII. 147. E. XIII. 380.

4. Der Beurtheilung einer Straßenbahn mit Locomotivbetrieb als einer Eisenbahn im Sinne des StGB. steht der Umstand nicht entgegen, daß die treibende Dampfmaschine nicht ein besonderes Gefährt, sondern einen Theil des die Personen (und Sachen) aufnehmenden Wagens bildet, oder daß das Bahnpolizeireglement vom 30. November 1885 auf dieselbe nicht Anwendung findet.

U. v. 9. XII. 87. E. XVI. 431.

§ 316.

1. Eine Gefahr kann nicht schon in der mit der Pflichtvernachlässigung regelmäßig verknüpften Beeinträchtigung der Sicherheit des

Eisenbahndienstes und ebensowenig in der bloßen Möglichkeit des Eintrittes eines Schadens gefunden werden.

U. v. 17. II. 85. R. VII. 128.

2. Die Unvorhersehbarkeit einer Eisenbahngefährdung kann die Verschuldung des Betriebsbeamten, durch dessen Pflichtvernachlässigung dieselbe herbeigeführt worden ist, nicht ausschließen. Die Strafbarkeit aus Abs. 2 ist durch eine Fahrlässigkeit nicht bedingt.

U. v. 18. V. 85. E. XII. 203.

3. Der Rechtssatz, daß bei Concurriren der Pflichtverletzung mehrerer Personen die Pflichtverletzung der einen durch die der anderen nicht straflos wird, gilt nur für den Fall, daß die Pflichtverletzung beider für den schädlichen Erfolg causal war, nicht aber für den Fall, daß ausschließlich die der einen im ursächlichen Zusammenhange mit dem Erfolge stand. U. v. 22. IX. 85. R. VII. 522.

4. Die Annahme einer Gefahr für einen Eisenbahntransport wird nicht durch die Feststellung ausgeschlossen, daß gerade im Momente, in welchem ein Eisenbahnzug auf ein Hinderniß stieß, der Transport nicht gefährdet war. U. v. 18. V. 86. E. XIV. 135.

5. § 316 setzt nach seinem Zusammenhange mit § 315 voraus, daß dem Eisenbahntransport auf der Fahrbahn ein Hinderniß bereitet wurde; die diesem Erfolge vorhergehenden Handlungen, welche für das vorsätzlich begangene Delict nur als Versuch in Betracht kämen, begründen daher für sich allein das Fahrlässigkeitsdelict nicht.

Unter „Fahrbahn" ist bloß der Raum zwischen den Geleisen und außerhalb derselben, soweit Locomotive und Wagen seitlich über dieselben hinausragen, nicht aber der gesammte nähere Bereich der Bahngeleise und des Bahnkörpers zu verstehen.

U. v. 9. XII. 86. R. VIII. 731. E. XV. 82.

6. Für die Beurtheilung, ob irgend ein Gegenstand als Transportmittel oder Transportobject anzusehen ist, ist die jeweilige Beziehung maßgebend, in welcher er zu der Eisenbahn und den die Bewegung auf derselben hervorbringenden Kräften steht.

U. v. 13. V. 87. R. IX. 319. E. XVI. 66.
U. v. 23. V. 87. R. IX. 334.

7. Der Begriff der Gefährdung eines Eisenbahntransports setzt nicht die hohe Wahrscheinlichkeit des Eintritts eines Schadens voraus, sondern es genügt die naheliegende Möglichkeit, die begründete Besorgniß eines Schadens. U. v. 25. X. 88. R. X. 594.

§ 318.

Zum Thatbestande der fahrlässigen Betriebsstörung einer Telegraphenleitung ist erforderlich, daß die gegen die Telegraphenanstalt fahrlässigerweise begangenen Handlungen den Erfolg einer Verhinderung oder Störung der Benutzung dieser Anstalt hatten, und genügt nicht, daß die Handlungen nur die Möglichkeit oder die Gefahr einer Verhinderung oder Störung der Benutzung der Anstalt begründen.

U. v. 2. I. 85. R. VII. 8. E. XI. 336.

§ 321.

Eine Störung des Fahrwassers tritt ein, sobald das Fahrwasser durch Handlungen Unbefugter in denjenigen Beziehungen geändert wird, welche für Benutzung desselben zur Schifffahrt von Bedeutung sind.

Eine Störung in diesem Sinne kann darin, daß ein Schiff durch die Bewegung eines anderen Schiffes an der Benutzung des Fahrwassers zeitweise gehindert wird, nicht gefunden werden.

U. v. 18. IX. 88. R. X. 498. E. XVIII. 85.

§ 326.

Der Schaden kann auch ein sachlicher sein, darunter fällt übrigens nicht schon die bloße Verunreinigung und ebensowenig kann die bloße Unbequemlichkeit, welche aus dem gehinderten Gebrauche des Brunnens entsteht, als eine Vermögensbeschädigung angesehen werden.

U. v. 13. XII. 86. R. VIII. 750.

§ 327.

Es begründet keinen Rechtsirrthum, die unterlassene Anordnung, einen der Tollwuth verdächtigen Hund zu tödten, aus § 327 zu bestrafen. U. v. 25. I. 87. R. IX. 92.

§ 328.

1. Durch den § 1 des Gesetzes vom 21. Mai 1878, betr. Zuwiderhandlungen gegen die zur Abwehr der Rinderpest erlassenen Vieheinfuhrverbote, ist aus dem Thatbestande des § 328 StGB. die vorsätzliche Zuwiderhandlung gegen die auf Grund des Gesetzes v. 7. April 1869 zur Verhütung der Einschleppung der Rinderpest erlassenen Beschränkungen oder Verbote der Einfuhr lebender Wiederkäuer als ein besonderer mit härterer Strafe bedrohter Fall ausgeschieden. Insofern die speciellen Voraussetzungen dieser strengeren Strafvorschrift zutreffen, ist die Anwendung der für ein weiteres Gebiet strafbarer Handlungen erlassenen milderen Vorschrift des § 328 das. ausgeschlossen.

U. v. 27. I. 85. R. VII. 57.

2. In Preußen sind die Ortspolizeibehörden zuständig, zur Verhütung des Verbreitens einer ausgebrochenen Tollwuth die Festlegung aller Hunde für den Polizeibezirk anzuordnen. Die wissentliche Verletzung dieser Anordnung fällt unter § 328 des StGB.

U. v. 30. I. 85. R. VII. 66. E. XII. 19.

3. Die Bestimmung in § 3 des preuß. Ges. v. 12. März 1881, nach welcher die Regierungspräsidenten zum Erlaß von Einfuhrverboten zuständig sind, trifft nicht zu bei Einfuhrverboten zur Abwehr der Rinderpest.

Zu der Anordnung von Maßregeln, welche die Abwehr der Rinderpest bezwecken, sind in Preußen die Regierungen zuständig.

Zu den zulässigen Maßregeln gehört auch das Verbot der Einfuhr von Schweinen. U. v. 10. II. 85. R. VII. 96. E. XII. 37.

4. Die Anordnungen des beamteten Thierarztes zur Abwehr und Unterdrückung von Thierseuchen, welche derselbe auf Grund einer allgemeinen Ermächtigung der zuständigen Behörde getroffen hat, haben nicht die Eigenschaft behördlicher Anordnungen im Sinne des Reichsgesetzes vom 23. Juni 1880 und § 328 des StGB.

U. v. 17. II. 85. R. VII. 118. E. XII. 70.

5. Die Anordnungen von Thierärzten zur Unterdrückung von Viehseuchen können nur innerhalb der reichsgesetzlich angeordneten Zuständigkeit zu Protokoll oder schriftlich erlassen werden. Bezüglich der Zuständigkeit und der Form der Anordnungen sind landesgesetzliche Bestimmungen ohne Wirksamkeit.

U. v. 8. X. 85. R. VII. 557. E. XII. 437.

6. Die Anwendbarkeit des § 328 des StGB. wird mit Rücksicht auf § 2 Abs. 2 das. dadurch nicht ausgeschlossen, daß eine Aufsichtsmaßregel im Sinne der erstgedachten Vorschrift nach deren Verletzung aber vor der Aburtheilung aufgehoben worden ist.

U. v. 14. VI. 87. E. XVI. 171.

7. Die Behörden sind zur Anordnung der im Gesetze zugelassenen Schutzmaßregeln nur unter der Voraussetzung einer concreten, amtlich festgestellten Seuchengefahr, nicht schon im Falle ihrer unbestimmten künftigen Möglichkeit ermächtigt.

U. v. 24. I. 88. R. X. 60. E. XVI. 72.

8. Der Grundsatz von der ausschließlichen Anwendung des härteren Strafgesetzes greift auch für den Fall Platz, daß neben der Confiscation gemäß § 134 des Vereinszollges. aus § 328 des StGB. Gefängnißstrafe zu verhängen ist.

Bei Idealconcurrenz eines Vergehens gegen § 328 des StGB. mit einem Vergehen gegen § 146 des Vereinszollges. tritt Häufung der aus beiden Vorschriften zu verhängenden Freiheitsstrafen ein.
U. v. 2. XI. 88. R. X. 619. E. XVIII. 174.

§ 330.

1. Die Gefahr, von welcher der § 330 spricht, muß nicht eine unmittelbar drohende sein, sondern es genügt, wenn sie für den Fall künftiger bestimmungsgemäßer Verwendung des hergestellten Bauwerks entstanden sein würde, jedoch durch die polizeiliche Revision abgewendet wurde. U. v. 28. III. 87. R. IX. 203.

2. Auch das Baugerüst fällt unter den Begriff eines Baues und kann durch dessen fehlerhafte Construction das Vergehen des § 330 begangen werden. U. v. 12. III. 88. R. X. 242.

Achtundzwanzigster Abschnitt.

Verbrechen und Vergehen im Amte.

§ 331.

1. Der Begriff der in das Amt einschlagenden Handlung ist nicht auf solche Handlungen auszudehnen, welche nicht zu den amtlichen Functionen des Beamten gehören, sondern nur unter Einsetzung seines amtlichen Einflusses oder seiner amtlichen Autorität vorgenommen werden. U. v. 13. III. 85. R. VII. 175.

2. Ein „Sichversprechenlassen" von Geschenken für eine Amtshandlung kann in dem Verhalten des Beamten, woraus auf Geneigtheit zur Annahme des in Aussicht gestellten Geschenkes geschlossen werden muß, gefunden werden. U. v. 8. V. 85. R. VII. 285.

§ 332.

1. Der Thatbestand erfordert, daß das von dem Beamten für die Amtshandlung Geforderte als Geschenk gefordert wird, und daß der Geber in dem Bewußtsein handelt, er habe keine Verpflichtung zur Gewährung der Forderung. U. v. 13. III. 85. R. VII. 175.

2. Derjenige, der einem Beamten, ohne die Absicht, denselben zu einer pflichtwidrigen Handlung zu bestimmen, ein Geschenk angeboten, versprochen oder gewährt hat, kann nicht wegen Theilnahme an dem Vergehen des § 332 bestraft werden.
U. v. 17. XII. 85. E. XIII. 181.

3. Unter Handlungen, welche die Verletzung einer Amtspflicht enthalten, können nur Amtshandlungen (einschließlich Unterlassung einer durch Amtspflicht gebotenen Amtshandlung) verstanden werden.

U. v. 6. V. 87. R. IX. 308. E. XVI. 42.

U. v. 18. X. 87. R. IX. 517.

4. Wenn ein Beamter Handlungen nach dem bestehenden Dienstgebrauche vornimmt, so handelt er, auch wenn er zur Dienstbesorgung nicht verpflichtet war und sie ablehnen konnte, im Amte und macht sich daher bei Annahme von Geschenken ꝛc. der Verletzung einer Dienstpflicht schuldig. U. v. 10. XI. 87. R. IX. 573. E. XVI. 300.

§ 333.

1. Ein ideelles Zusammentreffen der in den §§ 49a und 333 StGB. vorgesehenen Reate ist für den Fall, daß durch die Bestechung dem Beamten eine Diensthandlung zugemuthet wird, welche außer der Verletzung seiner Dienstpflicht zugleich noch die Begehung eines Verbrechens enthalten würde, principiell nicht ausgeschlossen.

U. v. 26. II. 85. E. XII. 54.

2. Zur Bestechung genügt es, wenn dem Beamten durch das Geschenk eine Dienstpflichtverletzung nach einer bestimmten Richtung hin zugemuthet wird; einer genauen Bezeichnung der dienstwidrigen Handlung bedarf es keineswegs. U. v. 22. VI. 85. R. VII. 424.

3. Wer Angehörigen eines Beamten Geschenke anbietet, damit diese den Beamten zu einer pflichtwidrigen Handlung zu bestimmen suchen, ohne daß jedoch der Beamte selbst von dem Geschenke erfahren soll, macht sich keiner Bestechung schuldig. U. v. 8. III. 86. E. XIII. 396.

4. Zur Anwendung des Gesetzes genügt der eventuelle Dolus des Thäters. U. v. 14. V. 86. R. VIII. 360.

5. Wer einen Eisenbahnbeamten durch Geschenkanerbieten zu veranlassen sucht, instructionswidrig die von ihm über die Grenze zu machende Dienstfahrt zum unversteuerten Transport zollpflichtiger Waaren zu mißbrauchen, macht sich der Bestechung schuldig.

U. v. 1. VII. 87. R. IX. 393.

§ 335.

Einzuziehen ist das in die thatsächliche Verfügungsgewalt des passiv Betheiligten gebrachte Bestechungsmittel, ohne daß es auf die Absicht der Annahme oder einer anderen Verfügung seitens desselben ankommt. Nur das bloß Versprochene, das nur mündlich ohne körperliche Darreichung Angebotene ist uneinziehbar.

U. v. 22. II. 87. R. IX. 150. E. XV. 348.

§ 340.

1. Auch im Falle der im Amte zugefügten vorsätzlichen Körperverletzung kann neben der Strafe auf Verlangen des Verletzten auf eine an denselben zu erlegende Buße erkannt werden.

U. v. 22. V. 85. R. VII. 321. E. XII. 223.
U. v. 31. V. 86. R. VIII. 409.

2. Die von dem Beamten unter Mißbrauch des Amtes im amtlichen Verkehre, bezw. in Folge desselben, zugefügte Körperverletzung ist als in Ausübung, bezw. in Veranlassung der Ausübung, seines Amtes anzusehen, gleichviel ob dem Beamten vermöge seines Dienstes Gewalteinschreitungen zustehen oder nicht.

U. v. 23. XI. 85. R. VII. 691.

3. Das Züchtigungsrecht der Lehrer besteht, auch wenn es durch LR. nicht ausdrücklich eingeräumt ist. Jedoch ist jede Anwendung desselben rechtswidrig und als Körperverletzung strafbar, welche sich nicht innerhalb der vom LR. bestimmten Grenzen bewegt. Eine solche Anwendung kann auch vom LG. der criminellen Bestrafung nicht entzogen werden. U. v. 3. III. 87. R. IX. 165.

4. Das Züchtigungsrecht des Lehrers ist kein Recht im privatrechtlichen Sinne, sondern ein Attribut des Amtes und als solches den dem Gesetze entsprechenden Amtsinstructionen unterworfen.

U. v. 29. III. 87. R. IX. 205. E. XV. 376.

5. Ein Recht der körperlichen Züchtigung durch einen Lehrer besteht nicht, und ist die dennoch vollzogene Züchtigung als Mißhandlung strafbar, wenn die Schulaufsichtsbehörde das Recht dem Lehrer in einem gewissen Umfang oder auch nur individuell entzogen hat.

U. v. 18. IV. 87. R. IX. 245. E. XVI. 34.

6. Um wegen vorsätzlicher Mißhandlung im Amte, begangen durch Ueberschreitung des Züchtigungsrechtes, bestrafen zu können, ist es erforderlich, daß nicht nur die vorsätzliche Verübung der Mißhandlung, sondern auch die wissentliche Ueberschreitung des Züchtigungsrechtes festgestellt wird. U. v. 1. XII. 87. R. IX. 686.

7. Die Körperverletzung in Ausübung des Amtes setzt voraus, daß der Beamte bei Verübung der Körperverletzung in seiner amtlichen Eigenschaft aufgetreten ist; es fällt daher nicht jede während der Amtsübung begangene Mißhandlung ohne weiteres unter § 340.

U. v. 23. II. 88. R. X. 176. E. XVII. 165.

§ 345.

Der Richter, welcher in fahrlässiger Weise im Widerspruche mit dem Gesetze auf eine sofort vollstreckbare Strafe erkannt hat, kann wegen Vollstreckung dieser Strafe nicht verfolgt werden.

U. v. 13. X. 87. E. XVI. 221.

§ 346.

1. Diese Bestimmung bedroht nicht sowohl den Beamten, der die Verfolgung einer Handlung, die er für strafbar gehalten, unterläßt, sondern verlangt vielmehr, daß die Handlung eine strafbare gewesen ist.

U. v. 13. III. 85. R. VII. 175.

2. Die „Unterlassung der Verfolgung einer strafbaren Handlung" begreift auch die Nichtanzeige seitens eines Polizeibeamten.

Der Ausdruck „strafbare Handlung" ist nicht beschränkt auf die Strafthaten des StGB., er begreift auch die Strafbestimmungen in Nebengesetzen, sei es Reichs-, sei es Landesgesetzen.

U. v. 30. IV. 85. E. XII. 161.

§ 347.

1. Der auf frischer That von einer Privatperson Festgenommene wird dadurch noch nicht zum „Gefangenen", sondern erst wenn er in dieser Eigenschaft von dem zuständigen Polizeibeamten übernommen wird; der Letztere macht sich demnach durch die pflichtwidrige Freilassung des Vorgeführten des Vergehens aus § 347 des StGB. nicht schuldig. U. v. 19. I. 86. R. VIII. 64. E. XIII. 254.

2. Zur Beseitigung des Thatbestandes des Vergehens aus § 347 Abs. 2 genügt es nicht, daß bei Aufwendung der gebotenen Sorgfalt die concrete Art, in welcher die Entweichung von dem Gefangenen bewerkstelligt wurde, nicht vorhersehbar war.

U. v. 14. II. 87. E. XV. 345.

§ 348.

1. Die falsche Beurkundung der Besitznahme bei Vornahme der Pfändung kann eine rechtlich erhebliche Thatsache darstellen, auch wenn der Pfändungsact selbst wegen formalen Verstoßes rechtlich unwirksam ist. U. v. 29. V. 85. R. VII. 338.

2. Der Vorsatz eines Beamten, welcher innerhalb seiner Zuständigkeit eine Thatsache wissentlich falsch beurkundet, ist nicht schon dann ausgeschlossen, wenn er nicht weiß, daß die falsch beurkundete Thatsache rechtlich erheblich war, sondern nur, wenn er an dem Mangel rechtlicher Erheblichkeit nicht zweifelte. Zweifel, die für die dennoch

begangene That den dolus eventualis begründen würden, sind insbesondere dann nahe gelegt, wenn der Beamte sich bewußt war, instructionswidrig zu handeln.

U. v. 6. VI. 85. R. VII. 352. E. XII. 297.

3. Das in der Zwangsvollstreckung aufgenommene Versteigerungsprotokoll verliert nicht unbedingt die Eigenschaft einer öffentlichen Urkunde dadurch, daß die Unterschrift der Personen, mit welchen verhandelt ist, und die Bemerkung fehlt, weshalb die Unterschrift nicht beschafft wurde. U. v. 24. VI. 85. R. VII. 431. E. XII. 331.

4. Ein Beamter, der eine innerhalb seiner Zuständigkeit liegende Urkunde über eine rechtlich erhebliche Thatsache durch einen Dritten anfertigen und unterschreiben läßt, ist nicht aus § 348, wohl aber nach Umständen aus §§ 267, 268 StGB. strafbar.

U. v. 29. VI. 85. R. VII. 438.

5. Eine rechtserhebliche Thatsache ist, welches Object der Gerichtsvollzieher in der Zwangsvollstreckung zur Versteigerung gebracht hat.

U. v. 24. XI. 85. E. XIII. 123.

6. Der Standesbeamte, welcher über eine bei ihm erstattete Anzeige der Betheiligten die standesamtliche Urkunde durch einen Schreibgehülfen aufnehmen läßt, der Errichtung des Actes aber nicht selbst beiwohnt und nur nachträglich die Urkunde unterzeichnet, macht sich einer falschen Beurkundung schuldig.

U. v. 3. XII. 85. E. XIII. 116.

7. Der Postbote, welcher den Zustellungsnachweis mit der wahrheitswidrigen Beurkundung, die Zustellung sei an den Adressaten erfolgt, an die Postbehörde abliefert, macht sich hierdurch, wenn er auch zur Zeit der Ausfüllung des Zustellungsformulars den Namen des Adressaten in dem guten Glauben, denselben anzutreffen, eingesetzt hat, einer falschen Beurkundung schuldig; die Anwendung des § 273 StGB. ist in diesem Falle ausgeschlossen. U. v. 14. I. 86. R. VIII. 46.

8. Der dem badischen Standesbeamten zur Fertigstellung der Standesregister beigegebene Rathschreiber erscheint nur als dessen Schreibgehülfe und hat keine selbständigen Beurkundungen vorzunehmen; er kann daher wegen falscher Beurkundung nicht als Thäter sich schuldig machen. U. v. 8. III. 86. R. VIII. 158. E. XIII. 393.

9. Durch die Angabe des Versteigerungstermins im Pfändungsprotokolle wird eine rechtlich erhebliche Thatsache beurkundet. In der Aenderung dieser Angabe seitens des Gerichtsvollziehers behufs Auf-

schubs des Termins ohne Wissen des Gläubigers ist Verfälschung einer Urkunde zu finden. U. v. 6. IV. 86. R. VIII. 261.

10. Der Irrthum des Gerichtsvollziehers über den Begriff einer erwachsenen Person im Sinne des § 166 Abs. 1 der RCPrO. fällt, als ein civilrechtlicher, unter die Beurtheilung des § 59 des StGB. U. v. 8. IV. 86. R. VIII. 266.

11. Den bayerischen Bürgermeistern steht keine amtliche Befugniß zur Beglaubigung von Unterschriften der an das Hypothekenamt gerichteten Gesuche zu. U. v. 14. X. 86. R. VIII. 614. E. XV. 19.

12. Das Attest eines ländlichen Gemeindevorstehers, durch welches das Gesuch eines Landwehrmannes um Dispensation von der Controlversammlung, bezw. um Entschuldigung des Ausbleibens, bescheinigt wird, ist keine öffentliche Urkunde (Preußen).
U. v. 26. X. 86. R. VIII. 641. E. XV. 4.

13. Abs. 1 erfordert zu seiner Anwendbarkeit weder eine rechtswidrige Absicht, noch die Verfolgung eines rechtswidrigen Zweckes, und ebensowenig, daß der Wille des Thäters gerade auf die Herstellung einer falschen Beurkundung als solcher gerichtet und diese von ihm beabsichtigt war. Dem subjectiven Erfordernisse der Vorsätzlichkeit ist vielmehr schon dann genügt, wenn der betreffende Beamte auch ohne jede Absicht nur die Handlung der Beurkundung an sich gewollt hat, mit dem Bewußtsein, daß er eine Beurkundung vornehme und daß das Beurkundete thatsächlich unrichtig und rechtlich erheblich ist oder doch möglicherweise sein kann.
U. v. 7. VI. 87. R. IX. 361.

14. Die amtliche Zugänglichkeit in § 348 Abs. 2 des StrGB. ist dahin zu verstehen, daß dem Beamten innerhalb seiner Amtsbefugnisse die Möglichkeit, zur Urkunde zu gelangen, gegeben ist.
Bestimmung zum Beweise ist nothwendiges Merkmal jeder Urkunde. Es genügt, wenn diese Bestimmung einem den sonstigen Erfordernissen der Urkunde entsprechenden Gegenstande nachträglich gegeben ist. U. v. 19. XII. 87. R. IX. 731. E. XVII. 103.

15. Die von den verpflichteten Fleischbeschauern in Oberbayern geführten Verzeichnisse über die beschauten Schlachtthiere sind öffentliche Register. U. v. 26. I. 88. E. XVII. 76.

16. Als rechtlich erheblich hat bei den Protokollen der Gerichtsvollzieher alles dasjenige zu gelten, worüber der Beamte eine Nachricht in die Urkunde aufzunehmen durch die bestehenden gesetzlichen

oder auf Grund eines Gesetzes erlassenen instructionellen Vorschriften angewiesen worden ist. U. v. 10. II. 88. R. X. 136.

17. Auch im Falle freiwilliger Zahlung an den mit der Zwangsvollstreckung beauftragten Gerichtsvollzieher ist von diesem ein dem § 682 der CPrO. entsprechendes Protokoll aufzunehmen.

Diese Protokollirung ist als öffentliche Beurkundung im Sinne des § 348 Abs. 1 des StGB. anzusehen.

U. v. 14. II. 88. R. X. 145.

18. Die nachträgliche eigenmächtige Aenderung des in dem Pfändungsprotokolle eines Gerichtsvollziehers angegebenen Datums des Versteigerungstermines seitens des Gerichtsvollziehers ist als Verfälschung einer ihm amtlich anvertrauten Urkunde anzusehen.

U. v. 21. II. 88. E. XVII. 169.

19. Wenn der preußische Gerichtsvollzieher bei Zustellungen durch die Post in der von ihm auszufertigenden, das Ersuchen um Zustellung enthaltenden Urkunde das Datum vorsätzlich falsch angibt, so macht er sich strafbar. U. v. 23. III. 88. R. X. 266.

20. Der Leichenschauer ist in Bayern als Beamter anzusehen; die von ihm zu führenden Register haben als öffentliche Urkunden zu gelten; die Beamteneigenschaft erwirbt er durch die Anstellung, auf die Zeit der Dienstverpflichtung kommt es nicht an.

U. v. 3. V. 88. R. X. 372. E. XVII. 406.

§ 349.

Die strengere Bestrafung aus § 349 des StGB. tritt nicht bloß dann ein, wenn der Beamte den Vermögensvortheil erst in Folge der Fälschung empfängt, sondern auch dann, wenn er ihn in Erwartung der durch die Fälschung bewirkten Gegenleistung zur Zeit der That schon gewährt erhalten hatte. U. v. 8. XII. 87. R. IX. 713.

§ 350.

1. Ein im Dienste des preußischen Staats angestellter Förster, welcher in dem seiner Obhut anvertrauten Walde Holz schlagen läßt und sich zueignet, begeht keine Unterschlagung, sondern Forstdiebstahl oder Diebstahl, je nachdem er die Absicht rechtswidriger Zueignung schon beim Fällen des Holzes oder erst bei Wegnahme des gefällten Holzes gehabt hat. U. v. 24. IX. 86. R. VIII. 556. E. XIV. 305.

2. Der bayerische Postbote, welcher im Auftrage seiner vorgesetzten Behörde bei Ueberbringung von Postanweisungen auch die

Gelder an die Adressaten zu übermitteln hatte, begeht durch deren Aneignung Unterschlagung im Amte.

U. v. 22. XII. 87. E. XVI. 437.

3. Eine Amtsunterschlagung liegt nothwendig nicht schon darin, daß ein Beamter von ihm amtlich empfangene Gelder zurückbehält, um sie zur Deckung eines etwaigen künftigen Mancos einer ihm anvertrauten Kasse zu benutzen. U. v. 12. IV. 88. E. XVII. 321.

§ 351.

Der Thatbestand des § 351 des StGB. stellt im Verhältniß zum § 350 nicht eine besondere Strafthat dar, sondern einen die Strafbarkeit erhöhenden Umstand. Die Stellung einer besonderen (Neben-) Frage ist deshalb nicht unbedingt geboten.

U. v. 13. III. 85. R. VII. 174.

§ 352.

1. Der Strafrichter ist bei Entscheidung über den Thatbestand des § 352 durch ein die Gebühr nach contradictorischer Verhandlung rechtskräftig festsetzendes Urtheil des Civilrichters nicht gebunden.

§ 352 trifft den Rechtsanwalt auch dann, wenn die Berufsthätigkeit, für welche liquidirt ist, nicht gewährt werden durfte und aus diesem Grunde die Gebühr nicht geschuldet wird.

U. v. 5. X. 86. R. VIII. 583. E. XIV. 364.

2. In der erfolglosen Aufforderung zur Einzahlung nicht verschuldeter Gebühren kann ein strafbarer Versuch der Gebührenüberhebung gefunden werden.

U. v. 17./21. XII. 86. R. VIII. 771.

3. Die Bestimmung in § 70 Nr. 2 Abs. 3 unter a der hannoverschen Notariatsordnung vom 18. September 1853, wonach jeder Anspruch auf Diäten dann ausgeschlossen ist, wenn der Notar für die Vornahme einer Versteigerung lediglich auf den Bezug von Procenten des Betrages angewiesen ist, ist durch § 9 des preußischen Gesetzes, enthaltend Bestimmungen über das Notariat, vom 8. März 1880, nicht außer Kraft gesetzt.

U. v. 5. V. 87. E. XVI. 60.

4. Die Grundsätze über Eventualdolus finden auch auf § 352 Anwendung. U. v. 24. XI. 87. R. IX. 638. E. XVI. 363.

5. Portoauslagen gehören nicht zu den Gebühren, welche ein Gerichtsvollzieher für amtliche Verrichtungen zu seinem Vortheile zu erheben hat. U. v. 21. II. 88. E. XVII. 169.

6. Das Delict des § 352 des StGB. kann ein Rechtsanwalt nur seiner eigenen Partei gegenüber begehen, nicht auch gegenüber der seiner Partei zur Kostenerstattung verpflichteten Gegenpartei.

U. v. 22./26. XI. 88. R. X. 685.

§ 359.

1. Ein Beamter des Hofjagdamtes, welcher auf Grund eines Vertrages des Hofjagdamtes und einer Gemeinde von ersterem als Feld- und Forsthüter auf der Gemeindefeldmark bestellt ist, ist ein Beamter, ohne daß es einer Bestätigung durch den Landrath bedarf (Preußen). U. v. 9. X. 85. R. VII. 562. E. XII. 419.

2. Der Küster einer evangelischen Kirchengemeinde, welchem als solchen Functionen der Vermögensverwaltung übertragen sind, ist als Beamter im mittelbaren Dienste des Staates nur dann zu betrachten, wenn er durch die zuständige Stelle im geordneten Wege zur Ausübung derartiger Functionen berufen ist (Preußen).

U. v. 16. III. 86. R. VIII. 180. E. XIII. 432.

3. Der Rendant eines evangelischen Kirchenraths in Preußen ist mittelbarer Staatsbeamter.

U. v. 6. V. 86. R. VIII. 344. E. XIV. 130.

4. Die bei öffentlichen Wasserläufen fungirenden Schleusenmeister sind — sofern ihre Berufung in gesetzlicher Weise erfolgt ist — Beamte (Preußen). U. v. 1. X. 86. R. VIII. 580. E. XIV. 345.

5. Im Geltungsbereiche der Kreisordnung für die östlichen Provinzen der preußischen Monarchie können Nachtwächter und sonstige Diener von Dorfgemeinden nur mit landräthlicher Bestätigung angestellt werden.

U. v. 8. X. 86. R. VIII. 604. E. XIV. 350.

6. Beamte auf preußischen Staatsbahnen sind auch für Gebiete anderer Bundesstaaten, welche die Eisenbahn durchläuft, für welche jedoch der treffende Bundesstaat den preußischen Eisenbahnbehörden durch Staatsvertrag den Betrieb überlassen hat, als Staatsbeamte zu betrachten. U. v. 17. I. 87. R. IX. 59.

7. Sofern nicht Reichs- oder Landesgesetze die Rechtswirksamkeit der Anstellung eines Beamten von der Beobachtung bestimmter Förmlichkeiten abhängig machen, muß auch eine formlose Anstellung, d. h. eine jede Willenserklärung des zuständigen Anstellungsorganes genügen, welche ergibt, daß das Amt einer gewissen Person übertragen, und sie in dasselbe eingesetzt sein solle.

U. v. 1. II. 87. E. XV. 244.

8. Gemeindeförster in Elsaß-Lothringen sind Beamte.

Beschl. v. 26. IX. 87. E. XVI. 197.

9. Bei der Frage, ob eine dienstlich verwendete Person Beamteneigenschaft habe, entscheidet in erster Reihe der Wille der zur Berufung zuständigen Amtsstelle, und erst in zweiter ein Rückschluß aus den übertragenen Dienstfunctionen.

U. v. 10. XI. 87. R. IX. 585. E. XVI. 378.

10. Dem von einer Stadtgemeinde in Bayern angestellten Wagmeister kommt vor seiner Verpflichtung der amtliche Glaube öffentlicher Diener nicht zu.

Die Beeidigung und öffentliche Anstellung der im § 36 Abs. 1 der Gewerbeordnung vom 21. Juni 1869 bezeichneten Gewerbetreibenden hat nicht die rechtliche Bedeutung, daß die von ihnen ausgestellten, schriftlichen Zeugnisse als öffentliche Urkunden erscheinen.

U. v. 20. VI. 88. E. XVIII. 37.

11. Die Mitglieder der bei den Magistraten in Preußen bestehenden Deputationen sind Beamte.

U. v. 12. X. 88. R. X. 565.

Neunundzwanzigster Abschnitt.

Uebertretungen.

§ 360 Ziff. 8.

1. Eine Person, welche zu Protokoll einer Verwaltungsbehörde eine Anzeige macht, und sich hierbei eines falschen Namens bedient, ist nicht aus § 271, wohl aber aus § 360 Ziff. 8 des StGB. strafbar.

U. v. 6. VII. 85. R. VII. 469.

2. Wer einem Briefträger gegenüber einen falschen Namen angibt, um sich in den Besitz einer Postsendung zu setzen, ist aus § 360 Ziff. 8 nicht strafbar.

U. v. 9. II. 88. R. X. 123. E. XVII. 224.

§ 360 Ziff. 11.

1. Auch der in einem abgeschlossenen Gebäude (Wirthshause) verursachte Lärm kann, wenn er nicht auf einen individuellen Personenkreis beschränkt blieb, andern Hausbewohnern gegenüber eine strafbare Ruhestörung herbeiführen.

U. v. 22. II. 86. R. VIII. 133. E. XIII. 366.

U. v. 27. IX. 87. R. IX. 471.

2. Zur Annahme groben Unfugs genügt bei einem an sich vorsätzlichen Handeln jedwede Verschuldung des in Gefährdung oder Belästigung des Publikums bestehenden Erfolges.

U. v. 17. V. 87. R. IX. 323. E. XVI. 98.

3. Das Gesetz erfordert, daß durch die Handlung eine Belästigung oder Beunruhigung des Publikums herbeigeführt wird und daß dieser Erfolg eine unmittelbare Folge der Handlung selbst ist.

U. v. 17. IV. 88. R. X. 304.

§ 361 Ziff. 2.

In Preußen sind die Ortspolizeibehörden zuständig, Ausländer des Landes zu verweisen, und ist die ohne Erlaubniß erfolgte Rückkehr eines von einer solchen Behörde Verwiesenen strafbar.

U. v. 21. IV. 85. R. VII. 241. E. XII. 154.

§ 363.

1. Ein von dem Pfarrer aus dem das Personenstandsregister darstellenden Kirchenbuche ertheiltes Tauf- bezw. Geburtszeugniß kann als ein Legitimationsattest angesehen werden.

Das Täuschen, welches Jemand unternimmt, um vor Erreichung des erforderlichen Lebensalters seine Annahme zum Militärdienste zu erlangen, ist ein Täuschen zum Zwecke besseren Fortkommens.

U. v. 29. IX. 85. R. VII. 536. E. XII. 385.

2. Es ist nicht rechtsirrthümlich, wenn in der Absicht der Braut durch Verfälschung des Taufscheines den Bräutigam zu dem Zweck über ihr Alter zu täuschen, um die projectirte Eheschließung oder sich doch in der Ehe ein glückliches Zusammenleben zu sichern, die rechtswidrige Absicht im Sinne des § 267 nicht gefunden und nur aus § 363 gestraft wird.

U. v. 21. XI. 85. R. VII. 681. E. XIII. 65.

3. Verfälschung bloß zum besseren Fortkommen liegt nicht vor, wenn gesetzwidrige Erleichterung der Jagdausübung oder Beseitigung einer drohenden Strafe bezweckt ist.

U. v. 9. III. 88. R. X. 233.

§ 366 Ziff. 8.

Zum Thatbestande ist eine Verschuldung des Thäters dahin, daß er die ungenügende Befestigung des aufgestellten Gegenstandes und demgemäß auch die gefahrdrohende Stellung desselben bei Anwendung der erforderlichen Aufmerksamkeit hätte erkennen müssen, nicht nothwendig.

Der Thatbestand des § 366 Ziff. 8 ist in dem der fahrlässigen Körperverletzung nicht derartig enthalten, daß in jedem Falle die Nichtanwendbarkeit des § 230 des StGB. auch die des § 366 Ziff. 8 bedingt. U. v. 17. IV. 88. E. XVII. 303.

§ 366 Ziff. 10.

Diese Strafbestimmung findet auch dann Anwendung, wenn durch Polizeiverordnung die Befolgung specieller, zur Erhaltung der Sicherheit rc. ergehender Anordnungen des Aufsichtsbeamten vorgeschrieben und einer desfallsigen Anordnung zuwidergehandelt ist.

U. v. 7. VI. 87. R. IX. 359.

§ 367 Ziff. 3.

Der Verkauf von Geheimmitteln fällt auf Grund der kaiserlichen Verordnung vom 4. Januar 1875, betr. den Verkehr mit Apothekerwaaren, § 1, unter das Strafverbot des § 367 Ziff. 3 des StGB.; für Rheinpreußen sind daher die Strafbestimmungen der französischen Ges. vom 21. germ. XI, art. 36 in Verbindung mit Ges. vom 29. pluv. XIII, soweit sie auf den Verkauf von Geheimmitteln sich beziehen, außer Kraft getreten, und nur bezüglich der öffentlichen Ankündigung von Geheimmitteln noch in Geltung.

U. v. 21./28. XI. 87. R. IX. 625. E. XVI. 359.

§ 367 Ziff. 5.

Ist der ohne polizeiliche Erlaubniß bewirkte Transport von Sprengstoffen nach dem Reichsgesetze vom 9. Juni 1884 gegen den verbrecherischen und gemeingefährlichen Gebrauch von Sprengstoffen strafbar, so kann keine selbständige Strafe wegen Nichtbeachtung landesrechtlicher Transportvorschriften verhängt werden.

U. v. 15. X. 85. R. VII. 583. E. XIII. 22.

§ 367 Ziff. 7.

Fleisch, in welches mit dem Munde Luft eingeblasen worden ist, kann als „verdorben“ angesehen werden.

U. v. 27. V. 87. R. IX. 355.

§ 367 Ziff. 10.

1. Diese Vorschrift findet auf jeden Angriff Anwendung, also auch auf einen solchen, welchen eine einzelne Person verübt hat.

U. v. 6. X. 85. R. VII. 555. E. XIII. 3.

U. v. 19. I. 88. R. X. 46.

2. Ein Schuß in die Luft mit der Absicht, dadurch Niemanden körperlich zu verletzen, ist kein Angriff im Sinne des § 367 Ziff. 10, welcher ebenso, wie der mit dieser Strafvorschrift in engem Verhältnisse stehende § 227 das. Thätlichkeiten gegen die Person Anderer voraussetzt. U. v. 21. IX. 88. R. X. 505.

§ 368 Ziff. 10.

1. Die Seitengräben eines öffentlichen, zum gemeinen Gebrauche bestimmten Weges dürfen auf fremdem Jagdgebiete in Ausrüstung zur Jagd nicht betreten werden.

U. v. 12. VII. 87. E. XVI. 203.

2. Der Forstschutzbeamte ist nicht strafbar, wenn er bei Ausübung des Forstschutzes auch in Jagdausrüstung Privatjagdgebiete außerhalb des Weges, wenn er dazu besondere Veranlassung hat, betritt.

Beschl. v. 26. IX. 87. E. XVI. 197.

3. Als „zur Jagd ausgerüstet“ kann angesehen werden, wer ein ungeladenes und am Schlosse umbundenes Gewehr bei sich führt.

U. v. 4. XI. 87. R. IX. 556.

§ 370 Ziff. 2.

Es wird vorausgesetzt, daß die Steine sich im Grundstücke als Bestandtheile desselben bis zu ihrer Wegnahme befunden haben.

U. v. 13. V. 87. R. IX. 313.

§ 370 Ziff. 4.

1. Wenn Jemand in Ausübung der ihm von Fischereiberechtigten übertragenen Stellvertretung fischt oder krebst, jedoch mit der Absicht, den Fang für sich als sein Eigenthum in Besitz zu nehmen, handelt er objectiv und subjectiv unberechtigt.

U. v. 10. XII. 85. E. XIII. 195.

2. Der Ausdruck „Fischen“ umfaßt im Reichsstrafgesetz neben dem Fange von Fischen auch den anderer Wasserthiere, wobei der Schutz in dem Umfange gewährt ist, in welchem das Fischereirecht landesrechtlich anerkannt ist.

U. v. 21. II. 88. R. X. 173. E. XVII. 161.

§ 370 Ziff. 5.

1. Es ist rechtsirrig, wenn angenommen wird, daß ein alsbaldiger Verbrauch der Nahrungsmittel dann nicht vorliege, wenn sie nicht in einer Mahlzeit verzehrt werden.

U. v. 15. X. 85. R. VII. 582.

2. Wer Nahrungsmittel in geringer Quantität oder von unbedeutendem Werthe zum alsbaldigen Verbrauch dritter Personen stiehlt, begeht keinen Diebstahl, sondern nur eine Uebertretung im Sinne des § 370 Ziff. 5 des StGB.

U. v. 26. II. 86 R. VIII. 139. E. XIII. 371.

3. Wenn ein aus § 370 Ziff. 5 strafbarer Diebstahl an Sachen verübt wird, welche der Eisenbahn zum Transport übergeben sind und sich noch im Lagerraum oder sonst in Gewahrsam der Transportanstalt befinden, ist die treffende Betriebsbehörde antragsberechtigt.

U. v. 11. XI. 86. R. VIII. 703.

4. Fortgesetzte Entwendungen im Sinne des § 370 Ziff. 5, deren Gesammtsumme eine geringe Menge oder unbedeutenden Werth übersteigt, sind als Diebstahl zu qualificiren, wenn der Entschluß des Thäters von vornherein auf die successive Wegnahme solcher allmählich anwachsenden Mengen gerichtet war.

U. v. 26. IV. 88. R. X. 333. E. XVII. 332.

III. Einführungsgesetz zur Strafproceßordnung.

§ 6.

Die Vorschrift des § 59 des preuß. Gesetzes wegen Untersuchung und Bestrafung der Zollvergehen vom 23. Jan. 1838, wonach das Gericht bei abgesonderter Entscheidung über die subsidiarische Verhaftung auf die Beurtheilung der Frage beschränkt ist, ob der Fall der subsidiarischen Verhaftung vorhanden sei, ist aufgehoben.

U. v. 22. V. 85. R. VII. 324. E. XII. 212.

IV. Strafproceßordnung.

Erstes Buch.

Allgemeine Bestimmungen.

Erster Abschnitt.

Sachliche Zuständigkeit der Gerichte.

Zweiter Abschnitt.

Gerichtsstand.

§ 7.

Wenn zum Thatbestande einer Strafthat mehrere Handlungen gehören, welche in verschiedenen Gerichtsbezirken begangen sind, so ist jedes der verschiedenen Gerichte als örtlich zuständig zu erachten. Das gilt auch bezüglich des Betruges.

U. v. 25. I. 87. R. IX. 93. E. XV. 232.

§ 8.

Wenn ein unter der Herrschaft des Code d'instruction criminelle vor dem 1. Oktober 1879 in Elaß-Lothringen erlassenes Versäumnißurtheil infolge erhobenen Einspruchs nach diesem Tage in Wegfall gekommen ist, findet auf das weitere Verfahren die Strafproceßordnung Anwendung. U. v. 21. V. 85. E. XII. 219.

§ 9.

Ist die strafbare Handlung im Auslande begangen und ein Gerichtsstand in Gemäßheit der §§ 8 und 9 der StPrO. nicht begründet, so hat auch in dem Verfahren nach § 477 a. a. O. das Reichsgericht das zuständige Gericht zu bestimmen.
U. v. 28. IV. 87. R. IX. 290.

§ 12.

Die Uebertragung der Untersuchung und Entscheidung einer Strafsache auf ein anderes der zuständigen Gerichte durch das gemeinschaftliche obere Gericht ist nach ergangenem, mit der Berufung angefochtenem Urtheile nicht mehr zulässig.
U. v. 22. II. 86. E. XIII. 365.

§ 13.

Der Gerichtsstand des Zusammenhanges für alle Angeklagten wird bei dem Gerichte, an welches die Sache gemäß § 394 der StPrO. vom Reichsgericht verwiesen worden war, begründet, wenn die Sache gegen alle Angeklagten bei einem Gerichte erster Instanz anhängig geworden, von diesem Gerichte die Hauptverhandlung gegen einige Angeklagte ausgesetzt, gegen die Uebrigen ein Urtheil verkündet worden war, das Reichsgericht dieses Urtheil mit Verweisung der Sache an ein anderes Gericht aufgehoben hatte, und dann unter beiden Gerichten erster Instanz vereinbart worden war, daß auch gegen die noch nicht abgeurtheilten Angeklagten vor dem Gerichte, an welches die Verweisung des Reichsgerichtes ging, verhandelt werden solle.
U. v. 11. X. 86. E. XIV. 396.

§ 16.

Der Einwand der örtlichen Unzuständigkeit wird, falls eine Voruntersuchung nicht stattgefunden hat, durch Geltendmachung vor der Hauptverhandlung, insbesondere durch eine bei Zustellung der Ladung zu letzterer abgegebene Erklärung, nicht gewahrt.
U. v. 1. VI. 88. E. XVII. 412.

§ 18.

Die Annahme, daß das Gericht die Befugniß nicht habe, die örtliche Unzuständigkeit von Amtswegen auch dann auszusprechen, wenn dies dem Angeklagten nicht mehr freistand, ist in den Gesetzen nicht begründet. U. v. 22. IX. 85. R. VII. 520.

Dritter Abschnitt.

Ausschließung und Ablehnung der Gerichtspersonen.

§ 22.

1. Ein Richter, welcher nur eine amtliche Erklärung in Beziehung auf eine Strafthat abgegeben hat, nicht aber als Zeuge vernommen worden ist, ist deshalb nicht kraft des Gesetzes vom Richteramte ausgeschlossen, wohl aber, wenn er schriftlich ein sachverständiges Gutachten abgegeben hat.

U. v. 1. V. 85. R. VII. 269. E. XII. 180.

2. Die mit dem Verletzten verwandte Person ist von der Mitwirkung als Dolmetscher nicht ohne weiteres ausgeschlossen. Sie muß seitens eines Proceßbetheiligten abgelehnt sein.

U. v. 26. VIII. 85. R. VII. 501.

3. Es ist gesetzwidrig, wenn der protokollirende Gerichtsschreiber als Zeuge vernommen, seine Function als Gerichtsschreiber wieder aufnimmt. Zur Aufhebung des Urtheils kann jedoch der Rechtsirrthum nur dann führen, wenn eine für den Geschworenenspruch oder das Urtheil wesentliche Förmlichkeit dadurch in Frage gestellt wird.

U. v. 12. XI. 85. R. VII. 660. E, XIII. 76.

4. Ausgeschlossen von der Ausübung des Richteramtes beim Urtheil erscheint jeder Richter, der von der Ausübung bei der Hauptverhandlung ausgeschlossen ist. Ob der Ausschließungsgrund der Ziff. 1 bestehe, läßt sich demnach nicht lediglich durch einen Rückschluß aus dem Urtheil bestimmen; maßgebend ist die Sachlage beim Eintritt in die Hauptverhandlung.

U. v. 5. X. 86. R. VIII. 582.

5. Nur derjenige Geschworene ist von der Ausübung des Geschworenenamtes ausgeschlossen, welcher in der Sache als Zeuge vernommen, nicht derjenige, welcher als Zeuge nur vorgeschlagen war.

Unter der „Sache“ sind diejenigen strafbaren Handlungen zu verstehen, welche den Gegenstand der Hauptverhandlung bilden.

U. v. 24. II. 88. R. X. 196. E. XVII. 173.

6. Ein Bahnpolizeibeamter, welcher nach Vorkommen einer Betriebsstörung im Interesse des inneren Eisenbahndienstes, nicht im Interesse der Strafrechtspflege, den Ursachen der Störung nachforscht und das Resulat der vorgesetzten Behörde vorlegt, ist auch dann, wenn dies schließlich die Erhebung öffentlicher Klage durch die Staatsanwaltschaft herbeiführte, nicht als Polizeibeamter in der Sache thätig gewesen, und ist seine Ablehnung als Sachverständiger in der Strafsache aus § 22 Ziff. 4 der StPO. nicht gerechtfertigt.

U. v. 30. IV. 88. R. X. 353. E. XVII. 415.

§ 23.

1. Der Amtsrichter, welcher auf Ersuchen des Untersuchungsrichters Untersuchungshandlungen vorgenommen hat, ist auch dann nicht von der Thätigkeit bei der Strafkammer ausgeschlossen, wenn jene Untersuchungshandlungen die gesammte Beweisaufnahme erschöpfen. U. v. 16. V. 85. R. VII. 302.

2. Richter, welche an Fassung eines Beschlusses, wodurch Eröffnung der Voruntersuchung angeordnet wurde, Antheil genommen haben, können erkennende Richter sein.

U. v. 11. VI. 85. R. VII. 370. E. XII. 308.

3. An der Entscheidung über ein Ablehnungsgesuch können auch solche Richter theilnehmen, welche in der Hauptverhandlung als Richter nicht fungiren können, wenn auch die Entscheidung mit Unterbrechung der Hauptverhandlung erfolgt.

U. v. 22. I. 86. R. VIII. 89. E. XIII. 302.

4. Der stellvertretende Untersuchungsrichter, welcher eine eingeleitete und zum Theil durchgeführte Untersuchung beendigt hat, kann an der Aburtheilung des Angeklagten in der Hauptverhandlung nicht theilnehmen. U. v. 6. XII. 88. E. XVIII. 269.

§ 25.

Die Ablehnung eines Richters wegen Befangenheit ist in der Hauptverhandlung I. Instanz nach Verlesung des Eröffnungsbeschlusses auch dann unzulässig, wenn der Ablehnungsgrund erst nach diesem Zeitpunkte eingetreten ist. U. v. 14. V. 86. R. VIII. 356.

§ 26.

1. Ueber die Ablehnung findet keine Verhandlung statt, und ist nicht erforderlich, daß jeder entscheidende Richter das Ablehnungsgesuch und dessen Begründung mitanhörte.

U. v. 22. I. 86. R. VIII. 89. E. XIII. 302.

2. Wird ein vor der Hauptverhandlung angebrachtes, unbeschieden gebliebenes Ablehnungsgesuch in der Hauptverhandlung nicht wiederholt, so darf wenigstens dann angenommen werden, daß keiner der betheiligten Richter abgelehnt werden soll, wenn die Ablehnung ohne namentliche Bezeichnung der einzelnen Richter erfolgt.

U. v. 27. I. 88. R. X. 86.

§ 28.

1. Das Rechtsmittel gegen einen Beschluß, durch welchen ein gegen einen erkennenden Richter angebrachtes Ablehnungsgesuch für unbegründet erklärt wird, ist die Beschwerde, nicht die Revision, wenn auch dieser Beschluß im Laufe der Hauptverhandlung erfolgte.

U. v. 22. I. 86. R. VIII. 89. E. XIII. 302.

2. Die ungerechtfertigt vom Gericht gebilligte Ablehnung eines Sachverständigen kann vom Staatsanwalt durch Rechtsmittel angefochten werden. U. v. 30. IV. 88. R. X. 353. E. XVII. 415.

Vierter Abschnitt.

Gerichtliche Entscheidungen und deren Bekanntmachung.

§ 35.

Es besteht für das Gericht eine gesetzliche Pflicht, dem Vertheidiger Beschlüsse, die in Folge seiner Anträge ergangen sind, zuzustellen nur dann, wenn diese Anträge gegen den Willen des Angeschuldigten gestellt wurden. Außerdem genügt die Zustellung an den Angeschuldigten auch wenn dieser dem Vertheidiger Zustellungsvollmacht ertheilt hatte.

U. v. 13. VII. 88. R. X. 484.

Fünfter Abschnitt.

Fristen und Wiedereinsetzung in den vorigen Stand.

§ 43.

Ob in Bayern ein kirchlicher Feiertag als allgemeiner zu betrachten, ist nach § 8 der VO. vom 30. Juli 1862, die Feier der Sonn- und Festtage betr. zu entscheiden.

Die in Bayern als politisch-kirchliche Festtage zu feiernden Namens- und Geburtstage Ihrer Kgl. Majestäten sind keine allgemeinen Feiertage. Beschl. v. 19. I. 88. E. XVII. 56.

§ 44.

Ist die Frist zur Einlegung der Revision durch ein Versehen des Vertheidigers versäumt worden, so ist ein solches Versehen nicht als ein unabwendbarer Zufall, durch welchen der Angeklagte an der Einhaltung der Frist verhindert worden, anzusehen.

U. v. 1. VII. 86. R. VIII. 508.

§ 46.

Ueber das Gesuch um Wiedereinsetzung in den vorigen Stand gegen Versäumung der Fristen bei Anbringung der Anmeldung der Revision und der Revisionsanträge hat ausschließlich das Revisionsgericht und nicht dasjenige Gericht zu entscheiden, gegen dessen Urtheil die Revision eingelegt wurde.

U. v. 12. XI. 86. R. VIII. 704.

Sechster Abschnitt.

Zeugen.

§ 51.

1. Der außereheliche Sohn ist zur Verweigerung des Zeugnisses gegen die ehelichen Kinder seiner Mutter berechtigt.

U. v. 17. IV. 85. E. XII. 143.

2. Ein Revisionsgrund ist gegeben, wenn ein Zeuge, auf dessen Aussage das Urtheil beruht, über sein Recht, das Zeugniß bezw. dessen Beeidigung zu verweigern, nicht belehrt worden ist, mag auch diese Unterlassung darauf beruhen, daß dem Gerichte die Thatsachen, welche dieses Recht begründen, unbekannt waren.

U. v. 2. VI. 85. R. VII. 346.
U. v. 3. X. 87. E. XVI. 214.

3. Ein eidesunmündiger Zeuge ist über sein Recht, das Zeugniß zu verweigern, zu belehren und dessen Erklärung hierüber abzuwarten, ohne daß ein Rechtsbeistand beizuziehen wäre. Wenn eine Verhandlung am nächsten Tage fortgesetzt wurde, so sind die bereits belehrten Zeugen bei weiterer Befragung nicht nochmals über die Zeugschaftsverweigerung zu belehren, wenn sie nicht förmlich entlassen waren. U. v. 17. IX. 85. R. VII. 512. E. XII. 403.

4. Eine Person, welcher Beschuldigter die Ehe versprochen hat, sobald seine noch bestehende Ehe werde geschieden sein, erscheint nicht als Verlobte. U. v. 1. IV. 86. E. XIV. 7.

5. Schwägerschaft liegt auch dann vor, wenn die Verwandtschaft des Zeugen zu dem Ehegatten des Beschuldigten auf unehelicher Geburt beruht. U. v. 8. VI. 86. R. VIII. 439. E. XIV. 187.

6. Wenn die Hauptverhandlung nicht bloß den Angehörigen des Zeugen, sondern noch einen anderen Angeklagten und außer dem

Straffalle, bei dem beide betheiligt, noch einen anderen selbständigen Straffall betrifft, bei welchem der Angehörige nicht betheiligt, besteht für diese selbständige That kein Recht der Zeugnißverweigerung.

U. v. 24. VI. 87. E. XVI. 154.

7. Das Zeugnißverweigerungsrecht steht grundsätzlich auch dann denjenigen Personen zu, welche Angehörige nicht aller Angeklagten sind, wenn verschiedene selbständige Strafthaten wegen Zusammenhanges verbunden sind. Das gilt auch, wenn der Zusammenhang der verhandelten Strafsachen durch § 236 veranlaßt war.

U. v. 10./13. I. 88. R. X. 24.

U. v. 24. I. 88. R. X. 59.

8. Die in Abs. 2 vorgeschriebene Rechtsbelehrung ist auch erforderlich, wenn die Ehefrau des Angeklagten, mit welcher er in Bigamie lebt, als Zeugin vernommen werden soll.

U. v. 28. VI. 88. E. XVIII. 42.

9. Die Constatirung im Sitzungsprotokoll über die Aussage eines Zeugen, der zur Verweigerung des Zeugnisses berechtigt ist: „ausgelassen wie im Protokoll d. d. u. s. w." reicht nicht aus, die Belehrung über das Verweigerungsrecht und die Erklärung des Verzichts darzuthun, wenn auch beides im citirten Protokoll beurkundet ist.

U. v. 20. XII. 88. R. X. 727.

§ 53.

1. Der als Zeuge erschienene Beamte hat selbst darüber zu entscheiden, ob die Pflicht zur Amtsverschwiegenheit ihm verbiete, die verlangte Auskunft zu geben; einer Hinweisung des Richters auf die Pflicht zur Amtsverschwiegenheit ist nicht nothwendig, verstößt aber auch gegen keine Rechtsnorm.

U. v. 30. XI. 85. E. XIII. 154.

U. v. 18. II. 87. R. IX. 142.

2. Die Eröffnungen des vorgesetzten Ministers an einen Beamten über dessen von Amtswegen zu verfügende Versetzung sind von der Pflicht zur Wahrung des Amtsgeheimnisses umfaßt.

U. v. 13. XII. 86. E. XV. 85.

3. Ueber die Zulässigkeit der Vernehmung eines Beamten entscheidet die Verwaltungsinstanz auf Beschwerde des Gerichtes oder des Angeklagten. U. v. 8. II. 87. R. IX. 123.

§ 56.

1. Wenn ein nach Leistung des Zeugeneides vernommener Zeuge durch die Feststellung des Richters der Theilnahme an der strafbaren

Handlung mit Nothwendigkeit verdächtigt wird, so gibt es einen Revisionsgrund, wenn der erkennende Richter nicht ausdrücklich die Aussage eines solchen Zeugen als eine unbeeidigte würdigt.

U. v. 6. II. 85. R. VII. 89.

2. Die thatsächliche Feststellung, ein Zeuge sei der Theilnahme an der zur Anklage stehenden That verdächtig, rechtfertigt die Nichtbeeidigung des Zeugen, auch ohne weitere Motivirung über Art des Verdachts und der Theilnahme. Stehen mehrere selbständige Delicte zur Anklage, so rechtfertigt der gegen einen Zeugen festgestellte Verdacht der Theilnahme an dem einen Delict nicht die Nichtbeeidigung wegen eines anderen Delicts, bezüglich dessen kein Verdacht der Theilnahme festgestellt ist.

U. v. 12. II. 85. R. VII. 98.
U. v. 13. I. 88. R. X. 36.

3. Das Gericht ist nicht befugt, die Vereidigung eines vernommenen Zeugen deshalb zu unterlassen, weil es das Nachsprechen der Eidesformel oder das Ablesen der niedergeschriebenen Eidesformel nicht ermöglichen zu können annimmt, muß sich vielmehr in solchem Falle schlimmstenfalls eines Dolmetschers bedienen.

U. v. 27. II. 85. R. VII. 148.

4. Betheiligung an der Strafthat des § 213 der Conc.-Ord. ist auch seitens des Gemeinschuldners rechtlich möglich. In diesem Falle findet die Beeidigung desselben als Zeugen nicht statt.

U. v. 24. III. 85. R. VII. 193. E. XII. 122.

5. Die Vereidigung eines Zeugen darf auf Grund Ziff. 3 nur unterbleiben, wenn der Zeuge der Theilnahme an der That des Angeklagten oder in Beziehung darauf der Hehlerei oder Begünstigung verdächtig ist, nicht aber, wenn der Zeuge in Beziehung auf den Gegenstand der Strafthat sich einer anderweitigen strafbaren Handlung verdächtig gemacht hat.

U. v. 8. V. 85. R. VII. 281. E. XII. 190.

6. In der Hauptverhandlung gegen einen Hehler kann der Dieb als Zeuge auch dann nicht beeidet werden, wenn er bereits rechtskräftig verurtheilt und nicht nachgewiesen ist, daß der Hehler vom Dieb unmittelbar das Diebstahlsobject erworben hat.

U. v. 29. X. 85. R. VII. 627.

7. Eine Theilnahme eines Zeugen an der zur Anklage stehenden That ist anzunehmen, wenn der Zeuge an dem den Gegenstand der Anklage bildenden Vorgang in strafbarer Weise betheiligt war, auch

wenn diese Betheiligung unter einen besonderen strafrechtlichen Gesichtspunkt mit Strafe bedroht, und ihre Verfolgung verjährt ist.

U. v. 11. I. 86. R. VIII. 34.

8. Ein beeideter Zeuge, der anfänglich die Unwahrheit sagt, dann aber, ohne durch von seinem Willen unabhängige Umstände gezwungen zu sein, die Wahrheit sagt, begeht hierdurch einen straflosen Versuch des Meineids. Der Anstifter desselben ist als Anstifter eines versuchten Meineids strafbar.

Der Zeuge kann in dem Verfahren gegen den Anstifter nicht beeidet werden. U. v. 15. III. 86. R. VIII. 171. E. XIV. 19.

9. In dem Verfahren wegen fahrlässigen falschen Eides ist derjenige, welcher der Verleitung des Beschuldigten zur Leistung dieses Eides verdächtig ist, als Zeuge uneidlich zu vernehmen.

U. v. 16. IV. 86. R. VIII. 294.

10. Darin, daß Jemand den zur Anzeige einer von Amtswegen zu verfolgenden Strafthat Entschlossenen bestimmt, von der Strafanzeige abzustehen, kann ein Beistandleisten im Sinne des § 257 des StGB. gefunden werden.

U. v. 6. IV. 86. E. XIV. 88.

11. In der Untersuchungssache aus § 316 Abs. 2 des StGB. dürfen Bahnbedienstete, welche verdächtig sind, durch Pflichtvernachlässigung zu der dem Angeklagten zur Last gelegten Transportgefährdung mitgewirkt zu haben, als Zeugen nicht beeidigt werden.

U. v. 8. X. 86. R. VIII. 601.

12. Die Motivirung eines gerichtlichen Beschlusses, wodurch die Beeidigung eines Zeugen abgelehnt wird, dahin: der Zeuge erscheine als Theilnehmer, Begünstiger oder Hehler, verdächtig, ist dann ungenügend, wenn eine der verschiedenen Alternativen nach den Umständen des Falles unmöglich vorliegen kann.

U. v. 20. I. 87. R. IX. 76.

13. Auch bei sofortiger Erwiderung gegenseitiger Körperverletzungen kann der Verletzte, welcher als Zeuge vernommen wird, für theilnahmeverdächtig im Sinne Ziff. 3 nicht erachtet werden.

U. v. 15. IV. 87. R. IX. 234.

14. Als Theilnehmer kann nur ein solcher Betheiligter angesehen werden, dessen Thätigkeit sich als eine strafbare Mitwirkung bei dem Vorgange herausstellt.

U. v. 10. V. 87. R. IX. 312.

15. Die Straflosigkeit einer bei einer Strafthat in an sich strafbarer Weise betheiligten jugendlichen Person im Alter von 12 bis 18 Jahren und darnach auch die Eidesfähigkeit derselben, wenn sie in derselben Strafsache als Zeuge vernommen wird, ist nicht dadurch bedingt, daß jene Person im concreten Falle die Strafbarkeit der That erkannt hat, sondern daß sie überhaupt die Einsicht nicht besessen hat, welche erforderlich war, die Strafbarkeit zu erkennen.

U. v. 9. VI. 87. R. IX. 367.

16. Ein zu der Hauptverhandlung geladener Zeuge kann auch in dem Falle, wenn sich ergibt, daß gegen denselben früher die Voruntersuchung wegen Verdachts der Begehung der den Gegenstand der Hauptverhandlung bildenden That eingeleitet, und daß diese Voruntersuchung noch nicht zur Erledigung gebracht worden ist, auf Grund der Annahme des Instanzgerichts, es liege gegen den Zeugen ein Verdacht im Sinne des § 56 Ziff. 3 StPrO. nicht vor, eidlich vernommen werden.

U. v. 4. VII. 87. R. IX. 403. E. XVI. 209.

17. Auch an Fahrlässigkeitsdelicten ist eine Theilnahme im Sinne des § 56 Ziff. 3 möglich und muß dieselbe bei Beschlußfassung über die Beeidigung eines in der Hauptverhandlung vernommenen Zeugen erwogen werden.

U. v. 11. VII. 87. R. IX. 414.

18. Ein unter der Herrschaft des preuß. StGB. vom 14. April 1851 wegen Meineides zu Zuchthausstrafe Verurtheilter darf gegenwärtig als Zeuge nicht beeidigt werden.

U. v. 28. X. 87. R. IX. 536.

19. Ob Gründe der Nichtbeeidigung eines Zeugen vorliegen, kann in schwurgerichtlichen Fällen das Revisionsgericht nur nach den thatsächlichen Grundlagen prüfen, welche das Protokoll und der Geschworenenspruch ergeben.

U. v. 3. XI. 87. R. IX. 551.

20. Wenn festgestellt wird, daß der Angeklagte eine Wahlstimme gekauft hat, so kann diejenige Person, von der festgestellt ist, daß sie ihre Wahlstimme verkauft hat, nicht als beeideter Zeuge in der Hauptverhandlung vernommen werden.

U. v. 9. I. 88. R. X. 18. E. XVII. 101.

21. Der bei einer Schlägerei Verletzte, welcher als Zeuge vernommen wird, ist als theilnahmeverdächtig im Sinne des § 56 Ziff. 3

der StPrO. auch dann nicht zu erachten, wenn er bei derselben Schlägerei strafbare Mißhandlungen begangen hat.

Eine Ausnahme macht das Sonderdelict des § 227 des StGB.

U. v. 10. II. 88. R. X. 126. E. XVII. 116.

22. Es ist nicht unter allen Umständen rechtsirrthümlich, wenn in der Untersuchung gegen den Bankhalter wegen gewerbsmäßigen Glücksspiels die Mitspieler als Zeugen vereidet werden.

U. v. 23. X. 88. R. X. 587.

§ 57.

1. Wird unterlassen, den unter Verzicht auf sein Recht der Zeugnißverweigerung uneidlich vernommenen Zeugen vor seiner nachträglichen Beeidigung über sein Recht, die Eidesleistung zu verweigern, zu belehren, so ergibt dies einen Revisionsgrund.

U. v. 8. VI. 85. R. VII. 357.

2. Es ist zulässig, Zeugen, von denen zu vermuthen ist, daß bei ihnen Verhältnisse vorliegen, welche sie nach §§ 51, 57 der StPrO. zur Verweigerung des Zeugnisses und dessen Beeidigung berechtigen, promissorisch zu beeidigen.

Nachdem ein solch promissorisch beeidigter Zeuge erklärt hat, Zeugniß ablegen zu wollen, ist eine weitere Belehrung desselben, daß er die Beeidigung verweigern könne, nicht erforderlich.

U. v. 18. III. 88. E. XV. 358.

U. v. 25. IX. 88. R. X. 516.

§ 60.

1. Ein die Nichtbeeidigung des Zeugen rechtfertigender Gerichtsbeschluß ist dann entbehrlich, wenn ersichtlich ist, ob und welcher die Nichtbeeidigung rechtfertigende Grund nach der Annahme des Gerichtes vorgelegen hat. U. v. 28. X. 87. R. IX. 535.

2. Mitangeklagte können über Anklagepunkte, bei welchen sie in keiner Weise betheiligt sind, zwar gehört aber nicht beeidet, überhaupt nicht als Zeugen behandelt werden.

U. v. 26. IV. 88. R. X. 343.

§ 66.

Der nach Eröffnung des Hauptverfahrens commissarisch vernommene Zeuge darf nicht auf seinen früheren, im Vorverfahren geleisteten Eid sich berufen, er muß von neuem vereidet werden.

U. v. 24. IX. 85. R. VII. 529. E. XII. 373.

§ 67.

1. Dolmetscher sind Organe des Gerichtes und ihre Stellung eine wesentlich andere als die der für die Schuldfrage zu hörenden Sachverständigen, die Vorschriften des § 67 der StPrO. sind deshalb für Dolmetscher nicht maßgebend.

U. v. 19. III. 86. R. VIII. 203.

2. Wenn ein Zeuge, welcher nach Leistung des Zeugeneides die ihm vorgelegte Frage, ob er schon bestraft sei, unter Verschweigung einer rechtskräftigen Verurtheilung zu einer noch nicht angetretenen Gefängnißstrafe beantwortet hat, von der demnächst wegen fahrlässigen Meineides erhobenen Anklage freigesprochen wird, so ist dies nicht rechtsirrthümlich. U. v. 9. IV. 86. R. VIII. 275.

§ 68.

1. Die Zeugnißpflicht umfaßt auch die Angabe von Urtheilen, welche Zeuge auf Grund seiner Wahrnehmungen sich gebildet hat. Jedoch darf dem Zeugen ein dem Thatrichter obliegendes Urtheil darüber, ob gesetzliche Merkmale einer Strafthat für erwiesen zu erachten sind, nicht zugemuthet werden.

U. v. 11. VI. 86. R. VIII. 459.

2. Das Verfahren, bei commissarischer Vernehmung eines Zeugen, dessen frühere Aussage ohne die Voraussetzungen des § 252 der StPrO. und statt weiterer Befragung zu verlesen, verstößt gegen § 68 der StPrO. und hat, wenn das Urtheil auf diesem Verstoße beruht, dessen Aufhebung zur Folge.

U. v. 6. IV. 88. R. X. 280.

Siebenter Abschnitt.

Sachverständige und Augenschein.

§ 74.

Wenn ein Beschädigter gegen Widerspruch des Angeklagten bezw. Vertheidigers als Sachverständiger vernommen oder beeidet wurde, so zieht dies auf Revision Aufhebung des Urtheils nach sich.

U. v. 22. XII. 85. R. VII. 752.

§ 79.

1. Die Beeidigung eines Sachverständigen hat erst nach Beantwortung der Personalfragen zu erfolgen. Erachtet der Richter die Beeidigung der Personalfragen für erforderlich, so muß er dem

Sachverständigen neben dem Sachverständigeneid auch den Zeugeneid abnehmen. U. v. 31. III. 85. R. VII. 212. E. XII. 128.

2. Der Sachverständige hat neben dem Sachverständigeneide den Zeugeneid nur dann zu leisten, wenn er zugleich als Zeuge Auskunft über Thatsachen gegeben hat, welche nicht in den Rahmen seiner sachverständigen Beobachtungen fielen.
U. v. 22. IX. 85. R. VII. 524.

3. Ein Sachverständiger, welcher von einem Gerichte nur für die ihm von diesem Gerichte vorgelegten Sachen ein für allemal beeidet ist, kann sich vor anderen Gerichten auf diesen Eid nicht berufen.
U. v. 5. VII. 87. R. IX. 408.

4. Der Sachverständige kann sich in der Hauptverhandlung nicht auf seinen in der Voruntersuchung geleisteten Eid berufen, sondern er muß aufs neue beeidigt werden.
U. v. 22. IX. 87. R. IX. 453.

§ 86.

Für das Gericht besteht keine Verpflichtung zur Einnahme des Augenscheines, wenn es das Gegentheil der durch denselben festzustellenden Thatsache durch die Aussage von Zeugen für erwiesen erachtet. U. v. 9. VII. 86. E. XIV. 276.

§ 93.

Als Beweismittel zur Schriftvergleichung ist nur eine solche Schrift geeignet, von der feststeht, daß sie von demjenigen geschrieben ist, dessen Handschrift in dem den Gegenstand der Beweisaufnahme bildenden Schriftstücke durch den zu erhebenden Beweis ermittelt und festgestellt werden soll.
U. v. 25. II. 87. E. XV. 319.

Achter Abschnitt.

Beschlagnahme und Durchsuchung.

§ 94.

Ein Beamter, welcher bestallungsmäßig die Pflicht hat: 1. diejenigen Präventivmaßregeln vorzunehmen, welche die Erhaltung der öffentlichen Ruhe, Sicherheit und Ordnung oder die Abwendung einer dem Publikum oder einzelnen Mitgliedern desselben bevorstehenden

Gefahr bezwecken; 2. durch Anzeige begangener Contraventionen und Beschlagnahme der Ueberführungsstücke das strafrechtliche Interesse zu wahren, ist zur Anordnung und Vornahme von Beschlagnahmen zuständig: a, unbedingt, wenn er die Function ad 1 ausübt, b, bedingt, nämlich nur als Hülfsbeamter der Staatsanwaltschaft, wenn er die Function ad 2 ausübt.

U. v. 9. I. 85. R. VII. 25.

§ 102.

Zu den Behältnissen, deren Durchsuchung dem Vollstreckungsbeamten zusteht, gehören die Taschen der anf dem Leibe des Schuldners befindlichen Kleider.

U. v. 15. X. 87. R. IX. 503. E. XVI. 218.

§ 103.

Der § 103 der StPrO. gestattet unter den dort angegebenen Voraussetzungen die Durchsuchung nicht bloß von Räumen, sondern auch von Personen und umfaßt diese Durchsuchung auch die Besichtigung und Untersuchung des Körpers selbst.

Soweit die Durchsuchung hiernach gerechtfertigt ist, erscheint Zwang auf Duldung ärztlicher Untersuchung zulässig.

U. v. 11. VI. 86. R. VIII. 454. E. XIV. 189.

§ 105.

1. Die Zuziehung eines Gemeindebeamten oder zweier Gemeindemitglieder zu den ohne Beisein des Richters oder des Staatsanwalts stattfindenden Durchsuchungen ist nicht als ein unumgänglich nöthiges Erforderniß solcher Durchsuchung anzusehen, vielmehr hat in jedem einzelnen Falle der die Durchsuchung vornehmende Beamte nach Lage der Umstände pflichtmäßig zu ermessen, ob die Zuziehung „möglich“, d. h. ohne Gefährdung des Erfolges der Durchsuchung ausführbar ist.

U. v. 29. IX. 85. R. VII. 544.

2. In Preußen befindet sich ein beeidigter Privatforstaufseher nicht in der rechtmäßigen Ausübung seines Amtes oder Rechtes, wenn er aus eigener Entschließung einer Duchsuchung der Wohnung des Forstdiebes vornimmt, um die zur Begehung des Forstdiebstahls geeigneten Werkzeuge in Beschlag zu nehmen. Daß zur Durchsuchung der Gemeindevorsteher oder dessen Stellvertreter zugezogen worden ist, ist von keiner Bedeutung.

U. v. 29. I. 86. R. VIII. 105. E. XIII. 270.

Neunter Abschnitt.

Verhaftung und vorläufige Festnahme.

§ 114.

Bei Verhängung der Untersuchungshaft ist die Rechtmäßigkeit der Verhaftung von der vorgängigen Zustellung bezw. Verkündigung des Haftbefehls nicht abhängig.

U. v. 4. VI. 86. R. VIII. 424.

§ 124.

Das Reichsgericht ist als Revisionsgericht zur Entscheidung über die Aufhebung eines Haftbefehls nicht zuständig.

Beschl. v. 27. V. 87. R. IX. 352.

§ 127.

1. Die Befugniß, einen auf frischer That Betroffenen oder Verfolgten vorläufig festzunehmen, ist weder von einer bestimmten Qualification der That noch einer bestimmten amtlichen oder persönlichen Berechtigung des Festnehmenden abhängig.

U. v. 11. V. 85. R. VII. 290. E. XII. 194.

2. Ein auf frischer That betroffener Forst- oder Jagdcontravenient kann nur unter den Voraussetzungen des § 127 vorläufig festgenommen werden, und sind die §§ 1—5 des preuß. Ges. zum Schutze der persönlichen Freiheit als aufgehoben zu betrachten.

U. v. 15. III. 87. E. XV. 356.

3. Die vorläufige Festnahme im Falle des § 127 ist nicht durch die strafrechtliche Verfolgbarkeit (§ 55 d. StGB.) des Festgenommenen bedingt. U. v. 13. II. 88. R. X. 139. E. XVII. 127.

Zehnter Abschnitt.

Vernehmung des Beschuldigten

Elfter Abschnitt.

Vertheidigung.

§ 140.

Dem Angeklagten, welcher zur Zeit der Zustellung der Anklage das sechzehnte Lebensjahr noch nicht vollendet hatte, muß von Amtswegen ein Vertheidiger bestellt werden und hört diese Nothwendigkeit deshalb nicht auf, weil der Angeklagte zur Zeit der Hauptverhandlung das sechzehnte Lebensjahr überschritten hatte.

U. v. 3. VII. 85. R. VII. 467.

§ 145.

1. **Die Bestimmung des** Abs. 2 **bezieht sich nicht auf den Fall, wenn bei nothwendiger** Vertheidigung und **beim Ausbleiben des gewählten Vertheidigers in der** Hauptverhandlung **ein** neuer **Wahlvertheidiger eintritt und erklärt, daß ihm die zur Vorbereitung** ererforderliche **Zeit** ermangelt **habe.**

U. v. 18. IV. 87. R. IX. 243. E. XVI. 32.

2. **Tritt bei der Verhandlung,** ohne Beanstandung von Seiten **des Gerichts, ein anderer** vom bestellten **Vertheidiger substituirter** Rechtsanwalt auf, so ist in dieser Zulassung **die Aufstellung eines neuen gerichtlichen Vertheidigers im** Sinne **des § 145 der StPrO. zu finden; die Zustimmung des Angeklagten ist hierzu nicht erforderlich.**

U. v. 9. II. 88. R. X. 104.

§ 149.

Im Strafverfahren nimmt der Beschuldigte **seine Rechte selbst wahr und ist die Zuziehung des** gesetzlichen **Vertreters (Vormundes) von Amts wegen nicht durch das Gesetz geboten.**

U. v. 12. VI. 85. R. VII. 377.

Zweites Buch.

Verfahren in erster Instanz.

Erster Abschnitt.

Oeffentliche Klage.

Zweiter Abschnitt.

Vorbereitung der öffentlichen Klage.

§ 156.

1. Der Antrag, Recherchen zu pflegen, um **den unbekannten Thäter einer strafbaren Handlung zu erforschen, ist ein Strafantrag, auch genügt die Vermerkung** eines Staatsanwalts, **ein Antragsberechtigter sei erschienen und habe Strafantrag gestellt.**

U. v. 30. IV. 85. R. VII. 259. E. XII. 173.

2. Abs. 2 erfordert nicht die Anbringung **des Strafantrages bei einem örtlich** oder sachlich **zuständigen Gericht, sondern läßt die Anbringung bei einem Gericht, also bei jedem Gericht genügen. Er unterscheidet auch nicht zwischen einem Civil- und einem Militärgericht.** Das GVG. hat nach § 7 des **Einführungsgesetzes zu demselben die**

Militärgerichtsbarkeit unberührt gelassen. Die Anbringung des Strafantrages bei dem Kommandanturgericht zu Protokoll ist daher wirksam.
U. v. 20. IX. 87. R. IX. 446.

3. Als schriftlicher Strafantrag gilt auch die vor dem Schiedsmann behufs Weitergabe an die Staatsanwaltschaft abgegebene und unterzeichnete Erklärung auf Strafverfolgung.
U. v. 30. I. 88. R. X. 90.

4. Zur Schriftform genügt die Unterkreuzung des protokollirten Strafantrages in mündlichem Auftrage des Antragstellers und mit Beifügung seines Namens.

Dem mündlichen Auftrage ist ein durch unzweideutige Zeichen ertheilter gleich zu achten. U. v. 3. II. 88. R. X. 92.

§ 161.

Dem Polizeibeamten steht die Befugniß zu, Augenzeugen einer Strafthat, welche, um sich dem Zeugnißzwange zu entziehen, die Namensnennung verweigern, zum Zwecke der Feststellung ihrer Persönlichkeit zwangsweise vor die Behörde zu führen.
U. v. 19. III. 86. R. VIII. 204. E. XIII. 426.

Dritter Abschnitt.
Gerichtliche Voruntersuchung

§ 185.

Das vom Richter und Gerichtsschreiber unterschriebene Protokoll über die Einnahme des Augenscheines hat die Kraft eines Beweismittels über letzteren nur insoweit, als es die von beiden Gerichtspersonen gemeinschaftlich und übereinstimmend gemachten Wahrnehmungen beurkundet. U. v. 21. VI. 87. R. IX. 376. E. XVI. 147.

Vierter Abschnitt.
Entscheidung über die Eröffnung des Hauptverfahrens.

§ 205.

Der mangelhafte Eröffnungsbeschluß kann zum Zwecke seiner Begrenzung und Bedeutung aus der Anklageschrift ergänzt werden.
U. v. 21. V. 86. R. VIII. 377.

§ 210.

Wenn die Eröffnung des Hauptverfahrens durch einen nicht mehr anfechtbaren Beschluß abgelehnt ist, ist die auf Grund neuer Thatsachen oder Beweismittel wiederaufgenommene Klage nicht nach den Formvorschriften über Wiederaufnahme eines durch rechtskräftiges Urtheil geschlossenen Verfahrens zu behandeln. U. v. 26. I. 86. E. XIII. 295.

Fünfter Abschnitt.
Vorbereitung der Hauptverhandlung.

§ 216.

Durch die Aussetzung der Hauptverhandlung erwächst dem Angeklagten kein Anspruch auf wiederholte Einhaltung der von § 216 Abs. 1 der StPrO. vorgezeichneten Frist.

U. v. 6. XII. 86. E. XV. 113.
U. v. 14. III. 87. R. IX. 177.

§ 217.

1. Der vom Angeklagten gewählte Vertheidiger in Sachen, in welchen die Vertheidigung nicht gesetzlich geboten ist, hat nur dann Anspruch auf Ladung zur Hauptverhandlung, wenn der Angeklagte selbst oder ein durch Vollmacht legitimirter Vertheidiger die erfolgte Wahl dem Gerichte angezeigt hat. U. v. 3. I. 87. R. IX 4.

2. Die Unterlassung der erforderlichen Ladung des Vertheidigers zur Hauptverhandlung führt dann nicht zur Aufhebung des auf dieselbe ergangenen Urtheils, wenn letzteres nicht auf dieser Unterlassung, sondern auf Säumniß des Vertheidigers beruht.

U. v. 10./13. I. 88. E. XVII. 45.

§ 218.

1. Die Ablehnung eines dahin gehenden Antrages: „Zeugen über die dem Angeklagten zur Last gelegte Beschuldigung zu vernehmen", wenn sie nur damit begründet ist, daß diejenigen Thatsachen, über welche die Zeugen vernommen werden und hinsichtlich derer sie die vernommenen Zeugen widerlegen sollten, nicht angegeben seien, kann eine unzulässige Beschränkung der Vertheidigung enthalten.

U. v. 25. IX. 85. R. VII. 534.
U. v. 2./5. I. 86. R. VIII. 4.

2. Beweisanträge müssen die Thatsachen, über welche Beweis erhoben werden soll, enthalten. Anträge, welche in dieser Beziehung nicht schlüssig sind, können zurückgewiesen werden.

U. v. 1. VI. 86. R. VIII. 421.

§ 219.

Die Bestimmung des Abs. 3 will nur besagen, daß in dem dort bezeichneten Falle die Kosten einstweilen aus der Staatskasse bestritten werden, vorbehaltlich der späteren Entscheidung darüber im Schlußurtheil. U. v. 29. IX. 87. R. IX. 476. E. XVI. 212.

§ 222.

1. Der Umstand, daß Zeugen trotz großer Entfernung ihres Wohnorts zur Hauptverhandlung geladen werden, steht nicht entgegen, andere Zeugen, welche denselben Wohnort haben, durch Ersuchen vernehmen zu lassen. U. v. 14. V. 86. R. VIII. 358.
U. v. 24. I. 88. R. X. 63.

2. Wenn das erkennende Gericht beschließt, daß unter gewissen Voraussetzungen ein Zeuge durch eines seiner Mitglieder commissarisch zu vernehmen sei, so kann der Vorsitzende das mit der Vernehmung beauftragte Gerichtsmitglied bestimmen.
U. v. 15. XI. 86. R. VIII. 712.

3. Die Zulässigkeit commissarischer Vernehmung als verdächtige Zeugen erstreckt sich nicht auf Mitbeschuldigte, gegen welche die Anklageschrift dem Gericht schon vorgelegt, jedoch das Hauptverfahren noch nicht eröffnet ist.
U. v. 30. VI. 87. R. IX. 387. E. XVI. 232.

4. Es ist nicht rechtsirrig, den Zustand vorgerückter Schwangerschaft als Gebrechlichkeit einer Zeugin zu bezeichnen. Der Begriff der längeren Verhinderung ist ausschließlich thatsächlich zu beurtheilen und kann bei einer Verhinderung von 4—6 Wochen ohne Rechtsirrthum angenommen werden. U. v. 25. VI. 88. R. X. 451.

5. Zwar nicht als Rechtsgrundsatz, jedoch als Regel ist anzunehmen, daß Zeugen, welche im Bezirke desjenigen Landgerichts sich aufhalten, welches ihrer Vernehmung bedarf, nicht wegen besonderer Erschwerung ihrer persönlichen Vernehmung durch große Entfernung commissarisch vernommen werden dürfen. Liegen hierzu besondere Gründe vor, so müssen dieselben in dem die commissarische Vernehmung anordnenden Beschluß bezeichnet werden. U. v. 20. XI. 88. R. X. 675.

§ 223.

1. Die Bestimmung, wonach von dem zum Zwecke commissarischer Vernehmung von Zeugen anberaumten Termin die Staatsanwaltschaft, die Angeklagten und der Vertheidiger zu benachrichtigen und ihre Anwesenheit bei der Vernehmung zu gestatten ist, findet keine Anwendung auf Vernehmungen im Auslande, wo die geltenden Proceßbestimmungen diese Anwesenheit ausschließen.
U. v. 5. I. 85. R. VII. 11. E. XI. 391.

2. Die Verlesung der ohne zuvorige Benachrichtigung des Angeklagten zu Stande gekommenen commissarischen Zeugenvernehmung führt nicht zur Aufhebung des Urtheils, wenn sie ohne Widerspruch des Angeklagten erfolgte.

Die Verlesung der ohne zuvorige Benachrichtigung des Vertheidigers zu Stande gekommenen commissarischen Zeugenvernehmung führt zur Aufhebung des Urtheils, auch wenn der Angeklagte nicht widersprach, es sei denn, daß er von dem Verstoße gegen das Gesetz Kenntniß hatte. U. v. 7. XII. 86. R. VIII. 731.

Sechster Abschnitt.

Hauptverhandlung.

§ 226.

1. In der Hauptverhandlung können nicht nur gleichzeitig, sondern auch successive verschiedene Beamte der Staatsanwaltschaft diese vertreten. U. v. 28. IV. 87. R. IX. 292.

2. In der Hauptverhandlung kann ein Beamter der Staatsanwaltschaft auftreten, der nicht der ganzen Verhandlung beiwohnte, und zwar neben oder statt desjenigen, welcher die Staatsanwaltschaft bis dahin vertrat. U. v. 5. VII. 87. R. IX. 407. E. XVI. 180.

§ 230.

Die unterbrochene und fortgesetzte Hauptverhandlung kann in Abwesenheit des Angeklagten auch dann zu Ende geführt werden, wenn derselbe nur befragt worden war, ob er etwas auf die Beschuldigung erwidern wolle und er die Auslassung abgelehnt hatte.
U. v. 19. III. 86. R. VIII. 213.

§ 231.

Bei Ausbleiben eines Angeklagten nach ordnungsgemäßer Ladung kann zur Hauptverhandlung geschritten werden, wenn die den Gegenstand der Untersuchung bildende That nur mit Geldstrafe bedroht ist, wenn auch für den Fall der Uneinbringlichkeit der Geldstrafe zugleich Gefängnißstrafe substituirt wird.
U. v. 9./16. II. 85. R. VII. 93.

§ 232.

1. Die Verurtheilung des vom Erscheinen in der Hauptverhandlung entbundenen Angeklagten auf Grund eines anderen als des im Beschlusse über die Eröffnung des Hauptverfahrens angeführten Straf-

gesetzes darf nicht erfolgen, ohne daß der Angeklagte mit Bezug auf die Veränderung des rechtlichen Gesichtspunktes commissarisch nach Maßgabe des § 232 StPrO. vernommen ist. Die Vernehmung wird dadurch nicht entbehrlich, daß der Vertheidiger auf die Veränderung des rechtlichen Gesichtspunktes hingewiesen ist.

U. v. 20. II. 85. R. VII. 135. E. XII. 45.

2. Wenn das Gericht den Angeklagten von der Verpflichtung zum Erscheinen in der Hauptverhandlung entbunden hat, darf es auf keine höhere Freiheitsstrafe als bis zu sechs Wochen erkennen. Außerdem muß es den Angeklagten nochmals laden.

U. v. 13. I. 87. R. IX. 39. E. XV. 337.

3. Ohne Zustellung des Beschlusses, durch welchen der Angeklagte auf seinen Antrag vom Erscheinen in der Hauptverhandlung entbunden wird, kann in Abwesenheit desselben nicht zur Hauptverhandlung geschritten werden. In diesem Falle muß dem Antrage des Angeklagten, ihn vor der Hauptverhandlung zu vernehmen, auch dann stattgegeben werden, wenn dessen richterliche Vernehmung schon im Vorverfahren erfolgt ist. U. v. 28. I. 87. R. IX. 96. E. XV. 202.

4. Das Gericht ist im Falle des § 232 der StPrO. an die durch den Eröffnungsbeschluß gegebene Qualification der Strafthat gebunden und kann sein Ermessen nur dann zur Geltung bringen, wenn diese Qualification die Einhaltung der im § 232 bezeichneten Grenzen des Strafmaßes gestattet.

U. v. 25. XI. 87. R. IX. 652. E. XVII. 19.

§ 237.

1. Der Vorsitzende ist befugt, Ausführungen des Vertheidigers, welche nicht zur Sache gehören, dadurch abzuschneiden, daß dem Vertheidiger das Wort in dieser Richtung entzogen wird.

U. v. 9. IV. 86. R. VIII. 271.

2. Die vom Vorsitzenden gewählte Reihenfolge der Vernehmungen kann zum Gegenstande gerichtlicher Beschlußfassung nicht gemacht werden.

U. v. 16. IV. 86. R. VIII. 286.

3. Ohne Rectificationsantrag gebliebene unrichtige Constatirungen des Vorsitzenden aus den Acten geben keinen Revisionsgrund ab.

U. v. 4. X. 88. R. X. 546.

§ 240.

Die Zurückweisung einer vom Angeklagten beantragten Fragestellung an Zeugen als „nicht zur Sache gehörig" kann zur Revision

Anlaß geben, wenn aus dem Inhalte der Frage sich ergibt, daß die Ablehnung wegen Unerheblichkeit erfolgte.

U. v. 14. I. 86. R. VIII. 45.

U. v. 29. IV. 86. R. VIII. 323.

§ 242.

1. Wenn ein Gericht sich für unzuständig erklärt und die Sache an ein Gericht höherer Ordnung verwiesen hat und in der Hauptverhandlung des letzteren Gerichts der hierüber gefaßte Beschluß nicht verlesen wird, so eignet sich das erlassene Urtheil zur Aufhebung.

U. v. 7. VII. 85. R. VII. 473.

2. Es verstößt nicht gegen das Gesetz, wenn der Vorsitzende bei Vernehmung des Angeklagten in der Hauptverhandlung eine Zeugenaussage zum Gegenstand eines Vorhalts an den Angeklagten macht, welche bei der Verhandlung weder durch Vernehmung des Zeugen noch durch Verlesung erhoben wird.

U. v. 20. X. 85. R. VII. 605.

3. Die Verlesung des Eröffnungsbeschlusses hat auch dann nach der ersten Vernehmung des Angeklagten zu erfolgen, wenn der Einwand der Unzuständigkeit des Gerichtes erhoben ist, und ist nicht auszusetzen bis zur Erledigung des Einwandes.

U. v. 29. X. 86. R. VIII. 650.

4. Bei Vernehmung des Angeklagten muß die Vorschrift des § 251 der StPrO. beachtet werden und die Vorhaltung der Aussage von Zeugen unterbleiben, welche von dem Rechte der Zeugnißverweigerung Gebrauch gemacht haben. U. v. 20. XII. 86. E. XV. 100.

5. Wenn der Vorsitzende in einzelnen Fällen nach Verlesung des Beschlusses über die Eröffnung des Hauptverfahrens zur Erläuterung und Verdeutlichung desselben eine allgemeine Sachdarstellung aus den Acten gibt, so verstößt dies nicht gegen das Gesetz; doch darf die Sachdarstellung über das bezeichnete Gebiet hinaus sich nicht zu einer Beweisaufnahme gestalten. U. v. 27. IV. 88. R. X. 347.

§ 243.

1. Die Aussetzung der Beschlußfassung über die vom Angeklagten in der Hauptverhandlung gestellten Beweisanträge bis zur Berathung des Urtheils und die Verkündung des ablehnenden Beschlusses gleichzeitig mit der Verkündung des Urtheils verstößt dann gegen das Gesetz, wenn die Anträge nicht eventuell gestellt waren.

U. v. 1. V. 85. R. VII. 271.

2. Die Ablehnung eines Beweisantrages aus dem Grunde, weil durch die Aussagen der vernommenen Belastungszeugen die Ueberzeugung des Gerichts von der Unwahrheit der zur Entlastung aufgestellten Behauptung bereits feststehe, verstößt gegen das Gesetz.

U. v. 15. V. 85. R. VII. 296.

3. Zum Vergehen aus § 288 des StGB. ist zwar nicht die Absicht erforderlich, die Befriedigung eines Gläubigers definitiv zu vereiteln; dennoch ist der Besitz von anderweitem, zur Befriedigung des Gläubigers ausreichendem Vermögen von Belang für die fraudulose Absicht und darf deshalb ein dahin abzielender Beweisantrag nicht als unerheblich abgelehnt werden.

U. v. 18. V. 85. R. VII. 304.

4. Wenn ein in der Hauptverhandlung gestellter, ausdrücklich oder stillschweigend abgelehnter Beweisantrag in einer durch Vertagung nothwendig gewordenen weiteren Verhandlung nicht wiederholt wird, kann auf die Ablehnung eine Revision nicht gestützt werden.

U. v. 6. VI. 85. R. VII. 356.

5. Ein Beweisantrag kann nicht aus dem Grunde abgelehnt werden, daß die unter Beweis gestellte Thatsache wegen Unglaubwürdigkeit des Angeschuldigten als erdichtet sich darstelle.

U. v. 23. XII. 85. R. VII. 761.

6. Die Revision kann nicht darauf gestützt werden, daß das Instanzgericht seine Befugniß verkannt habe, von Amts wegen die Vervollständigung des Beweises anzuordnen.

U. v. 7. XII. 85. E. XIII. 158.

7. Der nicht eventuell gestellte Beweisantrag ist im Ablehnungsfall durch einen begründeten und vor dem Schluß der Verhandlung verkündeten Beschluß zu bescheiden.

U. v. 2./5. I. 86. R. VIII. 4.

U. v. 15. III. 86. R. VIII. 168.

8. Eine unzulässige Beschränkung der Vertheidigung kann unter Umständen darin gefunden werden, daß vom Vorsitzenden unterlassen ist, durch Fragen dem Angeklagten die Gelegenheit zur Erläuterung eines Antrags auf Vernehmung weiterer Zeugen zu gewähren.

U. v. 29. I. 86. R. VIII. 100. E. XIII. 316.

9. Die Ablehnung eines dahin protokollirten Antrages: den N. N. als Entlastungszeugen zu vernehmen, mit der Begründnng, es erscheine die Sache genügend aufgeklärt, kann eine unzulässige Beschränkung der Vertheidigung enthalten. U. v. 20. IV. 86. R. VIII. 306.

10. Die Verkündung eines, den gestellten principalen Beweisantrag ablehnenden Beschlusses darf nicht mit der Verkündung des Urtheils erfolgen. Ein Revisionsgrund ist aber hierdurch nicht gegeben, wenn aus dem Protokoll nicht ersichtlich ist, daß die Verkündung beider Entscheidungen in ungetrennter Folge geschehen ist.
U. v. 8. VI. 86. R. VIII. 415.

11. Wenn ein Beweisantrag mehrere Zeugen benannte, aber nur bei einem Theile dieser Zeugen das Beweisthema bezeichnete, und das Gericht den ganzen Beweisantrag mit einer Begründung ablehnt, die sich nur auf das bezeichnete Beweisthema bezieht, so liegt ein genügender Gerichtsbeschluß nicht vor. U. v. 30. IX. 86. E. XIV. 406.

12. Es kann einen Verstoß gegen das Gesetz enthalten, wenn ein gestellter Beweisantrag wegen Unbestimmtheit der Fassung nicht beschieden wird, ohne daß dem Angeklagten die Möglichkeit verbesserter Antragstellung gewährt wurde. U. v. 1. X. 86. R. VIII. 581.

13. Wenn der erste Richter die Vernehmung einer Zeugin als Gegenzeugin gegen einen anderen Zeugen deshalb ablehnt, weil dieselbe, als Braut des Angeklagten und für denselben interessirt, nicht den Glauben verdiene, wie die andere Zeugin, gegen deren Persönlichkeit nicht der geringste Makel vorgebracht sei, so hat er damit weder die rechtliche Unzulässigkeit der Vernehmung ausgesprochen noch dem Ergebnisse der Beweisaufnahme vorgegriffen. Findet der Vorderrichter nach Lage des concreten Falles in dem schon jetzt constatirten persönlichen Verhältnisse der Gegenzeugin als Braut des Angeklagten den Grund, um einer Aussage derselben überhaupt nicht Glauben zu schenken, so trifft diese thatsächliche Erwägung wie vor so nach der Vernehmung gleichmäßig zu und brauchte daher nicht bis nach einer, somit ganz unnöthigen Vernehmung aufgeschoben zu werden.
U. v. 1. III. 87. R. IX. 164.

14. Da Ablehnungsbeschlüssen über Beweisanträge sachlich die Bedeutung von Vorentscheidungen bezüglich der Schuldfrage nicht abgesprochen werden kann, so bedarf es einer Begründung, welche nicht nur dem Angeklagten, sondern auch den Geschworenen keinen Zweifel darüber läßt, von welcher thatsächlichen Annahme der Gerichtshof ausgegangen ist, indem er die thatsächliche Unerheblichkeit eines Antrages zur Grundlage seines Beschlusses genommen hat.
U. v. 8. III. 87. R. IX. 175.

15. Inländische Gesetze sind nicht Gegenstand der Beweisaufnahme.
U. v. 5. IV. 87. R. IX. 231.

16. Wenn auch im Allgemeinen die Vernehmung eines Zeugen über Thatsachen, welche das Gericht weder als richtig voraussetzt, noch für einflußlos auf die Entscheidung betrachtet, nicht in Rücksicht auf die bereits erbrachten Beweise abgelehnt werden darf, weil sich in der Regel erst nach der Vernehmung des Zeugen beurtheilen läßt, welchen Einfluß seine Aussage auf den festzustellenden Sachverhalt haben kann, so ist doch Voraussetzung dabei, daß nicht besondere Gründe vorliegen, welche von vorn herein ergeben, daß die Vernehmung ohne Einfluß auf die Entscheidung ist, und einen solchen Grund macht das Gericht geltend, indem es erwägt, daß die Angaben des Zeugen, auch wenn sie ihrem Inhalte nach für die Feststellung des Sachverhalts von Einfluß sein könnten, wegen des ehelichen Verhältnisses, in welchem der Zeuge zu der Angeklagten steht, keinen Glauben verdienen würden.
U. v. 3. II. 88. R. X. 92.

17. Beweisanträge des Vertheidigers können bloß um deswillen, weil der Angeklagte eine denselben widersprechende Behauptung aufstellt, nicht abgelehnt werden.
U. v. 1. V. 88. R. X. 368. E. XVII. 315.

18. Abs. 3 ist nicht dahin zu verstehen, als ob es, mangels eines Antrages, lediglich dem Belieben des Gerichts überlassen wäre, von Amtswegen die Herbeischaffung weiterer Beweismittel anzuordnen oder nicht. Die Herbeischaffung angezeigter Beweismittel ist vielmehr Pflicht des Gerichts. U. v. 4. VI. 88. R. X. 420.

19. Durch den Vermerk im Sitzungsprotokolle: „Angeklager bleibt bei seinen früheren Angaben stehen," wird beurkundet, daß der Angeklagte auch seine im Vorverfahren gestellten oder durch Zeugenbenennung erkennbar gemachten Beweisanträge in der Verhandlung wiederholt hat, zu deren Erledigung das Verhandlungsgericht (erneuten) Beschluß zu fassen hat. U. v. 29. X. 88. R. X. 599.

§ 244.

1. Dadurch allein, daß der Staatsanwalt das Protokoll über einen in der Voruntersuchung aufgenommenen Augenschein in der Anklageschrift als Beweismittel bezeichnet, wird dasselbe noch nicht ein herbeigeschafftes Beweismittel, sondern es muß die Verlesung in der Hauptverhandlung beantragt und die Herbeischaffung constatirt werden.
U. v. 8. I. 85. R. VII. 20.
U. v. 7. XII. 85. E. XIII. 158.

2. Auf die vom Angeklagten geladenen Sachverständigen und Zeugen ist die Beweisaufnahme nur dann nothwendig zu erstrecken,

wenn dem erkennenden Gerichte der Nachweis ihrer Ladung in Gemäßheit des § 38 Str.Pr.O. geführt wird.

U. v. 9. I. 85. R. VII. 24.

3. Urkunden gelten als „herbeigeschaffte Beweismittel“ erst dann, wenn der erkennende Richter Kenntniß von der erfolgten Herbeischaffung hat. U. v. 9. VI. 85. R. VII. 364.

4. Die geladenen und in der Hauptverhandlung erschienenen Dolmetscher müssen nicht mit Nothwendigkeit vernommen werden, sondern ihre Mitwirkung tritt nur ein, sobald dieselbe erforderlich wird.

U. v. 26. I. 86. R. VIII. 97.

5. Beschlüsse des Gerichts, durch welche beantragte Beweismittel zugelassen sind, können vom Gericht zurückgenommen und durch ablehnende Beschlüsse ersetzt werden.

U. v. 4. III. 86. R. VIII. 150.

6. Das Protokoll über die commissarische Vernehmung eines Zeugen hat, insbesondere, wenn die Vernehmung nicht in Ausführung eines Beschlusses des erkennenden Gerichtes, sondern nur zur Vorbereitung der Hauptverhandlung erfolgt ist, nicht die Eigenschaft eines herbeigeschafften Beweismittels. Es bedarf vielmehr zur Verlesung desselben eines besonderen, nach vorgängiger Prüfung der thatsächlichen Verhältnisse zu fassenden Gerichtsbeschlusses. U. v. 9. XI. 86. R. VIII. 694.

7. Beschließt das erkennende Gericht die commissarische Vernehmung eines Zeugen und bestätigt dieser bei der Vernehmung frühere, ihm vorgelesene Aussagen, so müssen auch sämmtliche in Bezug genommene frühere Zeugenprotokolle in der Hauptverhandlung verlesen werden, wenn das commissarische Protokoll zur Verlesung kommt.

U. v. 10. III. 87. R. IX. 176.

8. Herbeigeschaffte Beweismittel können nicht als zur Sache unerheblich zurückgewiesen werden, wohl aber dann, wenn sie in gar keinem Zusammenhang zur Sache stehen.

U. v. 16. V. 87. R. IX. 322.

9. Verzichte, welche der Angeklagte im Laufe der Hauptverhandlung abgibt, binden auch den Vertheidiger, wenn derselbe nicht widerspricht. U. v. 7. XI. 87. R. IX. 564. E. XVI. 376.

10. Die Erklärung der Prozeßbetheiligten, sie seien mit der Abstandnahme von einer weiteren Beweisaufnahme einverstanden, ist, auch ohne daß sie specialisirt wurde, genügend, um die Nichterhebung einer Mehrzahl von herbeigeschafften Beweismitteln zu rechtfertigen.

U. v. 31. I. 88. R. X. 91.

11. Aus der bloßen Ueberreichung eines Schriftstückes erhellt nicht ohne Weiteres auch der Zweck, auf den Inhalt Beweises halber sich berufen zu wollen. Das Schriftstück kann dem Gerichtshof zum freien Ermessen für den Fall bereit gestellt werden, daß er zur näheren Aufklärung es dienlich erachten sollte. Mit der Ueberreichung muß also irgend eine, den Gebrauchszweck kennzeichnende Kundgebung verbunden werden, wenn das Schriftstück als ein vom Ueberreichenden für die Verhandlung in Anspruch genommenes Beweismittel gelten soll.

U. v. 24. II. 88. R. X. 189.

12. In einer gegen mehrere Angeklagte gerichteten Hauptverhandlung kann von der Erhebung eines herbeigeschafften Beweises, auch wenn nicht alle Angeklagte sich damit einverstanden erklärt haben, dann abgesehen werden, wenn das im Interesse des einen Angeklagten herbeigeschaffte Beweismittel ohne jeden Zusammenhang ist mit der dem andern Angeklagten, dessen Verzicht nicht erklärt ist, zur Last gelegten That. U. v. 6. III. 88. R. X. 217.

13. Beweisanträge der Staatsanwaltschaft, insbesondere wenn sie neben dem Hauptantrage auf Verurtheilung eventuell gestellt sind, wirken nicht auch zu Gunsten des Angeklagten.

U. v. 15. V. 88. E. XVII. 375.

14. Eine sowohl von der Staatsanwaltschaft, wie vom Angeklagten als Zeuge bezw. Sachverständiger in Vorschlag gebrachte, geladene und erschienene Auskunftsperson ist ein von beiden Proceßbetheiligten herbeigeschafftes Beweismittel, und verletzt es ohne Weiteres die Gerechtsame der letzteren, wenn die Vernehmung in der Hauptverhandlung sich auf die nur von einem Theile behaupteten Beweisthatsachen beschränkt. U. v. 18. VI. 88. E. XVII. 440.

15. Muß die Weitervernehmung eines Zeugen wegen Angetrunkenheit desselben unterbleiben, und unterläßt der Angeklagte, auf die wiederholte Abhör des Zeugen bezügliche Anträge zu stellen, so kann er sich weder wegen Verletzung des § 244, noch wegen unzulässiger Beschränkung seiner Vertheidigung beschweren.

U. v. 4. X. 88. R. X. 546.

16. Auch in dem Falle darf von Erhebung herbeigeschaffter Beweismittel oder Vernehmung geladener Zeugen nur mit Genehmigung der Proceßparteien Umgang genommen werden, wenn auf Grund einer Vorfrage, wie des fehlenden Strafantrags, das Verfahren ohne Eingehen in den Schuldbeweis beendet werden kann.

U. v. 13. XI. 88. R. X. 649.

17. Die Nichtvernehmung geladener Zeugen ohne Verzicht der Parteien zieht nicht nothwendig die Aufhebung des Urtheils nach sich. Dies ist jedoch selbst dann, wenn das Gericht den strafbaren Thatbestand verneint, der Fall, sobald die Möglichkeit besteht, daß die Vernehmung der Zeugen eine andere Beurtheilung bewirkt haben würde. U. v. 11. XII. 88. R. X. 718.

§ 245.

Wenn in seltenen und besonders gearteten Fällen der Instanzrichter zu der Ueberzeugung gelangt, daß mit einem Beweisantrag lediglich eine Verschleppung der Sache beabsichtigt sei, so kann er ohne Verstoß gegen das Gesetz aus diesem Grunde die Beweiserhebung ablehnen.

U. v. 24. VI. 85. R. VII. 427. E. XII. 335.
U. v. 2. X. 85. R. VII. 550.
U. v. 19. XI. 85. R. VII. 679. E. XIII. 151.
alias U. v. 14. II. 88. R. X. 148.

§ 246.

Wenn während der Zeit, während welcher der Angeklagte nach § 246 abgetreten ist, die Oeffentlichkeit der Verhandlung ausgeschlossen werden soll, so ist der Angeklagte zu hören. Es genügt nicht, wenn der Vertheidiger gehört wird.

U. v. 2. X. 88. R. X. 539. E. XVIII. 138.

§ 247.

Darauf, daß über die vom Vorsitzenden genehmigte Entlassung eines Zeugen nach stattgehabter Vernehmung der Angeklagte nicht gehört worden sei, kann, wenn er weder auf dessen Aussage oder gegen dessen Entlassung Einwand erhoben, noch später einen Antrag auf Zurückrufung des Zeugen gestellt hatte, eine Revision nicht gestützt werden. U. v. 7. V. 85. R. VII. 279.

§ 248.

1. Disciplinarbeschlüsse, welche gegen den Angeklagten ergangen sind, sind verlesbare Urkunden, nicht Leumundszeugnisse.

U. v. 4. V. 85. R. VII. 276.

2. In ein Augenscheinsprotokoll können Angaben von Personen, welche nothwendig sind, um den Zweck des Augenscheins zu er-

reichen, Aufnahme finden und mit dem Augenscheinsprotokoll verlesen werden.

U. v. 11. VI. 85. R. VII. 370. E. XII. 308.

3. Wenn durch die Verlesung des Protokolls über eine Zeugenvernehmung nicht die mündliche Aussage des Zeugen ersetzt, sondern bewiesen werden soll, daß der Zeuge eine bestimmte Aussage gemacht hatte, so ist die Verlesung nicht an die Bedingungen des § 250 geknüpft, sondern fällt unter die Bestimmung des § 248; sie kann also mangels Widerspruchs vom Vorsitzenden allein angeordnet werden.

U. v. 23. XI. 86. R. VIII. 718.

4. Es ist nicht ungesetzlich, in der Hauptverhandlung bei Vernehmung der Zeugen Handzeichnungen zur besseren Verständigung zu benutzen, wenn dieselben auch keine urkundliche Beglaubigung, wie z. B. durch einen gerichtlichen Augenschein haben und überhaupt nicht als selbstständige, förmlich vorgelegte Beweismittel erscheinen.

U. v. 24. I. 87. R. IX. 89.

5. Protokolle über die Einnahme eines richterlichen Augenscheines dürfen in der Hauptverhandlung nur dann verlesen werden, wenn die in demselben beurkundeten Wahrnehmungen von dem Richter und dem Gerichtsschreiber gemeinschaftlich und übereinstimmend gemacht worden sind.

U. v. 21. VI. 87. R. IX. 376. E. XVI. 147.
U. v. 27. IX. 88. E. XVIII. 186.

6. Der Antrag auf Verlesung der von dem Angeklagten in einer anderen Strafsache als Zeuge abgegebenen polizeilichen Aussage zum Nachweise dessen, was vor dem vernehmenden Polizeibeamten bekundet ist, kann zwar nicht auf Grund des § 248 abgelehnt werden, ist aber auf Grund des § 249 der StPrO. abzulehnen.

U. v. 20. IX. 87. R. IX. 448.

7. Die bloße Mittheilung des Inhalts eines als Beweismittel angerufenen Erkenntnisses widerspricht dem § 248 und kann Verlesung der Urtheilsgründe auch um deswillen nicht abgelehnt werden, weil in demselben Zeugenaussagen wiedergegeben sind.

U. v. 7. I. 88. R. X. 16.

8. Schriftstücke, welche nicht Wahrnehmungen ihrer Aussteller enthalten, sondern den unmittelbaren Beweis der in ihnen niedergelegten Willenserklärungen bilden, gehören zu den nach § 248 zu verlesenden. U. v. 10./13. I. 88. R. X. 29.

9. Eine früher von dem Angeklagten bei Gericht eingereichte Eingabe darf in der Hauptverhandlung verlesen werden.
U. v. 30. IV. 88. E. XVIII. 23.

§ 249.

1. Die Verlesung der in einem Protokolle über die öffentliche Verhandlung enthaltenen, auf falsches eidliches Zeugniß sich beziehenden Aufzeichnung ist nicht als Verfehlung gegen die Vorschrift des § 249 der StPrO. zu beanstanden.
U. v. 22. XII. 87. E. XVII. 15.

2. Es verstößt gegen keine Rechtsnorm, wenn ein Zeuge bei seiner Aussage eigene Notizen über den Vorfall verliest, über den er deponiren soll, selbst wenn die Notizen im Auftrage des Zeugen von einer andern Person geschrieben worden waren.
U. v. 5. I. 88. R. X. 15.

§ 250.

1. Die Verlesung des Protokolls über eine commissarische Zeugenvernehmung in der Hauptverhandlung darf erfolgen, wenn die Vernehmung im Auslande geschah und das Gesetz des Vernehmungsortes die Benachrichtigung der Proceßbetheiligten von dem Vernehmungstermine, bezw. die Anwesenheit der letzteren in dem Termine ausschließt. U. v. 5. I. 85. R. VII. 11. E. XI. 391.

2. Die gesetzlich begründete Verlesung der Aussage eines Mitbeschuldigten oder Zeugen zieht nicht die Nothwendigkeit nach sich, alle Vernehmungsprotokolle, welche über Aussagen dieser Person vorliegen, zu verlesen. U. v. 27. II. 85. R. VII. 153.

3. Bei Unbestellbarkeit einer Ladung kann nicht ohne Weiteres ein nicht zu ermittelnder Aufenthalt angenommen werden; das Gesetz verlangt unbedingt, daß Nachforschungen überhaupt stattgefunden haben.

Auf Anstellung der erforderlichen Ermittelungen kann Angeklagter nicht Verzicht leisten. U. v. 5. III. 85. E. XII. 104.

4. In den Fällen, in welchen die StPrO. die Verlesung gerichtlicher Protokolle in der Hauptverhandlung zum Zwecke des Beweises gestattet, ist zwischen inländischen und ausländischen Protokollen nicht zu unterscheiden. U. v. 15. V. 85. R. VII. 293.

5. Der in einer unzulässigen Verlesung von Zeugenaussagen bestehende Verstoß gegen §§ 249, 250 der StPrO. wird dadurch nicht

geheilt, daß die Proceßbetheiligten mit der Verlesung einverstanden waren oder keinen Widerspruch erhoben.

U. v. 16. VI. 85. R. VII, 401.

6. Die Verlesung der Aussagen von im Auslande uneidlich vernommenen Zeugen, welche nach den Gesetzen des Vernehmungsortes eidlich nicht vernommen werden durften, verletzt das Gesetz nicht.

U. v. 26. VIII. 85. R. VII. 503. E. XII. 347.

7. Wenn ein Protokoll über eine commissarische Vernehmung, in welchem auf eine frühere Erklärung des Vernommenen verwiesen ist, in der Hauptverhandlung verlesen worden ist, jedoch die Verlesung sich auf die in Bezug genommene Erklärung nicht erstreckt hat, ist die Revision begründet.

U. v. 2. III. 86. E. XIV. 1.
U. v. 10. III. 87. R. IX. 176.

8. Die Verlesung der Aussage eines Zeugen, dessen Aufenthalt nicht zu ermitteln gewesen, fordert keine absolute Unmöglichkeit der Ermittlung. Ob aber die stattgehabten Ermittlungsversuche zweckmäßig waren und ob von weiteren Erkundigungen noch ein Ergebniß zu erwarten, ist eine thatsächliche Frage, deren Beantwortung in der Revisionsinstanz nicht nachgeprüft werden kann.

U. v. 11. VI. 86. R. VIII. 459.

9. Die Verlesung des über eine frühere, ohne Beobachtung der in § 223 bezw. 191 der StPrO. vorgeschriebenen Formen stattgehabte Vernehmung eines Zeugen aufgenommenen Protokolls darf in allen Fällen geschehen, in denen eine Vernehmung des Zeugen nicht nur in der Hauptverhandlung, sondern auch vor einem beauftragten oder ersuchten Richter mit Beobachtung jener Formen für längere oder ungewisse Zeit unmöglich ist.

U. v. 31. III. 87. R. IX. 213. E. XV. 409.

10. Die Verlesung des Protokolls über die commissarische Vernehmung eines Zeugen, zu der der Angeklagte zugezogen, der dem Gerichte bereits bezeichnete Vertheidiger aber nicht geladen war, ist unstatthaft, auch wenn in der Hauptverhandlung kein Protest gegen die Verlesung erhoben wird, es sei denn, daß der Angeklagte von der nicht erfolgten Ladung des Vertheidigers Kenntniß hatte.

U. v. 21. XII. 87. R. IX. 745.

11. Enthält das von dem commissarisch vernommenen Zeugen in Bezug genommene frühere Vernehmungsprotokoll zugleich Er-

klärungen anderer Personen, so dürfen letztere Aussagen nicht zur Verlesung gelangen.

U. v. 3. V. 88. R. X. 374. E. XVIII. 24.

§ 251.

1. Die Vernehmung des Untersuchungsrichters als Zeuge über die frühere, vor der Hauptverhandlung nach vorschriftsmäßiger Belehrung erstattete Aussage eines Zeugen, welcher in der Hauptverhandlung von seinem gesetzlichen Zeugnißverweigerungsrecht Gebrauch macht, widerspricht nicht dem § 251 und enthält keinen Revisionsgrund.

U. v. 7. V. 85. R. VII. 278.

U. v. 28. V. 85. R. VII. 336.

U. v. 4. III. 87. R. IX. 170.

2. Die Vorschrift des § 251 bezieht sich nur auf solche Zeugen, die erst in der Hauptverhandlung das Zeugniß verweigert haben, nicht auf solche, die im Laufe der Voruntersuchung dies thaten. Vollends ausgeschlossen ist eine analoge Anwendung des § 251 oder dessen Ausdehnung auf den Ausschluß des Beweises der Aussagen durch Andere, wenn die frühere Aussage eine freiwillige, vom Gericht nicht verlangte, oder eine außergerichtliche war.

U. v. 1. VII. 85. R. VII. 457.

3. Es verstößt gegen kein Gesetz, wenn ein Gendarm Personen, die berechtigt sind, das Zeugniß zu verweigern, ohne Belehrung über dieses Recht befragt und dann über das hierbei Erkundete als Zeuge vernommen wird.

U. v. 28. VI. 86. R. VIII. 502.

U. v. 1. VII. 86. E. XIV. 266.

4. Der Beweis darüber, was ein Zeuge in einer schwurgerichtlichen Sache unter Verzicht auf das ihm zustehende Zeugnißverweigerungsrecht ausgesagt hatte, in einer wiederholten, nach Aufhebung des ersten Urtheils stattfindenden Hauptverhandlung des Schwurgerichts, in welcher der Zeuge die Aussage verweigert, kann auch durch Personen geführt werden, welche in der ersten Hauptverhandlung als Geschworene fungirt hatten.

U. v. 26. V. 87. R. IX. 342. E. XVI. 119.

§ 252.

1. Das Protokoll über die frühere Vernehmung eines Zeugen darf auch dann zur Unterstützung des Gedächtnisses des Zeugen ver-

lesen werden, wenn derselbe damals als Beschuldigter vernommen worden ist. U. v. 23. III. 85. E. XII. 118.

2. Dem Polizeibeamten, welcher als Zeuge über ein von ihm protokollirtes Geständniß vernommen wird, darf das bezügliche Protokoll zur Unterstützung seines Gedächtnisses eingehändigt werden.
U. v. 3. XII. 86. R. VIII. 722.
U. v. 29. IX. 87. R. IX. 475.

3. Es ist nicht unzulässig, einen Zeugen, der in der Hauptverhandlung eine seinen früheren Aussagen widersprechende Aussage macht, jene vorzuhalten. Die Vorlesung der früheren Aussage ist nur geboten, wenn der Vorhalt zur Lösung des Widerspruchs nicht genügt, und es auf den besonderen Inhalt der früheren Aussage ankommt. U. v. 10. II. 87. R. IX. 123.

4. Die vom Zeugen im Laufe der Untersuchung erstatteten amtlichen Berichte können zur Unterstützung seines Gedächtnisses verlesen werden. U. v. 21. VI. 87. R. IX. 379.

§ 253.

1. Der Vorsitzende ist berechtigt, zur Behebung von Widersprüchen dem Angeklagten seine zu früheren Protokollen gemachten Angaben vorzuhalten, bezw. zu diesem Zwecke vorlesen zu lassen.
U. v. 31. III. 85. R. VII. 212.

2. Es begründet Revision, wenn ein nichtrichterliches Protokoll, welches Erklärungen des Angeklagten enthält, diesem in der Hauptverhandlung vorgelesen wird.
U. v. 18. VI. 86. E. XIV. 258.

§ 255.

1. Die Verlesung eines Registraturvermerkes über die Glaubwürdigkeit eines Zeugen, welcher von dem im Vorverfahren thätigen Amtsrichter und dem zugezogenen Gerichtsschreiber unterschrieben ist, verletzt das Gesetz. U. v. 27. III. 85. R. VII. 199.

2. Schulzeugnisse dürfen bezüglich der auf das sittliche Verhalten der Schüler sich beziehenden Stellen nicht zur Verlesung gelangen.
U. v. 23. XII. 85. R. VII. 757.

3. Als ärztliche Atteste können in der Hauptverhandlung nur solche verlesen werden, welche von einer zur Annahme des Titels als Arzt im Sinne von § 29 der Gew.-O. berechtigten Person ausgestellt sind.
U. v. 29. III. 86. R. VIII. 231. E. XIV. 55.

4. Es erscheint unzulässig, daß ein Arzt in der Hauptverhandlung über den Inhalt eines von einem anderen Arzte bezüglich einer schweren Körperverletzung ausgestellten Attestes vernommen wird.
U. v. 25. III. 86. E. XIV. 4.

5. Es ist unzulässig, die in einer Strafsache ergangenen Berichte der Staatsanwaltschaft an ihre vorgesetzte Behörde in der Verhandlung zur Verlesung zu bringen.
U. v. 8. IV. 86. R. VIII. 264.

6. Die Verlesung von Erklärungen öffentlicher Behörden ist selbst dann gestattet, wenn die betreffende Behörde nur aus einem Beamten besteht. Aber diese Ausnahmebestimmung setzt nicht bloß voraus, daß es sich um ein wirkliches Zeugniß der Behörde, also um eine Erklärung derselben über Wahrnehmungen handelt, welche die Behörde als solche, d. h. die sie bildenden und präsentirenden Beamten in dieser ihrer Eigenschaft innerhalb ihres Amtsbereiches und vermöge ihres Amtes gemacht haben, sondern sie erfordert auch, daß diese Erklärung als eine amtliche, von der Behörde selbst in der legalen, für ihre amtlichen Kundgebungen vorgeschriebenen Vertretung und Form abgegeben worden ist.
U. v. 4. X. 87. R. IX. 489.

7. Erklärungen öffentlicher Behörden, welche keine Aeußerung über Lebenswandel und sittlichen Charakter, sondern eine Zusammenstellung von Thatsachen und Vorgängen enthalten, aus welchen sich die im Interesse politischer (socialistischrevolutionärer) Bestrebungen aufgewendete Thätigkeit und der Einfluß auf die Parteigenossen ergibt, können verlesen werden. Auch die Verlesung von Erklärungen ausländischer Behörden ist zulässig, da das Gesetz zwischen ihnen und inländischen nicht unterscheidet. U. v. 22. VI. 88. R. X. 450.

§ 256.

Die Revision kann nicht darauf gegründet werden, daß der Vorsitzende einem schwerhörigen Angeklagten vor der Befragung aus § 256 den Inhalt der Zeugenaussagen nicht zur Kenntniß gebracht hat.
U. v. 7. I. 87. E. XV. 172.

§ 257.

1. Das letzte Wort ist dem Angeklagten gegenüber dem Staatsanwalt, nicht gegenüber seinem eigenen Vertheidiger eingeräumt, so daß Aufhebung des Urtheils nicht veranlaßt ist, wenn zuerst der Angeklagte, dann der Vertheidiger das letzte Wort hat.
U. v. 23. III. 85. R. VII. 191.

2. Wenn der Angeklagte nach Schluß der Verhandlung einen Beweisantrag nicht eventuell für den Fall einer ungünstigen Entscheidung, sondern für alle Fälle stellt, muß der Angeklagte nach Ablehnung des Antrags nochmals zum Worte gelassen werden, um seinen Antrag zu erläutern, oder weitere Anträge zu stellen.

U. v. 21. IX. 85. R. VII. 519.

3. Wenn principiell ein Antrag auf Beweisnahme gestellt und eventuell Freisprechung beantragt ist, so kann die Verkündung der Ablehnung des Beweisantrages mit derjenigen des Urtheils verbunden werden, ohne zwischen beiden den Angeklagten nochmals zum Worte zu verstatten. U. v. 22. XI. 87. R. IX. 634.

§ 259.

1. Der Urtheilsverkündung nachgängig sind Abänderungen oder Ergänzungen des Urtheils, auch wenn dieselben sofort noch in der Sitzung vorgenommen werden, unzulässig.

U. v. 23. IV. 87. R. VII. 245.

2. Das erkennende Gericht darf nach der Verkündung des Urtheils offensichtliche Schreib- oder Fassungsfehler in der verlesenen Urtheilsformel berichtigen. U. v. 22. I. 86. E. XIII. 267.

3. Es ist nicht nothwendig, daß, wenn auf eine Geldstrafe erkannt wird, die nach der Vorschrift des Gesetzes nicht zur Staatskasse, sondern in eine Privatkasse fließt, in der Urtheilsformel die Kasse, an welche die Strafe zu gelangen hat, angegeben wird.

U. v. 14. VI. 87. R. IX. 373. E. XVI. 142.

4. Es ist unzulässig, bezüglich eines Theiles der von der angeschuldigten Strafthat umfaßten Objecte ein verurtheilendes oder freisprechendes Urtheil zu erlassen und bezüglich eines anderen Theiles die Verhandlung behufs weiterer Erhebungen zu vertagen.

U. v. 13. XII. 88. E. XVIII. 297.

§ 260.

1. Die Frage, unter welche Tarifposition eine Waare gehöre, die unter Hinterziehung der Zollgebühren eingeführt wurde, ist der Entscheidung des Strafrichters nicht entzogen, wenn dieser einer solchen Feststellung zur Bemessung der Strafe bedarf. Wenn ein Gegenstand im amtlichen Waarenverzeichniß nicht ausdrücklich bezeichnet ist, gehört die Feststellung der entsprechenden Tarifposition zur Aufgabe des Thatrichters. U. v. 29. I. 85. R. VII. 57. E. XII. 1.

2. Es verstößt gegen kein Gesetz, wenn das Gericht bei Würdigung des Beweisergebnisses aus der Zeugnißverweigerung einer hierzu berechtigten Person Schlüsse zieht.

U. v. 28. VI. 86. R. VIII. 502.

3. Als notorisch können nur solche Thatsachen bezeichnet werden, welche so allgemein bekannt sind, daß kein vernünftiger Grund, sie in Zweifel zu ziehen, vorhanden ist.

Bei Feststellung der Strafthat kann die Notorietät nur berücksichtigt werden, wenn dieselbe zum Gegenstande der Hauptverhandlung gemacht ist. U. v. 15. XI. 87. R. IX. 610. E. XVI. 327.

§ 261.

Der Strafrichter ist bei Entscheidung über den Thatbestand des § 352 des StGB. durch ein die Gebühr eines Rechtsanwalts nach contradictorischer Verhandlung rechtskräftig festsetzendes Urtheil des Civilrichters nicht gebunden.

U. v. 5. X. 86. R. VIII. 583. E. XIV. 364.

§ 262.

1. Die Reizung zum Zorn im Sinne des § 213 des StGB. ist als ein von dem Strafgesetze besonders vorgesehener Umstand zu betrachten, zu dessen Verneinung eine Mehrheit von zwei Drittheilen der Stimmen erforderlich ist, und hat im Falle der Verneinung durch einen mit nur sieben Stimmen beschlossenen Geschworenenspruch das Berichtigungsverfahren wegen eines sächlichen Mangels einzutreten.

U. v. 8. VI. 86. R. VIII. 441. E. XIV. 298.

2. Ob die Voraussetzungen der Verjährung gegeben sind, unterliegt der Entscheidung des Gerichtes, doch darf die gerichtliche Entscheidung bezüglich der Zeit, zu welcher die That begangen sein soll, von der in dem Geschworenenspruch darüber getroffenen Feststellung nicht abweichen. U. v. 7. XII. 86. E. XV. 107.

§ 263.

1. Eine vollstreckbar gewordene polizeiliche Strafverfügung schließt die nochmalige Verfolgung derselben That unter dem Gesichtspunkt eines ideal concurrirenden Vergehens nicht aus. In einem deshalb ergehenden Strafurtheil ist in Preußen (Ges. v. 23. April 1883 § 10 Abs. 2) die Strafverfügung nicht ausdrücklich aufzuheben, sondern fällt von selbst weg und ist die durch letztere verhängte und vollzogene Strafe anzurechnen oder zurückzuzahlen.

U. v. 19. II. 85. R. VII. 132.

2. Wenn der erkennende Richter bei Prüfung des, der Anklage gegenüber, veränderten rechtlichen Gesichtspunktes zu einer positiven Feststellung gelangt, so bedarf es, auch ohne Antrag der Proceßbetheiligten, eines besonderen Richterspruches, sofern nicht eine andere That vorliegt. (Diebstahl und Unterschlagung.)

U. v. 10. III. 85. R. VII. 164. E. XII. 88.

3. Es ist nicht rechtsirrthümlich, wenn der Thatrichter den zweimaligen Verkauf von Loosen ein und derselben in Preußen nicht zugelassenen Lotterie als selbständige Handlungen beurtheilt und deshalb bei successiver Aburtheilung der ersten Aburtheilung keine die Strafklage consumirende Wirkung beilegt.

U. v. 12. III. 85. R. VII. 170. E. XII. 115.

4. Diebstahl und Hehlerei bezüglich derselben Sachen kann unter den Begriff der processualen Identität im Sinne des § 263 subsumirt werden. U. v. 5. V. 85. E. XII. 187.

5. Der § 263 verpflichtet den Richter zu einem positiven Ausspruche über die von der Anklage abweichende, mögliche Beurtheilung der Strafthat nur dann, wenn die seitens der Proceßbetheiligten vorgebrachten oder die vom Richter festgestellten Thatsachen den Anlaß boten.

U. v. 22. IX. 85. R. VII. 522.
U. v. 22. XII. 86. R. VIII. 785.
U. v. 9. XI. 88. R. X. 635.

6. Wenn ein Angeklagter durch rechtskräftiges Urtheil des Berufungsgerichts als Gericht I. Instanz mehrerer Jagdvergehen für schuldig erklärt ist, obgleich der StA. die Anklage auf gewerbsmäßiges Jagdvergehen und mehrere Delictfälle erweitert hatte, als ursprünglich zur Anklage stunden, kann wegen der im ersten Urtheile nicht berücksichtigten Fälle nicht neue Anklage erhoben und nur wegen gewerbsmäßigen Jagdvergehens Strafe verhängt werden.

U. v. 19. XI. 85. R. VII. 670.

7. Die Erneuerung des Verfahrens wegen Beihülfe gegen einen Angeklagten, welcher bereits von der Thäterschaft der nämlichen That rechtskräftig freigesprochen worden war, ist unzulässig.

Identität der That liegt auch vor, wenn durch dieselbe Handlung verschiedene Personen als getäuscht und beschädigt successiv bezeichnet werden. U. v. 10. XII. 85. E. XIII. 146.

8. Der Grundsatz, daß der amtsrichterliche Strafbefehl eine nochmalige Bestrafung wegen derselben That nicht ausschließt, findet

dann keine Anwendung, wenn die erneute Verhandlung nur denselben Thatbestand ergibt, wegen dessen schon im Strafbefehl Strafe festgesetzt war. U. v. 8. X. 86. R. VIII. 606. E. XIV. 358.

9. Wenn ein früheres Urtheil rechtskräftig die Selbständigkeit von Strafhandlungen festgestellt hat, kann nicht ein späteres Urtheil, welches gegen denselben Angeklagten wegen gleichartiger Handlungen ergeht, Fortsetzung annehmen und in dieselbe auch die bereits abgeurtheilten Thaten einbeziehen, dann aber wegen Einheit der That von Verhängung weiterer Strafe Umgang nehmen.
U. v. 28. X./4. XI. 86. R. VIII. 643. E. XV. 23.

10. Der Grundsatz „ne bis in idem" kann dadurch keine Einschränkungen erleiden, daß ein früheres, rechtskräftig gewordenes Strafurtheil ausdrücklich erklärt hat, es liege eine „andere That" vor, welche strafgerichtlich in besonderem Verfahren zu verfolgen, der Staatsanwaltschaft vorbehalten bleiben müsse.
U. v. 15. XI. 86. E. XV. 133.

11. Durch einen ohne Einspruch gebliebenen forstrichterlichen Strafbefehl wird die öffentliche Klage nicht verbraucht, auch wenn der Antrag auf Erlaß der Strafverfügung die Qualifikation der Handlung als Diebstahl erkennen ließ. U. v. 14. XII. 86. E. XV. 112.

12. Auch ein auf Einstellung des Verfahrens wegen eingetretener Verjährung lautendes Urtheil kann Res iudicata begründen.

Die Erneuerung der Strafklage wegen derselben That ist ausgeschlossen, ohne Rücksicht auf den rechtlichen Gesichtspunkt, von welchem aus sie in dem früheren Urtheile gewürdigt worden ist.
U. v. 28. I. 87. R. IX. 99. E. XV. 237.

13. Die Identität der zur Untersuchung gezogenen und der im Erkenntnisse für erwiesen erachteten Beleidigung wird dadurch nicht ausgeschlossen, daß die beleidigende Aeußerung vom erkennenden Richter auf einen anderen als den im Eröffnungsbeschlusse bezeichneten Verletzten bezogen wird. U. v. 16. IX. 87. R. IX. 430.

14. Das Gericht ist bei Antragsdelicten, auf Verlangen des StA. verpflichtet, die Verhandlung fortzuführen, selbst wenn bei Beginn derselben der Berechtigte seinen Strafantrag in zulässiger Weise zurücknimmt. U. v. 12. I. 88. R. X. 32.

15. Ein die Einstellung des Verfahrens mangels Strafantrags aussprechendes Urtheil hindert endgiltig die Strafverfolgung derselben That als Nichtantragsdelict. U. v. 13. III. 88. R. X. 245.

16. **Der Einwand der rechtskräftig** entschiedenen **Sache** (**ne bis in idem**) **ist noch in der Revisionsinstanz zulässig**, **und sind die bei dieser Frage in Betracht kommenden Thatsachen** vom **Revisionsrichter** zu **prüfen**. U. v. 8. X. 88. E. XVIII. 272.

§ 264.

1. **Die Verurtheilung des vom Erscheinen in der Hauptverhandlung entbundenen Angeklagten auf Grund eines anderen als des in dem Beschlusse über die Eröffnung des Hauptverfahrens angeführten Strafgesetzes darf nicht erfolgen, ohne daß der Angeklagte mit Bezug auf die Veränderung des rechtlichen Gesichtspunktes** commissarisch **nach Maßgabe des § 232 der StPrO.** vernommen ist. **Die Vernehmung wird dadurch nicht entbehrlich, daß** der **Vertheidiger auf die Veränderung des rechtlichen Gesichtspunktes** hingewiesen ist.
U. v. 20. II. 85. R. VII. 135. E. XII. 45.

2. **Ein Urtheil, durch welches** ein des **Diebstahls durch Einbruch Angeklagter wegen Diebstahls mittels Erbrechens** eines **Behältnisses bestraft wird, ohne daß derselbe** vorher auf die **Veränderung des rechtlichen Gesichtspunktes hingewiesen** worden war, eignet **sich zur Aufhebung**. U. v. 23. II. 85. R. VII. 138.

3. **Die Nothwendigkeit** eines **Hinweises** auf **Veränderung des rechtlichen Gesichtspunktes** ist **auch** dann **vorhanden**, wenn das **Instanzgericht** von **den im § 223 a des StGB.** aufgeführten **Erschwerungsgründen dem Urtheile einen anderen**, als den im Eröffnungsbeschlusse angegebenen, **zu Grunde legen will**.
U. v. 15. VI. 85. E. XII. 379.
U. v. 29. III. 87. R. IX. 204.

4. **Unter den in Abs. 3 hervorgehobenen**: „neu hervorgetretenen Umständen“ **versteht das Gesetz nur Thatumstände**, **welche das Gericht bei Eröffnung des Hauptverfahrens nicht gekannt hat. Haben sich solche nicht ergeben, sondern will das** erkennende Gericht **nur eine veränderte rechtliche Beurtheilung eintreten** lassen, so **steht eine beantragte Vertagung im Ermessen des Gerichts**.
U. v. 7. VII. 85. R. VII. 474.

5. **Es genügt, wenn der Angeklagte auf einen** möglicherweise **anzuwendenden rechtlichen Gesichtspunkt** in der Hauptverhandlung **hingewiesen worden war, welche demnächst** vertagt **wird, wenn diese Hinweisung auch in der späteren, zur** Aburtheilung führenden **Hauptverhandlung nicht wiederholt wird**.
U. v. 11. VII. 85. R. VII. 495.

6. Wenn der Thäter nicht dem Eröffnungsbeschlusse gemäß eines Verbrechens, sondern eines Vergehens schuldig befunden wird, darf die Verurtheilung eines Mitangeklagten, der der Begünstigung des Thäters, um ihm die Vortheile des Verbrechens zu sichern, für verdächtig erachtet war, erfolgen, ohne daß auch dieser auf die Veränderung des den Thäter betreffenden rechtlichen Gesichtspunktes besonders hingewiesen wird. U. v. 27. XI. 85. E. XIII. 134.

7. Den Angeklagten auf gesetzliche Bestimmungen zu verweisen, welche die Verhängung einer Nebenstrafe rechtfertigen, jedoch im Eröffnungsbeschluß nicht aufgeführt sind, ist gesetzlich nicht geboten.
U. v. 7. X. 86. R. VIII. 600.

8. Zur Verurtheilung des schweren Diebstahls Angeklagten auf Grund des § 258 Ziff. 2 des StGB. genügt nicht, daß der Angeklagte zuvor auf die Möglichkeit einer Bestrafung wegen Hehlerei oder Begünstigung hingewiesen ist. U. v. 15. X. 86. R. VIII. 623.

9. Wenn das Hauptverfahren gegen den Angeklagten wegen einer fortgesetzten That eröffnet ist, kann er nicht wegen mehrerer selbständiger Handlungen verurtheilt werden, ohne auf den veränderten rechtlichen Gesichtspunkt hingewiesen worden zu sein.
U. v. 1. XI. 86. R. VIII. 659.
U. v. 22. XII. 87. E. XVI. 437.

10. Wenn die Strafkammer aus einem anderen Gesetze strafen will, als dasjenige, welches in dem Unzuständigkeitsbeschlusse bezeichnet ist, auf Grund dessen die Strafkammer mit der Sache befaßt wurde, so muß sie nach § 264 verfahren und zwar auch dann, wenn das jetzt zur Anwendung zu bringende Gesetz bereits dem ersten Eröffnungsbeschluß zu Grunde lag und wenn beide Beschlüsse in der Hauptverhandlung verlesen sind.
U. v. 18. II. 87. R. IX. 144. E. XV. 286.

11. Ein aus § 259 des StGB. verurtheilendes Erkenntniß unterliegt der Aufhebung, wenn der aus § 258 des StGB. Angeklagte zwar in einer früheren, nicht aber in der letzten, für die Entscheidung allein in Betracht fallenden Hauptverhandlung auf die Veränderung des rechtlichen Gesichtspunktes hingewiesen ist.
U. v. 15. XI. 87. R. IX. 610.

12. Wenn die Anklage auf Amtsunterschlagung gerichtet ist, bedarf es der Hinweisung auf den veränderten rechtlichen Gesichts-

punkt, um Verurtheilung wegen einfacher Unterschlagung zu ermöglichen.

U. v. 9. IV. 88. R. X. 291. E. XVII. 293.

13. Die Thatbestandmerkmale der „Ausbeutung der Nothlage, des Leichtsinns oder der Unerfahrenheit" enthalten nicht verschiedene, nur redactionell zusammengefaßte Delictsformen strafbaren Wuchers und deshalb nicht verschiedene „Strafgesetze" im Sinne des § 264 der StPrO. U. v. 18. VI. 88. E. XVII. 440.

§ 265.

Gegen den der Hehlerei Angeschuldigten kann ohne seine Zustimmung wegen Anstiftung verhandelt werden.

U. v. 13. XII. 87. R. IX. 722.

§ 266.

1. Das Ergebniß des auf Antrag des Angeklagten aufgenommenen Entlastungsbeweises ist in den Urtheilsgründen nur unter besonderen processualen Voraussetzungen zu erwähnen und zu würdigen.

U. v. 5. X. 86. R. VIII. 598.

2. Durch die zur Widerlegung der vorgeschützten Nothwehr getroffene Feststellung einzig dahin, der bez. Angriff sei zur Vertheidigung nicht erforderlich gewesen, wird den Bestimmungen des § 266 nicht genügt.

U. v. 24. III. 87. R. IX. 188.

3. Das Urtheil beruht auf Verletzung des Gesetzes, wenn in demselben ein Ausspruch über die von dem Angeklagten behaupteten Voraussetzungen des § 199 des StGB. nicht enthalten ist.

U. v. 1. V. 88. R. X. 364. E. XVII. 346.

§ 267.

1. Wenn aus einer wesentlichen Verschiedenheit zwischen der im Protokolle beurkundeten Urtheilsformel und der im schriftlichen Urtheile enthaltenen hervorgeht, daß die Urtheilsformel verlesen worden war und hieraus eine Unsicherheit darüber entsteht, welche Formel beschlossen worden sei, so eignet sich das Urtheil zur Aufhebung.

U. v. 16. IV. 85. R. VII. 233.

2. Ist nur ein Theil des beschlossenen Urtheils verkündet worden, so ist die Ergänzung der Verkündung so lange zulässig, als die Urtheilsverkündung überhaupt statthaft ist.

U. v. 15. II. 87. R. IX. 132. E. XV. 271.

3. Auch im Falle der Aussetzung der Urtheilsverkündung kann die Eröffnung der Urtheilsgründe im Sinne des § 267 Abs. 1 der StPrO. mündlich erfolgen; aus der bezüglichen Beurkundung im Sitzungsprotokoll würde sich nicht der Beweis ergeben, daß die Gründe, weil nicht verlesen, auch noch nicht festgestellt gewesen seien.

U. v. 14. XI. 87. R. IX. 603.

4. Wenn die Urtheilsformel nicht verlesen ist, genügt zur Begründung der Revision nicht die bloße Behauptung eines Widerspruchs zwischen der verkündeten und der demnächst in das Urtheil aus dem Protokolle übergegangenen Formel ohne eine Angabe darüber, worin der Widerspruch bestehe. U. v. 25. XI. 87. E. XVI. 347.

§ 269.

1. Die materielle Unrichtigkeit eines Unzuständigkeitsbeschlusses (§ 270 StPrO.) hindert das höhere Gericht nicht, sich mit der Sache zu befassen. U. v. 6. XI. 85. R. VII. 641.

2. Das Landgericht verletzt die Grenzen seiner sachlichen Zuständigkeit nicht, wenn es über eine durch den Eröffnungsbeschluß ihm zu Unrecht überwiesene That verhandelt und entscheidet, welche zur absoluten Zuständigkeit des Schöffengerichts gehört.

U. v. 29. IV. 87. E. XVI. 39.

§ 270.

1. Die Unterlassung der in Abs. 4 vorgeschriebenen Fristeröffnung hat die Aufhebung des ergangenen Urtheils dann nicht zur Folge, wenn in der Hauptverhandlung die Unterlassung nicht gerügt ist.

U. v. 6. XI. 85. R. VII. 641.

2. Wenn ein Vergehen dem Schöffengericht überwiesen worden war, dieses aber sich für unzuständig erklärt und die Sache an das LR. zurückverwiesen hatte, ohne in dem Beschluß die Bestandtheile eines Eröffnungsbeschlusses aufzunehmen, so kann in der Hauptverhandlung des LR. der Eröffnungsbeschluß zur Ergänzung verlesen werden, und ist in diesem Falle ein Aussetzungsantrag nur dann zulässig, wenn der Angeklagte den Gegenstand der Anklage zu spät erfahren hat, um seine Vertheidigung vorzubereiten.

U. v. 19. IX. 87. R. IX. 439.

§ 271.

1. Das Protokoll der Hauptverhandlung kann vom Vorsitzenden auch dann noch unterschrieben werden, wenn der Angeklagte den Mangel der Unterschrift in Verbindung mit der Behauptung eines

rechtsirrigen processualen Vorgangs zum Gegenstand einer Revisionsbeschwerde gemacht hat.

U. v. 18. II. 86. R. VIII. 123. E. XIII. 351.

2. Die Rüge, das Protokoll (über die Hauptverhandlung) als solches sei mangelhaft, kann zur Aufhebung des Urtheils nicht führen. Nur die Behauptung, die Hauptverhandlung als solche leide an Mängel, kann die Revision begründen.

U. v. 14. I. 87. R. IX. 55.

§ 272.

Mangelhafte Anführungen im Sitzungsprotokolle der Hauptverhandlung, auf denen das Urtheil nicht beruht; können keine wirksame Revisionsbeschwerde begründen. U. v. 29. IX. 87. R. IX. 480.

§ 273.

1. Das Protokoll über die Hauptverhandlung von einem Nichtschöffengericht ist, sofern es die Zeugenaussagen enthält, für das erkennende Gericht nicht maßgebend. U. v. 13. II. 85. R. VII. 106.

2. Für die Ergebnisse der Zeugenaussagen in Nicht-Schöffensachen sind lediglich die Feststellungen des Urtheils und ist nicht das Protokoll maßgebend. U. v. 21. VI. 87. R. IX. 379.

3. Abs. 3 gibt weder der Staatsanwaltschaft noch dem Angeklagten ein processuales Recht auf Feststellung des Wortlautes von Aeußerungen. Dieselbe unterliegt lediglich dem Ermessen des Vorsitzenden und Gerichts. U. v. 17. II. 88. R. X. 156.

4. Das Protokoll der Hauptverhandlung hat keine Beweiskraft über die Vorgänge bei der geheimen Berathung des Gerichts und können hierüber in der Revisionsinstanz Beweise erhoben werden.

U. v. 28. III. 88. R. X. 276. E. XVII. 287.

5. Die Constatirung im Sitzungsprotokoll über die Aussage eines Zeugen, der zur Verweigerung des Zeugnisses berechtigt ist: „ausgelassen wie im Protokoll d. d. u. s. w.“ reicht nicht aus, die Belehrung über das Verweigerungsrecht und die Erklärung des Verzichts darzuthun, wenn auch beides im citirten Protokoll beurkundet ist.

U. v. 20. XII. 88. R. X. 727.

§ 274.

1. Für die Feststellung der wesentlichen Förmlichkeiten des Verfahrens ist lediglich das Protokoll und sind nicht die Urtheilsgründe maßgebend. U. v. 21. VI. 87. R. IX. 379.

2. Das Protokoll über die Hauptverhandlung muß ausdrücklich die Gründe registriren, aus welchen die Oeffentlichkeit ausgeschlossen worden ist. U. v. 9. XII. 87. R. IX. 715.

3. Daß in der Verhandlung Umstände im Sinne des § 266 Abs. 2 der StPrO. behauptet sind, kann — sofern das Urtheil darüber schweigt — nur durch das Protokoll, nicht durch einen Nachtrag des Vorsitzenden und Gerichtsschreibers festgestellt werden.

U. v. 1. V. 88. R. X. 364. E. XVII. 346.

§ 275.

1. Der Umstand, daß erkennende Richter die Urtheilsausfertigung erst nach der Revisionsbegründung unterschrieben haben, begründet keine Aufhebung des Urtheils, insbesondere, wenn an dem Urtheile nichts abgeändert ist.

U. v. 14. VII. 85. R. VII. 493.

U. v. 29. IX. 87. R. IX. 480.

2. Die Urtheilsgründe können nach der Unterschrift durch sämmtliche Richter einseitig durch den Vorsitzenden in wesentlichen Punkten weder ergänzt noch geändert werden.

U. v. 21. XI. 85. E. XIII. 66.

3. Wenn bei einer Strafgerichtssitzung ein nicht am Gerichtssitze wohnender Hülfsrichter zugezogen war, so ist die Rückkehr desselben an seinen Amtssitz genügender Grund, um den Mangel seiner Unterschrift unter dem Urtheile zu rechtfertigen.

U. v. 9. XII. 86. R. VIII. 739.

Siebenter Abschnitt.

Hauptverhandlung vor den Schwurgerichten.

§ 279.

Die Verfügung, daß ein Geschworener wegen Erkrankung ausscheide und für ihn ein Ergänzungsgeschworener in die Geschworenenbank eintrete, kann nur durch Gerichtsbeschluß getroffen werden.

U. v. 22. XII. 85. R. VII. 755. E. XIII. 191.

§ 280.

Die Bestimmung des § 85 Abs. 2 des GVG. findet auch auf Hülfsgeschworene und die des § 91 Abs. 2 a. a. O. auch auf deren Auslosung Anwendung. U. v. 24. IX. 85. E. XII. 373.

§ 281.

Wenn nach Auslosung der Geschworenen für die zu verhandelnde Sache sich herausstellt, daß versehentlich ein Loos zu viel der Urne entnommen war, so ist die Bildung einer neuen Geschworenenbank nicht ungerechtfertigt. U. v. 21. X. 87. R. IX. 522.

§ 282.

Hat der Angeklagte sein Ablehnungsrecht erschöpft, so kann er nicht zur Ablehnung eines weiter ausgeloosten Geschworenen wegen Besorgniß der Befangenheit auf das in den §§ 24 flg. der StPrO. nur mit Bezug auf Richter und Schöffen geregelte Ablehnungsverfahren zurückgreifen. U. v. 1. XI. 88. R. X. 608. E. XVIII. 238.

§ 285.

Der Vorsitzende des Schwurgerichts kann seine vor der Ausloosung der Geschworenen getroffene Anordnung, daß ein Ergänzungsgeschworener zugezogen werden solle, bis zum Zeitpunkte der beginnenden Ausloosung zurücknehmen.

U. v. 27. V. 86. E. XIV. 206.

§ 293.

1. Zum Thatbestande des § 270 des StGB. gehört neben dem Gebrauche der falschen Urkunde zum Zwecke der Täuschung, um sich einen Vermögensvortheil zu verschaffen, noch die rechtswidrige Absicht des Thäters, die daher ausdrücklich in der an die Geschworenen gestellten Frage ihre Aufnahme finden muß.

U. v. 20. III. 85. R. VII. 186. E. XII. 112.

2. Thatsachen, welche als Maßstab für die Strafzumessung dienen, gleichviel ob absolut oder relativ, hat im schwurgerichtlichen Verfahren der Gerichtshof festzustellen.

U. v. 17. IV. 85. R. VII. 234. E. XII. 150.

3. Es ist unstatthaft, die gesetzlichen Merkmale der That in den an die Geschworenen gestellten Fragen durch concrete Thatumstände zu ersetzen, insoweit dies nicht zur Unterscheidung der That erforderlich ist, insbesondere darf nicht in die Frage aufgenommen werden, ob der Thäter gewisse Thatumstände kannte, oder ob er dieselben kennen mußte. U. v. 1. VII. 85. R. VII. 446. E. XII. 337.

4. Die alternative Frage, ob allein oder in Gemeinschaft mit einem oder mehreren Andern gemordet worden sei, ist nicht zu beanstanden. U. v. 26. VIII. 85. R. VII. 503. E. XII. 347.

5. Es ist zulässig, im schwurgerichtlichen Verfahren neben einer den Thatbestand des Mordes umfassenden Schuldfrage noch einzelne Thatbestandsmerkmale des im § 214 des StGB. vorgesehenen Verbrechens in Frage zu stellen. U. v. 17. IX. 85. E. XII. 364.

6. Der Grundsatz, daß ein Rechtsirrthum der Geschworenen sich der Prüfung des Revisionsrichters entzieht, findet da nicht Anwendung, wo die Art der Fragestellung von vorn herein gegen das Gesetz verstieß. U. v. 2. X. 85. R. VII. 551.

7. Wenn durch Bejahung der Fragen festgestellt wird, daß zwei verschiedene Personen einen und denselben Thäter zu ein und derselben That nacheinander — und zwar jede selbständig für sich — angestiftet haben, so liegt hierin ein Widerspruch. Wenn ein Zusammenwirken mehrerer Personen bei der Anstiftung unterstellt wird, bedarf es der Aufnahme dieses Umstandes in die Fragen.

U. v. 7. XII. 85. R. VII. 720. E. XIII. 121.

8. Der Ausspruch der Geschworenen, daß der Hauptthäter von dem Anstifter zur Hauptthat bestimmt worden sei, genügt für die Anstiftung nicht, sondern ist noch dazu weiter der Ausspruch erforderlich, daß der Hauptthäter in Folge der Anstiftung die That auch wirklich verübt habe. U. v. 15. I. 86. E. XIII. 234.

9. Die Strafbestimmung des § 252 des StGB. findet auch auf den Fall des Gartendiebstahls nach § 18 des preuß. Feld- und Forstpolizeigesetzes vom 1. April 1880 Anwendung.

In diesem Fall genügt, wenn die Frage mit den Worten des Gesetzes aus § 18 a. a. O. in Verbindung mit § 252 des StGB. gestellt wird. U. v. 5. III. 86. R. VIII. 155.

10. Die an die Geschworenen wegen Anstiftung gestellte Frage muß neben den in der Anklage hervorgehobenen speciellen Mitteln stets die Generalklausel „oder durch andere Mittel" enthalten, auch wenn dieselbe in der Anklage (Eröffnungsbeschluß) nicht enthalten war.

U. v. 21. XII. 86. R. VIII. 780.

U. v. 10. I. 87. R. IX. 25. E. XV. 304.

11. Das Erforderniß der Identität des vom Strafrichter festgestellten mit dem zur Trennnng der Ehe verwertheten Ehebruche ist processualer Natur. Die Feststellung desselben liegt im Schwurgerichtsverfahren außerhalb der den Geschworenen zugewiesenen Entscheidung.

U. v. 28. XII. 86. R. VIII. 791. E. XV. 122.

12. Eine Fragestellung, aus welcher nicht hervorgeht, daß die That, zu welcher angestiftet oder zu welcher Beihülfe geleistet ist, auch begangen ist, erschöpft den Thatbestand nicht.

U. v. 15. II. 87. R. IX. 137.

13. Die Stellung der Frage nach der realen Concurrenz des betrüglichen mit dem einfachen Bankerutt ist rechtlich unzulässig, wenn

es sich bei allen Fragen um dasselbe Concursverfahren handelt, weil gegenüber einer und derselben Zahlungseinstellung das Delict des strafbaren Bankerutts nur einmal begangen werden kann.

U. v. 25. III. 87. R. IX. 197.

14. Im Falle des § 153 des StGB. bedarf es keiner besonderen Feststellung durch den Spruch der Geschworenen, daß der zugeschobene, zurückgeschobene oder auferlegte Eid vor einer zur Abnahme von Eiden zuständigen Behörde geleistet worden sei.

U. v. 9. IX. 87. R. IX. 420. E. XVI. 186.

15. Die Frage nach Beihülfe „bei" statt „zur" That entspricht nicht dem Gesetz. U. v. 25. XI. 87. R. IX. 648. E. XVI. 350.

16. Die Stellung der Frage dahin, ob Angeklagter wiederholt gestohlen hat, ohne Präcisirung, ob eine bestimmte Mehrzahl selbständiger Diebstähle oder nur ein, wenn auch in fortgesetzter Wiederholung verübter Diebstahl gemeint ist, ist fehlerhaft.

U. v. 25. XI. 87. R. IX. 654.

17. Weder die Fragestellung, noch der Geschworenenspruch entbehrt der nothwendigen Deutlichkeit, wenn bei einem Verbrechen, welches aus mehreren, an sich auch einzeln den vollen Thatbestand enthaltenden Handlungen, in Fortsetzung verübt besteht, für die einzelnen Fortsetzungshandlungen getrennte Fragen gestellt, jedoch nur die erste als selbständig, die anderen als nicht selbständig bezeichnet sind.

U. v. 28. XI. 87. R. IX. 672.

18. Die Fragestellung, ob der Angeklagte den Entschluß, den N. N. vorsätzlich zu tödten, und zwar diese Tödtung mit Ueberlegung auszuführen, durch Handlungen bethätigt habe, welche den Anfang der Ausführung dieser beabsichtigten That enthielten, ist nicht zu beanstanden, da sie die Merkmale des Mordversuchs in sich schließt.

U. v. 19. III. 88. R. X. 256.

19. Die an die Geschworenen gestellte Frage, ob der Angeklagte den A., den er für den B. hielt, vorsätzlich getödtet und diese Tödtung mit Ueberlegung ausgeführt hat, ist nicht zu beanstanden.

Die Formulierung der Frage auf Mordversuch gegen B. und (gleichzeitig) fahrlässiger Tödtung gegen A. wäre unzulässig; eine hierauf gerichtete Hülfsfrage ist daher ausgeschlossen.

U. v. 29. XII. 88. R. X. 734.

§ 294.

1. Wenn aus § 217 des StGB. angeklagt worden war, kann für den Fall der Verneinung der Frage nach Kindsmord eine Hülfs-

frage aus § 218 des StGB. an die Geschworenen nur dann gerichtet werden, wenn es sich um einen vom Eröffnungsbeschlusse abweichenden rechtlichen Gesichtspunkt handelt, nicht aber, wenn der Spruch der Geschworenen auf eine neue von derjenigen, welche den Gegenstand des Eröffnungsbeschlusses bildete, verschiedene That ausgedehnt sein würde. U. v. 1. X. 85. E. XII. 409.

2. Wenn die Hauptfrage die gesetzlichen Merkmale des Mordes enthält, ist doch eine auf Todtschlag gerichtete Hülfsfrage zulässig.
U. v. 15. II. 86. E. XIII. 344.

3. Wenn die Fragen über die incriminirten Handlungen die Bemerkung enthalten, daß es sich um verschiedene selbständige Handlungen handelt, so verstößt die Ablehnung einer Hülfsfrage des Inhaltes, ob die Handlungen, welche Gegenstand jener Fragen sind, sich als eine einzige fortgesetzte Handlung darstellen, nicht gegen das Gesetz.
U. v. 2. IV. 86. R. VIII. 250. E. XIV. 75.

4. Gegen den gemeinschaftlich mit einem Andern einer Brandstiftung Angeklagten kann, ohne daß es der Zustimmung des Angeklagten bedarf, die Hülfsfrage, für den Fall der Verneinung der ihn betreffenden Hauptfrage, gestellt werden, ob er von dem Vorhaben einer Brandstiftung Kenntniß gehabt und die Anzeige unterlassen habe. Beantragt eine Partei diese Frage, so darf sie nur aus Rechtsgründen abgelehnt werden.
U. v. 5. IV. 86. R. VIII. 256. E. XIV. 78.

5. Gegen den als Thäter Angeklagten kann eine Hülfsfrage wegen Anstiftung ohne gleichzeitige anderweite Fragestellung wegen der Hauptthat nicht gestellt werden U. v. 4. I. 87. E. XV. 178.

6. Hülfsfragen nach einer nur auf Antrag strafbaren Handlung sind nur dann zu stellen, wenn der Strafantrag vorliegt.
U. v. 1. IV. 87. R. IX. 226.

§ 295.

1. Die qualificirte Tödtung des § 214 des StGB. bildet keinen weiteren selbständigen Thatbestand der Tödtung, sondern nur einen die Strafbarkeit der Tödtung erhöhenden Umstand, so daß bei der Fragestellung an die Geschworenen § 295 und nicht § 294 der StPrO. in Anwendung zu kommen hat.
U. v. 11. VII. 85. R. VII. 367. E. XII. 250.

2. Bei der Hehlerei ist die Gewerbsmäßigkeit ein straferhöhender Umstand und ist es zulässig, wegen der Gewerbsmäßigkeit eine Nebenfrage an die Geschworenen zu stellen. U. v. 8. X. 86. E. XIV. 356.

3. Ueber die in § 46 des StGB. vorgesehenen Strafausschließungsgründe ist eintretendenfalls den Geschworenen eine besondere Frage vorzulegen.

U. v. 25. XI. 87. R. IX. 650. E. XVI. 347.

§ 296.

1. Wurde die Stellung einer Hülfsfrage aus rechtsirrigen Gründen abgelehnt, so ist das Urtheil auch dann aufzuheben, wenn die Geschworenen eine auf eine schwerere Schuld lautende Frage bejaht haben, nach welcher die beantragte Hülfsfrage nicht mehr zur Beantwortung gelangt wäre.

U. v. 22. I. 86. R. VIII. 86. E. XIII. 305.

2. Die Stellung von Hülfsfragen kann nicht mit der Begründung abgelehnt werden, daß die Verhandlung keinen Anlaß ergebe, von dem Eröffnungsbeschlusse abzuweichen.

U. v. 29. IX. 87. R. IX. 476.

§ 297.

1. Es liegt keine Verletzung einer processualen Rechtsnorm, auch kein Widerspruch vor, wenn von Amts wegen zwar für den Fall der Bejahung der Frage nach dem vollendeten Verbrechen (der Nothzucht), nicht aber für den Fall der Bejahung der Hülfsfrage nach dem versuchten Verbrechen die Nebenfrage wegen Vorhandenseins mildernder Umstände gestellt wird, vorausgesetzt, daß keiner der Proceßbetheiligten die Fragestellung wegen mildernder Umstände auch für den zweiten Fall beantragt hat. U. v. 6. VII. 85. R. VII. 471.

2. Die Frage nach mildernden Umständen ist bei Idealconcurrenz von Delicten nur einmal zu stellen und in diesem Falle auch auf diejenigen ideell concurrirenden Strafthaten zu erstrecken, bei denen das Gesetz die Annahme mildernder Umstände nicht zuläßt.

U. v. 30. III. 86. R. VIII. 239. E. XIV. 8.

U. v. 17. II. 88. R. X. 158.

3. Nach Verkündung eines ordnungsgemäßen Geschworenenspruchs kann eine Frage wegen Vorliegens mildernder Umstände auch dann nicht mehr beantragt werden, wenn erst durch theilweise Bejahung der gestellten Hauptfrage ein Thatbestand sich ergibt, bei welchem mildernde Umstände vom Gesetze als strafmindernd vorgesehen sind.

U. v. 24. V. 87. R. IX. 340. E. XVI. 126.

§ 299.

Es ist nicht unbedingt unzulässig, daß der Vertheidiger bei Gelegenheit seiner Ausführungen über die Schuldfrage von der Strafe spricht, welche das Gesetz androht.

U. v. 29. XI. 87. R. IX. 679. E. XVI. 365.

§ 300.

1. Durch die Ablehnung des Antrags der Vertheidigung, den Geschworenen einen Commentar zum StGB. und den Text eines Gesetzes in das Berathungszimmer mitzugeben, wird keine Rechtsnorm verletzt. U. v. 11. I. 86. R. VIII. 34. E. XIII. 248.

2. Ein Revisionsgrund ist daraus nicht herzuleiten, daß Gesetzbücher oder Commentare den Geschworenen zur Berathung mitgegeben sind.

U. v. 20. IV. 86. R. VIII. 301.
U. v. 29. XI. 86. R. VIII. 721.

§ 301.

Die angeordnete Entfernung des Angeklagten ist lediglich aus Rücksichten der Zweckmäßigkeit hervorgegangen und berührt die Grundlage des Verfahrens nicht, so daß es bei einem Verstoße gegen die Vorschrift nur darauf ankommt, ob auf dieser Gesetzesverletzung das ergangene Urtheil im Sinne des § 376 der StPrO. beruht.

U. v. 29. V. 88. R. X. 417.

§ 302.

1. Die Mitgabe von Actenbänden in das Berathungszimmer, welche auf die verhandelte Strafsache bezügliche, aber nicht wenigstens verlesene Actenstücke enthalten, hat die Aufhebung des Urtheils zur Folge. U. v. 13. IX. 87. R. IX. 421. E. XVI. 187.

2. Es ist nicht unzulässig, den Geschworenen in das Berathungszimmer Auszüge und Zusammenstellungen aus den in der Hauptverhandlung den Geschworenen vorgelegten Beweisurkunden, z. B. aus Hauptbüchern, mitzugeben. U. v. 30. I. 88. R. X. 88.

§ 306.

1. Abs. 1 gestattet eine weitere Belehrung nur über rechtliche Gesichtspunkte; Unsicherheit der Geschworenen über thatsächliche Fragen kann nur durch Wiedereintritt in die Verhandlung gehoben werden.

U. v. 20. III. 88. R. X. 260. E. XVII. 231.

2. Die Anwesenheit des Angeklagten bei einer von den Geschworenen verlangten weiteren Belehrung ist ausgeschlossen. Jedoch führt eine Verfehlung gegen eine dieser Vorschriften nicht zur Aufhebung des Urtheils. U. v. 24. IX. 83. R. X. 513.

§ 307.

1. Wenn beim Berichtigungsverfahren der Obmann den neuen Spruch über seine frühere Unterschrift schreibt, so daß der beanstandete und der neue Spruch nur eine Unterschrift trägt, so liegt kein Grund vor, das Urtheil aufzuheben. U. v. 12. I. 85. R. VII. 26.

2. Es führt nicht zur Aufhebung des Urtheils, wenn der Obmann der Geschworenen den Geschworenenspruch auf der Spalte unterzeichnet, auf welcher sich die Fragen befinden, wenn sich nur die Beglaubigung des Vorsitzenden und des Gerichtsschreibers darunter befindet. U. v. 7. XI. 87. R. IX. 566.

§ 309.

1. Wenn die Möglichkeit besteht, dem Spruche der Geschworenen eine Deutung zu geben, welche rechtsirrig wäre, muß derselbe als undeutlich dem Berichtigungsverfahren unterstellt werden.

U. v. 12. I. 85. R. VII. 26.

2. Wenn ein Mitangeklagter des im Vereine mit einem Andern begangenen Versuchs schuldig erklärt, der Andere aber, nachdem eine Frage wegen Versuchs gegen ihn nicht gestellt war, von den Geschworenen für nicht schuldig erklärt wird, liegt kein das Berichtigungsverfahren rechtfertigender Widerspruch vor, es kann also auch die Frage wegen Versuchs nicht nachträglich gestellt werden. Liegt ein anderer, das Berichtigungsverfahren rechtfertigender Grund vor, der vom Gericht nicht hervorgehoben wurde, so ist das Urtheil aufzuheben und die Sache in die Instanz zurückzuweisen.

U. v. 25. VII. 85. R. VII 497.

3. Ergibt sich während der Kundgabe des Geschworenenspruchs durch den Obmann eine Unregelmäßigkeit in der Fragebeantwortung, so ist nach Vorschrift der §§ 309—312 der StPrO. zu verfahren; es ist nicht statthaft, daß die Geschworenen sich einfach in ihr Berathungszimmer zurückziehen, um die Ergänzung vorzunehmen.

U. v. 24. IX. 85. R. VII. 529. E. XII. 373.

4. Das Berichtigungsverfahren ist noch zulässig, selbst wenn sich erst bei den Debatten über den verkündeten Geschworenenspruch die Unvollständigkeit desselben herausstellt.

U. v. 14. I. 86 R. VIII. 51. E. XIII. 229.

5. Die Beantwortung der an die Geschworenen gestellten Frage, ob der Angeklagte der vorsätzlichen, in Gemeinschaft mit Andern ausgeführten schweren Körperverletzung schuldig sei, mit: „Ja aber nicht vorsätzlich", enthält einen Widerspruch und macht das Berichtigungsverfahren nothwendig. U. v. 5. IV. 86. R. VIII. 254.

6. Das Berichtigungsverfahren greift auch dann Platz, wenn die Unvollständigkeit des von den Geschworenen gefällten Spruches in einem Mangel der Fragestellung ihren Grund hat.
U. v. 16. IV. 86. R. VIII. 286.

7. Die Beantwortung der an die Geschworenen gestellten Frage, ob der Angeklagte amtlich vereinnahmte Gelder rechtswidrig sich zugeeignet habe, mit: „Ja, jedoch ohne die Absicht, die Gelder zu unterschlagen", ist unklar und gibt zum Berichtigungsverfahren Anlaß.
U. v. 7. X. 86. R. VIII. 600.

8. Sind sachliche Mängel des Spruchs in einem Punkte zu berichtigen, so bedarf der gesammte Spruch erneuter Berathung, auch wenn derselbe mehrere von einander unabhängige Strafthaten zum Gegenstande hat. U. v. 26. IV. 87. R. IX. 287.

9. Die Beantwortung der aus § 154 des StGB. gestellten Frage dahin: Ja, mit mehr 2c., jedoch es ist nicht erwiesen, daß der Meineid wissentlich begangen worden ist, enthält einen sachlich undeutlichen Spruch.

Auch nach der Verkündung des ersten, zu berichtigenden Wahrspruchs können noch Hülfsfragen gestellt werden.

Sind sachliche Mängel des Spruches zu beseitigen, so sind die Geschworenen auch an diejenigen Theile ihres früheren Spruches nicht gebunden, welche mit dem zu berichtigenden Spruchtheile in keinem inneren Zusammenhange stehen, deren Gegenstand vielmehr eine andere, lediglich realiter concurrirende That ist.
U. v. 27. IV. 88. R. X. 349.

§ 312.

Wenn bei Niederschrift eines im Berichtigungsverfahren berichtigten Spruches nicht erkennbar geblieben ist, wie der frühere Spruch beschaffen war, so führt dies dann nicht zur Aufhebung des Urtheils, wenn der Inhalt des früheren Spruchs und die Art der Berichtigung mit Zuhilfenahme des Protokolls erkannt werden kann.
U. v. 24. V. 86 R. VIII. 383.

§ 317.

1. Wenn das Gericht im schwurgerichtlichen Verfahren nach Verkündung des Geschworenenspruches die eine Mehrheit von Fällen in getrennten Fragen umfassende Sache auch im Ganzen zur anderweitigen Verhandlung an das Schwurgericht der nächsten Sitzungsperiode verweist, so können den Geschworenen in der neuen Verhandlung doch nicht diejenigen Fragen wiederum vorgelegt werden, welche die ersten Geschworenen zu Gunsten des Angeklagten verneint hatten. U. v. 13. I. 85. R. VII. 30.

2. Die Verweisung der Sache an ein anderes Schwurgericht nach Fällung des Geschworenenspruchs ist nicht mehr möglich, nachdem das Revisionsgericht das Urtheil unter Aufrechterhaltung des Geschworenenspruchs aufgehoben hat.

U. v. 22. XII. 85. R. VII. 757.

3. Die Unterlassung der nach § 317 zulässigen Verweisung unterliegt dann der Anfechtung durch die Revision, wenn das Gericht die Gründe der Unterlassung ausdrücklich angegeben hat.

Die Voraussetzungen des § 317 treffen nicht jedesmal dann zu, wenn es sich um verschiedene, aber unter gleichmäßiger Strafandrohung stehende, in Haupt- und Hülfsfrage zum Ausdrucke gebrachte Qualificationen der dem Angeklagten zur Last gelegten That handelt, und die Beziehung der einen Schuldfrage vom Gerichte deshalb für irrthümlich gehalten wird, weil nach seiner Ansicht der in der anderen Frage vorausgesetzte Thatbestand vorliegt.

U. v. 13. XII. 87. R. IX. 727. E. XVII 31.

Achter Abschnitt.

Verfahren gegen Abwesende.

Drittes Buch.

Rechtsmittel.

Erster Abschnitt.

Allgemeine Bestimmungen.

§ 339.

Die Einlegung eines Rechtsmittels durch den Vertheidiger ist wirkungslos, wenn der Beschuldigte auf das Rechtsmittel verzichtet, und zwar auch dann, wenn der Beschuldigte zu diesem Verzichte durch Unkenntniß der Thatsache, daß der Vertheidiger ein Rechtsmittel eingelegt hatte, bewogen ist. U. v. 5. IV. 87. R. IX. 230.

§ 340.

Nach erreichter Volljährigkeit des Sohnes steht dem Vater, auch bei fortdauernder väterlicher Gewalt, ein selbstständiges Recht zur Einlegung von Rechtsmitteln für seinen Sohn nicht mehr zu.

U. v. 2. XI. 85. R. VII. 631.

Zweiter Abschnitt.

Beschwerde.

§ 346.

Die in § 160 des GVG. zugelassene Beschwerde an das RG. gegen Beschlüsse des OLG. ist nur gegeben gegen Ablehnung der von Gericht zu Gericht nachgesuchten Rechtshülfe, steht also den Verwaltungsbehörden selbst in solchen Fällen nicht zu, in welchen sie die Stelle der Staatsanwaltschaft einnehmen.

Beschl. v. 12. VII. 87. R. IX. 418.

Dritter Abschnitt.

Berufung.

§ 369.

1. Das Berufungsgericht ist auch dann berechtigt, unter Aufhebung des schöffengerichtlichen Urtheils als erstinstanzliches Gericht zu erkennen, wenn dem schöffengerichtlichen Verfahren ein formeller Beschluß über die Eröffnung des Hauptverfahrens nicht zu Grunde liegt. Die gemäß § 265 der StPrO. in der schöffengerichtlichen Verhandlung abgegebene Zustimmung des Angeklagten hat auch für das Verfahren in der Berufungsinstanz volle Wirkung.

U. v. 1. V. 85. E. XII. 164.

2. Wenn das Berufungsgericht das Urtheil des Schöffengerichts wegen Unzuständigkeit aufhebt und als I. Instanz erkennt, so darf letzteres auf Grund verlesener Zeugenaussagen nur insoweit geschehen, als die Verlesung nach den für die Hauptverhandlung der I. Instanz bestehenden Vorschriften statthaft war.

U. v. 4. V. 86. R. VIII. 342.

Vierter Abschnitt.

Revision.

§ 376.

1. Die Revision kann von dem Angeklagten auf die Beschwerde, daß eine Verurtheilung nicht wegen versuchter, sondern wegen vollen-

beter Strafthat hätte erfolgen sollen, auch dann nicht gestützt werden, wenn bezweckt wird, durch die Aufhebung des angefochtenen Urtheils zu einer nochmaligen Prüfung des Sachergebnisses mit dem Ergebniß der Freisprechung zu gelangen. U. v. 30. I. 85. R. VII. 85.

2. Die unterlassene Anwendung des § 79 des StGB. bietet dann keinen Grund zur Revision, wenn dem Richter die frühere Verurtheilung unbekannt gewesen war.

U. v. 17. III. 85. R. VII. 186.

3. Neue Thatsachen, wenn sie nicht den Thatbestand der strafbaren Handlung, sondern eine processuale Voraussetzung betreffen, sind auch in der Revisionsinstanz noch zu berücksichtigen. Dies gilt auch dann, wenn die Thatsache der Strafkammer bei Erlaß des Urtheils nicht bekannt war.

U. v. 27. III. 85. R. VII. 198. E. XII. 125.

4. Aus der Mangelhaftigkeit des Sitzungsprotokolles, insbesondere aus dem Fehlen der protokollarischen Beurkundung über den Hergang bei der Bildung der Geschworenenbank kann ein Revisionsgrund nur insofern in Betracht kommen, als von dem Beschwerdeführer eine Nichterfüllung wesentlicher processualer Förmlichkeiten behauptet ist.

Der Umstand, daß die Geschworenen zur Anzeige etwaiger Ausschließungsgründe nicht aufgefordert worden sind, kann die Revision nur dann begründen, wenn gleichzeitig behauptet wird, daß bei dem Urtheile ein von der Ausübung des Amtes kraft des Gesetzes ausgeschlossener Geschworener mitgewirkt habe.

U. v. 24. III. 85. E. XII. 119.

5. Die irrige Feststellung des Gerichts, die Voraussetzungen des § 244 des StGB. seien gegeben und die letzte den Rückfall bedingende Strafe sei in den letzten 10 Jahren verbüßt oder erlassen, kann nicht durch Revision angefochten, sondern nur durch Wiederaufnahme des Verfahrens geändert werden. U. v. 14. IV. 85. R. VII. 225.

6. Die Verletzung des Art. 7 des Auslieferungsvertrages zwischen dem Deutschen Reiche und Großbritannien vom 14. Mai 1872 kann als Verletzung einer Rechtsnorm im Wege der Revision gerügt werden.

U. v. 22. IX. 85. R. VII. 525. E. XII. 381.

7. Gegen ein Urtheil, durch welches der Angeklagte wegen Handelns im guten Glauben freigesprochen wird, kann von demselben Revision nicht erhoben werden, auch wenn durch die Gründe ein ökonomisches Interesse des Angeklagten nachtheilig beeinflußt wird.

U. v. 14./21. I. 86. R. VIII. 72. E. XIII. 324.

8. Die Revision wird dadurch nicht begründet, daß die Proceßbetheiligten vor Anordnung des Berichtigungsverfahrens nicht über die Nothwendigkeit desselben gehört worden sind.

U. v. 8. VI. 86. E. XIV. 299.

9. Die Rüge, das Protokoll (über die Hauptverhandlung) als solches sei mangelhaft, kann zur Aufhebung des Urtheils nicht führen. Nur die Behauptung, die Hauptverhandlung als solche leide an Mängeln, kann die Revision begründen. U. v. 14. I. 87. R. IX. 55.

10. Die Beschwerde, ein zur Zeugniß- und Eidesverweigerung berechtigter Zeuge sei über seine Rechte nicht belehrt, sondern ohne Verzicht auf dieselben eidlich vernommen worden, ist zulässig, wenn auch in der Hauptverhandlung das das Verweigerungsrecht begründende Verhältniß nicht zur Sprache kam und dem Richter unbekannt blieb. In solchen Fällen hat das Revisionsgericht selbst thatsächliche Feststellungen über das Bestehen des Verhältnisses zu treffen.

U. v. 14. II. 87. R. IX. 129.

11. Die Bitte, ein Urtheil calculatorisch zu prüfen, ist kein zulässiger Revisionsantrag. U. v. 2. I. 88. R. X. 1.

12. Das Revisionsgericht kann nicht nur, und wenn das Instanzgericht dies unterlassen hat, prüfen, ob ein erforderlicher Strafantrag gestellt sei, sondern auch, ob ein Delict vorliege, welches den Strafantrag erfordert. U. v. 23. II. 88. R. X. 187.

13. Die ungerechtfertigt vom Gericht gebilligte Ablehnung eines Sachverständigen kann vom StA. durch Rechtsmittel angefochten werden.

U. v. 30. IV. 88. R. X. 353. E. XVII. 415.

§ 377 Ziff. 1.

1. Der Umstand, daß ein einberufener Geschworener das 30. Lebensjahr noch nicht erreicht hat, macht denselben nicht unfähig, die Functionen eines Geschworenen wahrzunehmen.

U. v. 6. X. 85. R. VII. 554.

2. Wenn bei Ausloosung der Geschworenenbank der Name eines von der Dienstleistung entbundenen Geschworenen in die Urne gelegt, das Versehen aber bei Ziehung des Namens von dem Vorsitzenden bemerkt und durch Beiseitelegung des Zettels unschädlich gemacht wird, liegt keine Verletzung des Gesetzes vor. U. v. 30. IX. 86. R. VIII. 573.

3. Die Ausscheidung eines nicht inhabilen Geschworenen bei Bildung der Geschworenenbank kann den Mangel einer nicht vorschriftsmäßigen Besetzung derselben zur Folge haben.

U. v. 24. II. 88. R. X. 196. E. XVII. 173.

§ 377 Ziff. 2.

1. Ein Richter, welcher nur eine amtliche Erklärung in Beziehung auf eine Strafthat abgegeben hat, nicht aber als Zeuge vernommen worden ist, ist deshalb nicht kraft des Gesetzes vom Richteramte ausgeschlossen, wohl aber, wenn er schriftlich ein sachverständiges Gutachten abgegeben hat.

U. v. 1. V. 85. R. VII. 269. E. XII. 180.

2. Ausgeschlossen von der Ausübung des Richteramtes beim Urtheil erscheint jeder Richter, der von dieser Ausübung bei der Hauptverhandlung ausgeschlossen ist. Ob der Ausschließungsgrund des § 22 Ziff. 1 der StPrO. bestehe, läßt sich demnach nicht lediglich durch einen Rückschluß aus dem Urtheil bestimmen; maßgebend ist die Sache beim Eintritt in die Hauptverhandlung.

U. v. 5. X. 86. R. VIII. 582.

3. Die Vorschrift Ziff. 2 bezieht sich lediglich auf die relative Unfähigkeit der Richter zur Mitwirkung in einer bestimmten Sache.

Die Berechtigung und Verpflichtung zur Ausübung des Richteramtes ist in Preußen nicht durch Erneuerung des Diensteides beim Thronwechsel bedingt.

U. v. 15. V. 88. R. X. 396. E. XVII. 375.

§ 377 Ziff. 5.

1. Dem Angeklagten, welcher zur Zeit der Zustellung der Anklage das sechszehnte Lebensjahr noch nicht vollendet hatte, muß von Amts wegen ein Vertheidiger bestellt werden und hört diese Nothwendigkeit deshalb nicht auf, weil der Angeklagte zur Zeit der Hauptverhandlung das sechszehnte Lebensjahr überschritten hatte.

U. v. 3. VII. 85. R. VII. 467.

2. Wenn während der geheimen Berathung des Gerichts von diesem Zeugen oder Sachverständige über Fragen gehört werden, welche mit der Beweisführung in Verbindung stehen, so ist das Urtheil auf Beschwerde aufzuheben.

U. v. 28. III. 88. R. X. 276. E. XVII. 287.

§ 377 Ziff. 7.

Das Urtheil beruht auf Verletzung des Gesetzes, wenn in demselben ein Ausspruch über die von dem Angeklagten behaupteten Voraussetzungen des § 199 des StGB. nicht enthalten ist.

U. v. 1. V. 88. R. X. 364. E. XVII. 346.

§ 377 Ziff. 8.

1. Wenn ein in der Hauptverhandlung gestellter, ausdrücklich oder stillschweigend abgelehnter Beweisantrag in einer durch Vertagung nothwendig gewordenen weiteren Verhandlung nicht wiederholt wird, kann auf die Ablehnung eine Revision nicht gestützt werden.
U. v. 6. V. 85. R. VII. 356.

2. Die Ablehnung eines dahin gehenden Antrags: „Zeugen über die dem Angeklagten zur Last gelegte Beschuldigung zu vernehmen," wenn sie nur damit begründet ist, daß diejenigen Thatsachen, über welche die Zeugen vernommen werden und hinsichtlich derer sie die vernommenen Zeugen widerlegen sollten, nicht angegeben seien, kann eine unzulässige Beschränkung der Vertheidigung enthalten.
U. v. 25. IX. 85. R. VII. 534.

3. Wenn ein Beweisantrag nach dem Protokoll über die Hauptverhandlung als thatsächlich unerheblich abgelehnt, in den Gründen des Urtheils aber als ungenügend substantiirt bezeichnet ist, so enthält dies Verfahren eine unzulässige Beschränkung der Vertheidigung.
U. v. 18. VI. 86. R. VIII. 462.

4. Die Begründung des Antrages auf Vernehmung von Zeugen über eine Negative mit der Behauptung, die Zeugen hätten die incriminirte Aeußerung hören müssen, wenn der Angeklagte sie gethan hätte, weil sie mit ihm in derselben Stube, also in seiner unmittelbaren Nähe gewesen wären, ist genügend. Durch die Ablehnung kann die Vertheidigung unzulässig beschränkt werden.
U. v. 9. XI. 86. R. VIII. 693.

5. Unzulässige Beschränkung der Vertheidigung, wenn dem Vertheidiger untersagt wird, bei seinen Ausführungen vor den Geschworenen auf die Strafe einzugehen, mit welcher das Gesetz die dem Angeklagten zur Last gelegte That bedroht.
U. v. 29. XI. 87. R. IX. 679. E. XVI. 365.

6. Die Ablehnung des Beweisantrages: die gestohlene Sache sei Eigenthum der wegen Diebstahls angeklagten Person — mit der Begründung, das Beweisthema enthalte ein Urtheil und es sei unanfechtbar widerlegt, kann zur Aufhebung führen.
U. v. 10./13. I. 88. R. X. 29.

7. Die Ablehnung eines Beweisantrages mit der Begründung, der Antrag sei nach der Ueberzeugung des Gerichtes nur zur Verschleppung der Sache und nicht im Ernst gestellt, kann die Aufhebung des Urtheils zur Folge haben. U. v. 14. II. 88. R. X. 148.

§ 379.

Die Revision der Staatsanwaltschaft ist zulässig, wenn sie bei einem theilweise auf Nichtschuldig lautenden Geschworenenspruch darauf gestützt wird, daß das Berichtigungsverfahren, in Folge dessen dieser Spruch ergangen, nicht stattfinden dürfte.

U. v. 8. VI. 86. E. XIV. 298.

§ 381.

1. Erklärungen über Rechtsmittel gegen schwurgerichtliche Urtheile können nur so lange an den Vorsitzenden des Schwurgerichts gerichtet werden, als die Sitzungsperiode des Schwurgerichts noch im Laufe ist. Nach dieser Periode ist der Tag des Einlaufs bei der Strafkammer des Landgerichts maßgebend.

U. v. 30. XI. 85. R. VII. 708. E. XIII. 156.

2. Die die Einlegung eines Rechtsmittels enthaltende Eingabe muß unterschrieben sein. Beschl. 18. II. 87. R. IX. 144.

3. Wenn die Revision durch Telegramm eingelegt wird, so muß die Depesche die Unterschrift des Beschwerdeführers enthalten oder wenigstens urkundlich erkennen lassen, daß sie von demselben ausgeht. Die Behauptung des Beschwerdeführers, er habe selbst die Depesche aufgegeben, beseitigt den Mangel nicht.

Beschl. v. 21. II. 88. R. X. 176.

4. Eine von einem Gefängnißbeamten aufgenommene und von ihm unterschriebene Verhandlung, inhalts welcher Beschwerdeführer erklärt, er lege Revision ein, ist, auch wenn dessen Unterschrift des Sabbaths wegen nicht geleistet ist, als schriftliche Revisionseinlegung zuzulassen. U. v. 9. III. 88. R. X. 236. E. XVII. 256.

§ 383.

1. Wenn die an den Angeklagten, welcher Revision angemeldet hat, zu bewirkende Urtheilszustellung nur in der Weise nachgewiesen ist, daß die Zustellungsurkunde mit einer lediglich die Urtheilsformel enthaltenden Abschrift des Urtheils verbunden ist, so kann die Zustellung nicht als wirksam erfolgt betrachtet werden.

Beschl. v. 26. II. 87. R. IX. 161.

2. Wenn mehrere Angeklagte vorhanden sind, so können dieselben nach eingelegter Revision die Zustellung des Urtheils nur in denjenigen Theilen verlangen, durch welche sie wenigstens mittelbar berührt werden. U. v. 7./14. VI. 88. R. X. 422.

§ 384.

1. Ein Rechtsmittel kann in Ansehung einer und derselben Strafthat auf bestimmte rechtliche Gesichtspunkte auch dann nicht beschränkt werden, wenn für die Straffestsetzung die Grundsätze von der Realconcurrenz anzuwenden sind.

U. v. 25. V. 86. R. VIII. 385. E. XIV. 145.

2. Die Revisionsanträge erfordern keine bestimmte Formulirung. Der Vorschrift ist genügt, wenn aus den Revisionsanträgen überhaupt zu ersehen ist, inwieweit das Urtheil angefochten und dessen Aufhebung verlangt wird. U. v. 9. IX. 87. R. IX. 420.

3. Die z. B. dahin begründete Rüge, es sei durch die sämmtlichen Beschlüsse, in denen Beweisanträge der Vertheidigung abgelehnt worden, diese im Sinne des § 377 Ziff. 8 der StPrO. in unzulässiger Weise beschränkt, findet keine Berücksichtigung.

U. v. 22. VI. 88. R. X. 450.

4. Die Revision darf nicht begründet werden lediglich durch Bezugnahme auf Beschwerden, die enthalten waren in einer früheren, gegen ein in derselben Untersuchung erlassenes älteres Urtheil erhobenen Revision. U. v. 21. IX. 88. R. X. 512. E. XVIII. 95.

§ 385.

1. Eine Revisionsbegründung, welche lediglich in einer zu Protokoll des Gerichtsschreibers genommenen Abschrift eines nur von dem Angeklagten unterschriebenen Schriftstückes besteht, entspricht der gesetzlichen Vorschrift nicht. U. v. 18. IX. 85. E. XII. 367.

2. Die Verwendung einer vom Angeklagten allein angefertigten und unterschriebenen Revisions-Rechtfertigungsschrift in der Art, daß ihr der Gerichtsschreiber den Eingang eines Protokolls vorsetzt und die Schrift in gleicher Weise abschließt, ist unzulässig.

U. v. 3. V. 86. R. VIII. 338.

3. Die Frist zur Anbringung der Revisionsanträge ist von Zustellung des Urtheils auch dann zu berechnen, wenn der Spruch der Geschworenen, auf welchen das Urtheil Bezug nimmt, dem Beschwerdeführer erst später auf seinen Antrag abschriftlich zugegangen ist.

U. v. 14. V. 86. R. VIII. 360.

4. Ein formloses Schriftstück, welches den von einem Rechtsanwalte unterzeichneten Revisionsanträgen beigefügt und in denselben als „integrirender Bestandtheil" bezeichnet ist, kann nicht als Theil der Revisionsanträge berücksichtigt werden.

U. v. 1. X. 86. E. XIV. 348.

5. Wenn nach Anmeldung der Revision das Urtheil dem Angeklagten zugestellt wird, statt dem als Zustellungsbevollmächtigten legitimirten Vertheidiger, obgleich der StA. dem Gerichtsvollzieher aufgetragen hatte, dem Letzteren zuzustellen, so ist die Zustellung unwirksam und läuft die Frist zur Revisionsbegründung erst von der an den Vertheidiger erfolgten Zustellung an.

U. v. 13. I. 87. R. IX. 42.

6. Die vom Angeklagten persönlich eingelegte Revision wird dadurch nicht unzulässig, daß die Revisionsanträge und deren Begründung von einem nicht durch Vollmacht legitimirten und früher nicht als Vertheidiger auftretenden Rechtsanwalt allein unterzeichnet sind, sofern nicht Gründe zur Annahme bestehen, daß der Rechtsanwalt eines Auftrages ermangle. U. v. 24. I. 87. R. IX. 90. E. XV. 226.

7. Der unter der Unterschrift des Angeklagten stehende Vermerk: „Beglaubigt N. N. Rechtsanwalt" ist ungenügend.

U. v. 14. II. 88. R. X. 149.

8. Auch falls der Anschluß als Nebenkläger erst nach verkündetem Urtheil erfolgt, die Revision aber in Gemäßheit des § 439 Abs. 2 der StPrO. rechtzeitig eingelegt ist, beginnt die Frist zur Anbringung der Revisionsanträge erst mit der Zustellung des Urtheils.

U. v. 20. IX. 88. R. X. 504.

9. Die in Abs. 2 vorgeschriebene Form wird nicht dadurch gewahrt, daß ein Rechtsanwalt der die Revisionsbegründung enthaltenden Privatschrift auf besonderem Blatte die Erklärung beifügt, daß er dieselbe „unterzeichne".

U. v. 2. X. 88. R. X. 542. E. XVIII. 103.

§ 386.

Die Frage, ob ein wirksamer Verzicht auf ein Rechtsmittel vorliegt und ob deshalb ein später angemeldetes Rechtsmittel zulässig sei oder nicht, kann nur von dem über das Rechtsmittel entscheidenden Gerichte beschieden werden. Beschl. v. 21. VI. 86. R. VIII. 469.

§ 389.

Geht aus der Revisionsbegründung hervor, daß keine dem § 384 der StPrO. entsprechende Beschwerde vorgebracht ist, z. B. wenn nur die Beweiswürdigung oder die thatsächliche Feststellung oder die Strafzumessung innerhalb des gesetzlichen Strafrahmens angegriffen ist, verwirft das Revisionsgericht die Revision als unzulässig durch Beschluß. Beschl. v. 3. V. 86. R. VIII. 336.

§ 392.

Der Revisionsrichter muß, wenn er die vom Instanzrichter bei Annahme, daß die Verjährung nicht eingetreten sei, befolgten Rechtsgrundsätze nicht billigt, prüfen, ob die Verjährung nicht auf andere Weise unterbrochen worden sei.

U. v. 19. X. 85. R. VII. 594. E. XIII. 57.

§ 393.

1. Die Zuerkennung mildernder Umstände gehört nicht zu den dem Urtheile zu Grunde liegenden Feststellungen, sondern zur Strafzumessung. U. v. 12. VI. 85. R. VII. 378.

2. Wenn das Urtheil, wodurch der Angeklagte von der Anklage wegen eines Vergehens freigesprochen worden ist, auf die Revision des StA. nur deshalb aufgehoben wird, weil der Instanzrichter thatsächlich das Vorhandensein einer idealiter concurrirenden Uebertretung festgestellt hat, ohne deshalb auf Strafe zu erkennen, so entfällt dadurch die ganze That wiederum der freien Würdigung des Instanzrichters.

U. v. 8. I. 86. R. VIII. 19.

3. Zurückverweisung in die Instanz kann erfolgen, wenn auch nur noch über die Buße zu erkennen ist.

U. v. 12. VII. 86. R. VIII. 532.

§ 394.

1. Die Vorschriften des Strafgesetzbuches über die Verjährung der Strafverfolgung gehören dem materiellen Strafrechte an, dergestalt, daß das Revisionsgericht bei vorliegender materieller Rechtsbeschwerde auch ohne ausdrücklich hierauf gerichteten Revisionsangriff die Frage, ob Verjährung eingetreten sei, zur Entscheidung zu bringen hat.

Das Revisionsgericht ist befugt, bei Entscheidung der Frage, ob eine Unterbrechung der Verjährung eingetreten sei, den Inhalt der Untersuchungsakten zu berücksichtigen.

U. v. 8. X. 85. R. VII. 560. E. XII. 434.

2. Wenn das Revisionsgericht das Urtheil einer Strafkammer am Amtsgericht aufhebt und die Sache in die Instanz zurückverweist, so kann es die Zurückverweisung an ein benachbartes Gericht dadurch bewirken, daß es die Sache an das Landgericht, zu welchem die Strafkammer gehört, mit der Wirkung verweist, daß eine der am Sitze des Landgerichts selbst bestehenden Strafkammern zu judiciren hat.

Beschl. v. 15. III. 88. R. X. 250. E. XVII. 230.

§ 397.

1. Wurde die Stellung einer Hülfsfrage aus rechtsirrigen Gründen abgelehnt, so ist das Urtheil auch dann aufzuheben, wenn die Geschworenen eine auf eine schwerere Schuld lautende Frage bejaht haben, nach welcher die beantragte Hülfsfrage nicht mehr zur Beantwortung gelangt wäre. Die Wirkung eines solchen Urtheils erstreckt sich auch auf andere Angeklagte, welche die Revision nicht eingelegt haben, wenn der Rechtsirrthum, welcher zur Ablehnung des Antrags auf Stellung einer Hülfsfrage führte, ein materiell-rechtlicher war.

U. v. 22. I. 86. R. VIII. 86. E. XIII. 305.

2. Der § 397 ist auch auf Revisionen anzuwenden, welche der StA. zu Gunsten eines Angeklagten eingewendet hat, und auf Angeklagte, für welche der gleiche Revisionsgrund spricht, wie für denjenigen, für den Revision eingelegt ist, wenn dies auch ein rein persönlicher Strafmilderungs- oder Aufhebungsgrund ist.

U. v. 5. XII. 87. R. IX. 693. E. XVI. 417.

3. Der § 397 ist nicht anwendbar, wenn die dem Revidenten einerseits, dem Mitangeklagten andrerseits zur Last fallenden Contraventionen von einander unabhängige Straffälle darstellen, insbesondere auch keinerlei Theilnahmeverhältniß festgestellt ist, welches einen sachlichen Zusammenhang zwischen den wider jeden der beiden Angeklagten zur Beurtheilung gezogenen Handlungen erkennen ließe.

U. v. 27. I. 88. R. X. 74.

§ 398.

1. Das nach Aufhebung eines Urtheils ergehende neue Urtheil darf eine höhere als die früher erkannte Gesammtstrafe nicht aussprechen, ist aber an die frühere Ausmessung der Einzelstrafen nicht gebunden. U. v. 12. VI. 85. R. VII. 378.

2. Wenn ein Strafurtheil wegen Versuchs auf Revision des Angeklagten aufgehoben worden war, kann das Instanzgericht bei erneuter Aburtheilung Vollendung annehmen, nur deshalb keine höhere Strafe erkennen. U. v. 29. IV. 86. R. VIII. 319.

3. Die Reformatio in pejus liegt nicht vor, wenn verurtheilt ist, wegen zweier selbständiger Handlungen, während in einem früheren, in derselben Strafsache ergangenen, aber aufgehobenen Urtheile in dem demselben zu Grunde liegenden Vorgange nur eine und dieselbe Handlung gefunden war. Das setzt voraus, daß in dem zweiten Urtheile nicht eine härtere Strafe als in dem früheren erkannt ist.

U. v. 20. IX. 87. R. IX. 449.

Viertes Buch.

Wiederaufnahme eines durch rechtskräftiges Urtheil geschlossenen Verfahrens.

§ 413.

1. Die im Wiederaufnahmeverfahren mit der Freisprechung verbundene Anordnung, daß die Aufhebung des früheren Urtheils durch das Kreisblatt zu veröffentlichen sei, kann durch analoge Anwendung des § 411 nicht gerechtfertigt werden; denn jener Paragraph spricht von der Entscheidung im Wiederaufnahmeverfahren „ohne Erneuerung der Hauptverhandlung" und gibt eben wegen dieses Wegfalls der öffentlichen Verkündung des Urtheils dem Antragsteller den Anspruch auf Veröffentlichung, während im vorliegenden Falle das Urtheil nach Verhandlung öffentlich verkündet ist.

Dagegen ergibt sich aus der Aufhebung des früheren Urtheils die Consequenz, daß die Straffolgen desselben, soweit möglich, beseitigt werden müssen. Zu diesen Folgen gehört, daß der damals als verletzt Angesehene die damalige Verurtheilung wegen wissentlicher Anschuldigung durch das Kreisblatt bekannt gemacht hat. Die Wirkung dieses Strafübels wird aber soweit möglich beseitigt, wenn die Aufhebung des Urtheils in demselben Organ bekannt gemacht wird. Hiernach erscheint der Anspruch des Beklagten gerechtfertigt, ihn gegen die fortdauernde Wirkung der früher erkannten Nebenstrafe der Urtheilspublication zu restituiren.

U. v. 18. I. 87. R. IX. 62. E. XV. 188.

2. Wenn aus einem im Wiederaufnahmeverfahren ergangenen, das frühere aufrecht erhaltenden Urtheile nicht hervorgeht, daß dasselbe den ganzen Thatbestand, Schuld- und Strafausspruch, selbständig geprüft, nicht etwa bloß erwogen hat, ob das frühere Urtheil in wesentlichen Theilen widerlegt sei, eignet sich das Urtheil auf Revision zur Aufhebung. U. v. 11. VI. 88. R. X. 429.

Fünftes Buch.

Betheiligung des Verletzten bei dem Verfahren.

Erster Abschnitt.

Privatklage.

§ 417.

Der Eintritt der Staatsanwaltschaft in das Privatklageverfahren ist nach Einstellung des letzteren unzulässig.

U. v. 6. XII. 87. R. IX. 705. E. XVI. 421.

§ 428.

In dem wegen Beleidigung durch öffentliche Klage anhängig gemachten Strafverfahren ist die Anbringung einer Widerklage unstatthaft.

U. v. 31. III. 85. R. VII. 216.

Zweiter Abschnitt.

Nebenklage.

§ 435.

1. Wenn auch wegen eines Delicts Anklage erhoben ist, welches den Anschluß an das Verfahren als Nebenkläger nicht rechtfertigt, und wenn auch bei der Verhandlung ein abweichender Antrag nicht gestellt ist, kann der Verletzte sich als Nebenkläger behufs Einlegung eines Rechtsmittels anschließen, wenn er behauptet, es liege ein zur Nebenklage berechtigendes Delict im idealen Zusammenfluß mit dem der Anklage zu Grunde liegenden vor.

U. v. 21. VI. 86. R. VIII. 468.

2. Mit der Zurücknahme des vom Staatsanwalt eingelegten Rechtsmittels wird der Anschluß des Nebenklägers hinfällig; auch hat der Nebenkläger innerhalb der dem Staatsanwalt laufenden Frist seine Revisionsanträge einzubringen.

Beschl. v. 25. IV. 87. R. IX. 283.

3. Der Anschluß als Nebenkläger ist auch dann zuzulassen, wenn neben dem anschlußfähigen Delict ein anderes ideal concurrirt, an welches der Anschluß nicht stattfindet. Dies gilt auch dann, wenn die öffentliche Klage nur aus dem Gesichtspunkte des letzteren Delicts erhoben ist. U. v. 21. X. 87. R. IX. 524.

4. Derjenige, welcher auf Grund einer eidlichen Zeugenaussage zu einer Freiheits- oder Geldstrafe rechtmäßig verurtheilt worden ist, kann sich, wenn auf seinen Antrag gegen den Zeugen die öffentliche Klage wegen Meineides in Gemäßheit des § 170 der StPrO. erhoben worden ist, diesem Verfahren als Nebenkläger anschließen.

U. v. 29. V. 88. R. X. 419.

§ 436.

1. Der zur Buße Berechtigte kann zwar noch nach Schluß des Beweisverfahrens sich als Nebenkläger anschließen, aber nur mittelst einer schriftlichen Erklärung. Die Constatirung im Sitzungsprotokoll oder eine nachträgliche schriftliche Erklärung in der Revisionsinstanz

sind ohne Wirkung, vielmehr ist auf Revision des Verurtheilten der Ausspruch über die Buße aufzuheben.

U. v. 26. X. 85. R. VII. 616.

2. Der Antrag auf Zuerkennung einer Buße kann schriftlich und außerhalb der Hauptverhandlung gestellt werden. Der Antrag kann mit der Anschlußerklärung verbunden werden. Er ist durch Vorlesung zur Kenntniß des Gerichtes zu bringen. Die Nichtberücksichtigung gibt einen Revisionsgrund, wenn der Antrag so zeitig eingereicht wird, daß er nach dem gewöhnlichen Geschäftsgange noch berücksichtigt werden kann. U. v. 18. XII. 85. R. VII. 749. E. XIII. 186.

3. Wenn über die Zulassung des Nebenklägers ein Beschluß nicht gefaßt ist, eignet sich das Urtheil zur Aufhebung, insoweit es auf der Nebenklage beruht. U. v. 12. VII. 86. R. VIII.. 532.

§ 437.

Dem Nebenkläger muß nach dem Schlusse der Beweisaufnahme neben dem Staatsanwalt das Wort ertheilt werden, und zwar ohne Unterschied, ob er es ausdrücklich verlangt oder nicht.

U. v. 28. X. 87. R. IX. 537. E. XVI. 253.

§ 438.

Dadurch, daß das Gericht von Amts wegen Beweise erhebt, um sicher über das Verlangen einer Buße seitens des Nebenklägers urtheilen zu können, wird § 438 Abs. 1 nicht verletzt.

U. v. 20. II. 88. R. X. 169.

§ 443.

1. Auch im Falle der im Amte zugefügten vorsätzlichen Körperverletzung kann neben der Strafe auf Verlangen des Verletzten auf eine an denselben zu erlegende Buße erkannt werden.

U. v. 22. V. 85. R. VII. 321. E. XII. 223.

2. Bei Verfolgung eines Antragsdelicts ist der Anschluß des Verletzten als Nebenkläger im Zweifel als Strafantrag zu betrachten.

U. v. 29. X. 88. R. X. 606.

§ 444.

Die Buße hat nicht den Charakter einer Strafe, sondern einer civilrechtlichen Entschädigung. Der Antrag auf Zuerkennung derselben kann vom Nebenkläger in jeder Lage des erstinstanzlichen Verfahrens, also auch dann erst gestellt werden, nachdem die Strafsache auf Revision des Angeklagten in die 1. Instanz zurückverwiesen war und das Gericht in dem früheren Urtheile die Zuerkennung einer Buße abgelehnt hatte. U. v. 25. IV. 87. R. IX. 279. E. XV. 439.

§ 445.

Wenn auf Buße erkannt ist, ohne daß der Nebenkläger die Höhe seines Verlangens angegeben hat, eignet sich das Urtheil zur Aufhebung, insoweit es auf der Nebenklage beruht.

U. v. 12. VII. 86. R. VIII. 532.

Sechstes Buch.

Besondere Arten des Verfahrens.

Erster Abschnitt.

Verfahren bei amtsrichterlichen Strafbefehlen.

§ 450.

Der Grundsatz, daß der amtsrichterliche Strafbefehl eine nochmalige Bestrafung wegen derselben That nicht ausschließt, findet dann keine Anwendung, wenn die erneute Verhandlung nur denselben Thatbestand ergibt, wegen dessen schon im Strafbefehle die Strafe festgesetzt war. U. v. 8. X. 86. R. VIII. 606. E. XIV. 358.

Zweiter Abschnitt.

Verfahren nach vorausgegangener polizeilicher Strafverfügung.

§ 458.

Eine vollstreckbar gewordene polizeiliche Strafverfügung schließt die nochmalige Verfolgung derselben That unter dem Gesichtspunkte eines ideal concurrirenden Vergehens nicht aus. In einem deshalb ergehenden Strafurtheil ist in Preußen (Ges. v. 23. April 1883 § 10 Abs. 2) die Strafverfügung nicht ausdrücklich aufzuheben, sondern fällt von selbst hinweg und ist die durch letztere verhängte und vollzogene Strafe anzurechnen oder zurückzuzahlen. U. v. 19. II. 85. R. VII. 132.

Dritter Abschnitt.

Verfahren bei Zuwiderhandlungen gegen die Vorschriften über die Erhebung öffentlicher Abgaben und Gefälle.

§ 462.

1. Formfehler im Strafbescheid einer Verwaltungsbehörde, gegen welchen auf gerichtliche Entscheidung angetragen worden war, begründen keine Revision gegen das ergangene gerichtliche Urtheil.

U. v. 2. VII. 85. R. VII. 462.

2. Wenn der durch einen Strafbescheid Bestrafte gerichtliche Entscheidung verlangt, so muß ein Definitivurtheil des Gerichtes erfolgen, auch wenn im Strafbescheid Beweismittel nicht bezeichnet waren. Es haben aber nicht nur alle Proceßbetheiligten das Recht, Beweismittel vorzuschlagen, sondern das Gericht kann auch von Amtswegen Erhebungen veranlassen. U. v. 23. II. 88. R. X. 181. E. XVII. 249.

§ 467.

1. Die Verwaltungsbehörde hat das Recht, subsidiäre Anklage zu erheben oder sich als Nebenkläger der Verfolgung anzuschließen, in allen Fällen, in welchen es sich um eine Zuwiderhandlung gegen die Vorschriften über die Erhebung öffentlicher Abgaben und Gefälle handelt, gleichviel, ob die Zuwiderhandlung mit Geldstrafe oder mit Freiheitsstrafe ausschließlich oder cumulativ bedroht ist, und auch dann, wenn die Zuwiderhandlung mit einer anderen Strafthat, auch einer schwurgerichtlich abzuurtheilenden, ideell concurrirt.

U. v. 27. X. 85. R. VII. 618. E. XIII. 30.

2. Das Urtheil ist der Verwaltungsbehörde auch dann zuzustellen, wenn sie erst nach Verkündung des Urtheils, jedoch vor dessen Rechtskraft, sich der Strafverfolgung angeschlossen hat; auch in diesem Falle beginnt für die Verwaltungsbehörde die verlängerte Frist zur Einlegung des Rechtsmittels erst mit der Zustellung.

U. v. 27. V. 87. R. IX. 349. E. XVI. 130.

§ 469.

Die Verwaltungsbehörde kann, falls sie sich zwar dem Verfahren als Nebenklägerin angeschlossen, ihrerseits aber nicht Revision eingelegt hat, von der erweiterten Frist zur Anbringung von Revisionsanträgen behufs Verfolgung des von der Staatsanwaltschaft rechtzeitig eingelegten Rechtsmittels nicht Gebrauch machen.

U. v. 2. VII. 85. E. XII. 342.

Vierter Abschnitt.

Verfahren gegen Abwesende, welche sich der Wehrpflicht entzogen haben.

§ 475.

1. Dem Gericht steht die freie Beweiswürdigung zu, ob sich Umstände ergeben haben, welche die Annahme ausschließen, daß ein Wehrpflichtiger, um sich dem Eintritt in den Dienst des stehenden Heeres oder der Flotte zu entziehen, ohne Erlaubniß das Bundesgebiet

verlassen habe oder nach erreichtem militärpflichtigen Alter im Auslande verblieben sei.

U. v. 24. VI. 85. R. VII. 254.

2. Bei der Feststellung, ob und eventuell welche Umstände der Erklärung der Controlbehörde entgegenstehen, können die bei den Acten befindlichen, schriftlich niedergelegten, die Auswanderung der angeklagten Wehrpflichtigen betreffenden Wahrnehmungen der berufenen Beamten berücksichtigt werden. Diese Schriftstücke sind in der Hauptverhandlung zu verlesen, soweit nicht die Vernehmung derjenigen Personen nothwendig wird, deren Wahrnehmungen die Schriftstücke enthalten. U. v. 22. XI. 87. R. IX. 628.

Fünfter Abschnitt.

Verfahren bei Einziehungen und Vermögensbeschlagnahmen.

§ 477.

1. Alle Einziehungsinteressenten haben zwar das Recht, gegen Urtheile auf Einziehung von Preßerzeugnissen Rechtsmittel einzuwenden, aber nur innerhalb der einwöchigen, auf Verkündung des Urtheils folgenden Frist. Anspruch auf Zustellung des Urtheils wegen Verkündung des Urtheils in ihrer Abwesenheit haben nur die zur Verhandlung geladenen Interessenten.

U. v. 26. I. 85. R. VII. 52. E. XI. 414.

2. Wenn der im Wege der öffentlichen Klage gestellte Einziehungsantrag abgewiesen wird, so fallen die Kosten in der Regel der Staatskasse zur Last.

U. v. 15. V. 85. R. VII. 297. E. XII. 198.

3. Auf Einziehung der mißbrauchten Gefäße kann selbständig im Wege des objectiven Verfahrens erkannt werden, wenn die Verfolgung oder Verurtheilung einer bestimmten Person nicht möglich erscheint. U. v. 20. I. 87. R. IX. 66.

U. v. 10. II. 88. R. X. 131.

4. Die Zuständigkeit des Gerichts bestimmt sich nach dem Orte, an welchem die objectiv strafbare, wenn auch an dem Thäter nicht strafbare Handlung begangen ist.

U. v. 28. I. 87. R. IX. 96. E. XV. 235.

§ 479.

Der Fiscus, welcher die Einziehung falscher Münzen beansprucht, gehört nicht zu den im § 478 der StPO. bezeichneten Personen, welche einen rechtlichen Anspruch auf den Gegenstand der Einziehung haben, und steht demselben die Revision gemäß § 479 nicht zu.

U. v. 20. XII. 88. E. XVIII. 299.

Siebentes Buch.

Strafvollstreckung und Kosten des Verfahrens.

Erster Abschnitt.

Strafvollstreckung.

§ 489.

Die Vorzeigung eines Haftbefehles bei der Verhaftung zur Strafvollstreckung ist für die Rechtmäßigkeit der Verhaftung nicht erforderlich. U. v. 4. VI. 86. R. VIII. 425.

§ 492.

Wenn ein Gericht zur Verurtheilung des Angeklagten gelangt, nachdem derselbe schon früher, jedoch noch nicht rechtskräftig zu einer Strafe verurtheilt worden war, so kann das Gericht trotz Vorliegen der Voraussetzungen des § 79 des StGB. von Verhängung einer Gesammtstrafe Umgang nehmen und dieselbe einem Nachtragsurtheile überlassen. U. v. 14. III. 87. R. IX. 177.

Zweiter Abschnitt.

Kosten des Verfahrens.

§ 497.

1. Weder der Vertheidiger noch die Erben eines vor Eintritt der Rechtskraft verstorbenen Verurtheilten sind zur Einlegung der Revision gegen das gegenstandslos gewordene Urtheil berechtigt.

U. v. 10. III. 85. R. VII. 163.

2. Wenn der im Wege der öffentlichen Klage gestellte Einziehungsantrag abgewiesen wird, so fallen die Kosten in der Regel der Staatskasse zur Last.

U. v. 15. V. 85. R. VII. 297. E. XII. 198.

3. Der zur Strafe verurtheilte Angeklagte hat auch diejenigen Kosten (Auslagen) zu tragen, welche durch eine unrichtige Behandlung der Sache entstanden sind. U. v. 1. XII. 85. R. VII. 710.

4. Auf Einziehung der gemißbrauchten Gefäße bei Branntweinsteuer-Defraudation ist in Ermanglung der Verurtheilung einer bestimmten Person selbständig zu erkennen.

In diesem Falle können die Kosten dem freigesprochenen Angeklagten lediglich um deswillen, weil er sich in der Stellung des Einziehungsinteressenten befindet, nicht auferlegt werden.

U. v. 10. II. 88. R. X. 131. E. XVII. 114.

5. Der verurtheilte Angeklagte hat sämmtliche Kosten der Voruntersuchung zu tragen, auch wenn die letztere auf Grund einer andern strafrechtlichen Beurtheilung der That als der in dem Eröffnungsbeschlusse angenommenen, eingeleitet und geführt ist; auf die hierdurch entstandenen Mehrkosten kann ebensowenig die Bestimmung des § 6 des Gerichtskostenges., welcher nur auf die Gerichtsgebühren sich bezieht, Anwendung finden. U. v. 1. XI. 88. R. X. 609.

§ 498.

1. Wenn im Eröffnungsbeschlusse zwei Strafgesetze in ideeller Concurrenz für anwendbar erachtet werden, die Verurtheilung aber nur aus einem derselben erfolgt, ist der Angeklagte in die gesammten Kosten des Verfahrens zu verurtheilen.

U. v. 10. III. 85. E. XII. 87.
U. v. 26. XI. 86. E. XV. 105.

2. Als Gesammtschuldner für die Auslagen in Bezug auf dieselbe That sind in Verbindung mit dem Hauptthäter auch die Hehler und Begünstiger aufzufassen.

U. v. 28. V. 85. R. VII. 334. E. XII. 226.

3. Der Theilnehmer haftet als Gesammtschuldner auch für die von den übrigen Theilnehmern verursachten Auslagen selbst dann, wenn er bei den Handlungen derselben weder mitgewirkt, noch überhaupt von denselben gewußt hat. U. v. 29. X. 85. R. VII. 624.

4. Für die Auslagen sind Mitangeklagte, welche „in Bezug auf dieselbe That", der Eine wegen activer, der Andere wegen passiver Bestechung verurtheilt sind, als Gesammtschuldner verhaftet. Die gerichtlichen Gebühren dürfen einem Jeden nur, soweit er verurtheilt ist, auferlegt werden. U. v. 23. IX. 87. R. IX. 457.

§ 499.

Im Falle der Freisprechung des Angeklagten und Nebenbeklagten fallen die Kosten des Verfahrens, mit Einschluß der durch die Anschluß-Nebenklage veranlaßten (mit Ausnahme der durch Verschulden des Nebenklägers verursachten) Kosten der Staatskasse zur Last; dagegen hat der Nebenkläger die ihm erwachsenen baaren Auslagen selbst zu tragen, die analoge Anwendung des § 503 Abs. 2 der StPrO. ist hier ausgeschlossen. Eines besonderen Ausspruches über die Kosten der Nebenklage bedarf es im Urtheile nicht.

U. v. 13. I. 87. R. IX. 37. E. XV. 190.

§ 500.

1. Das Rechtsmittel, welches dem in Gemäßheit des § 500 der StPrO. in die Kosten verurtheilten Zeugen zusteht, ist nicht die Beschwerde sondern die Revision.

U. v 5. I. 86. R. VIII. 11. E. XIII. 211.

2. Bei wechselseitigen Beleidigungen oder Körperverletzungen kann nur ein Angeklagter, nicht auch eine als Zeuge vernommene Person in die Kosten des Verfahrens verurtheilt werden.

U. v. 19. III. 86. R. VIII. 211. E. XIII. 421.

§ 503.

Dem verurtheilten Angeklagten fallen die dem Nebenkläger erwachsenen nothwendigen Auslagen auch dann zur Last, wenn die Verurtheilung unter einem die Anschlußerklärung nicht begründenden Gesichtspunkte erfolgt ist. U. v. 21. X. 87. R. IX. 524.

§ 505.

Die Kosten eines Rechtsmittels, welches die Aufhebung des angefochtenen Urtheils zur Folge hat, fallen dem später Verurtheilten zur Last. Beschl. v. 27. III. 88. R. X. 271.

V. Einführungsgesetz zum Gerichtsverfassungsgesetz.

§ 11.

1. Die im Abs. 2 Ziff. 2 dem Reichsgericht zugewiesene Vorentscheidung gibt dasselbe in der Besetzung als Senat ab.

In Elsaß-Lothringen bestehen zur Zeit Bestimmungen, durch welche die Verfolgung der Beamten an die Vorentscheidung einer besonderen Behörde gebunden ist.

Gemeindeförster sind nach französischem Recht Beamte, für welche § 11 Abs. 2 Ziff. 2 Anwendung leidet.

Die Entscheidung und das sie vorbereitende Verfahren des Reichsgerichts richtet sich nach den Bestimmungen des § 200 ff. der StPrO.

Beschl. v. 26. IX. 87. E. XVI. 197.

2. Ein mecklenburgischer Geistlicher ist ein öffentlicher Beamter im Sinne des § 11. Beschl. v. 7. V. 88. R. X. 385.

VI. Gerichtsverfassungsgesetz mit Reichsgesetz vom 5. April 1888.

§ 21.

Die durch Staatsverträge den Consularbeamten zugesicherte „persönliche Immunität von Verhaftungen" steht der strafgerichtlichen Verfolgung nicht entgegen, schließt vielmehr nur die Verhaftung und auch diese nur so lange aus, als der Consularbeamte die Eigenschaft eines solchen in dem Staate hat, in welchem er strafgerichtlich verfolgt wird.

U. v. 27. I. 88. R. X. 83. E. XVII. 51.

§ 27 Ziff. 2.

Unter Einziehung sind auch diejenigen Fälle inbegriffen, in denen Gegenstände oder deren Werth nach dem Strafgesetze für verfallen zu erklären sind. U. v. 27. II. 85. R. VII. 150. E. XII. 75.

§ 33.

Der Umstand, daß ein einberufener Geschworener das 30. Lebensjahr noch nicht erreicht hat, macht denselben nicht unfähig, die Functionen eines Geschworenen wahrzunehmen.

U. v. 6. X. 85. R. VII. 554.

§ 38.

Unter Gemeindevorsteher ist die nach den Einrichtungen der einzelnen Bundesstaaten zur Leitung der Gemeindeangelegenheiten berufene Person zu verstehen, in Hessen demnach (neben den Vorstehern der einzelnen Gemeinden) auch der mehreren Gemeinden vorgesetzte Bürgermeister. U. v. 11. XI. 86. R. VIII. 697.

§ 61.

Es ist nicht zulässig, daß die Landesjustizverwaltung die Function des Vorsitzes in einer vom Präsidium zu bestimmenden Kammer des Landgerichts einem nicht förmlich zum Director ernannten Richter auf die Dauer oder auf Zeit überträgt. Revision gegen solche Besetzung ist zulässig und führt zu Aufhebung des Urtheils.

U. v. 11. VI. 88. R. X. 432. E. XVIII. 9.

§ 62.

Die Vertretung eines einer Strafkammer ständig oder als Vertreter zugetheilten Richters durch einen der Kammer nicht zugetheilten Richter, welcher freiwillig und ohne Mitwirkung der hierfür gesetzlich bestimmten Organe die Vertretung übernommen hat, verstößt gegen die Principien des Gerichtsverfassungsgesetzes und kann auch von der Landesgesetzgebung nicht gutgeheißen werden.

U. v. 22. I. 85. R. VII. 41.

§ 65.

1. Bei Verhinderung des ordentlichen Vorsitzenden kann nur ein wirkliches Mitglied des LG., nicht auch ein Hülfsrichter, selbst wenn er als ständiges Mitglied der Kammer ernannt resp. derselben zugetheilt ist, den Vorsitz übernehmen.

U. v. 29. XII. 88. R. X. 736. E. XVIII. 307.

2. Wenn in Verhinderung des ordentlichen Vorsitzenden auch das dienstälteste Mitglied an dem Vorsitze verhindert ist, hat das nächstälteste Mitglied der Strafkammer den Vorsitz in der Verhandlung zu führen. U. v. 20. XII. 88. E. XVIII. 302.

§ 79.

Das Gerichtsverfassungsgesetz schreibt vor, daß die Schwurgerichte in zusammenhängenden Sitzungsperioden ihre Aufgabe erfüllen, nicht durch Zusammentritt nach Bedarf innerhalb gewisser Zeitperioden.

U. v. 24. IX. 88. R. X. 513.

§ 81.

Wird ein schwurgerichtliches Urtheil in der Revisionsinstanz unter Aufrechthaltung der die Schuldfrage erledigenden Feststellungen aufgehoben und die Sache zur anderweiten Verhandlung und Entscheidung in die Vorinstanz zurückverwiesen, so ist in der neuen Verhandlung ohne Bildung einer Geschworenenbank zu erkennen, und zwar auch dann, wenn behufs Gewinnung ausreichender Grundlagen zur Strafbemessung eine Beweisaufnahme stattfindet.

U. v. 14. XII. 86. R. VIII. 760.

§ 82.

Wenngleich die Geschworenen im § 81 des Gerichtsverfassungsgesetzes zur selbständigen Entscheidung der Schuldfrage und damit zur Würdigung der erhobenen Beweise berufen sind, so hat das Gesetz doch im § 82 den richterlichen Mitgliedern die Prüfung der Beweisanträge in Bezug auf deren Zulässigkeit und Erheblichkeit übertragen.

U. v. 1. VI. 86. R. VIII. 421.

§ 146.

Die ersten Beamten der Staatsanwaltschaft bei den Oberlandesgerichten und den Landgerichten, deren Sprengel aus Gebietstheilen verschiedener Bundesstaaten bestehen, sind befugt, mit Wahrnehmung von Amtsverrichtungen untergebene Beamte der Staatsanwaltschaft zu beauftragen, welche anderen Bundesstaaten angehören, als das Gericht, an welchem zu fungiren sie beauftragt werden.

U. v. 20. V. 86. R. VIII. 369.

§ 152.

Der einer preuß. Staatsanwaltschaft zur Beschäftigung oder als Hülfsarbeiter überwiesene Gerichtsassessor kann richterliche Geschäfte mit rechtlicher Wirkung nicht vornehmen.

U. v. 19. X. 86. R. VIII. 634.

§ 160.

Die Beschwerde an das Reichsgericht gegen Beschlüsse des Oberlandesgerichts ist nur gegeben gegen Ablehnung der von Gericht zu Gericht nachgesuchten Rechtshülfe, steht also den Verwaltungsbehörden selbst in solchen Fällen nicht zu, in welchen sie die Stelle der Staatsanwaltschaft einnehmen.

Beschl. v. 12. VII. 87. R. IX. 418.

§ 168.

Der Forstschutzbeamte ist berechtigt, die wegen Verübung eines Jagd- oder Forstfrevels auf frischer That verdächtigen Personen über die Grenze in das fremde Bundesgebiet zu verfolgen und daselbst behufs Feststellung ihrer Persönlichkeit zu ergreifen.

U. v. 9. XII. 86. R. VIII. 735.

§ 175.

Wenn während der Zeit, während welcher der Angeklagte nach § 246 der StPrO. abgetreten ist, die Oeffentlichkeit der Verhandlung ausgeschlossen werden soll, so ist der Angeklagte zu hören. Es genügt nicht, wenn der Vertheidiger gehört wird.

U. v. 2. X. 88. R. X. 539. E. XVIII. 138.

§ 177.

Die Aufrechthaltung der Ordnung in der Sitzung ist uneingeschränkt dem Vorsitzenden übertragen. Dieser hat einerseits zu beurtheilen, ob im einzelnen Falle die Ordnung in der Sitzung gestört ist, und andrerseits diejenigen Anordnungen zu treffen, welche ihm zur Aufrechthaltung der Ordnung geeignet und angemessen erscheinen. Zu solchen Anordnungen gehört unter Anderem auch die Ertheilung von Rügen. Diese Befugniß hat der Vorsitzende auch gegen die als Parteivertreter betheiligten Rechtsanwälte.

U. des Ehrengerichtshofes v. 1. XI. 86. R. VIII. 657.

§ 187.

Es ist nicht erforderlich, einen Dolmetscher beizuziehen, wenn einzelne Proceßbetheiligte sich des plattdeutschen Dialectes bedienen.

U. v. 11. III. 86. R. VIII. 160.

§ 191.

Die Berufung des Dolmetschers auf den allgemein geleisteten Eid ist für jede verhandelte Sache unerläßlich. Die protokollmäßige Bezeichnung als vereideter Dolmetscher genügt nicht.

U. v. 24. VI. 85. R. VII. 426.

§ 195.

1. Einem zu seiner Ausbildung beim Gericht beschäftigten Referendar kann auch dann die Anwesenheit bei Berathung und Abstimmung des erkennenden Gerichts vom Vorsitzenden gestattet werden, wenn er in der Sache als Gerichtsschreiber fungirt.

U. v. 8. X. 88. R. X. 549. E. XVIII. 161.

2. Die Anwesenheit anderer Personen als der Richter bei Berathung des Urtheils bildet keinen absoluten Aufhebungsgrund und ist das Verbot dieser Anwesenheit hauptsächlich gegen die Anwesenheit der zur Dienstesaufsicht berufenen Richter gerichtet.

U. v. 12. XI. 88. R. X. 640.

VII. Concursordnung.

§ 209.

1. Zum Versuch des betrüglichen Bankerutts wird nicht erfordert, daß die Concurseröffnung oder Zahlungseinstellung bereits eingetreten sei. U. v. 9. XI. 85. R. VII. 642. E. XIII. 41.

2. Wird ein Verkaufsgeschäft zugleich als Hausir- und als Ladengeschäft betrieben, so ist bei Entscheidung darüber, ob nach Art und Umfang desselben Art. 10 des Deutschen HGB. Anwendung findet, das Geschäft in seiner Totalität zu Grunde zu legen.

U. v. 17. IX. 86. R. VIII. 541.

3. Zahlungseinstellung oder Concurseröffnung ist beim Bankbruche Element der Handlung, nicht bloße Bedingung der Strafbarkeit. Der

Bankbruch ist mithin im Inlande vollendet, auch wenn nur die Concurseröffnung im Inlande stattgefunden hat.

U. v. 20. IX. 87. R. IX. 445. E. XVI. 188.

§ 210.

1. Die Annahme, daß ein Kaufmann nicht deshalb allgemein von der Verpflichtung zur Buchführung entbunden sein könne, weil er neben seinem stehenden Gewerbe auch einen Hausirhandel treibe, ist nicht rechtsirrthümlich. U. v. 30. I. 85. R. VII. 65.

2. Neben der Feststellung eines einfachen Bankerutts im Sinne des § 210 kann, soweit es sich um dieselbe Zahlungseinstellung oder Concurseröffnung handelt, eine Bestrafung wegen Begünstigung eines Gläubigers auf Grund des § 211 in realer Concurrenz nicht erfolgen.

U. v. 16. VI. 85. R. VII. 399.

3. Es ist nicht rechtsirrthümlich, wenn das Gericht die Buchführung eines zahlungsunfähig gewordenen Kaufmanns als genügend ansieht, der für einzelne Vermögensobjecte keinen Conto angelegt, dieselben aber in den Inventaren und Bilanzen richtig aufgenommen hat, ohne daß eine Aenderung an den Objecten vorliegt.

U. v. 13. VII. 85. R. VII. 492.

4. Wer ein zur Buchführung und Bilanzziehung verpflichtendes Handelsgeschäft unternimmt und betreibt, kann sich im Falle der Zahlungseinstellung oder des Concurses gegen die Folgen mangelhafter Buchführung und unterlassener Bilanzziehung nicht dadurch entschuldigen, daß er durch Krankheit gehindert gewesen sei, die Bücher zu führen oder Bilanz zu ziehen.

U. v. 11. XII. 85. R. VII. 730.

5. Die Handelscorrespondenz kann zur Erläuterung des Inhalts der Handelsbücher bei Prüfung derselben auf ihre vollständige oder ordentliche Führung herangezogen werden.

U. v. 15. I. 86. R. VIII. 60.

6. Der Theilhaber einer offenen Handelsgesellschaft wird in Folge der zwischen ihm und dem anderen Gesellschafter getroffenen Vereinbarung, daß er von einem bestimmten Zeitpunkte an nur mehr stiller Gesellschafter sein solle, von da ab ohne Weiteres von der Verpflichtung zur Buchführung und Bilanzziehung befreit und wird hierzu nicht vorausgesetzt, daß sein Ausscheiden, bezw. die Auflösung der Gesellschaft in das Handelsregister eingetragen wurde.

U. v. 25. I. 86. E. XIII. 308.

7. Für die Frage, ob ein Gewerbebetrieb über den Umfang des Handwerkes hinausgeht, ist der Umstand nicht entscheidend, ob maschinelle Vorrichtungen benutzt sind.

Ein Irrthum über die Natur des Betriebes als eines kaufmännischen ist schädlich.

Es ist unerheblich, ob von vorn herein der Betrieb des Gewerbes über den Umfang des Handwerkes hinaus beabsichtigt war, oder ob der Betrieb erst später eine solche Ausdehnung erlangt hat.

U. v. 19. II. 86. R. VIII. 127.

8. Die Anfertigung der Bilanz ist als ein Bestandtheil der kaufmännischen Buchführung anzusehen und kann die Unterlassung der im Art. 31 des HGB. vorgeschriebenen Abschreibungen als eine unordentliche Buchführung angesehen werden.

Bei dem Vergehen des einfachen Bankeruttes wird vorausgesetzt, daß dem Thäter ein Verschulden zur Last falle.

U. v. 18. II. 86. E. XIII. 354.
U. v. 5. IV. 86. E. XIV. 80.

9. Wenn eine nachmals in Concurs gerathene Person längere Zeit hindurch Differenzgeschäfte betrieben und dieselben öfter prolongirt hat, so bewirkt die Prolongation nicht, daß alle durch Prolongation verbundenen Geschäfte als ein Geschäft gelten, sondern sind dieselben als so viele Geschäfte zu beurtheilen, als prolongirt wurde. Es ist nicht rechtsirrig, wenn angenommen wird, der Schuldner sei durch Differenzhandel übermäßige Summen schuldig geworden, wenn er zuerst gewonnen, dann aber eine übermäßige Summe verloren hatte, wenn auch nicht so viel als der Gewinn betrug.

U. v. 5. IV. 86. R. VIII. 257. E. XIV. 80.

10. Die bloße Vertheilung der Geschäfte unter den Mitgliedern einer offenen Handelsgesellschaft, durch welche keines derselben von der Geschäftsführung ausgeschlossen ist, befreit kein Mitglied von der strafrechtlichen Verantwortlichkeit für die ordnungsmäßige Buchführung.

U. v. 30. IV. 86. R. VIII. 331.

11. Die unterlassene Führung von Handelsbüchern wird durch einen Irrthum des Angeklagten über die Beschaffenheit seines Geschäfts und über die davon abhängige Verpflichtung zur Buchführung nicht entschuldigt. U. v. 4. VI. 86. R. VIII. 421.

12. Die von dem Kaufmann nach beendigtem Concursverfahren vorgenommene Vernichtung seiner Handelsbücher ist straflos, falls ein

Interesse der Gläubiger an dem Vorhandenbleiben der Bücher nicht mehr bestanden hat. U. v. 10. VI. 86. R. VIII. 451.

13. Es wird nicht vorausgesetzt, daß der übermäßige Aufwand der Zahlungseinstellung vorhergehen müsse; auch kann ein einmaliger Verbrauch übermäßiger Summen genügen.

U. v. 21. VI. 86. R. VIII. 462. E. XIV. 221.

14. Ein Kaufmann, welcher sein Geschäft aufgegeben und seine Handelsbücher vernichtet hat, später aber im Betriebe eines nicht kaufmännischen Geschäftes in Concurs gerathen ist, kann aus § 210 Ziff. 2 bestraft werden, wenn das kaufmännische Geschäft, über welches die Bücher geführt wurden, noch in irgend welchem ursächlichen Zusammenhange mit der Zahlungseinstellung steht.

U. v. 22. XI. 86. E. XV. 64.

15. Unter den Begriff des Differenzhandels sind nur die auf Zeit abgeschlossenen Handelsgeschäfte in Waaren oder Börsenpapieren zu verstehen. — Als Spiel ist nur das im Civilrecht als Spielvertrag bezeichnete Geschäft zu verstehen, nicht auch das sog. Börsenspiel.

U. v. 13./20. XII. 86. R. VIII. 767. E. XV. 277.

16. Das in § 210 bedrohte Reat ist kein reines Formaldelict, sondern hat eine Verschuldung des Thäters zur nothwendigen Voraussetzung. U. v. 4. I. 87. R. IX. 5.

17. Eine als Bilanz bezeichnete Zusammenstellung, welche keine Uebersicht über das Verhältniß des Vermögens und der Schulden ergibt, kann nicht als fehlerhafte Bilanz, sondern überhaupt nicht als Bilanz angesehen werden. U. v. 10. I. 87. E. XV. 174.

18. Bei Entscheidung darüber, ob Aufwand, d. h. übertriebene Aufwendungen gemacht sind, ist das Maß des Nothwendigen und Ueblichen nach den Lebensverhältnissen der betreffenden Person zu Grunde zu legen, während für die Frage, ob verbrauchte Summen als übermäßige anzusehen sind, der Maßstab in der Vermögenslage des Schuldners gegeben ist.

Die Motive des Aufwands sind für den Thatbestand ohne Belang; ebenso unerheblich ist, ob der Schuldner durch eigene Thätigkeit oder durch Unterlassung der Controle über Haus- und Geschäftspersonal den Verbrauch übermäßiger Summen verursacht hat.

U. v. 25. II. 87. R. IX. 155. E. XV. 309.
U. v. 1. XI. 87. R. IX. 546.
U. v. 6. III. 88. R. X. 215.

19. Der Kaufmann, welcher ein von einer offenen Handelsgesellschaft betriebenes Geschäft, in dem er als Gesellschafter betheiligt war, ganz erwirbt und von da an unter eigener Firma führt, unterliegt der Verpflichtung zur Ziehung der Eröffnungsbilanz.

U. v. 28. II./7. III. 87. E. XVI. 55.

20. Von einer leichtsinnigen Unterlassung der Bilanzziehung im Sinne Ziff. 3 kann da nicht die Rede sein, wo der Schuldner in derselben Zeit sich absichtlich, um seine Gläubiger zu benachtheiligen, durch unordentliche und veränderte Buchführung außer Stand gesetzt hat, seinen Vermögensstand zu übersehen und seiner gesetzlichen Verpflichtung zur Bilanzziehung zu genügen.

U. v. 25. III. 87. R. IX. 197.

21. Außer Verhältniß zum Vermögen stehende, vom Zufall abhängige Spekulationen eines Kaufmanns, der später in Concurs gerathen ist, fallen in der Regel nicht unter den Begriff des Aufwands.

U. v. 2. VII. 87. R. IX. 400. E. XVI. 238.

22. Beihülfe zum einfachen Bankerutt ist dann nicht strafbar, wenn es sich bei der Hauptthat nicht um ein vorsätzliches Thun oder Unterlassen handelt.

U. v. 1. XI. 87. R. IX. 549. E. XVI. 277.

U. v. 13. VII. 88. R. X. 487.

23. Nicht jeder, der — im eigenen Hause — ein Geschäft mit „Specerei-, Mehl- und Gegräupewaaren" betreibt, ist, wenn diese Waaren auch solche sein mögen, welche einen Gegenstand des Hökereibetriebes bilden können, ohne weiteres als „Höker" zu betrachten. Dazu gehört vielmehr, daß der betreffende Händler mit seinen Waarenvorräthen auf Märkten, Straßen, unter Thorwegen und dergleichen sitzt („hockt").

U. v. 2. XII. 87. R. IX. 690.

24. Der § 210 Ziff. 2 findet auch dann Anwendung, wenn der Gemeinschuldner bei Vernichtung eines erforderlichen Handelsbuches eine wortgetreue Abschrift desselben zurückbehalten hat.

U. v. 6. XII. 87. R. IX. 700. E. XVI. 426.

25. In dem Ankauf von Waldgrundstücken kann auch dann, wenn derselbe durch einen Kaufmann und nur zur kaufmännischen Verwerthung des Holzbestandes geschieht, ein Handelsgeschäft nicht gefunden werden. U. v. 24. II. 88. R. X. 189.

26. Die Buchführung auf losen Zetteln entspricht nicht den handelsgesetzlichen Vorschriften und gibt keine Gewähr für die Vermögens-

übersicht. Ohne Inventarisation ist eine ausreichende Bilanzziehung nicht herzustellen. Auf abweichende Handelsgebräuche, auf bona fides oder auf die Schwierigkeit, den gesetzlichen Bestimmungen zu genügen, kommt es nicht an.

U. v. 16. IV. 88. R. X. 296. E. XVII. 301.

27. Das durch Art. 28 Abs. 2 des HGB. vorgeschriebene Copirbuch ist unter allen Umständen ein Handelsbuch, dessen Führung dem Kaufmann gesetzlich obliegt. Richtig ist es zwar, daß ein kaufmännischer Gemeinschuldner deshalb allein, weil er es unterlassen hat, ein Copirbuch zu führen, nicht nach § 210 Ziff. 2 der Conc.-O. strafbar ist. Der Grund hierfür ist aber nicht der, daß das Copirbuch kein Handelsbuch, sondern liegt darin, daß die unterlassene Führung eines einzelnen, gesetzlich vorgeschriebenen Handelsbuches nicht die Voraussetzungen des § 210 Ziff. 2 erfüllt, wenn die geführten Handelsbücher eine Uebersicht des Vermögenszustandes gewähren.

U. v. 23. X. 88. R. X. 585.

§ 211.

1. Die Begünstigung mehrerer Gläubiger durch zeitlich getrennte Sicherungsacte stellt nur eine einheitliche Strafthat dar und nicht mehrere in realer Concurrenz befindliche.

U. v. 18. IX. 85. R. VII. 517.

2. Der Thatbestand kann auch dann vorliegen, wenn Gläubigern in der Absicht, dieselben vor einem einzigen Gläubiger zu begünstigen, Sicherung oder Befriedigung gewährt wurde.

U. v. 14. X. 86. R. VIII. 617.

3. Der § 211 stellt die Begünstigung auch des bedingt Berechtigten unter Strafe.

Im Sinne der Concurs-Ordnung besteht der Regreßanspruch des Bürgen schon vor Befriedigung des Gläubigers als bedingte Forderung.

U. v. 14. XII. 86. R. VIII. 757. E. XV. 90.

4. Gläubigerbegünstigung kann nicht bloß den eigentlichen Concursgläubigern gegenüber begangen werden, sondern auch zum Nachtheile solcher Gläubiger, welche Anspruch auf Absonderung im Concurse haben, selbst wenn sie bloße Realgläubiger sind.

U. v. 24. XI. 87. R. IX. 643. E. XVI. 402.

5. In dem Verhalten eines Gemeinschuldners, welcher sich im Wege des Civilprocesses von einem Gläubiger verklagen, sodann verurtheilen und im Wege der Zwangsvollstreckung abpfänden läßt, kann nicht immer eine dem Gläubiger vom Gemeinschuldner gewährte un-

berechtigte Sicherung und Befriedigung und hiermit eine strafbare Gläubigerbegünstigung gefunden werden.

Solche Begünstigungshandlungen bleiben subjectiv straflos, sobald der Schuldner in der Ueberzeugung von der rechtlichen Existenz und der Fälligkeit der eingeklagten Forderung geglaubt hat, zu den fraglichen Handlungen oder Unterlassungen rechtlich verpflichtet zu sein.

U. v. 27. II. 88. E. XVII. 220.

§ 212.

Zwischen dem Thatbestande des § 212 der Conc.-O. und § 257 des StGB. besteht keine Gesetzesconcurrenz.

U. v. 29. XI. 87. R. IX. 684.

§ 213.

Betheiligung an der Strafthat des § 213 ist auch seitens des Gemeinschuldners rechtlich möglich. In diesem Falle findet die Beeidigung desselben als Zeugen nicht statt.

U. v. 24. III. 85. R. VII. 193. E. XII. 122.

§ 214.

1. Nicht alle Mitglieder des Vorstandes der Genossenschaft sind ohne weiteres strafrechtlich dafür verantwortlich, daß die Bücher ordentlich geführt und die Bilanzen vorschriftsmäßig gezogen werden; diese Verantwortung trifft vielmehr nur diejenigen, welche nach dem Gesellschaftsvertrage oder den Beschlüssen des Vorstandes die Bücher zu führen haben.

Der Stellvertreter eines Vorstandsmitgliedes ist nur insoweit strafbar, als derselbe thatsächlich an Stelle des von ihm zu vertretenden Mitgliedes des Vorstands in diesen einberufen ist und in dieser Eigenschaft eine der nach der Conc.-O. mit Strafe bedrohten Handlungen begangen hat.

Die strafrechtliche Verantwortlichkeit eines Vorstandsmitgliedes wird dadurch allein nicht aufgehoben, daß durch den Gesellschaftsvertrag oder durch Beschlüsse der Generalversammlung demselben die Befugniß entzogen ist, den Verein nach außen zu vertreten.

U. v. 9. III. 85. R. VII. 156. E. XII. 78.

2. Der Vorstand einer Actiengesellschaft, mag er aus einer Person oder aus mehreren bestehen, ist für die ordentliche Buchführung und Bilanzziehung der Gesellschaft strafrechtlich verantwortlich, und bedarf diese Verantwortlichkeit weder einer besonderen Uebertragung, noch kann dieselbe durch den Gesellschaftsvertrag oder einen anderweiten

Vertrag oder eine der Geschäftsführung gehörende Maßregel einem Beamten der Gesellschaft oder einem Handlungsbevollmächtigten oder einzelnen Mitgliedern des Vorstandes überbürdet werden.

Pl.-U. d. vereinigt. Straff. v. 9. I. 86. R. VIII. 24. E. XIII. 235.

3. Ein gewähltes und in Function getretenes Mitglied des Vorstandes einer eingetragenen Genossenschaft kann die strafrechtliche Verantwortlichkeit für seine Geschäftsführung nicht damit ablehnen, daß seine Wahl eine fehlerhafte und den Anforderungen des Gesetzes oder Statutes nicht entsprechende gewesen sei.

Es kann auch nicht ohne weiteres die durch die Wahl und deren Annahme vertragsmäßig auf bestimmte Zeit ihm übertragene Führung der Geschäfte einseitig niederlegen und ruhen lassen.

U. v. 14. X. 87. R. IX. 498. E. XVI. 269.

VIII. Reichsverfassung.

Art. 22.

1. Ein Zeitungsartikel, welcher nicht nur das in einer öffentlichen Sitzung des Reichstags Verhandelte wahrheitsgetreu mittheilt, sondern auch das solchergestalt Mitgetheilte einer Besprechung unterwirft, ist nicht von jeder Verantwortlichkeit frei.

U. v. 5. XI. 86. R. VIII. 676. E. XV. 32.

2. Wahrheitsgetreu ist weiter als wortgetreu, im Uebrigen wesentlich thatsächlich.

Bericht ist die erzählende Darstellung des historischen Vorganges in seinem wesentlichen Verlaufe ohne eigene Betrachtung des Berichterstatters.

Verhandlung begreift die gesammten Debatten einschließlich der Abstimmung. U. v. 6. XI. 88. R. X. 627. E. XVIII. 207.

Art. 30.

Es liegt keine Gesetzesverletzung vor, wenn die Rede eines Abgeordneten im Reichstag zur Ueberführung des Abgeordneten bezüglich einer außerhalb des Reichstags begangenen strafbaren Handlung benutzt wird. U. v. 11. X. 86. R. VIII, 611.

IX. Salzgesetz vom 12. October 1867.

§ 2.

Der „Pfannenstein" kann als Salz im Sinne des Gesetzes angesehen werden. U. v. 20. V. 85. R. VII. 312.

§ 20 Nr. 2.

Der Irrthum in Betreff der Strafbarkeit bei Uebertretungen von Steuergesetzen, insbesondere bei Salzsteuerdefraudationen, entschuldigt nicht. U. v. 3. II. 85. E. XII. 103.

X. Reichsgesetz vom 4. Juli 1868, betr. die privatrechtliche Stellung der Erwerbs- und Wirthschafts-Genossenschaften.

§§ 17. 21. 26.

Nicht alle Mitglieder des Vorstandes der Genossenschaft sind ohne weiteres strafrechtlich dafür verantwortlich, daß die Bücher ordentlich geführt und die Bilanzen vorschriftsmäßig gezogen werden; diese Verantwortung trifft vielmehr nur diejenigen, welche nach dem Gesellschaftsvertrag oder den Beschlüssen des Vorstandes die Bücher zu führen haben.

Der Stellvertreter eines Vorstandsmitgliedes ist nach § 214 der Conc.-O. nur insoweit strafbar, als derselbe thatsächlich an Stelle des von ihm zu vertetenden Mitgliedes des Vorstandes in diesen einberufen ist und in dieser Eigenschaft eine der nach der Concursordnung mit Strafe bedrohten Handlungen begangen hat.

Die strafrechtliche Verantwortlichkeit eines Vorstandsmitgliedes wird dadurch allein nicht aufgehoben, daß durch den Gesellschaftsvertrag oder durch Beschlüsse der Generalversammlung demselben die Befugniß entzogen ist, den Verein nach außen zu vertreten.

U. v. 9. III. 85. R. VII. 156. E. XII. 78.

XI. Gesetz vom 8. Juli 1868, betr. die subsidiäre Haftung des Brennereiunternehmers u. s. w.

§ 1.

Die Haftbarkeit des Brennereiunternehmers wird durch Beibehaltung eines wegen Branntweinsteuerdefraudation rechtskräftig bestraften Gehülfen auch dann begründet, wenn die Strafe nicht vollstreckt und der Bestrafte bei der zur Untersuchung stehenden Defraudation nicht betheiligt ist.

U. v. 21. XII. 86. R. VIII. 776. E. XV. 101.

XII. Reichsgesetz vom 7. April 1869, betr. Maßregeln gegen die Rinderpest.

§§ 1. 2.

Die Bestimmung im § 3 des preuß. Gesetzes vom 12. März 1881, nach welcher die Regierungspräsidenten zum Erlaß von Einfuhrverboten zuständig sind, trifft nicht zu bei Einfuhrverboten zur Abwehr der Rinderpest.

Zur Anordnung von Maßregeln, welche die Abwehr der Rinderpest bezwecken, sind in Preußen die Regierungen zuständig.

Zu den zulässigen Maßregeln gehört auch das Verbot der Einfuhr von Schweinen. U. v. 10. II. 85. R. VII. 96. E. XII. 37.

XIII. Reichsgesetz vom 10. Juni 1869, betr. die Wechselstempelsteuer.

§ 7.

In der Uebergabe eines Wechsels an den Gerichtsvollzieher behufs Präsentation und Protesterhebung mangels Annahme des Wechsels ist nicht ein „aus den Händen geben des Wechsels" zu finden.

U. v. 9. XII. 86. R. VIII. 734. E. XV. 80.

§ 11.

1. Wer lediglich im Auftrage eines Dritten am Umlaufe eines (unverstempelten) Wechsels sich betheiligt, ist nicht als Theilnehmer im Sinne des § 5 oder als Inhaber im Sinne des § 11 des citirten Gesetzes anzusehen und unterliegt daher nicht den Strafbestimmungen dieses Gesetzes. U. v. 16. IV. 85. R. VII. 229. E. XII. 145.

2. Die Aufdrückung des Firmenstempels auf der Vorderseite eines vom Schuldner erhaltenen Solawechsels ist, wenn ihr sonst eine für den Umlauf des Wechsels rechtliche Bedeutung nicht zukommt, als „eine Unterzeichnung" im Sinne des § 11 nicht aufzufassen.

Dagegen liegt ein „aus den Händen geben" vor, wenn der Wechselinhaber den nicht in Umlauf gesetzten Solawechsel an den Aussteller in Folge weiterer Rechtsvereinbarung zurückgibt.

U. v. 20. IX. 86. R. VIII. 542. E. XIV. 409.

§ 15.

Bei einem von einer Firma erworbenen Wechsel ist für die Erfüllung der Stempelpflicht stets der Firmeninhaber strafrechtlich verantwortlich, ohne Rücksicht darauf, ob er an der fraglichen Unterlassungshandlung persönlich betheiligt oder hieran verhindert war.

U. v. 20. IX. 86. R. VIII. 542. E. XIV. 409.

§ 16.

Der Acceptant eines unvollständigen gezogenen Wechsels ist für die Unterlassung der Versteuerung des Wechsels strafrechtlich verantwortlich, sobald er den Wechsel in kaufmännischen Verkehr gegeben hat.

U. v. 30. VI. 87. E. XVI. 206.

§ 24.

1. Zur stempelfreien Checkanweisung genügt es, daß aus Inhalt oder Form der Urkunde — und dies ist Sache der thatsächlichen Beurtheilung — ihre Checkeigenschaft im Sinne der gesetzlichen Definition im § 24 sich ergibt; daß die Urkunde eine ausdrückliche Bezeichnung als „Check" oder Anweisung auf das „Guthaben" des Ausstellers enthalte, wird nicht erfordert. U. v. 6. II. 88. R. X. 94.

2. Als Check im Sinne des Gesetzes ist eine als Baarzahlung dienende auf Sicht gestellte Anweisung auf das Guthaben des Ausstellers bei dem die Zahlungen desselben besorgenden Geldinstitute, welche ohne Accept bleibt, zu betrachten. Es ist nicht erforderlich, daß die Anweisung als Check bezeichnet oder aus deren Context die Eigenschaft des Bezogenen als „die Zahlungen des Ausstellers besorgender Banquier" oder das Vorhandensein „eines Guthabens" des Ausstellers bei dem Bezogenen förmlich zu ersehen ist und hebt die Stellung an Ordre oder die Indossirung der Anweisung deren Eigenschaft als stempelfreien Check nicht auf.

U. v. 11. X. 88. R. X. 557. E. XVIII. 154.

XIV. Reichsgesetz vom 26. Juni 1869, betr. die Besteuerung des Zuckers.

§ 4.

Declarant im Sinne des Gesetzes ist derjenige, welcher die Bonificationsfähigkeit des auszuführenden Zuckers der Steuerbehörde gegenüber behauptet, ohne Unterschied, ob er die Steuervergütung für sich oder einen andern in Anspruch nimmt.

Der Waarenführer, welcher als Bevollmächtigter des Exporteurs lediglich dessen Behauptung der Steuerbehörde übermittelt, ist als Declarant in diesem Sinne nicht zu betrachten.

U. v. 30. IV. 86. R. VIII. 324. E. XIV. 105.

XV. Gewerbeordnung vom 21. Juni 1869 mit Gesetz vom 17. Juli 1878 und Gesetz vom 23. Juli 1879

(Fassung vom 1. Juli 1883).

§ 16.

Die durch längere Zeit fortgesetzte, in zahlreichen Fällen bethätigte Verwendung und Benutzung bestimmter Räume als regelmäßige Betriebsstätte für gewerbliche Schlachtungen kann als den Begriff der Einrichtung einer gewerblichen Anlage der Schlächterei erfüllend beurtheilt werden. Eine gewerbliche Anlage setzt nicht nothwendig das Bestehen besonderer zum Betrieb des Gewerbes dienender Vorrichtungen voraus. U. v. 17. XII. 86 R. VIII. 764.

§ 33.

Schankwirthschaft findet statt, wenn Getränke zum Zwecke der sofortigen Verzehrung in einem mit der Verkaufsstätte in irgend welcher Verbindung stehenden Raum verkauft werden; auch in Cantinen gewerblicher Etablissements, bei welchen die Verzehrung an den Arbeitsstellen stattfindet. U. v. 7/14. VI. 88. R. X. 422.

§ 35.

1. Die Vorschrift des § 35 Abs. 4 der RGew.-O. vom 21. Juli 1869 (1. Juli 1883), daß bei Beginn der im § 35 bezeichneten Gewerbe von Eröffnung des Gewerbebetriebes der zuständigen Behörde Anzeige zu machen sei, bezieht sich nicht nur auf die seit dem Inkrafttreten des Gesetzes neu begonnenen Gewerbebetriebe, sondern auch auf die vor jener Zeit begonnenen.

U. v. 17. XI. 87. R. IX. 619. E. XVI. 393.

2. In der Anstellung eines Auctionators zur Versteigerung von Immobilien ist nicht die Berufung zu einem öffentlichen Amte, resp. zu Handlungen, die nur kraft eines öffentlichen Amtes vorgenommen werden dürfen, enthalten.

U. v. 28. III. 88. R. X. 274. E. XVII. 291.

§ 38.

Das Pfandleihgewerbe besteht begrifflich ausschließlich in dem Verleihen von Geld auf Pfänder; der Verkauf von Waaren und Creditirung des Kaufpreises unter Pfandbestellung für den Letzteren gehört nicht hierher.

U. v. 28 IV. 85 R. VII. 257. E. XII. 216.

§ 55.

Die öffentliche Ausspielung selbst erzeugter Gartengewächse fällt selbst dann nicht nothwendig unter den Begriff der Schaustellungen (§ 55 Ziff. 4), wenn sie bei einem öffentlichen Volksfeste erfolgt.

U. v. 8. IV. 86. R. VIII. 269. E. XIV. 89.

§ 56.

Derjenige, welcher ohne obrigkeitliche Erlaubniß Waaren im Umherziehen in der Art feilhält, daß dieselben im Wege der Ausspielung (Lotterie) abgesetzt werden, ist, wenn die Ausspielung öffentlich veranstaltet wurde, ausschließlich nach § 286 des StGB. zu bestrafen. U. v. 15. X. 86. R. VIII. 624. E. XIV. 384.

§ 115.

1. Wenn das Gericht annimmt, daß die Zuwiderhandlung gegen § 115 an verschiedenen Lohnzahlungstagen auf selbständigen Entschlüssen des Arbeitgebers beruht, kann realer Zusammenfluß mehrerer Delicte angenommen werden.

U. v. 13. I. 85. R. VII. 32. E. XII. 102.

U. v. 21. I. 86. R. VIII. 66. E. XIII. 285.

2. Die §§ 115 ff. finden auch auf solche Arbeiter Anwendung, welche nur zu gelegentlichem Nebenverdienst für einen Gewerbetreibenden Arbeit verrichten.

Wenn der Arbeiter seinen baar erhaltenen Lohn auch unmittelbar zum Ankauf von Waaren aus dem Geschäfte des Arbeitgebers verwendet und solche Verwendung üblich geworden ist, so wird dadurch, wenn nicht ein ausdrückliches Abkommen zur Umgehung des Gesetzes vorliegt, eine Strafbarkeit nicht begründet.

U. v. 18. XII. 85. R. VII. 746. E. XIII. 182.

3. Auch selbständige Gewerbeunternehmer, die selbst Gehilfen beschäftigen, welche aber einem andern Unternehmer allein oder doch fast allein Fabrikate oder Halbfabrikate liefern und nicht für das Publikum arbeiten, müssen ausschließlich in Geld ihren Lohn erhalten, wenn sie in wirthschaftlicher Abhängigkeit von ihrem Besteller stehen.

U. v. 21. I. 86. R. VIII. 66. E. XIII. 285.

4. Die Verrechnung von Vorschußzetteln (für Lebensmittel) bei der Lohnzahlung an die Arbeiter fällt auch dann unter das Verbot der Gewerbeordnung, wenn der ganze Lohnbetrag baar aufgezählt, demnächst aber vor Uebergabe des Geldes an den Arbeiter mit Zustimmung desselben der dem Vorschußzettel entsprechende Betrag abgezogen wird. U. v. 20. IV. 86. R. VIII. 304.

5. Das „Creditiren" von Waaren im Sinne des § 115 besteht einerseits in der Uebertragung des Eigenthums der Waare an den Käufer, andererseits in der Begründung des Kaufgeldanspruchs für den Verkäufer. U. v. 11. II. 87. E. XV. 284.

6. Unter Lebensmitteln sind nur Nahrungsmittel, nicht auch Haushaltsartikel zu verstehen.

U. v. 26. IV. 87. R. IX. 289. E. XV. 437.

7. Dadurch, daß einem Werkmeister die Annahme, Entlassung und Auslöhnung der Arbeiter überlassen ist, wird derselbe nicht zum „Gewerbetreibenden."

U. v. 14. VI. 88. E. XVIII. 27.

U. v. 19. X. 88. R. X. 583.

8. Unter die „Anschaffungskosten" des § 115 fallen auch die Transportkosten, nicht aber die dem Arbeitgeber im Hinblick auf dessen Mühewaltung bei der Verabfolgung, auf die Aufbewahrung und Bereithaltung der Lebensmittel, auf die Abnutzung der Geschirr- und Betriebseinrichtungen entstehenden Kosten resp. Verlustentschädigungen.

U. v. 19. XI. 88. R. X. 672. E. XVIII. 224.

§ 119.

1. Unter Abs. 2 fallen, auch ohne ausdrücklich vereinbarten Dienstvertrag, alle jene sog. Haus- oder Heimarbeiter, welche nach Sachlage nur an einen bestimmten Gewerbetreibenden als Arbeitsherrn ihre Arbeiten absetzen können.

U. v. 12. X. 85. R. VII. 569 E. XII. 428.

2. Für das zwischen den sog. Heimarbeitern (Hausindustriellen) und ihrem Arbeitsgeber bestehende Arbeitsverhältniß ist es ohne Belang, daß erstere auch noch für andere Gewerbetreibende beschäftigt waren; jedoch wird ein Arbeitsverhältniß im Sinne des § 119 nicht schon von Fall zu Fall durch jede einzelne Arbeitsbestellung begründet.

U. v. 17. XI. 87. R. IX. 615 E. XVI. 333.

U. v. 13. II. 88. E. XVII. 129.

3. Die Cantinenwirthe, welchen von dem Gewerbetreibenden der Betrieb gestattet wird, können als Beauftragte desselben betrachtet werden, denen das Creditiren von Waaren untersagt ist.

Durch bloßes Nichtverhindern des Creditgebens können Fabrikherrn, welche wissen, daß Cantinenwirthe in ihren Fabriken Waaren creditiren, sich nicht als Mitthäter schuldig machen.

U. v. 7. 14. VI. 88. R. X. 422.

§ 134.

1. Jugendliche Personen, welche in Fabriken ohne Lohn zu ihrer Ausbildung beschäftigt werden, deren Arbeiten jedoch für die Fabrikzwecke verwendet werden, fallen unter den Begriff der Arbeiter und unterliegen den Bestimmungen über Beschäftigung jugendlicher Arbeiter. U. v. 2. XI. 85 R. VII. 635.

2. Die zulässige Arbeitszeit jugendlicher Fabrikarbeiter ist nach deren täglichen Dauer, nicht nach einer Durchschnittsdauer der wöchentlichen Beschäftigung zu beurtheilen.

U. v. 19. XI. 88. R. X. 675 E. XVIII. 261.

§ 135.

1. Die Feststellung, daß in einem gewerblichen Etablissement während eines bestimmten Zeitraumes eine „geringe" Anzahl von Arbeitern beschäftigt war, reicht nicht aus, um das Nichtvorhandensein einer Fabrik zu erweisen. U. v. 10. XI. 85. R. VII. 655.

2. Diejenigen Arbeiter, welche in dem Fabriketablissement Arbeiten verrichten, welche in den Rahmen der zur Herstellung der Erzeugnisse der Fabrik erforderlichen Arbeiten fallen, sind gewerbliche Arbeiter im Sinne des Titel VII der Gewerbeordnung.

U. v. 5. I. 86. R. VIII. 9.

3. Die Annahme, daß jede verbotswidrige Beschäftigung eines einzelnen Arbeiters als eine selbständige Strafthat angesehen werden müsse, ist rechtsirrig.

U. v. 23. III. 86. R. VIII. 214. E. XIV. 32.

4. Auch ein Damenconfektionsgeschäft kann mit Rücksicht auf den Umfang und die Art des Betriebs, sowie auf die Zahl der Arbeiter als eine Fabrik im Sinne der Gewerbe-Ordnung aufgefaßt werden.

U. v. 18 X. 86. R. VIII. 625. E. XIV. 423.

5. Die Entscheidung der Frage, ob ein Fabrikbetrieb vorliegt, hängt ab von der Abwägung der *Gesammtheit* der im Einzelfalle vorhandenen und fehlenden Unterscheidungsmomente.

U. v. 13. XII. 87. R. IX. 720.

6. Es wird vorausgesetzt, daß jugendliche Personen *innerhalb* des die Fabrik bildenden Etablissements beschäftigt werden.

U. v. 18. IX. 88. R. X. 494.

§ 136.

1. Kindern unter 14 Jahren, welche in Fabriken beschäftigt werden, sind täglich zwei Arbeitspausen von je einer halben Stunde zu gewähren.

Die Strafbarkeit des Fabrikanten wegen Uebertretung dieser Vorschrift wird nicht schon durch die Thatsache der Nichtbeobachtung der Pausen begründet; es muß vielmehr noch ein schuldhaftes Verhalten hinzukommen.

U. v. 30. IX. 87. R. IX. 486. E. XVI. 267.

2. Die von dem jugendlichen Fabrikarbeiter außerhalb der Fabrik für die Zwecke derselben aufgewendete Arbeitszeit ist in die gesetzlich zulässige Arbeitszeit einzurechnen. U. v. 10. XI. 87. E. XVI. 305.

§ 146.

1. Ziegeleibesitzer, welche mit einem Ziegelmeister einen Vertrag des Inhaltes schließen, daß der Meister die Herstellung von Ziegelsteinen auf der Ziegelei der Besitzer aus dem von diesen zur Verfügung zu stellenden Material gegen einen bestimmten Accordpreis übernimmt, daß der Meister die Arbeiter anzunehmen und zu bezahlen und die Besitzer gewisse Naturalleistungen für die Arbeiter zu beschaffen haben, können als Gewerbetreibende im Sinne des § 146 Ziff. 2 verantwortlich gemacht werden. Der Ziegelmeister ist in diesem Falle nicht Stellvertreter, sondern Gewerbsgehülfe.

Auch in den Fällen der §§ 149 Ziff. 7 und 150 Ziff. 1. das. ist der Gewerbetreibende die verantwortliche Person.

U. v. 12. III. 86. R. VIII. 165.

2. Wenn § 146 Ziff. 1 der Gew.-O. Gewerbetreibende straft, welche dem § 115 zuwiderhandeln, so trifft er die Gewerbetreibenden im Sinne des § 115 und diesen stellt das Gesetz im § 119 Abs. 1 die daselbst bezeichneten Personen gleich. Es enthält deshalb keine unzulässige analoge Anwendung der Strafvorschrift, wenn sie auf die im § 119 Abs. 1 bezeichneten Personen angewendet wird.

U. v. 22. X. 86. R. VIII. 638.

3. Die Strafandrohung der Ziff. 2 richtet sich auch gegen fahrlässige Zuwiderhandlungen. U. v. 25. II. 87. R. IX. 160.

4. Ruht die gesammte Geschäftsleitung nur in den Händen des einen Geschäftstheilhabers, so ist der andere Theilhaber für die bez. Prohibitivbestimmungen der Gew.-O. strafrechtlich nicht verantwortlich.

U. v. 24. III. 87. R. IX. 189.

5. Der § 28 Abs. 2 des StGB. findet in den Fällen des § 146 der Gew.-O. keine Anwendung. U. v. 3 I. 88. R. X. 9. E. XVII. 38.

6. Durch die landesherrlich (Preußen) erfolgte Bestätigung und Publikation der Statuten einer Actiengesellschaft zum Fabrikbetriebe, erlangen diese Statuten nicht die Eigenschaft einer Rechtsnorm, ihr

Inhalt ist vielmehr als Gegenstand der thatsächlichen richterlichen Feststellung zu betrachten.

Die Verpflichtung des Gewerbetreibenden zur Einhaltung der Schutzbestimmungen ist nicht dahin zu verstehen, daß derselbe stets persönlich die erforderliche Fürsorge bethätigen und in Ausführung bringen muß. U. v. 8. III. 88. R. X. 221.

7. Unter die Strafbestimmung der Ziff. 1 fallen nicht nur die Leistungen an Zahlungsstatt, sondern auch die Leistungen zahlungshalber. U. v. 27. III. 88. R. X. 272. E. XVII. 285.

8. Es wird vorausgesetzt, daß jugendliche Personen innerhalb des die Fabrik bildenden Etablissements beschäftigt werden.

U. v. 18. IX. 88. R. X. 494.

§ 147.

1. Die Verletzung des nach der kgl. bayr. Verordnung vom 21. Juni 1884 den Badern auferlegten Verbotes der Ausübung der inneren Heilkunde ist weder landesrechtlich mit gerichtlicher Strafe bedroht, noch unter die Strafnorm des § 147 Ziff. 1 der RGew.-O. zu subsumiren. U. v. 25. I. 86. R. VIII. 92. E. XIII. 259.

2. Die Bezeichnung als „Homöopath“ kann als Beilegung eines dem Arzte ähnlichen Titels im Sinne des § 147 Ziff. 3 aufgefaßt werden. U. v. 7. I. 87. R. IX. 9. E. XV. 170.

3. Die Reichsgewerbeordnung hat die gewerbsmäßige Ausübung der Geburtshülfe nur den Personen männlichen Geschlechts freigegeben, sofern nur diese Ausübung ohne Beilegung eines Titels im Sinne des § 147 Ziff. 3 erfolgt; Frauenspersonen dürfen, um der Bestrafung aus § 147 Ziff. 1 zu entgehen, das Gewerbe der Geburtshülfe nur dann betreiben, wenn sie ein vorschriftsmäßiges Prüfungszeugniß nach § 30 der Gewerbeordnung erlangt haben.

U. v. 14. I. 87. R. IX. 43. E. XV. 181.

§ 152.

Der § 152 berührt die §§ 8, 16 des preußischen Vereinsgesetzes vom 11. März 1850 nicht, sondern gibt Coalitionsfreiheit nur auf dem Gebiete des gewerblichen Lebens, schlägt aber nicht an, wenn durch politische Vereine, d. h. Vereine, welche Verfassung, Verwaltung oder Gesetzgebung des Staates, die staatsbürgerlichen Rechte der Unterthanen oder internationale Beziehungen der Staaten in ihre Thätigkeit einbeziehen, gewerbliche Zwecke verfolgt werden.

U. v. 10. XI. 87. R. IX. 590. E. XVI. 383.

§ 153.

1. Die Theilnahme an einer Verabredung oder Vereinigung zum Behufe der Erlangung günstiger Lohn- und Arbeitsbedingungen kann nicht nur mittelst ausdrücklicher Beitrittserklärung, sondern auch durch ein der Verabredung oder Vereinigung entsprechendes, dem Zwecke derselben dienendes Handeln erfolgen.

Die Strafbarkeit einer Drohung, welche einen Zwang zur Theilnahme an einer solchen Verabredung bezweckt, ist von der Widerrechtlichkeit des in Aussicht gestellten Uebels unabhängig.

U. v. 19. X. 86. R. VIII. 632 E. XIV. 387.

2. Die Thatbestände in § 153 der Gew.-O. und § 240 des StGB. decken sich nicht; sie stellen daher „mehrere Strafgesetze" im Sinne des § 73 des StGB. dar. U. v. 2 XI. 88. R. X. 619.

XVI. Vereins-Zollgesetz vom 1. Juli 1869.

§ 12.

1. Die Frage, unter welche Tarifposition eine Waare gehöre, die unter Hinterziehung der Zollgebühren eingeführt wurde, ist der Entscheidung des Strafrichters nicht entzogen, wenn dieser einer solchen Feststellung zur Bemessung der Strafe bedarf. Wenn ein Gegenstand im amtlichen Waarenverzeichniß nicht ausdrücklich bezeichnet ist, gehört die Feststellung der entsprechenden Tarifposition zur Aufgabe des Thatrichters. U. v. 29. I. 85. R. VII. 57. E. XII. 1.

2. Die dem amtlichen Waarenverzeichnisse zum Vereinszolltarife vorgedruckten sog. Instructionspunkte sind ordnungsmäßig erlassene und publicirte Beschlüsse des Bundesrathes und gilt insbesondere der Instructionspunkt III als ein Bestandtheil des im § 12 des Vereinszollges. gedachten, für das Verständniß des Vereinszolltarifes nach § 3 daselbst entscheidenden Waarenverzeichnisses. Die Anordnung dieses Instructionspunctes III fällt inhaltlich in die Befugnisse des für die Ausführung des Zolltarifes berufenen Bundesrathes.

U. v. 8 II. 86. E XIII. 321.

§ 16.

Die deutsche auf dem Schweizer Centralbahnhofe in Basel errichtete Zollabfertigungsstelle ist auf Grund der mit der Schweiz abgeschlossenen, vom Reichskanzler genehmigten Uebereinkunft vom 3. August 1873 mit Bezug auf die Verzollung und den Uebergang der Waaren als Inland anzusehen und stellt sich diese Uebereinkunft als eine der reichsgesetzlichen Regelung nicht bedürfende Anordnung zur Ausführung des Zollgesetzes dar.

U. v. 19. XI. 88. R. X. 669. E. XVIII. 241.

§ 44.

Für die Verletzung eines zollamtlichen Verschlusses ist derjenige Waarenführer verantwortlich, welcher die Waare am Bestimmungsort zur Schlußabfertigung vorlegt. Im Eisenbahnverkehre hat jeder Angestellte die Function eines Wagenführers, welcher Namens der Bahnverwaltung den zollpflichtigen Gegenstand vorschriftsmäßig in Verwahrung hat. U. v. 17. II. 85. R. VII. 122. E. XII. 11.

§ 124.

Soweit der stehende Gewerbebetrieb eines im Grenzbezirke wohnhaften Gewerbetreibenden der Buchcontrole unterworfen ist, erstreckt sich die Controle auf alle aus dem Aus- und Inlande bezogenen Waaren, ohne Unterschied, ob dieselben in den Grenzbezirk eingebracht sind oder nicht.

U. v. 28. X. 87. R. IX. 528. E. XVI. 254.

§ 134.

1. Die unter unbefugter Benutzung des einer andern Person ertheilten Erlaubnißscheines erschlichene Vieheinfuhr enthält außer der Zuwiderhandlung gegen die Einfuhrverbote auch noch den Thatbestand der Contrebande. U. v. 11. XI. 86. R. VIII. 697.

2. Mitthäterschaft an einem nach § 134 des Vereinszollges. bezw. § 328 des StGB. strafbaren Unternehmen wird dadurch nicht ausgeschlossen, daß der Beschuldigte bei dem Hinüberschaffen über die Grenze unmittelbar nicht thätig gewesen ist.

U. v. 11. I. 87. R. IX. 33.

3. Der Grundsatz von der ausschließlichen Anwendung des härteren Strafgesetzes greift auch für den Fall Platz, daß neben der Confiscation aus § 134 aus § 328 des StGB. Gefängnißstrafe zu verhängen ist.

U. v. 2. XI. 88. R. X. 619. E. XVIII. 174.

§ 135.

1. Wenn die Zollfreiheit einer eingeführten Waare (Oel) von der vorschriftsmäßigen amtlichen Denaturirung abhängig ist, so erfüllt die Täuschung des Beamten durch Lieferung eines ungeeigneten Denaturirungsmittels den Thatbestand der Zolldefraude.

U. v. 16. I. 85. R. VII. 37. E. XI. 366.

2. Das über eine Zolldefraudation erkennende Gericht ist nicht gehindert, festzustellen, daß eine zollpflichtige Waare eingeführt wurde, wenn auch die Beschaffenheit der Waare gänzlich unbekannt blieb. In diesem Fall kann nur auf Confiscation der Waare bezw. der hierfür substituirten Geldsumme, nicht aber auf Strafe, sei es nach einem Maximal-, sei es nach einem Minimaltarifsatz erkannt werden.

U. v. 7. VI. 86. R. VIII. 433. E. XIV. 195.

§ 136.

1. Als „Gewerbetreibende" im Sinne § 136 Ziff. 1[a] sind auch Gewerbsgehülfen anzusehen, welche im Gewerbe des Principals Functionen ausüben, die sich als Betrieb des speciellen Gewerbes darstellen und daher die Sachkenntniß und Erfahrung, welche der Betrieb des Gewerbes bedingt, mithin auch, insoweit die gewerbsmäßige Waareneinfuhr in Betracht kommt, die Kenntniß der zollgesetzlichen Vorschriften voraussetzen lassen.

U. v. 5. VI. 85. E. XII. 241.

U. v. 23. V. 87. R. IX. 330. E. XVI. 109.

2. Die vertragsmäßig im Auslande errichtete Zollabfertigungsstelle ist in zollamtlicher Beziehung als Inland anzusehen und bildet die Zollgrenze. U. v. 19. III. 86. R. VIII. 194. E. XIII. 410.

3. Der Legitimationsschein (aus § 119 des Vereinszollges.) kann anderen Personen, die den Transport im Auftrage der in dem Scheine namhaft gemachten Person ausführen, als vorschriftsmäßiger Ausweis nicht dienen. U. v. 7. I. 87. E. XV. 156.

4. Zur Beseitigung der nach § 136 Ziff. 5[d] des Vereinszollges. obwaltenden Vermuthung genügt nicht der Nachweis des Transportirenden, daß er die Gegenstände vor Beginn des Transports in seinem Besitz gehabt habe. U. v. 29. III. 87. R. IX. 209.

5. Der § 136 Ziff. 7 findet in Fällen der Contrebande ebenso wie der Defraudation Anwendung; er setzt nicht voraus, daß im Grenzbezirke der Zollausweis nicht geführt werden könne.

U. v. 28. X. 87. R. IX. 528. E. XVI. 254.

6. Der § 136 Ziff. 5[d] versteht unter „Zollausweis", soweit ein Transport verbotener Waaren in Frage ist, den in § 119 Abs. 1 vorgeschriebenen Legitimationsschein, findet mithin in Fällen der Contrebande ebenso wie der Defraudation Anwendung.

U. v. 28. X. 87. R. IX. 535.

7. Das Vorhandensein einer Zolldefraudation wird nicht dadurch ausgeschlossen, daß eine Waare mit unrichtiger Declaration der Zollbehörde zur Revision vorgelegt wird. U. v. 1. XII. 87. E. XVII. 1.

8. Die §§ 136, 137 des Vereinszollges. finden auf die Beeinträchtigung österreichisch-ungarischer Ein- oder Ausgangsabgaben keine Anwendung. U. v. 3. I. 88. R. X. 12. E. XVII. 35.

9. Der Begriff des „Innehalten des Weges" nach Ziff. 5 b umfaßt auch das Innehalten des Anfangsortes dergestalt, daß bei einer Veränderung desselben ein Innehalten nicht stattfindet.
U. v. 21. IX. 88. R. X. 509. E. XVIII. 92.

10. Personen, welche zollpflichtiges Getreide auf Privattransitlager liegen haben, und das mit Begleitschein I abgefertigte Getreide statt an die angezeigte, unter Zollcontrole stehende Adresse in den freien Verkehr gelangen lassen, sind auch dann wegen Zolldefraudation strafbar, wenn sie dafür an die unter Zollcontrole stehende Adresse eine gleiche Quantität nicht zollpflichtiges, inländisches Getreide abfertigen. U. v. 29. X. 88. R. X. 600. E. XVIII. 231.

§ 137.

1. Rechtsirrig ist die Annahme, daß zur Ausschließung der Defraudationsstrafe im Falle des § 137 Ziff. 2 der Nachweis, daß der Frachtführer eine Zollhinterziehung nicht beabsichtigt habe, nicht genüge, daß vielmehr darzuthun sei, es sei eine Defraude überhaupt auf keiner Seite, also namentlich auch nicht von dem Aussteller des Frachtbriefes, beabsichtigt gewesen.
U. v. 22. V. 85. R. VII. 324. E. XII. 212.
U. v. 19. III. 86. R. VIII. 194. E. XIII. 410.
U. v. 14. X. 86. R. VIII. 614.

2. Abs. 2 legt dem Angeschuldigten keine formelle Beweislast auf. Der Beweis kann in Angaben des Angeschuldigten gefunden werden.
U. v. 27. IX. 87. R. IX. 468.

§ 146.

1. Die Rechtsvermuthung, welche der Abs. 2 für die Verbindung mehrerer Personen zur gemeinschaftlichen Ausübung von Contrebanden oder Defraudationen aufstellt, ist nicht von der Voraussetzung abhängig, daß diese Personen von Aufsichtsbeamten auf frischer That betroffen worden sind. U. v. 13. III. 85. E. XII. 106.

2. Rückfall liegt vor, wenn der wegen gemeinschaftlicher Ausführung einer Contrebande oder Defraudation Verurtheilte aufs Neue

wegen einer solchen in Gemeinschaft mit Anderen begangenen Uebertretung straffällig wird; daß die Bande beidemale aus denselben Personen bestehen müsse, wird nicht erfordert.

U. v. 22. II. 86. R. VIII. 130. E. XIII. 362.

3. § 146 findet gegen Gehülfen, welche sich mit den Thätern zur gemeinsamen Ausübung der Contrebande verbunden haben, ebenso wie gegen die Thäter selbst Anwendung.

U. v. 11. I. 87. R. IX. 33.

4. Der Anstifter einer von drei oder mehreren Personen gemeinschaftlich ausgeführten Contrebande kann als Anführer im Sinne des § 146 nur dann angesehen werden, wenn er persönlich bei der Ausführung mitgewirkt hat. U. v. 3. I. 88. R. X. 6.

5. Gegen Personen, gegen welche die Begehung einer Zolldefraudation lediglich auf Grund der Vermuthungen des § 136 angenommen wird, kann die Verübung in Bande nicht festgestellt werden; diese setzt vielmehr ein bewußtes und gewolltes, auf complottmäßiger Verbindung beruhendes Zusammenwirken zu einer unter § 135 fallenden Defraudation voraus.

U. v. 25. IV. 88. R. X. 328. E. XVII. 388.

6. Bei Idealconcurrenz eines Vergehens aus § 328 des StGB. mit einem Vergehen gegen § 146 des Vereinszollges. tritt Häufung der aus beiden Vorschriften zu verhängenden Freiheitsstrafen ein.

U. v. 2. XI. 88. R. X. 619. E. XVIII. 174.

§ 148.

Diese Bestimmung bezieht sich, soweit nicht ein Zollkartell zwischen In- und Ausland besteht, nur auf den Widerstand gegen inländische Beamte. U. v. 11. I. 87. R. IX. 33.

§ 153.

Die subsidiäre Haftung für Strafe u. s. w. in Zollstrafsachen erscheint als Strafübel und ist im Strafverfahren zu erledigen.

U. v. 23. V. 87. R. IX. 330. E. XVI. 109.

§ 155.

1. Für den an Stelle der Confiscation zu erkennenden Werthersatz sind Gehülfen wie Thäter solidarisch verhaftet.

U. v. 11. I. 87. R. IX. 33.

2. Der Werth der der Confiscation verfallenen, nicht verzollten Waaren ist bei unausführbarer Confiscation nicht principiell auf den

inländischen Werth nach erfolgter Verzollung festzustellen, sondern nach den thatsächlichen Umständen, und ist die Entscheidung, wenn dies geschehen ist, durch Revision nicht anfechtbar.

U. v. 2. I. 88. R. X. 1.

3. Auf Erlegung des Werths der contrebandirten Gegenstände ist nicht zu erkennen, wenn dieselben nach Beschlagnahme und Unterbringung bei einem Dritten gestohlen sind.

U. v. 3. I. 88. R. X. 6.

4. In Betreff der Begünstigung und Beihülfe hierzu kommen die betreffenden Bestimmungen des RStGB. §§ 257 und 49 in Anwendung, und ist hiernach die Verhängung der in den §§ 149 und 155 des Vereinszollges. vorgesehenen Confiscation resp. Werthserhebung ausgeschlossen. U. v. 12. X. 88. R. X. 567, E. XVIII. 191.

§ 156.

Die Beschlagnahme contrebandirter Gegenstände begründet für den Fiscus sofortiges, jedoch resolutiv bedingtes Eigenthum; das Eigenthum fällt weg, wenn in dem geordneten Verfahren festgestellt ist, daß die Gegenstände der Confiscation nicht unterliegen.

Neben dem Eigenthumsübergange bestehen die Wirkungen der Beschlagnahme so lange fort, als letztere von der Behörde nicht aufgehoben ist. U. v. 4. V. 86. R. VIII. 339. E. XIV. 112.

§ 158.

1. Auf die im § 135 angedrohte Geldbuße ist auch dann zu erkennen, wenn durch die Defraudationshandlung zugleich ein anderes Strafgesetz verletzt ist, welches eine schwerere Strafe enthält.

U. v. 24. XI. 85. R. VII. 697. E. XIII. 69.

2. Beim Zusammentreffen einer Defraudation mit anderen strafbaren Handlungen kommt unbedingt zugleich mit der concurrirenden Strafe die Zolldefraudationsstrafe zur Anwendung, und zwar die volle dergestalt, daß auch auf die Strafschärfungen nach Maßgabe der §§ 140, 141, 146 zu erkennen ist.

U. v. 3. V. 87. R. IX. 296. E. XVI. 58.

§ 161.

Es wird nur eine erhebliche Erschwerung der Amtsausübung, nicht deren völlige Vereitlung vorausgesetzt.

U. v. 6. II. 85. R. VII. 92.

§ 164.

Die dreijährige Verjährungsfrist erstreckt sich auf sämmtliche Defraudationsfälle, auch auf solche, welche wegen der unter 150 M. bleibenden Höhe der angedrohten Geldstrafe nur als Uebertretungsfälle im Sinne des § 1 des StGB. erscheinen.

U. v. 7. I. 86. R. VIII. 14. E. XIII. 223.

XVII. Gesetz vom 11. Juni 1870, betr. Urheberrecht an Schriftwerken etc.

§ 1.

Das Recht des Urhebers an Zeichnungen, welche im Auftrage des Eigenthümers einer Fabrik zur Ausführung technischer Einrichtungen derselben angefertigt worden sind, steht dem Verfertiger derselben zu. U. v. 8. III. 87. E. XV. 405.

§ 3.

Dem Autor steht zu, bei Uebertragung seines Urheberrechts die Weiterveräußerung auszuschließen.

Die Zustimmung des Urhebers zur Weiterveräußerung ist nicht erforderlich, es sei denn, daß aus dem Vertrage oder aus sonstigen Umständen sich ausreichender Anhalt für die Annahme ergibt, daß das übertragene Recht an der Person des Erwerbers haften soll.

U. v. 6. IV. 88. R. X. 281. E. XVII. 268.

§ 4.

1. Das Abschreiben gilt als Vervielfältigung, wenn es in mehr als einem Exemplare zum Zwecke der Verbreitung und mit Verletzung der Interessen des Berechtigten geschieht. Als Verbreitung gilt auch die Aufführung eines Musikwerkes vor einem größeren Publikum, wie im Theater.

U. v. 25. III. 86. R. VIII. 226. E. XIV. 46.

2. Daß der Redacteur einer Zeitschrift Artikel aus einer anderen Zeitschrift entnimmt, welche denselben selbst unbefugt nachgedruckt hat, schließt den Begriff des fahrlässigen Nachdrucks nicht aus.

U. v. 1. IV. 86. R. VIII. 240. E. XIV. 67.

3. Der Schutz des Urheberrechtes beschränkt sich nicht auf eine erstmalige Ausgabe des Werkes, sondern umfaßt auch spätere „Ausgaben“ und „Auflagen“.

Die Grenze zwischen theilweisem Nachdrucke und erlaubter Entlehnung bestimmt sich nicht nur nach räumlichen Grenzen, sondern zunächst nach den Umständen, insbesondere dem Zwecke der Anführung.
U. v. 21. XI. 87. E. XVI. 352.

4. Ein Adreßbuch kann Gegenstand eines strafbaren Nachdrucks sein, insoweit, als es sich als ein Product einer, wenn auch geringen, individuellen geistigen Arbeit seines Urhebers darstellt.
U. v. 2. I. 88. E. XVII. 195.

5. Die unbefugte Vervielfältigung einer von dem hierzu Berechtigten hergestellten Lotteriegewinnliste, deren Anfertigung nicht eine bloß mechanische, sondern selbständige geistige Thätigkeit erfordert, ist als Nachdruck zu beurtheilen. U. v. 21. XII. 88. R. X. 728.

§ 7.

1. Der Nachdruck von Zeitungsinseraten ist nicht als strafbarer Nachdruck anzusehen.
U. v. 11. VII. 85. R. VII. 488. E. XII. 359.

2. Für die Frage, ob der Abdruck einer Schrift als Theil einer anderen größeren als die Aufnahme einer Schrift von geringerem Umfang in ein größeres, ein selbständiges wissenschaftliches Werk bildendes Ganzes anzusehen ist, ist nicht entscheidend, ob die abgedruckte Schrift sich zum selbständigen Erscheinen eigne oder ob das Interesse des ersten Verlegers geschädigt werde, wohl aber, ob die ältere Schrift mit der neueren in eine organische Verbindung gebracht ist, welche den Abdruck gerade dieses Werkes als ein Bedürfniß zur Erreichung des verfolgten wissenschaftlichen Zweckes erscheinen läßt.
U. v. 25. III. 86. R. VIII. 223.

3. Kalender gehören zu den periodischen Werken, nicht aber zu den Zeitschriften und andern öffentlichen Blättern im Sinne des § 7 lit. b. U. v. 1. IV. 86. R. VIII. 240. E. XIV. 67.

4. Als „novellistische Erzeugnisse“ können Erzählungen betrachtet werden, welche in auf selbständiger geistiger Schöpfung beruhenden Werken erzählender Prosadichtung bestehen.

Die Schutzberechtigung des in einer Zeitung veröffentlichten novellistischen Erzeugnisses ist nicht dadurch bedingt, daß an der Spitze derselben der Abdruck untersagt ist. U. v. 17. XI. 86. E. XV 59.

5. Mit dem Ausdrucke „zu einem eigenen literarischen Zwecke“ will zunächst die Zugehörigkeit der Arbeit zu einer besonderen und eigenthümlichen Gattung von Producten im Gebiet der Literatur bezeichnet werden; es gehört aber zu diesem mehr äußerlichen Mo-

mente das weitere, daß das Werk sich als Product einer eigenen geistigen Thätigkeit herausstelle.

Einzelne Lieferungen einer solchen Sammlung stehen dann nicht unter dem der Sammlung als solcher gewährten besonderen Schutze, wenn sie selbständig verkauft werden.

U. v. 21. XI. 87. E. XVI. 352.

§ 18.

1. Die in ein und derselben Person zusammentreffenden Verschuldungen der Veranstaltung und der Verbreitung eines rechtswidrig nachgebildeten Kunstwerkes schließen sich insofern gegenseitig aus, als der Veranstalter die Verbreitung von vornherein bei der Veranstaltung vor Augen haben muß und ohne Verbreitung nicht zu dem durch die Veranstaltung verfolgten Ziele gelangen kann.

U. v. 22. XII. 84. E. XI. 333.

2. Als Veranstalter strafbaren Nachdruckes erscheint sowohl derjenige, für dessen Rechnung der Nachdruck hergestellt wird, wie derjenige, welcher den sonst erforderlichen geschäftlichen Apparat und die sonst erforderlichen technischen Anstalten für die Herstellung hergibt.

U. v. 2. II. 85. E. XII. 34.

3. Wegen Nachdrucks wird bestraft: 1. als Veranstalter der Unternehmer, welcher den Nachdruck herstellt oder herstellen läßt, um denselben zu verbreiten, gleichviel ob für eigene oder fremde Rechnung; 2. als Mitveranstalter, wer bei dieser Herstellung mitthätig und dessen Wille auf die Veranstaltung als eigene That gerichtet ist; 3. als Veranlasser, wer vorsätzlich oder aus Fahrlässigkeit einen Anderen zur Veranstaltung bestimmt; 4. als Gehülfe nur derjenige, welcher wissentlich zu einem vorsätzlich unbefugten Nachdrucke Hülfe leistet.

U. v. 22/25. VI. 86. R. VIII. 474. E. XIV. 236.

4. Dem Antrage des Verletzten auf Buße muß stattgegeben werden, sofern kein Hinderniß entgegensteht, welches nach den Grundsätzen und dem Zwecke des Gesetzes als solches gelten kann.

In der Unsicherheit der Schätzung des Schadensbetrages ist ein solches Hinderniß nicht zu finden.

U. v. 9. III. 88. R. X. 224. E. XVII. 190.

§ 21.

1. Wenn der im Wege der öffentlichen Klage gestellte Einziehungsantrag abgewiesen wird, so fallen die Kosten in der Regel der Staatskasse zur Last.

Die theilweise Einziehung im Falle theilweisen Nachdrucks findet auch dann Anwendung, wenn in Folge der Aussonderung des als Nachdruck erkannten Theils der organische Zusammenhang des Werkes zerrissen ist, vorausgesetzt, daß nicht äußere mechanische Gründe der Ausscheidung entgegenstehen.

U. v. 15. V. 85. R. VII. 297. E. XII. 198.

2. Die Kosten eines Verfahrens auf Einziehung von Nachdrucksexemplaren in Gemäßheit des § 42 des StrGB. fallen der Staatskasse zur Last und können, wenn auf Einziehung selbständig erkannt wird, nicht demjenigen aufgelegt werden, welcher nach § 478 Abs. 2 der StPrO. zum Termine in diesem Verfahren geladen worden ist.

U. v. 29. X. 85. E. XIII. 19.

3. Wenn der Verfasser einem Andern das unbeschränkte Verlagsrecht auf eine bestimmte Zeitdauer übertragen hat, so sind die innerhalb dieser Frist hergestellten, wenn auch bei Beendigung des Verlagsrechtes noch nicht verkauften Exemplare kein Nachdruck, und unterliegen der Einziehung nicht.

U. v. 28. VI. 86. R. VIII. 495. E. XIV. 267.

§ 25.

Die §§ 18 Abs. 2, 20, 25 des Ges. berücksichtigen auch den strafrechtlichen Irrthum, sofern er entschuldbar ist.

U. v. 15. IV. 87. R. IX. 236. E. XV. 419.

U. v. 21. X. 87. R. IX. 520.

§ 28.

1. Der Verfasser des in einer Zeitung veröffentlichten novellistischen Erzeugnisses ist berechtigt, Strafantrag wegen Nachdrucks desselben zu stellen. U. v. 17. XI. 86. E. XV. 59.

2. In Nachdrucksachen kann der Vertreter einer verletzten Firma Namens dieser Strafantrag stellen. Ob ein Procurist berechtigt ist, Strafantrag zu stellen, ist Frage der thatsächlichen Beurtheilung, ob dies nicht gegen den Willen seiner Vollmachtgeber läuft, und ob er nach der ihm ertheilten Vollmacht ein gewisses Vermögensobject nach allen Richtungen hin verwalten und schützen soll.

U. v. 13. XII. 86. R. VIII. 754. E. XV. 144.

§ 33.

Die Ablieferung der rechtswidrig hergestellten Nachbildung eines Gemäldes von Seiten des Verfertigers an den Veranstalter jener kann als eine den Lauf der Verjährung begründende Verbreitung nicht in Betracht kommen. U. v. 22. XII. 84. E. XI. 333.

§ 36.

Der Antrag auf Einziehung der Nachdrucks-Exemplare ist mit jenem auf Strafverfolgung nicht identisch und hat einen vorherrschend civilrechtlichen Charakter.

U. v. 14./21. I. 86. R. VIII. 72. E. XIII. 324.

§ 43.

Zeichnungen, welche im Auftrage des Eigenthümers einer Fabrik zur Ausführung technischer Einrichtungen angefertigt worden sind, genießen den gesetzlichen Schutz gegen Nachbildung, wenn dieselben nicht bloße Bauzeichnungen, und in ihrer Eigenschaft als technische, nicht als Kunstwerke zu betrachten sind.

U. v. 8. III. 87. E. XV. 405.

§ 62.

Der Schutz des literarischen Eigenthums gegen Nachdruck rc. zwischen Elsaß-Lothringen und Frankreich ist nicht erst durch die Einführung des deutschen Nachdruckgesetzes in Elsaß-Lothringen mit dem Einf.-Ges. vom 27. Jan. 1873 erfolgt, sondern war schon vorher durch art. 18 der am 11. Decbr. 1871 abgeschlossenen Zusatz-Convention zum Friedensvertrage vom 10. Mai 1871, wonach die zwischen Bayern und Frankreich abgeschlossene Literar-Convention vom 24. März 1865 vorläufig auf Elsaß-Lothringen angewandt werden sollte, geregelt, an deren Stelle nunmehr der art. XI der zwischen Deutschland und Frankreich getroffenen Uebereinkunft vom 19. April 1883 getreten ist. Diesen Conventionen kommt übrigens keine rückwirkende Kraft auf die früher abgeschlossenen Verlags-Verträge zu.

U. v. 5. XI. 87. R. IX. 559.

XVIII. Reichsgesetz vom 28. October 1871 über das Postwesen des Deutschen Reichs.

§ 1.

Es ist nicht untersagt, eine größere Anzahl von Briefen in einem Packet vereinigt, durch die Post zu verschicken. Wird ein solches Packet nicht durch die Post verschickt, so gilt als defraudirtes Porto das nach dem Gewicht des Packets zu berechnende Packetporto.

U. v. 7/14 II. 87 R. IX. 116 E. XV. 328.

2. Schriftstücke, welche Mittheilungen an den Adressaten enthalten, sind Briefe, welche verschlossen nur durch die Post befördert werden dürfen. Als Verschluß kann je nach den Umständen eine das Abstreifen nicht gestattende geknotete Umschnürung gelten. Die gleichzeitige Versendung eines solchen Packets mit anderen Collis durch die Eisenbahn, ohne daß das Packet in ein Colli verpackt ist, kann nicht als Beifügung im Sinne des § 1 Abs. 3 betrachtet werden.

U. v. 15. X. 87. R. IX. 506 E. XVI. 284.

3. Einer Privatpostanstalt ist nicht gestattet, gegen Bezahlung verschlossene Briefe zur Beförderung von einem mit Poststelle versehenen Orte an einen andern Ort mit Poststelle zu übernehmen; dieselben gesammelt als Packete u. dgl., wenn auch durch die Post, an eine mit ihr in Verbindung stehende Person oder Anstalt an jenem anderen Orte zu versenden und dort den Adressaten zustellen zu lassen.

U. v. 2. VII. 88. R. X. 459. E. XVIII. 45.

§ 27.

Das defraudirte Porto ist derjenige Portosatz, welcher für Frankatur eines Briefes zu entrichten gewesen wäre, wenn derselbe durch die Post statt in verbotener Weise befördert worden wäre. Das erhöhte Porto für nicht frankirte Briefe kommt ebensowenig in Betracht, als eine Frankaturmarke, welche für Beförderung am Wohnorte des Adressaten aufgeklebt war.

Auch können bei Bemessung der Strafe Eventualitäten nicht berücksichtigt werden, wie der Defraudant verfahren sein würde, wenn er die postzwangspflichtige Sendung, anstatt auf andere Weise, durch die Post befördert hätte.

U. v. 27. IX. 86. R. VIII. 563. E. XIV. 332.

XIX. Auslieferungsvertrag zwischen dem Deutschen Reiche und Großbritannien vom 14. Mai 1872.

Die Verletzung des Art. 7 dieses Vertrages kann als Verletzung einer Rechtsnorm im Wege der Revision gerügt werden.

Die Strafverfolgung von Angehörigen des Deutschen Reichs, welche nach Deutschland ausgeliefert sind, ist unstatthaft, soweit es sich um Strafthaten handelt, welche vor der Auslieferung begangen sind, wenn nicht eben wegen derselben die Auslieferung erfolgt ist.

U. v. 22. IX. 85. R. VII. 525 E. XII. 381.

XX. Gesetz vom 31. Mai 1872 wegen Erhebung der Brausteuer.

§ 3.

Die im § 3 belassene Steuerfreiheit trifft nur dasjenige Quantum versteuerbarer Stoffe, welches bei Versteuerung einer größeren Menge den Steuerbetrag um noch nicht 5 Pfg. vermehren würde; die Vorschrift greift aber nicht auch dann Platz, wenn überhaupt das Gewicht der zum Brauen verwendeten Stoffe den gedachten Steuerwerth hat.
U. v. 21. XI. 85. R. VII. 688.

§ 27.

1. Für die Erfüllung der im Brausteuergesetz auferlegten, zur Erleichterung der steuerlichen Controle dienenden Verpflichtungen sind die zur Entrichtung der Brausteuer verpflichteten, die Brauerei als Gewerbe treibenden Personen strafrechtlich verantwortlich. Sie können ihre Verantwortlichkeit nicht durch Bestellung eines Braumeisters beseitigen. U. v. 9. IV. 86. R. VIII. 274.

2. Die §§ 27, 32 finden nicht bloß gegen den Leiter der Brauerei, sondern gegen Jeden Anwendung, welcher steuerpflichtige Stoffe, ohne daß deren Anmeldung erfolgt ist, zum Brauen verwendet.
U. v. 22. X. 86. R. VIII. 638. E. XIV. 392.

§ 29.

1. Der Mangel der Defraudationsabsicht schließt auch in den Fällen des § 29, welche der Defraudation gleichgeachtet werden, die Strafe des vierfachen Betrages der vorenthaltenen Abgabe nach § 30 aus. U. v. 23. XI. 85. E. XIII. 133.

2. § 29 Ziff. 2 findet auch dann Anwendung, wenn bei dem Brauer Stoffe der im § 1 unter 5—7 genannten Gattung vorgefunden werden, ohne daß derselbe überhaupt einen bestimmten Aufbewahrungsraum angezeigt hat.
U. v. 15. XII. 85. E. XIII. 176.

3. Das im § 29 Ziff. 1 und 2 bezeichnete Begriffserforderniß, daß die daselbst erwähnten Braustoffe „bei dem Brauer vorgefunden werden", setzt nicht voraus, daß die zu deren Aufbewahrung benutzten Räume dem Brauer eigenthümlich oder zu den unmittelbar dem Braubetriebe dienenden Lokalitäten gehören.
U. v. 12. V. 87. E. XVI. 91.

§ 30.

Brausteuerdefraudationen, deren arithmetisch zu berechnende Strafe 150 Mk. nicht übersteigt, sind Uebertretungen und die Geldstrafen für den Fall der Uneinbringlichkeit in Haft umzuwandeln.

U. v. 3. XII. 88. R. X. 710.

§ 32.

Bei objektiv vorliegender Brausteuerdefraudation schließt das Fehlen der Defraudationsabsicht, wenn solches darauf beruht, daß der Thäter irrthümlich den brausteuerpflichtigen Akt als nicht unter das Brausteuergesetz fallend erachtet hat, den Thatbestand der Defraudation aus. U. v. 4. III. 86. R. VIII. 152. E. XIV. 15.

§ 35.

Derjenige, der zum Brauen Malzsurrogate verwendet, ohne die in § 16 vorgeschriebene Brauanzeige erstattet und die in § 18 vorgeschriebene Generaldeclaration übergeben zu haben, verwirkt neben der Defraudationsstrafe wegen der letztgedachten Unterlassung die Ordnungsstrafe aus § 35 Abs. 2 Ziff. 1.

U. v. 18. III. 87. R. IX. 186. E. XV. 367.

§ 37.

Die Bestimmung in Abs. 2 hindert nicht, unter Umständen auch bez. der einzelnen Defraudations-Fälle ein fortgesetztes Delict anzunehmen, und für sie eine Einheitsstrafe zu bemessen.

U. v. 5. V. 87. R. IX. 299.

§ 40.

Die Strafverfolgung unterliegt dann, wenn objectiv Brausteuerdefraudation vorliegt, wegen fehlender Defraudationsabsicht aber in Gemäßheit von § 32 des Brausteuergesetzes nur eine Ordnungsstrafe nach Vorschrift des § 35 dieses Gesetzes stattfindet, der einjährigen Verjährung. U. v. 4. III. 86. R. VIII. 152. E. XIV. 15.

XXI. Militär-Strafgesetzbuch vom 20. Juni 1872.

§ 19.

Wenn Civilgerichte nach Maßgabe des Militär-StGB. auf gelinden Arrest zu erkennen hätten, so tritt an dessen Stelle Haft.

U. v. 5. XII. 87. R. IX. 690. E. XVI. 433.

§ 114.

Das Borgen von Geld von Untergebenen ist nach § 114 strafbar, auch wenn kein besonderer Mißbrauch der Dienstgewalt stattgefunden hat. U. v. 5. XII. 87. R. IX. 690. E. XVI. 433.

§ 117.

Die unterlassene Meldung der dem Vorgesetzten im Wege der Beschwerde kundgegebenen strafbaren Handlungen fällt nicht unter § 147, sondern unter § 117.

U. v. 4. IV. 87. R. IX. 227. E. XV. 382.

XXII. Reichs-Militärstrafgesetzbuch vom 2. Mai 1874.

§ 38.

1. Der Militärgerichtsstand und die Anwendbarkeit der Militärgesetze für die zur Ergänzung des Heeres aus der militärpflichtigen Mannschaft Ausgehobenen beginnt mit dem Zeitpunkt, wo sie zur Einstellung in einen bestimmten Truppentheil von Seiten der Ersatzbehörde dem zu ihrem Empfange beauftragten Kommando übergeben werden. U. v. 10. III. 85. E. XII. 85.

2. Die zum Dienst einberufenen Landwehrmannschaften stehen, gleichviel, ob der Dienst längere oder kürzere Zeit gedauert hat, also auch bei bloßen Controlversammlungen, bis zum Ablaufe des Tages, an welchem ihre Entlassung aus diesem Dienste erfolgt, unter den Militärgesetzen. U. v. 30. VI. 85. R. VII. 441. E. XII. 319.

XXIII. Preßgesetz vom 7. Mai 1874.

§ 6.

1. Druckschriften dienen nur dann den Zwecken des Gewerbes im Sinne des § 6, wenn sie denselben ausschließlich dienen und dies sofort aus der Druckschrift erkennbar ist. Das Motiv des Verlegers u. s. w. ist ohne Belang. U. v. 24. VI. 86. R. VIII. 483. E. XIV. 279.

2. Das bloße Verbreiten einer Druckschrift, auf welcher Drucker und Herausgeber nicht benannt sind, ist nicht strafbar.

U. v. 28. XI. 87. R. IX. 668. E. XVI. 409.

§ 7.

Der Begriff der Zeitung oder Zeitschrift wird ausschließlich durch das periodische Erscheinen bestimmt, ohne daß es darauf an=

kommt, ob dieselbe nur eine bestimmte Zeit oder dauernd erscheinen soll. U. v. 24. VI. 86. R. VIII. 483. E. XIV. 279.

§ 13.

Wenn die im § 13 bezeichneten Correspondenzen mittels der Buchdruckerpresse vervielfältigt werden, sind sie von den für periodische Druckschriften getroffenen Bestimmungen nicht befreit.

U. v. 20. I. 85. E. XI. 406.

§ 17.

1. Auch die auszugs- oder theilweise Veröffentlichung des amtlichen Schriftstückes fällt unter das Gesetz. Auf die wortgetreue Wiedergabe des Inhaltes kommt es nicht an. Eine Kritik des Schriftstückes kann sich als strafbare Veröffentlichung darstellen.

U. v. 31. III. 85. R. VII. 214.

2. Zur Verübung des Preßvergehens, welches in §§ 17, 18 Ziff. 1 mit Strafe bedroht ist, genügt eventueller Dolus. Auf dieses Delict findet jedoch auch die Präsumtion der Thäterschaft seitens des Redacteurs einer periodischen Druckschrift, wenn dieselbe nicht durch besondere Umstände ausgeschlossen ist, Anwendung.

U. v. 27. IX. 86. R. VIII. 560.

3. Anklageschriften dürfen nur nach Beendigung des Verfahrens veröffentlicht werden. Auch Auszüge aus amtlichen Schriftstücken des Strafprocesses, welche wesentliche Bestandtheile derselben mittheilen, dürfen nicht vor der Zeit veröffentlicht werden und ist es gleichgültig, ob dieselben unmittelbar oder mittelbar den Schriftstücken entnommen sind. Wenn der Thäter solche Mittheilungen in verschiedenen Zeitschriften zur Veröffentlichung gebracht hat, schließt die Bestrafung wegen der einen Veröffentlichung nicht die wiederholte Bestrafung wegen einer anderen Veröffentlichung aus.

U. v. 27. IX. 86. R. VIII. 570. E. XIV. 342.

4. An dem Verbote der Veröffentlichung der Anklageschrift eines Strafprocesses durch die Presse ist dadurch nichts geändert, daß nach der Reichsstrafproceßordnung die Anklageschrift in der Hauptverhandlung nicht mehr verlesen oder sonst kundgegeben wird.

U. v. 27. IX. 86. E. XIV. 340.

5. Für das Verbot der Veröffentlichung amtlicher Schriftstücke eines Strafprocesses mittels der Presse bedingt es keinen rechtlichen Unterschied, ob die Kundgebung derselben in einer unter Ausschluß der Oeffentlichkeit stattgehabten Hauptverhandlung oder in öffentlicher Gerichtssitzung erfolgt ist. U. v. 3. I. 87. E. XV. 253.

§ 18.

Die Angabe eines falschen Verlegers auf einer Druckschrift (§ 6 ist nur strafbar, wenn sie vorsätzlich oder fahrlässigerweise bewirkt wurde. U. v. 17. VI. 87. R. IX. 374. E. XVI. 144.

§ 20.

1. Die Veränderung des vom Redacteur einer periodischen Druckschrift geprüften und gebilligten Textes durch den Drucker kann zu den besonderen Umständen gerechnet werden, die den Redacteur von der Verantwortlichkeit befreien.

U. v. 13. IV. 85. E. XII. 294.

2. Wenn der Redacteur einer periodischen Druckschrift einen Artikel, wozu auch Inserate gehören, in das Blatt aufnimmt, nachdem er dessen strafbaren Inhalt erkannt hat, so kann er nur als Thäter bestraft werden, gleichviel ob der Inserent sich unterschrieben hatte und ob dem Redacteur die Absicht innewohnte, die That zu begehen. U. v. 14. I. 86. R. VIII. 57.

3. Der Mangel an Bildung oder Verstand, welcher den Redacteur eines Blattes hindert, die Tragweite eines von ihm aufgenommenen Artikels zu erkennen, bildet keinen besonderen Umstand, der die strafrechtliche Haftung des Redacteurs als Thäter ausschließt.

U. v. 22. IV. 87. R. IX. 272. E. XVI. 16.

4. Die Rechtsvermuthung, vermöge deren der Redacteur einer periodischen Druckschrift als Thäter zu behandeln ist, darf nicht dazu verwerthet werden, bei der Auslegung mehrdeutiger Redewendungen in einem Artikel der fraglichen Druckschrift behufs Herstellung des Thatbestandes der Beleidigung den beleidigenden Vorsatz zu ergänzen.

U. v. 4. X. 88. E. XVIII. 142.

§ 21.

1. Die Strafe des § 200 des StGB. darf nicht verhängt werden, wenn wegen des im § 21 des Preßgesetzes vorgesehenen Fahrlässigkeitsdelictes erkannt ist.

U. v. 2. II. 86. R. VIII. 107. E. XIII. 319.

2. § 21 findet auch Anwendung auf die in § 13 des Preßgesetzes bezeichneten autographirten und ähnlichen Correspondenzen.

§ 21 ist anwendbar, wenn der Inhalt der Druckschrift den objectiven Thatbestand einer strafbaren Handlung enthält, gleichviel ob die im Gesetz genannten Personen dolos handelten oder nicht.

U. v. 8. XI. 87. R. IX. 572.

3. In Württemberg sind zur Aburtheilung der Fahrlässigkeitsvergehen des § 21 und insbesondere auch der öffentlichen Verbreitung einer Druckschrift strafbaren Inhalts die Schwurgerichte zuständig.

U. v. 29. XI. 88. R. X. 704. E. XVIII. 293.

§ 22.

Die einzelnen successiven Acte, welche durch Verlag und Vertrieb einer Druckschrift bedingt sind, können ohne Rechtsirrthum als eine einzige Handlung angesehen werden.

In diesem Fall beginnt die Verjährung des Preßdelicts mit dem letzten Verbreitungsacte. U. v. 30. IX. 87. R. IX. 483.

XXIV. Gesetz vom 30. November 1874, betr. den Markenschutz.

§ 3.

Die Versagung der Eintragung eines Waarenzeichens, welches ein öffentliches Wappen enthält, bezieht sich nur auf Waarenzeichen, welche ein deutsches öffentliches Wappen enthalten.

U. v. 19. I. 88. R. X. 43. E. XVII. 84.

§ 8.

1. Das auf Schutz eines Waarenzeichens vom Anmeldenden erworbene Recht kann durch diesen auf andere nicht übertragen werden.

Aus dem Umstande, daß ein Gewerbetreibender zum Vertriebe seiner mit geschütztem Zeichen versehenen Waaren einen Generalagenten aufgestellt hat, läßt sich die Berechtigung des Letzteren nicht ableiten, für ersteren Strafantrag wegen Mißbrauchs des Zeichens von Seiten eines Dritten zu stellen.

Ein von einem hierzu nicht Berechtigten gestellter Strafantrag kann durch die nach Ablauf der Antragsfrist erklärte Genehmigung des Berechtigten nicht wirksam werden.

Ueber die Begründung eines behaupteten Rechtes zu rechtzeitig erklärtem Strafantrage sind nach Ablauf der Antragsfrist Erhebungen zulässig. U. v. 2. VII. 85. E. XII. 327.

2. Jeder Gewerbtreibende in Deutschland kann durch die erste Anmeldung das Recht auf ein Waarenzeichen erwerben, gleichviel ob er Producent ist oder mit der Waare handelt, und gleichviel in welchem Rechtsverhältniß er zu dem Producenten steht, auch wenn dieser ein zur Eintragung eines Waarenzeichens nicht berechtigter Ausländer ist.

U. v. 10. XI. 87. R. IX. 593. E. XVI. 312.

§ 14.

1. Dem Strafantragstellenden obliegt nicht der Nachweis rechtzeitiger Stellung seines Antrags. U. v. 15. I. 85. E. XI. 379.

2. Die Vollendung widerrechtlicher Waarenbezeichnung ist davon abhängig, daß die Waare, gleichviel ob sie verpackt ist oder nicht, mit dem auf Täuschung berechneten Zeichen in Verbindung gebracht werde. U. v. 4. III. 86. E. XIII. 388.

3. Der zum Zwecke der Unkenntlichmachung auf eine zur widerrechtlichen Bezeichnung von Waaren benutzte Schutzmarke mittels Stempels aufgedruckten Schrift ist hinsichtlich der Markenrechtsverletzung keine Bedeutung beizumessen. U. v. 23. IX. 86. E. XIV. 415.

4. Der Antrag auf Strafverfolgung wegen Mißbrauchs eines geschützten Waarenzeichens kann von der Firma, für welche der Eintrag erfolgt ist, gestellt werden. Der Strafantrag richtet sich in der Regel nur gegen die strafbare Handlung. Die Nichtnennung oder falsche Benennung des Thäters beeinträchtigt nicht die Wirkung des Antrags. U. v. 6. XII. 86. R. VIII. 726. E. XV. 293.

5. Dem durch ein fortgesetztes Delict Verletzten läuft die Strafantragsfrist von der Zeit ab, zu welcher er von der letzten Einzelhandlung Kenntniß erlangte, ohne Rücksicht darauf, ob er von früheren Einzelhandlungen auch schon früher Kenntniß gehabt hat.

U. v. 18. III. 87. R. IX. 183. E. XV. 370.

§ 17.

Die Befugniß zur öffentlichen Bekanntmachung der Verurtheilung beim Vergehen gegen § 14 des Markenschutzgesetzes ist dem Verletzten dann nicht zu ertheilen, wenn das Vergehen in idealer Concurrenz mit Betrug verübt ist. U. v. 23. III. 86. E. XIV. 3.

§ 18.

1. Durch Nichtkenntniß des § 18 wird die Strafbarkeit nach § 14 nicht ausgeschlossen.

Der gute Glaube an eine civilrechtliche Befugniß schützt gegen die Anwendung des Gesetzes nur dann, wenn der Angeklagte sich nicht bewußt gewesen wäre, daß die in seinem Waarenzeichen enthaltenen Abänderungen nur durch Anwendung besonderer Aufmerksamkeit wahrgenommen werden können.

U. v. 1. III. 87. E. XV. 349.

2. Die in das Handelsregister eingetragene Firma eines Handeltreibenden oder Producenten ist gegen Nachahmung oder Mißbrauch

nur in dem eingetragenen Wortlaut geschützt; mit Zusätzen oder Abänderungen, auch wenn sie geeignet sind, auf den Berechtigten noch bestimmter hinzuweisen, nur dann, wenn dieselben nur durch Anwendung besonderer Aufmerksamkeit wahrgenommen werden können.

U. v. 26. IV. 88. R. X. 344.

§ 20.

1. Die von § 20 vorgezeichneten Voraussetzungen des Schutzes von Waarenzeichen ausländischer Gewerbetreibender beziehen sich nicht auch auf den Schutz der Firmen von Ausländern.

Die am 8. Octbr. 1873 zwischen dem deutschen Reiche und Frankreich getroffene Declaration des art. 11 der zusätzlichen Uebereinkunft vom 12. Octbr. 1871 zum Friedensvertrage vom 10. Mai 1871 hat, indem sie die Bestimmungen der vor dem Kriege über den Schutz der Fabrik- und Handelszeichen abgeschlossenen Verträge wieder in Kraft setzte, auch die in letzteren enthaltenen Bestimmungen über Firmenschutz wieder als in Kraft getreten erklärt.

U. v. 15. I. 85. E. XI. 397.

2. Die Schutzberechtigung der ausländischen Marke ist, unabhängig von der Eintragung im Zeichenregister, einer selbständigen Prüfung unterworfen. Bei dieser Prüfung sind die materiellen Voraussetzungen des Firmen- und Markenrechts nach dem Rechte des bezüglichen ausländischen Staates zu beurtheilen.

U. v. 29. III. 86. R. VIII. 234. E. XIV. 59.

3. Die Vorschrift, daß Waarenzeichen nicht ausschließlich in Zahlen, Buchstaben oder Worten bestehen dürfen, bezieht sich nicht auf die Waarenzeichen solcher Gewerbetreibenden, welche im Inlande eine Handelsniederlassung nicht besitzen.

U. v. 21. VI. 86. E. XIV. 234.

XXV. Gesetz vom 6. Februar 1875 über die Beurkundung des Personenstandes.

§ 21.

In einem Verfahren, welches die Beurkundung einer Geburt bezweckt, ist der Standesbeamte nicht berechtigt, über die Richtigkeit der zu beurkundenden Thatsachen eidesstattliche Versicherungen abzunehmen.

U. v. 28. XII. 88. E. XVIII. 309.

§ 45.

1. Der Standesbeamte ist befugt, eine eidesstattliche Versicherung auch über solche Umstände abzunehmen, welche nur für den Erlaß des Aufgebotes, nicht aber für den Bestand der zu schließenden Ehe von Erheblichkeit sind.

U. v. 11. XII. 85. R. VII. 733. E. XIII. 161.

2. Der § 45 bestimmt nicht als Regel, den Nachweis durch Urkunden oder eidesstattliche Versicherung darüber zu verlangen, daß ein Nupturient in keiner gültigen Ehe stehe, und gibt dem Standesbeamten ein Recht, nicht aber die Pflicht, eventuell die eidesstattliche Versicherung in Anspruch zu nehmen.

U. v. 14. XI. 87. R. IX. 604. E. XVI. 386.

§ 67.

Diese Strafvorschrift findet keine Anwendung auf einen Religionsdiener, welcher, nachdem im Auslande die Ehe nach dortigem Recht gültig geschlossen, im Inlande die religiösen Feierlichkeiten der Eheschließung vornimmt.

Wird zur Anwendung des § 67 Dolus erfordert, so genügt als solcher das Bewußtsein des mangelnden Nachweises.

U. v. 11. XI. 87. R. IX. 596. E. XVI. 336.

§ 69.

1. Ein Standesbeamter ist strafbar, wenn er unter vorsätzlicher oder fahrlässiger Außerachtlassung der Vorschriften, welche die Ehe der Militärpersonen von einer Erlaubniß abhängig machen, die Eheschließung einer Militärperson vollzieht.

Beschl. d. verein. Straff. v. 13. XI. 86. R. VIII. 704. E. XV. 47.
U. v. 14. XI. 87. R. IX. 604. E. XVI. 386.

2. Der § 38 des Ges. v. 6. Febr. 1875 versteht unter den „Militärpersonen" auch die zum Beurlaubtenstande gehörenden Personen, erhält daher auch die Vorschriften, welche die Ehe dieser von einer Erlaubniß abhängig machen, aufrecht. Es beruht lediglich auf einer Ungenauigkeit, wenn in den Motiven zu § 38 (§ 37 des Entwurfs) nur der § 40, und nicht auch der § 60 Ziff. 4 des R.-Militärges. v. 2. Mai 1874 angezogen ist. Die Aufhebung der letzteren Vorschrift war zweifellos nicht beabsichtigt und hätte eine solche Absicht bestanden, so würde sie Ausdruck in dem Gesetze nicht gefunden haben.

U. v. 10. XII. 86. R. VIII. 745.

3. Ein Standesbeamter ist strafbar, wenn er eine Eheschließung unter vorsätzlicher oder fahrlässiger Außerachtlassung von landesgesetzlichen Vorschriften vollzieht, welche vor der Eheschließung einer Nachweisung, Auseinandersetzung oder Sicherstellung des Vermögens erfordern. U. v. 14. III. 87. E. XV. 374.

4. Der die Eheschließung vollziehende Standesbeamte ist für Prüfung der gesetzlichen Eheerfordernisse auch dann verantwortlich, wenn das Aufgebot von seinem Stellvertreter angeordnet war.

U. v. 11. XI. 87. R. IX. 598. E. XVI. 321.

5. Wenn das Gesetz ein vorsätzliches oder fahrlässiges Außerachtlassen der gegebenen Vorschriften erfordert, so muß die Strafbarkeit des Standesbeamten auch durch einen Rechtsirrthum über das Bestehen eines Ehehindernisses für ausgeschlossen gelten, wenn der Rechtsirrthum nicht auf Fahrlässigkeit beruht. Demnach kommt es darauf an, ob der Angeklagte, welcher die Nichtertheilung der obervormundschaftlichen Genehmigung kannte, sich in dem Rechtsirrthum befunden hat, daß es dieser Genehmigung zur Eheschließung nicht bedürfe, und ob dieser Rechtsirrthum auf eine Fahrlässigkeit des Angeklagten zurückzuführen ist.

U. v. 7. II. 88. R. X. 102.

XXVI. Reichsgesetz vom 9. Januar 1876, betr. das Urheberrecht an Werken der bildenden Künste.

§ 2.

Dem Autor steht zu, bei Uebertragung seines Urheberrechts die Weiterveräußerung auszuschließen.

Die Zustimmung des Urhebers zur Weiterveräußerung ist nicht erforderlich, es sei denn, daß aus dem Vertrage oder aus sonstigen Umständen sich ausreichender Anhalt für die Annahme ergibt, daß das übertragene Recht an der Person des Erwerbers haften soll.

U. v. 6. IV. 88. R. X. 281. E. XVII. 268.

§ 5.

In dem Uebermalen einer von dem Originalgemälde entnommenen Photographie kann die verbotene Nachbildung des Originalgemäldes und zwar schon in der Anfertigung einer Einzelcopie gefunden werden.

U. v. 9. I. 85. R. VII. 21. E. XI. 360.

§ 6.

1. Die Nachbildung von Werken der zeichnenden Künste durch Lithographie oder Diaphanie u. dergl. ist keine Nachbildung mittels der plastischen Kunst, und deshalb keine erlaubte Nachbildung, wenn sie ohne Zustimmung dessen geschieht, der das Recht der Vervielfältigung hat.

U. v. 18. V. 88. R. X. 398. E. XVII. 365.

U. v. 22. XI. 88. R. X. 685.

2. Nach bleibender Aufstellung eines plastischen Kunstwerkes an der Straße kann das Modell, nach welchem jenes geschaffen wurde, den Schutz gegen Nachbildung nicht ansprechen.

Die Nachbildung eines mit einem Bauwerke verbundenen, an der Straße bleibend sich befindenden plastischen Kunstwerkes ist gestattet.

Eine besondere Kunstform muß angenommen werden, wo der im Originalkunstwerke enthaltene künstlerische Gedanke in wesentlich verschiedener Weise seiner äußeren Erscheinung nach zum Ausdrucke gebracht wird. U. v. 20. VI. 88. R. X. 444. E. XVIII. 30.

§ 16.

Der Verleger, welchem das Vervielfältigungsrecht nur für ein bestimmtes Kunstverfahren (hier Photographie) übertragen wurde, ist berechtigt, jede, sein beschränktes Verlagsrecht gefährdende widerrechtliche Nachbildung, auch wenn sie durch ein anderes Kunstverfahren (hier Oelabdruck) erfolgt ist, selbständig zu verfolgen.

U. v. 7. VI. 86. R. VIII. 428. E. XIV. 217.

XXVII. Reichsgesetz vom 10. Januar 1876, betr. den Schutz von Photographien.

§ 2.

Die Zusammenfügung von mehreren photographischen Bildnissen zu einer Gruppe und deren photographische Vervielfältigung, ohne wesentliche Aenderung der einzelnen Bildnisse ist nicht als freie Benutzung, sondern als Nachdruck der einzelnen Bildnisse zu betrachten.

U. v. 29. III. 86. R. VIII. 237. E. XIV. 51.

§ 7.

1. Das Urheberrecht bezw. das Recht, Strafverfolgung zu beantragen, verbleibt den Verfertigern und nicht den Bestellern photo-

graphischer Bildnisse, wenn durch Willenserklärungen der Besteller das Urheberrecht den Verfertigern vertragmäßig verblieben ist.

U. v. 29. III. 86. E. XIV. 51.

U. v. 6. IV. 88. R. X. 281. E. XVII. 268.

2. Das dem Besteller eines photographischen Bildnisses zustehende ausschließliche Recht zur Nachbildung erlischt mit Ablauf der fünfjährigen Frist, wenn derselbe von seinem Rechte innerhalb dieser Frist keinen Gebrauch gemacht hat.

U. v. 4. II. 87. R. IX. 109. E. XV. 249.

XXVIII. Gesetz vom 11. Januar 1876, betr. das Urheberrecht an Mustern und Modellen.

§ 1.

1. Ein aus bekannten Figuren in eigenthümlicher Weise zusammengesetztes und mit Arabesken verziertes Muster hat Anspruch auf gesetzlichen Schutz, auch wenn die verwendeten Figuren nur für einen bestimmten Abnehmer brauchbar sind, und dieser die Nachahmung des Musters bestellt. U. v. 30. IV. 85. R. VII. 259. E. XII. 173.

2. Derjenige, welcher auf Bestellung eines Gewerbetreibenden nach einer im Allgemeinen angegebenen Idee außerhalb der Betriebsanstalt ein Muster zeichnet, bleibt ohne ausdrückliche vertragsmäßige Bestimmung der geistige Urheber des Musters und erlangt der Besteller durch Eintragung des Musters deshalb nicht den Schutz des Gesetzes.

U. v. 5. I. 86. R. VIII. 5. E. XIII. 219.

§ 3.

Dem Autor steht zu, bei Uebertragung seines Urheberrechts die Weiterveräußerung auszuschließen.

Die Zustimmung des Urhebers zur Weiterveräußerung ist nicht erforderlich, es sei denn, daß aus dem Vertrage oder aus sonstigen Umständen sich ausreichender Anhalt für die Annahme ergibt, daß das übertragene Recht an der Person des Erwerbers haften soll.

U. v. 6. IV. 88. R. X. 281. E. XVII. 268.

§ 6.

Die mehrfache Nachbildung des Musters in einem Fabrikationsact ist keine Einzelcopie.

U. v. 30. IV. 85. R. VII. 259. E. XII. 173.

§ 16.

Als Verbreitung eines nachgeahmten Musters erscheint der gewerbliche Verkauf der mit dem Muster gearbeiteten Waare an einen Einzelnen. U. v. 30. IV. 85. R. VII. 259. E. XII. 173.

XXIX. Patentgesetz vom 25. Mai 1877.

§ 4.

Gewerbsmäßige Ausnutzung eines Patents kann in dem einmaligen und nur für dies eine Mal beabsichtigten Verkauf des patentirten Gegenstandes gefunden werden, wenn der Verkauf sich als Theil einer gewerbsmäßigen Thätigkeit darstellt.
U. v. 5. XI. 86. R. VIII, 678. E. XV. 34.

§ 5.

Abs. 1 ist nicht dahin auszulegen, daß sämmtliche Veranstaltungen zur sofortigen Ausführung der Erfindung vollendet vorliegen müssen; es wird nur erfordert, daß im Wesentlichen die zur demnächstigen Benutzung bestimmten Veranstaltungen getroffen sind; ob in concreto derartig beschaffene Veranstaltungen, oder nur ungenügende Vorbereitungshandlungen vorliegen, ist Sache der thatsächlichen Prüfung.
U. v. 17./24. X. 87. R. IX. 512. E. XVI. 414.

§ 34.

1. Die Verletzung eines für nichtig erklärten Patentes kann ein Vergehen gegen das Patentgesetz auch dann nicht enthalten, wenn die Handlung vor der Nichtigkeitserklärung begangen ist.
U. v. 2. VII. 86. R. VIII. 508. E. XIV. 261.

2. Die Wissentlichkeit im Sinne des § 34 umfaßt auch den Fall, wenn der Thäter mit dem Bewußtsein von der Möglichkeit des rechtsverletzenden Erfolges ohne den Glauben an dessen Nichteintreten gehandelt hat. U. v. 5. XI. 86. R. VIII. 678. E. XV. 34.

XXX. Reichsgesetz vom 21. Mai 1878, betr. Zuwiderhandlungen gegen die zur Abwehrung der Rinderpest erlassenen Vieheinfuhrverbote.

§ 1.

1. Durch den § 1 des Gesetzes v. 21. Mai 1878 ist aus dem Thatbestande des § 328 des StGB. die vorsätzliche Zuwiderhandlung gegen

die auf Grund des Gesetzes v. 7. April 1869 zur Verhütung der Einschleppung der Rinderpest erlassenen Beschränkungen oder Verbote der Einfuhr lebender Wiederkäuer als ein besonderer mit härterer Strafe bedrohter Fall ausgeschieden. Insofern die speciellen Voraussetzungen dieser strengeren Strafvorschrift zutreffen, ist die Anwendung der für ein weiteres Gebiet strafbarer Handlungen erlassenen milderen Vorschrift des § 328 das. ausgeschlossen.

U. v. 27. I. 85. R. VII. 57.

2. In Bayern ist die Einfuhr von Zucht- und Nutzvieh aus Oesterreich-Ungarn, welche in den Grenzbezirken den Einführenden zu eigenem Bedarfe gestattet ist, zur Abwehr der Rinderpest dadurch als beschränkt nicht zu erachten, daß den Einführenden das Eigenthum am eingeführten Vieh zusteht.

U. v. 28. I. 86. E. XIII. 300.

3. Die im § 7 der bayer. Ministerialbekanntmachung v. 2. Jan. 1882 erlassene Vorschrift, wonach das über die Grenze eingeführte Vieh im Inlande einer Contumazzeit unterstellt wird, ist nicht als eine bloße, der erlaubten Einfuhr nachgängig angeordnete Controlmaßregel, sondern als ein Bestandtheil der Einfuhrbeschränkung im Sinne des Reichsgesetzes v. 21. Mai 1878 aufzufassen.

U. v. 3. V. 86. R. VIII. 332. E. XIV. 253.

4. Die Einfuhr ist nicht schon mit dem Ueberschreiten der Grenze, sondern erst dann als vollendet anzusehen, wenn das Vieh über die Controlstation hinaus in das Inland geschafft worden ist.

U. v. 21. X. 86. R. VIII. 635. E. XV. 1.

5. In Bayern kann eine Zuwiderhandlung gegen die zur Abwehr der Rinderpest erlassenen Vieheinfuhrbeschränkungen im Sinne des Reichsgesetzes v. 21. Mai 1878 durch eine innerhalb der Contumazfrist ohne Erlaubniß der zuständigen Behörde ausgeführte Schlachtung vorschriftsmäßig eingeführten Viehes begangen werden.

U. v. 12. V. 87. E. XVI. 136.

§ 2.

Die Einführung einer Kuh zum Zwecke der Milchnutzung, soweit letztere dem eigenen Wirthschaftsbedarfe entspricht, kann nicht als ein beabsichtigter Vermögensvortheil aufgefaßt werden.

U. v. 21. X. 86. R. VIII. 635. E. XV. 1.

XXXI. Gerichtskostengesetz vom 18. Juni 1878.

§ 99.

Gegenüber den in der Anweisung des Bundesraths vom 23. April 1880 betr. den zum Zweck der Einziehung von Gerichtskosten unter den Bundesstaaten zu leistenden Beistand, über die Form des Ersuchens um Kosteneinziehung gegebenen erschöpfenden Vorschriften sind landesgesetzliche Bestimmungen, durch welche die Gewährung der Rechtshülfe auch noch von andern formellen Voraussetzungen abhängig gemacht wird, unwirksam.

Beschl. v. 14. V. 88. R. X. 391.

XXXII. Rechtsanwalts-Ordnung vom 1. Juli 1878.

§ 31.

Ein Verstoß gegen § 31 Ziff. 2 der Rechtsanwalts-Ordnung liegt nicht vor, wenn der Rechtsanwalt zwei Parteien, welche ein entgegengesetztes Interesse haben, seine berathende Thätigkeit im beiderseitigen Interesse gewährt.

U. v. 5. X. 86. R. VIII. 583. E. XIV. 364.

XXXIII. Gesetz vom 3. Juli 1878, betr. den Spielkartenstempel.

§ 12.

Die Strafbarkeit der Veräußerung ungestempelter Spielkarten setzt eine für die unterbliebene Stempelung der veräußerten Spielkarten causale Fahrlässigkeit voraus.

Unter „Niederlegung" der fertigen ungestempelten Spielkarten in das im § 5 des vom Bundesrathe unter dem 6. Juli 1878 erlassenen Regulativs, betr. den Betrieb der Spielkartenfabriken, bezeichnete Behältniß kann nur die definitive Aufbewahrung der völlig hergestellten ungestempelten Karten verstanden werden.

Im Gebiete der Spielkartenstempel-Contravention ist der Nachweis, daß der Beschuldigte die Stempelsteuer nicht habe hinterziehen können oder wollen, mit der Wirkung, daß an Stelle der Hinterziehungsstrafe nur eine Ordnungsstrafe tritt, nur für den Fall einer gegen § 11 Satz 1 des Gesetzes begangenen Zuwiderhandlung zugelassen. U. v. 15. I. 85. E. XI. 402.

XXXIV. Gesetz vom 21. October 1878, betr. die gemeingefährlichen Bestrebungen der Socialdemokratie, mit Gesetz vom 31. Mai 1880, betr. die Gültigkeitsdauer des Gesetzes vom 21. October 1878.

§ 11.

In der Verbreitung einer verbotenen Druckschrift kann ein ungesetzliches Mittel zur Verhinderung der Vollziehung des Gesetzes vom 21. Octbr. 1878 im Sinne des § 129 des StGB. gefunden werden.

Das vor dem Ges. v. 31. Mai 1880 betr. die Gültigkeitsdauer des Ges. v. 21. Octbr. 1878 erlassene Verbot einer Druckschrift bedurfte keiner Erneuerung behufs seiner Gültigkeit für die Zeit nach dem 31. März 1881. U. v. 2. I. 85. E. XI. 350.

§ 14.

Ueber Beschlagnahme und Unbrauchbarmachung verbotener Schriften hat, soweit § 14 in Frage kommt, die Verwaltungsbehörde zu entscheiden. U. v. 24. V. 87. R. IX. 335. E. XVI. 114.

§ 17.

1. Der Begriff einer „verbotenen Versammlung" setzt voraus, es sei die zu verbietende Versammlung überhaupt noch nicht zusammengetreten.

Unter „Auflösungserklärung" ist eine Erklärung des Beamten zu verstehen, nach welcher durch sie jeder Theilnehmer der Versammlung verpflichtet wird, sich sofort zu entfernen.

U. v. 16. I. 85. E. XI. 371.

2. Derjenige, welcher sich an einer Versammlung als Leiter, Agent oder Kassierer betheiligt hat, ist lediglich nach Abs. 1 strafbar, wenn er sich nach polizeilicher Auflösung der Versammlung nicht sofort entfernt; Abs. 2 ist nur dann anwendbar, wenn die Versammlung trotz polizeilicher Auflösung nicht auseinander gegangen wäre, und der Angeklagte an dieser Versammlung dann noch als Leiter u. s. w. theilgenommen hätte. U. v. 17. III. 85. E. XII. 109.

3. Eine dreimalige polizeiliche Aufforderung zur Auflösung, wie beim Auflauf, § 116 des StGB., wird nicht vorausgesetzt; die einmalige Aufforderung genügt. Ebensowenig erfordert Abs. 2 zum

Begriffe einer Rede eine Mehrheit zusammenhängender Sätze, sondern nur eine Mehrheit zusammenhängender Worte.

U. v. 31. V. 86. R. VIII. 409.

4. Eine socialistische Versammlung, von welcher auf Ansuchen die zuständige Polizeibehörde erklärt, daß sie dieselbe nicht gestatte, ist eine verbotene im Sinne des Gesetzes auch, wenn auf die treffenden Stellen des Gesetzes nicht ausdrücklich verwiesen ist.

U. v. 1. X. 88. R. X. 527. E. XVIII. 119.

§ 19.

1. Eine Verbreitung verbotener Druckschriften liegt nicht vor, wenn die Hingabe nur an eine Person zu deren ausschließlichem Gebrauche erfolgt; wohl aber dann, wenn sie einer Mehrzahl von bestimmten Personen zugänglich gemacht wird, wobei eine Anzahl von drei Personen genügen kann.

U. v. 26. X. 85. R. VII. 613.

2. Falls eine verbotene Zeitschrift unter veränderter Bezeichnung fortgesetzt wird, findet auf denjenigen Verbreiter, welcher von dem verbietenden Erlasse, aber nicht von dem Umstande Kenntniß hat, daß das Verbot sich auch auf die von ihm verbreitete Zeitschrift bezieht, nicht § 19 sondern § 21 des Ges. v. 21. Octbr. 1878 Anwendung.

U. v. 22. VI. 86. E. XIV. 224.

3. In dem bloßen Vorlesen einer verbotenen Druckschrift ist nicht eine Verbreitung derselben zu finden.

U. v. 23. XI. 86. R. VIII. 786. E. XV. 118.

4. Derjenige, der ohne die Absicht weiterer Verbreitung eine verbotene Druckschrift bei dem ausländischen Verleger bestellt und von demselben zugesandt erhält, ist Theilnehmer (Anstifter oder Gehülfe) an der durch die Versendung bewirkten Verbreitung.

U. v. 24. V. 87. R. IX. 335. E. XVI. 114.

5. Zum Thatbestande der Verbreitung verbotener Druckschriften ist nicht Absicht, sondern nur das Bewußtsein des Thäters erforderlich, daß durch die That die Schrift verbreitet werde oder werden könne. — Die Versendung einer verbotenen Schrift vom Ausland ins Inland ist eine im Inland strafbare Verbreitung und die Bestellung als Anstiftung, die Verbringung im Inlande mindestens als Beihülfe strafbar.

U. v. 5. VII. 87. R. IX. 410. E. XVI. 176.

U. v. 26. I. 88. R. X. 68. U. v. 13. III. 88. R. X. 242.

6. Die Versendung einer Druckschrift durch die Post erfüllt den Begriff der Verbreitung, wenn die Absicht ausgeschlossen ist, daß nur

der Adressat sie lese, und kommt es alsdann darauf nicht an, ob die Schrift wirklich in die Hände des Adressaten gelangt ist.

U. v. 10. X. 87. R. IX. 490. E. XVI. 245.

7. Die Bekanntmachung des Verbotes gehört nicht zum Thatbestande des § 19. U. v. 24. X. 87. E. XVI. 252.

8. In der bloßen Annahme einer verbotenen Druckschrift mit der ausgesprochenen Absicht, dieselbe an den Adressaten weiter zu befördern, kann Beihülfe zur strafbaren Verbreitung der Druckschrift gefunden werden. U. v. 7. V. 88. E. XVII. 384.

9. Das Tragen verbotener Schriften an den Ort, wo sie Anderen zugänglich gemacht werden sollen, enthält ein Verbreiten dieser Schriften noch nicht; wohl aber Beihülfe oder Mitthäterschaft dann, wenn die Verbreitung seitens eines Dritten dadurch bereits begonnen hatte, daß dieser die Schriften den Trägern zugänglich machte, und diese dies wußten oder im Einverständniß mit dem Träger handelten. Im Bezirk des Polizeipräsidiums Berlin besteht die Polizeiverordnung vom 19. Febr. 1867 gegen das öffentliche Collectiren ohne Genehmigung des Oberpräsidenten zu Recht.

U. v. 13. VII. 88. R. X. 478. E. XVIII. 58.

10. Unterläßt der Absender, welcher erst nach der Aufgabe des Schriftstückes zur Post Kenntniß von dem Verbote desselben erhält, die ihm noch möglichen Maßnahmen, um das Poststück der Weiterbeförderung an den Adressaten zu entziehen, so macht er sich hierdurch der Verbreitung schuldig.

U. v. 20./27. IX. 88. R. X. 500. E. XVIII. 96.

11. Verbreitung der Schrift kann in der Hingabe an drei einzelne Personen auch dann gefunden werden, wenn eine weitere Verbreitung nach den Umständen des Falls ausgeschlossen ist.

U. v. 21. IX. 88. R. X. 508.

§ 28.

Unter das Verbot des Tragens von Waffen fällt nicht der Transport derselben zu einem den Gebrauch derselben in ihrer Eigenschaft als Waffe ausschließenden Zweck. U. v. 22. XI. 88. R. X. 683.

XXXV. Gesetz vom 14. Mai 1879, betr. den Verkehr mit Nahrungsmitteln.

§ 10.

1. Der Zusatz von Biercouleur zur Färbung des bayerischen Bieres ist als eine Verfälschung dieses Nahrungsmittels anzusehen;

die Frage nach der Echtheit einer Waare ist nach den am Orte ihrer Herstellung entscheidenden Normen zu beurtheilen.

U. v. 30. III. 85. R. VII. 203.

2. Ein Verfälschen von Nahrungs- und Genußmitteln liegt vor, wenn mit der ursprünglichen Waare durch Zusetzen von Stoffen eine äußerlich nicht erkennbare Verschlechterung vorgenommen oder einer minder guten Waare durch Anwendung künstlicher Mittel der Schein einer besseren Waare gegeben ist.

U. v. 21. IV. 85. R. VII. 239.
U. v. 30. XI. 85. R. VII. 707.

3. Die Verwendung von Salicylsäure als Entsäuerungsmittel ist als Bierfälschung anzusehen, sofern durch den quantitativen Zusatz eine Veränderung des Normalproducts herbeigeführt wird.

U. v. 21. V. 85. R. VII. 314.

4. Hausenblase und Gelatine sind nicht ohne jede Einschränkung als zulässige Klärungsmittel zu betrachten.

U. v. 21. V. 85. R. VII. 316.

5. Der Zusatz von Biercouleur zu fertigem Bier erscheint auch mangels gesetzlicher Bestimmungen hierüber als Fälschung des Bieres, wenn das Publikum annimmt, es werde unter dem Namen Bier nur ein aus Wasser, Malz, Hopfen und Hefe bereitetes Getränk erhalten, ohne daß es einen Unterschied macht, wenn das Bier durch den Zusatz keine Verschlechterung erleidet.

U. v. 11. VI. 85. R. VII. 374.

6. Ein verdorbenes Nahrungsmittel ist nicht schon dann unter einer zur Täuschung geeigneten Bezeichnung feilgehalten, wenn das Publikum anzunehmen berechtigt ist, daß am Orte des Feilbietens nur unverdorbene Waaren feilgehalten werden.

U. v. 18. VI. 85. R. VII. 405. E. XII. 301.

7. Die Annahme, daß ein Nahrungsmittel verdorben sei, kann nicht lediglich darauf gestützt werden, daß das Publikum es für verdorben halte. U. v. 28. IX. 85. E. XII. 407.

8. Jede Qualitätverschlechterung des Nahrungsmittels, auch ohne Zusatz von fremden Stoffen und ohne quantitative Veränderung der Bestandtheile, ist als Verfälschung im Sinne des Nahrungsmittelgesetzes anzusehen. (Vermischung mit sog. Neigenbier.)

U. v. 1. X. 85. R. VII. 546. E. XII. 400.

9. Ob in der Beimischung von Salicylsäure eine Bierverfälschung zu finden ist, läßt sich principiell nicht entscheiden, sondern hängt von

der thatsächlichen Beurtheilung des einzelnen Falles ab. In concreto liegt eine Verfälschung vor, wenn durch den Zusatz eine stoffliche Veränderung des Bieres herbeigefürt, oder demselben der Schein einer besseren Beschaffenheit verliehen wird.

U. v. 30. XI. 85. R. VII. 705. E. XIII. 97.

10. In der Beimischung von Mehl zu Wurstwaaren kann eine Verfälschung im Sinne des Nahrungsmittelgesetzes gefunden werden.

U. v. 23. IX. 86. R. VIII. 552.

U. v. 7. I. 87. E. XV. 161.

11. Voraussetzungen der Weinverfälschung. In dem bloßen Aufkleben einer falschen Etiquette auf eine Flasche ist eine Fälschung des in der Flasche befindlichen Weines nicht zu finden. Jede Beimischung von Sprit, Zucker oder Wasser zum Traubensaft gilt als Weinverfälschung.

Nachahmung von Wein oder einer bestimmten Weinsorte ist nicht schon durch die Feststellung ausgeschlossen, daß das hergestellte Gemisch überhaupt Traubensaft, bezw. Saft einer bestimmten Traubensorte enthält.

Bei dem Feilhalten von Wein unter falscher Etiquette wird das Merkmal „einer zur Täuschung geeigneten Bezeichnung" nicht durch die Feststellung beseitigt, daß das Verkehrspublikum im Allgemeinen weiß, was es von solcher Etiquettirung zu halten habe.

Zur Verneinung des Vorsatzes der Weinverfälschung genügt nicht die Annahme, daß der Weinfälscher in dem angewendeten Verfahren eine Verfälschung nicht erkannt habe, indem er der Meinung gewesen sei, berechtigten Gebräuchen des Handels und der Technik zu folgen.

U. v. 2. XI. 86. R. VIII. 660. E. XIV. 428.

12. Lebende Thiere, welche zum Zwecke des Schlachtens und Verkaufs des Fleisches als menschliches Nahrungsmittel in den Verkehr kommen, fallen selbst als Nahrungsmittel unter die Bestimmungen des Gesetzes. U. v. 2. XII. 86. R. VIII. 721.

13. Die Beimischung von Zucker und Wasser zum Weine bezw. zum Moste, sog. Gallisirungsverfahren, bewirkt eine stoffliche Veränderung des Naturproductes zu dessen Nachtheil und ist daher als Verfälschung im Sinne des Nahrungsmittelgesetzes, falls dessen sonstige Voraussetzungen zutreffen, anzusehen.

U. v. 20. I. 87. R. IX. 71. E. XV. 192.

14. Bei Verfälschung von Safran hat der Richter zu prüfen, ob derselbe, abgesehen von seiner Verwendung als Färbemittel, nicht auch

— insbesondere in concreto unter Berücksichtigung der localen Gebräuche — als Gewürz und demnach als Genußmittel im Sinne des Nahrungsmittelgesetzes in Betracht kommt. Ohne Belang erscheint, daß in den amtlich vorgelegten „Materialien zur technischen Begründung eines Gesetzentwurfs gegen die Verfälschung ꝛc." der Safran unter den dort in 13 Ziffern aufgezählten Nahrungs- und Genußmitteln keine specielle Erwähnung findet; denn jene Aufzählung sollte keine erschöpfende sein, sondern führt bloß Beispiele an „in Betreff der gebräuchlichsten Nahrungs- und Genußmittel ꝛc. sowie einiger Gebrauchsgegenstände ꝛc". U. v. 17. II. 87. R. IX. 138.

15. Die Beimischung des Saftes von Hollunderbeeren (Flieder) ist als Weinverfälschung zu erachten. Es liegt vollendetes Delict, und nicht bloß Versuch vor, wenn die in der Absicht, dem Weine ein besseres Aussehen zu verschaffen, erfolgte Beimischung, factisch zu einer vom Thäter nicht gewollten, aber ihm bewußten Verschlechterung des Weines geführt hat.

U. v. 28. II. 87. R. IX. 161. E. XV. 321.

16. Eine an anderen Orten etwa bestehende locale Uebung, nach welcher unter einer bestimmten Bezeichnung ein vom normalen Producte abweichendes verstanden wird, schließt die Annahme einer sonst nachgewiesenen Verfälschung dann nicht aus, wenn da, wo das Product hergestellt, und da, wo es in den Verkehr gebracht wird, jene von der Norm abweichende locale Uebung nicht besteht.

U. v. 14. XI. 87. E. XVI. 316.

17. Fälschung und Verkauf im Sinne der beiden Ziffern des § 10 des Nahrungsmittelges. bleiben selbständige Delicte, selbst wenn die durch denselben Thäter verübte Fälschung als Vorbereitung zum Verkauf vorgenommen wurde. U. v. 8. XII. 87. R. IX. 710.

18. In den deutschen Weingegenden stellt sich das Gallisiren, sowie Petiotisiren des Weines als Verfälschung im Sinne des Nahrungsmittelgesetzes dar; der Verkauf eines solchen Kunstproductes fällt daher unter § 10 Abs. 2 des Gesetzes und kann hier mit Betrug concurriren, wenn nach den Vertragsbestimmungen der Verkauf von Wein als Naturproduct sich verstand und demnach die Lieferung von Naturwein vorgespiegelt wurde. U. v. 12. XII. 87. R. IX. 717.

19. Verfälschen von Butter liegt vor, wenn bei der Herstellung ein, den normalmäßigen Procentsatz von Wasser übersteigendes Quantum von Wasser in der Butter gelassen wird.

U. v. 24./31. I. 88. R. X. 64. E. XVII. 99.

§ 12.

1. Bei Verkauf gesundheitsschädlicher Nahrungsmittel kann die bloße Mittheilung dieser Eigenschaft an den Käufer den Verkäufer in der Regel vor Bestrafung nicht schützen. Es sind aber Veranstaltungen oder Vereinbarungen denkbar, durch welche insbesondere beim Verkaufe eines Nahrungsmittels, das, je nach Art seiner Behandlung vor dem Genusse, bald schädlich, bald unschädlich wirkt, die Strafbarkeit seiner Veräußerung als Nahrungsmittel ausgeschlossen werden kann. U. v. 15. I. 85. E. XI. 375.

2. Die Vorschrift des Gesetzes findet Anwendung nicht nur auf die Veräußerung gesundheitsschädlicher Gegenstände an das consumirende Publikum unmittelbar, sondern auch auf die Veräußerung an Zwischenhändler und Wiederverkäufer.

U. v. 5. VI. 85. R. VII. 351.

3. Bei Versendung gesundheitsschädlicher Nahrungsmittel sind dieselben insolange noch nicht in Verkehr gebracht, als dem Absender die Verfügung über dieselben noch möglich ist; wohl liegt ein Versuch vor. U. v. 23. III. 86. E. XIV. 35.

U. v. 1. XI. 88. R. X. 611.

4. In dem Feilhalten gesundheitsschädlicher Nahrungsmittel kann nicht der Versuch eines Verkaufs derselben gefunden werden.

U. v. 20. XI. 86. E. XV. 56.

5. Das Inverkehrbringen gesundheitsschädlicher Nahrungsmittel wird dadurch nicht straflos, daß in Folge privatrechtlicher Verhältnisse ein Recht oder eine Verpflichtung zur Abgabe der gesundheitsgefährdenden Gegenstände begründet war.

U. v. 23. IX. 87. R. IX. 461. E. XVI. 191.

6. Das Schaffen von gesundheitsschädlichen Nahrungsmitteln bis auf den Bahnhof des Ortes, wo das Feilhalten beabsichtigt ist, kann noch nicht als ein Versuch des Feilhaltens angesehen werden, wenn der Thäter an diesem Ort eine Verkaufsstelle noch nicht hat.

U. v. 24. X. 87. R. IX. 525.

7. In dem Hinschaffen von faulen Fischen an die Verkaufsstätte und in der Unterbringung derselben in der Wassertonne zum Zweck der Zubereitung und Verwendung für die Gäste kann der Anfang der Ausführung des Feilhaltens gefunden werden.

Der Vorsatz, den das „wissentlich" ausdrückt, begreift auch den eventuellen Dolus.

U. v. 17. II. 88. R. X. 157.

8. Das subjective Verschulden setzt voraus die Kenntniß von der Gesundheitsgefährlichkeit und von der Absicht des Dritten, den empfangenen Gegenstand als Nahrungsmittel selbst zu genießen oder als solches weiter zu geben.

Das Bewußtsein von der Norm- oder Rechtswidrigkeit ist nicht erforderlich.

Die Veräußerung von Nahrungsmitteln, deren gesundheitsgefährliche Eigenschaft durch besondere Behandlung beseitigt werden kann, ist nur dann straflos, wenn der Veräußerer die nöthigen Vorsichtsmaßregeln getroffen hat, um den Gebrauch in der gesundheitsgefährlichen Beschaffenheit zu verhindern.

U. v. 21. III. 88. R. X. 261.

9. Zur Begründung der Annahme, daß Jemand „wissentlich" gesundheitsschädliches Fleisch in den Verkehr gebracht habe, genügt nicht die Feststellung, daß er wisse, dasselbe rühre von einem kranken Thiere her.

Die Möglichkeit, daß Personen, welche nach dem Genusse derartigen Fleisches von seiner Herkunft hören, aus Ekel an ihrer Gesundheit geschädigt werden können, genügt nicht, um das Fleisch als ein Nahrungsmittel anzusehen, welches die menschliche Gesundheit zu schädigen geeignet ist. U. v. 1. X. 88. E. XVIII. 135.

§ 14.

1. Ein Versuch, die im § 14 vorgesehenen Fahrlässigkeitshandlungen zu begehen, ist ausgeschlossen.

U. v. 2. XI. 85. R. VII. 634.

2. Wenn der Verkäufer trichinenhaltigen Fleisches bei den vorliegenden Umständen überzeugt sein konnte, daß das Fleisch erst nach gehörigem Kochen genossen werden würde, ist der Verkauf nicht für fahrlässig zu erachten. U. v. 7. V. 88. E. XVII. 427.

XXXVI. Gebührenordnung für Rechtsanwälte vom 7. Juli 1879.

§§ 1. 47.

Die Gebührenordnung für Rechtsanwälte findet in den durch § 1 derselben bezeichneten Angelegenheiten auch dann Anwendung, wenn in Verfahren vor den Gerichten nicht stattfindet.

Die Besprechung verschiedener Rechtsfragen über dieselbe Angelegenheit in einer Conferenz berechtigt den Rechtsanwalt nur die

Conferenzgebühr nach dem Werthe des Gegenstandes einmal zu berechnen.

Durch die Gebühr für ein ausgeführtes Geschäft wird der Rechtsanwalt für seine ganze Thätigkeit in Bezug auf dieses Geschäft, auch die vorbereitende und berathende, abgefunden.

U. v. 5. X. 86. R. VIII. 583. E. XIV. 364.

§ 93.

Der hier vorgesehne Vertrag kann vor, bei oder nach Uebernahme des Mandates abgeschlossen werden.

Ob die vorgeschriebene schriftliche Form beobachtet ist und ob etwaige Vertragsmängel geheilt sind, ist nach Landesrecht zu beurtheilen. Nach preuß. allg. LR. kann insbesondere ein bindend gewordener Vertrag in denjenigen Fällen angenommen werden, in welchen auf geschehene Aufforderung die Auftraggeber ohne Vorbehalt zahlen.

Die Strafbarkeit des Thäters ist begründet, wenn einerseits die Auftraggeber in dem Irrthum gehandelt haben, es seien nur die tarifmäßigen Gebühren von ihnen erfordert und bezahlt und andererseits der Rechtsanwalt diesen Irrthum erkannt und bezw. vorausgesetzt und benutzt hat. Der Rechtsanwalt handelt pflichtwidrig, wenn er den Mandanten darüber im Unklaren läßt, daß eine über den Tarif hinausgehende Verpflichtung von ihm beansprucht wurde.

In der erfolglosen Aufforderung zur Einzahlung nicht verschuldeter Gebühren kann ein strafbarer Versuch der Gebührenüberhebung gefunden werden. U. v. 17./21. XII. 86. R. VIII. 771.

XXXVII. Zolltarif vom 15. Juli 1879 (Redaktion vom 24. Mai 1885).

§ 5 Ziff. 2.

Kleidungsstücke, welche ein Zollinländer im Auslande gekauft und sofort in Gebrauch genommen hat, wenn auch nur während des Restes des Ankaufstages, sind, wenn er über die Zollgrenze zurückkehrt, als gebrauchte zollfrei zu belassen, wenn er nicht zum Zwecke des Verkaufs handelt.

U. v. 2. XII. 85. R. VII. 460. E. XII. 342.

§ 5 Ziff. 4.

Die Zollfreiheit erstreckt sich nur auf die wirklich zum Verzehr auf der Reise bestimmten Gegenstände, nicht auch auf solche, welche —

wenngleich in der zugelassenen Menge — nicht für den Reisebedarf, sondern zum Verkauf oder zur Verschenkung mitgenommen wurden.
U. v. 17. X. 87. R. IX. 511. E. XVI. 224.

§ 13 lit. c Ziff. 1 u. Anmerkung.

Die Zollbefreiung, welche nach der citirten Anmerkung die an der Grenze belegenen Industrien bei Holzeinfuhr genießen, findet nur statt, wenn der Einführende zum Gebrauch in der eigenen Industrie das früher bezogene Quantum einführt und ist nicht übertragbar, auch nicht an solche, die selbst einen Befreiungsgrund für sich haben.
U. v. 28. XI. 87. R. IX. 658. E. XVII. 21.

Anmerkung zu Nr. 25 g 1.

Die Einführung von Fleisch in Gewichtsmengen von mehr als 2 kg begründet die Zollpflicht auch dann, wenn unter dem Fleisch solches ist, dessen Einfuhr verboten war und zwar in einem Gewichte, nach dessen Abzug nur die zollfreie Gewichtsmenge übrig bleibt.
U. v. 6. XII. 87. R. IX. 709. E. XVII. 9.

XXXVIII. Reichsgesetz vom 16. Juli 1879, betr. die Besteuerung des Tabaks.

§ 27.

Das Verbot der Tabaksurrogate umfaßt jeden Stoff, welcher den Tabak ganz oder theilweise ersetzen soll. Auch Stoffe, welche als Hülfsmittel der Fabrikation erlaubt sind, werden zu Surrogaten, wenn dieselben in einer den Bedarf der Fabrikation übersteigenden Menge zur Vergrößerung der Quantität beigemischt werden.
U. v. 25. V. 86. R. VIII. 385. E. XIV. 145.

§ 34.

Die Verhängung der Defraudationsstrafe wegen Verwendung von Tabaksurrogaten erheischt nur die Feststellung des objectiven Thatbestandes. Wird jedoch nachgewiesen, daß eine Defraudation nicht beabsichtigt gewesen sei, so ist auf Ordnungsstrafe zu erkennen.
U. v. 25. V. 86. R. VIII. 385. E. XIV. 145.
U. v. 29. IV. 87. R. IX. 292. E. XV. 429.

§ 36.

Die Strafe einer hinterzogenen Tabakssteuer ist nach dem ermittelten, bezw. nach den gesetzlichen Bestimmungen festzustellendem

Quantum zu bemessen und eine Strafe aus § 36 nur in dem Falle zu entnehmen, wenn sich das Quantum nicht bloß nicht genau, sondern nur, wenn es überhaupt nicht festzustellen ist.

U. v. 16./19. II. 86. R. VIII. 119. E. XIII. 346.

XXXIX. Reichsgesetz vom 20. Juli 1879, betr. die Statistik des Waarenverkehrs etc.

Die Zuwiderhandlungen gegen das Gesetz vom 20. Juli 1879 verjähren nach Maßgabe der Bestimmungen des StGB.

U. v. 30. VI. 87. R. IX. 391.

XL. Kaiserliche Verordnung vom 7. Januar 1880 über das Ausweichen der Schiffe.

Die Vorschriften dieser Verordnung finden auch auf offene Fischerboote und andere offene Boote Anwendung.

U. v. 21. IX. 88. R. X. 505. E. XVIII. 89.

XLI. Gesetz vom 24. Mai 1880, betr. den Wucher.

§ 302a.

1. Bei Beurtheilung der Frage, ob das im Gesetze bezeichnete Mißverhältniß zwischen Vermögensvortheil und Leistung vorliege, können die Vermögensvortheile nicht in Betracht gezogen werden, welche dem Schuldner aus der Darlehensgewährung oder der Stundung erwachsen.

Der Thatbestand strafbaren Wuchers, insbesondere das Begriffsmerkmal des sich Versprechenlassens von Vortheilen „für ein Darlehen“ liegt dann nicht vor, wenn ein aus dem wucherischen Darlehensgeschäfte nicht verpflichteter Dritter die Berichtigung der Darlehensschuld übernimmt. U. v. 5. I. 85. E. XI. 388.

2. Der Glaube des Darlehenssuchers, sich in einer Nothlage zu befinden, welcher objectiv unbegründet ist, rechtfertigt nicht die Anwendung der Strafbestimmungen auf ein unter diesem Eindruck abgeschlossenes wucherliches Darlehensgeschäft. Der productive Zweck des Darlehens schließt den Begriff des Wuchers nicht nothwendig aus, insbesondere dann nicht, wenn der Zweck die Erhaltung des betriebenen Gewerbes ist.

U. v. 18. VI. 85. R. VII. 403. E. XII. 303.

3. Das Sichversprechenlassen übermäßiger Vermögensvortheile ohne die Absicht, sich solche demnächst wirklich zu verschaffen, genügt nicht zum Thatbestande des Wuchers.

U. v. 25. II. 87. E. XV. 333.

4. In der Discontirung von Wechseln kann die Gewährung von Darlehen gefunden werden. U. v. 8. X. 88. E. XVIII. 181.

§ 302b.

Zur Annahme wechselmäßigen Versprechens wucherlicher Vortheile genügt es nicht, wenn über das Darlehn ein Wechsel ausgestellt wurde, die wucherlichen Vortheile dagegen in der Zahlung unverhältnißmäßig hoher Zinsen bei Prolongationen des Wechsels bestanden haben.

U. v. 10. VII. 85. R. VII. 486.

§ 302c.

Die Gewerbs- oder Gewohnheitsmäßigkeit kommt als straferhöhender Umstand für den Wucher auch im Falle des § 302[c] des StGB. in Betracht. U. v. 25. IX. 88. E. XVIII. 100.

§ 302d.

Der gewerbsmäßig betriebene Wucher ist ein Collectivvergehen und ist der erkennende Richter nicht auf die im Eröffnungsbeschlusse hervorgehobenen Fälle beschränkt, sondern hat auch andere bis zur Entscheidung erwiesenen Wuchergeschäfte seiner Beurtheilung zu unterziehen. U. v. 23. II. 86. R. VIII. 134.

XLII. Gesetz vom 23. Juni 1880, betr. Abwehr und Unterdrückung von Viehseuchen.

1. Die Anordnungen des beamteten Thierarztes zur Abwehr und Unterdrückung von Thierseuchen, welche derselbe auf Grund einer allgemeinen Ermächtigung der zuständigen Behörde getroffen hat, haben nicht die Eigenschaft behördlicher Anordnungeu im Sinne des Reichsgesetzes vom 23. Juni 1880 und § 328 des StGB.

U. v. 17. II. 85. R. VII. 118. E. XII. 70.

2. Die Anordnungen von Thierärzten zur Unterdrückung von Viehseuchen können nur innerhalb der reichsgesetzlich angeordneten Zuständigkeit zu Protokoll oder schriftlich erlassen werden. Bezüglich der Zuständigkeit und der Form der Anordnungen sind landesgesetzliche Bestimmungen ohne Wirksamkeit. (§ 12 Abs. 2.)

U. v. 8. X. 85. R. VII. 557 E. XII. 437.

XLIII. Gerichtskostengesetz in der Fassung vom 29. Juni 1881.

§ 79. 80b.

Für die zu den Akten der I. Instanz gelangende Reinschrift des Revisionsurtheils hat der Kostenschuldner Schreibgebühr zu zahlen. Der Ansatz von Postgebühren bei Zustellungen, welche von Amtswegen bewirkt werden, ist unzulässig. Beschl. v. 3. I. 87. R. IX. 3.

XLIV. Gesetz vom 1. Juli 1881, betr. die Erhebung von Reichsstempelabgaben mit Gesetz v. 29. Mai 1885.

Das Gesetz vom 29. Mai 1885 findet auch in seinen milderen Bestimmungen auf die vor dem 1. Oktober 1885 gemachten Verfehlungen gegen das Stempelsteuergesetz vom 1. Juli 1881 keine Anwendung. U. v. 12. I. 86. R. VIII. 36. E. XIII. 249.

§ 3.

Von Banken emittirte Schuldverschreibungen, welche auf den Inhaber lauten, sind Schuldverschreibungen, welche für den Handelsverkehr bestimmt sind. Die Direktoren von Banken, welche solche Schuldverschreibungen emittiren, sind persönlich für die Entrichtung des Stempels haftbar, gleichviel ob sie dieselben unterzeichnet haben oder nicht. Haben dieselben die Stempelentrichtung bona fide unterlassen, weil sie in Irrthum über die Stempelpflicht der Papiere waren) so sind sie nur mit einer Ordnungsstrafe zu belegen. (§ 23. d. Ges.
U. v. 22. I. 85. R. VII. 43. E. XI. 426.

§ 4.

Unter „Auflegen zur Zeichnung" wird jede Veranstaltung verstanden, welche bezweckt und zu bewirken geeignet ist, daß der Werthbetrag stempelpflichtiger inländischer Werthpapiere innerhalb eines bestimmten oder unbestimmten Personenkreises auf dem Wege schriftlicher Verpflichtung zu dessen Einzahlung aufgebracht wird.

Ein die Anzeigepflicht begründendes Auflegen liegt hiernach vor, wenn die Gründer im Gesellschaftsvertrage sämmtliche Actien zu bestimmten Theilen übernehmen.

U. v. 12. VI. 88. R. X. 435. E. XVII. 431.

§ 6.

1. Als Aussteller ist der eigentliche Geschäftskontrahent anzusehen, gleichviel ob er das Schriftstück selbst angefertigt und unterzeichnet,

oder auf seinen Namen durch einen Dritten anfertigen läßt (demnach z. B. der Firmeninhaber und nicht der Procurist.)

U. d. vereinigt. Straff. v. 31. I. 85. R. VII. 69. E. XII. 22.

2. Die Vorstandsmitglieder einer Actiengesellschaft sind für die Zuwiderhandlungen gegen das Stempelsteuergesetz strafrechtlich verantwortlich ohne Rücksicht darauf, ob sie das stempelpflichtige Schriftstück unterzeichnet oder an dem betreffenden Geschäfte in Person Befassung genommen haben. U. v. 12. I. 86. R. VIII. 40.

§ 12.

1. Ausspielungen der geringsten Art auf Märkten und bei Volksbelustigungen unterliegen der Stempelpflicht für Loose. Als Loos ist jeder Zettel aufzufassen, der durch ein Zeichen den Anspruch auf einen Gewinn begründet. Der Rechtsirrthum über die Stempelpflicht rechtfertigt die Verhängung einer bloßen Ordnungsstrafe.

U. v. 16. II. 85. R. VII. 110.

2. Nur auf öffentliche Lotterien im Sinne des § 286 des StGB. bezieht sich das Gesetz, findet daher keine Anwendung auf eine nur auf den bestimmten Kreis von Vereinsmitgliedern beschränkte Lotterieveranstaltung, der Privatcharakter einer solchen Lotterie wird auch nicht dadurch geändert, daß einige Vereinsmitglieder ohne Wissen und Willen der Veranstalter Loose an dritte Personen und außerhalb des Vereins absetzen.

U. v. 17. VI. 86. R. VIII. 460.
U. v. 15. II. 87. R. IX. 134. E. XV. 274.

§ 23.

Handlungen gegen die gesetzlichen Bestimmungen über die Reichsstempelabgabe, welche mit Ordnungsstrafen belegt werden, verjähren in fünf Jahren.

U. v. 2. VII. 85. R. VII. 462. E. XII. 345.

Tarif II 4a.

1. Unter Tarif II. 4a fällt jede Beurkundung des Abschlusses eines der dort bezeichneten Geschäfte, somit auch die Bestätigung eines schon vorher abgeschlossenen Geschäftes.

Für die in der Befreiungsbestimmung Nr. 3 bezeichneten „Briefe“ ist nur die übliche Briefform entscheidend, auf den Inhalt des Briefes kommt es nicht weiter an.

U. d. vereinigt. Straff. v. 31 I. 85. R. VII. 69. E. XII. 22.

2. Ein Brief, welcher die zwischen dem Committenten und dem Commissionär über eine Commission zum Verkaufe von Börsenpapieren gewechselten Telegramme zusammenfaßt, ist dem Urkundenstempel nicht unterworfen.

U. v. 2. I. 85. E. XI. 339.

3. Das durch Schlußschein beurkundete Report- und Deportgeschäft setzt sich aus zwei getrennten Kaufverträgen, die getrennt der Stempelung unterliegen, zusammen, wenn beide Geschäfte auch das Resultat ein und desselben Willensentschlusses sind.

U. v. 19. VI. 85. R. VII. 409. E. XII. 284.

Tarif II 4b.

1. Die Uebergabe von Coupons oder ähnlichen Werthpapieren zum Incasso bildet kein Anschaffungsgeschäft. Deshalb ist die Mittheilung über erfolgte Einkassirung und Gutschrift nicht stempelpflichtig.

Die von dem Bundesrathe zur Beseitigung von Zweifeln und Meinungsverschiedenheiten hinsichtlich der Auslegung und Anwendung des Reichsstempelabgabengesetzes unter dem 5. Juli 1882 gefaßten Beschlüsse sind für den Richter nicht bindend.

U. v. 16. II. 85. R. VII. 113. E. XII. 40.

2. In der bei dem Abschlusse eines Vertrages über ein Waarenlieferungsgeschäft getroffenen Vereinbarung, der Kaufpreis könne sowohl durch Baarzahlung, als durch Wechsel entrichtet werden, kann ein Kauf- oder anderweitiges Anschaffungsgeschäft oder Lieferungsgeschäft über Wechsel nicht erblickt werden.

U. v. 5. III. 85. E. XII. 281.

3. Die Befreiungsbestimmung 3 zum Tarif II Nr. 4 findet auch auf solche Briefe Anwendung, welche nach ihrem Inhalte unter den Begriff der Rechnungen im Sinne der Tarifnummern 4b fallen.

Ein Brief, welcher eine Rechnung über eine abgeschlossene Hingabe an Zahlungsstatt enthält, kann zu den „Briefen über die unter a bezeichneten Geschäfte" im Sinne der gedachten Befreiungsbestimmung gerechnet werden.

U. v. 17. IV. 85. E. XII. 135.

4. Annahme von Wechseln an Zahlungsstatt ist ein Anschaffungsgeschäft. U. v. 9. VII. 85. R. VII. 476.

XLV. Reichsgesetz vom 17. Juli 1881, betr. die Bestrafung von Zuwiderhandlungen gegen die österreichisch-ungarischen Zollgesetze. Handelsvertrag zwischen Deutschland und Oesterreich-Ungarn vom 23. Mai 1881.

1. Der zur Verfolgung wegen Zuwiderhandlungen gegen die österreichisch-ungarischen Zollgesetze erforderliche Antrag der österreichischen Zollbehörden ist an keine Frist gebunden, und findet § 61 ff. des StGB. darauf keine Anwendung.

U. v. 30. VI. 87. R. IX. 391. E. XVI. 235.

2. Der § 3 des Ges. v. 17. Juli 1881 findet nur dann Anwendung, wenn dem Thäter der Wille, eine gesetzlich zu entrichtende Abgabe zu hinterziehen, nachgewiesen ist.

Die §§ 136, 137 des Vereinszollgesetzes vom 1. Juli 1869 finden auf die Beeinträchtigung österreichisch-ungarischer Ein- oder Ausgangsabgaben keine Anwendung. U. v. 3. I. 88. R. X. 12. E. XVII. 35.

XLVI. Reichsgesetz vom 15. Juni 1883, betr. die Krankenversicherung der Arbeiter.

§ 80.

Der Arbeitgeber, welcher mit seinen Arbeitnehmern eine Vereinbarung über Lohnherabsetzung trifft, ist strafbar, wenn die Vereinbarung nur ein Scheingeschäft war, die wirkliche Uebereinkunft aber dahin ging, daß die Arbeiter gesetzwidrig nicht bloß die von ihnen zu leistenden zwei Drittel, sondern auch das von dem Arbeitgeber zu zahlende Drittel der Beiträge sich vom Lohne abziehen lassen sollen.

Schon das verbotswidrige Contrahiren, auch wenn es zum Anrechnen der vereinbarten höheren Abzüge thatsächlich nicht gekommen ist, ist strafbar, ebenso wie der Abzug ohne vorherige Uebereinkunft.

Die Annahme, daß jeder verbotswidrige Abzug bezüglich jedes Arbeiters als eine selbständige Strafthat angesehen werden müsse, ist rechtsirrig. U. v. 21. XII. 88. R. X. 730. E. XVIII. 317.

XLVII. Reichsgesetz vom 13. Mai 1884, betr. die Anfertigung und Verzollung von Zündhölzern.

§§ 1—4.

Die Verpflichtung, bei der Anfertigung von Zündhölzern aus weißem Phosphor die Anwesenheit jugendlicher Personen nicht zu gestatten, trifft diejenigen, die rechtlich oder thatsächlich über die Arbeitsräume oder über die in denselben befindlichen jugendlichen Personen zu verfügen haben.

U. v. 16. IV. 88 R. X 298. E. XVII. 349.

XLVIII. Reichsgesetz über die Hülfskassen vom 1. Juni 1884.

§ 34.

Das in § 34 bedrohte Vergehen der Vorstandsmitglieder, welche absichtlich zum Nachtheile der Kasse handeln, kann auch noch begangen werden, wenn die Auflösung der Kasse beschlossen worden ist.

U. v. 20. IX. 86. E. XIV. 401.

XLIX. Reichsgesetz vom 9. Juni 1884 gegen den verbrecherischen und gemeingefährlichen Gebrauch von Sprengstoffen.

§ 8.

1. Die Absicht, Dynamitpatronen zum unbefugten Fischen zu verwenden, enthält einen unerlaubten Zweck.

U. v. 18. VI. 85. R. VII. 407.

2. Das Fischen mittelst Dynamits fällt nicht unter die unerlaubten Zwecke. Durch das Reichsgesetz vom 9. Juni 1884 ist § 296 des StGB. auch nicht in Bezug auf das Fischen mittelst Dynamits aufgehoben.

U. v. 23. X. 85. R. VII. 611.
U. v. 22. I. 86. R. VIII. 86. E. XIII. 305.
U. v. 2. I. 88. R. X. 1.

§ 9.

1. Der Besitz von Sprengstoffen im Sinne des allegirten Gesetzes liegt bei der wissentlichen Detention solcher Sprengstoffe vor und ist der juridische Besitz nur dann von Belang, wenn der juridische Besitzer die polizeiliche Erlaubniß zum Besitze erlangt hat.

U. v. 26. II. 85. R. VII. 147. E. XII. 73.
U. v. 8. VI. 85. R. VII. 358. E. XII. 244.
U. v. 9. XI. 85. R. VII. 649.

2. Der Begriff des „Unternehmens“ begreift nicht jede vorbereitende Thätigkeit, sie möge von der Vollendung der Handlung noch so entfernt sein, in sich.

U. v. 9. VI. 85. R. VII. 365.
U. v. 19. III. 88. E. XVII. 257.

3. Unter Besitz ist nicht der juristische Besitz gemäß den Regeln des Civilrechtes, sondern die wissentliche Innehabung zu verstehen.

U. v. 12. VI. 85. R. VII. 379. E. XII. 256.

4. Ein Irrthum über die Zuständigkeit der die Ermächtigung zum Besitze von Sprengstoffen ertheilenden Polizeibeamten schließt die Strafbarkeit aus.

U. v. 13. X. 85. R. VII. 579. E. XII. 431.
U. v. 9. XI. 85. R. VII. 649.

5. Für den Thatbestand unerlaubten Besitzes von Sprengstoffen bildet ein Irrthum über den Umfang der ertheilten polizeilichen Genehmigung einen Strafausschließungsgrund; dagegen erscheint ein Irrthum über die Ausführungsbestimmungen des Bundesraths und über die Nothwendigkeit einer polizeilichen Genehmigung für den Besitz von Sprengstoffen ein Irrthum über das Strafgesetz.

U. v. 1. X. 85. E. XII. 398.

6. Der ohne polizeiliche Erlaubniß stattfindende juristische Besitz von Sprengstoffen ist nicht strafbar, wenn der Detentor dieser Sprengstoffe die polizeiliche Erlaubniß zur Detention erlangt hat. Die erlangte polizeiliche Erlaubniß schützt nur im Bezirke derjenigen Polizeibehörde, welche sie ertheilt hat. Ist der ohne polizeiliche Erlaubniß bewirkte Transport nach dem Gesetze vom 9. Juni 1884 strafbar, so kann keine selbständige Strafe wegen Nichtbeachtung landesrechtlicher Transportvorschriften verhängt werden.

U. v. 15. X. 85. R. VII. 583. E. XIII. 22.

7. Zum Thatbestande wird weiter nichts erfordert, als der wissentliche Besitz von Sprengstoffen ohne Nachweis der polizeilichen Genehmigung; der solcherweise im Besitz Betroffene kann sich nicht damit entschuldigen, er habe den Besitz nicht verheimlicht, sondern selbst sofort der Polizei zu dem Zwecke und in der sicheren Voraussicht, daß die Genehmigung ertheilt werde, angezeigt, wie denn auch wirklich die Genehmigung — dem Betroffensein nachgängig — auf jene Eingabe hin erfolgt sei.

U. v. 30. X. 85. R. VII. 628. E. XIII. 35.

8. Die Strafbestimmung trifft Jeden, der in den Besitz von Sprengstoffen sich gesetzt hat, ohne die polizeiliche Erlaubniß hierzu nachweisen zu können; ob er zur Zeit der Entdeckung noch im Besitze sich befindet („betroffen" wird), ist belanglos. Das bloße Nachsuchen dieser Erlaubniß, in der Voraussicht, daß sie ertheilt werde, genügt nicht, um den Besitz straflos zu machen; ebensowenig kann sich der nachweislose Besitzer darauf berufen, er habe geglaubt, ein Dritter habe für ihn die Erlaubniß nachgesucht und erhalten.

U. v. 16. XI. 85. R. VII. 665. E. XIII. 46.
U. v. 17. I. 87. R. IX. 57. E. XV. 158.

9. Rechtsirrthümlich ist die Annahme, daß durch die einer bestimmten Person ertheilte polizeiliche Erlaubniß ohne weiteres deren Bediensteten die Erlaubniß zu der behufs Ermöglichung ihrer Dienste erforderlichen Gewahrsam der Sprengstoffe ertheilt sei.

U. v. 21. XI. 85. R. VII. 683. E. XIII. 90.

10. Ein „Ueberlassen" von Sprengstoffen an Andere setzt weder ein gewerbs- noch ein gewohnheitsmäßiges Handeln, noch auch eine Hingabe gegen Aequivalent voraus, und genügt ein einmaliges, aus Gefälligkeit erfolgtes Ueberlassen zur Anwendung des Gesetzes.

U. v. 25. VI. 86. E. XIV. 231.

11. Unter den polizeilichen Bestimmungen, welche § 9 Abs. 2 des Gesetzes erwähnt, sind nur allgemeine Polizeiverordnungen zu verstehen. Ein „Ueberlassen" von Sprengstoffen im Sinne des Abs. 1 umfaßt nicht bloß die Veräußerung solcher, sondern jede thatsächliche Einräumung der Gewaltherrschaft über Sprengstoffe.

U. v. 16. IX. 86. R. VIII. 538.

12. Zum Begriff des vorsätzlich begangenen Delicts gehört nicht das Bewußtsein von der Rechtswidrigkeit der Handlung, sei es daß darunter das Bewußtsein der gestörten Rechtsordnung (Normwidrigkeit) oder dasjenige der Strafbarkeit (Strafandrohung) verstanden sein soll.

U. v. 17. I. 87. R. IX. 57. E. XV. 158.

13. Der Begriff des „Vertriebes" im Sinne des Sprengstoffgesetzes setzt voraus, daß derjenige, welcher in den thatsächlichen Besitz gesetzt wird, den Sprengstoff erwerben will.

U. v. 28. I. 87. R. IX. 99. E. XV. 237.

14. Die Strafbestimmung des § 9 Abs. 2 findet auch dann Anwendung, wenn eine bestehende Polizeiverordnung für gewisse Fälle

die Beobachtung speciell zu erlassender polizeilicher Anordnungen ausdrücklich vorschreibt und diesem Gebote zuwidergehandelt ist.

U. v. 14. I. 87. E. XV. 207.

15. Unter den polizeilichen Bestimmungen über den Verkehr mit Sprengstoffen sind auch die über den Transport von solchen erlassenen landespolizeilichen Verordnungen zu verstehen.

U. v. 4. II. 87. E. XV. 245.
U. v. 29. XI. 87. R. IX. 681.

16. Auch die von Seite eines Besitzberechtigten an einen andern Besitzberechtigten ohne polizeiliche Erlaubniß erfolgte Ueberlassung von Sprengstoffen ist strafbar.

U. v. 4. IV. 87. R. IX. 228. E. XV. 387.

17. Die Bestimmungen der §§ 23, 25, 26 der badischen Verordn. vom 6. Novbr. 1879, wonach der concessionirte Verkäufer nur an solche Personen, welche zur Empfangnahme als berechtigt sich ausweisen, Sprengstoffe abgeben darf, sind durch das Ges. vom 9. Juni 1884 und die hierzu erlassene badische Vollzugsinstruction vom 1. Septbr. 1884 ersetzt und finden daher keine Anwendung mehr.

U. v. 18. IV. 87. R. IX. 242.

18. Der Ausdruck „Zweck" im Gesetz ist zu verstehen von dem schließlichen Gebrauch des Sprengstoffes durch Verbrauch. Daß dieser Zweck ein erlaubter ist, muß zur Abwendung der Strafe festgestellt sein. U. v. 22. XI. 87. R. IX. 632.

19. Der Umstand, daß der Thäter im Besitze von Sprengstoffen in nur geringer Menge betroffen worden ist, steht der Anwendung des Gesetzes nicht entgegen. U. v. 10. IV. 88. E. XVII. 278.

L. Reichsgesetz vom 18. Juli 1884, betr. die Commanditgesellschaften auf Actien und die Actiengesellschaften.

§ 209 b.

Falsche Angaben bezüglich der im art. 209[b] vorgesehenen Festsetzungen über die einem Actionär (Gründer) für die von ihm in die Gesellschaft eingebrachte Einlage zu gewährende Vergütung und den Gründungsaufwand zu Lasten der Gesellschaft liegen auch dann vor, wenn die zu gewährende Vergütung zwar der zwischen allen Gründern getroffenen Abrede gemäß in dem Gesellschaftsvertrage festgesetzt ist, zwischen dem einbringenden Gründer und einem anderen Gründer aber vor Festsetzung der Vergütung hinter dem Rücken der Mitbegründer die bei Errichtung des Gesellschaftsvertrages verschwiegene Abrede getroffen ist, daß der einbringende Gründer dem anderen Gründer aus der zu gewährenden, im Gesellschaftsvertrage demnächst festgestellten Vergütung eine Belohnung für seine Mitwirkung bei der Gründung zu zahlen verpflichtet sein soll.

U. v. 2. X. 88. R. X. 530. E. XVIII. 105.

Art. 215a.

Die Anmeldung einer Erhöhung des Grundkapitals einer Actiengesellschaft mit der Angabe des Vorstands, daß das bisherige Grundkapital eingezahlt sei, obgleich von der zuletzt eingeforderten Resteinzahlung noch Restanten bestehen, ist strafbar, selbst wenn gegen die Restanten das Caducirungsverfahren eingeleitet ist.

U. v. 25. III. 86. R. VIII. 215. E. XIV. 36.

Art. 249.

Art. 249 ist auch dann anwendbar, wenn in der durch Art. 209g vorgeschriebenen Erklärung (Gründerbericht) falsche Angaben über Umstände, durch welche die Höhe der Vergütung gerechtfertigt werden soll, enthalten sind. U. v. 2. X. 88. R. X. 530. E. XVIII. 106.

LI. Reichsgesetz vom 24. Juni 1887, betr. die Besteuerung des Branntweins.

§ 17.

Mit der Feststellung beabsichtigter Maischsteuerverkürzung ist die Feststellung beabsichtigter Verkürzung der Verbrauchsabgabe nicht ohne weiteres gegeben, die letztere Absicht vielmehr einer besonderen Prüfung zu unterwerfen.

U. v. 9. XI. 88. R. X. 632. E. XVIII. 215.

§ 40.

Die Strafe der vor dem 1. Octbr. 1887 in Preußen begangenen Maischbottich-Steuerdefraudationen ist, vorbehaltlich des in § 40 bestimmten Höchstmaßes, nach den Vorschriften des Bundesges. vom 8. Juli 1868 bezw. der mit denselben übereinstimmenden preußischen Gesetze und nicht nach § 21 des Ges. vom 24. Juni 1887 zu finden.

U. v. 9. XI. 88. R. X. 636.

18*

B. Landesgesetze.

Preußen.

I. Preußisches Landrecht.

1. Dem Ehemann steht nach preußischem Recht ein Züchtigungsrecht gegen die Ehefrau nicht zu.

Thl. II Tit. 1 § 701.

U. v. 18. IX. 85. R. VII. 517. E. XII. 368.

2. Die Zerstörung gütergemeinschaftlicher Sachen durch den Ehemann ist eine rechtswidrige, wenn mit der Zerstörung die Absicht verbunden ist, die Ehefrau in ihren Rechten zur Sache zu kränken.

Thl. II Tit. 1 §§ 377 ff.

U. v. 25. IX. 85. R. VII. 531. E. XII. 376.

3. Der Vermiether einer Wohnung kann sich auch dadurch der Kuppelei schuldig machen, wenn er trotz Kenntniß von der in der vermietheten Wohnung betriebenen Unzucht die Fortsetzung des Miethverhältnisses duldet; auch wenn bei Abschluß des Miethsvertrages der Unzuchtsbetrieb nicht bekannt und eine desfallsige Bestimmung im Vertrage nicht getroffen war.

Thl. I Tit. 21 §§ 311. 387. Thl. I Tit. 4 §§ 6. 7.

U. v. 6. X. 85. R. VII. 552.

4. Die Annahme, es müsse von der Anklage wegen Diebstahls an Tauben deshalb freigesprochen werden, weil Tauben, sobald sie sich außerhalb ihres Verwahrungsortes befinden, Gegenstand des freien Thierfanges sind, und das Recht, Tauben zu halten, dem

Taubenhalter nur einen civilrechtlichen Anspruch auf Rückgabe der ihm weggefangenen Tauben gewährt — ist rechtsirrig.

Thl. I Tit. 9 §§ 107—113.

U. v. 12. II. 86. R. VIII. 116. E. XIII. 341.

5. Die Rechte des Ehemannes an dem Vermögen seiner Ehefrau folgen auch in der Kurmark Brandenburg der Regel des preuß. LR., wonach alles, was nicht durch Vertrag oder Gesetz der Frau vorbehalten ist, die Eigenschaft des Eingebrachten hat: dergestalt, daß die in die Miethswohnung des Mannes gebrachten Mobilien der Frau, wenn eine Ausnahme von der Regel nicht vorliegt, der Verfügung des Ehemannes und mithin dem Pfandrecht des Vermiethers unterworfen sind.

Thl. I Tit. 21 § 395 Decl. v. 21. Juli 1846 u. § 247 Thl. II Tit. 1.

U. v. 1. VI. 86. R. VIII. 419.

6. Das Pfändungspfandrecht dauert auch bei fortfallender Erkennbarkeit der Pfändung noch fort.

Thl. I Tit. 20 §§ 118 ff.

U. v. 25. X. 87. R. IX. 527.

7. § 10 Thl. II Tit. 15 des allg. LR. findet auf Communicationswege analoge Anwendung. U. v. 26. X. 88. R. X. 595.

II. Wegereglement vom 24. Juni 1764.

Das Wegereglement ist aufgehoben.

U. v. 26. X. 88. R. X. 595.

III. Preußische Apothekerordnung vom 11. October 1801 Ttl. III § 2 lit. a; Preußische Circularverfügung vom 11. August 1864 § 16.

Das Verbot der Apothekerordnung, Recepte durch jüngere, noch nicht erprobte Lehrlinge herstellen zu lassen, bezieht sich nur auf das selbständige, nicht auf das unter Aufsicht ausgeführte Receptiren der Lehrlinge.

§ 16 der erwähnten Circularverfügung, wonach der Apotheker bei längerer Abwesenheit für einen approbirten Stellvertreter zu sorgen hat, kann nicht schlechthin dahin verstanden werden, daß diese Abwesenheit eine vorher geplante Reise von längerer, mehrere Tage überschreitender Dauer voraussetze.

Eine mißverständliche Auffassung dieser Circularverfügung ist übrigens einem thatsächlichen Irrthume im Sinne des § 59 des StGB. gleichzuachten. U. v. 10. VI. 86. R. VIII. 446.

IV. Preußisches Gesetz vom 28. März 1811 über die Einrichtung der Amtsblätter ꝛc.

Die in Verordnungen preußischer Verwaltungsbehörden wiederkehrende Bestimmung, daß dieselben „mit dem Tage ihrer Publikation im Amtsblatte" in Kraft treten, kann sowohl auf den Tag der Ausgabe des betreffenden Amtsblattes als auch auf den achten Tag nach dieser Ausgabe bezogen werden. Die Entscheidung hierüber hängt von dem zum Ausdruck gelangten Willen der verordnenden Behörde ab. U. v. 21. I. 87. R. IX. 79. E. XV. 198.

V. Preußisches Gewerbesteuergesetz vom 30. Mai 1820 §§ 19. 39b. 2. 3. 5. Preußisches Gesetz vom 3. Juli 1876 § 17.

1. Der gewerbsmäßige Ein- und Verkauf von Grundstücken, wenn er von einem Einzelnen betrieben wird, unterliegt nicht der preuß. Gewerbesteuer, welche vom Handel erhoben wird.
U. v. 16./23. III. 86. R. VIII. 183. E. XIII. 436.

2. Das durch Nichtanzeige der Eröffnung einer mit dem Bordellbetrieb verbundenen Schankwirthschaft begangene Steuervergehen steht zu der von dem Wirth betriebenen Kuppelei im Verhältniß realer Concurrenz. U. v. 31. V. 86. R. VIII. 408. E. XIV. 174.

VI. Gesetz wegen der Stempelsteuer vom 7. März 1822. Tarif zu diesem Gesetz: Allg. Vorschriften Nr. 1.

1. Verträge zwischen Gesellschaftern zum Zwecke der Auseinandersetzung können sich als Kaufverträge im Sinne des Stempelgesetzes darstellen.

Enthalten dergleichen Auseinandersetzungen verschiedene Gegenstände oder Geschäfte, so ist der Stempel für jeden Gegenstand und jedes Geschäft besonders zu berechnen.
U. v. 15. X. 86. R. VIII. 619.

2. Die mit Abreden über die Valutazahlung verbundene Cession ist als einheitliches, nur dem Cessionsstempel unterliegendes Geschäft aufzufassen. U. v. 7. VI. 87. R. IX. 357.

3. Die durch Briefwechsel geschlossenen Verträge sind nur alsdann nicht stempelpflichtig, wenn der Briefwechsel lediglich die Bestimmung hatte, die Willensübereinstimmung der Contrahenten herbeizuführen. U. v. 30. XII. 87. R. IX. 749. E. XVII. 34.

VII. Preußische Cabinets-Ordre vom 10. Januar 1824, die Erhebung der Maischsteuer betr.

Auf Einziehung der mißbrauchten Gefäße kann selbständig im Wege des objectiven Verfahrens erkannt werden, wenn die Verfolgung oder Verurtheilung einer bestimmten Person nicht möglich erscheint.
U. v. 20. I. 87. R. IX. 66.
U. v. 10. II. 88. R. X. 131.

VIII. Preußisches Gesetz vom 8. Mai 1837, betr. das Mobiliarfeuerversicherungswesen.

§ 20.

Unter den Begriff der Versicherung zu einem höheren als dem gemeinen Werthe fällt auch die Versicherung nicht vorhandener Gegenstände. U. v. 17. IV. 85. R. VII. 234. E. XII. 150.

IX. Militär-Strafgerichtsordnung vom 3. April 1845.

§ 6.

1. Die Vorschrift des § 6 Ziff. 5, daß Herausforderungen und Zweikämpfe beurlaubter Landwehroffiziere vor die Militärgerichte gehören, erstreckt sich jetzt auf Assistenzärzte der Marinereserve.
U. v. 23. V. 85. R. VII. 326. E. XII. 231.

2. Das Carteltragen, begangen durch einen Offizier im Beurlaubtenstande, unterliegt der Zuständigkeit des Civilgerichts.
U. v. 20. III. 88. R. X. 258. E. XVII. 243.

§ 15.

Der § 15 — wonach die Untersuchung einer während des Dienststandes begangenen, erst nach dem Uebertritt in den Beurlaubtenstand zur Sprache kommenden Strafthat den Civilgerichten insoweit zusteht,

als das Delict zu den gemeinen gehört und mit keinem gerichtlich zu bestrafenden militärischen Delicte zusammentrifft — findet auch dann Anwendung, wenn gegen eine Person des Beurlaubtenstandes zufolge Einberufung zum Dienst der Militärgerichtsstand begründet ist, die unter der Herrschaft des letzteren begangene Strafthat jedoch erst nach dem Rücktritt in den Beurlaubtenstand zur Sprache kommt.
U. v. 21. IX. 86. R. VIII. 548. E. XIV. 328.

§ 17.

1. Ist ein zur Zuständigkeit der Militärgerichte gehöriges Verbrechen oder Vergehen einer Militärperson vor deren gänzlichem Ausscheiden aus den Militärverhältnissen an zuständiger Stelle „zur Sprache" gekommen, so verbleibt die Fortsetzung der Untersuchung den militärgerichtlichen Behörden, wofern nicht von der Ueberlassung an die Civilgerichte Gebrauch gemacht wird.
U. v. 23. V. 85. R. VII. 326. E. XII. 231.

2. Auch „Vergehen" von Militärpersonen unterstehen nach dem gänzlichen Ausscheiden derselben aus den militärischen Verhältnissen den Civilgerichten.
U. v. 5. XII. 87. R. IX. 690. E. XVI. 433.

X. Preußisches Gesetz vom 23. Juli 1847 über die Verhältnisse der Juden.

§ 71.

1. Soweit § 71 die Annahme ausländischer Juden als Rabbiner und Synagogenbeamte betrifft, besteht er noch in Kraft und ist weder durch Art. 12 der preuß. Verfassungsurkunde v. 31. Jan. 1850 noch durch das Reichsgesetz v. 3. Juli 1869 betr. die Gleichberechtigung der Confessionen aufgehoben. U. v. 22. XII. 85. E. XIII. 207.

2. Auch diejenigen Mitglieder des Synagogen-Gemeindevorstandes, welche in den Vorstand erst eingetreten sind, nachdem ein Ausländer als Synagogenbeamter bereits angestellt war, können für die Unterlassung der Einholung der staatlichen Genehmigung strafrechtlich verantwortlich werden. U. v. 8. VI. 86. R. VIII. 443.

3. Auch Beamte von Privatsynagogen bedürfen, sofern sie Ausländer sind, zu ihrer Annahme regelmäßig der obrigkeitlichen Genehmigung. U. v. 7. II. 88. R. X. 102.

XI. Gesetz vom 12. Februar 1850 zum Schutze der persönlichen Freiheit.

§ 6.

Der die Festnahme auf Grund des § 6 bewirkende Beamte hat, so lange die Prüfung des Falls nicht an das betr. höhere Polizeiorgan übergegangen ist, über Fortdauer der Haft zu befinden und die Haft aufzuheben, sobald er sich überzeugt, daß ein Grund für deren Fortdauer nicht mehr vorhanden ist.

U. v. 23. IX. 87. R. IX. 455.

§ 9.

Der Fall „eines aus dem Innern der Wohnung hervorgegangenen Ansuchens" kann auch dann vorliegen, wenn der Ansuchende sich aus dem Hause zu dem Zwecke begeben hat, um sein Gesuch anzubringen.

U. v. 4. I. 87. R. IX. 7.

XII. Preußisches Jagdpolizeigesetz vom 7. März 1850.

§ 2 lit. b.

Der Grundeigenthümer ist zur Jagdausübung auf seinen eingefriedigten Grundstücken erst nach erfolgter Entscheidung des Landraths darüber, daß die Einfriedigung für dauernd und vollständig zu erachten sei, befugt.

Diese Entscheidung ist der richterlichen Cognition entzogen.

U. v. 14. V. 88. R. X. 391. E. XVII. 363.

XIII. Preußisches Gesetz vom 11. März 1850 über die Verhütung eines Mißbrauchs des Versammlungs- und Vereinigungsrechtes.

§ 16.

1. Die dem Strafrichter durch Landesgesetz gewährte Befugniß, auf Schließung eines Vereins zu erkennen, ist durch § 6 des Einf.-Ges. zum StGB. nicht aufgehoben worden.

U. v. 18. II. 87. R. IX. 142. E. XV. 305.

2. Die §§ 8, 16 finden auf einen Verein, welcher bezweckt, politische Gegenstände in Versammlungen zu erörtern, auch dann Anwendung, wenn der Verein nur aus Frauenspersonen besteht.

Wirthschaftliche Fragen gehören nicht nothwendig zu den politischen Gegenständen, tragen aber diesen Charakter, wenn eine Aenderung socialer Zustände mittelst staatlichen Zwanges, staatlicher Einrichtungen oder Beseitigung geltender Verfassungsgrundsätze erstrebt wird. U. v. 18. III. 87. R. IX. 182.

3. Der § 152 der R.-Gewerbe-Ordnung berührt die §§ 8. 16 nicht, sondern gibt Coalitionsfreiheit nur auf dem Gebiete des gewerblichen Lebens, schlägt aber nicht an, wenn durch politische Vereine, d. h. Vereine, welche Verfassung, Verwaltung oder Gesetzgebung des Staates, die staatsbürgerlichen Rechte der Unterthanen oder internationale Beziehungen der Staaten in ihre Thätigkeit einbeziehen, gewerbliche Zwecke verfolgt werden.

U. v. 10. XI. 87. R. IX. 590. E. XVI. 383.

4. Einer in öffentlicher Versammlung zur Ausführung der Versammlungsbeschlüsse gewählten und zu diesem Zwecke auf längere Dauer zusammengetretenen Commission kann um deßwillen, weil dieselbe lediglich als Ausschuß der Versammlung erscheine, die Eigenschaft eines Vereins nicht abgesprochen werden.

Eine irrige Auffassung des Begriffs „Verein" entschuldigt nicht.

U. v. 2. XI. 88. R. X. 611. E. XVIII. 169.

§ 17.

Die in Abs. 3 vorgesehene Beschränkung der Strafbarkeit der in gutem Glauben an verbotenen Versammlungen unter freiem Himmel Theilnehmenden trifft nicht zu auf solche Personen, welche wissen, daß die Genehmigung der Versammlung gar nicht nachgesucht worden war. U. v. 9. V. 87. R. IX. 310.

XIV. Preußisches Strafgesetzbuch vom 14. April 1851.

§ 270.

1. Der § 270 des preuß. StGB., betreffend das Abhalten vom Mit- oder Weiterbieten bei öffentlichen Versteigerungen ist neben dem Reichsstrafgesetzbuche in Kraft geblieben.

Zwischen der Erpressung (§ 253 des RStGB.) und der Anstiftung zu dem Vergehen gegen § 270 des preuß. StGB. findet keine Gesetzesconcurrenz statt. U. v. 6. III. 88. E. XVII. 202.

2. Auch auf Seiten desjenigen, der sich abhalten läßt, kann Anstiftung zur Handlung des Thäters angenommen werden.

U. v. 10. XII. 88. R. X. 713.

XV. Gesetz vom 1. Mai 1851 betr. Einführung einer Klassen- und Einkommensteuer.

1. **Die besondere Strafvorschrift dieses Gesetzes geht dem Reichsstrafgesetze auch dann vor, wenn der jener Vorschrift entsprechende Thatbestand die Erfordernisse eines Betruges in sich schließt.**

Das gerichtliche Verfahren aus § 33 das. **ist durch ein vorgängiges Verwaltungsverfahren nicht bedingt.**

U. v. 13. VII. 86. R. VIII. 534. E. XIV. 293.

2. **Die Strafvorschrift des** § 33 **beschränkt sich nicht auf den Fall einer von der Bezirkscommission zu entscheidenden Steuerreclamation, sondern erstreckt sich auch auf den Fall einer bei der Einschätzungscommission angebrachten Remonstration.**

U. v. 16. X. 88. R. X. 579. E. XVIII. 151.

XVI. Preußisches Gesetz vom 7. Mai 1853, betr. die Beförderung von Auswanderern.

§ 10.

Die Vermittelung von Auswanderungsverträgen ohne Concession ist nur strafbar, wenn der Vertrag durch den Vermittler zu Stande gekommen ist, andernfalls nur, wenn der Vermittler die Dienste angeboten hat. U. v. 27. XI. 85. R. VII. 700. E. XIII. 81.

XVII. Preußisches Gesetz über unbefugte Aneignung von Mineralien vom 26. März 1856.

§ 2.

Die Annahme, daß die Anwendung der Diebstahlsstrafe auf die unbefugte Aneignung von Mineralien aus den Halden ausgeschlossen sei, ist rechtsirrthümlich.

U. v. 2. X. 88. R. X. 543. E. XVIII. 188.

XVIII. Preußische Verordnungen vom 22. Januar 1867, die Vereidigung der Beamten 2c., und vom 6. Mai 1867, die Form des Diensteides betr.

Die Berechtigung und Verpflichtung zur Ausübung des Richteramtes ist in Preußen nicht durch Erneuerung des Diensteides beim Thronwechsel bedingt. U. v. 15. V. 88. R. X. 396. E. XVII. 375.

XIX. Preußisches Gesetz vom 22. Februar 1867, betr. die Bestrafung der unbefugten Aneigung von Bernstein u. s. w.

Im Gebiete des preuß. allg. LR. gehört der Bernstein, soweit er nicht vorbehaltenes Eigenthum des Staates ist, dem Eigenthümer des Grund und Bodens. Die unbefugte Aneignung wird nach Art. 1 Abs. 1 des citirten Gesetzes bestraft.

U. v. 25. XI. 87. R. IX. 656. E. XVII. 16.

XX. Preußische Verordnung vom 25. Juni 1867, betr. das Strafrecht u. s. w. in den 1866 mit der Monarchie vereinigten Landestheilen.

Art. IV.

Es ist nicht rechtsirrthümlich, wenn der Thatrichter den zweimaligen Verkauf von Loosen ein und derselben in Preußen nicht zugelassenen Lotterie als selbständige Handlungen beurtheilt und deshalb bei successiver Aburtheilung der ersten Verurtheilung keine die Strafklage consumirende Wirkung beilegt.

U. v. 12. III. 85. R. VII. 170. E. XII. 115.

XXI. Preußisches Gesetz vom 12. März 1869, betr. die Ausstellung gerichtlicher Erbsbescheinigungen.

§ 3.

1. Der Widerruf einer falschen Angabe kann mit Erfolg vor demjenigen Notar erklärt werden, welcher behufs Erlangung einer Erbbescheinigung gemäß § 3 die eidesstattliche Versicherung aufgenommen hat. U. v. 24. II. 88. R. X. 192. E. XVII. 341.

2. Die nach § 3 bei einer Nachlaßregulirung verlangte und abgegebene Versicherung an Eidesstatt, keine näheren oder gleichnahe Erben zu kennen, ist nicht fahrlässig falsch abgegeben, wenn der versichernde Erbe wirklich keine solchen Erben kannte, auch wenn er sich die Kenntniß noch so leicht verschaffen konnte. Die Aushändigung der Eidesbescheinigung an einzelne Erben enthält für besser- oder gleichberechtigte Erben, denen sie nicht ertheilt ist, einen Rechtsnachtheil, der die Straflosigkeit einer fahrlässig abgegebenen falschen Versicherung ausschließt. U. v. 6. III. 88. R. X. 210. E. XVII. 185.

3. Die auf Grund des § 3 Abs. 2 Satz 2 ohne Auftrag des zuständigen Nachlaßgerichts zum Protokoll eines preußischen Notars aufgenommene, aber an das zuständige Nachlaßgericht nicht abgegebene eidesstattliche Versicherung ist im Sinne des § 156 des StGB. als eine von einer zur Abnahme einer Versicherung an Eidesstatt zuständigen Behörde abgegebene eidesstattliche Versicherung anzusehen.

U. v. 14. XI. 88. R. X. 652. E. XVIII. 246.

XXII. Preußische Vormundschaftsordnung vom 5. Juli 1875.

§ 61.

Solange über die Vaterschaft eines durch nachfolgende Ehe legitimirten Kindes Zweifel obwalten, kann die Vormundschaft über das Kind mit der Wirkung fortdauern, daß der Vormund zum Strafantrage gegen den Vater des Kindes berechtigt ist.

U. v. 14. I. 87. R. IX. 47. E. XV. 176.

XXIII. Preußisches Forstdiebstahlsgesetz vom 15. April 1878.

§ 1.

Ein im Dienste des preußischen Staats angestellter Förster, welcher in dem seiner Obhut anvertrauten Walde Holz schlagen läßt und sich zueignet, begeht keine Unterschlagung, sondern Forstdiebstahl oder Diebstahl, je nachdem er die Absicht rechtswidriger Zueignung schon beim Fällen des Holzes oder erst bei Wegnahme des gefällten Holzes gehabt hat. U. v. 24. IX. 86. R. VIII. 556. E. XIV. 305.

§ 9.

Neben der Holzdiebstahlsstrafe ist auf Ersatz des Holzwerthes zu erkennen, sollte auch das gestohlene Holz in dem Forst verblieben oder dem Bestohlenen ausgeantwortet sein.

U. v. 24. IV. 85. R. VII. 252. E. XII. 158.

XXIV. Preußisches Ausführungsgesetz zum deutschen Gerichts-Verfassungsgesetz vom 24. April 1878.

§ 3.

Die auf Grund des § 3 einem Amtsgerichte zugewiesenen Gerichtsassessoren sind zur Wahrnehmung richterlicher Geschäfte befugt, auch wenn sie nicht als Hülfsrichter bestellt wurden; die weitergehende Bestimmung des § 5 findet nur auf die dort bezeichneten Fälle Anwendung.

U. v. 27. V. 86. R. VIII. 393. E. XIV. 153.

XXV. Preußisches Feld- und Forstpolizeigesetz vom 1. April 1880.

§ 18.

1. Die Strafbestimmung des § 252 des StGB. findet auch auf den Fall des Gartendiebstahls Anwendung.

In diesem Fall genügt, wenn die Frage mit den Worten des Gesetzes aus § 18 des Ges. v. 1. April 1880 in Verbindung mit § 252 des StGB. gestellt wird.

U. v. 5. III. 86. R. VIII. 155. E. XIII. 391.

2. Liegen die Voraussetzungen des § 370 Ziff. 5 des StGB. vor, so tritt die Verfolgung einer nach § 18 strafbaren Entwendung auch dann nur auf Antrag ein, wenn sie begangen wird unter den in den §§ 19 und 20 vorgesehenen erschwerenden Umständen.

U. v. 13. V. 87. R. IX. 316. E. XVI. 63.

§ 62.

Ein Beamter des Hofjagdamtes, welcher auf Grund eines Vertrages des Hofjagdamtes und einer Gemeinde von ersterem als Feld- und Forsthüter auf der Gemeindefeldmark bestellt ist, ist ein Beamter, ohne daß es einer Bestätigung durch den Landrath bedarf.

U. v. 9. X. 85. R. VII. 562. E. XII. 419.

XXVI. Preußisches Gesetz vom 12. März 1881, betr. die Ausführung des Reichsgesetzes über die Abwehr und Unterdrückung von Viehseuchen.

§ 1. 2. 3—11.

In Preußen sind die Ortspolizeibehörden zuständig, zur Verhütung des Verbreitens einer ausgebrochenen Tollwuth die Festlegung aller Hunde für den Polizeibezirk anzuordnen. Die wissentliche Verletzung dieser Anordnung fällt unter § 328 des StGB.

U. v. 30. I. 85. R. VII. 66. E. XII. 19.

§ 3.

Die Bestimmung in § 3, nach welcher die Regierungspräsidenten zum Erlaß von Einfuhrverboten zuständig sind, trifft nicht zu bei Einfuhrverboten zur Abwehr der Rinderpest.

Zu der Anordnung von Maßregeln, welche die Abwehr der Rinderpest bezwecken, sind in Preußen die Regierungen zuständig.

U. v. 10. II. 85. R. VII. 96. E. XII. 37.

Elsaß-Lothringen.

I. Französisches Preßgesetz vom 27. Juli 1849.

Art. VI.

Nach dem in Elsaß-Lothringen noch gültigen Art. VI bedarf es zur distribution des écrits (jeder Art) eines vorherigen polizeilichen Erlaubnißscheines. Wer einen solchen, gleichviel aus welchem Grunde, nicht besitzt, verfällt der bez. Strafbestimmung; der Angeschuldigte kann sich nicht darauf berufen, die polizeiliche Behörde erkläre die Erlaubnißertheilung für überflüssig.

U. v. 16. II. 88. R. X. 150.

II. Reichsgesetz vom 11. Juni 1870, betr. das Urheberrecht an Schriftwerken 2c.

§ 62 Abs. 2.

Der Schutz des literarischen Eigenthums gegen Nachdruck 2c. zwischen Elsaß-Lothringen und Frankreich ist nicht erst durch die Einführung des deutschen Nachdruckgesetzes in Elsaß-Lothringen mit dem Einf.-Ges. vom 27. Jan. 1873 erfolgt, sondern war schon vorher durch Art. 18 der am 11. Dezbr. 1871 abgeschlossenen Zusatz-Convention zum Friedensvertrage vom 10. Mai 1871, wonach die zwischen Bayern und Frankreich abgeschlossene Literar-Convention vom 24. März 1865 vorläufig auf Elsaß-Lothringen angewandt werden sollte, geregelt, an deren Stelle nunmehr der Art. XI der zwischen Deutschland und Frankreich getroffenen Uebereinkunft vom 19. April 1883 getreten ist. Diesen Conventionen kommt übrigens keine rückwirkende Kraft auf die früher abgeschlossenen Verlags-Verträge zu.

U. v. 5. XI. 87. R. IX. 559.

III. Einführungsgesetz zum Strafgesetzbuche für Elsaß-Lothringen vom 30. August 1871.

§ 2.

1. Art. 418 des Code pénal ist in Elsaß-Lothringen durch Einführung des Strafgesetzbuches für das Deutsche Reich daselbst nicht aufgehoben. U. v. 3. I. 87. E. XV. 140.

2. Das französische Gesetz vom 25. März 1822, Art. 8 über cris séditieux, hat in Elsaß-Lothringen keine Geltung.

U. v. 17. XI. 87. E. XVI. 340.

U. v. 20. II. 88. R. X. 160. E. XVII. 134.

Bayern.

I. Bayerisches Polizeistrafgesetzbuch vom 26. Dezember 1871.

Art. 112.

Die Entwendung von Wingertspfählen aus Weinbergen kann nicht als Feldpolizeiübertretung unter Art. 112 des bayer. PStGB. subsumirt werden, sondern ist als gemeiner Diebstahl im Sinne des RStGB. aufzufassen.

U. v. 27. IX. 88. R. X. 521. E. XVIII. 128.

II. Gesetz vom 30. Mai 1850, die Ausübung der Jagd betr.

Art. 2 Ziff. 1.

Unter „Hausgarten" wird ein solcher Garten verstanden, welcher unmittelbar an das häusliche Anwesen — Haus oder Hof — angrenzt und zunächst häuslichen Zwecken dient; es genügt jede Art der Umfriedung desselben, auf die Dichtigkeit der Umzäunung kommt es nicht an. U. v. 15. III. 88. R. X. 248. E. XVII. 239.

Art 3.

Unter Inclave ist nur ein solches Grundstück zu verstehen, welches von allen Seiten von dem bevorzugten Grundstücke umschlossen ist.

Ein Grundstück, welches nur auf drei Seiten durch den Privatbesitz eines größeren, selbst jagdberechtigten Grundbesitzers, auf der vierten Seite durch eine fremde Gemeindeflur umschlossen ist, bildet keine Inklave im Sinne des Gesetzes.

U. v. 26. XI. 88. E. XVIII. 265.

III. Bayerisches Forstgesetz vom 28. Mai 1852 in der Fassung der Bekanntmachung vom 26. Septbr. 1879.

Art. 81.

Als „aufgearbeitet" und zum Verkaufe oder Verbrauche „zugerichtet" kann das Holz erst dann angesehen werden, wenn an demselben diejenigen Arbeiten vorgenommen sind, welche gefordert werden, um das Holz für die concrete Bestimmung verwendbar erscheinen zu lassen.

U. v. 4. III. 86. E. XIII. 383.

§ 137.

Zur Haussuchung wird die Zuziehung von Polizeibeamten erfordert; zu Letzteren können nicht die in § 114 Ziff. 2 des Forstgesetzes erwähnten Angehörigen des niederen Polizeipersonals, wie Polizeidiener oder Gemeindediener, gerechnet werden.

U. v. 15. VI. 85. R. VII. 383. E. XII. 261.

Art. 186.

Die Strafkammer, vor welcher das Hauptverfahren wegen Diebstahls eröffnet ist, darf dann, wenn sich die That nach dem Ergebnisse der Hauptverhandlung nur als Forstfrevel erweist, sich nicht für unzuständig erklären, sondern hat den Forstfrevel selbst abzuurtheilen.

U. v. 4. III. 86. E. XIII. 383.

IV. Bayerisches Malzaufschlagsgesetz v. 16. Mai 1868.

Art. 7.

Es ist nicht strafbar, wenn die Gerste bei ihrer Verarbeitung zu Malz und, bevor das Malz zur Bierbereitung verwendet oder bestimmt ist, mit Salicylsäure behandelt wird, so daß die Salicylsäure im Momente der „Bierbereitung" wieder entfernt ist.

Unter gleicher Voraussetzung darf auch Hefe vor ihrer Verwendung zum Bierbrauen mit Salicylsäure behandelt werden.

U. v. 30. XI. 85. E. XIII. 97.

V. Gesetz vom 16. Mai 1868, die Vermarkung der Grundstücke betr.

§ 16.

Ein von den Feldgeschworenen errichtetes Grenzzeichen hat nicht schon vermöge der Thatsache allein, daß dieses von ersteren gesetzt worden ist, strafrechtlichen Schutz anzusprechen.

U. v. 8. XII. 87. E. XVII. 10.

VI. Einführungs-Gesetz zum Militär-Strafgesetzbuch für das Königreich Bayern vom 29. April 1869.

Art. 7.

Ueber Mißhandlungen von Civilpersonen durch die bayerische Gendarmerie in ihrem Dienste als Hülfsorgan der Polizeibehörden haben die Militärgerichte und nicht die Civilgerichte zu erkennen.

U. v. 9. XI. 85. R. VII. 645. E. XIII. 107.

VII. Gesetz vom 10. März 1879, betr. die Besteuerung des Gewerbebetriebes im Umherziehen.

Hinsichtlich der Verjährung der Strafverfolgung oder Strafvollstreckung haben die allgemeinen Bestimmungen des Strafgesetzbuches für das Deutsche Reich in Anwendung zu kommen.

U. v. 28. VI. 86. E. XIV. 247.

VIII. Bayerisches Ausführungsgesetz zur Reichs-Strafproceßordnung vom 18. August 1879.

Art. 73 ff.

Die Voraussetzungen zur Einleitung des gemischt gerichtlichen Verfahrens liegen nicht vor, wenn ein Vorfall mehrere selbständige Strafthaten umfaßt, bei welchen je nur Militärpersonen oder je nur Civilpersonen als Beschuldigte betheiligt erscheinen; in einem solchen

Falle hat das Civilstrafgericht, selbst wenn die Militärbehörde ihre Zustimmung zur gemischt gerichtlichen Untersuchung ertheilt hat, in jeder Lage des Verfahrens und noch bei der Aburtheilung seine sachliche Unzuständigkeit zur Aburtheilung der Militärpersonen auszusprechen. U. v. 9. VII. 88. R. X. 470. E. XVIII. 51.

IX. Bekanntmachung des bayer. Staatsministeriums des Innern vom 2. Januar 1882, betr. die Maßregeln gegen die Rinderpest.

§ 4.

In Bayern ist die Einfuhr von Zucht- und Nutzvieh aus Oesterreich-Ungarn, welche in den Grenzbezirken den Einführenden zu eigenem Bedarfe gestattet ist, zur Abwehr der Rinderpest dadurch als beschränkt nicht zu erachten, daß den Einführenden das Eigenthum am eingeführten Vieh zusteht. U. v. 28. I. 86. E. XIII. 300.

§ 7.

1. Die Vorschrift, wonach das über die Grenze eingeführte Vieh im Inlande einer Contumazzeit unterstellt wird, ist nicht als eine bloße, der erlaubten Einfuhr nachgängig angeordnete Controlmaßregel, sondern als ein Bestandtheil der Einfuhrbeschränkung im Sinne des Reichsgesetzes vom 21. Mai 1878 aufzufassen.

U. v. 3. V. 86. R. VIII. 332. E. XIV. 253.

2. Durch eine innerhalb der Contumazfrist ohne Erlaubniß der zuständigen Behörde ausgeführte Schlachtung vorschriftsmäßig eingeführten Viehes kann eine Zuwiderhandlung gegen die zur Abwehr der Rinderpest erlassenen Vieheinfuhrbeschränkungen im Sinne des Reichsgesetzes vom 21. Mai 1878 begangen werden.

U. v. 12. V. 87. E. XVI. 136.

X. Verordnung vom 21. Juni 1884, die Verhältnisse der Bader betr.

§ 1—4.

Die Verletzung des nach vorstehender Verordnung den Badern auferlegten Verbotes der Ausübung der inneren Heilkunde ist weder landesrechtlich mit gerichtlicher Strafe bedroht, noch unter die Strafnorm des § 147 Ziff. 1 der Reichs-Gew.-O. zu subsumiren.

U. v. 25. I. 86. R. VIII. 92. E. XIII. 259.

XI. Bekanntmachung des bayer. Staatsministeriums des Innern vom 22. Januar 1887, Maßregeln gegen die Rinderpest betr.

Unter „Flurbereich des Ortes" ist der Bestimmungsort zu verstehen, in welchen das eingeführte Thier zu bringen und in welchem es zu confiniren ist, keineswegs der Flurbereich der ganzen politischen Gemeinde.

Ein Irrthum über Umfang oder Sinn der durch die Bekanntmachung vom 22. Januar 1887 getroffenen Anordnungen schließt die nach § 1 des Ges. vom 21. Mai 1878 zur Strafbarkeit der Zuwiderhandlungen gegen jene Anordnungen erforderliche Vorsätzlichkeit aus. U. v. 19. IV. 88. E. XVII. 318.

Württemberg.

I. Gesetz vom 19. September 1852, die Einkommensteuer betr.

Art. 11 Abs. 1 u. Art. 13 Abs. 2.

Eine erst nach dem Ableben des Steuerdefraudanten gegen diesen resp. gegen dessen Nachlaß gerichtete Strafverfolgung ist unzulässig. U. v. 19. IV. 88. R. X. 309. E. XVIII. 14.

II. Ausführungsgesetz zum Gerichtsverfassungsgesetz vom 24. Januar 1879.

Art. 12.

Zur Aburtheilung der Fahrlässigkeitsvergehen des § 21 des Preßges. vom 7. Mai 1874 und insbesondere auch der öffentlichen Verbreitung einer Druckschrift strafbaren Inhalts sind die Schwurgerichte zuständig. U. v. 29. XI. 88. R. X. 704. E. XVIII. 293.

III. Forststrafgesetz vom 2. September 1879.

Art. 14.

Aus Art. 14 ergibt sich für den Forstschutzbeamten ein Recht auf Beschlagnahme der zum Forstfrevel gebrauchten oder bestimmten Werkzeuge, und diese Berechtigung steht auch den beeideten Privatforstbediensteten zu. U. v. 23. I. 88. R. X. 57. E. XVII. 69.

Baden.

Kapitalrentensteuergesetz vom 29. Juni 1874.

Eine anläßlich der Verpachtung einer Liegenschaft dem verpachtenden Liegenschaftseigenthümer zugesagte Vergütung für eine von diesem übernommene Verpflichtung kann einen Bezug bilden, welcher der Steuer unterworfen ist.

Von einem Fabrikanten bei Bankhäusern in Depot gegebene Werthpapiere, die als Sicherheit der Bankhäuser für Darlehen bestimmt waren, welche der Fabrikant auf Contocurrentrechnung bei denselben entnahm, unterliegen der Kapitalrentensteuer.

U. v. 20. IV. 85. E. XII. 277.

Mecklenburg-Schwerin.

Revidirte Verordnung vom 2. September 1879, betr. die Bestrafung der Feldfrevel.

§§ 29—31.

Im Gebiete des Großherzogthums Mecklenburg-Schwerin, bezw. im Gebiete des deutschen gemeinen Rechtes, begründet eine berechtigterweise vorgenommene Privatpfändung von Vieh an diesem ein Zurückbehaltungsrecht im Sinne des § 289 des StGB.

U. v. 18. II. 86. E. XIII. 405.

Braunschweig.

Jagdpolizeigesetz vom 1. April 1879.

§ 19.

Der einem Privatjagdaufseher geleistete Widerstand ist strafbar, wenn auch der Aufseher nicht beeidigt ist.

U. v. 15. I. 85. E. XI. 421.

Sachsen-Gotha.

Branntweinsteuergesetz vom 12. December 1833.

§ 18. 26.

Bei unbefugtem Ueberschöpfen von einem Maischbottiche in einen anderen ist die verwirkte Defraudationsstrafe nach dem Rauminhalte des letzteren Maischbottichs zu berechnen und ist die Confiscation derjenigen Bottiche auszusprechen, in welche übergeschöpft wurde.

U. v. 2. V. 87. E. XVI. 101.

Bremen.

Vormundschaftsordnung vom 14. Mai 1882.

Nach bremischem Rechte ist die Mutter nicht als die zu Strafanträgen berechtigte gesetzliche Vertreterin ihres minderjährigen unehelichen Kindes anzusehen.

U. v. 28. VI. 88. E. XVIII. 65.

Alphabetisches Register.

A.

Ablehnung der Richter 2c. s. Gerichtsbesetzung.

Absperrungsmaßregeln; Anwendbarkeit des § 328 des StGB. auch dann, wenn die verletzte Aufsichtsmaßregel nach der Verletzung, aber vor der Aburtheilung aufgehoben worden ist, E. XVI. 171; — der § 328 nur anwendbar, wenn die behördliche Anordnung nicht mit Rücksicht auf eine künftig erst mögliche, sondern zur Abwendung einer concret bestimmten bereits vorhandenen oder drohenden Gefahr der Ansteckung erlassen ist, R. X. 60. E. XVII. 72; — Anwendung des härteren Strafgesetzes auch dann, wenn neben der Confiscation aus § 134 des Vereinszollges. aus § 328 des StGB. Gefängnißstrafe zu verhängen ist; Häufung der aus § 328 des StGB. und § 146 des Vereinszollges. zu verhängenden Freiheitsstrafen bei Idealconcurrenz, R. X. 619. E. XVIII. 174; s. a. Rinderpest, Viehseuchen.

Abtreibung der Leibesfrucht; Anwendung äußerer Mittel zur Abtreibung der Frucht bei einer Schwangeren von Seiten eines Dritten, ein selbständiges Delict aus § 218 Abs. 3 des StGB. nur bei wirklich erfolgter Abtreibung; in den sonstigen Fällen Anwendung der allgemeinen Grundsätze über Theilnahme; Eventualdolus im Falle des § 218 Abs. 3, wenn dem Thäter die Gefährlichkeit eines Mittels als Abtreibungsmittel bekannt war und er dennoch dasselbe angewendet hat, E. XVI. 25; — Verurtheilung aus § 218 Abs. 3, § 219 des StGB. hat die Strafbarkeit der Schwangeren nicht zur Voraussetzung, R. IX. 387. E. XVI. 184;

— nicht Vorbereitungshandlung, sondern Anfang der Ausführung des Verbrechens, wenn eine weibliche Person das zur Abtreibung bestimmte Mittel in den Mund nimmt, R. IX. 687; — festgestellte Beihülfe zu einer vermeintlichen Abtreibung seitens der Schwangeren nicht strafbar aus § 220 des StGB., E. XVIII. 229.

Actiengesellschaft, Commanditgesellschaft auf Actien; Haftbarkeit jedes Vorstandsmitgliedes für die Buchführung und Bilanzziehung, auch wenn ihm dieselbe nicht speciell durch den Gesellschaftsvertrag oder Beschluß der Actiengesellschaft übertragen ist, R. VIII. 24. E. XIII. 235. 354; — Haftbarkeit der Vorstandsmitglieder einer Actiengesellschaft für die Zuwiderhandlungen gegen das Stempelsteuergesetz, R. VIII. 40; — Bedeutung der Vorschrift, daß bei Commanditgesellschaften auf Actien und Actiengesellschaften eine Erhöhung des Grundkapitals nicht „vor der vollen Einzahlung“ desselben erfolgen darf; Einflußlosigkeit des Irrthums über den Begriff „volle Einzahlung“ des Grundkapitals auf die strafrechtliche Verantwortlichkeit der Vorstandsmitglieder für wissentlich unwahre Angaben, R. VIII. 215. E. XIV. 36; — Verschleierung des „Standes der Verhältnisse der Gesellschaft“ im Sinne des Art. 249 Ziff. 3 des HGB. (Fassung v. 11. Juni 1870) durch zu hohe Angaben über den Werth der Gesellschaftsausstände in der von dem Aufsichtsrathe der Generalversammlung vorgelegten Bilanz, E. XIV. 80; — die im Gesellschaftsvertrage festzusetzende Vergütung für ein von der Gesellschaft zu übernehmendes Vermögensstück nur diejenige, welche von allen Contrahenten als Vergütung gewollt ist; Anwendbarkeit des Art. 249 des Ges. v. 18. Juli 1884, wenn in der durch Art. 209g vorgeschriebenen Erklärung falsche Angaben über Umstände, durch welche die Höhe der Vergütung gerechtfertigt werden soll, enthalten sind, R. X. 530. E. XVIII. 105; — der persönlich haftende Gesellschafter einer Commanditgesellschaft kann an der Commanditgesellschaft gehörigen Geldern Unterschlagung begehen, E. XVIII. 123.

Amtsausübung, rechtmäßige; Einflußlosigkeit eines unverschuldeten Irrthums des Beamten über die seiner Befugniß zu Grunde liegenden thatsächlichen Voraussetzungen für die Frage der Rechtmäßigkeit der Amtsausübung, R. VII. 238; — seitens niederer Polizeibediensteter bei Vollzug eines ihnen von einem dienstlich Vorgesetzten ertheilten Befehls, auch wenn dieser rechtswidrig war, R. VII. 280; — bei ohne Beisein des Richters oder des Staatsanwalts stattfindenden Durchsuchungen, wenn auch die Zuziehung eines Gemeindebeamten oder zweier Gemeindemitglieder unterlassen wurde; pflichtmäßiges Ermessen des die Durchsuchung vornehmenden Beamten, ob die Zuziehung ohne Gefährdung des Erfolges der Durchsuchung ausführbar, R. VII. 544; — rechtmäßige Amtsausübung eines Gendarmen, welcher im Wege der Präventivpolizei in einer Schlägerei den Streitenden die Stöcke abnimmt, auch bei Nichtvorhandensein der Voraussetzungen aus § 100 der StPrO., R. VII. 668. E. XIII. 44; — Forstreferendare in Preußen vermöge ihrer Dienststellung nicht zur Ausübung des Forstschutzes berechtigt, E. XIII. 215; — beeidigter Privatforstaufseher in Preußen nicht in rechtmäßiger Berufsausübung, wenn er aus eigener Entschließung eine Durchsuchung der Wohnung des Forstdiebes behufs Beschlagnahme der zur Begehung des Diebstahls geeigneten Werkzeuge vornimmt; Unerheblichkeit des Umstandes, daß dazu der Gemeindevorsteher „zugezogen" wird, R. VIII. 105. E. XIII. 270; — des zum Jagdschutz bestellten, wenn auch unbeeideten Privataufsehers, wenn er den in seinem Aufsichtsbezirke betroffenen unbekannten Jagdcontravenienten vorläufig festnimmt und der Behörde vorführt, R. VIII. 103; — Einflußlosigkeit der Verletzung unwesentlicher Formvorschriften von Seiten des Vollstreckungsbeamten, R. VIII. 546; — Voraussetzung der Befugniß eines in Preußen im Privatdienst angestellten und auf das Forstdiebstahlsgesetz vereideten Försters zur Wegnahme des Gewehres; Unzulässigkeit der Beschlagnahme bei Jagdcontraventionen; Berechtigung zum Eindringen in eine Wohnung, R. VIII. 598; — unterlassene Zuziehung von Zeugen, wenn ein Act der Gewalt oder des thätlichen Angriffs unvorbereitet und überraschend ausgeübt wird, R. IX. 340; — Irrthum über eine das Ermessen des öffentlichen Beamten leitende Voraussetzung für die rechtmäßige Amtsausübung nur bei einem Irrthum über Thatsachen, nicht bei einem Irrthum in Bezug auf das Gesetz einflußlos, R. X. 40; — rechtmäßige Ausübung seiner Befugnisse von Seite des Waldeigenthümers oder des von ihm bestellten Privatforstaufsehers, welcher bei Betretung einer Person auf einem Forstdiebstahle in dem Privatwalde die dazu gebrauchten oder bestimmten Werkzeuge in Beschlag nimmt (Württemberg), R. X. 57. E. XVII. 69; — rechtmäßige Amtsausübung der Polizei nur dann, wenn entweder die öffentliche Ruhe, Sicherheit und Ordnung zu wahren oder eine strafbare Handlung zu verhüten ist, R. X. 585; s. a. Widerstand.

Amtsausübung, unbefugte; die in dem im Allgemeinen zur Anklage gestellten Falle vorgenommene Handlung muß eine solche sein, zu deren Vornahme einem Nicht-Beamten die Befugniß fehlt; gleichgültig, ob diese Handlung von einem Beamten vorgenommen, gerechtfertigt gewesen wäre, R. IX. 6; — in der Anstellung eines Auctionators zur Versteigerung von Immobilien ist nicht die Berufung zu einem öffentlichen Amte enthalten, R. X. 274. E. XVII. 291.

Amtsunterschlagung; Verhältniß des § 351 des StGB. zum § 350; Stellung einer besonderen Frage, R. VII. 174; — Zueignung von Holz durch den Förster aus seinem Reviere (Preußen), R. VIII. 556. E. XIV. 305; — Annahme der Amtsunterschlagung nicht nothwendig, wenn ein Beamter amtlich empfangenes Geld zurückbehält, um dasselbe zur Deckung eines etwa künftig entstehenden Manco in der anvertrauten Kasse zu benutzen; Anwendbarkeit des § 353 Abs. 1; Möglichkeit idealer und realer Concurrenz zwischen § 353 Abs. 1 und § 350 des StGB., E. XVII. 321.

Amtsverbrechen (Vergehen); Voraussetzung der Strafbarkeit des Beamten aus § 346 des StGB., daß die Handlung, deren Verfolgung unterlassen wurde, eine strafbare gewesen ist; es genügt nicht, daß sie für eine strafbare lediglich gehalten wurde, R. VII. 175; — Strafbarkeit der Nichtanzeige seitens eines Polizeibeamten; Gewerbecontraventionen als strafbare Handlungen und Gegenstand der Anzeigepflicht, E. XII. 161; — Anspruch des Verletzten auf Buße auch bei Körperverletzungen durch Beamte, R. VII. 321. VIII. 409. E. XII. 223; — falsche Beurkundung der Besitznahme bei Vornahme der Pfändung als rechtlich erhebliche Thatsache, auch wenn der Pfändungsact wegen formalen Verstoßes rechtlich unwirksam ist, R. VII. 338; — Bedeutung des Eventualdolus; Glaube des Briefträgers, welcher eine falsche Zustellungsbescheinigung ausgestellt hat, daß es auf die Angabe der richtigen Person, an welche zugestellt wurde, nicht ankomme, R. VII. 352. E. XII. 297; — Einfluß einzelner Mängel einer öffentlichen Urkunde für ihren Charakter der Oeffentlichkeit; Versteigerungsprotokoll eines Gerichtsvollziehers, in welchem die Unterschrift der Personen, mit welchen verhandelt wurde, sowie der Vermerk über den Grund der Nichtunterschrift fehlt, R. VII. 431. E. XII. 331; — fälschliche Anfertigung einer unter § 348 des StGB. fallenden Urkunde auf Veranlassung des Beamten durch einen Dritten und Unterschrift des Letzteren mit dem Namen des Beamten, R. VII. 438; — von dem

Beamten unter Mißbrauch des Amtes im amtlichen Verkehre, bezw. in Folge desselben, zugefügte Körperverletzung ist als in Ausübung, bezw. in Veranlassung der Ausübung, seines Amtes anzusehen, R. VII. 691; — Rechtserheblichkeit der Thatsache, welches Object der Gerichtsvollzieher bei einer Zwangsvollstreckung zur Versteigerung gebracht hat, E. XIII. 123; — falsche Beurkundung von Seiten des Standesbeamten, welcher die standesamtliche Urkunde durch einen Schreibgehülfen aufnehmen läßt und nachträglich unterzeichnet, ohne der Aufnahme beigewohnt zu haben, E. XIII. 116; — falsche Beurkundung seitens eines Postboten durch Ablieferung eines Zustellungsnachweises mit der wahrheitswidrigen Beurkundung der Zustellung an den Adressaten selbst, wenn auch zur Zeit der Ausfüllung des Formulars der Name des Adressaten in dem guten Glauben, denselben anzutreffen, eingesetzt wurde, R. VIII. 46; — der von einer Privatperson auf Grund des § 127 Abs. 1 der StPrO. vorläufig Festgenommene kein „Gefangener"; die Beaufsichtigung und Bewachung eines derart Festgenommenen dadurch, daß derselbe dem zuständigen Ortsschulzen zugeführt wird, diesem Beamten nicht „anvertraut", R. VIII. 64. E. XIII. 254; — falsche Einträge in das Standesregister durch den als Schreibgehülfe des Standesbeamten bestellten badischen Rathschreiber kein Vergehen des Rathschreibers aus § 348 des StGB., R. VIII 158. E. XIII. 393; — Angabe des Versteigerungstermins im Pfändungsprotokolle eine rechtlich erhebliche Thatsache; Aenderung seitens des Gerichtsvollziehers ohne Wissen des Gläubigers Verfälschung einer Urkunde, R. VIII. 261; — Irrthum des Gerichtsvollziehers über den Begriff einer erwachsenen Person im Sinne des § 166 Abs. 1 der RCPrO. fällt unter § 59 des StGB., R. VIII. 266; — der Bürgermeister einer Landgemeinde in Bayern kein Beurkundungsbeamter zur amtlichen Bestätigung der Echtheit der unter einer Eingabe an eine Behörde befindlichen Namensunterschrift, R. VIII. 614. E. XV. 19; — der Vorsteher einer ländlichen Gemeinde in Preußen hinsichtlich einer Mitwirkung bei der militärischen Controle zur Aufnahme öffentlicher Urkunden nicht befugt, R. VIII. 641. E. XV. 4; — Vorhersehbarkeit der concreten Art, in welcher die Entweichung von den Gefangenen bewerkstelligt worden ist, für den Thatbestand der fahrlässigen Beförderung der Gefangenenentweichung nicht erheblich, E. XV. 345; — Unzulässigkeit der Verfolgung eines Beamten, welcher fahrlässig auf eine ungesetzliche Strafe als sofort vollstreckbare erkannt und die Vollstreckung angeordnet hat, E. XVI.

221; — **Unterschlagung im Amt** von Seiten eines bayerischen Postboten, welcher im Auftrage seiner vorgesetzten Behörde bei Ueberbringung von Postanweisungen auch die Gelder an die Adressaten zu übermitteln hat, E. XVI. 437; — Unterschied zwischen Körperverletzung „in Ausübung" und „in Veranlassung der Ausübung" des Amtes, R. X. 176. E. XVII. 165; s. a. Beurkundung falsche, Züchtigungsrecht, Gebührenüberhebung.

Amtsverschwiegenheit; eigenes Ermessen eines Beamten, inwieweit die Pflicht zur Amtsverschwiegenheit ihm eine Auskunft als Zeuge verbiete; Befugniß des Richters, den Zeugen auf seine Pflicht zur Amtsverschwiegenheit aufmerksam zu machen, E. XIII. 154; — Eröffnung des vorgesetzten Ministers an einen Beamten über dessen von Amts wegen zu verfügende Versetzung als in das Gebiet der Amtsverschwiegenheit fallend, E. XV. 85.

Angehörige, Diebstahl und Unterschlagung gegen solche; der Antrag keine Voraussetzung bei Gewerbegehülfen oder Gesellen, welche mit dem Beschädigten in häuslicher Gemeinschaft leben, R. VII. 588. E. XIII. 14; — bloße thatsächliche, wenn auch mit Zustimmung der Eltern erfolgte Uebernahme eines Kindes in Pflege und Erziehung begründet an sich noch nicht die Familienangehörigkeit im Sinne des § 52 Abs. 2 des StGB., R. VIII. 715; — die Ehemänner zweier Schwestern unter sich keine Angehörige, E. XV. 78.

Angeklagter; Verhandlung in seiner Abwesenheit nach ordnungsgemäßer Ladung bei nur mit Geldstrafe bedrohten Handlungen, wenn auch für den Fall der Uneinbringlichkeit eine Gefängnißstrafe substituirt wird, R. VII. 93; — Nothwendigkeit der nochmaligen Vernehmung des vom Erscheinen in der Hauptverhandlung entbundenen Angeklagten aus § 232 der StPrO., wenn die Verurtheilung aus einem andern als dem bei der ersten Vernehmung unterstellten rechtlichen Gesichtspunkt erfolgen soll; Unzulässigkeit der in diesem Punkte von dem Vertheidiger namens des Angeklagten abgegebenen Erklärungen, R. VII. 135. E. XII. 45; — letztes Wort desselben gegenüber dem Staatsanwalt, nicht gegenüber seinem eigenen Vertheidiger, R. VII. 191; — Berechtigung des Vorsitzenden zum Vorhalt früherer protokollirter Angaben des Angeklagten zur Behebung von Widersprüchen, R. VII. 212; — Entlassung eines Zeugen durch den Vorsitzenden nach erfolgter Vernehmung ohne Gehör des Angeklagten, R. VII. 279; — minderjährige Angeklagte, Zuziehung des Vormundes von Amts wegen, R. VII. 377; —

nothwendige Vertheidigung eines zur Zeit der Zustellung der Anklage noch nicht 16 Jahre alten Angeklagten, ohne Rücksicht auf das Alter zur Zeit der Hauptverhandlung, R. VII. 467; — letztes Wort des Angeklagten nach Ablehnung eines nicht eventuell, sondern für alle Fälle gestellten Beweisantrages, um seinen Antrag zu erläutern oder weitere Anträge zu stellen, R. VII. 519; — Zulässigkeit des Vorhalts einer Zeugenaussage an den Angeklagten, welche bei der Hauptverhandlung weder durch Vernehmung des Zeugen noch durch Verlesung erhoben wird, R. VII. 605; — Zurückweisung einer vom Angeklagten beantragten Fragestellung an Zeugen als „nicht zur Sache gehörig", Möglichkeit einer Revision, R. VIII. 45. 323; — unterbrochene und fortgesetzte Hauptverhandlung in Abwesenheit des Angeklagten zulässig, wenn derselbe nur befragt worden war, ob er etwas auf die Beschuldigung erwidern wolle und er die Auslassung abgelehnt hatte, R. VIII. 213; — Gesetzesverletzung, wenn dem Angeklagten in der Hauptverhandlung ein nicht-richterliches Protokoll über seine früheren Erklärungen vorgelesen worden ist E. XIV. 258; — Unzulässigkeit einer Umgehung des § 251 der StPrO. bei Vernehmung des Angeklagten durch Vorhaltung von Aussagen der Zeugen, welche von dem Rechte der Zeugnißverweigerung Gebrauch gemacht haben, E. XV. 100; — nochmalige Wahrung der Frist aus § 216 bei Aussetzung der Hauptverhandlung nicht nothwendig, R. IX. 177. E. XV. 113; — Unzulässigkeit der Verurtheilung des vom Erscheinen in der Hauptverhandlung entbundenen Angeklagten zu einer höheren Freiheitsstrafe als bis zu sechs Wochen; Nothwendigkeit nochmaliger Ladung, R. IX. 39. E. XV. 337; — Zustellung des Beschlusses über Entbindung des Angeklagten vom Erscheinen in der Hauptverhandlung nothwendig, R. IX. 96. E. XV. 202; — keine Verpflichtung des Vorsitzenden, dem schwerhörigen Angeklagten bei Befragung aus § 256 der StPrO. den Inhalt der Zeugenaussagen zur Kenntniß zu bringen, E. XV. 172; — Verzicht des Angeklagten auf herbeigeschaffte Beweismittel genügend, wenn der anwesende Vertheidiger nicht widersprochen hat, R. IX. 564. E. XVI. 376; — Zulässigkeit der Verbindung der Verkündung der Ablehnung eines Beweisantrages mit derjenigen des Urtheils, ohne zwischen beiden den Angeklagten nochmals zum Worte zu verstatten, wenn principiell ein Antrag auf Beweisaufnahme gestellt und eventuell Freisprechung beantragt ist, R. IX. 634; — Gebundensein des Gerichts im Falle des § 232 der StPrO. an die durch den Eröffnungsbeschluß gegebene Qualification der That, R. IX. 652. E. XVII. 19; — kein processuales Recht auf Feststellung des Wortlautes einer Aeußerung, R. X. 156; — Unzulässigkeit der Zeugschaft eines Mitangeklagten, R. X. 343; — Vorschrift der Entfernung des Angeklagten aus dem Sitzungszimmer nach Weggang der Geschworenen in das Berathungszimmer berührt die Grundlage des Verfahrens nicht, R. X. 417; — bei einer von den Geschworenen verlangten weiteren Belehrung die Anwesenheit des Angeklagten ausgeschlossen; Nichtbeachtung führt nicht zur Aufhebung des Urtheils, R. X. 513; — wird während der Abwesenheit des Angeklagten (gemäß § 246 der StPrO.) die Oeffentlichkeit der Verhandlung ausgeschlossen, muß der Angeklagte gehört werden; Gehör des Vertheidigers genügt nicht, R. X. 539. E. XVIII. 138.

Angriff; jeder auch gegen eine einzelne Person verübte Angriff fällt unter § 367 Ziff. 10 des StGB., R. VII. 555. X. 46. E. XIII. 3; — ein Schuß in die Luft mit der Absicht, dadurch Niemanden körperlich zu verletzen, kein Angriff, R. X. 505.

Anschuldigung, falsche; Nichtvorliegen, wenn der Angezeigte eine strafbare Handlung von der Art der angezeigten begangen, der Anzeigende aber wider besseres Wissen den Sachverhalt entstellt vorgetragen hat, E. XIII. 12; — Nothwendigkeit der Prüfung aus §§ 186 und 193 des StGB., wenn bezüglich der falschen Anschuldigung angenommen wird, daß sie nicht wider besseres Wissen gemacht sei, R. VIII. 785; — in Angaben, welche Jemand bei Gelegenheit seiner Vernehmung, jedoch ohne Veranlassung durch dieselbe und lediglich in der Absicht, einen Zeugen zu beschuldigen, vorbringt, R. IX. 31; — durch Entstellung des Sachverhalts mittelst Verschweigens von Thatsachen, welche dem Anzeigenden bekannt waren und deren Angabe dem angezeigten Hergange einen anderen Charakter verliehen haben würde, E. XV. 391; — falsche Anschuldigung der Begehung einer strafbaren Handlung durch Wiederholung einer Erzählung des Beschuldigten, worin dieser die That eingestanden haben soll; Voraussetzung, daß der Anzeigende weiß, der Beschuldigte habe die That nicht begangen; das bloße Wissen von der Thatsache der Erzählung nicht ausreichend, E. XVI. 37; — öffentliche Bekanntmachung des Urtheils als Strafe zur Genugthuung des Verletzten; kein Uebergang auf dessen Erben; Anordnung der Bekanntmachung zu Gunsten des Verletzten, auch wenn derselbe bereits verstorben ist, im Urtheile zulässig, wenn er bei seinen Lebzeiten schon auf Bekanntmachung angetragen hatte, R. IX. 324. E. XVI. 73; — keine falsche Anschuldigung, wenn der Anzeigende von der Unwahrheit der Beschuldigung nicht überzeugt war, ihm aber doch die Ueberzeugung von der Wahrheit derselben fehlte, E. XVIII. 88; — Vorwurf der Verletzung einer Amtspflicht in der Anzeige eines unwürdigen außeramtlichen Verhaltens, R. X. 554; — nicht nur die Art, sondern auch die Frist zur Bekanntmachung muß im Urtheil bestimmt werden, R. X. 564.

Anstiftung; Widerspruch in der Fragestellung wegen Anstiftung, wenn durch die Bejahung festgestellt wird, daß zwei verschiedene Personen denselben Thäter zeitlich nacheinander jeder selbständig angestiftet haben; Nothwendigkeit einer Aufnahme des Zusammenwirkens in die Frage; selbständige Anstiftung von Seiten mehrerer Personen zu derselben That rechtlich ausgeschlossen, R. VII. 720. E. XIII. 121; — Bestimmen eines Zeugen zu einer falschen, aber vor Schluß der Vernehmung berichtigten Aussage als Anstiftung zum Meineide, nicht als Unternehmen der Verleitung; Unzulässigkeit der Beeidigung des Angestifteten als Zeuge in der Untersuchung gegen den Anstifter, R. VIII. 171. E. XIV. 19; — Möglichkeit der mehrfachen Anstiftung durch mehrere unabhängig von einander auf den Angestifteten wirkende Handlungen verschiedener Personen, R. VIII. 286. E. XIV. 92; — ideelle Concurrenz zwischen Anstiftung und Beihülfe zu derselben Strafthat, R. VIII. 303; — Aufforderung eines Anderen zu Strafthaten im Allgemeinen als Anstiftung zur concreten That, R. IX. 107; — der zur Anstiftung oder Hülfeleistung erforderliche Dolus bei Demjenigen nicht vorhanden, welcher einen Anderen wissentlich oder vorsätzlich bestimmt hat, zu der von demselben versuchten strafbaren Handlung ein ungeeignetes Mittel zu gebrauchen; Richtung des Dolus bei dem Anstifter auf Vollendung des Delicts durch den Hauptthäter, nicht auf bloßen Versuch desselben, R. IX. 139. 253. E. XV. 315; — keine Realconcurrenz zwischen Anstiftung und im Voraus zugesagter Begünstigung, wenn der Thäter erst durch diese Zusage zur That bestimmt worden ist, R. IX. 553, E. XVI. 374; — Anstiftung zu einem Versuch des Meineids nach § 48 des StGB., nicht § 159, strafbar, wenn der Zeuge die auf Eid gemachte falsche Aussage noch innerhalb derselben Vernehmung auf Vorhalt des Vorsitzenden richtig stellt, R. X. 555.

Anzeige, unterlassene: Ausdehnung der Untersuchung wegen gemeinschaftlicher vorsätzlicher Brandstiftung auf einen der Mitangeklagten wegen Nichtanzeige von der Brandstiftung des Anderen keine neue That, sondern nur einen veränderten Gesichtspunkt betreffend, R. VIII. 256. E. XIV. 78; — Voraussetzungen für die Pflicht zur Anzeige eines auf Begehung eines gemeingefährlichen Verbrechens gerichteten Vorhabens auch nach dessen Ausführung; Anwendung auf Eisenbahntransportgefährdung, R. VIII. 425. E. XIV. 214.

Apotheker (preuß. Apothekerordnung v. 11. Octbr. 1801; Circularverfügung v. 11. Aug. 1864); Verbot, Recepte durch jüngere, noch nicht erprobte Lehrlinge herstellen zu lassen, bezieht sich nur auf das selbständige, nicht auf das unter Aufsicht ausgeführte Receptiren der Lehrlinge; Auslegung der Circularverfügung, wonach der Apotheker bei längerer Abwesenheit für einen approbirten Stellvertreter zu sorgen hat; mißverständliche Auffassung dieser Circularverfügung als thatsächlicher Irrthum im Sinne des § 59 des StGB., R. VIII. 446.

Arbeiter; mehrere Verletzungen des Verbots der Creditirung von Waaren als Mehrheit selbständiger Handlungen, R. VII. 32; VIII. 66. E. XII. 102; XIII. 285; — Verbot des Trucksystems auch zu Gunsten solcher Personen, welche zwar außerhalb der Arbeitsstätte des Arbeitgebers für denselben beschäftigt sind, aber in keinem vertragsmäßigen Dienstverhältnisse, sondern nur in einem thatsächlichen Verhältnisse dieser Art zu demselben stehen, R. VII. 569. E. XII. 428; — jugendliche Personen, welche in Fabriken ohne Lohn zu ihrer Ausbildung beschäftigt werden, deren Arbeiten jedoch für die Fabrikzwecke verwendet werden, fallen unter den Begriff der Arbeiter, R. VII. 635; — Verbot des Trucksystems auch zu Gunsten solcher Arbeiter, welche durch gelegentliche Arbeiten einen Nebenverdienst suchen, R. VII. 746. E. XIII. 182; — Begriff der gewerblichen Arbeiter im Sinne des Tit. VII der Gew.-O., R. VIII. 9; — Anwendbarkeit des Verbotes des Trucksystems auch zu Gunsten selbständiger Gewerbetreibender, R. VIII. 66. E. XIII. 285; — Verbot der Beschäftigung jugendlicher Arbeiter; nur einmalige Strafe wegen Beschäftigung einer Mehrheit von Personen, R. VIII. 214. E. XIV. 32; — Verrechnung von Vorschußzetteln bei Lohnzahlung an die Arbeiter auch dann strafbar, wenn der ganze Lohnbetrag baar aufgezählt, demnächst aber vor Uebergabe des Geldes der dem Vorschußzettel entsprechende Betrag abgezogen wird, R. VIII. 304; — stillschweigende Theilnahme an einer Verabredung zur Erlangung günstiger Lohnbedingungen; Zwang zur Theilnahme an einer solchen Verabredung durch Drohung; Widerrechtlichkeit des in Aussicht gestellten Uebels, R. VIII. 632. E. XIV. 387; — Bedeutung des Begriffes „Waaren creditiren“ im Sinne des § 115 der Gew.-O., E. XV. 284; — unter Lebensmittel im Sinne des § 115 sind nur Nahrungsmittel, nicht auch Haushaltsartikel zu verstehen, R. IX. 289. E. XV. 437; — Nothwendigkeit der Gewährung zweier halbstündiger Pausen zwischen den Arbeitsstunden für die in Fabriken beschäftigten Kinder unter 14 Jahren, R. IX. 486. E. XVI. 267; — Schutz gegen das Trucksystem auch den sog. Heimarbeitern zustehend, selbst wenn sie nicht ausschließlich für einen Arbeitgeber beschäftigt sind, R. IX. 615. E. XVI. 333; — die von einem jugendlichen Fabrikarbeiter außerhalb der Fabrik für die Zwecke derselben aufgewendete Arbeitszeit in die gesetzlich zulässige Arbeitszeit einzurechnen, E. XVI. 305; — Beschäftigung der jugendlichen Arbeiter innerhalb des die Fabrik bildenden Etablissements, Voraussetzung der Strafbarkeit im Falle der §§ 135. 146 Ziff. 2 der Gew.-O., R. X. 494; — Art der Berechnung der zulässigen Arbeitszeit jugendlicher Fabrikarbeiter nach der täglichen Dauer, nicht Durchschnittsdauer der wöchentlichen Beschäftigung, R. X. 675. E. XVIII. 261; s. a. Gewerbevergehen.

Arrestbruch; Voraussetzungen auf Seite des Beamten bezüglich der Rechtmäßigkeit einer Beschlagnahme, R. VII. 25; — Herantreten eines Gerichtsvollziehers an zu pfändende Viehstücke mit der Erklärung, sie seien gepfändet, als genügende Besitzergreifung, und in Verbindung mit einem Anschlage am Stalle als rechtswirksame Pfändung, R. VII. 264; — Forderungen als Sachen, welche der Verstrickung nicht entzogen werden können; Ausnahmen bei Forderungen auf Leistung einer bestimmten Sache, sowie bei Grundbuch- und Hypothekforderungen, R. VII. 287. E. XII. 184; — genügende Besitzergreifung eines Executionsobjects durch den Gerichtsvollzieher, wenn derselbe unter Hinweis auf ein vorhandenes Object dessen Besitzergreifung erklärt und Protokoll darüber errichtet; bloße Beschädigung des Objects keine Entziehung aus der Verstrickung, R. VII. 572; — Möglichkeit des Arrestbruchs an Gegenständen, welche wegen Zolldefraude beschlagnahmt sind, obschon durch die Beschlagnahme das Eigenthum auf den Fiscus übergegangen ist, R. VIII. 339. E. XIV. 112; — Observation als Beschlagnahme; Ungültigkeit derselben, wenn sie eingeleitet wird, bevor die einstweilige Verfügung dem Schuldner förmlich zugestellt ist; Einfluß der später erfolgten Zustellung, R. VIII. 391. E. XIV. 151; — zur Wirksamkeit der Pfändung mindestens außer der Kundgebung des Besitzergreifungswillens das Vorhandensein solcher Umstände erforderlich, welche nach der concreten Sachlage den Uebergang der Verfügungsgewalt auf den Pfändenden herbeiführen, R. VIII. 479; — Erlangung der Verfügungsgewalt durch die Behörde als Wesen der Beschlagnahme; Eröffnung des Concurses als Beschlagnahme der zur Masse gehörigen Sachen, R. VIII. 519. E. XIV. 286; — Entziehung aus der Verstrickung begründet, wenn an Stelle der vom Gerichtsvollzieher gepfändeten Gegenstände andere untergeschoben und von dem Gerichtsvollzieher irrthümlich versteigert werden, R. IX. 49. E. XV. 205; — Selbstexecution der Verwaltungsbehörden auf unbestrittene Forderungen aus privatrechtlichen Titeln, R. IX. 85. E. XV. 323; — Formlosigkeit der polizeilichen Beschlagnahme aus gesundheitspolizeilichen Gründen; kein Arrestbruch, wenn ein von der Polizei aus sanitätspolizeilichen Gründen vergrabener Gegenstand von dritten Personen wieder ausgegraben und in Besitz genommen wird, R. IX. 197. E. XV. 388; — die Fortdauer der Wirkung einer rechtsgültigen Pfändung abhängig von Beobachtung der in § 712 der CPrO. vorgeschriebenen Maßregeln, R. IX. 515. E. XVI. 273; — Möglichkeit idealer Concurrenz zwischen Arrestbruch und Vereitelung einer drohenden Zwangsvollstreckung, R. X. 19. E. XVII. 42; — Verpflichtung des Gerichtsvollziehers zur Zwangsvollstreckung, wenn auch die vollstreckbare Ausfertigung nicht durch den Gläubiger selbst, sondern durch eine Mittelsperson in seinem Auftrage übergeben worden ist; schriftlicher Ausweis für die Mittelsperson nicht nothwendig, R. X. 157; — Veränderung des Aufbewahrungsortes nicht ohne weiteres eine Beiseiteschaffung der beschlagnahmten Sache, R. X. 264; — Beschlagnahme von Ueberführungsstücken erfordert einen Ausführungsact; bloßes amtliches Verbot als solcher Act, Besitzergreifung der Sache nicht nothwendig, R. X. 443. E. XVIII. 71; — durch Fortfall der Pfandzeichen geht nach gemeinem Rechte das Pfändungspfandrecht an den gepfändeten, im Gewahrsam des Schuldners belassenen Sachen nicht verloren, R. X. 592. E. XVIII. 163; — Wirksamkeit der Pfändung nicht durch Zustellung einer Abschrift des Protokolls an den bei der Pfändung nicht zugegen gewesenen Schuldner bedingt, R. X. 648.

Atteste, ärztliche; Voraussetzung für den Begriff „ärztliches Attest", daß der Abfasser die Approbation als Arzt erlangt hat; Bader in Bayern; Zulässigkeit der Verlesung der von Badern ausgestellten Atteste, R. VIII. 231. E. XIV. 55; — Unzuläsſigkeit der Vernehmung eines Arztes über das von einem anderen Arzte ausgestellte, eine schwere Körperverletzung betreffende Attest; persönliche Vorladung des ersten Gutachters, E. XIV. 4.

Aeußerungen, ungebührliche; die landesgesetzlichen Bestimmungen über ungebührliche Aeußerungen in Eingaben an öffentliche Behörden bestehen in Kraft; Nichtanwendung des § 193 des StGB. auf solche, R. X. 490.

Aufforderung zum Ungehorsam; Unentschuldbarkeit des Irrthums seitens des Thäters, die Obrigkeit sei für ihre Anordnung nicht zuständig gewesen, R. VII. 94. E. XII. 6; — Ergehen der Aufforderung vor einer Menschenmenge genügt und ist nicht erforderlich, daß sie an dieselbe gerichtet wird, R. IX. 92.

— zur Begehung eines Verbrechens; ideale Concurrenz zwischen der Aufforderung aus § 49a und Bestechung eines Beamten aus § 333 des StGB., E. XII. 54; — Straflosigkeit der gegen Belohnung erfolgten Aufforderung zur Inbrandsetzung eines Gebäudes seitens des Eigenthümers dieses Gebäudes, falls dasselbe nicht geeignet ist, das Feuer anderen Gebäuden mitzutheilen; Mangel eines fremden Gebäudes, R. VII. 207. E. XII. 138; — Begriff des „Vortheiles", welcher gewährt sein muß; nicht nothwendig, daß derselbe ein bestimmter ist; daß die Aufforderung intellectuell wirksam geworden ist, nicht wesentlich; „Gewähren", nicht das Darbieten einer Sicherheit für künftige Leistung des Versprochenen, R. IX. 191. E. XV. 359; — Annahme der Ernstlichkeit der Aufforderung auf Seite des Aufgeforderten, Annahme der Nichternstlichkeit auf Seite des Auffordernden und umgekehrt; ob Aufforderung gegeben, Sache der thatsächlichen Feststellung, R. IX. 743.

Aufstellen unbefestigter Sachen ꝛc. an öffentlicher Straße; Voraussehbarkeit der durch die Aufstellung möglichen Gefahr nicht erforderlich; Unanwendbarkeit des § 230 des StGB. im einzelnen Falle kein Ausschließungsgrund für § 366 Ziff. 8, E. XVII. 303.

Augenschein, Angaben bei dem Augenschein anwesender Personen über von ihnen gemachte, den Gegenstand des Augenscheins betreffende Wahrnehmungen, als Gegenstand der Protokollirung und demnächstigen Verlesung in der Hauptverhandlung, R. VII. 370. E. XII.

unter den Angehörigen eines durch Gemeinschaft von Interessen fest begrenzten und verbundenen Personenkreises erfolgt, R. IX. 134. E. XV. 274; s. a. Lotterie, Glücksspiel.

Auswanderung; Anwendbarkeit des § 10 des preuß. Ges. v. 7. Mai 1853, betr. die Vermittelung von Auswanderungsverträgen ohne Concession auf Diejenigen, welche eine auf Abschluß solcher Verträge gerichtete Thätigkeit entfalten, ohne daß es zum Abschlusse kommt, R. VII. 700. E. XIII. 81.

Ausweisung aus dem Bundesgebiete; Befugniß der Ortspolizeibehörde in Preußen zur Ausweisung von Ausländern aus dem Gebiete eines Bundesstaates, R. VII. 241. E. XII. 154.

B.

Bader; Unanwendbarkeit des § 147 Ziff. 1 der Gew.-O. auf einen in Bayern approbirten Bader, welcher die landesgesetzlichen Vorschriften über Ausübung seines Gewerbes überschreitet, R. VIII. 92. E. XIII. 259.

Bankerutt, Verpflichtung zur Buchführung, Betreiben eines Hausirhandels neben einem stehenden Gewerbe, R. VII. 65; — Haftbarkeit nur derjenigen Vorstandschaftsmitglieder einer eingetragenen Genossenschaft für ordnungsmäßige Buchführung und Bilanzziehung, welche damit von der Genossenschaft betraut waren; Haftbarkeit unter dieser Voraussetzung auch derjenigen Vorstandschaftsmitglieder, welche die Genossenschaft nach außen nicht zu vertreten haben; Anwendung auf stellvertretende Vorstandsmitglieder, R. VII. 156. E. XII. 78; — Versprechenlassen von Vortheilen auf Seiten des Gläubigers für seine Abstimmungen im Concurse; Möglichkeit der Anstiftung von Seiten des Gemeinschuldners oder eines Dritten, wenn das Versprechen zuerst von diesen ausgeht, R. VII. 193. E. XII; 122: — Ausschluß einer realen Concurrenz zwischen § 210 und § 211 der Conc.-O., soweit es sich um dieselbe Zahlungseinstellung oder Concurseröffnung handelt, R. VII. 399; — Unterlassung der Anlage eines Conto für einzelne Vermögensobjecte, Aufnahme derselben in den Inventaren und Bilanzen, ohne daß eine Aenderung in den Objecten vorliegt, R. VII. 492; — Begünstigung mehrerer Gläubiger durch zeitlich getrennte Sicherungsacte nur eine einheitliche Strafthat R. VII. 517; — Möglichkeit des Versuchs, auch vor erfolgter Zahlungseinstellung, R. VII.

642. E. XIII. 41; — Wirkungslosigkeit der Entschuldigung mangelhafter Buchführung und unterlassener Bilanzziehung in Folge von Krankheit, R. VII. 730; — Verantwortlichkeit der Vorstandsmitglieder einer Actiengesellschaft für ordnungsmäßige Buchführung und Bilanzziehung nicht ausgeschlossen durch besondere Uebertragung auf bestimmte Vorstandsmitglieder kraft Vertrages oder Gesellschaftsbeschlusses, R. VIII. 24. E. XIII. 235. 354; — Zulässigkeit der Heranziehung der Handelscorrespondenz zur Erläuterung des Inhaltes der Handelsbücher bei Prüfung auf ordentliche oder vollständige Führung, R. VIII. 60; — Vereinbarung eines Mitgliedes einer offenen Handelsgesellschaft mit den anderen Gesellschaftern über die künftige Zugehörigkeit zur Gesellschaft als stiller Gesellschafter; Wirksamkeit für die Befreiung von der Pflicht zur Buchführung und Bilanzziehung, auch bevor das Ausscheiden in das Handelsregister eingetragen ist, E. XIII. 308; — Benutzung maschineller Vorrichtungen ohne Einfluß für die Frage, ob ein Gewerbebetrieb über den Umfang des Handwerkes hinausgeht; Irrthum über die Natur des Betriebes als eines kaufmännischen ist schädlich; ursprünglicher Betrieb des Gewerbes für die später erlangte Ausdehnung unerheblich, R. VIII. 127; — Anfertigung der Bilanz als Bestandtheil der kaufmännischen Buchführung; die Unterlassung der im Art. 31 des HGB. vorgeschriebenen Abschreibungen als unordentliche Buchführung; Verschulden des Thäters in Beziehung auf die ihm obliegenden Verpflichtungen als Voraussetzung der Strafbarkeit, E. XIII. 354; — Differenzgeschäft; Einflußlosigkeit des Umstandes, daß bei festgesetzter Prolongation eines Differenzgeschäftes die Absicht auf eine „fortgesetzte Speculation" ging; Unerheblichkeit des Umstandes, daß die Verluste bei einzelnen successiv abgeschlossenen Differenzgeschäften sich mit dem Gewinne bei anderen derartigen Geschäften compensiren; Bewußtsein des Schuldners von der Uebermäßigkeit der durch Differenzhandel schuldig gewordenen Summen nicht erforderlich und bewußtes Eingehen gewagter Geschäfte zum Dolus ausreichend, R. VIII. 257. E. XIV. 80; — bloße Vertheilung der Geschäfte unter den Mitgliedern einer offenen Handelsgesellschaft, befreit kein Mitglied von der strafrechtlichen Verantwortlichkeit, R. VIII. 331; — unterlassene Führung von Handelsbüchern wird durch einem Irrthum über die Beschaffenheit des Geschäfts nicht entschuldigt, R. VIII. 421; — Straflosigkeit der Vernichtung der Handelsbücher nach beendigtem

Concursverfahren, wenn ein Interesse der Gläubiger an den Büchern nicht mehr besteht, R. VIII. 451; — Begriff von „Zahlungseinstellung" und „Aufwand"; kein Erforderniß, daß die im § 210 der Conc.-O. mit Strafe bedrohten Handlungen vor der Zahlungseinstellung stattgefunden haben, R. VIII. 462. E. XIV. 221; — Beurtheilung der Verbindung des Hausirhandels mit einem Ladengeschäft in einem Verkaufsgeschäft hinsichtlich Anwendung des Art. 10 des deutschen HGB., R. VIII. 541; — Sicherung oder Befriedigung von Gläubigern in der Absicht, dieselben vor einem einzigen Gläubiger zu begünstigen, R. VIII. 617; — im Betriebe eines nicht kaufmännischen Geschäftes von Seiten eines Kaufmanns, welcher sein früheres kaufmännisches Geschäft aufgegeben und seine Handelsbücher vernichtet hat, E. XV. 64; — der Bürge als Gläubiger des Hauptschuldners im Sinne des § 211 der Conc.-O., R. VIII. 757. E. XV. 90; — Begriff des Differenzhandels; Bedeutung des Begriffes „Spiel"; Unanwendbarkeit auf Rechtsgeschäfte, welche sich nicht als Spielverträge charakterisiren, wenn sie auch eine speculative Tendenz verfolgen, R. VIII. 767. E. XV. 277; — § 210 kein reines Formaldelict, Verschuldung des Thäters nothwendige Voraussetzung, R. IX. 5; — eine als Bilanz bezeichnete Zusammenstellung, welche keine Uebersicht über das Verhältniß des Activvermögens und der Schulden ergibt, nicht bloß fehlerhaft, sondern überhaupt keine Bilanz, E. XV. 174; — Bedeutung des Begriffes „Aufwand"; Ausgaben, welche in einer Neigung zum Wohlleben oder Prunk oder in Genußsucht ihren Ursprung haben, R. IX. 155. 546. X. 215. E. XV. 309; — Bilanzziehung; „Beginn seines Gewerbes" im Sinne des Art. 29 des HGB.; Verpflichtung zur Ziehung der Eröffnungsbilanz von Seiten des Kaufmanns, welcher ein von einer offenen Handelsgesellschaft betriebenes Geschäft, an welchem er als Gesellschafter betheiligt war, ganz erwirbt und unter eigener Firma fortsetzt, E. XVI. 55; — leichtsinnige Unterlassung der Bilanzziehung liegt nicht vor, wenn der Schuldner in derselben sich absichtlich, um seine Gläubiger zu benachtheiligen, durch unordentliche Buchführung außer Stand gesetzt hat, seinen Vermögensstand zu übersehen und der Verpflichtung zur Bilanzziehung zu genügen, R. IX. 197; — Handelsspeculationen, deren Ertrag vom Zufalle abhängt und einen unglücklichen Ausgang genommen haben, kein „Aufwand" im Sinne des § 210 Ziff. 1, R. IX. 400. E. XVI. 238; — die Strafbarkeit des Bankerutts im Inlande begründet, wenn der Concurs im Inlande erkannt ist, auch wenn die Spielverluste im Auslande stattgefunden haben, R. IX. 445. E. XVI. 188; — die strafrechtliche Verantwortlichkeit des einzelnen Vorstandsmitgliedes einer eingetragenen Genossenschaft für ordnungsmäßige Buchführung nicht dadurch ausgeschlossen, daß dieses Mitglied nicht auch Mitglied der Genossenschaft war und nur thatsächlich auf Grund, wenn auch fehlerhaft erfolgter Wahl, die Functionen eines Vorstandsmitgliedes versah, R. IX. 498. E. XVI. 269; — Voraussetzungen der strafbaren Beihülfe zum Bankerutt, R. IX. 549. X. 487. E. XVI. 277; — der Thatbestand der Gläubigerbegünstigung nicht auf den Kreis der eigentlichen Gläubiger der Concursmasse beschränkt, sondern auch auf die Beziehungen zwischen Concursgläubigern und absonderungsberechtigten Realgläubigern sich erstreckend, R. IX. 643. E. XVI. 402; — keine Gesetzesconcurrenz zwischen § 212 der Conc.-O. und § 257 des StGB., R. IX. 684; — Begriff des „Höckers"; Erforderniß, daß der betreffende Händler mit seinen Waarenvorräthen auf Märkten, Straßen, unter Thorwegen und dergl. sitzt („hockt"), R. IX. 690; — Strafbestimmung des § 210 Ziff. 2 dadurch nicht ausgeschlossen, daß der Gemeinschuldner dem Concursverwalter an Stelle des von ihm vernichteten Handelsbuches eine wortgetreue Abschrift desselben vorlegt, R. IX. 700. E. XVI. 426; — Ankauf von Waldgrundstücken zur kaufmännischen Verwerthung des Holzbestandes kein Handelsgeschäft, R. X. 189; — Gläubigerbegünstigung dadurch bewirkt, daß der Gemeinschuldner sich im Wege des Civilprocesses von einem Gläubiger verklagen, verurtheilen und mittelst Zwangsvollstreckung abpfänden läßt; subjective Voraussetzungen der Gläubigerbegünstigung; irriger Glaube des Gemeinschuldners an das Recht des Gläubigers, bevorzugte Sicherheit oder Befriedigung zu zu verlangen, E. XVII. 220; — die formlose Führung der kaufmännischen Bücher durch einen abweichenden Handelsgebrauch nicht gerechtfertigt; sog. fliegende Contis im buchhändlerischen Verkehr, R. X. 296. E. XVII. 301; — Copirbuch unter allen Umständen ein Handelsbuch, dessen Führung dem Kaufmann gesetzlich obliegt; unterlassene Führung des Copirbuches begründet nicht schon für sich allein den Thatbestand des § 210 Ziff. 2 der Conc.-O., R. X. 585.

Baukunst; Verstoß gegen allgemein anerkannte Regeln derselben; unmittelbar drohende Gefahr nicht erforderlich, sondern es genügt,

steigerung von Immobilien angestellte Auctionatoren (§ 35 der Gew.-O.) keine Beamte, R. X. 274. E. XVII. 291; — ein von einer Stadtgemeinde in Bayern angestellter Wagmeister vor seiner Verpflichtung kein Beamter; rechtliche Bedeutung der Beeidigung und öffentlichen Anstellung der im § 36 Abs. 1 der Gew.-O. vom 21. Juni 1869 bezeichneten Gewerbetreibenden, E. XVIII. 37; — Mitglieder der bei den Magistraten in Preußen bestehenden Deputationen als Beamte, R. X. 565.

Beamter, dessen Vernehmung als Zeuge; über die Zulässigkeit der Vernehmung entscheidet die Verwaltungsinstanz auf Beschwerde des Gerichtes oder des Angeklagten, R. IX. 123.

Bedrohung; Strafbarkeit derselben, auch wenn sie durch concludente Handlungen zum Ausdruck gebracht wird; Beifügung einer Bedingung schließt das subjective Schuldmoment nicht aus, R. VIII. 362.

Begünstigung; durch unwahre Angaben gegenüber einem zuständigen Beamten, R. VII. 364; — Kenntniß des Begünstigers, daß der Hauptthäter ein Verbrechen oder Vergehen zu verüben beabsichtige, ausreichend, auch ohne Wissenschaft von der concreten Gestaltung des letzteren, R. VIII. 621. E. XIII. 81; — Anwendbarkeit des § 257 Abs. 2 des StGB. auch dann, wenn der Angehörige einen Dritten zu einer Begünstigungshandlung angestiftet hat, R. VIII. 313. E. XIV. 102; — durch Bestimmen eines zur Anzeige einer von Amts wegen zu verfolgenden Strafthat Entschlossenen, von der Strafanzeige abzustehen, E. XIV. 88; — durch vor der That gegebene Zusage des Ankaufs von geschmuggeltem Vieh, R. VIII. 551; — Strafbarkeit der Begünstigung einer gewerbsmäßigen Strafthat erfordert weder Kenntniß von dem gewerbsmäßigen Handeln des Thäters noch gewerbsmäßigen Betrieb des Begünstigers, R. VIII. 650; — die vor Begehung der That zugesagte Begünstigung als Mitthäterschaft und zusammen mit der Vornahme der zugesagten Begünstigungshandlung als Anstiftung, R. IX. 17. E. XV. 295; — Möglichkeit der Begünstigung eines militärischen Verbrechens oder Vergehens durch eine Civilperson; Strafbarkeit, auch wenn das militärische Vergehen ausschließlich mit Arrest bedroht ist, R. IX. 218. E. XV. 396; — Absicht, den Thäter der Bestrafung zu entziehen, auch dann vorhanden, wenn der Thäter nur vorübergehend der Strafvollstreckung entzogen werden sollte, R. IX. 362. E. XVI. 204; — bloße Vorbereitung einer Thätigkeit, durch welche dem Thäter die Vortheile seiner Strafthat gesichert werden sollen, keine Begünstigung, E. XVI. 157; — keine Realconcurrenz zwischen Anstiftung und im voraus zugesagter Begünstigung, wenn der Thäter erst durch diese Zusage zur That bestimmt worden ist, R. IX. 553. E. XVI. 374; — keine Gesetzesconcurrenz zwischen § 257 des StGB. und § 212 der Conc.-O., R. IX. 684; — Begünstigung eines Delictes, das zugleich einen der mehreren Einzelacte ausmacht, aus welchen die ein fortgesetztes Delict bildende Hauptthat besteht, R. X. 207. E. XVII. 227.

Behörde; bayerisches Gesammt-Staatsministerium als Behörde, R. VIII. 747. E. XV. 85; — Gerichtskasse in Preußen eine Behörde, Vertreter derselben der Kassencurator, R. X. 23; — Ehrengericht einer Anwaltskammer als Behörde, R. X. 168.

Beihülfe; Betheiligung beim Transport zur verbotenen Einfuhr von Vieh jenseits der Zollgrenze nicht über diese als Beihülfe strafbar, R. VII. 445; — zum Meineide, Aberkennung der Zeugnißfähigkeit unzulässig, R. VII. 660. E. XIII. 76; — Mitwirkung bei einem Ehrengerichte, welches allein die Frage der zu benutzenden Waffen zum Austrage zu bringen hat, als Beihülfe, R. VIII. 63. E. XIII. 265; — Straflosigkeit im Inlande geleisteter Beihülfe zur Uebertretung ausländischer Zollgesetze, R. VIII. 281. E. XIV. 124; — ideelle Concurrenz zwischen Anstiftung und Beihülfe zu derselben Straftthat, R. VIII. 303; — bei Untreue durch wissentliche Annahme der vom Thäter durch Hingabe veruntreuter Sachen, R. VIII. 507; — zur Anstiftung möglich; im voraus zugesagte Begünstigung als wirkliche Beihülfe, E. XIV. 318; — jede, eine Förderung oder Erleichterung der Hauptthat bezweckende Thätigkeit genügt; unerheblich, ob die Beihülfe für den Erfolg von Einfluß war, R. IX. 149. 724; — das bloße Wissen des Gehülfen, es wolle der Thäter die strafbare Handlung begehen, für den Dolus ungenügend; der auf das Zustandekommen der strafbaren Handlung gerichtete Wille, das Bewußtsein die Ausführung der That durch eigene Thätigkeit zu fördern, nothwendig; Gewißheit des Gehülfen, daß der Thäter die That niemals werde zu Stande bringen können; Beihülfe zur Abtreibung der Leibesfrucht durch Verabreichung der Mittel, E. XVI. 25; — Protokollführer eines studentischen Ehrengerichts als Gehülfe eines stattgehabten Zweikampfs, R. IX. 285; — Gehülfe nur in dem Umfange für die Handlung des Thäters strafbar, als er um dieselbe wußte und sie wollte, R. IX. 436; — Voraussetzungen der strafbaren Beihülfe zum Bankerutt, R. IX. 549. X. 487. E. XVI. 277; —

Strafbarkeit des Gehülfen wegen Gewohnheitsmäßigkeit nur dann zulässig, wenn er selbst gewohnheitsmäßig gehandelt hat, R. IX. 708; — Beihülfe zur versuchten Gefangenenbefreiung durch Hergabe von Geld zur Anschaffung von Werkzeugen, bestimmt zur Ausführung der Befreiung; Einflußlosigkeit späterer Erklärung, den Willen geändert zu haben; Strafbarkeit des Gehülfen trotz Freisprechung des Thäters auf Grund § 46 des StGB., R. IX. 724; — Beihülfe zu einer strafbaren Handlung kein Ausschließungsgrund für die Hehlerei der durch die Hauptthat vom Thäter erlangten Sachen, R. X. 33. E. XVII. 59; — Beihülfe zu einem Delicte, welches einer der mehreren Einzelacte ist, aus welchen die ein fortgesetztes Delict bildende Hauptthat besteht, R. X. 207. E. XVII. 227; — durch Abonnement einer verbotenen Druckschrift auch ohne eigene Verbreitungsthätigkeit; persönliche Bekanntschaft des Thäters und Gehülfen nicht nothwendig, R. X. 242; — keine Beihülfe zum Versuche durch Verabreichung eines Mittels, dessen absolute Untauglichkeit der Gehülfe kennt, E. XVII. 377; — Beihülfe zur Verbreitung verbotener Schriften durch Annahme derselben in der ausgesprochenen Absicht, solche an den Adressaten weiter zu befördern, E. XVII. 384.

Beischlaf; Begriff der Verführung eines noch nicht 16 Jahre alten Mädchens; Anreizung seitens des Mannes ohne Rücksicht auf die größere oder geringere Schwierigkeit, mit welcher der Mann zum Ziele gelangte, R. VII. 172.

Beleidigung im Allgemeinen; Dolus, Weitergabe eines Zeitungsblattes mit dem Bewußtsein einer in demselben enthaltenen Beleidigung, R. VII. 107; — in Beziehung auf den Beruf bei Militärpersonen, auch hinsichtlich außerdienstlicher Handlungen begründet, welche durch militärische Vorschriften geregelt sind, R. VII. 140. E. XII. 49; — besonderer Antrag behufs Innehaltung mit dem Verfahren nicht erforderlich, wenn die stattgefundene Anzeige der Behörde gerichtsbekannt geworden ist, E. XII. 53; — Unzulässigkeit einer Widerklage in dem wegen Beleidigung durch öffentliche Klage anhängig gemachten Strafverfahren, R. VII. 216; — durch im Scherz gemachte Aeußerungen, E. XII. 140; — § 186 setzt voraus, daß die ehrverletzende Kundgabe zur Kenntniß dritter Personen gelangt ist; bloße Möglichkeit genügt nicht, R. VII. 626; — Unzulässigkeit des Strafantrags von Seiten eines Vorgesetzten nach dem Tode des beleidigten Beamten, R. VII, 698. E. XIII.

95; — Unzulässigkeit des Strafantrags seitens des verantwortlichen Redacteurs wegen beleidigender Angriffe gegen die Zeitschrift, R. VII. 718. E. XIII. 126; — Beleidigung mehrerer Personen durch nur eine Aeußerung stellt nicht mehrere selbstständige Beleidigungen dar, R. VIII. 149; — hypothetische Beleidigung, R. VIII. 479; — die Behauptung eines concreten Vorgangs enthaltende Urtheile fallen unter § 186 oder 187 des StGB.; allgemeine Urtheile und Reflexionen unter § 185, R. VIII. 649; — durch wahrheitsgetreue Berichte über Verhandlungen des Reichstages, R. VIII. 676. E. XV. 32; — Zulässigkeit der Compensation auch solcher Erwiderungsbeleidigungen, welche zur Kenntniß des Gegners nicht bestimmt sind, R. VIII. 779. — bei Annahme, daß die falsche Anzeige nicht wider besseres Wissen gemacht sei, ist die weitere Feststellung nothwendig, ob nicht §§ 186 und 193 des StGB. zur Anwendung zu kommen haben, R. VIII. 785. X. 635; — Vorwurf der Parteilichkeit als Behauptung einer Thatsache, wenn der Vorwurf zu bestimmten Handlungen des Betroffenen in Beziehung gesetzt ist, R. IX. 179; — die Identität der zur Untersuchung gezogenen und der im Erkenntnisse für erwiesen erachteten Beleidigung wird dadurch nicht ausgeschlossen, daß die beleidigende Aeußerung vom erkennenden Richter auf einen anderen als den im Eröffnungsbeschlusse bezeichneten Verletzten bezogen wird, R. IX. 430; — zur Feststellung des Dolus bei einer beleidigenden Collectiväußerung genügt der Nachweis, daß der Angeklagte gerade die Collectiväußerung gewählt hat, um sämmtliche von derselben umfaßte Personen zu treffen; außerdem Freisprechung durch die Feststellung gerechtfertigt, durch mangelndes Bewußtsein des Angeklagten, daß die incriminirte Aeußerung auf den Antragsteller bezogen werden könne, R. X. 597. E. XVIII. 167.

Beleidigung, Rechts- und Interessenwahrung; Vorliegen der Voraussetzungen des § 193 des StGB., Annahme einer Beleidigung und Feststellung einer beleidigenden Form der Aeußerungen lediglich aus dem Inhalte der letzteren, R. VII. 313; — wenn der Beleidiger zur Wahrung fremder Rechte in der erfolgten Weise zwar nicht berufen war, aber sich hierzu für berufen erachten konnte und erachtet hat, E. XIII. 38; — in der Absicht, sich über einen Vorgang nähere Aufklärung zu beschaffen, um eine Anzeige bei der zuständigen Behörde vorzubereiten, R. VIII. 108; — Feststellung, daß die Anzeige lediglich zur Befriedigung der Rachsucht gemacht, schließt § 193 des StGB. aus, R. VIII. 524; — Begriff der berechtigten Interessen; daß die zuständige Behörde zur Aufklärung eines vermeintlichen Uebelstandes von der Tagespresse angerufen wird, darin allein kann Wahrnehmung berechtigter Interessen nicht gefunden werden, R. VIII. 681. E. XV. 15; — Zugehörigkeit zu einer politischen Partei gewährt nicht ohne weiteres den Schutz des § 193 des StGB., R. VIII. 714; — positive Ueberzeugung von der Begründbarkeit der behaupteten Umstände zur Annahme der Wahrnehmung berechtigter Interessen nicht nothwendig, R. IX. 147; — die dem Thäter bewußte Unerweislichkeit seiner Behauptungen, welche zur Ausführung von Rechten 2c. erfolgte, kein begleitender Umstand aus § 193, welcher die Annahme der Beleidigung aus § 186 begründete, sondern Theil der strafbaren That selbst, R. IX. 361. E. XVI. 139; — der Redacteur eines Fachblattes durch § 193 nicht geschützt, wenn er die Interessen desjenigen Standes, für welchen er schreibt und welchem die Mehrzahl seiner Leser angehört, in einer für Andere beleidigenden Weise vertritt, R. IX. 395; — Nichtanwendbarkeit des § 193, wenn der Thäter, mochte er auch berechtigte Interessen wahrnehmen können, dies nicht gewollt hat, R. IX. 539; — auf die in landesgesetzlichen Bestimmungen über ungebührliche Aeußerungen in Eingaben an öffentliche Behörden mit Strafe bedrohten Handlungen ist § 193 nicht anwendbar, R. X. 490; — mittelbare Anwendung des § 193 auf Beleidigungen der in §§ 95. 97 des StGB. gedachten Art; Tagespresse hat kein Recht, beleidigende Aeußerungen des Interesses halber, welches sie für das Publikum haben, zu reproduciren R. X. 724.

Beleidigung, öffentliche; bei einem gerichtlichen Termine vor dem Richter und Protokollführer einem Anderen zugefügte Beleidigung keine öffentliche, R. VII. 269; — Unzulässigkeit der Verurtheilung des verantwortlichen Redacteurs wegen Beleidigung und Ertheilung der Befugniß zur öffentlichen Bekanntmachung des Urtheils an den Beleidigten, wenn die Verurtheilung sich auf Fahrlässigkeit (§ 21 des Preßgesetzes) gründet, R. VIII. 107. E. XIII. 319; — Nothwendigkeit eines Ausspruchs in dem Urtheile über die Befugniß zur Urtheilsbekanntmachung, auch wenn die Beleidigung in einer Zeitung oder Zeitschrift erfolgt, R. VIII. 393. E. XIV. 153; — Recht des Vorgesetzten auf Zuerkennung der Befugniß zur Bekanntmachung des Urtheils bei öffentlichen oder mittelst der Presse verübten Beleidigungen; Zulässigkeit der Bekanntmachung auch in anderen Blättern, als in demjenigen, worin die Beleidigung erfolgte, R. VIII. 560. E. XIV. 327; — Beleidigung in öffentlicher Gerichtssitzung, R. VIII. 600; — öffentliche Bekanntmachung des Urtheils als Strafe zur Genugthuung des Verletzten; kein Uebergang auf dessen Erben; Anordnung der Bekanntmachung zu Gunsten des Verletzten, auch wenn derselbe bereits verstorben ist, im Urtheile zulässig, wenn er bei seinen Lebzeiten schon auf Bekanntmachung angetragen hatte, R. IX. 324. E. XVI. 73; — die Höhe der Strafe braucht in die dem Beleidigten zuzusprechende Bekanntmachung nicht aufgenommen zu werden, R. X. 548.

Bernstein; im Gebiete des preuß. allg. LR. gehört derselbe, soweit er nicht vorbehaltenes Eigenthum des Staates ist, dem Eigenthümer des Grund und Bodens; unbefugte Aneignung ist strafbar, R. IX. 656. E. XVII. 16.

Berufspflicht; Anwendung des § 222 Abs. 2 des StGB. nicht nur bei Thätigkeit innerhalb des Kreises der bestallungsmäßigen Functionen, sondern auch dann, wenn die Handlung in den Kreis der Amts-, Berufs- oder Gewerbshandlungen überhaupt fällt, R. VII. 301; — wenn bei unterlassener, gewerbsmäßig übernommener Verpflichtung eines Portiers, die Treppenbeleuchtung zu besorgen, die Beschädigung einer Person in einer zur Fahrlässigkeit zuzurechnenden Weise erfolgt, kann Verletzung einer besonderen Gewerbs- oder Berufspflicht angenommen werden, R. VII. 638; — § 230 Abs. 2 des StGB. umfaßt alle in den Kreis der Amts-, Berufs- oder Gewerbshandlungen fallenden Handlungen ohne Rücksicht, ob in der Ausübung des Amtes, Berufes oder Gewerbes vorgenommen, R. VIII. 21. IX. 311; — Einflußlosigkeit der Möglichkeit, daß der beim Receptiren in Abwesenheit des Apothekers unterlaufene Mißgriff auch in seiner Anwesenheit hätte eintreten können, auf die strafrechtliche Verantwortung des Prinzipals, R. VIII. 446; — Anwendbarkeit des § 222 Abs. 2 des StGB. auch auf diejenigen Hebammen, welche die Geburtshülfe ohne das im § 30 der Reichsgewerbeordnung vorgesehene Prüfungszeugniß gewerbsmäßig betreiben, E. XV. 181; — bei Handlungen, welche der Gewerbetreibende durch technisch vorgebildete Angestellte auszuüben pflegt, kann Uebertretung einer Gewerbspflicht einem Gewerbetreibenden nur vorgeworfen werden, wenn er die Handlung selbst und in Ausübung seines Gewerbes vorgenommen hat, R. IX. 460; — selbst wenn der üble Erfolg einer Krankheit durch Kunsthülfe nicht abzuwenden war, kann fahrlässiges Verschulden des Pfuschers insoweit vorliegen, als durch verkehrte Behandlung das Uebel befördert und beschleunigt und sonach vom Pfuscher causal zum Eintritt des Erfolges mitgewirkt wurde, R. X. 268. 493; — unberufene Vornahme oder Anordnung gewisser nur mittelbar zum Fabrikbetriebe gehörigen Vorrichtungen, welche an sich außerhalb des von dem Fabrikleiter betriebenen Gewerbes liegen, durch den verantwortlichen Leiter eines Fabrikwesens; hierbei vorgekommene Körperverletzung verursacht mit Uebertretung einer Gewerbspflicht, E. XVIII. 204; s. a. Fahrlässigkeit, Körperverletzung fahrlässige, Tödtung.

Berufung; Erkennung von Seiten des Berufsgerichts als erste Instanz, wenn das Gericht, welches als erste Instanz erkannte, seine sachliche Zuständigkeit überschritten hat; Entbehrlichkeit eines Eröffnungsbeschlusses; Erkennung in diesem Falle über eine neue real concurrirende That, wenn der Angeklagte gemäß § 265 der StPrO. zugestimmt hat, E. XII. 164; — Verfahren, wenn das Berufungsgericht wegen fehlender Zuständigkeit des Schöffengerichts selbst als erste Instanz erkennt; Voraussetzung der Zulässigkeit der Verlesung von Zeugenaussagen, R. VIII. 342.

Beschlagnahme und Durchsuchung; Voraussetzungen auf Seite des Beamten bezüglich der Rechtmäßigkeit der Beschlagnahme, R. VII. 25; — Wegnahme von Gegenständen durch Gensdarmen im Wege der Präventivpolizei ohne die Voraussetzungen der StPrO., R. VII. 668. E. XIII. 44; — Voraussetzung der unterlassenen Zuziehung eines Gemeindebeamten oder zweier Gemeindeglieder bei den ohne Beisein des Richters oder des StA. stattfindenden Durchsuchungen; Gefährdung des Erfolges der Durchsuchung, R. VII. 544; — fehlende Befugniß der beeideten Privatforstaufseher in Preußen, aus eigener Entschließung bei dem Forstdiebe eine Durchsuchung behufs Beschlagnahme der zur Begehung des Diebstahls geeigneten Werkzeuge vorzunehmen, auch wenn der Gemeindevorsteher „zugezogen" worden ist, R. VIII. 105. E. XIII. 270; — Befugniß des Strafrichters, behufs Verfolgung der Spuren einer Strafthat, unverdächtige Personen einer ärztlichen Untersuchung ihres Körpers zu unterwerfen, R. VIII. 454. E. XIV. 189; — Durchsuchung der Taschen des Schuldners von Seiten des Gerichtsvollziehers, R. IX. 503. E. XVI. 218.

Beschwerde s. Rechtsmittel.

Bestechung, Möglichkeit idealer Concurrenz zwischen Bestechung aus § 333 und Aufforderung aus § 49[a] des StGB., E. XII. 54; — Begriff der in das Amt einschlagenden Handlung, (§ 331 des StGB.); das für die Amtshandlung Geforderte muß als Geschenk gefordert und mit dem Bewußtsein gegeben werden, daß keine Verpflichtung zur Gewährung der Forderung bestehe, (§ 332 das.), R. VII. 175; — ein „Sichversprechenlassen" von Geschenken in dem Verhalten des Beamten, woraus auf die Geneigtheit zur Annahme des in Aussicht gestellten Geschenkes geschlossen werden muß, R. VII. 285; — Genügen der Zumuthung einer Dienstpflichtverletzung nach einer bestimmten Richtung hin; genaue Bezeichnung der dienstwidrigen Handlung nicht notwendig, R. VII. 424; — Anbieten eines Geschenkes an einen Beamten, ohne die Absicht, denselben zu einer pflichtwidrigen Handlung zu bestimmen, keine Theilnahme an dem Vergehen aus § 332 des StGB., E. XIII. 181; — Anbieten eines Geschenkes an Angehörige eines Beamten, damit diese den letzteren zu einer pflichtwidrigen Handlung zu bestimmen suchen, ohne daß jedoch der Beamte von dem Geschenke erfahren soll; mittelbare Bestechung, E. XIII. 396; — Genügen des eventuellen Dolus bei dem Vergehen der activen Bestechung, R. VIII. 360; — Begriff des „Empfangenen" im Sinne des § 335; Uebergang der Verfügungsgewalt auf den Beamten; Einhändigung aber sofortige Rückgabe des Geschenkes, R. IX. 150. E. XV. 348; — Annahme von Vortheilen für Unterlassen einer Amtshandlung als Bestechung; „Handlung" im Sinne des § 332 nur eine in das Amt einschlagende Handlung; Polizeibeamter, welcher für seine Dienste als Privatdetectiv Belohnung annimmt, R. IX. 308. 517. E. XVI. 42; — durch Geschenkanerbieten an einen Eisenbahnbeamten im Fahrdienst, um denselben instructionswidrig die von ihm über die Grenze zu machende Dienstfahrt zum unversteuerten Transport zollpflichtiger Waaren zu veranlassen, R. IX. 393; — nach dem bestehenden Dienstgebrauche vorgenommene Handlungen eines Beamten, auch wenn er zur Dienstbesorgung nicht verpflichtet war und sie ablehnen konnte, als Amtshandlungen, R. IX. 573. E. XVI. 300.

Betrug, durch Hingabe von fingirten Wechseln zum Discont, welchen zum Zwecke der Erlangung von Credit der Schein von Waaren- oder Kundenwechseln gegeben ist; Vermögensbeschädigung bei Hingabe von Kellerwechseln, auch wenn Verlust der Gegenleistung zur

Verfallzeit nicht eintritt, durch die verminderte Sicherheit, welche ein derartiger Wechsel im Umlauf bietet, R. VII. 434. E. XII. 495; — durch Collectiren, R. VII. 638; — durch zum Schein bewirkte Auflassung von Grundstücken zum Nachweise des Eigenthumsüberganges, R. VII. 712. E. XIII. 138; — Versuch des Betrugs, wenn der, welcher betrogen werden soll, unterrichtet von der betrügerischen Absicht, die Ausführungshandlungen geduldet hat, um den Betrüger zu überführen, R. VIII 98; — unbefugte Entnahme von Wasser aus einer städtischen Wasserleitung kein Betrug, sondern Diebstahl, R. VIII. 350. E. XIV. 121; — Voraussetzungen für die Strafbarkeit der betrügerischen Verleitung zur Eheschließung, R. VIII. 370. E. XIV. 137; — bloßes Verschweigen einer erfolgten Theilzahlung seitens dem die volle, ursprüngliche Summe einklagenden Gläubigers nicht ohne Weiteres strafbarer Betrug, R. VIII. 506; — für sich allein keine Vorspiegelung falscher oder Unterdrückung wahrer Thatsachen, wenn der zur Lieferung einer nur der Gattung nach bestimmten Waare in einer bestimmten Beschaffenheit Verpflichtete eine Waare geringerer Qualität liefert, ohne daß der Empfänger deren Mängel sofort zu erkennen in der Lage ist, E. XIV. 310. — bei Versicherungsverträgen zu Gunsten Dritter, R. VIII. 763; — vertragswidrige Leistung unter dem Scheine einer vertragsmäßigen, als Vorspiegelung einer falschen Thatsache, R. IX. 15; — durch Benutzung eines als unübertragbar bezeichneten Eisenbahn-Abonnementsbillets, R. IX. 114. X. 244. E. XVII. 217; — durch unrichtige Declaration des Gewichtes der Frachtgüter in den Frachtbriefen des Absenders zum Nachtheil der Eisenbahn; die Conventionalstrafe, welche das Betriebsreglement für diesen Fall androht, keine öffentliche Strafe, E. XV. 266; — falsche Angaben des Proceßführenden über seine Persönlichkeit, in der Absicht, den Gegner irrezuführen, als falsche Vorspiegelungen, R. IX. 232; — Unterdrückung der Thatsache, daß die Wechselforderung getilgt war, in der Vorlegung des eingeklagten Wechsels vor dem Proceßrichter, R. IX. 441; — Täuschung des Richters durch Vorspiegelung falscher Thatsachen im Civilprocesse; Gebrauch einer zwar echten aber materiell unwirksamen Urkunde als Beweismittel; Benutzung einer Quittung zum Beweise der Zahlung einer Schuld, über welche dieselbe nicht ausgestellt ist, E. XVI. 193; — Unterdrücken in dem Verschweigen von Thatsachen auch dann zu finden, wenn, ohne daß eine Rechtspflicht des Angeklagten zur Mittheilung jener Thatsachen besteht, dem Verschweigen ein actives, auf Täuschung angelegtes Verhalten des Angeklagten hinzutritt, R. IX. 742; — Realconcurrenz zwischen Versicherungsbetrug (§ 265) und dem auf Erlangung der Brandentschädigung gerichteten gemeinen Betrug gegen den Versicherer, R. X. 51. E. XVII. 62; — Verkauf eines von dem Apotheker hergestellten minderwerthigen Präparats unter der falschen Bezeichnung eines anderen vom Käufer verlangten Bitterwassers als Betrug; höhere Herstellungskosten als der Bezugspreis der echten Waare, Abgabe des Präparats zum Preise der letzteren, R. X. 66; — Vermögensvortheil; Einfluß des Umstandes, daß zum Thatbestand des vollendeten Betrugs nur die Absicht erfordert wird, einen Vermögensvortheil zu erlangen, nicht die Erlangung selbst, E. XV. 9. XVII. 233; — die Belohnung, welche dem Thäter für den Fall in Aussicht gestellt wird, daß er durch Irrthumserregung die beschädigende Handlung des in Irrthum Versetzten herbeiführen werde, als Vermögensvortheil, E. XVII. 264; — durch Vorspiegelung einer vollstreckbaren Forderung, R. X. 279; — kein Erforderniß des Betrugsversuchs, daß das Object des Verbrechens zur Zeit der vorgenommenen Handlung existirte, R. X. 467. E. XVIII. 82; — Bestrafung wegen Urkundenfälschung in idealem Zusammenflusse mit Betrug als Vorstrafe bei Betrug im Rückfall, R. X. 570. E. XVIII. 193; — Voraussetzungen der Idealconcurrenz von Gebührenüberhebung und Betrug, R. X. 664. E. XVIII. 219; — Betrug durch falsche Einträge in das Brauregister durch einen mit Vorbehalt der Nachversteuerung fixirten Brauer, R. X. 710; s. a. Rückfall.

Betrug Vermögensbeschädigung; keine Beschädigung der Versicherungsanstalt, wenn bei Liquidation von Brandschaden der Versicherte theils zu hoch, theils zu niedrig oder gar nicht liquidirte, hierdurch der wirkliche zu ersetzende Schaden nicht überschritten und eine solche Liquidation nach dem Versicherungsvertrage zulässig ist, R. VII. 450; — Erwerb neuer Mitglieder einer Versicherungsgesellschaft auf Gegenseitigkeit, kein Vermögensvortheil; durch Täuschung veranlaßter Eintritt in eine Versicherungsgesellschaft auf Gegenseitigkeit, anstatt in eine solche mit festen Prämien; gewagtes Geschäft nicht ohne Weiteres Vermögensbeschädigung, R. VII. 548. IX. 253. E. XII. 392. XVI. 1; — Vermögensbeschädigung desjenigen, welcher als Creditgeber zur Sicherheit seiner Forderung eine Urkunde mit eigener Unterschrift des Verpflichteten zu beanspruchen hat, durch Hingabe einer solchen mit der Unterschrift eines Bevollmächtigten, E. XIII. 6; — Vermögensbeschädigung des Eigenthümers eines Grundstücks, welcher ohne Beiziehung des angenommenen Unterhändlers mit einem Dritten Verkaufsunterhandlungen eingeleitet hat, im Falle des Zurücktretens des Kaufsliebhabers dadurch, daß die bedingte Verpflichtung, im Falle des Zustandekommens eines durch den Unterhändler vermittelten Vertrages an denselben eine Mäklergebühr zu bezahlen, fortbesteht, E. XIII. 8; — falsche Angaben über die Hypothekanlage und den Miethsertrag des eingetauschten Grundstücks bedingen nicht ohne Weiteres eine Vermögensbeschädigung, R. VII. 687; — Vermögensbeschädigung desjenigen, welcher durch Täuschung bestimmt worden ist, als Mitglied einer auf Gegenseitigkeit beruhenden Versicherungsgesellschaft beizutreten, R. VIII. 310. E. XIV. 229; — bei einem zweiseitigen Geschäfte, wenn durch Täuschung der Preis erhöht wurde, R. VIII. 470; — Gegenstand derselben beim Betruge durch vertragswidrige Leistung, R. IX. 15; — Gebrauchswerth eines gegen Krankheiten verabreichten Mittels oder eines gegen Krankheit ertheilten Rathes für den Kranken bei der betrügerischen Täuschung durch Kurpfuscher, E. XVI. 93; — durch Täuschung erwirkte Stundung einer fälligen Forderung nicht unbedingt Vermögensbeschädigung, R. IX. 364. E. XVI. 161; — keine Vermögensbeschädigung eines Gläubigers dadurch, daß ein Werthgegenstand dem Vermögen des Schuldners entzogen wird, an welcher er sich bei späterer gerichtlicher Geltendmachung seiner Forderung im Wege der Zwangsvollstreckung hätte halten können, E. XVII. 264; — die durch die Auflassung eines Grundstücks bewirkte Belastung des Erwerbers mit einer von demselben nicht übernommenen Hypothekenschuld begründet Vermögensbeschädigung auch dann, wenn der Erwerber das Grundstück unter dem Werthe gekauft hat, R. X. 325.

Beurkundung, falsche; der Besitznahme bei Vornahme der Pfändung als rechtlich erhebliche Thatsache, auch wenn der Pfändungsact selbst wegen formalen Verstoßes rechtlich unwirksam ist, R. VII. 338; — Bedeutung des Eventualdolus; Glaube des Briefträgers, welcher eine falsche Zustellungsbescheinigung ausgestellt hat, daß es auf die Angabe der richtigen Person, an welche zugestellt wurde, nicht ankomme, R. VII. 352. E. XII. 297; — Einfluß einzelner Mängel einer öffentlichen Urkunde für ihren Charakter der Oeffentlichkeit; Versteigerungsprotokoll eines Gerichtsvollziehers, in welchem die Unterschrift der Personen, mit welchen verhandelt wurde, sowie der Vermerk über den Grund der Nichtunterschrift fehlt, R. VII. 431. E. XII. 331; — fälschliche Anfertigung einer unter § 348 des StGB. fallenden Urkunde auf Veranlassung des Beamten durch einen Dritten und Unterschrift des letzteren mit dem Namen des Beamten, R. VII. 438; — Rechtserheblichkeit der Thatsache, welches Object der Gerichtsvollzieher bei einer Zwangsvollstreckung zur Versteigerung gebracht hat, E. XIII. 123; — von Seiten des Standesbeamten, welcher die standesamtliche Urkunde durch einen Schreibgehülfen aufnehmen läßt und nachträglich unterzeichnet, ohne der Aufnahme beigewohnt zu haben, E. XIII. 116; — durch Ablieferung eines Zustellungsnachweises mit der wahrheitswidrigen Beurkundung der Zustellung an den Adressaten selbst, wenn auch zur Zeit der Ausfüllung des Zustellungsformulars der Name des Adressaten in dem guten Glauben, denselben anzutreffen, eingesetzt wurde, R. VIII. 46; — falsche Einträge in das Standesregister durch den als Schreibgehülfe des Standesbeamten bestellten badischen Rathschreiber kein Vergehen aus § 348 des StGB., R. VIII. 158. E. XIII. 393; — Irrthum des Gerichtsvollziehers über den Begriff einer erwachsenen Person im Sinne des § 166 Abs. 1 der RCPrO. fällt unter § 59 des StGB., R. VIII. 266; — der Bürgermeister einer Landgemeinde in Bayern kein Beurkundungsbeamter zur amtlichen Bestätigung der Echtheit der unter einer Eingabe an eine Behörde befindlichen Namensunterschrift, R. VIII. 614. E. XV. 19; — durch den Vorsteher einer ländlichen Gemeinde in Preußen hinsichtlich einer Mitwirkung bei der militärischen Controle, R. VIII. 641. E. XV. 4; — dolus eventualis, R. IX. 361; — Anwendbarkeit des § 349 des StGB. auch dann, wenn der Beamte den Vermögensvortheil in Erwartung der durch die Fälschung bewirkten Gegenleistung zur Zeit der That schon gewährt erhalten hatte, R. IX. 713; — die von den verpflichteten Fleischbeschauern in Oberbayern geführten Verzeichnisse über die beschauten Schlachtthiere, als öffentliche Register, E. XVII. 76; — Begriff der Rechtserheblichkeit in Protokollen des Gerichtsvollziehers, R. X. 136; — Nothwendigkeit der Aufnahme eines entsprechenden Protokolls auch im Falle freiwilliger Zahlung an den mit der Zwangsvollstreckung beauftragten Gerichtsvollzieher; dieses Protokoll als öffentliche Beurkundung, R. X. 145; — Verschiedenheit des Urkundenbegriffes in Abs. 1 und Abs. 2 des § 348 des StGB.; nachträgliche eigenmächtige Aenderung des in dem Pfändungsprotokolle eines Gerichtsvollziehers angegebenen Versteigerungstermines seitens des Gerichtsvollziehers als Verfälschung einer ihm anvertrauten Urkunde, E. XVII. 169; — Strafbarkeit eines preuß. Gerichtsvollziehers, der bei Zustellungen durch die Post in der von ihm auszufertigenden, das Ersuchen um Zustellung enthaltenden Urkunde das Datum vorsätzlich falsch angibt R. X. 266; — Leichenschauer in Bayern als Beamter, auch wenn er nicht verpflichtet ist; die zu führenden Register als öffentliche Urkunden, R. X. 372. E. XVII. 406; s. a. Amtsverbrechen.

Beweisanträge, Aussetzung der Beschlußfassung über die vom Angeklagten in der Hauptverhandlung gestellten Beweisanträge bis zur Berathung des Urtheils und Verkündung des ablehnenden Beschlusses gleichzeitig mit Verkündung des Urtheils, R. VII. 271; — unzulässige Ablehnung durch die Motivirung, daß das Gegentheil der zur Entlastung aufgestellten Behauptung bereits feststehe, R. VII. 296; — Beweisantrag über Besitz von anderweitem, zur Befriedigung des Gläubigers ausreichendem Vermögen zulässig, weil von Belang für die fraudulose Absicht des § 288 des StGB., wenn auch zum Thatbestand dieses Vergehens die Absicht der definitiven Vereitlung der Befriedigung des Gläubigers nicht erforderlich ist, R. VII. 304; — Ablehnung eines Beweisantrages in einer vertagten Hauptverhandlung; Nothwendigkeit der Wiederholung in der neuen Hauptverhandlung, wenn auf die Ablehnung eine Revision gestützt werden will, R. VII. 356; — Ablehnung wegen beabsichtigter Verschleppung der Sache, R. VII. 427. 550. 679. alias X. 148. E. XII. 335. XIII. 151; — unzulässige Beschränkung der Vertheidigung durch Ablehnung eines Beweisantrages mit der Begründung, daß diejenigen Thatsachen, über welche die Zeugen vernommen werden und hinsichtlich derer sie die vernommenen Zeugen widerlegen sollten, nicht angegeben seien, R. VII. 534. VIII. 4; — Unzulässigkeit der Ablehnung aus dem Grunde, daß die unter Beweis gestellte Thatsache wegen Unglaubwürdigkeit des Angeschuldigten als erdichtet sich darstelle, R. VII. 761; — Nothwendigkeit der Begründung und Verkündung des Beschlusses vor dem Schluß der Verhandlung im Fall Ablehnung eines nicht eventuellen Beweisantrages, R. VIII. 4. 168. 445; — Beschränkung der Vertheidigung dadurch, daß der Vorsitzende es unterlassen hat, durch Fragen dem Angeklagten Gelegenheit zur Erläuterung eines Antrages auf Vernehmung weiterer Zeugen zu geben, R. VIII. 100. 581. E. XIII. 316; — Zulässigkeit der Zurücknahme von Beschlüssen des Gerichts, durch welche beantragte Beweismittel zugelassen sind, R. VIII. 150; — Ablehnung eines Antrages: den N. N. als Entlastungszeugen zu vernehmen mit der Begründung, es erscheine die Sache genügend aufgeklärt, als unzulässige Beschränkung der Vertheidigung, R. VIII. 306; — Nothwendigkeit der Aufnahme der Thatsachen, über welche Beweis erhoben werden soll, in den Beweisantrag, R. VIII. 421; — ein Beweisantrag, welcher mehrere Zeugen benannte, aber nur bei einem Theile der Zeugen das Beweisthema bezeichnete; Unzulässigkeit der Ablehnung mit einer Begründung, die sich nur auf das bezeichnete Beweisthema bezieht, E. XIV. 406; — Ablehnung wegen Unglaubwürdigkeit des vorgeschlagenen Zeugen, R. IX. 164; — Motivirung der Ablehnung eines Beweisantrages in Schwurgerichtssachen, R. IX. 175; — genügende Motivirung der Ablehnung der Vernehmung eines Zeugen, daß seine Aussage, auch wenn sie ihrem Inhalte nach für die Feststellung des Sachverhalts von Einfluß sein könnte, wegen des ehelichen Verhältnisses, in welchem der Zeuge zu der Angeklagten steht, keinen Glauben verdienen würde, R. X. 92; — Befugniß des Vertheidigers, auch gegen den Willen des Angeklagten Beweisanträge zu stellen, R. X. 368. E. XVII. 315; — Beweisanträge des StA., deren Wirksamkeit zu Gunsten des Angeklagten; Bedeutung eventueller Beweisanträge, E. XVII. 375; — die Constatirung der Bezugnahme des Angeklagten auf Vorverhandlungen im Sitzungsprotokolle legt dem Gericht die Verpflichtung auf, über im Vorverfahren gestellte oder erkennbar gemachte Beweisanträge in der Hauptverhandlung erneuten Beschluß zu fassen, R. X. 599; s. a. Vertheidigung, Beschränkung derselben.

Beweiserhebung, Befugnis des Richters, von Amtswegen die Vervollständigung des Beweises anzuordnen, E. XIII. 158; — inländische Gesetze sind nicht Gegenstand der Beweisaufnahme, R. IX. 231; — Herbeischaffung angezeigter Beweismittel ist nicht dem Belieben des Gerichts überlassen, sondern Pflicht des Gerichts, R. X. 420.

Beweismittel, herbeigeschaffte; durch bloße Bezeichnung eines Beweismittels in der Anklageschrift wird es kein herbeigeschafftes, es muß die Verlesung in der Hauptverhandlung beantragt und die Herbeischaffung constatirt werden, R. VII. 20. 364; E. XIII. 158;

— **Protokoll über die commissarische Vernehmung eines Zeugen,** wenn die Vernehmung nur zur Vorbereitung des Hauptverfahrens erfolgt ist, kein herbeigeschafftes Beweismittel; zur Verlesung Gerichtsbeschluß nothwendig, R. VIII. 694; — Zulässigkeit der Benützung von Handzeichnungen in der Hauptverhandlung bei Vernehmung von Zeugen zur besseren Verständigung, auch wenn diese Zeichnungen keine urkundliche Beglaubigung haben, R. IX. 89; — Unzulässigkeit der Zurückweisung derselben als zur Sache unerheblich; Zulässigkeit der Zurückweisung, wenn sie in gar keinem Zusammenhang zur Sache stehen, R. IX. 322; — Zustimmung des Angeklagten zu der Nichtvernehmung eines anwesenden Zeugen genügend, wenn der anwesende Vertheidiger nicht widersprochen hat, R. IX. 564. E. XVI. 376; — Erklärung der Proceßbetheiligten, sie seien mit der Abstandnahme von einer weiteren Beweisaufnahme einverstanden, genügend, um die Nichterhebung einer Mehrzahl von herbeigeschafften Beweismitteln zu rechtfertigen, R. X. 91; — bloße Ueberreichung eines Schriftstücks ohne eine den Gebrauchszweck kennzeichnende Kundgebung genügt nicht, wenn das Schriftstück als ein vom Ueberreichenden für die Verhandlung in Anspruch genommenes Beweismittel gelten soll, R. X. 189; — Verzicht auf Erhebung eines herbeigeschafften Beweismittels muß bei mehreren Angeklagten nur von demjenigen angegeben werden, in dessen Interesse es herbeigeschafft wurde; Verzicht anderer Mitangeklagten, zu deren That das Beweismittel ohne jeden Zusammenhang ist, nicht nothwendig, R. X. 227; — bloß benannte Beweismittel keine herbeigeschaffte, E. XVII. 440; — von Erhebung herbeigeschaffter Beweismittel darf auch nur dann mit Genehmigung der Proceßparteien Umgang genommen werden, wenn auf Grund einer Vorfrage, wie des fehlenden Strafantrages, das Verfahren ohne Eingehen in den Schuldbeweis beendet werden kann, R. X. 649.

Blutschande, Unentschuldbarkeit des Irrthums, daß zur Begründung der Schwägerschaft die außereheliche Geburt nicht genüge, R. VII. 130. E. XII. 275; — der Stiefvater zugleich Adoptivvater; ideelle Concurrenz zwischen § 173 Abs. 2 und § 174 Ziff. 1 des StGB. R. VII. 422. E. XII. 292.

Brandstiftung, dem Ehegatten des Thäters gehörige in Brand gesetzte Sachen als fremde; Annahme sog. unmittelbarer Brandstiftung, wenn der Thäter in Vertretung des Eigenthümers der in Brand gesetzten Sachen handelte, R. VII. 3. E. XI. 345; — Ausschließung der Strafbarkeit, wenn der Thäter die Einwilligung des Eigenthümers zur Inbrandsetzung der ihrer Beschaffenheit nach unter § 308 des StGB. fallenden Sache hatte und letztere ihrer Beschaffenheit und Lage nach nicht geeignet ist, das Feuer weiter zu verbreiten, R. VII. 207. E. XII. 138; — Vorrath an Brennmaterialien, Begriff, E. XIII. 218; — Begriff des „Magazins", R. VIII. 161. E. XIII. 407; — Begriff einer „Hütte", R. X. 151. E. XVII. 179; — Begriff des Inbrandsetzens; Flammenausbruch nicht wesentlich, es genügt eine durch Glimmen entstandene Fortpflanzung des Feuers, R. X. 383.

Branntweinsteuervergehen (Reichsges. v. 24. Juni 1887); mit Feststellung beabsichtigter Maischsteuerverkürzung ist die Feststellung beabsichtigter Verkürzung der Verbrauchsabgabe nicht ohne Weiteres gegeben, die letztere Absicht vielmehr einer besonderen Prüfung zu unterwerfen, R. X. 632. E. XVIII. 215; — Berechnung der Strafe der vor dem 1. Oktober 1887 in Preußen begangenen Maischbottich-Steuerdefraudationen, R. X. 636.

— (Bundesges. v. 8. Juli 1868); subsidiarische Haftbarkeit des Brennereiunternehmers, welcher wissentlich einen wegen Branntweinsteuerdefraudation bestraften Verwalter ohne Genehmigung anstellt oder beibehält, auch für diejenigen Geldstrafen, welche von dem sonstigen Brennereipersonale während der Function des Bestraften verwirkt sind; ein „wegen Brennereisteuerdefraudation bereits bestrafter" Verwalter auch derjenige, gegen welchen die rechtskräftig erkannte Strafe noch nicht oder nur theilweise vollstreckt ist, R. VIII. 776. E. XV. 101; — Berechnung der Defraudationsstrafen wegen unbefugten Ueberschöpfens von Maische aus dem einen in den andern Bottich, sowie Confiscation der benutzten Gefäße nach dem herzoglich sachsen-gothaischen Gesetz v. 12. Dez. 1833, E. XVI. 101; — Kosten des Strafverfahrens auf Einziehung mißbrauchter Einmaischungsgeräthe, R. X. 131. E. XVII. 114.

Brausteuer, Steuerfreiheit des § 3 des Ges. v. 31. Mai 1872 trifft nur dasjenige Quantum versteuerbarer Stoffe, welches bei Versteuerung einer größeren Menge den Steuerbetrag um noch nicht 5 Pf. vermehren würde, nicht aber dann, wenn überhaupt das Gewicht der zum Brauen verwendeten Stoffe den gedachten Steuerwerth hat, R. VII. 688; — Anwendbarkeit der Ordnungsstrafe aus § 32 des Brausteuergesetzes auf die Fälle des § 29, welche der Defraudation gleich geachtet werden, E. XIII. 133; — Anwendbarkeit des § 29 Ziff. 2 auch dann, wenn bei einem Brauer Stoffe der in § 1 unter 5—7 genannten Art vorgefunden werden, ohne daß der Brauer einen bestimmten Aufenthaltsraum dafür angezeigt hat, E. XIII. 176; — Wegfall der Defraudation wegen fehlender Defraudationsabsicht, wenn der Thäter den brausteuerpflichtigen Act als nicht unter das Reichsbrausteuergesetz fallend erachtete; Ordnungsstrafe; Anwendung der einjährigen Verjährungsfrist auf die Ordnungsstrafen aus § 35 des Reichsbrausteuergesetzes, R. VIII. 152. E. XIV. 15; — Begriff der für die Brausteuer verantwortlichen Person; Beseitigung der Verantwortlichkeit seitens der die Brauerei als Gewerbe treibenden Person durch Bestellung eines Braumeisters, R. VIII. 274; — Begriff der Brausteuerdefraudation; Defraudation durch Gehülfen und Arbeiter des Gewerbetreibenden, R. VIII. 638. E. XIV. 392; — Verhältniß der Ordnungsstrafe zur Defraudationsstrafe; Ausspruch beider neben einander; Begriff der „gesetzlichen Anmeldung" im § 27; Verwendung von Malzsurogaten ohne vorgeschriebene Brauanzeige und Generaldeclaration; Zulässigkeit der Ordnungsstrafe neben der Strafe der Defraudation, R. IX. 186. E. XV. 367; — auch bezüglich einzelner Defraudationsfälle kann ein fortgesetztes Delict angenommen und für sie eine Einheitsstrafe bemessen werden, R. IX. 299; — Begriffserforderniß aus § 29 Ziff. 1. 2, daß die Braustoffe „bei dem Brauer vorgefunden werden"; nicht nothwendig, daß die zu deren Aufbewahrung benutzten Räume dem Brauer eigenthümlich oder zu unmittelbar dem Betriebe dienenden Lokalitäten gehören, E. XVI. 91; — Defraudationen mit Strafe bis 150 Mark sind Uebertretungen uud tritt eventuell Haftstrafe ein; Betrug durch falsche Einträge in das Brauregister, R. X. 710.

Brücke, unbefugte Wegnahme des Geländers einer Brücke als theilweise Zerstörung desselben, R. VII. 274.

Brunnenvergiftung (§ 326 des StGB.); Schaden kann auch ein sachlicher sein; bloße Verunreinigung des Brunnens oder bloße Unbequemlichkeit durch zeitweilige Unmöglichkeit der Benutzung des Brunnens keine Vermögensbeschädigung, R. VIII. 750.

Bundesgebiet, fremdes; Berechtigung des Forstschutzbeamten, die wegen Verübung eines Jagd- oder Forstfrevels auf frischer That verdächtigen Personen über die Grenze zu verfolgen und daselbst behufs Feststellung ihrer Identität zu ergreifen, R. VIII. 735.

C.

minimums als bei dem anderen Gesetze, kann bis zu diesem herabgegangen werden, R. VII. 256; — das die schwerere Strafart gebietende Gesetz als das schwerere Gesetz, R. VII. 276; — zwischen Nahrungsmittelgesetz und bayer. Malzaufschlaggesetz; Anwendung des ersteren, Zulässigkeit des Herabgehens bei Strafausmessung unter das Minimum des letzteren, R. VII. 382; — zwischen Blutschande und Vornahme unzüchtiger Handlung mit Bevormundeten, R. VII. 422. E. XII. 292; — keine ideale Concurrenz zwischen §§ 211 und 214 des StGB., E. XII. 364; — Gesetzes-Concurrenz zwischen § 9 des Sprengstoffgesetzes v. 9. Juni 1884 und § 367 Ziff. 5 des StGB., R. VII. 583. E. XIII. 22; — zwischen Contrebande und § 328 des StGB., R. VII. 697. E. XIII. 69; — zwischen dem Vergehen aus § 9 des Sprengstoffgesetzes und Diebstahl, E. XIII. 145; — Beleidigung mehrerer Personen durch nur eine Aeußerung stellt nicht mehrere selbständige Beleidigungen dar, R. VIII. 149; — zwischen Wegnahme der eigenen Sache und Körperverletzung, R. VIII. 162. E. XIII. 399; — zwischen Anstiftung und Beihülfe zu derselben Strafthat, R. VIII. 303; — Rechtsirrigkeit der Annahme, daß mehrere in einem Preßerzeugniß begangene Strafthaten stets ideal concurriren, R. VIII. 305; — ob mehrere strafbare Aeußerungen in einem und demselben Schriftstück ideell oder real concurriren, ist nach den concreten Umständen zu entscheiden, R. VIII. 377; — Unmöglichkeit idealer Concurrenz zwischen Unterschlagung einer als Pfand erhaltenen Sache durch den öffentlichen Pfandleiher und unbefugtem Pfandgebrauche, R. VIII. 751. E. XV. 147; — Möglichkeit idealer Concurrenz zwischen versuchtem schweren und vollendetem einfachen Diebstahl, E. XV. 281; — in der Begehung von Anstiftung und Hehlerei durch eine und dieselbe Person in Bezug auf einen und denselben Diebstahl kann realer oder idealer Zusammenfluß beider Delicte, je nach den thatsächlichen Umständen des Falles gefunden werden, R. IX. 193; — keine ideale Concurrenz zwischen vorsätzlicher Mißhandlung und fahrlässiger Körperverletzung, wenn beide durch dieselbe Handlung verübt wurden, R. IX. 348. E. XVI. 129; — die einzelnen successiven Acte, welche durch Verlag und Vertrieb einer Druckschrift bedingt sind, als eine einzige Handlung, R. IX. 483; — zwischen Hinterziehung der Stempelsteuer für die Loose einer veranstalteten Lotterie und Veranstaltung einer Ausspielung ohne obrigkeitliche Erlaubniß; das „die schwerste Strafe androhende Gesetz" dasjenige, welches an und für sich und ohne Rücksicht auf den concreten Fall eine der Art nach höhere Strafe androht; das Gesetz, welches wahlweise Gefängniß- oder Geldstrafe androht, das strengere gegen dasjenige, welches nur Geldstrafe zuläßt; Unzulässigkeit des Herabgehens unter das Minimum des anwendbaren Gesetzes, weil das nicht anzuwendende mildere Gesetz ein geringeres Minimum zuläßt, R. IX. 576. E. XVI. 301; — zwischen Anstiftung durch Ueberredung und Geschenke mit Beihülfe zu derselben That durch Rathertheilung, R. IX. 631; — zwischen Körperverletzung mit erfolgtem Tode des Verletzten und Schlägerei, R. IX. 716; — Begriff des fortgesetzten Delicts; Unterschied von Realconcurrenz und fortgesetztem Delicte, R. IX. 731. E. XVII. 103; — Bedeutung der Polizeiaufsicht als Nebenstrafe für die Frage, welches der mehreren Gesetze mit ungleicher Strafandrohung das schwerere ist, R. IX. 747. E. XVII. 193; — zwischen Arrestbruch und Vereitelung einer drohenden Zwangsvollstreckung, R. X. 19. E. XVII. 42; — Anwendung des Strafgesetzes, wenn im Falle der Idealconcurrenz durch den Wahrspruch der Geschworenen bei der einen Handlung mildernde Umstände angenommen, bei der anderen versagt sind, R. X. 158; — Verhältniß der Körperverletzung aus Fahrlässigkeit zu der Uebertretung aus § 366 Ziff. 8 des StGB., E. XVII. 303; — Möglichkeit idealer und realer Concurrenz zwischen Amtsunterschlagung aus § 350 und Erhebung von Abgaben, welche nicht zur Kasse abgeliefert werden, aus § 353 Abs. 1 des StGB., E. XVII. 321; — Anwendung des härteren Strafgesetzes auch dann, wenn neben der Confiscation gemäß § 134 des Vereinszollgesetzes aus § 328 des StGB. Gefängnißstrafe zu verhängen ist; Häufung der aus § 328 des StGB. und § 146 des Vereinszollgesetzes zu verhängenden Freiheitsstrafen bei Idealconcurrenz, R. X. 619; — Voraussetzung der Idealconcurrenz von Gebührenüberhebung und Betrug, R. X. 664. E. XVIII. 219; — zwischen §§ 235 und 237 des StGB., R. X. 692. E. XVIII. 273.

Concurrenz, reale; mehrere Verletzungen des Verbotes der Creditirung von Waaren an Arbeiter als Mehrheit selbständiger Handlungen, R. VII. 32. VIII. 66. E. XII. 102. XIII. 285; — Ausschluß einer realen Concurrenz zwischen § 210 und § 211 der Conc.-O., soweit es sich um dieselbe Zahlungseinstellung oder Concurseröffnung handelt, R. VII. 399; — Begünstigung mehrerer Gläubiger durch zeitlich getrennte Sicherungsacte nur eine einheitliche Strafthat, keine reale

Concurrenz, R. VII. 517; — zwischen Kuppelei und unterlassener Anzeige des Gewerbes, innerhalb dessen die Kuppelei verübt wurde, zur Gewerbesteuer (Preußen), R. VIII. 409. E. XIV. 174; — Einheitlichkeit des Entschlusses bei dem fortgesetzten Delicte; Unterschied zwischen dem Entschlusse, zu im Voraus in das Auge gefaßten Zeiten oder bei sich bietender Gelegenheit, mehrere selbständige Strafthaten zu begehen, und dem Entschlusse, eine Strafthat in fortgesetzter Ausführung dieses alle künftigen Einzelacte umfassenden Entschlusses zu verüben, R. VIII. 643. E. XV. 23; — Gebrauch mehrerer gefälschter Urkunden durch eine einzige Handlung zum Zwecke der Täuschung nur eine Strafthat, R. VIII. 700. E. XV. 290; — zwischen zwei zeitlich aus einander liegenden Handlungen, von welchen jede den Thatbestand eines Delicts erfüllt, selbst wenn die eine zum Zwecke der anderen verübt wird, R. VIII. 762; — Sache der thatsächlichen Feststellung, ob die mehrfache Verletzung der Eidespflicht innerhalb desselben Proceßverfahrens als ein einheitliches oder als ein wiederholtes Delict zu betrachten sei, R. IX. 7; — zwischen Betrug und Unterschlagung der durch Betrug erlangten Sache, E. XV. 426; — mehrfache zeitlich auseinanderliegende Erfolge derselben pflichtwidrigen Unterlassung; reale Concurrenz, R. IX. 545. E. XVI. 290; — keine Realconcurrenz zwischen Anstiftung und im Voraus zugesagter Begünstigung, wenn der Thäter erst durch diese Zusage zur That bestimmt worden ist, R. IX. 553. E. XVI. 374; — Realconcurrenz der einzelnen Betrugshandlungen auch bei Annahme, daß bei der Zurichtung und dem Verkauf der gefälschten Nahrungsmittel von vorn herein gelegentliche Verübung wiederholter Betrügereien beabsichtigt war, R. IX. 710; — zwischen Versicherungsbetrug (§ 265) und dem auf Erlangung der Brandentschädigung gerichteten gemeinen Betruge (§ 263) gegen den Versicherer, R. X. 51. E. XVII. 62; — Theilnahme Dritter an Einzeldelicten, welche bezüglich des Hauptthäters als Bestandtheile eines fortgesetzten Delicts erscheinen; Möglichkeit realen Zusammentreffens zwischen Begünstigung und darauffolgender Beihülfe; Strafantrag gegen den Hauptthäter sich auch auf den Gehülfen und Begünstiger beziehend, R. X. 207. E. XVII. 227; — reale Concurrenz zwischen § 370 Ziff. 5, §§ 303 und 123 des StGB. bei dem mittelst Sachbeschädigung (Einbruch) und widerrechtlichen Eindringens in die fremde Behausung ausgeführten sog. Mundraub, R. X. 418; — Unterschlagung und Sachbeschädigung an demselben

Object keine selbständigen Strafthaten, R. X. 488; — **gleichzeitige Uebersendung mehrerer gefälschter Wechsel zum Disconto begründet nicht mit Nothwendigkeit wegen Einheit des Gebrauchmachens auch Einheit der That**, R. X. 515.

Consularbeamte, durch Staatsverträge zugesicherte „persönliche Immunität von Verhaftungen" steht der strafgerichtlichen Verfolgung nicht entgegen, sondern schließt nur die Verhaftung und auch diese nur so lange aus, als der Consularbeamte diese Eigenschaft in dem Staate hat, in welchem er strafgerichtlich verfolgt wird, R. X. 83. E. XVII. 51.

Cris séditieux, Unanwendbarkeit des die cris séditieux betreffenden Art. 5 des französischen Gesetzes vom 25. März 1822 in Elsaß-Lothringen, E. XVI. 340. R. X. 160; E. XVII. 134.

D.

Diebstahl, an einer vom Diebe gemeinschaftlich mit einem anderen gestohlenen Sache, R. VII. 79. E. XI. 438; — Wegnahme zum Zwecke der Selbstbefriedigung für eine Forderung an den Bestohlenen; Wegnahme als Pfand; Anklage wegen Diebstahls, Verurtheilung wegen Unterschlagung durch nachträglichen Verkauf der weggenommenen Sache; keine andere That, R. VII. 164. E. XII. 88; — Entwendung von Nahrungsmitteln mittelst Einbruchs, nachherige Entwendung anderer Sachen in Folge neu gefaßten Entschlusses, lediglich einfacher Diebstahl, R. VII. 218; — an zur Verarbeitung in den dienstherrlichen Arbeitsräumen übergebenem Arbeitsmaterial seitens des Arbeiters, R. VII. 302; — an frei umherfliegenden Tauben; rechtswidrige Zueignung, R. VII. 370. E. XII. 308; — Vollendung eines Diebstahls an Früchten, die der Thäter in einem fremden Gebäude in Säcke eingefüllt und, um sie demnächst abzuholen, zurückgelassen hat; Verübung eines zweiten Diebstahls durch Abholen der Früchte, R. VII. 479. E. XII. 353; — Vollendung liegt erst dann vor, wenn die Sache aus der Verfügungsgewalt des Eigenthümers thatsächlich in die Verfügungsgewalt des Diebes übergegangen ist, R. VII. 539; — der Antrag keine Voraussetzung bei dem Diebstahl von Gewerbegehülfen oder Gesellen, welche mit dem Beschädigten in häuslicher Gemeinschaft leben, R. VII. 588. E. XIII. 14; — an dem Gegenstande eines früher durch denselben Thäter verübten Diebstahls, R. VII. 597;

— Einfangen im Freien betroffener Tauben als Diebstahl nach preuß. Rechte, R. VIII. 116. E. XIII. 341; — Mundraub aus § 370 Ziff. 5 auch anwendbar, wenn die Entwendung geschah zum alsbaldigen Verbrauche nicht durch den Thäter, sondern durch Andere, R. VIII. 139. E. XIII. 371; — Anwendbarkeit des § 252 des StGB. auf Mundraub und den Felddiebstahl aus § 18 des preuß. Feld- und Forstpolizeigesetzes vom 1. April 1880, R. VIII. 155. E. XIII. 391; — fehlender Dolus bei dem Diebe, wenn die Wegnahme in dem irrigen Glauben erfolgt, die Sache sei seine eigene; Anwendung auf beschlagnahmte Gegenstände in Zolldefraudationssachen, R. VIII. 339. E. XIV. 112; — unbefugte Entnahme von Wasser aus einer städtischen Wasserleitung als Diebstahl, R. VIII. 350. E. XIV. 121; — Natur des Diebstahlsvorsatzes; Diebstahl an anderen Sachen, nachdem zum Zwecke des Mundraubes eingestiegen worden ist; bei einheitlicher That, schwerer Diebstahl, bei mehreren selbständigen Thaten, einfacher Diebstahl, R. VIII. 525. E. XIV. 312; — Zueignung von Holz aus dem ihm unterstellten Reviere von Seiten eines Försters; Diebstahl oder Forstdiebstahl (Preußen), R. VIII. 556. E. XIV. 305; — gerichtlicher Verweis kommt bei der Rückfallsstrafe in Betracht, R. VIII. 612. E. XIV. 421; — Nothwendigkeit des Strafantrages bei Felddiebstählen aus § 18 des preuß. Ges. v. 1. April 1880 in den Fällen der §§ 19. 20, wenn zugleich die Voraussetzungen des § 370 Ziff. 5 des StGB. vorliegen, R. IX. 316. E. XVI. 63; — der fortgesetzte Mundraub als Diebstahl, wenn der Gesammtwerth des Gestohlenen bedeutend gewesen ist, R. X. 333. E. XVII. 332; — Entwendung von Wingertspfählen aus Weinbergen als gemeiner Diebstahl (Bayern), R. X. 521. E. XVIII. 128; — Möglichkeit der Anwendung der Diebstahlsstrafe auf die unbefugte Aneignung von Mineralien aus den Halden (Preußen), R. X. 543. E. XVIII. 188; s. a. Rückfall.

Diebstahl, schwerer (§ 243 Ziff. 2 des StGB.); Begriff des Einsteigens, Ueberwindung eines dem Eindringen sich entgegenstellenden Hindernisses, R. VII. 10; — Gärten verschiedener Eigenthümer, welche unter sich keine genügende Umfriedigung haben, aber in ihrer Gemeinschaft nach außen als genügend umschlossen erscheinen, als umschlossener Raum, R. VII. 320; — Einsteigen, Durchkriechen durch eine unter der Thüre vorhandene Vertiefung, R. VII. 348; VIII. 601; — Maß der Gewaltanwendung bei dem Einbruche und Erbrechen von Behältnissen, R. VII. 724. E. XIII. 200; — Erforbernisse des Einsteigens; das Hindurchkriechen durch eine am Boden befindliche Oeffnung als Einsteigen, wenn dabei Hindernisse zu überwinden sind, E. XIII. 257; — umschlossener Raum; Vorhandensein einer zeitweise und zur Zeit der That offen stehenden Thüre; Kenntniß des Thäters hiervon, R. VIII. 207. E. XIII. 423; — das Innere einer nicht in den Erdboden eingefügten, sondern auf demselben aufgestellten, verschlossenen, hölzernen Geschirrhütte als umschlossener Raum, R. VIII. 267. E. XIV. 226; — Strafbarkeit des Diebstahls von Sachen, welche der Post zum Transport übergeben sind, durch Aufschneiden der als Umhüllung dienenden Leinwand im Postgebäude aus Ziff. 2 und 4, R. VIII. 536; — Substanzverletzung zum „Erbrechen von Behältnissen" nicht erforderlich; es genügt Ueberwinden eines entgegengesetzten Hindernisses mit Gewalt, wenn auch ohne Brechen der Substanz, R. IX. 381; — Diebstahl mittelst Einbruchs, trotz Annahme des Diebes bei Verletzung eines Verschlußmittels, das letztere sei nicht befestigt und lasse sich daher ohne Verletzung und Kraftanwendung beseitigen, R. X. 253.

Diebstahl, schwerer (§ 243 Ziff. 3 des StGB.); ein echter Schlüssel, welcher bei Vermiethung der Räumlichkeit ohne Wissen des Miethers vom Eigenthümer zurückbehalten worden ist, als falscher Schlüssel, R. VII. 63. E. XI. 436; — Zurückschieben eines einfachen, auf der Innenseite der Thüre vorgeschobenen Riegels mittelst eines Werkzeugs kein Diebstahl mittelst falschen Schlüssels oder sonstigen zur ordnungsmäßigen Eröffnung nicht bestimmten Werkzeugs, R. VII. 724. E. XIII. 200; — Befugniß des berechtigten Inhabers einer Wohnung, an Stelle eines verlorenen Schlüssels einen anderen zu setzen; Diebstahl durch Gebrauch des verlorenen Schlüssels als Gebrauch eines falschen Schlüssels, R. X. 341.;

— — (§ 243 Ziff. 4 des StGB.); Begriff einer zu Gegenständen der Beförderung gehörenden Sache; bloßes Verbringen an einen der im Gesetze bestimmten Orte genügt, Uebergabe oder Annahme der Sache seitens der hierzu berechtigten Bediensteten nicht erforderlich, R. VII. 510. E. XIII. 243; — Diebstahl von Sachen, welche der Post zum Transport übergeben sind, dadurch, daß im Postgebäude die als Umhüllung dienende Leinwand aufgeschnitten wird, sowohl nach Ziff. 2 als nach Ziff. 4 strafbar, R. VIII. 536.

— — (§ 243 Ziff. 5); Wegfall des Erschwerungsgrundes, wenn der Dieb bei der That sich des Beisichführens von Waffen nicht erinnert, R. VII. 145. E. XII. 69.

Diebstahl, schwerer (§ 243 Ziff. 6); Begriff der fortgesetzten Begehung von Diebstählen; wesentlich, daß der gemeinsame Wille auf mehr als eine selbständige That gerichtet ist; ein Diebstahl in mehreren Acten nicht genügend; Verbindung, zwei Theilnehmer ausreichend, R. IX. 405. E. XVI. 173.

— — (§ 243 Ziff. 7); Abpassen einer besonderen Gelegenheit nicht erforderlich; es genügt, wenn der Eintritt des Diebes ohne Geräusch und heimlich bewirkt und absichtlich der Wahrnehmung Anderer entzogen worden ist, R. VII. 302.

Disciplinarbeschlüsse, gegen den Angeklagten ergangen, sind nicht Leumundszeugnisse und dürfen verlesen werden, R. VII. 276.

Dolmetscher, Nothwendigkeit der Berufung des Dolmetschers auf den allgemein geleisteten Eid; protokollmäßige Bezeichnung als vereideter Dolmetscher genügt nicht, R. VII. 426; — die mit dem Verletzten verwandte Person ist von der Mitwirkung als Dolmetscher nicht ohne Weiteres ausgeschlossen, es muß Ablehnung erfolgen, R. VII. 501; — Nothwendigkeit der Vernehmung geladener und erschienener Dolmetscher nur im Bedürfnißfalle, R. VIII. 97; — Dolmetscher nicht erforderlich, wenn einzelne Proceßbetheiligte sich des plattdeutschen Dialects bedienen, R. VIII. 160; — Vorschriften des § 67 der StPrO. für Dolmetscher nicht maßgebend, R. VIII. 203.

Dolus, bei Beleidigung, Weitergabe eines Zeitungsblattes mit dem Bewußtsein einer darin enthaltenen Majestätsbeleidigung, R. VII. 107; — bei Gefährdung des öffentlichen Friedens im Sinne des § 130a Abs. 1 des StGB. R. VII. 108; — Unentschuldbarkeit des Irrthums bei der Blutschande, die Schwägerschaft könne durch außereheliche Geburt nicht begründet werden, R. VII. 130. E. XII. 275; — Unentschuldbarkeit des Irrthums über das Strafgesetz in Steuersachen, E. XII. 103; — bei intellectueller Urkundenfälschung; Bewußtsein, daß die unrichtig beurkundete Thatsache für Rechte oder Rechtsverhältnisse erheblich ist, R. VII. 190; — fehlender Dolus bei dem Diebe, wenn die Wegnahme in dem irrigen Glauben erfolgt, die Sache sei seine eigene; Anwendung auf beschlagnahmte Gegenstände in Zolldefraudationssachen, R. VIII. 339. E. XIV. 112; — Genügen des eventuellen Dolus bei dem Vergehen der activen Bestechung, R. VIII. 360; — das Bewußtsein des Thäters, mit der gewollten und objectiv die Merkmale eines Delicts erfüllenden Handlung ein Strafverbot zu verletzen, keine Voraussetzung des Dolus (Ges. v. 9. Juni 1884 über Sprengstoffe), R. IX. 57. E. XV. 158; — Dolus beim Vergehen aus § 235 des StGB., R. IX. 102. E. XV. 340; — Mangel des zur Anstiftung oder Hülfeleistung erforderlichen Dolus bei Ueberlassung zur Verübung strafbarer Handlungen ungeeigneter Mittel; Richtung des Dolus bei dem Anstifter auf Vollendung des Delicts, nicht auf bloßen Versuch, R. IX. 139. E. XV. 315; — bei der Beihülfe; Eventualdolus im Falle des § 218 Abs. 3 des StGB., wenn dem Thäter die Gefährlichkeit eines Mittels als Abtreibungsmittel bekannt war und er dennoch dasselbe angewendet hat, E. XVI. 25; — bei Grenzverrückung, R. IX. 552; — bei Wegnahme eigener Sachen, wenn Gegenforderungen gegen die Pachtgeldforderung bestehen, R. X. 137; — Dolus bei Störung des Gottesdienstes, R. X. 307. E. XVII. 316.

Druckschrift, Verbreitung verbotener s. Socialdemokratie.

Durchsuchung s. Beschlagnahme.

E.

Ehebruch, Richterforderniß einer absolut gültigen, gegen jede Anfechtung, namentlich wegen formeller Mängel bei Eingehung derselben, sicher gestellten Ehe, R. VIII. 277; — Unzulässigkeit der Einwendung, daß der andere Ehegatte zur Begehung des Ehebruchs eingewilligt habe, behufs Ausschließung der Strafbarkeit der That oder des Strafantragsrechts des anderen Ehegatten, wenn sie im Vorverfahren wegen Ehescheidung nicht geltend gemacht worden ist; die Ehescheidung nur processuale, nicht materielle Voraussetzung für die Bestrafung, E. XIV. 202; — „unerlaubter Umgang" im Sinne des § 673 II. 1 preuß. LR. kein besonderer Ehescheidungsgrund neben dem Ehebruch; Unzulässigkeit der Bestrafung, wenn im Strafverfahren nur ein unerlaubter Umgang, nicht eine Beischlafsvollziehung festgestellt werden kann, R. VIII. 601. E. XIV. 352; — Frage an die Geschworenen, ob wegen Ehebruchs die Ehe geschieden sei, nicht erforderlich, R. VIII. 791. E. XV. 122; — Verjährung des Ehebruchs; Beginn mit der Rechtskraft des Scheidungsurtheils, R. IX. 121. E. XV. 261.

Ehemann, Züchtigungsrecht gegen die Ehefrau nach preußischem Recht, R. VII. 517. E. XII. 368; — Möglichkeit der Sachbeschädigung durch den Ehemann an ihm mit seiner Ehefrau ehegemeinschaftlichen Sachen, R. VII. 531. E. XII. 376.

Ehrenrechte, bürgerliche; Aberkennung derselben, wenn wegen Reizung des Todtschlägers zum Zorne aus § 213 des StGB. auf Gefängniß erkannt wird, R. VIII. 441. E. XIV. 298; — neben lebenslänglicher Zuchthausstrafe nur Ehrverlust auf Lebensdauer R. IX. 175.

Einfuhrverbote s. Absperrungsmaßregeln, Rinderpest, Viehseuche.

Einkommensteuer, preuß. Gesetz vom 1. Mai 1851; Anwendung des § 33, wenn der Jahresbetrag der Steuer, um welche der Staat verkürzt ist oder verkürzt werden sollte, nicht genau zu ermitteln ist; Versuch, Einkommensteuer unter den Voraussetzungen des § 33 zu hinterziehen, als Betrugsversuch; Vorausgehen eines sog. Submissionsverfahrens vor dem gerichtlichen Strafverfahren nicht nothwendig, R. VIII. 534. E. XIV. 293; — Ausdruck „Reclamation" umfaßt jede Behauptung einer Beeinträchtigung zum Zwecke der Abhülfe, R. X. 579. E. XVIII. 151.

— württemberg. Ges. v. 19. Septbr. 1852; eine erst nach dem Ableben des Defraudanten gegen diesen resp. gegen dessen Nachlaß gerichtete Strafverfolgung ist unzulässig, R. X. 309. E. XVIII. 14.

Einstellung des Verfahrens; Anwendbarkeit des ne bis in idem auf rechtskräftig erkannte Einstellungen des Verfahrens, R. IX. 99. E. XV. 237.

Einziehung, Rechtsmittel der Einziehungsinteressenten, welche in erster Instanz zur Verhandlung nicht geladen waren, R. VII. 52. E. XI. 414; — Zuständigkeit der Schöffengerichte in dem Falle des § 27 Ziff. 2 des GVG., auch wenn nicht Einziehung, sondern Verfallerklärung angedroht ist, R. VII. 150. E. XII. 75; — Verpflichtung der Staatskasse, in Ermangelung besonderer Vorschriften, an Stelle der Einziehungsinteressenten die Kosten des Einziehungsverfahrens zu tragen; Voraussetzungen, unter welchen bei nur theilweisem Nachdrucke eines Schriftwerks die Beschränkung der Einziehung auf den als Nachdruck erkannten Theil des letzteren fortfällt, R. VII. 297. E. XII. 198; — Bedeutungslosigkeit der Vorladung eines Interessenten zum Termine aus § 478 Abs. 2 der StPrO. für die Verpflichtung desselben zur Tragung der Kosten des Verfahrens auf Einziehung, E. XIII. 19; — im Falle des § 40 eine wirkliche Nebenstrafe; Unterschied von der Unbrauchbarmachung aus § 41 und der Einziehung aus § 152 als bloßer polizeilicher Präventivmaßregeln, R. VIII. 400. E. XIV. 161; — Zulässigkeit nicht bloß bei thatsächlichen, sondern auch bei rechtlichen Hindernissen, welche der Strafverfolgung entgegenstehen; Verjährung der durch eine Druckschrift begangenen Strafthat, R. VIII. 617. IX. 15. E. XIV. 382; — Zeitpunkt des Eigenthumsüberganges an den einzuziehenden Gegenständen auf den Fiscus, R. IX. 10. E. XV. 164; — Zulässigkeit des objectiven Verfahrens behufs Einziehung mißbrauchter Gefässe, wenn die Verfolgung oder Verurtheilung einer bestimmten Person nicht möglich ist, R. IX. 66. X. 131; — Voraussetzungen, unter welchen im Wege des objectiven Verfahrens auf Einziehung von Druckschriften erkannt werden kann, welche nach § 19 des Socialistengesetzes nicht verbreitet werden dürfen; Zeitpunkt der Urtheilsfällung, nicht der Verbreitung, entscheidend für die Frage, wem die einzuziehenden Gegenstände gehören; Unterschied zwischen § 40 und § 41 in Bezug auf Druckschriften, R. IX. 335. E. XVI. 114; — Einziehung der zur Begehung eines vorsätzlichen Verbrechens oder Vergehens bestimmten Gegenstände, auch im Falle des § 42, nur zulässig, wenn der Thatbestand einer Strafthat wirklich vorliegt, E. XVI. 268; — Zulässigkeit der Einziehung von Exemplaren einer Schrift aus § 40 des StGB. neben dem Ausspruche der Unbrauchbarmachung derselben Schrift aus § 41 das., R. X. 323. E. XVII. 311; — Einziehung bei Jagdvergehen ausgeschlossen, wenn durch eine andere positive Gesetzesvorschrift die Rechte eines unbetheiligten Dritten berücksichtigt werden müssen, R. X. 457. E. XVIII. 43; — der Fiscus gehört nicht zu den in § 478 der StPrO. bezeichneten Personen und hat auch nicht das Rechtsmittel der Revision, E. XVIII. 299; s. a. Jagdvergehen.

Eisenbahntransport, Begriff der Gefährdung, bloße Beeinträchtigung der Sicherheit des Eisenbahndienstes sowie bloße Möglichkeit des Eintrittes eines Schadens, R. VII. 128; — Pferdebahnen keine Eisenbahnen im Sinne des Gesetzes, R. VII. 306. E. XII. 205; — Voraussichtlichkeit der Gefährdung als Folge der Pflichtvernachlässigung, keine Voraussetzung, E. XII. 203; — elektrische Eisenbahnen als Eisenbahnen im Sinne der §§ 315. 316 des StGB., R. VII. 508. E. XII. 371; — concurrirende Pflichtverletzung; Anwendung des Rechtssatzes, daß bei Concurriren der Pflichtverletzung mehrerer Personen die Pflichtverletzung der einen durch die der anderen nicht straflos wird, R. VII. 522; — Anwendbarkeit der §§ 315 ff. des StGB. auf Locomotivbahnen, welche zu indu-

striellen Zwecken im Privatinteresse betrieben werden und dem Publikum nicht zugänglich sind, R. VIII. 147. E. XIII. 380; — Gefahr für einen Eisenbahntransport nicht dadurch ausgeschlossen, daß gerade in dem Momente, in welchem der Eisenbahnzug auf ein Hinderniß stieß, der Transport nicht gefährdet war, E. XIV. 135; — Hindernisse auf der Fahrbahn; „Fahrbahn" nur der Raum zwischen den Geleisen und außerhalb derselben, soweit Locomotive und Wagen seitlich darüber hinweggehen, R. VIII. 731. E. XV. 82; — Voraussetzung für die Beurtheilung der Frage, ob irgend ein Gegenstand als Transportmittel oder Transportobject anzusehen; ein mit Rädern versehener, auf den Schienen sich bewegender Lastenkrahn, wenn er in einen Zug eingereiht ist, als „Transport auf einer Eisenbahn", R. IX. 319. 334. E. XVI. 66; — eine Straßenbahn mit Locomotivbetrieb als Eisenbahn, auch wenn die Dampfmaschine nicht ein besonderes Gefährt, sondern einen Theil des die Personen und Sachen aufnehmenden Wagens bildet oder das Bahnpolizeireglement vom 30. November 1885 auf dieselbe nicht Anwendung findet, E. XVI. 431; — hohe Wahrscheinlichkeit des Eintritts eines Schadens nicht erforderlich, naheliegende Möglichkeit, begründete Besorgniß eines Schadens genügt, R. X. 594.

Elsaß-Lothringen, Anwendbarkeit der StPrO. auf Sachen, in welchen vor dem 1. Octbr. 1879 ein Versäumnißurtheil ergangen, das demnächst durch Einspruch in Wegfall gekommen ist, E. XII. 219; — fernere Anwendbarkeit des Art. 418 des Code pénal über Verrath von Fabrikgeheimnissen, E. XV. 140; — Schutz des literarischen Eigenthums gegen Nachdruck 2c. zwischen Elsaß-Lothringen und Frankreich, R. IX. 559; — keine Zuständigkeit der dortigen Behörden zur Abgabe der Vorentscheidung aus § 11 des Einf.-Ges. zum GVG. vom 27. Januar 1877; Zuständigkeit des Reichsgerichts; Gemeindeförster als Beamte, E. XVI. 197; — Unanwendbarkeit des französ. Gesetzes vom 25. März 1822, Art. 8, über cris séditieux, R. X. 160. E. XVI. 340. XVII. 134; — nach dem noch gültigen Art. VI des französ. Gesetzes über die Presse vom 27. Juli 1849 bedarf es zur distribution des écrits eines vorherigen polizeilichen Erlaubnißscheines; Berufung des Angeschuldigten darauf, die polizeiliche Behörde erkläre die Erlaubnißertheilung für überflüssig, ungenügend, R. X. 150; — der Kaiser nicht Landesherr in Elsaß-Lothringen, R. X. 335. E. XVII. 334; — Zuständigkeit des Kreisdirectors zur Anweisung nicht bedingungsgemäßer

Zahlungen für Gemeindebauten aus der betreffenden Gemeindekasse, E. XVII. 328.

Entführung, Begriff des „um sie zur Unzucht oder zur Ehe zu bringen"; schon vor der Entführung mit der Entführten getriebene Unzucht, R. IX. 617. E. XVI. 391; s. a. **Freiheit, persönliche.**

Eröffnungsbeschluß, der die Unzuständigkeitserklärung des Gerichts enthaltende Beschluß muß in der Hauptverhandlung des Gerichts höherer Ordnung verlesen werden, R. VII. 473; — Zulässigkeit der Ergänzung eines mangelhaften Eröffnungsbeschlusses aus der Anklageschrift, R. VIII. 377; — Nothwendigkeit der Verlesung des Eröffnungsbeschlusses nach der ersten Vernehmung des Angeklagten auch bei erhobenem Einwande der Unzuständigkeit des Gerichts, R. VIII. 650.

Erpressung, Versuch derselben, wenn der durch Drohung angestrebte Vermögensvortheil objectiv nicht rechtswidrig war, aber vom Thäter für rechtswidrig gehalten wurde, R. VII. 248; — der Begriff „Gewalt" umfaßt nicht nur vis compulsiva, sondern auch vis absoluta, R. VII. 545; — unter Drohung erfolgte Zurückforderung des durch falsches Spiel verlorenen Geldes von dem falschen Spieler kein Erstreben eines rechtswidrigen Vermögensvortheils, R. VII. 653; — thatsächliche Entscheidung, ob der Thäter den Willen eines Anderen durch eine Drohung beugen, oder ob er ihm nur die Lage der Dinge darstellen wollte; Zufügung des angedrohten Uebels muß von der Macht und dem Willen des Drohenden abhängen, R. VIII. 55; — Zwangsvergleich im Concurse nicht nothwendig für den Gemeinschuldner ein Vermögensvortheil; Nöthigung zu einem solchen durch Bedrohung seitens des Schuldners erfüllt nicht mit Nothwendigkeit den Thatbestand der Erpressung, R. VIII. 136; — Bedrohung mit der Nichtbeseitigung eines schon vorhandenen Uebels als Begriffsmerkmal; Inaussichtstellen der Nichtbezahlung einer fälligen Schuld als Uebel, R. VIII. 492. E. XIV. 264; — auch durch Ankündigung der Zufügung eines durch einen Dritten zu verwirklichenden Uebels, E. XV. 333; — Nöthigung zur Zurücknahme einer Klage nur dann als Erstrebung eines rechtswidrigen Vermögensvortheils, wenn der eingeklagte Anspruch begründet oder doch zweifelhaft ist, R. IX. 748; — keine Gesetzesconcurrenz zwischen Erpressung und Anstiftung zu dem Vergehen aus § 270 des preuß. StGB., E. XVII. 202; — beim Mangel einer Verpflichtung zum Handeln die Ankündigung einer Unterlassung keine Drohung, R. X. 582.

F.

Fahrlässigkeit, kein bestimmter Grad der Verschuldung bei Fahrlässigkeitsdelicten erforderlich, E. XII. 317; — der Causalzusammenhang zwischen der die Verletzung einer Berufspflicht enthaltenden Handlung und dem eingetretenen rechtswidrigen Erfolge dann ausgeschlossen, wenn der letztere auch ohne Vorliegen der ersteren eingetreten sein würde, E. XV. 151; s. a. Berufspflicht, Körperverletzung fahrlässige, Tödtung.

Fahrwasser, Begriff der Störung des Fahrwassers; zeitweise Hinderung an der Benutzung des Fahrwassers durch die Bewegung eines anderen Schiffes keine strafbare Störung, R. X. 498. E. XVIII. 85.

Falscheid s. Meineid.

Feiertage, allgemeine; Begriff „allgemeiner Feiertag"; Allerheiligen und die politisch-kirchlichen Festtage (Namens- und Geburtstage der kgl. Majestäten) in Bayern, E. XVII. 56.

Festnahme s. Freiheit, persönliche.

Fischen und Krebsen, unberechtigtes; Begriff des unberechtigten Fischens und Krebsens, E. XIII. 195; — Fischen unter Anwendung explodirender Stoffe; Unanwendbarkeit des Sprengstoffgesetzes vom 9. Juni 1884, R. VIII. 86. E. XIII. 305; — Begriff des Fischens im Sinne des § 296[a] des StGB., R. IX. 563; — Ausdehnung des Verbotes auf Muschelfang und überhaupt alle Thiere, welche Gegenstand der Fischereigerechtigkeit sind, R. X. 173. E. XVII. 161.

Forstdiebstahl, Verurtheilung zum Ersatze des Werthes des Entwendeten, auch wenn der Bestohlene wieder in den Besitz der entwendeten Walderzeugnisse gelangt ist (Preußen), R. VII. 252. E. XII. 158; — Entwendung gefällten Holzes in Bayern als Forstfrevel; Unzuständigkeitserkenntniß der Strafkammer, wenn die That, welche in dem Eröffnungsbeschlusse als Diebstahl bezeichnet ist, sich als Forstfrevel erweist, E. XIII. 383; — Zueignung von Holz aus dem ihm unterstellten Reviere von Seiten des Försters, R. VIII. 556. E. XIV. 305.

Freiheit, persönliche; Befugniß zur vorläufigen Festnahme eines auf frischer That betroffenen muthmaßlichen Verübers einer strafbaren Handlung, auch wenn objectiv sich demnächst der Mangel einer solchen herausstellt; eine bestimmte Qualification der That oder eine bestimmte amtliche oder persönliche Berechtigung des Festnehmenden keine Voraussetzung, R. VII. 290. E. XII. 194; — Befugniß der Polizeibeamten, Augenzeugen der Strafthat, welche, um sich dem Zeugnißzwange zu entziehen, die Namensnennung verweigern, zur Feststellung ihrer Persönlichkeit zwangsweise vor die Behörde zu führen, R. VIII. 204; E. XIII. 426; — Entziehung der Kinder dem Vater von der eigenen Mutter; Begriff der „List“; Einfluß der dem berechtigten Elterntheile zustehenden processualen Zwangsmaßregeln auf Herausgabe der Kinder auf das strafrechtliche Einschreiten, R. VIII. 465; — Begriff „eines aus dem Innern der Wohnung hervorgegangenen Ansuchens“ (preuß. Ges. vom 12. Febr. 1850), R. IX. 7; — Entziehung im Sinne des § 235, wenn die minderjährige Person noch vor der Verpflichtung des Vormundes heimlich in das Ausland geschafft wird; Erfüllung des Begriffes „List“ dadurch, daß das Vormundschaftsgericht in einen Irrthum über den Aufenthalt der minderjährigen Person versetzt wird; Dolus beim Vergehen aus § 235, R. IX. 102. E. XV. 340; — vorläufige Festnahme eines auf frischer That ergriffenen Forst- oder Jagdcontravenienten; Unanwendbarkeit der §§ 1—5 des preuß. Ges. v. 12. Febr. 1850; Unanwendbarkeit des § 127 der StPrO. auf Privatforstbedienstete, E. XV. 356; — Selbstbefinden des die Festnahme bewirkenden Beamten über Fortdauer der Haft, solange die Prüfung des Falles nicht an das betr. höhere Polizeiorgan übergegangen ist, R. IX. 455; — in dem Versteckthalten eines Kindes ohne positive Thätigkeit ein „Entziehen“ unter bestimmten Voraussetzungen; Begriff der „List“; eine Täuschung oder ein auf Täuschung gerichtetes Verhalten nicht erforderlich, R. X. 74. E. XVII 90; — vorläufige Festnahme im Falle des § 127 der StPrO. nicht durch die strafrechtliche Verfolgbarkeit des Festgenommenen bedingt, R. X. 139. E. XVII. 127; — bei § 235 erste Alternative, nicht Voraussetzung, daß die der Gewalt der Eltern oder des Vormundes entzogene Person einer anderen Gewalt unterworfen wird; Begriff der Thäterschaft nach § 235, R. X. 692. E. XVIII. 273; s. a. Entführung.

Freiheitsberaubung, objectiv unberechtigte Festnahme auf Grund des § 127 der StPrO. keine Freiheitsberaubung, wenn der Festnehmende sich zur Vornahme concret berechtigt hält, R. VII. 290. E. XII. 194; — Einsperrung setzt ein wirkliches, nicht nur scheinbares Hinderniß voraus; Irrthum über die Qualität des Hindernisses ändert nichts, R. VII. 657; — die Möglichkeit, eine verschlossene

Thüre durch in die Höhe heben zu öffnen, macht den Verschluß nicht zu einem bloß scheinbaren; das Gegentheil gilt, wenn das Schloß der Thüre ordnungsmäßig durch Hebung des Hebels geöffnet werden kann, R. VIII. 128; — keine rechtswidrige Freiheitsberaubung, wenn Jemand durch Täuschung einen Beamten zu einer zwangsweisen Sistirung eines Dritten veranlaßt, welche der Beamte bei Kenntniß des wahren Sachverhalts vorzunehmen berechtigt gewesen wäre, R. VIII. 204. E. XIII. 426; — Einsperrung des Angreifers unter Umständen, unter denen dem Angegriffenen die Möglichkeit eines nicht unehrenhaften Rückzugs zur Abwendung weiterer Thätlichkeiten geboten, der Rückzug jedoch mit Preisgebung vermögensrechtlicher Interessen verbunden ist, R. IX. 471; — vorsätzliche Freiheitsberaubung durch widerrechtliche und wissentliche Ueberschreitung der Grenzen der auf vorläufige Festnahme zustehenden Befugniß, R. X. 139. E. XVII. 127.

Friede, öffentlicher; Gefährdung desselben; Dolus im Sinne des § 130ª Abs. 1 des StGB., Bewußtsein, daß die Aeußerung geeignet, den öffentlichen Frieden zu stören; auf Gefährdung des öffentlichen Friedens gerichtete Absicht nicht erforderlich, R. VII. 108; — Begriff der „Staatsangelegenheiten"; Reichstagswahl als Staatsangelegenheit; Begriff der Gefährdung des öffentlichen Friedens, R. VII. 740. E. XIII. 169; — die Feststellung, durch einen Zeitungsartikel werde die Anreizung zu Gewaltthätigkeiten gegeben, welche von allen betroffenen Staatsangehörigen gefürchtet werden müssen, genügt zum Thatbestand der Friedensgefährdung; Anreiz zu bestimmten Gewaltthätigkeiten nicht erforderlich; auch concrete, selbst für einen bestimmten Fall oder eine bestimmte Person erlassene Verwaltungsacte sind Anordnungen der Obrigkeit, R. VIII. 109; — die naheliegende Möglichkeit, daß es zu Gewaltthätigkeiten zwischen verschiedenen Klassen der Bevölkerung habe kommen können, zur Annahme einer stattgefundenen Gefährdung des öffentlichen Friedens nicht erforderlich, R. VIII. 783. E. XV. 114; — nicht lediglich Einzelne, welche verschiedenen Bevölkerungsklassen angehören, sondern die Klassen selbst müssen zu Gewaltthätigkeiten der einen gegen die andere Klasse aufgereizt werden, R. IX. 458; — Begriff von „Thatsachen"; darunter auch innere Thatsachen begriffen; der Angriff muß gegen die zur Zeit der That bestehende Regierungsgewalt gerichtet sein, R. IX. 674. E. XVI. 368; — Anreizung zu Gewaltthätigkeiten; die naheliegende Möglichkeit einer Gefährdung des öffentlichen Friedens schon vorhanden, wenn diese Gefahr auch nicht sofort, sondern bei der ersten hervortretenden Gelegenheit durch die Aufreizung zu befürchten steht, R. X. 302. E. XVII. 309; — das Thatbestandsmerkmal der Friedensgefährdung erfordert nicht die Absicht, zu Gewaltthätigkeiten unmittelbar oder mittelbar anzureizen, E. XVIII. 314.

Frist, zur Einlegung von Rechtsmitteln der Einziehungsinteressenten, welche in erster Instanz zur Verhandlung nicht geladen waren, R. VII. 52. E. XI. 414.

G.

Gebührenüberhebung (§ 352 des StGB.); Anwendbar bei Erhebung an sich ungerechtfertigter Gebühren eines Rechtsanwaltes, auch wenn solche durch richterliches Urtheil zugesprochen worden sind, R. VIII. 583. E. XIV. 364; — erfolglose Aufforderung zur Einzahlung nicht verschuldeter Gebühren als strafbaren Versuch, R. VIII. 771; — Erhebung von Gebühren für Versteigerungen von Seiten der Notare in Hannover, E. XVI. 60; — Anwendbarkeit des Eventualdolus in den Fällen des § 352 des StGB., R. IX. 638. E. XVI. 363; — Portoauslagen keine Gebühren im Sinne des § 352 des StGB.; Unterschied von § 353, E. XVII. 169; — ein Rechtsanwalt kann das Delict nur seiner eigenen Partei gegenüber begehen, nicht auch gegenüber der seiner Partei zur Kostenerstattung verpflichteten Gegenpartei, R. X. 685; s. a Rechtsanwälte.

Gefängnißstrafe, Erkennung von mehr als zehnjährigem Gefängnisse gegen einen noch nicht achtzehnjährigen Angeklagten bei dem Zusammentreffen mehrerer Handlungen, die mit zeitigen Freiheitsstrafen bedroht sind, R. IX. 574. E. XVI. 282.

Gefangenenbefreiung und Meuterei; Personen, welche in Folge eines gerichtlichen Vorführungsbefehles zu einem Termine transportirt werden, als Gefangene, R. VII. 273. E. XII. 162; — vorläufige Festnahme zum Zwecke der Namensfeststellung als Gefangenschaft, R. VII. 571. E. XII. 426; — Vereinigung von nur zwei Personen als „Zusammenrottung“, R. VII. 606. E. XIII. 17; — der von einer Privatperson auf Grund des § 127 Abs. 1 der StPrO. vorläufig Festgenommene kein „Gefangener“; die Beaufsichtigung und Bewachung eines derart Festgenommenen dadurch, daß derselbe dem zuständigen Ortsschulzen zugeführt wird, diesem Beamten nicht „anvertraut“, R. VIII. 64. E. XIII. 254; — Thatbestand der Zusammenrottung erschöpft durch das mit vereinten Kräften unternommene Zusammenwirken zweier oder mehrerer, räumlich nicht getrennter Gefangener zum Zwecke eines gewaltsamen Ausbruchs, R. VIII. 322; — Entziehung eines Kindes aus der Erziehungsanstalt, welcher dasselbe durch obervormundschaftliche Anordnung zur Zwangserziehung übergeben ist, keine Gefangenenbefreiung, R. VIII. 687. E. XV. 39; — für den in Zusammenrottung „mit vereinten Kräften“ unternommenen Ausbruch nicht erforderlich, daß jeder Betheiligte mit seinen Körperkräften unmittelbar an den Ausbruchshandlungen mitgewirkt hat; Theilnahme an der Zusammenrottung mit dem Bewußtsein der von einem der Mitwirkenden für alle begangenen Ausbruchshandlungen ausreichend, R. VIII. 764. X. 47. E. XV. 217. XVII. 47; — Gebrauch eines Nachschlüssels an sich keine Gewaltanwendung, R. X. 47. E. XVII. 47.

Geheimmittel, das Verbot der Geheimmittel in Art. 36 des franz. Ges. v. 21. Germinal XI. nicht dadurch bedingt, daß die Zusammensetzung des Mittels den Apothekern Geheimniß ist; Anwendbarkeit jenes Gesetzes in der preuß. Rheinprovinz; Anwendbarkeit des § 367 Ziff. 3 des StGB. auf Geheimmittel, R. IX. 625. E. XVI. 359.

Geheimnisse, fremde, deren Verletzung; Begriff des „Privatgeheimnisses“ und „Anvertrauens“; Mittheilung unter der ausdrücklichen Auflage der Geheimhaltung oder unter Umständen, wo ein Interesse an der Geheimhaltung sich ergibt und diese stillschweigend erfordert wird; Recht des Familienhauptes zum Strafantrage wegen Indiscretionen des Arztes gegen Familienangehörige, R. VII. 607. E. XIII. 60.

Gehülfe s. Beihülfe.

Geldstrafe, Nothwendigkeit besonderer Feststellung der Einzelstrafen im Falle der realen Concurrenz von Geldstrafen behufs richtiger Bemessung der Höchstsumme der zu substituirenden Freiheitsstrafe, R. VII. 144; — Unzulässigkeit der eventuellen Erkennung einer Haftstrafe an Stelle der auf Grund eines strafrechtlichen Nebengesetzes (Vereinszollgesetz) festgesetzten Geldstrafe, welche den Betrag von 1 Mark nicht erreicht, R. IX. 369. E. XVI. 159; — Erkennung auf eine Geldstrafe, welche nicht zur Staatskasse, sondern in eine Privatkasse fließt; nähere Bezeichnung der Kasse im Urtheile nicht erforderlich, R. IX. 373. E. XVI. 142; — bei Umwandlung mehrerer Geldstrafen muß jeder einzelnen Geldstrafe entsprechende Freiheitsstrafe substituirt werden, R. IX. 466; — Anwendbarkeit des § 57 Ziff. 3 des StGB. auf Geldstrafen, selbst wenn sie absolut bestimmt sind, R. IX. 693. E. XVI. 417; — Umwandlung der Geld- in Freiheitsstrafe arithmetisch nach dem zulässigen Höchstmaß der Freiheitsstrafe nur dann, wenn nur ein Theil der Geldstrafe bezahlt wird, im Verhältniß zwischen erkannter Freiheits- und bezahlter Geldstrafe, R. X. 1; — bei Vorliegen bloßen Versuchs, wenn für ein vollendetes Vergehen die Geldstrafe nur mit 3 Mk. bemessen ist, R. X. 454. E. XVIII. 125.

Gemeindevorsteher, Begriff desselben; die nach den Einrichtungen der einzelnen Bundesstaaten zur Leitung der Gemeindeangelegenheiten berufene Person; in Hessen auch der mehreren Gemeinden vorgesetzte Bürgermeister, R. VIII. 697.

Gendarmen, Gerichtsbarkeit hinsichtlich der von ihnen im Civildienste begangenen strafbaren Handlungen (Bayern), R. VII. 645. E. XIII. 107.

Genossenschaft, eingetragene; Haftbarkeit nur derjenigen Vorstandsmitglieder einer eingetragenen Genossenschaft für ordnungsmäßige Buchführung und Bilanzziehung, welche damit von der Genossenschaft betraut waren; Haftbarkeit unter dieser Voraussetzung auch derjenigen Vorstandsmitglieder, welche die Genossenschaft nach außen nicht zu vertreten haben; Anwendung auf stellvertretende Vorstandsmitglieder, R. VII. 156. E. XII. 78.

Gerichtsbesetzung, Vertretung eines einer Strafkammer ständig oder als Vertreter zugetheilten Richters durch einen der Kammer nicht zugetheilten Richter, welcher freiwillig und ohne Mitwirkung der gesetzlich bestimmten Organe der Justizverwaltung die Vertretung übernommen hat, unzulässig, R. VII. 41; — Ausschließung eines Richters aus § 22 Ziff. 5 der StPrO. nicht begründet, welcher im Vorverfahren auf die Aufforderung des Staatsanwaltes eine schriftliche Mittheilung über seine Wahrnehmungen bei dem zur Anklage stehenden Vorfalle gemacht hat; Begriff der Vernehmung, R. VII. 269. E. XII. 180; — Zulässigkeit der Theilnahme des Amtsrichters an der Hauptverhandlung vor der Strafkammer, wenn derselbe auf Ersuchen des Untersuchungsrichters die gesammte Beweisaufnahme erschöpfende Untersuchungshandlungen vorgenommen hat, R. VII. 302; — ein die Eröffnung der Voruntersuchung anordnender Gerichtsbeschluß keine Entscheidung über Eröffnung des

Hauptverfahrens, welche nach § 23 des StPrO. einen Richter an der Mitwirkung im Hauptverfahren hindert, R. VII. 370. E. XII. 308; — Ausschluß der mit dem Verletzten verwandten Person von der Mitwirkung als Dolmetscher; Nothwendigkeit der Ablehnung seitens eines Proceßbetheiligten, R. VII. 501; — Unfähigkeit des Gerichtsschreibers, welcher zugleich als Zeuge vernommen worden ist; Unerheblichkeit der Mitwirkung eines unfähigen Gerichtsschreibers bei der Protokollführung in der Hauptverhandlung, wenn es sich nicht um die Nachweisung eines Mangels durch das Sitzungsprotokoll handelt, R. VII. 660. E. XIII. 76; — Verhandlung über Ablehnung eines Richters in der Hauptverhandlung kein Bestandtheil der letzteren; Mitwirkung des Berichterstatters bei der Entscheidung darüber zulässig, R. VIII. 89. E. XIII. 302; — Stellung der Gerichtsassessoren, die in einem Rechtsgebiete, in welchem Richter nur durch ständig angestellte Richter vertreten werden können (Hamburg), einem Gerichte zur Beschäftigung überwiesen sind, E. XIII. 408; — Unzulässigkeit der Ablehnung eines Richters wegen Befangenheit nach Verlesung des Eröffnungsbeschlusses auch dann, wenn der Ablehnungsgrund erst nach diesem Zeitpunkte eingetreten ist, R. VIII. 356; — Umfang der richterlichen Befugnisse eines dem Amtsgerichte in Preußen zur unentgeltlichen Beschäftigung überwiesenen, nicht als Hülfsrichter bestellten Gerichtsassessors, R. VIII. 393. E. XIV. 153; — ausgeschlossen von der Ausübung des Richteramtes beim Urtheil erscheint jeder Richter, der von dieser Ausübung bei der Hauptverhandlung ausgeschlossen ist, R. VIII. 582; — Unzulässigkeit der Vornahme richterlicher Geschäfte durch einen einer preußischen Staatsanwaltschaft zur Beschäftigung oder als Hülfsarbeiter überwiesenen Gerichtsassessor, R. VIII. 634; — bei in der Hauptverhandlung unterlassener Wiederholung eines vor der Hauptverhandlung angebrachten, aber unentschieden gebliebenen Ablehnungsgesuches, in welchem eine namentliche Bezeichnung der einzelnen Richter nicht erfolgte, darf angenommen werden, daß keiner der betheiligten Richter abgelehnt werden soll, R. X. 86; — Voraussetzungen für das Erforderniß des § 22 Ziff. 4 der StPrO., daß Jemand als Polizeibeamter thätig gewesen ist; Mitwirkung eines Eisenbahnbaubeamten im Administrativverfahren bei den Ermittelungen über einen Eisenbahnunfall; die ungerechtfertigt vom Gericht gebilligte Ablehnung eines Sachverständigen kann vom Staatsanwalte durch Rechtsmittel angefochten werden, R. X. 353. E. XVII. 315; — Nichterneuerung des Diensteides von Seiten eines Richters bei dem Wechsel des Thrones in Preußen, kein Unfähigkeitsgrund für die richterliche Thätigkeit, R. X. 396. E. XVII. 375; — Unzulässigkeit der Uebertragung der Function des Vorsitzes in einer vom Präsidium zu bestimmenden Kammer des Landgerichts durch die Landesjustizverwaltung an einen nicht förmlich zum Director ernannten Richter auf die Dauer oder auf Zeit, R. X. 432. E. XVIII. 9; — Unzulässigkeitder Uebertragung des Vorsitzes bei Verhinderung des ordentlichen Vorsitzenden an einen Hülfsrichter, selbst wenn er als ständiges Mitglied der Kammer zugetheilt ist, R. X. 736. E. XVIII. 307; — Ausschluß des stellvertretenden Untersuchungsrichters, welcher eine eingeleitete und zum Theil durchgeführte Untersuchung „beendigt" hat, an der Hauptverhandlung, E. XVIII. 269; — Verhinderung des ordentlichen Vorsitzenden und des dienstältesten Mitgliedes an dem Vorsitze, E. XVIII. 302.

Gerichtsschreiber, Unfähigkeit des Gerichtsschreibers, welcher zugleich als Zeuge vernommen worden ist; Unerheblichkeit der Mitwirkung eines unfähigen Gerichtsschreibers bei der Protokollführung in der Hauptverhandlung, wenn es sich nicht um die Nachweisung eines Mangels durch das Sitzungsprotokoll handelt, R. VII. 660. E. XIII. 76.

Gerichtsstand, der begangenen strafbaren Handlung bei dem Landesverrathe, R. VIII. 113. E. XIII. 337; — Unzulässigkeit der Uebertragung des Gerichtsstandes aus § 12 Abs. 2 des StPrO. auf ein anderes der zuständigen Gerichte durch das gemeinschaftliche obere Gericht nach ergangenem Urtheile, E. XIII. 365; — örtliche Zuständigkeit, wenn zum Thatbestande einer Strafthat mehrere Handlungen gehören und dieselben an mehreren in verschiedenen Gerichtsbezirken liegenden Orten begangen werden, R. IX. 93. E. XV. 232; — örtliche Zuständigkeit für das objective Verfahren, wenn Freisprechung nicht erfolgt, sondern wegen vorab ersichtlichen Mangels der subjectiven Voraussetzungen für die Strafbarkeit, eine Verhandlung gegen den Thäter nicht eingeleitet ist, R. IX. 96. E. XV. 235; — Bestimmung des zuständigen Gerichts in dem Verfahren nach § 477 der StPrO. durch das Reichsgericht, wenn die strafbare Handlung im Auslande begangen und ein Gerichtsstand nach §§ 8 und 9 der StPr.O. nicht begründet ist, R. IX. 290; s. a. Militärgerichtsstand, Zuständigkeit.

Gerichtsvollzieher, Einfluß einzelner Mängel einer öffentlichen Urkunde für ihren Charakter der Oeffentlichkeit; Versteigerungsprotokoll eines Gerichtsvollziehers, in welchem die Unterschrift der Personen, mit welchen verhandelt wurde, sowie der Vermerk über den Grund der Nichtunterschrift fehlt, R. VII. 431. E. XII. 331; — Rechtserheblichkeit der Thatsache, welches Object der Gerichtsvollzieher bei einer Zwangsvollstreckung zur Versteigerung gebracht hat. E. XIII. 123; — Begriff der rechtlich erheblichen Thatsache in Protokollen des Gerichtsvollziehers, R. X. 136; — Nothwendigkeit der Aufnahme eines entsprechenden Protokolls auch im Falle freiwilliger Zahlung an den mit der Zwangsvollstreckung beauftragten Gerichtsvollzieher; diese Protokollirung als öffentliche Beurkundung, R. X. 145; — Verpflichtung des Gerichtsvollziehers zur Vornahme einer Zwangsvollstreckung, wenn auch die vollstreckbare Ausfertigung nicht durch den Gläubiger selbst, sondern in seinem Auftrage durch eine Mittelperson übergeben worden ist; schriftlicher Ausweis für die Mittelsperson nicht nothwendig, R. X. 157; — nachträgliche eigenmächtige Aenderung des in dem Pfändungsprotokolle eines Gerichtsvollziehers angegebenen Versteigerungstermines seitens des Gerichtsvollziehers als Verfälschung einer ihm amtlich anvertrauten Urkunde, E. XVII. 169; — Strafbarkeit eines preußischen Gerichtsvollziehers, der bei Zustellungen durch die Post in der von ihm auszufertigenden, das Ersuchen um Zustellung enthaltenden Urkunde das Datum vorsätzlich falsch angibt, R. X. 266.

Gesammtstrafe, unterlassene Anwendung des § 79 des StGB. kein Revisionsgrund bei Unbekanntheit der früheren Verurtheilung, R. VII. 186; — Unzulässigkeit des Vorbehalts der Bildung der Gesammtstrafe aus Zweckmäßigkeitsrücksichten dem Strafvollstreckungsverfahren; Anrechnung der theilweise verbüßten Strafe, R. VIII. 3; — keine Gesammtstrafe, wenn die neue Strafthat nachgängig einer im Wiederaufnahmeverfahren bestätigten Verurtheilung erfolgte, weil rechtskräftig gewordene Entscheidung nicht erfordert wird, R. VIII. 253; — Anwendbarkeit des § 79 des StGB. auch in dem Falle, wo, nachdem bei einer früheren Verurtheilung wegen real concurrirender Delicte die Bildung einer Gesammtstrafe unterblieben war, eine solche durch ein neues Delict abermals nothwendig wird; Umwandlung auch der früher erkannten Einzelstrafen, R. VIII. 657. E. XV. 29; — Zulässigkeit eines Nachtragsurtheils nach § 492 der StPrO., wenn die frühere Verurtheilung noch nicht rechtskräftig geworden war, R. IX. 177; — Verurtheilung zum Maximum der Gesammtstrafe; nachträgliche Aburtheilung einer vor jener Verurtheilung begangenen That, R. X. 600.

Geschworene, Bildung der Geschworenenbank; **Fehlen des Protokolls über dieselbe; Unersichtlichkeit des Umstandes, daß die Geschworenen zur Anzeige etwaiger Ausschließungsgründe aufgefordert worden sind,** E. XII. 119; — **Anwendbarkeit des** § 85 **Abs.** 2 **des GVG. und** § 91 **Abs.** 2 **das. auch auf Hülfsgeschworene und deren Ausloosung aus der Jahresliste,** E. XII. 373; — **noch nicht erreichtes** 30. **Lebensjahr eines einberufenen Geschworenen macht denselben nicht unfähig, die Functionen eines Geschworenen wahrzunehmen,** R. VII. 554; — **Entscheidung über den Eintritt eines Ergänzungsgeschworenen an Stelle eines während einer Hauptverhandlung ausgeschiedenen Hauptgeschworenen durch das Gericht, nicht durch den Vorsitzenden,** R. VII. 755. E. XIII. 191; — **keine Normverletzung, wenn der Antrag, den Geschworenen einen Commentar zum Strafgesetzbuche und den Text eines bestimmten Gesetzes in das Berathungszimmer mitzugeben, abgelehnt wird,** R. VIII. 34. E. XIII. 248; — **kein Revisionsgrund, wenn den Geschwornen Gesetzbücher oder Commentare zur Berathung mitgegeben werden,** R. VIII. 301. 721; — **Zeitpunkt, bis zu welchem der Vorsitzende seine vor Ausloosung der Geschworenen getroffene Anordnung, daß ein Ergänzungsgeschworener zugezogen werden solle, zurücknehmen kann,** E. XIV. 206; — **Einlage des Namens eines von der Dienstleistung entbundenen Geschworenen in der Urne keine Verletzung des Gesetzes, wenn das Versehen bei Ziehung des Namens vom Vorsitzenden bemerkt und durch Beiseitelegung des Zettels unschädlich gemacht wird,** R. VIII. 573; — **Schwurgerichtsverhandlung ohne Geschworene, wenn ein schwurgerichtliches Urtheil in der Revisionsinstanz unter Aufrechthaltung der die Schuldfrage erledigenden Feststellungen aufgehoben wurde und zwar auch dann, wenn behufs Gewinnung ausreichender Grundlagen zur Strafbemessung eine Beweisaufnahme stattfindet,** R. VIII. 760; — **nur die Mitgabe von Gegenständen, welche in der Hauptverhandlung als Augenscheinsobject gedient haben, in das Berathungszimmer zulässig, nicht die Mitgabe von Actenbänden und Protokollen über stattgehabte Vernehmungen,** R. IX. 421. E. XVI. 187; — **Bildung**

einer neuen Geschworenenbank nicht ungerechtfertigt, wenn nach Ausloosung der Geschworenen sich herausstellt, daß versehentlich ein Loos zu viel der Urne entnommen war, R. IX. 522; — Auszüge und Zusammenstellungen aus den in der Hauptverhandlung den Geschworenen vorgelegten Beweisurkunden dürfen in das Berathungszimmer mitgegeben werden, R. X. 88; — Vernehmung eines Zeugen in der Voruntersuchung, kein Unfähigkeitsgrund für denselben als Geschworener, wenn die Vernehmung sich nur auf einen Anschuldigungspunkt bezog, der nach Abschluß der Voruntersuchung nicht vor das Schwurgericht verwiesen worden ist; unberechtigtes Ausscheiden von Geschworenen vor Bildung der Geschworenenbank, als Mangel nicht vorschriftsmäßiger Besetzung, R. X. 196. E. XVII. 173; — nach Erschöpfung des Ablehnungsrechts durch den Angeklagten kann derselbe zur Ablehnung eines weiter ausgeloosten Geschworenen wegen Besorgniß der Befangenheit auf das Ablehnungsverfahren in den §§ 24 ff. der StPrO. zurückgreifen, R. X. 608. E. XVIII. 238.

Geschworene, Fragestellung; Frage über rechtswidrige Absicht bei dem Gebrauche falscher Urkunden aus § 270 des StGB., R. VII. 186. E. XII. 112; — Unzulässigkeit der Aufnahme von Umständen in die Frage, welche für Zumessung der Strafe, mag diese eine absolut oder relativ bestimmte sein, von Bedeutung sind, mit Ausnahme der gesetzlichen Strafminderungs- oder Strafschärfungsgründe; Frage über die Höhe der Ueberversicherung aus § 20 des preuß. Ges. vom 8. Mai 1837, R. VII. 234. E. XII. 150; — Frage über Tödtung bei Unternehmung einer strafbaren Handlung, Nebenfrage nicht Hülfsfrage, R. VII. 367. E. XII. 250; — Unzulässigkeit der Aufnahme einer Begriffsbestimmung des directen oder Eventualdolus in die Fragestellung, wenn das Strafgesetz den Vorsatz als Begriffsmerkmal nicht ausdrücklich erwähnt, selbst nicht in dem Falle, wo Angeklagter den Dolus bestritten hat; Frage über Vornahme unzüchtiger Handlungen mit Personen unter vierzehn Jahren, R. VII. 446. E. XII. 337; — Nebenfrage wegen mildernder Umstände beim vollendeten Verbrechen, Unterlassen einer solchen Frage bei der Hülfsfrage nach dem versuchten Verbrechen, Zulässigkeit bei mangelndem Antrag der Proceßbetheiligten, R. VII. 471; — Voraussetzungen für die Zulässigkeit einer alternativen Fragestellung; Alleinthäterschaft oder Mitthäterschaft, R. VII. 503. E. XII. 347; — Zulässigkeit einer Frage, welche neben dem Thatbestande des Mordes auch die besonderen Thatbestandsmerkmale des § 214 des StGB. umfaßt, E. XII. 364; — Anklage auf Kindsmord; Voraussetzungen für die Zulässigkeit einer Hülfsfrage auf Abtreibung der Leibesfrucht, E. XII. 409; — Fragestellung bei Anstiftung; Widerspruch, wenn durch Bejahung der Frage festgestellt wird, daß zwei verschiedene Personen nach einander jeder selbständig denselben Thäter angestiftet haben; Nothwendigkeit des Ausdruckes des Zusammenwirkens in der Frage, R. VII. 720. E. XIII. 121; — Fragestellung im Falle des § 4 Ziff. 3 des StGB. wegen Verübung einer That im Auslande, welche nach den dortigen Gesetzen mit Strafe bedroht ist; Vervollständigung einer beantworteten Frage zulässig, wenn durch dieselbe die Voraussetzungen der in der Anklage enthaltenen Strafthat nicht erschöpft werden, R. VIII. 51. E. XIII. 229; — bei Anstiftung nicht bloß darüber, daß der Hauptthäter von dem Anstifter zur Hauptthat bestimmt worden ist, sondern auch darüber, daß jener infolge der Anstiftung die That auch wirklich begangen habe, E. XIII. 234; — Zulässigkeit einer Hülfsfrage auf Todschlag, wenn die Hauptfrage auf Mord gerichtet ist, E. XIII. 344; — Anwendbarkeit des § 252 des StGB. auf den Felddiebstahl aus § 18 des preuß. Feld- und Forstpolizeigesetzes v. 1. April 1880; Art der Fragestellung, R. VIII. 155; — nur einmalige Fragestellung nach mildernden Umständen bei idealer Concurrenz, auch wenn bei einem der concurrirenden Delicte das Strafgesetz mildernde Umstände nicht zuläßt, R. VIII. 239. X. 158. E. XIV. 8; — Voraussetzungen für die Hülfsfragen, verschiedener Thatbestand; Unzulässigkeit einer Hülfsfrage nach dem Vorhandensein eines fortgesetzten Delicts, wenn durch Bejahung der Hauptfrage jede einzelne Handlung als selbständige erklärt wurde, R. VIII. 250. E. XIV. 75; — Anklage wegen gemeinschaftlicher Brandstiftung; Zulässigkeit einer Hülfsfrage gegen den einen Angeklagten wegen unterlassener Anzeige von der Brandstiftung des Anderen; keine neue That, sondern veränderter Gesichtspunkt der Anklage, R. VIII. 256. E. XIV. 78; — Gewerbsmäßigkeit der Hehlerei ein straferhöhender Umstand, kein neuer selbständiger Thatbestand; Zulässigkeit einer Nebenfrage, E. XIV. 356; — Frage wegen Anstiftung muß neben den in der Anklage hervorgehobenen speciellen Mitteln stets die Generalklausel „oder durch andere Mittel" enthalten, R. VIII. 780. IX. 25. E. XV. 304. — Einfluß objectiver Bedingungen der Strafbarkeit auf die Fassung der Frage an die Geschworenen; Fragestellung bei dem Ehebruche, ob wegen desselben die Ehe geschieden worden sei, nicht erforderlich, R. VIII. 791. E. XV. 122; — Unzulässigkeit einer Hülfsfrage wegen Anstiftung gegen den als Thäter Angeklagten, ohne gleichzeitige anderweite Fragestellung nach der Hauptthat, E. XV. 178; — Mangelhaftigkeit der Fragestellung, aus welcher nicht hervorgeht, daß die That, zu welcher angestiftet, oder zu welcher Beihülfe geleistet ist, auch begangen ist, R. IX. 137; — Stellung der Frage nach der realen Concurrenz des betrüglichen mit dem einfachen Bankerutt rechtlich unzulässig, wenn es sich bei allen Fragen um dasselbe Concursverfahren handelt, R. IX. 197; — Hülfsfragen nach einer nur auf Antrag strafbaren Handlung nur dann zu stellen, wenn der Strafantrag vorliegt, R. IX. 226; — Unzulässigkeit einer Frage über mildernde Umstände, nachdem die Geschworenen correct die auf Mordversuch lautende Hauptfrage mit der Einschränkung bejaht haben, daß das Handeln mit Ueberlegung nicht erwiesen sei, R. IX. 340. E. XVI. 126; — Unzulässigkeit der Ablehnung einer Hülfsfrage mit der Begründung, daß die Verhandlung keinen Anlaß ergebe, von dem Eröffnungsbeschlusse abzuweichen, R. IX. 476; — wesentlicher Mangel der Fragestellung auf Beihülfe, wenn dieselbe dahin geht, ob Angeklagter dem Hauptthäter „bei Begehung der That" anstatt „zur That" Hülfe geleistet habe, R. IX. 648. E. XVI. 350; — Aufgeben des Versuchs kein Strafausschließungs-, sondern Strafaufhebungsgrund aus § 295 Abs. 2 der StPrO., daher Nebenfrage geboten; Unterschied zwischen Schuldausschließungs- und Strafausschließungs-, bzw. Strafaufhebungsgründen; Einfluß auf die Fragestellung, R. IX. 650. E. XVI. 347; — Stellung der Frage dahin, ob Angeklagter wiederholt gestohlen hat, ohne Präcisirung, ob eine bestimmte Mehrzahl selbständiger Diebstähle oder nur ein, wenn auch in fortgesetzter Wiederholung verübter Diebstahl gemeint ist, ist fehlerhaft, R. IX. 654; — bei einem Verbrechen, welches aus mehreren, an sich auch einzeln den vollen Thatbestand enthaltenden Handlungen, in Fortsetzung verübt besteht, ist die Stellung getrennter Fragen für die einzelnen Fortsetzungshandlungen zulässig, sofern nur die erste als selbständig, die anderen als nicht selbstständig bezeichnet sind, R. IX. 672; — bei Mordversuch; Zulässigkeit der Fragestellung, ob der Angeklagte den Entschluß, den N. N. vorsätzlich zu tödten, und zwar diese Tödtung mit Ueberlegung auszuführen, durch Handlungen bethätigt habe, welche den Anfang der Ausführung dieser beabsichtigten That enthielten, R. X. 256; — Fragestellung bei Mord, wenn der Thäter sich in der Person geirrt hat; Unzulässigkeit der Fragesormulirung auf Mord und fahrlässiger Tödtung, R. X. 734.

Geschworene, Wahrspruch derselben; Nothwendigkeit des Berichtigungsverfahrens bei der bloßen Möglichkeit einer rechtsirrigen Deutung des Wahrspruches; Zulässigkeit der Niederschreibung des neuen Spruches über die frühere Unterschrift des Obmanns, R. VII. 26; — Aufhebung des Wahrspruches durch das Gericht und Verweisung an das Schwurgericht der nächsten Sitzungsperiode; Rechtskraft der zu Gunsten des Angeklagten durch die ersten Geschworenen verneinten Fragen, R. VII. 30; — kein das Berichtigungsverfahren rechtfertigender Widerspruch, wenn ein Mitangeklagter des im Vereine mit einem Anderen begangenen Versuchs schuldig erklärt, der Andere aber, nachdem eine Frage wegen Versuchs gegen ihn nicht gestellt war, von den Geschworenen für nicht schuldig erklärt wird, R. VII. 497; — Unzulässigkeit einer Theilung, Unterbrechung und Wiederholung des Spruches nach begonnener Verkündung desselben, R. VII. 529. E. XII. 373; — Rechtsirrthum der Geschworenen unterliegt der Prüfung des Revisionsrichters, wenn die Art der Fragestellung von vorn herein gegen das Gesetz verstieß, R. VII. 551; — Unzulässigkeit der Verweisung einer Sache an ein anderes Schwurgericht nach Fällung des Geschworenenspruches, nachdem das Revisionsgericht das Urtheil unter Aufrechterhaltung des Geschworenenspruches aufgehoben hat, R. VII. 757; — Vervollständigung einer beantworteten Frage zulässig, wenn durch dieselbe die Voraussetzungen der in der Anklage enthaltenen Strafthat nicht erschöpft werden, R. VIII. 51. E. XIII. 229; — Beantwortung der Frage, ob der Angeklagte der vorsätzlichen, in Gemeinschaft mit Anderen ausgeführten schweren Körperverletzung schuldig sei, mit „Ja, aber nicht vorsätzlich" enthält einen Widerspruch und macht das Berichtigungsverfahren nothwendig, R. VIII. 254; — Nothwendigkeit des Berichtigungsverfahrens, wenn die Unvollständigkeit des von den Geschworenen gefällten Spruches in einem Mangel der Fragestellung ihren Grund hat, R. VIII. 286; — Nichterkennbarkeit der Beschaffenheit des früheren Spruches bei Niederschrift eines im Berichtigungsverfahren berichtigten Spruches; Zuhülfenahme des Protokolls zur Feststellung des früheren Inhalts und der Art der Berichtigung, R. VIII. 383; — Mehrheit von zwei Drittheilen der Stimmen zur Verneinung der Frage aus § 213 des StGB. erforderlich darüber, ob Angeklagter zum Zorne gereizt war; Nothwendigkeit der vorherigen Vernehmung des Betheiligten vor Anordnung des Berichtigungsverfahrens; Revision der Staatsanwaltschaft gegen einen theilweise auf Nichtschuldig lautenden Spruch, gegründet darauf, daß das Berichtigungsverfahren, in Folge dessen dieser Spruch ergangen, nicht habe stattfinden dürfen, R. VIII. 441. E. XIV. 298; — Nothwendigkeit des Berichtigungsverfahrens bei Beantwortung der an die Geschworenen aus § 350 des StGB. gestellten Frage mit: „Ja, jedoch ohne die Absicht, die Gelder zu unterschlagen", R. VIII. 600; — das Gericht ist nicht befugt, betreffs der Verjährung von dem die Schuldfrage bejahenden Spruche der Geschworenen abzuweichen, E. XV. 107; — Nothwendigkeit der erneuten Berathung des gesammten Spruches bei Berichtigung sachlicher Mängel in einem Punkte, auch wenn der gesammte Spruch mehrere von einander unabhängige Strafthaten zum Gegenstande hat, R. IX. 287; — ausdrückliche Feststellung, daß die Leistung eines zugeschobenen, zurückgeschobenen oder auferlegten Eides vor einer zur Abnahme von Eiden zuständigen Behörde erfolgt ist, durch den Spruch der Geschworenen nicht erforderlich, R. IX. 420. E. IX. 186; — Zulässigkeit der Unterschrift des Obmanns der Geschworenen auf den Spalt, auf welcher sich die Fragen befinden, wenn sich nur die Beglaubigung des Vorsitzenden und des Gerichtschreibers darunter befindet, R. IX. 566; — „ein von den Geschworenen in der Hauptsache zum Nachtheile des Angeklagten begangener Irrthum" im Sinne des § 317 der StPrO., Begriff; Zulässigkeit der Revision, wenn das Gericht unterlassen hat im Falle des § 317 die Sache unter Angabe der Gründe vor ein anderes Schwurgericht zu verweisen, R. IX. 727. E. XVII. 31; — Belehrung der Geschworenen auf deren Antrag findet nur über rechtliche Gesichtspunkte statt; Unsicherheit der Geschworenen über thatsächliche Fragen kann nur durch Wiedereintritt in die Verhandlung gehoben werden, R. X. 260. E. XVII. 231; — Beantwortung der Frage aus § 154 des StGB. dahin: „Ja, mit mehr 2c., jedoch ist es nicht erwiesen, daß der Meineid wissentlich begangen worden ist", enthält einen sachlich undeutlichen Spruch; Zulässigkeit von Hülfsfragen nach Verkündung des ersten, zu berichtigenden Wahlspruches; bei Berichtigung sachlicher Mängel des Spruches sind die Geschworenen auch an die übrigen Theile ihres früheren Spruches nicht gebunden, R. X. 349.

Gesinde, Gewerbsgehilfen oder Gesellen, welche mit dem Beschädigten in häuslicher Gemeinschaft leben, kein Gesinde im Sinne § 247 des StGB., R. VII. 588. E. XIII. 14.

Gewerbebetrieb im Umherziehen; Feilbieten von Waaren außerhalb des Wohnortes des Feilbietenden in Form von Veranstaltung einer öffentlichen Ausspielung, als „Darbieten von Schaustellungen oder Lustbarkeiten", R. VIII. 269. 624. E. XIV. 89. 384; — Verjährung aus dem bayer. Gesetz v. 10. März 1879; Dauer der Frist, E. XIV. 247.

Gewerbecontravention, mehrere Verletzungen des Verbotes der Creditirung von Waaren an Arbeiter als Mehrheit selbständiger Handlungen, R. VII. 32. VIII. 66. E. XII. 102. XIII. 285; — gewerbsmäßiger Verkauf von Waaren unter Creditirung des Kaufpreises und Sicherung desselben durch Bestellung von Pfändern kein Pfandleihgewerbe, R. VII. 257. E. XII. 216; — Verbot des Trucksystems auch zu Gunsten solcher Personen, welche zwar außerhalb der Arbeitsstätte des Arbeitgebers für denselben beschäftigt sind, aber in keinem vertragsmäßigen Dienstverhältnisse, sondern nur in einem thatsächlichen Verhältnisse dieser Art zu demselben stehen, R. VII. 569. E. XII. 428; — ungenügende Feststellung für das Nichtvorhandensein einer Fabrik, daß während eines bestimmten Zeitraumes eine „geringe" Zahl von Arbeitern beschäftigt war, R. VII. 655; — Verbot des Trucksystems auch zu Gunsten solcher Arbeiter, welche durch gelegentliche Arbeiten einen Nebenverdienst suchen; baare Lohnzahlung, wenn auch nach Geschäftsgebrauch das gezahlte Geld sofort zum Ankaufe von Waaren verwendet wird, R. VII. 746. E. XIII. 182; — Begriff der gewerblichen Arbeiter im Sinne des Tit. VII der Gew.-O., R. VIII. 9; — Anwendbarkeit des Verbotes des Trucksystems auch zu Gunsten selbständiger Gewerbetreibender, R. VIII. 66. E. XIII. 285; — Unanwendbarkeit des § 147 Ziff. 1 der Gew.-O. auf einen in Bayern approbirten Bader, welcher die landesgesetzlichen Vorschriften über Ausübung seines Gewerbes überschreitet, R. VIII. 92. E. XIII. 259; — Vertrag zwischen einem Ziegeleibesitzer und einem Ziegelmeister bezüglich Herstellung von Ziegelsteinen; der Ziegeleibesitzer als Gewerbetreibender, Ziegelmeister als Gewerbsgehülfe, R. VIII. 165; — Verbot der Beschäftigung jugendlicher Arbeiter; nur einmalige Strafe wegen Beschäftigung einer Mehrheit von Personen, R. VIII. 214. E. XIV. 32; — Verrechnung von Vorschußzetteln bei Lohnzahlung an Arbeiter auch dann strafbar, wenn der ganze Lohnbetrag baar aufgezählt, demnächst aber vor Uebergabe des Geldes der dem Vorschußzettel entsprechende Betrag abgezogen wird, R. VIII. 304; — Damenconfectionsgeschäfte ohne elementare Betriebskräfte als Fabriken, R. VIII. 625. E. XIV. 423; — stillschweigende Theilnahme an einer Verabredung zur Erlangung günstiger Lohnbedingungen; Zwang zur Theilnahme an einer solchen Verabredung durch Drohung; Widerrechtlichkeit des in Aussicht gestellten Uebels, R. VIII. 632. E. XIV. 387; — Anwendung des § 146 Ziff. 1 der Gew.-O. auf die im § 119 Abs. 1 bezeichneten Personen, R. VIII. 638; — eine durch längere Zeit fortgesetzte, in zahlreichen Fällen bethätigte Verwendung und Benutzung bestimmter Räume als regelmäßiger Betriebsstätte für gewerbliche Schlachtungen als den Begriff der Einrichtung einer gewerblichen Anlage der Schlächterei erfüllend; das Bestehen besonderer, zum Betriebe des Gewerbes dienender Vorrichtungen wird nicht vorausgesetzt, R. VIII. 764; — Unterzeichnung eines Schriftstückes mit dem der Unterschrift beigefügten Zusatze „Homöopath" als strafbare Beilegung eines arztähnlichen Titels, R. IX. 9. E. XV. 170; — Unanwendbarkeit des für Männer geltenden Grundsatzes freier Ausübung der Heilkunde, sofern dieselbe ohne Beilegung eines Titels aus § 147 Nr. 3 erfolgt, auf Ausübung der Geburtshülfe durch Frauen, welche sich den Titel „Hebammen" nicht beilegen; Nothwendigkeit eines Prüfungszeugnisses, R. IX. 43. E. XV. 181; — Strafandrohung des § 146 Ziff. 2 richtet sich auch gegen fahrlässige Zuwiderhandlungen, R. IX. 160; — Bedeutung des Begriffes „Waarencreditiren" im Sinne des § 115, E. XV. 284; — Nichtverantwortlichkeit eines Geschäftstheilhabers, wenn die gesammte Geschäftsleitung in den Händen eines anderen Geschäftstheilhabers ruht, R. IX. 189; — Begriff der Lebensmittel im Sinne des § 115, R. IX. 289. E. XV. 437; — Gewährung nur einer halbstündigen Pause zwischen den Arbeitsstunden täglich an die in Fabriken beschäftigten Kinder unter 14 Jahren, anstatt zweier solcher Pausen, strafbar; Voraussetzung der Strafbarkeit des Fabrikanten wegen dieser Uebertretung, R. IX. 486. E. XVI. 267; — Verhältniß des § 152 der RGO. zu §§ 8. 16 des preuß. Vereinsges. v. 11. März 1850, R. IX. 590. E. XVI. 383; — Schutz gegen das Trucksystem auch den sog. Heimarbeitern zustehend, selbst wenn sie nicht ausschließlich für einen Arbeitgeber beschäftigt sind, R. IX. 615. E. XVI. 333. XVII. 129; — die Anzeigepflicht des § 35 Abs. 4 der RGew.-O. vom 21. Juli 1869 (1. Juli 1883) bezieht sich nicht nur auf die seit dem Inkrafttreten des Gesetzes neu begonnenen Gewerbebetriebe, sondern auch auf die vor jener Zeit begonnenen, R. IX. 619. E. XVI. 393; — Begriff einer Fabrik, R. IX. 720; — Unzulässigkeit der Erkennung von Haft im Unvermögensfalle an Stelle der nach § 146 der Gew.-O. verhängten Geldstrafe, R. X. 9. E. XVII. 38; — trotz landesherrlich (Preußen) erfolgter Bestätigung und Publication der Statuten einer Actiengesellschaft zum Fabrikbetriebe unterliegen sie der thatsächlichen richterlichen Feststellung; Verpflichtung des Gewerbetreibenden zur Einhaltung der Schutzbestimmungen erfordert nicht, daß derselbe stets persönlich die erforderliche Fürsorge bethätigen muß, R. X. 220; — Anwendbarkeit des Truckverbotes nicht bloß auf Leistungen, welche an Zahlungsstatt, sondern auch auf solche, welche bloß zahlungshalber geschehen, R. X. 272. E. XVII. 285; — in der Anstellung eines Auctionators zur Versteigerung von Immobilien ist nicht die Berufung zu einem öffentlichen Amte enthalten, R. X. 274. E. XVII. 291; — Begriff einer Schankwirthschaft, Fabrikcantinen; Cantinenwirthe als Beauftragte des Gewerbetreibenden, denen das Creditiren von Waaren untersagt ist; durch bloßes Nichtverhindern des Creditgebens können Fabrikherren sich nicht als Mitthäter schuldig machen, R. X. 422; — die Befugniß der Annahme, Entlassung und Auslöhnung der Arbeiter macht einen Werkmeister noch nicht zum „Gewerbetreibenden", R. X. 583. E. XVIII. 27; — Beschäftigung der jugendlichen Personen **innerhalb** des die Fabrik bildenden Etablissements, Voraussetzung der Strafbarkeit aus §§ 135. 146 Ziff. 2 der Gew.-O., R. X. 494; — Verhältniß des § 153 der Gew.-O. zu § 240 des StGB., R. X. 619; — Begriff und Umfang der „Anschaffungskosten" im Sinne des § 115 der Gew.-O., R. X. 672. E. XVIII. 224; s. a. **Arbeiter.**

Gewerbesteuervergehen (preuß. Gesetz v. 30. Mai 1820); der Handel mit unbeweglichen Sachen, welcher von einem Einzelnen gewerbsmäßig betrieben wird, ist der Steuer vom stehenden Gewerbe nicht unterworfen, R. VIII. 183. E. XIII. 436; — reale Concurrenz zwischen Kuppelei und unterlassener Anzeige von dem Beginne des

Gewerbebetriebes, in welchem die Kuppelei verübt wurde, R. VIII. 408. E. XIV. 174.

Gewerbsmäßigkeit, bei Halten von Glücksspielen, wobei der Unternehmer nur einen feststehenden Unternehmergewinn bezieht, R. VII. 17; — Verneinung der Gewerbsmäßigkeit beim Glücksspiel, weil der Spieler nur von der Leidenschaft zum Spiel beherrscht, nicht aber von der Absicht zu gewinnen geleitet gewesen sei, R. VIII. 720; — bei unbefugter Jagdausübung, wenn ein beträchtlicher Theil des Unterhalts der Familie durch die erlangte Jagdbeute gedeckt wird, R. IX. 90; — Absicht, sich durch den Gewinn beim Glücksspiel einen Erwerb zu verschaffen, begründet für sich allein noch nicht die Gewerbsmäßigkeit, R. VII. 541. E. XII. 388; — Feststellung der fortgesetzt auf Erzielung eines Vermögensvortheils gerichteten Absicht genügt nicht zum Thatbestande der gewerbsmäßigen Hehlerei, R. IX. 714.

Glücksspiel, Halten von Glücksspielen, wobei der Unternehmer nur einen feststehenden Unternehmergewinn bezieht, wird auch durch Fortsetzung nicht zum gewerbsmäßigen Glücksspiel, R. VII. 17; — Voraussetzungen für die Gewerbsmäßigkeit; das Spiel „Kartenlotterie" oder „Gottes Segen bei Cohn" ein Glücksspiel und keine Lotterie, R. VII. 541. E. XII. 388; — die pecuniären Verhältnisse der Spieler ohne Belang für den Begriff eines Glücksspiels, R. VII. 636. IX. 547; — Mitthäterschaft bei dem gewerbsmäßigen Glücksspiel; auf Gewerbsmäßigkeit gerichteter Vorsatz wesentlich; Stellung des Spielunternehmers, Spielleiters und Croupiers als Thäter, Mitthäter oder Gehülfe, R. VIII. 189. E. XIV. 28; — Gestattung eines Glücksspiels kann nicht unwissentlich oder fahrlässig, sondern nur ausdrücklich oder durch wissentliche Duldung oder mit eventuellem Vorsatz begangen werden, R. VIII. 317; — Verneinung der Gewerbsmäßigkeit, weil der Spieler nur von der Leidenschaft zum Spiel beherrscht, nicht aber von der Absicht zu gewinnen geleitet gewesen sei, R. VIII. 720; — Mitwirkung zur Verheimlichung eines Glücksspiels, R. IX. 153; — durch Gestatten des Glücksspiels allein wird der Wirth nicht Theilnehmer eines dabei betheiligten gewerbsmäßigen Glücksspielers, R. IX. 551; — Strafnorm des § 286 Abs. 2 erschöpft die Materie der öffentlichen Ausspielungen und schließt das Bestehen einer landesgesetzlichen Norm aus, nach welcher eine öffentliche Ausspielung mittelst eines als Glücksspiel nicht zu betrachtenden Spiels bestraft werden könnte,

in Bayern errichtetes Grenzzeichen nach dem bayer. Gesetz vom 16. Mai 1868, die Vermarkung der Grundstücke betr., keinen strafrechtlichen Schutz genießend, wenn die Voraussetzungen der Art. 16 Abs. 2, und 19 Abs. 1 nicht beobachtet sind; Abkommen über Bestimmung eines Merkmals zur Bezeichnung der Grenze aneinanderstoßender Grundstücke unter einzelnen der betheiligten mehreren Miteigenthümern nach bayer. LR. ungenügend wegen fehlender Zustimmung der Ehefrauen, E. XVII. 10; — Anerkenntniß eines Grenzzeichens durch stillschweigende Willenserklärung; Einflußlosigkeit auf den Thatbestand, wenn auch das zur Bezeichnung der Grenze bestimmte Merkmal dieselbe unrichtig bezeichnet, R. X. 46; s. a. Urkundenvernichtung.

Gruben, unterlassene Verdeckung derselben; der Eigenthümer als solcher nicht für die unterlassene Einfriedigung verantwortlich; Erforderniß einer besonderen rechtlichen Verpflichtung zur Sicherstellung, R. VIII. 717. E. XV. 58.

H.

Haftbefehl, Zustellung bzw. Verkündigung des Haftbefehles für die Rechtmäßigkeit der Verhaftung weder bei Verhängung der Untersuchungshaft noch bei Verhaftung zur Strafvollstreckung nothwendig, R. VIII. 424; — Unzuständigkeit des Reichsgerichts als Revisionsgerichts zur Entscheidung über die Aufhebung eines Haftbefehles, R. IX. 352.

Haftstrafe, Natur der in einem neben dem StGB. in Kraft gebliebenen preußischen Gesetze mit Gefängniß bis zu 6 Wochen bedrohten strafbaren Handlung als Uebertretung; statt Gefängnißstrafe Haftstrafe, R. VII. 704. E. XIII. 93.

Hauptverhandlung, in Abwesenheit des ordnungsgemäß geladenen Angeklagten bei nur mit Geldstrafe bedrohten strafbaren Handlungen, auch wenn im Falle der Uneinbringlichkeit der Geldstrafe eine Gefängnißstrafe substituirt wird, R. VII. 93; — unterbrochene und fortgesetzte Hauptverhandlung in Abwesenheit des Angeklagten zulässig, wenn derselbe nur befragt worden war, ob er etwas auf die Beschuldigung erwidern wolle und er die Auslassung abgelehnt hatte, R. VIII. 213; — Gesetzesverletzung, wenn dem Angeklagten in der Hauptverhandlung ein nicht-richterliches Protokoll über seine früheren Erklärungen vorgelesen worden ist, E. XIV. 258; —

Zulässigkeit der Verlesung einer früher von dem Angeklagten bei Gericht eingereichten Eingabe, E. XVIII. 23; — bei Ausschluß der Oeffentlichkeit, während der Angeklagte nach § 246 der StPrO. abgetreten ist, ist derselbe zu hören; Gehör des Vertheidigers genügt nicht, R. X. 539. E. XVIII. 138.

Hausfriedensbruch, beschränkte Befugniß zum Betreten bestimmter Räume; Ueberschreiten dieser Befugniß; Verfolgung eines unerlaubten Zweckes; Ueberwindung eines Hindernisses oder Eintritt gegen den ausdrücklichen Willen des Berechtigten kein Erforderniß für den Begriff des „Eindringens"; Wahrung des Hausrechts durch andere Personen als den Wohnungsinhaber, insbesondere durch Dienstboten, E. XII. 132; — mit Waffen, auch dann begangen, wenn der Thäter erst, nachdem er eingedrungen ist, eine Waffe ergreift, um sich in dem unberechtigten Verweilen zu erhalten, E. XII. 183; — des Gesindes gegen die Herrschaft, E. XIII. 189; — unbewohntes Schiff weder Wohnung noch befriedetes Besitzthum und als Geschäftsraum nur in den zu besonderen Geschäften bestimmten einzelnen Theilen des Schiffes zu erachten, R. VIII. 82. E. XIII. 312; — des Vermiethers gegen den Miether durch Betreten der Miethwohnung behufs Geltendmachung seines Retentionsrechts an den eingebrachten Mobilien, E. XV. 391; — kein Hausfriedensbruch, wenn Derjenige, welchem zur Erreichung eines bestimmten Zweckes das Betreten einer fremden Wohnung und das Verweilen in derselben gestattet war, sich, bevor der Zweck erreicht ist, auf die Aufforderung des Berechtigten nicht entfernt, E. XVI. 225; — Betreten der Wohnung eines Gemeindemitglieds seitens des Geistlichen aus Anlaß von Aergerniß oder sittlichen Anstoß erregenden Vorgängen zum Zweck seelsorgerischer Vorhaltungen oder Ermahnungen als berechtigte Berufsausübung; Ueberschreitung der Amtsbefugnisse und unbefugtes Verweilen, wenn er die von hierzu legitimirter Seite kraft des Hausrechts an ihn gerichtete Aufforderung, sich zu entfernen, unbeachtet läßt, R. X. 385; — Neubau als befriedetes Besitzthum, Voraussetzungen, R. X. 638.

Hehlerei, Empfang zur Zubereitung und zum Mitverzehren gestohlener Victualien seitens Hausbediensteter weder ein Ansichbringen noch ein Vortheil, R. VII. 484; — Hehlerei kein Fahrlässigkeitsdelict, die Annahme derselben stützt sich auf eine gesetzliche Beweisregel, R. VII. 752; — Ermittelung des Werthes einer gestohlenen Sache zum Zweck des Verkaufs als Mitwirken zum Absatz, R. VIII. 531;

— ein „Ansichbringen" in concludenten Handlungen, welche der Thätigkeit Anderer hinzutreten, R. IX. 62; — Erforderniß des Thatbestandes aus § 261 Abs. 1, daß der Hehler gewußt hat, daß die That, auf welche sich die Hehlerei bezieht, zu den das. Abs. 1 bezeichneten gehört, R. IX. 179. E. XV. 364; — keine Hehlerei, wenn Derjenige, der die Sache durch eine strafbare That erlangt hat, dieselbe dem der Hehlerei Beschuldigten nicht übertragen wollte, sondern letzterer jene aus eigenem Antriebe an sich nahm; selbständiges Delict, R. IX. 711; — Feststellung der fortgesetzt auf Erzielung eines Vermögensvortheils gerichteten Absicht genügt nicht zum Thatbestande der Gewerbsmäßigkeit, R. IX. 714; — Ankauf einer durch eine strafbare Handlung erlangten Sache durch Ueberlieferung und Annahme derselben von Seiten des Käufers, nachdem der Kaufvertrag darüber mit dem Verkäufer schon vorher abgeschlossen war; Beihülfe des Hehlers zu der Strafthat, mittelst welcher der Hauptthäter die verhehlte Sache erlangt hat, kein Grund für Ausschließung des Hehlereibegriffes, R. X. 33. E. XVII. 59; — Verpfänden von Sachen als „Absatz", R. X. 547. E. XVII. 392; — bei § 258 des StGB. wird Rechtswidrigkeit des Vortheils nicht vorausgesetzt, R. X. 512; — Hehlerei an eigener Sache, R. X. 719. E. XVIII. 303; — Strafbarkeit der Hehlerei zu einer von einem Ausländer im Auslande begangenen Hauptthat, R. X. 722. E. XVIII. 298.

Hinweisung auf den veränderten rechtlichen Gesichtspunkt (§ 264 der StPrO.); Nothwendigkeit der nochmaligen Vernehmung des vom Erscheinen in der Hauptverhandlung entbundenen Angeklagten aus § 232 der StPrO., wenn die Verurtheilung aus einem anderen als dem bei der ersten Vernehmung unterstellten rechtlichen Gesichtspunkte erfolgen soll; Unzulässigkeit der in diesem Punkte von dem Vertheidiger Namens des Angeklagten abgegebenen Erklärungen, R. VII. 135. E. XII. 45; — bei Anklage wegen Diebstahls durch Einbruch und Verurtheilung wegen Diebstahls mittelst Erbrechens eines Behältnisses, R. VII. 138; — Anklage wegen Diebstahls; Verurtheilung wegen Unterschlagung durch nachträglichen Verkauf der weggenommenen Sache; keine andere That, R. VII. 164. E. XII. 88; — Anklage wegen Diebstahls; Verurtheilung wegen Hehlerei an derselben Sache; keine andere That, E. XII. 187; — Nothwendigkeit der Hinweisung, wenn das erkennende Gericht von den im § 223a des StGB. aufgeführten Erschwerungsgründen dem Urtheile einen anderen als den im Eröffnungsbeschlusse angegebenen zu Grunde legen will, R. IX. 204. E. XII. 379; — „neu hervorgetretene Umstände"; rechtliche Bedeutung, R. VII. 474; — Hinweisung auf einen veränderten rechtlichen Gesichtspunkt in einer Hauptverhandlung, welche vertagt wird, Unterlassung der Wiederholung in der späteren Hauptverhandlung, R. VII. 495; — Unanwendbarkeit des § 264 auf den Mitangeklagten, welcher der Begünstigung des Thäters, um ihm die Vortheile des Verbrechens zu sichern, für verdächtig erachtet war, wenn der Hauptthäter nicht dem Eröffnungsbeschlusse gemäß eines Verbrechens, sondern eines Vergehens schuldig befunden wird, E. XIII. 134; — bezüglich Verhängung von Nebenstrafen ist eine Hinweisung auf den rechtlichen Gesichtspunkt nicht geboten, R. VIII. 600; — Anklage wegen schweren Diebstahls, Verurtheilung aus § 258 Ziff. 2 des StGB.; Hinweisung auf die Möglichkeit einer Bestrafung wegen Hehlerei oder Begünstigung genügt nicht, R. VIII. 623; — Anklage wegen einer fortgesetzten That, Verurtheilung wegen mehrerer selbständiger Handlungen, R. VIII. 659. E. XVI. 437; — Nothwendigkeit der Hinweisung im Strafkammerverfahren, welches auf Grund des Unzuständigkeitsbeschlusses des Schöffengerichts erfolgt, auch dann, wenn das erkennende Gericht, in Abweichung von dem Unzuständigkeitsbeschlusse, dasjenige Strafgesetz zur Anwendung bringen will, welches in dem das Hauptverfahren vor dem Schöffengerichte eröffnenden Beschlusse als das anwendbare bezeichnet ist, R. IX. 144. E. XV. 286; — Hinweisung auf die Veränderung des rechtlichen Gesichtspunktes nothwendig in der für die Entscheidung allein in Betracht fallenden Hauptverhandlung; Hinweisung in einer früheren Hauptverhandlung genügt nicht, R. IX. 610; — Nothwendigkeit der Hinweisung, wenn der wegen Amtsunterschlagung Angeklagte wegen gemeiner Unterschlagung verurtheilt werden soll, R. X. 291. E. XVII. 293; — kein rechtlicher Gesichtspunkt, wenn bei Wucher anstatt wegen Ausbeutung der Nothlage, wegen Ausbeutung des Leichtsinns oder der Unerfahrenheit verurtheilt wird, E. XVII. 440.

Hoch- und Landesverrath; die in der Absicht der Verbreitung erfolgte Herstellung eines die Aufforderung zur gewaltsamen Aenderung der Verfassung des Deutschen Reichs und der Bundesstaaten enthaltenden Plakats als vorbereitende Handlung eines hochverrätherischen Unternehmens, R. VIII. 653; — der Krieg, um durch denselben das Bundesgebiet oder Theile desselben einem fremden Staat einzuverleiben ꝛc., als Gewalt im Sinne des § 81 Ziff. 3; Verhältniß des § 81 Ziff. 3 zu § 87, wenn das hochverrätherische Unternehmen durch Krieg ausgeführt werden soll, behufs dessen Herbeiführung ein Deutscher sich mit einer ausländischen Regierung einläßt; vorbereitende Handlungen zu dem hochverrätherischen Unternehmen aus § 81 Ziff. 3, welches durch Krieg zur Ausführung zu bringen ist und Vollendung des letzteren, R. IX. 423. E. XVI. 165.

Hülfskassen, eingeschriebene (Ges. vom 1. Juni 1884); „absichtliches Handeln zum Nachtheile" im Sinne des § 34, Begriff; Anwendbarkeit des § 34 auf die Vorstandsmitglieder, welche absichtlich zum Nachtheile der Hülfskassen handeln, auch wenn die Handlung erst nach beschlossener Auflösung der Kasse erfolgt ist, E. XIV. 401.

J.

Jagdvergehen, Beginn der Nachtzeit mit der Folge des Sonnenunterganges eingetretenen nächtlichen Dunkelheit, R. VII. 56; — Durchstreifen der Forste mit schußfertigem Gewehre als ein Act, welcher den Willen, Wild zu occupiren, bethätigt, R. VII. 184. VIII. 102; — Transportmittel, welche der Jagdcontravenient bei dem unberechtigten Jagen zur Wegschaffung des erbeuteten Wildes aus dem fremden Jagdgebiete bei sich führt, als Jagdgeräthe; Einziehung derselben, R. VII. 416. E. XII. 305; — wenn ein Angeklagter durch rechtskräftiges Urtheil des Berufungsgerichts als Gericht I. Instanz mehrerer Jagdvergehen für schuldig erklärt, obgleich der StA. die Anklage auf gewerbsmäßiges Jagdvergehen und mehrere, ursprünglich nicht unter Anklage gestandene Delictsfälle erweitert hatte, kann wegen der im ersten Urtheile nicht berücksichtigten Fälle nicht neue Anklage erhoben und nur wegen gewerbsmäßigen Jagdvergehens Strafe verhängt werden, R. VII. 670; — Ausdehnung des Jagdrechts auf natürlich eingegangenes Wild oder Bestandtheile desselben; Unanwendbarkeit des Jagdrechts auf abgeworfene Geweihe jagdbarer Thiere, R. VII. 674. E. XIII. 84; — Unzulässigkeit der Einziehung des Gewehrs bei Idealconcurrenz einfachen Jagdvergehens mit fahrlässiger Körperverletzung, R. VIII. 330; — vollendete Jagdausübung, wenn der Jagdfrevler, mit zubereiteten Schlingen ausgerüstet, die zur Legung derselben geeigneten Stellen im fremden Jagdgebiete aufsucht, R. VIII. 378; —

Anstand auf eigenem Jagdgebiete, verbunden mit Anstellung von Treibern, welche das Wild aus fremdem Gebiete zutreiben sollen, auch dann strafbar, wenn das Wild erst nach dem Uebertreten erlegt werden sollte, R. VIII. 420. X. 565; — bei unbefugter Wegnahme von Fallwild kommt die gesetzliche Schonzeit als erschwerender Umstand nicht in Betracht, R. VIII. 540; — Mitthäterschaft am Jagdvergehen von Seiten desjenigen, der für seine Person vom Jagdberechtigten die Erlaubniß zum Jagen erhalten hat, wenn er die Jagd in Gemeinschaft mit einem Unberechtigten ausübt, R. VIII. 546; — Auslegen vergifteten Köders auf fremdem Jagdgebiete, um Wildschaden von einem Grundstücke fern zu halten, als Jagdvergehen, R. VIII. 555. E. XIV. 419; — gewerbsmäßige Jagdausübung dadurch, daß der unbefugt Jagende einen beträchtlichen Theil des Unterhalts seiner Familie durch die erlangte Jagdbeute deckt, R. IX. 90; — Anwendbarkeit der Straferhöhungsgründe aus § 293 des StGB. auf Aneignung von Fallwild, wenn diese in Wäldern, zur Nachtzeit oder gemeinschaftlich mit Mehreren erfolgt, R. IX. 127. E. XV. 268; — Unzulässigkeit des Betretens der zu einem gemeinen, in fremdem Jagdgebiete liegenden Wege gehörigen Seitengräben in Jagdausrüstung, E. XVI. 203; — Befugniß der Forstschutzbeamten, in Anlaß des Forstschutzes zur Jagd ausgerüstet, durch fremdes Jagdgebiet außerhalb der Wege zu gehen, E. XVI. 197; — Unzulässigkeit der Einziehung eines Gewehres, welches der Thäter vor Beginn verbotener Jagdfolge zurückläßt, demnächst aber nach beendeter Occupation des Wildes wieder an sich nimmt, R. IX. 502; — als „zur Jagd ausgerüstet“, wer ein ungeladenes und am Schlosse umbundenes Gewehr bei sich führt, R. IX. 556; — Begriff von „Umfriedung“ und „Hausgarten“ im Sinne des Art. 2 Ziff. 1 des bayer. Ges. vom 30. Mai 1850, R. X. 248. E. XVII. 239; — gemeinschaftliches Jagen nicht vorhanden, wenn von zwei in Gemeinschaft unbefugt Jagenden der eine zu der That sich irrthümlich für berechtigt gehalten hat, R. X. 300. E. XVII. 413; — Aufscheuchen von Wild auf einem fremden Reviere, mit der Absicht, dasselbe Jägern, die berechtigt auf einem andern Revier jagen, zuzutreiben, auch dann Jagdausübung, wenn ein Einverständniß des Thäters mit den Jägern nicht festgestellt ist, R. X. 331; — Jagdausübung des Grundeigenthümers auf seinem eingefriedigten Grundstücke eine unberechtigte, solange nicht vorher die Entscheidung des Landraths über das Vorhandensein der Einfriebigung erfolgt ist (Preußen), R. X. 391. E. XVII. 363; — Einziehung ausgeschlossen, wenn durch eine andere positive Gesetzesvorschrift die Rechte eines unbetheiligten Dritten berücksichtigt werden müssen, R. X. 457. E. XVIII. 43; — Gültigkeit des RStGB. und nicht der französischen Gesetze in der bayer. Rheinpfalz für den Begriff der unbefugten Jagdausübung, R. X. 680. E. XVIII. 226; — Begriff einer Inclave im Sinne des bayer. Ges. vom 30. März 1850 betr. die Ausübung der Jagd, E. XVIII. 265; s. a. Einziehung.

Irrthum, Unentschuldbarkeit des Irrthums bei der Blutschande, die Schwägerschaft könne durch außereheliche Geburt nicht begründet werden, R. VII. 130. E. XII. 275; — Unentschuldbarkeit des Irrthums über das Strafgesetz in Steuersachen, E. XII. 103; — in Betreff der subjectiven Erfordernisse der Strafbarkeit besteht kein grundsätzlicher Unterschied zwischen Uebertretungen und Vergehen; Irrthum über die Bedeutung des Strafgesetzes, R. VII. 722; — des Gerichtsvollziehers über den Begriff einer erwachsenen Person im Sinne des § 166 Abs. 1 der RCPrO., R. VIII. 266; — Einflußlosigkeit des Irrthums, was unter dem Veranstalten einer öffentlichen Lotterie zu verstehen sei, R. VIII. 295; — Unkenntniß der erfolgten Vereidigung eines Privatforstaufsehers auf das Forstdiebstahlsgesetz schützt gegen Bestrafung wegen Widerstands (Preußen), R. IX. 382; — Mangel des subjectiven Verschuldens eines Untergebenen, welcher in Unkenntniß von der Widerrechtlichkeit der von dem Vorgesetzten begangenen Nöthigung auf Befehl desselben Hülfe leistet, R. IX. 447; — Irrthum des Angeklagten bei Abgabe einer von ihm zu gerichtlichem Protokoll verlautbarten Erklärung, er sei zur Benutzung des fremden Namens berechtigt, R. IX. 451; – Unkenntniß des Widerstand Leistenden, daß der Förster für denjenigen Waldbezirk aufgestellt ist, in welchem er sein Recht ausübte, macht straflos, R. IX. 473; s. a. Sprengstoffe.

Juden, fortdauernde Anwendbarkeit des § 71 des preuß. Ges. vom 23. Juli 1847 über die Verhältnisse der Juden in Beziehung auf die Annahme ausländischer Juden als Rabbiner und Synagogenbeamte, E. XIII. 207; — strafrechtliche Verantwortlichkeit für die Unterlassung der Einholung der staatlichen Genehmigung auch derjenigen Mitglieder des Synagogengemeinde-Vorstands, welche in den Vorstand erst eingetreten sind, nachdem ein Ausländer als Synagogenbeamter bereits angestellt war, R. VIII. 443; — Noth-

K.

— dauernd wesentliche Entstellung auch dann möglich, wenn die vorhandene äußerliche Verunstaltung durch künstliche Mittel verdeckt werden kann, R. VIII. 578. E. XIV. 344; — Untauglichkeit der gefährlichen Körperverletzung aus § 223ª zur Compensation; Entbehrlichkeit des Strafantrages, R. VIII. 611. E. XIV. 360; — Hetzen eines Hundes auf einen Menschen als lebensgefährdende Behandlung, R. VIII. 724; — Begriff einer das Leben gefährdenden Behandlung; Berücksichtigung concreter Umstände, R. IX. 464; — idealer Zusammenfluß zwischen Körperverletzung mit erfolgtem Tode des Verletzten und Schlägerei, Begehung beider Strafthaten in Fortsetzung durch eine und dieselbe Person, R. IX. 716; — mittelst das Leben gefährdender Behandlung; Kenntniß von den Umständen, welche eine das Leben gefährdende Behandlung begründen; wissentliche oder fahrlässige Herbeiführung derselben, R. X. 237. E. XVII. 279.

Körperverletzung, fahrlässige; unterlassene Treppenbeleuchtung von Seiten des Hauseigenthümers in Uebereinstimmung mit den von ihm geschlossenen Miethverträgen, R. VII. 226; — des Hauseigenthümers, welche durch unterlassene Beleuchtung der Treppen entstanden ist, R. VIII. 629. E. XIV. 362; — Vorhersehbarkeit des schädlichen Erfolges als Wirkung der Handlung nothwendig zum subjectiven Thatbestand; Voraussetzungen für die Unterlassung einer ausdrücklichen Erörterung und Feststellung dieses Momentes, R. IX. 63; — wenn Droguisten einem Menschen ohne ärztliche Anordnung Morphium in die Gesundheit des Gebrauchenden schädigenden Mengen abgeben und mit dem Bewußtsein des Gebrauches zu Injectionen, R. X. 187; — Wegfallen des § 230 des StGB. wegen Fehlens strafbarer Verschuldung; die Anwendbarkeit des § 366 Ziff. 8 nicht ausgeschlossen, E. XVII. 303; s. a. Berufspflicht.

Kosten des Verfahrens; Verpflichtung des Angeklagten zur Tragung der Kosten, welche durch das Verfahren über eine mit dem schwereren Strafgesetze, aus welchem bestraft wurde, ideell concurrirende Handlung entstanden sind, E. XII. 87. XV. 105; — Verpflichtung der Staatskasse, besondere Fälle ausgenommen, zur Tragung der Kosten des Einziehungsverfahrens, R. VII. 297. E. XII. 198. XIII. 19; — Begünstiger und Hehler als Mitangeklagte, welche „in Bezug auf dieselbe That“ mit dem Thäter verurtheilt sind, R. VII. 334. E. XII. 226; — Verpflichtung des Theilnehmers als Gesammtschuldner für die von den übrigen Theilnehmern verursachten Auslagen selbst dann, wenn er bei den Handlungen derselben weder mitgewirkt, noch überhaupt von denselben gewußt hat, R. VII. 624; — Verbindlichkeit des zur Strafe verurtheilten Angeklagten auch zur Tragung derjenigen Kosten (Auslagen), welche durch unrichtige Behandlung der Sache entstanden sind, R. VII. 710; — Unanwendbarkeit des § 500 der StPrO. auf die Verurtheilung einer als Zeuge vernommenen Person in die Kosten des Verfahrens wegen wechselseitiger Beleidigung oder Körperverletzung, R. VIII. 211. E. XIII. 421; — Verpflichtung des Kostenschuldners, für die zu den Acten der I. Instanz gelangende Reinschrift des Revisionsurtheils Schreibgebühr zu zahlen; Unzulässigkeit des Ansatzes von Postgebühren bei Zustellungen, welche von Amtswegen bewirkt werden, R. IX. 3; — bei Freisprechung des Angeklagten und Nebenbeklagten fallen die Kosten des Verfahrens, mit Einschluß der durch die Anschluß-Nebenklage verursachten Kosten, der Staatskasse zur Last; der Nebenkläger bei Freisprechung des Angeklagten zur Tragung der ihm selbst erwachsenen baaren Auslagen verpflichtet, auch wenn es an einem besonderen Ausspruche hierüber in dem Urtheile fehlt, R. IX. 37. E. XV. 190; — bei Verurtheilung einer Person wegen activer, einer anderen Person wegen passiver Bestechung haften Beide für die Auslagen als Gesammtschuldner; die gerichtlichen Gebühren treffen Jeden nach Art seiner Verurtheilung, R. IX. 457; — Zahlung der gesetzlichen Entschädigung aus der Staatskasse an unmittelbar geladene Zeugen, deren Aussage zur Aufklärung der Sache dienlich war, vorbehaltlich der späteren Entscheidung darüber im Schlußurtheil, R. IX. 476. E. XVI. 212; — Verpflichtung des verurtheilten Angeklagten zur Tragung der dem Nebenkläger erwachsenen nothwendigen Auslagen auch dann, wenn die Verurtheilung unter einem die Anschlußerklärung nicht begründenden Gesichtspunkte erfolgt ist, R. IX. 524; — Kosten des Strafverfahrens auf Einziehung mißbrauchter Einmaischungsgeräthe, R. X. 131. E. XVII. 114; — Kosten eines Rechtsmittels, welches die Aufhebung des angefochtenen Urtheils zur Folge hat, R. X. 271; — Gerichtskosteneinziehung; formelle Voraussetzungen der zu gewährenden Rechtshülfe unter den Bundesstaaten, R. X. 391; — Verpflichtung des verurtheilten Angeklagten zur Tragung sämmtlicher Kosten der Voruntersuchung, auch wenn die letztere auf Grund einer andern strafrechtlichen Beurtheilung der That als der in dem Eröffnungsbeschlusse angenommenen, eingeleitet und geführt ist; Unanwendbarkeit des § 6 des Gerichtskostengesetzes, R. X. 609.

Krankenversicherung der Arbeiter; Strafbarkeit einer nur scheinbaren Lohnherabsetzung, wenn die wirkliche Uebereinkunft dahin ging, daß die Arbeiter nicht bloß die von ihnen zu leistenden zwei Drittel, sondern auch das vom Arbeitgeber zu zahlende Drittel der Beiträge sich abziehen lassen sollen; schon das verbotswidrige Contrahiren ohne wirklich erfolgte Abzüge ist strafbar; jeder verbotswidrige Abzug bezüglich jedes Arbeiters bildet keine selbständige Strafthat, R. X. 730. E. XVIII. 317.

Krebsen, unberechtigtes s. Fischen.

Kuppelei, vorsätzliche Unterlassung der pflichtgebotenen Verhinderung der Unzucht als Vorschubleisten, R. VII. 33; — Unterlassen eines Einspruches in Fällen, wo nach Recht und guter Sitte der Einspruch geboten war, als Vorschubleisten, R. VII. 34; — Vorschubleisten der Eltern zur Unzucht der Tochter mit ihrem Verlobten zu einer Zeit, in welcher die Ehe nur in Aussicht genommen ist, R. VII. 317. VIII. 649. X. 139; — unterlassene Verhinderung der Kuppelei seitens einer Person, welche factisch, jedoch nicht rechtlich in der Lage war (Zuhälter einer Bordellinhaberin), R. VII. 515; — Duldung der Fortsetzung des Miethverhältnisses seitens des Vermiethers trotz Kenntniß von der in der vermietheten Wohnung betriebenen Unzucht als Vorschubleisten, auch wenn bei Abschluß des Miethvertrages der Unzuchtsbetrieb nicht bekannt und eine desfallsige Bestimmung im Vertrage nicht getroffen war, R. VII. 552; — keine Vorschubleistung seitens eines Dienstmanns, welcher Fremden auf Ansuchen ein Bordell bezeichnet und dieselben dorthin führt, ohne Hinzutritt besonderer Umstände, R. VIII. 296; — Vorschubleisten durch Verbringen eines Freudenmädchens von einem Bordell in ein anderes, R. VIII. 300; — reale Concurrenz zwischen Kuppelei und unterlassener Anzeige des Gewerbebetriebes, in welchem die Kuppelei verübt wurde (Preußen), R. VIII. 408. E. XIV. 174; — Begriff des Vorschubleistens; nur nothwendig, daß durch die Thätigkeit des Kupplers eine oder die andere der den kupplerischen Verkehr ermöglichenden oder erleichternden Vorbedingungen herbeigeführt werde; Bestimmen einer Lohndirne im Inlande zur Reise nach dem Auslande zum Zwecke der Lohnhurerei, E. XV. 361; — für das Merkmal des Eigennutzes nicht bloß das Erstreben eines Vermögensvortheils, sondern jedes anderen materiellen Nutzens genügend; Beischlaf, R. IX. 298. E. XVI. 56; — keine Voraussetzung des § 181 Ziff. 2, daß eine von den beim Betriebe der Unzucht betheiligten Personen als Object der Unzucht anzusehen sei und mit dieser der Schuldige in dem Verhältnisse von Eltern zu Kindern oder einem anderen der dort gedachten Verhältnisse steht; Unzulässigkeit der Unterscheidung zwischen Object und Subject der Unzucht; Anwendbarkeit des § 181 Ziff. 2 auf die Mutter in ihrem Verhältnisse zu dem großjährigen und selbständigen Sohne, R. IX. 301. E. XVI. 49; — Nichterforderniß des Bewußtseins der Rechtswidrigkeit der Handlung zum subjectiven Thatbestande des § 280, R. IX. 363; — Straflosigkeit eines nicht angenommenen Anerbietens eines Miethverhältnisses mit dem bewußten Zwecke, daß die angebotenen Wohnräumlichkeiten zur Ausübung der Unzucht würden benützt werden, R. IX. 371; — Beherbergung von Frauenspersonen gegen Ablieferung des außerhalb der Wohnung durch Unzucht verdienten Geldes nur nach Bewandtniß des Falls als der Unzucht geleisteter Vorschub, R. X. 133; — Vorschubleisten der Unzucht in der Wohnungsvermiethung an solche Personen, die, wie dem Vermiether bekannt, Prostituirte zur Ausübung der Unzucht bei sich aufnehmen oder in Untermiethe zulassen, R. X. 703.

L.

Ladung, nochmalige Wahrung der Frist aus § 216 der StPrO. bei Aussetzung der Hauptverhandlung nicht nothwendig, E. XV. 113; R. IX. 177.

Legitimationspapiere, ein von dem Pfarrer aus dem das Personenstandsregister darstellenden Kirchenbuche ertheiltes Tauf- bezw. Geburtszeugniß als Legitimationspapier; Täuschungen, um vor Erreichung des erforderlichen Lebensalters die Annahme zum Militär zu erwirken, als Täuschungen zum Zwecke besseren Fortkommens, R. VII. 536. E. XII. 385; — begrifflicher Unterschied von Urkundenfälschung und Fälschung von Legitimationspapieren; Taufschein der Braut als Legitimationspapier, wenn derselbe lediglich in der Absicht, ein glückliches Zusammenleben in der Ehe zu sichern, nicht um die Ehe selbst herbeizuführen, hinsichtlich des Alters der Braut gefälscht wird, R VII. 681. E. XIII. 65.

Lotterie, ne bis in idem bei strafrechtlicher Verfolgung des Vertriebes von Loosen, nachdem wegen später erfolgten Vertriebes von Loosen derselben Lotterie bereits Strafe erkannt ist, R. VII. 170. E. XII. 115; — Unterschied von Lotterie und Glücksspiel; „Kartenlotterie“ oder „Gottes Segen bei Cohn“ keine Lotterie, sondern Glücksspiel, R. VII. 541. E. XII. 388; — Verkauf eines Prämienlooses unter Suspension des Uebergangs des Eigenthums an den Käufer bis zur Zahlung mehrerer Raten des Kaufpreises kein Veranstalten einer Lotterie, wohl aber dann, wenn unter gewissen Bedingungen der Gewinn dem Verkäufer zufällt und derselbe dem Käufer ein anderes Loos zu liefern hat, R. VII. 621; — Veranstaltung einer Lotterie auch dann vorliegend, wenn der für die Betheiligung zu erlegende Preis in dem Betrage für das Abonnement einer Zeitung enthalten ist, welches in gleicher Höhe auch von den am Unternehmen nicht betheiligten Zeitungsabonnenten gezahlt werden muß, R. IX. 294. E. XVI. 83; — öffentliche Lotterie in dem Verkaufe von Waaren, denen Anweisungen auf Zufallsgewinne beiliegen, R. IX. 300; s. a. Ausspielung, Glücksspiel.

M.

Malzsteuervergehen, (bayr. Malzaufschlagsgesetz) Unterschied der strafrechtlichen Verantwortlichkeit des Thäters und des Gehülfen; Zusatz von Salicylsäure als Zuwiderhandlung gegen das Malzaufschlagsgesetz; Behandlung der zur Malzbereitung bestimmten Gerste und der Hefe vor ihrer Verwendung zur Bierbereitung mit Salicyl, E. XIII. 97.

Markenschutz, s. Waarenzeichen.

Meineid und Falscheid, Verurtheilung wegen Verleitung zum Falscheide, wenn der Eid nach dem Spruche der Geschworenen von dem Hauptthäter wissentlich falsch geschworen ist, E. XI. 418; — urkundlich abgegebene eidesstattliche Versicherung als Mittel zur Glaubhaftmachung im Civilprocesse (CPrO. § 266); Bestrafung der Unwahrheit aus § 156 StGB., R. VII. 106; — wissentlich oder fahrlässig unwahre Versicherung bei dem Ueberzeugungseide aus § 424 Abs. 3 der CPrO., daß die verlangte sorgfältige Erkundigung stattgefunden habe, E. XII. 58; — Verleitung zu einem falschen Eide; Leistung des Eides als Voraussetzung für das vollendete Vergehen, R. VII. 349. E. XII. 254; — Unzulässigkeit der Erkennung auf Unfähigkeit der Zeugnißablegung wegen Versuchs und Beihülfe zum Meineid, R. VII. 660. X. 100. E. XIII. 76; — Ableistung des falschen Eides vor einer Behörde, welche in abstracto zur Abnahme von Eiden zuständig ist, R. VII. 696;

— Zuständigkeit der Behörde zur Abnahme der eidesstattlichen Versicherung nicht im concreten Falle, sondern nur nach dem Gegenstande der Versicherung erforderlich; Befugnis des Standesbeamten, eine eidesstattliche Versicherung auch über solche Umstände abzunehmen, welche nur für den Erlaß des Aufgebotes, nicht aber für den Bestand der zu schließenden Ehe von Erheblichkeit sind, R. VII. 733. E. XIII. 161; — Verschweigen erheblicher Thatsachen in der Meinung, daß sie unerheblich seien; Nothwendigkeit einer besonderen Befragung des Zeugen oder Sachverständigen hierüber oder wenigstens Bewußtsein der Möglichkeit, es könne der verschwiegene Umstand für erheblich angesehen werden, R. VIII. 23; — Zeitpunkt der Vollendung des Meineids durch die Aussage eines vorbeeidigten Zeugen; Bestimmen eines Zeugen zu einer ursprünglich falschen, aber vor Schluß der Vernehmung berichtigten Aussage als Anstiftung zum Meineid; Straflosigkeit des Versuchs aus § 46 Ziff. 1 des StGB., wenn der Zeuge seine anfänglich wider besseres Wissen gemachte Aussage vor dem Schlusse seiner Vernehmung wahrheitsgemäß berichtigt hat, R. VIII. 171. E. XIV. 19; — Thatbestand des § 159 StGB. auch dann gegeben, wenn der zu Verleitende gutgläubig den falschen Eid geleistet hat, R. VIII. 302; — Strafbarkeit der falschen Versicherung an Eidesstatt, auch wenn sie vor der zur Abnahme zuständigen Behörde unaufgefordert erfolgt und die Behörde solche gesetzlich erst in Ermangelung anderer Beweismittel erfordern durfte; Zuständigkeit der Bezirkscommission für die Veranlagung der classificirten Einkommensteuer in Preußen, R. VIII. 380. E. XIV. 170; — eidesstattliche Versicherungen zur Begründung sowohl des Antrags auf Erlaß einstweiliger Verfügung als des Gegenantrages, R. VIII. 730; — die schriftliche Erklärung, das Versicherte beschwören zu können, keine falsche Versicherung an Eidesstatt; Möglichkeit eines Betruges gegen den Proceßrichter durch Uebergabe einer falschen derartigen Erklärung, R. VIII. 790. E. XV. 126; — Verleitung zur Ableistung eines falschen Eides; Voraussetzung des § 159, daß der zu Verleitende den Eid nicht leistet, dagegen des § 160, daß der Eid geleistet wird aber von dem Leistenden als falscher nicht gewollt ist, E. XV. 148; — Unternehmen der Verleitung zum Meineid; ob die erstrebte Verletzung der Zeugnißpflicht möglich war und der Zeuge etwas zu bestätigen wußte, gleichgültig; Feststellung concreter Thatsachen, welche bezeugt werden sollten, nicht erforderlich; Verleitung durch eine Mittelsperson, R. IX. 112. E. XV. 259; — Anwendbarkeit des Strafbefreiungsgrundes wegen Widerrufs aus § 163 Abs. 2 auch auf fahrlässig geschworene Parteieide; Begriff des „Rechtsnachtheils“, R. IX. 280. E. XVI. 29; — die falsche eidesstattliche Versicherung der Richtigkeit des vom Vater behufs Auseinandersetzung mit seinen Kindern gelegten Inventars unter § 156 fallend, R. IX. 688. E. XVI. 372; — Wirkung des Widerrufs, wenn er sich auch als Folge des Zwanges zur Eidesleistung darstellt; Widerruf nur dann gegeben, wenn die spätere Erklärnng eine Abänderung der früheren Angabe enthält; Widerruf verspätet, wenn vor Erklärung desselben zufolge der falschen Versicherung eine Zwangsvollstreckung einstweilen eingestellt war, R. IX. 697; — Begriff des Widerrufes; Widerruf einer behufs Erlangung der Erbbescheinigung gemäß § 3 des preuß. Ges. vom 12. März 1869 vor einem Notar zu Protokoll gegebenen fahrlässig falschen Versicherung an Eidesstatt; Zuständigkeit des Notars zur Entgegennahme; der Notar als Behörde im Sinne des Gesetzes, R. X. 192. E. XVII. 341; — Bedeutung der eidesstattlichen Versicherung im Erblegitimationsverfahren (Preußen); Voraussetzungen für die wissentlich oder fahrlässig falsche Versicherung dieser Art; Aushändigung der Eidesbescheinigung an einzelne Erben als Rechtsnachtheil für besser- oder gleichberechtigte Erben, denen sie nicht ertheilt ist, R. X. 210. E. XVII. 185; — eidesstattliche „Erklärung“ gleichbedeutend mit „Versicherung“; Versicherung an Eidesstatt über die Autorschaft einer Doktordissertation; Befugniß der Universitäten, von den Bewerbern um die Doktorwürde eine solche Versicherung zu verlangen; die einzelnen Facultäten einer Universität als Behörden, R. X. 227. E. XVII. 208; — Vorliegen eines Rechtsnachtheils aus der falschen Aussage im Sinne des § 163 Abs. 2, wenn in Folge derselben gegen einen anderen Anklage wegen einer schwereren als der von ihm wirklich begangenen Strafthat erhoben worden ist, R. X. 295. E. XVII. 307; — Versicherung, welche ein Zeuge unter Berufung auf den bereits früher geleisteten Eid abgibt, auch dann der Eidesleistung gleichzuachten, wenn sie in einem Falle gefordert und abgegeben worden ist, in welchem eine förmliche Eidesleistung hätte erfolgen müssen, R. X. 393. E. XVII. 409; — Versuch eines Meineids auch dann, wenn der Zeuge noch innerhalb derselben Vernehmung auf Vorhalt des Vorsitzenden seine Aussage richtig stellt; Anstiftung zu diesem Versuch nach

§ 48 des StGB. strafbar, R. X. 555; — Strafbarkeit aus § 159, wenn das Unternehmen um deswillen erfolglos blieb, weil die dem Zeugen zugemuthete und vom Verleiter für falsch gehaltene Aussage objectiv richtig war, R. X. 569; — auf Grund des § 3 Abs. 2 Satz 2 des preuß. Ges. vom 12. März 1869, betr. die Ausstellung gerichtlicher Erbbescheinigungen zum Protokoll eines preußischen Notars abgegebene eidesstaatliche Versicherung als eine vor einer zur Abnahme einer Versicherung an Eidesstatt zuständigen Behörde abgegebene eidesstattliche Versicherung, R. X. 652. E. XVIII. 246; — Unzulässigkeit eidesstattlicher Versicherungen in einem die Beurkundung einer Geburt bezweckenden Verfahren des Standesbeamten, E. XVIII. 309.

Messer, Angriffe mit einem solchen; § 367 Ziff. 10 StGB. findet auf jeden Angriff Anwendung, also auch auf einen solchen, welchen eine einzelne Person verübt hat, R. VII. 555. X. 46. E. XIII. 3.

Meuterei s. Gefangenenbefreiung, Zusammenrottung.

Militärgerichtsbarkeit, Berücksichtigung der auf das Bestehen des Militärgerichtsstandes bezüglichen neuen Thatsachen in der Revisionsinstanz, R. VII. 198. E. XII. 125; — Beginn für ausgehobene Rekruten, E. XII. 85; — für Herausforderungen und Zweikämpfe der Assistenzärzte der Marine-Reserve; Einfluß der erfolgten Verabschiedung auf die Zuständigkeit der Civilgerichte; „zur Sprache kommen" der strafbaren Handlung einer Militärperson nach § 17 der preuß. Militärstrafgerichtsordnung, R VII. 326. E. XII. 231; — der Personen des Beurlaubtenstandes bei Controlversammlungen; Fortdauer der Zugehörigkeit zu der activen Armee bis zum Schlusse des Tages der Versammlung; Anwendung auf Personen, welche bei der Controlversammlung zum Landsturm übergeführt worden sind; Zuständigkeit der Civilgerichte für die Anwendung des Militärstrafgesetzes, R. VII. 441. E. XII. 319; — Gerichtsbarkeit über Gendarmen hinsichtlich der von ihnen im Civildienste begangenen strafbaren Handlungen (Bayern), R. VII. 645. E. XIII. 107; — Zuständigkeit der Civilgerichte, wenn eine Person des Beurlaubtenstandes nach Wahrnehmung einer Controlversammlung noch am Tage derselben ein gemeines Vergehen begangen hat und dieses erst nach dem Rücktritt in den Beurlaubtenstand zur Sprache kommt, R. VIII. 548. E. XIV. 328; — Zuständigkeit der Civilgerichte für militärische Vergehen, welche erst nach Entlassung des Beschuldigten zur Cognition gelangen; Grundsätze über die sachliche Zuständigkeit der Landgerichte, R. IX. 690. E. XVI. 433; — Zuständigkeit der Civilgerichte für Cartelträgerei der Offiziere der Reserve und Landwehr innerhalb des Gebietes der preuß. Militärstrafgerichtsordnung, R. X. 258. E. XVII. 243; s. a. **Gerichtsstand, Verfahren gemischt gerichtliches, Zuständigkeit.**

Militärstrafgesetzgebung, Verhältniß der Zweitheilung der Strafthaten im Militärstrafgesetzbuch zu der Dreitheilung im Strafgesetzbuch für das deutsche Reich; Verbrechen und Vergehen im Sinne des ersteren zugleich solche im Sinne des letzteren; Verhältniß des Arrestes zu den Strafen des Civilstrafgesetzbuches; Begünstigung militärischer Vergehen durch Nichtmilitärpersonen; Strafbarkeit, auch wenn das militärische Vergehen ausschließlich mit Arrest bedroht ist, R. IX. 218. E. XV. 396; — Begriff der Unterdrückung von Beschwerden seitens militärischer Vorgesetzten; Anwendbarkeit des § 117 des Mil.-StGB. vom 20. Juni 1872 auf unterlassene Meldung der bei einem Vorgesetzten angebrachten Beschwerde, R. IX. 227. E. XV. 382; — Borgen von Geld von Untergebenen nach § 114 strafbar, auch ohne besonderen Mißbrauch der Dienstgewalt; Unzulässigkeit der Erkennung von Arreststrafe durch die Civilgerichte; statt Arrest Haft, R. IX. 690. E. XVI. 433.

Mineralien, unbefugte Aneignung derselben; Möglichkeit der Anwendung der Diebstahlsstrafe auf unbefugte Aneignung von Mineralien aus den Halden, R. X. 543. E. XVIII. 188.

Mitthäterschaft, Exceß des Mitthäters; Mundraub bezüglich des einen Mitthäters; gemeiner Diebstahl bezüglich des anderen, R. VII. 102. E. XII. 8; — keine Mitthäterschaft wenn von mehreren zur That entschlossenen Personen die eine den Anfang der Ausführung gemacht hat, die demnächst zugezogenen anderen Personen aber nur vorbereitende Handlungen ihrerseits unternommen haben, R. VII. 341; — bei Betheiligung beim Transport zur verbotenen Einfuhr von Vieh lediglich jenseits der Zollgrenze nicht über diese, R. VII. 445; — Einflußlosigkeit des freiwilligen Rücktritts des einen Mitthäters in Bezug auf die Schuld des anderen, R. VIII. 12; — Mitthäterschaft, wenn eine Person im Einverständniß mit dem Dieb sich an den Ort des Diebstahls begibt, dort während der Verübung Wache steht und das Gestohlene sodann an sich nimmt und wegbringt; Zurechnung der vorgekommenen erschwerenden Umstände nur dann, wenn auch hierüber im Voraus Einverständniß bestund, R. VIII. 80; — Unterschied der Mitthäterschaft von der Beihülfe, in Anwendung auf das gewerbsmäßige Glücksspiel, R. VIII. 189. E. XIV. 28; — Begriff der Mitthäterschaft erfordert nicht unbedingt physische Mitwirkung, auch wesentliche Beihülfe in Verbindung mit dem Entschlusse, die That als eigene herbeizuführen, kann denselben erfüllen, R. VIII. 337; — Mitthäterschaft des Verlegers einer periodischen Druckschrift an einer dem Redacteur als Thäter zur Last gelegten strafbaren Handlung, R. VIII. 355; — bei Urkundenfälschung, wenn der eine Thäter persönlich nur die Fälschung, der andere aber die Gebrauchshandlung vorgenommen hat, R. VIII. 481; — desjenigen, der für seine Person von Jagdberechtigten die Erlaubniß zum Jagen erhalten hat, wenn er die Jagd in Gemeinschaft mit einem Unberechtigten ausübt, R. VIII. 546; — Mitthäterschaft an einem nach § 134 des Vereinszollges. bezw. § 328 des StGB. strafbaren Unternehmen dadurch nicht ausgeschlossen, daß der Beschuldigte bei dem Hinüberschaffen über die Grenze unmittelbar nicht thätig gewesen ist, R. IX. 33.

Mord, s. Tödtung.

Münzfälschung, Falschmünzerei auch dann, wenn die Falschstücke nicht in Verkehr gebracht, sondern nur als echtes Geld im Rechtsverkehre vorgezeigt werden sollten; Zulässigkeit der Einziehung aus § 152, auch wenn das falsche Geld nicht Gegenstand eines Verbrechens aus §§ 146. 147 war; Zulässigkeit der Einziehung, auch wenn der Thäter ermittelt und in einem früheren Verfahren rechtskräftig freigesprochen worden ist, R. VIII. 400. E. XIV. 161; — Versuch der Verbreitung falschen Geldes im Falle des § 147; Absicht, das falsche Geld sich als solches zu verschaffen und in den Verkehr zu bringen, E. XVI. 111.

Mutter, als gesetzliche Vertreterin ihres minderjährigen Kindes, E. XII. 415; — nach bremischem Rechte die Mutter eines unehelichen Kindes nicht gesetzliche Vertreterin, E. XVIII. 65.

N.

Nahrungsmittel, Entwendung derselben; alsbaldiger Verbrauch auch dann, wenn die Nahrungsmittel nicht in einer Mahlzeit verzehrt werden, R. VII. 582; — Mundraub aus § 370 Ziff. 5 auch anwendbar, wenn die Entwendung geschah zum alsbaldigen Verbrauche nicht durch den Thäter, sondern durch andere, R. VIII. 139. E. XIII. 371; — Antragsberechtigung der betreffenden Betriebsbehörde, wenn ein aus § 370 Ziff. 5 strafbarer Diebstahl an Sachen verübt wird, welche der Eisenbahn zum Transport übergeben sind und sich noch im Lagerraum oder sonst im Gewahrsam der Transportanstalt befinden, R. VIII. 703; — der fortgesetzte Mundraub als Diebstahl, wenn der Gesammtwerth des Gestohlenen bedeutend 2c. gewesen ist, R. X. 333. E. XVII. 332.

Nahrungsmittelverkehr, Strafbarkeit des Verkaufs gesundheitsgefährlicher Nahrungsmittel, auch wenn der Käufer von der Gesundheitsgefährlichkeit vom Verkäufer in Kenntniß gesetzt ist; Wegfall der Strafbarkeit, wenn die Gesundheitsgefährlichkeit durch geeignete Behandlung beseitigt werden kann und der Verkäufer sich der Anwendung dieser Behandlung seitens des Käufers versichert hat, E. XI. 375; — Zusatz von Biercouleur zur Färbung des bayerischen Bieres als Verfälschung eines Lebensmittels, R. VII. 203; — Begriff des Verfälschens von Nahrungs- und Genußmitteln, R. VII. 239. 707; — Salicylsäure als Entsäurungsmittel ist Bierfälschung, wenn durch den quantitativen Zusatz eine Veränderung des Normalproducts herbeigeführt wird, R. VII. 314. 705. E. XIII. 97; — Hausenblase und Gelatine nicht ohne jede Einschränkung zulässige Klärungsmittel, R. VII. 316; — Strafbarkeit bei Verkauf gesundheitsschädlicher Gegenstände an Zwischenhändler und Wiederverkäufer, nicht bloß bei Verkauf an das consumirende Publikum unmittelbar, R. VII. 351; — Zusatz von Biercouleur zu fertigem Bier auch mangels gesetzlicher Bestimmungen hierüber, als Fälschung des Biers, R. VII. 374; — Feilhalten unter einer zur Täuschung geeigneten Bezeichnung; bloßes Verschweigen des Verdorbenseins; Anwendbarkeit des § 367 Ziff. 7 des StGB., R. VII. 405. E. XII. 301; — die bloße Meinung des Publikums, daß ein an und für sich unverdorbenes Nahrungsmittel wegen besonderer Eigenschaften als verdorben zu erachten, kein Grund für die Annahme der Verdorbenheit; ekelerregende Eigenschaften eines Nahrungsmittels als Grund der Verdorbenheit; Fleisch, welches nicht gehörig ausgeblutet hat, E. XII. 407; — Zusatz fremdartiger Stoffe für den Begriff des Verfälschens nicht erforderlich; Beimengung verdorbener oder minderwertiger Quantitäten desselben Nahrungs- oder Genußmittels; Beimischung von Neigenbier, R. VII. 546. E. XII. 400; — Versuch zu Fahrlässigkeitshandlungen ist ausgeschlossen, R. VII. 634; — Inverkehrbringen gesundheitsschädlicher Nahrungsmittel; Mitgeben an einen anderen zur Ablieferung an den Bestimmungsort, bloßer Versuch; Uebergang der Verfügungsmöglichkeit auf den Empfänger als Voraussetzung der Vollendung, E. XIV. 35. R. X. 611; — Beimischung von Mehl zu Wurstwaaren als Verfälschung, R. VIII. 552; E. XV. 161; — Weinverfälschung; Aufkleben einer falschen Etiquette keine Weinfälschung; Beimischung von Sprit, Zucker oder Wasser, als Fälschung; Nachmachen von Wein, wenn das hergestellte Gemisch überhaupt Traubensaft enthält; zur Täuschung geeignete Bezeichnung durch falsche Etiquettirung, wenn das Publikum weiß, was es von solcher zu halten hat; Vorhandensein des Vorsatzes der Weinfälschung, auch wenn der Thäter in dem angewendeten Verfahren eine Verfälschung nicht erkannt hat, weil er glaubte berechtigten Gebräuchen des Handels und der Technik zu folgen; Verfälschung von Rum, Arac oder Cognac, wann die Mischung nur 50 Proc. oder weniger echten derartigen Stoffes enthält; „Zweck der Täuschung im Handel und Verkehr", Begriff, R. VIII. 660. E. XIV. 428; — Feilbieten gesundheitsschädlicher Nahrungsmittel kein Versuch des Verkaufs, E. XV. 56; — lebende Thiere, welche zum Zwecke des Schlachtens und Verkaufs des Fleisches als menschliches Nahrungsmittel in den Verkehr kommen, fallen als Nahrungsmittel unter das Gesetz, R. VIII. 721; — Gallisiren des Weines durch Zusatz von Zuckerwasser und dadurch herbeigeführte Vermehrung des Volumens, als Fälschung, R. IX. 71. E. XV. 192; — bei Verfälschung von Safran Nothwendigkeit der Prüfung, ob derselbe nicht auch als Gewürz und demnach als Genußmittel in Betracht kommt, R. IX. 138; — Vermischung des Weines mit Hollunderbeersaft als Fälschung; Thatbestand der Fälschung dadurch nicht ausgeschlossen, daß der Thäter dem Nahrungs- oder Genußmittel zum Zwecke der Täuschung den Schein einer besseren Beschaffenheit geben wollte, thatsächlich aber eine Verschlechterung des Produktes herbeiführte, R. IX. 161. E. XV. 321; — Fleisch, in welches mit dem Munde Luft eingeblasen worden ist, als „verdorben", R. IX. 355; — das Recht oder die Verpflichtung zur Abgabe gesundheitsgefährdender Gegenstände in Folge privatrechtlicher Verhältnisse, kein Schuldausschließungsgrund für das Inverkehrbringen derselben; Rückgabe eines gekauften aber als finnig erkannten Schweines an den Verkäufer als „Inverkehrbringen", R. IX. 461. E. XVI. 191;

— Schaffen von gesundheitsschädlichen Nahrungsmitteln bis auf den Bahnhof des Ortes, wo das Feilhalten beabsichtigt ist, noch kein Versuch des Feilhaltens, wenn der Thäter an diesem Ort eine Verkaufsstelle noch nicht hat, R. IX. 525; — Einfluß localer Uebungen bei Herstellung eines Produktes, wenn dieses dadurch von der normalen Beschaffenheit abweicht, E. XVI. 316; — Fälschung und Verkauf im Sinne § 10 Ziff. 1 und 2 bleiben selbstständige Delicte, selbst wenn die durch denselben Thäter verübte Fälschung als Vorbereitung zum Verkauf unternommen wurde, R. IX. 710; — Gallisiren und Petiotisiren des Weines als Verfälschung; ideelle Concurrenz mit Betrug, R. IX. 717; — Begriff des Verfälschens; Nichtentfernen von Stoffen, welche bei normalmäßiger Herstellung des Nahrungsmittels entfernt werden mußten; Herstellung von Butter mit einem Wassergehalt von mehr als 20 Procent, R. X. 64. E. XVII. 99; — Hinschaffen fauler Fische an die Verbrauchsstätte und Unterbringung derselben in der Wassertonne zum Zwecke der Zubereitung und Verwendung für die Gäste als Anfang der Ausführung des Feilhaltens; eventueller Dolus, R. X. 157; — Voraussetzungen des subjectiven Verschuldens beim Verkauf gesundheitsgefährlicher Nahrungsmittel; Bewußtsein von der Norm- oder Rechtswidrigkeit; Voraussetzung der Straflosigkeit der Veräußerung von Nahrungsmitteln, deren gesundheitsgefährliche Eigenschaft durch besondere Behandlung beseitigt werden kann, R. X. 261; — Fahrlässigkeit beim Verkauf trichinenartigen Fleisches, wenn der Verkäufer unter den vorliegenden Umständen überzeugt sein konnte, daß das Fleisch erst nach gehörigem Kochen genossen werden würde, E. XVII. 427; — Feststellung, daß jemand wisse, das Fleisch rühre von einem kranken Thiere her, genügt nicht zur Annahme des „wissentlichen" Inverkehrbringens gesundheitsschädlichen Fleisches; daß Personen, welche nach dem Genusse derartigen Fleisches von seiner Herkunft hören, aus Ekel an der Gesundheit geschädigt werden können, genügt nicht, um das Fleisch als Nahrungsmittel anzusehen, welches die menschliche Gesundheit zu schädigen geeignet ist, E. XVIII. 135.

Namensangabe falsche; Strafbarkeit aus § 360 Ziff. 8 nicht § 271 des StGB., wenn eine Person, welche zu Protokoll einer Verwaltungsbehörde eine Anzeige macht, sich hierbei eines falschen Namens bedient, R. VII. 469; — falsche Namensangabe einem Briefträger gegenüber, um sich in den Besitz einer Postsendung zu setzen, nicht strafbar, R. X. 123. E. XVII. 224.

Nebenklage, Zulässigkeit des Anschlusses des zur Buße Berechtigten nach Schluß des Beweisverfahrens, Nothwendigkeit einer schriftlichen Erklärung, Constatirung im Sitzungsprotokoll oder nachträgliche schriftliche Erklärung in der Revisionsinstanz ohne Wirkung, R. VII. 616; — Befugniß der Verwaltungsbehörde, subsidiäre Anklage zu erheben oder sich als Nebenkläger anzuschließen, in allen Fällen, in welchen es sich um eine Zuwiderhandlung gegen die Vorschriften über die Erhebung öffentlicher Abgaben und Gefälle handelt, auch dann, wenn die Zuwiderhandlung mit einer anderen Strafthat, auch einer schwurgerichtlich abzuurtheilenden, ideell concurrirt, R. VII. 618. E. XIII. 30; — Zulässigkeit der Nebenklage durch die Behauptung, es liege ein zur Nebenklage berechtigendes Delict in idealem Zusammenfluß mit dem der Anklage zu Grunde liegenden vor, R. VIII. 468; — Aufhebung des Urtheils bezüglich der Nebenklage, wenn über die Zulassung des Nebenklägers ein Beschluß nicht gefaßt ist, R. VIII. 532; — bei Freisprechung des Angeklagten und Nebenbeklagten fallen die Kosten des Verfahrens, mit Einschluß der durch die Anschluß-Nebenklage veranlaßten Kosten der Staatskasse zur Last; der Nebenkläger bei Freisprechung des Angeklagten zur Tragung der ihm selbst erwachsenen baaren Auslagen verpflichtet, auch wenn es an einem besonderen Ausspruche im Urtheil fehlt, R. IX. 37. E. XV. 190; — Hinfälligkeit des Anschlusses des Nebenklägers mit Zurücknahme des vom StA. eingelegten Rechtsmittels; Verpflichtung des Nebenklägers innerhalb der dem StA. laufenden Frist seine Revisionsanträge einzubringen, R. IX. 283; — Zulässigkeit des Anschlusses als Nebenkläger auch dann, wenn neben dem anschlußfähigen Delict ein anderes ideal concurrirt, an welches der Anschluß nicht stattfindet, und nur wegen des letzteren Delicts die öffentliche Klage erhoben ist, R. IX. 524; — Ertheilung des Wortes von Amtswegen an den in der Hauptverhandlung anwesenden Nebenkläger nach Schluß der Beweisaufnahme zu seinen Ausführungen und Anträgen neben dem Staatsanwalte nothwendig, R. IX. 537. E. XVI. 253; — Zulässigkeit von Beweiserhebungen von Amtswegen durch das Gericht, um sicher über das Verlangen einer Buße seitens des Nebenklägers urtheilen zu können, R. X. 169; — Zulässigkeit des Anschlusses als Nebenkläger, wenn Jemand auf

Grund einer eidlichen Zeugenaussage zu einer Freiheits- oder Geldstrafe rechtmäßig verurtheilt worden ist und dann auf seinen Antrag gegen den Zeugen die öffentliche Klage wegen Meineides in Gemäßheit des § 170 der StPrO. erhoben worden ist, R. X. 419; — bei Antragsdelicten der Anschluß des Verletzten als Nebenkläger im Zweifel als Strafantrag, R. X. 606.

Ne bis in idem, Zulässigkeit der nochmaligen Verfolgung derselben That unter dem Gesichtspunkte eines ideell concurrirenden Vergehens trotz vollstreckbar gewordener polizeilicher Strafverfügung; processuales Verfahren in Preußen nach Ges. vom 23. April 1883 § 10 Abs. 2, R. VII. 132; — Anwendung auf die strafrechtliche Verfolgung des Vertriebs von Loosen einer in Preußen nicht zugelassenen Lotterie, nachdem wegen nachher erfolgten Vertriebes von Loosen derselben Lotterie bereits Strafe erkannt ist, R. VII. 170. E. XII. 115; — wenn ein Angeklagter durch rechtskräftiges Urtheil des Berufungsgerichts als Gericht I. Instanz mehrerer Jagdvergehen für schuldig erklärt ist, obgleich der StA. die Anklage auf gewerbsmäßiges Jagdvergehen und mehrere ursprünglich nicht unter Anklage gestandene Delictsfälle erweitert hatte, kann wegen der im ersten Urtheile nicht berücksichtigten Fälle nicht neue Anklage erhoben und nun wegen gewerbsmäßigen Jagdvergehens Strafe verhängt worden, R. VII. 670; — Identität der That, wenn durch dieselbe Handlung verschiedene Personen als getäuscht oder beschädigt successive bezeichnet werden; Unzulässigkeit einer Erneuerung des Verfahrens wegen Beihülfe, wenn Angeklagter bereits von der Thäterschaft der nämlichen That freigesprochen ist, E. XIII. 146; — Unanwendbarkeit in objectiven Strafverfahren aus § 152 StGB., wenn der Thäter ermittelt, aber in einem vorausgegangenem Verfahren freigesprochen worden ist, R. VIII. 400. E. XIV. 161; — Unanwendbarkeit auf vorzeitige Veröffentlichung der Anklageschrift eines Strafprocesses, wenn wegen vorheriger Veröffentlichung derselben Schrift in einem anderen Preßorgane bereits auf Strafe erkannt ist, R. VIII. 570. E. XIV. 342; — Anwendbarkeit gegenüber von amtsgerichtlichen Strafbescheiden, wenn das Urtheil in der Hauptverhandlung die Handlung unter demselben oder einem milderen rechtlichen Gesichtspunkte wie der Strafbescheid auffaßt, R. VIII. 606. E. XIV. 358; — unanwendbar, wenn mehrere Handlungen als selbständige realconcurrirende bestraft worden sind, rücksichtlich solcher später hervortretender weiterer Handlungen, von welchen angenommen wird, daß sie mit der früheren abgeurtheilten That den Thatbestand eines fortgesetzten Delictes bilden, R. VIII. 643. E. XV. 23. — Bereich des Begriffes processualer Identität der zum Gegenstande verschiedener Anschuldigungen gemachten That für den Thatbestand des Betrugs; Anwendbarkeit des Grundsatzes in dem Falle, daß ein früheres rechtskräftiges Strafurtheil ausdrücklich erklärt hat, es liege eine „andere That" vor, welche strafrechtlich im besonderen Verfahren zu verfolgen der Staatsanwaltschaft vorbehalten bleiben müsse, E. XV. 133; — unanwendbar auf einen ohne Einspruch gebliebenen forstrichterlichen Strafbefehl, auch wenn der Antrag auf dessen Erlassung die Qualification der Handlung als Diebstahl erkennen ließ, E. XV. 112; — Anwendbarkeit des ne bis in idem auf rechtskräftig erkannte Einstellungen des Verfahrens, R. IX. 99. X. 245. E. XV. 237; — Zulässigkeit des Einwandes der rechtskräftig entschiedenen Sache (ne bis in idem) in der Revisionsinstanz, E. XVIII. 272.

Nöthigung, Anwendbarkeit des § 240 StGB., auch wenn die Bedrohung gegen eine Person im Alter unter 14 Jahren gerichtet ist; Möglichkeit idealer Concurrenz zwischen Nöthigung und Vornahme unzüchtiger Handlungen mit Personen unter 14 Jahren; Verurtheilung aus § 240, obschon die Erkenntniß der Strafbarkeit des damit ideal concurrirenden Delicts aus § 176 Ziff. 3 StGB. verneint wird, E. XI. 387; — Ausschluß der Widerrechtlichkeit durch Nothwehr und durch civilrechtlich gestattete Selbsthülfe, R. VII. 216. 402; — Bedrohung mit einem Vergehen zur Erzwingung einer Handlung, welche der Drohende mit Gewalt zu erzwingen berechtigt ist; Zulässigkeit der Drohung als Zwangsmittel, auch wenn die Verwirklichung der Drohung nicht erlaubt wäre, R. VII. 290. E. XII. 194; — vis compulsiva und vis absoluta fallen unter den Begriff der Gewalt, R. VII. 545; — durch Gewalt ohne Aufwendung physischer Kraft und mittelst Unterlassung; Unwiderstehlichkeit der Gewalt kein Erforderniß, E. XIII. 49; — zum Begriffe der Gewalt gehört keine Ueberwindung oder Verhinderung eines Widerstands der vergewaltigten Person, R. VIII. 188; — auch gegen Sachen angewendete Gewalt als Begriffsmerkmal, E. XV. 138; — Verhältniß des § 113 zu § 114 d. StGB., R. IX. 525; — eine nicht gegen den zu Nöthigenden, sondern gegen dritte Personen verübte Gewalt genügend, R. X. 37. E. XVII.

der Strafvorschrift des § 34 ausreichend R. VIII. 678. E. XV. 34; — Schutz des Erfinders gegen den Anmelder; Bedeutung der Worte in § 5 Abs. 1 „die zur Benutzung erforderlichen Veranstaltungen" R. IX. 512. E. XVI. 414.

Personenstand, Veränderung des Personenstandes nach bayerischem Landrechte dadurch, daß die Mutter eines unehelichen Kindes der Pflegschaftsbehörde fälschlich eine Mannsperson als Vater bezeichnet und der Bezeichnete sich gerichtlich zur Vaterschaft bekennt, E. XIII. 129; — Strafbarkeit der unwahren Angabe vor dem Standesamte, daß die Mutter des angemeldeten Kindes verheiratet und also das Kind ein eheliches sei, R. IX. 9; — Begriff „Stand" im Sinne des Ges. vom 6. Oktober 1875; Familienstand des Anzeigenden keine der durch das Register zu erweisenden Thatsachen; unrichtige Angaben in dieser Beziehung keine intellectuelle Urkundenfälschung, R. IX. 328. E. XVI. 87; — s. a. Standesbeamter.

Pfandgebrauch unbefugter; Unmöglichkeit idealer Concurrenz zwischen Unterschlagung einer in Pfand gegebenen Sache (Sparkassenbuch) durch den öffentlichen Pfandleiher und unbefugter Ingebrauchnahme der Sache, R. VIII. 751. E. XV. 147.

Pfandleihgewerbe, gewerbsmäßiger Verkauf von Waaren unter Creditirung des Kaufpreises und Sicherung desselben durch Bestellung von Pfändern kein Pfandleihgewerbe, R. VII. 257. E. XII. 216.

Pflegeeltern und Pflegekinder; Begriff im Sinne des StGB. und des preuß. allg. L. R., E XIII. 148. R. X. 483.

Polizeivorschriften, Beginn der Gesetzeskraft der in den preuß. Regierungsamtsblättern verkündeten Strafvorschriften vom Tage der Publikation an, R. IX. 79. E. XV. 198.

Postbote, falsche Beurkundung seitens eines Postboten durch Ablieferung eines Zustellungsnachweises mit der wahrheitswidrigen Beurkundung der Zustellung an den Adressaten selbst, wenn auch zur Zeit der Ausfüllung des Formulars der Name des Adressaten in dem guten Glauben, denselben anzutreffen, eingesetzt wurde, R. VIII. 46; — Unterschlagung im Amte seitens eines bayerischen Postboten, welcher im Auftrage seiner vorgesetzten Behörde bei Ueberbringung von Postanweisungen auch die Gelder an die Adressaten zu übermitteln hat, E. XVI. 437.

Postfreimarken, Zusammensetzung einer Postfreimarke aus verschiedenen Theilen echter und unverwertheter Postfreimarken und Verwendung dieser den Anschein eines unverwendeten Zeichens erweckenden Freimarke zur Frankirung einer Postsendung keine Anfertigung bez. Gebrauch eines falschen Postwerthzeichens, R. X. 311. E. XVII. 394.

Postvergehen, Berechnung der Strafe bei Portodefraudationen, unter Zugrundelegung des Portos für frankirte Briefe, ohne Hinzurechnung des Zuschlagsportos für den Fall der Nichtfrankirung, R. VIII. 563. E. XIV. 332; — Zulässigkeit der Versendung einer größeren Anzahl von Briefen, verschlossene oder unverschlossene, in einem Paket durch die Post; Art der Berechnung des defraudirten Portos und der Defraudationsstrafe, wenn verschlossene oder unverschlossene Briefe in ein verschlossenes Paket verpackt zwischen Orten mit Postanstalten auf andere Weise als durch die Post verschickt werden, R. IX. 116. E. XV. 328; — Versendung unverschlossener Briefe in einem verschlossenen Pakete; Begriff von „Verschluß"; eine das Abstreifen nicht gestattende geknotete Umschnürung nach Umständen als Verschluß, R. IX. 506. E. XVI. 284; — Privatbeförderung von Briefen in Postpaketen, R. X. 459. E. XVIII. 45.

Preßvergehen, Wegfall der Befreiung der in § 13 bezeichneten Correspondenzen von den Bestimmungen für periodische Druckschriften, wenn sie mittelst der Buchdruckerpresse vervielfältigt werden, E. XI. 406; — auszugs- oder theilweise Veröffentlichung eines amtlichen Schriftstückes (§ 17); Kritik des Schriftstückes als strafbare Veröffentlichung, R. VII. 214; — Veränderung des vom Redacteur einer periodischen Druckschrift geprüften und gebilligten Textes durch den Drucker als besonderer Umstand im Sinne des § 20, E. XII. 294; — Strafbarkeit des Redacteurs einer periodischen Druckschrift für Aufnahme eines Artikels (Inserats) mit Kenntniß des strafbaren Inhalts, als Thäter, gleichviel ob der Inserent sich unterschrieben hatte und ob dem Redacteur die Absicht innewohnte, die That zu begehen, R. VIII. 57; — Verurtheilung des verantwortlichen Redacteurs aus § 21 nur zuläßig wegen Fahrlässigkeit, nicht wegen der durch den Artikel verübten Strafthat; kein Anspruch des Beleidigten auf Gewährung der Publicationsbefugniß, R. VIII. 107. E. XIII. 319; — Druckschriften, welche „nur zu den Zwecken des Gewerbes dienen"; objective Beurtheilung dieser Eigenschaft lediglich nach Inhalt und Beschaffenheit der Druckschrift, ohne Rücksicht auf die daraus nicht erkennbaren Motive und Absichten des Herausgebers; Begriff „periodische Druckschrift"; Beschränkung des Planes der Druckschrift auf eine im Voraus bestimmte Zahl von

Exemplaren und für einen im Voraus bestimmten Zeitraum; Unterschied zwischen periodischen Druckschriften und in Abtheilungen erscheinenden Lieferungswerken, R. VIII. 483. E. XIV. 279; — zur Verübung des Vergehens aus § 17 des Preßges. genügt eventueller Dolus; Anwendung der Präsumtion der Thäterschaft seitens des Redacteurs einer periodischen Druckschrift auf dieses Delict, R. VIII. 560; — vorzeitige Veröffentlichung amtlicher Schriftstücke; Grundsatz ne bis in idem nicht anwendbar auf die vorzeitige Veröffentlichung einer Anklageschrift, wenn wegen einer früheren Veröffentlichung derselben Anklageschrift in einem anderen Preßorgane bereits auf Strafe erkannt war, R. VIII. 570. E. XIV. 342; — fortdauerndes Verbot der Veröffentlichung der Anklageschrift eines Strafprocesses, ungeachtet nach der Reichsstrafproceßordnung die Anklageschrift nicht mehr verlesen wird, E. XIV. 340; — Verbot der Veröffentlichung amtlicher Schriftstücke eines Strafprocesses mittelst der Presse; Unerheblichkeit des Unterschiedes, ob die Kundgebung derselben in einer unter Ausschluß der Oeffentlichkeit stattgehabten Hauptverhandlung oder in öffentlicher Gerichtssitzung erfolgt ist, E. XV. 253; — mangelnde geistige Befähigung des Redacteurs zum Verständnisse des strafbaren Inhalts der Druckschrift kein Grund für die Ausschließung der Thäterschaft, R. IX. 272. E. XVI. 16; — Voraussetzungen, unter welchen der Inhaber (Mitinhaber) einer Druckerei für unrichtige Angaben auf einer Druckschrift nicht haftet, R. IX. 374. E. XVI. 144; — die einzelnen successiven Acte, welche durch Verlag und Vertrieb einer Druckschrift bedingt sind, als eine einzige Handlung; Beginn der Verjährung mit dem letzten Verbreitungsacte, R. IX. 483; — Anwendbarkeit des § 21 auf die in § 13 bezeichneten autographirten und ähnlichen Correspondenzen, sowie, wenn der Inhalt der Druckschrift den objectiven Thatbestand einer strafbaren Handlung enthält, gleichviel ob die im Gesetz genannten Personen dolos handelten oder nicht, R. IX. 572; — das Verbreiten von Druckschriften, welche den Ordnungsvorschriften des Preßgesetzes nicht entsprechen, kein Zuwiderhandeln gegen diese Ordnungsvorschriften im Sinne der §§ 6. 19; die landesgesetzlichen Vorschriften, welche diese Verbreitung mit Strafe bedrohen, durch das Reichsgesetz beseitigt, R. IX. 668. E. XVI. 409; — Zuständigkeit der Schwurgerichte in Württemberg rücksichtlich der Vergehen des § 21 des Preßges., R. X. 704. E. XVIII. 293; s. a. Redacteur.

Privatklage, Unzulässigkeit der Uebernahme der Verfolgung durch die Staatsanwaltschaft durch Eintreten in das Privatklageverfahren, nachdem letzteres durch den Tod des Privatklägers sein Ende erreicht hat, R. IX. 705. E. XVI. 421.

Protokolle über die frühere richterliche Vernehmung von Zeugen und Sachverständigen, deren Verlesung in der Hauptverhandlung s. Verlesung von Zeugenaussagen.

— über die Hauptverhandlung; in einem Protokoll über die Hauptverhandlung vor einem Nichtschöffengericht aufgenommene Zeugenaussagen sind für das erkennende Gericht nicht maßgebend, R. VII. 106; — Protokollführung durch einen unfähigen Gerichtsschreiber; Mangel des Urtheils, R. VII. 660. E. XIII. 76; — Zulässigkeit einer Nachholung der fehlenden Unterschrift des Vorsitzenden unter dem Protokoll, nachdem eine auf den Mangel derselben gestützte Revisionsbegründung eingegangen ist, R. VIII. 123. E. XIII. 351; — für die Ergebnisse der Zeugenaussagen in Nichtschöffensachen sind die Feststellungen des Urtheils, für die Feststellung der wesentlichen Förmlichkeiten des Verfahrens ist das Protokoll maßgebend, R. IX. 379; — mangelhafte Anführungen im Sitzungsprotokolle, auf denen das Urtheil nicht beruht, können keine wirksame Revisionsbeschwerde begründen, R. IX. 480; — Nothwendigkeit der ausdrücklichen Angabe der Gründe, aus welchen die Oeffentlichkeit ausgeschlossen worden ist, R. IX. 715; — lediglich Ermessen des Vorsitzenden und Gerichts bezüglich Feststellung des Wortlautes von Aeußerungen, weder die Staatsanwaltschaft noch der Angeklagte hat ein processuales Recht, R. X. 156; — hat keine Beweiskraft über die Vorgänge bei der geheimen Berathung des Gerichts, R. X. 276. E. XVII. 287; — Correcturen und Nachträge im Protokoll, deren Bedeutung, R. X. 364. E. XVII. 346; — Nothwendigkeit der ausdrücklichen Constatirung der Belehrung eines Zeugen über das Verweigerungsrecht und der Erklärung des Verzichts; Bezugnahme auf ein früheres Protokoll reicht nicht aus, R. X. 727.

— deren Verlesung in der Hauptverhandlung; Verlesung der in dem Protokolle über eine Verhandlung enthaltenen, sich auf ein falsches Zeugniß beziehenden Aufzeichnung in der Hauptverhandlung zulässig, E. XVII. 15; s. a. Verlesung von Zeugenaussagen.

R.

Raub, ideale Concurrenz des § 211 und § 251 des StGB. durch vorsätzliche und mit Ueberlegung erfolgte Tödtung und Beraubung eines Menschen, R. VII. 127; — Anwendbarkeit des § 252 des StGB. auch auf Felddiebstähle aus § 18 des preuß. Feld- und Forstpolizeigesetzes vom 1. April 1880, R. VIII. 155. E. XIII. 391.

Rechtsanwälte (Rechtsanwaltsordnung vom 1. Juli 1878 und Gebührenordnung vom 7. Juli 1879); Gebühren im Falle des § 47 der Geb.-O. (Proceßgebühr und Conferenzgebühr); Erhebung übermäßiger Gebühren auf Grund eines solche zusprechenden Civilerkenntnisses; Gebührenüberhebung aus § 352 des StGB.; Zuständigkeit des Strafrichters zur Nachprüfung der Unzulässigkeit aus § 261 der StPrO.; Erhebung von Gebühren, welche der Gebührenordnung an sich entsprechen, aber für eine Berufsthätigkeit, welche der Rechtsanwalt nach § 31 Ziff. 2 der Rechtsanwalts-Ordnung nicht gewähren durfte, R. VIII. 583. E. XIV. 364; — Zeit des Abschlusses eines Vertrages über Rechtsanwaltsgebühren; Art des Abschlusses; Voraussetzungen der Strafbarkeit eines Rechtsanwalts bei Gebührenüberhebung; erfolglose Aufforderung zur Einzahlung nicht verschuldeter Gebühren als strafbarer Versuch, R. VIII. 771; — das Delict des § 352 des StGB. kann nur der eigenen Partei gegenüber begangen werden, nicht auch gegenüber der seiner Partei zur Kostenerstattung verpflichteten Gegenpartei, R. X. 685; s. a. Gebührenüberhebung.

Rechtsmittel, der Einziehungsinteressenten, welche in erster Instanz zur Verhandlung nicht geladen waren, Frist hierzu, R. VII. 52; E. XI. 414; — Tod des Verurtheilten vor eingetretener Rechtskraft; Unzulässigkeit eines Rechtsmittels seitens des Vertheidigers oder der Erben, R. VII. 163; — Erlöschen des selbständigen Rechtes des gesetzlichen Vertreters zur Einlegung von Rechtsmitteln für einen volljährigen Sohn, auch bei fortdauernder väterlicher Gewalt, R. VII. 631; — gegen Zurückweisung eines Ablehnungsgesuches die Beschwerde, nicht Revision, wenn auch die Zurückweisung in der Hauptverhandlung erfolgte, R. VIII. 89. E. XIII. 302; — Beschränkung eines Rechtsmittels in Ansehung einer und derselben Strafthat auf bestimmte rechtliche Gesichtspunkte auch dann nicht zulässig, wenn für die Straffestsetzung die Grundsätze von der Realconcurrenz anzuwenden sind, R. VIII. 385. E. XIV. 145; —

Entscheidung der Frage, ob wirksamer Verzicht vorliegt und das später angemeldete Rechtsmittel zulässig oder nicht, steht dem über das Rechtsmittel entscheidenden Gericht zu, R. VIII. 469; — Einlegung eines Rechtsmittels durch den Vertheidiger wirkungslos, wenn der Beschuldigte auf das Rechtsmittel verzichtet, selbst wenn der Beschuldigte von der Einlegung des Rechtsmittels durch den Vertheidiger nichts gewußt hat, R. IX. 230; — bloße Anschlußerklärung der Verwaltungsbehörde nach Verkündung des Urtheils, der Einlegung des zulässigen Rechtsmittels nicht gleich zu achten; Beginn der Fristen zur Einlegung von Rechtsmitteln für die Verwaltungsbehörde mit Zustellung der Entscheidung, auch in dem Falle, wenn der Anschluß erst nach der Urtheilsverkündung erfolgt ist, R. IX. 349. E. XVI. 130; — Beschwerde an das RG. gegen Beschlüsse des OLG. nur gegeben gegen Ablehnung der von Gericht zu Gericht nachgesuchten Rechtshülfe (§ 160 des GVG.), steht also den Verwaltungsbehörden nicht zu, R. IX. 418; — des Staatsanwalts gegen die ungerechtfertigt vom Gericht gebilligte Ablehnung eines Sachverständigen, R. X. 353. E. XVII. 415.

Redacteur, Unzulässigkeit des Strafantrages von Seiten des verantwortlichen Redacteurs wegen beleidigender Angriffe gegen die Zeitschrift, R. VII. 718. E. XIII. 126; — Strafbarkeit des Redacteurs einer periodischen Druckschrift für Aufnahme eines Artikels (Inserats) mit Kenntniß des strafbaren Inhalts, als Thäter, gleichviel ob der Inserent sich unterschrieben hatte und ob dem Redacteur die Absicht innewohnte, die That zu begehen, R. VIII. 57; — mangelnde geistige Befähigung des Redacteurs zum Verständnisse des strafbaren Inhalts der Druckschrift, kein Grund für die Ausschließung der Thäterschaft, R. IX. 272. E. XVI. 16; — Unzulässigkeit der Verwerthung der Rechtsvermuthung, vermöge deren der Redacteur einer periodischen Druckschrift als Thäter zu behandeln ist, zur Ergänzung des beleidigenden Vorsatzes bei der Auslegung mehrdeutiger Redewendungen, E. XVIII. 142; s. a. Preßvergehen.

Reformatio in pejus, Unzulässigkeit einer höheren Gesammtstrafe nach erfolgter Aufhebung des Urtheils; nicht Gebundensein an die frühere Ausmessung der Einzelstrafen, R. VII. 378; — Aufhebung eines Strafurtheils wegen Versuchs auf Revision des Angeklagten, Zulässigkeit der Verurtheilung wegen Vollendung, wenn keine höhere Strafe erkannt wird, R. VIII. 319; — Zulässigkeit der Verurtheilung wegen zweier selbständiger Handlungen gegenüber einer

wegen Vernehmung des Untersuchungsrichters als Zeugen, R. VII. 278; — wegen Entlassung eines Zeugen durch den Vorsitzenden nach erfolgter Genehmigung ohne Gehör des Angeklagten, R. VII. 279; — Unanwendbarkeit der erweiterten Frist des § 469 der StPrO. zur Anbringung von Revisionsanträgen, behufs Verfolgung der von der Staatsanwaltschaft rechtzeitig eingelegten, aber nicht begründeten Revision, für die Verwaltungsbehörde, welche sich zwar dem Verfahren als Nebenklägerin angeschlossen, ihrerseits aber Revision nicht eingelegt hat, E. XII. 342; — Formfehler im Strafbescheid einer Verwaltungsbehörde, gegen welchen auf gerichtliche Entscheidung angetragen worden war, begründen keine Revision gegen das ergangene gerichtliche Urtheil, R. VII. 462; — publicirte Staatsverträge als Rechtsnormen; Zulässigkeit der Revision, R. VII. 525. E. XII. 381; — Begründung der Revision durch ein Protokoll des Gerichtsschreibers, welches lediglich in der Abschrift eines nur von dem Angeklagten unterschriebenen Schriftstückes besteht, E. XII. 367; — Befugniß der Verwaltungsbehörde zur Revision gegen ein freisprechendes Urtheil, auch wenn die Anklage auf ideelle Concurrenz der Contrebande mit dem Vergehen aus § 328 des StGB. gerichtet ist, R. VII. 618. E. XIII. 30; — Unzulässigkeit einer Revisionseinlegung gegen Erkenntnisse des Schwurgerichts außerhalb der Dauer der Sitzungsperiode bei dem Vorsitzenden des Schwurgerichts, dessen Urtheil angefochten wird, R. VII. 708. E. XIII. 156; — Zulässigkeit der Revision gegen Verurtheilung in die Kosten des Verfahrens, auch wenn der Verurtheilte nicht der Beschuldigte ist, R. VIII. 11. E. XIII. 211; — Unzulässigkeit der Revision gegen freisprechende Urtheile, wenn dadurch die Rechtssphäre des Angeklagten auch nicht in Nebenpunkten beeinträchtigt ist, R. VIII. 72. E. XIII. 324; — irrthümliche Feststellung, daß der Angeklagte das 18. Lebensjahr überschritten hat, kein Revisionsgrund, weil rein thatsächlicher Natur, R. VIII. 109; — Unzulässigkeit der Verwendung einer vom Angeklagten allein angefertigten und unterschriebenen Revisions-Rechtfertigungsschrift in der Art, daß ihr der Gerichtsschreiber den Eingang eines Protokolls vorsetzt und die Schrift in gleicher Weise abschließt, R. VIII. 338; — Berechnung der Frist zur Anbringung der Revisionsanträge, wenn der Spruch der Geschworenen dem Beschwerdeführer erst nach Zustellung des Urtheils auf seinen Antrag abschriftlich zugegangen ist, R. VIII. 360; — Zulässigkeit der Revision der Staatsanwaltschaft bei einem auf Freisprechung lautenden Spruche der Geschworenen, weil das Berichtigungsverfahren nicht habe eingeleitet werden dürfen, E. XIV. 298; — formlose Schriftstücke, welche den von einem Rechtsanwalte unterzeichneten Revisionsanträgen beigefügt und als integrirende Bestandtheile derselben bezeichnet sind, für die Revisionsbegründung unzulässig, E. XIV. 348; — bei Zustellung des Urtheils nach Anmeldung der Revision an den Angeklagten statt an den als Zustellungsbevollmächtigten legitimirten Vertheidiger läuft die Frist zur Revisionsbegründung erst von der nachträglichen Zustellung an letzteren, R. IX. 42; — Behauptung der Mangelhaftigkeit des Protokolls (über die Hauptverhandlung) als solches führt nicht zur Aufhebung des Urtheils, lediglich behauptete Mängel der Hauptverhandlung als solcher, R. IX. 55; — Zulässigkeit der Revisionsbegründung durch einen Rechtsanwalt, welcher weder dem Angeklagten als Vertheidiger gedient, noch Vollmacht desselben beigebracht hat, in Fällen, wo die Revisionseinlegung durch den Angeklagten selbst erfolgt ist, R. IX. 90. E. XV. 226; — Zulässigkeit der Revision auf die Behauptung, daß ein zur Zeugniß- und Eidesverweigerung berechtigter Zeuge über seine Rechte nicht belehrt, sondern ohne Verzicht auf dieselben eidlich vernommen worden sei; Unkenntniß des Erstrichters über das das Verweigerungsrecht begründende Verhältniß; Recht des Revisionsgerichts, selbst thatsächliche Feststellungen über das Bestehen des Verhältnisses zu treffen, R. IX. 129; — Erforderniß der Unterschrift unter der die Einlegung eines Rechtsmittels enthaltenden Eingabe, R. IX. 144; — Verpflichtung des Nebenklägers innerhalb der dem StA. laufenden Frist, seine Revisionsanträge einzubringen, R. IX. 283; — eine bestimmte Formulirung der Revisionsanträge nicht erforderlich; es genügt, wenn aus den Revisionserklärungen überhaupt zu ersehen ist, inwieweit das Urtheil angefochten und dessen Aufhebung verlangt wird, R. IX. 420; — ob eine Aeußerung als Beleidigung aufzufassen, ist nicht unter allen Umständen der Anfechtung durch die Revision entzogen, R. IX. 572; — Bitte, ein Urtheil calculatorisch zu prüfen, kein zulässiger Revisionsantrag, R. X. 1; — der unter der Unterschrift des Angeklagten stehende Vermerk: „Beglaubigt N. N. Rechtsanwalt“ ist für die Form der Revisionsanträge ungenügend, R. X. 149; — Voraussetzungen der Wirksamkeit der Einlegung der Revision durch Telegramm, R. X. 176; — Schriftlichkeit der Revisionseinlegung vorhanden, wenn aus dem Schriftstücke die Identität des Beschwerdeführers und dessen Absicht, ein Rechtsmittel einzulegen, hervorgeht; Anfertigung und Unterzeichnung durch den Beschwerdeführer nicht erforderlich, R. X. 236. E. XVII. 256; — des Staatsanwalts gegen die ungerechtfertigt vom Gericht gebilligte Ablehnung eines Sachverständigen, R. X 353. E. XVII. 415; — ungenügende Begründung der Revision in Bezug auf die Beschränkung der Vertheidigung, R. X. 450; — Beginn der Frist zur Anbringung der Revisionsanträge erst mit Zustellung des Urtheils, auch wenn der Anschluß als Nebenkläger erst nach verkündetem Urtheil erfolgt, die Revision aber gemäß § 439 Abs. 2 der StPrO. rechtzeitig eingelegt ist, R. X. 504; — Unzulässigkeit der Begründung der Revision lediglich durch Bezugnahme auf Beschwerden, die enthalten waren in einer früheren gegen ein in derselben Untersuchung erlassenes älteres Urtheil erhobenen Revision, R. X. 512. E. XVIII. 95; — Unzulässigkeit der Revisionsbegründung, wenn ein Rechtsanwalt der dieselbe enthaltenden Privatschrift auf besonderem Blatte die Erklärung beifügt, daß er dieselbe unterzeichne, R. X. 542. E. XVIII. 103.

Revisionsrichter, Befugniß desselben zur Nachprüfung der Rechtzeitigkeit des Strafantrags, E. XII. 34. R. X. 156; — Rechtsirrthum der Geschworenen unterliegt der Prüfung des Revisionsrichters, wenn die Art der Fragestellung von vornherein gegen das Gesetz verstieß, R. VII. 551; — Verwerfung der Revision als unzulässig durch Beschluß, wenn in der Revisionsbegründung keine dem § 384 der StPrO. entsprechende Beschwerde vorgebracht ist, R. VIII. 336; — ausschließliche Zuständigkeit des Reichsgerichts über Gesuche um Wiedereinsetzung in den vorigen Stand gegen Versäumung der Fristen bei Anbringung der Anmeldung der Revision und der Revisionsanträge, R. VIII. 704; — Unzuständigkeit des Reichsgerichts als Revisionsgerichts zur Entscheidung über die Aufhebung eines Haftbefehls, R. IX. 352; — das Vorhandensein von Gründen der Nichtbeeidigung eines Zeugen kann in schwurgerichtlichen Fällen das Revisionsgericht nur nach den thatsächlichen Grundlagen prüfen, welche das Protokoll und der Geschworenenspruch ergeben, R. IX. 551; — Befugniß zur Prüfung der Frage nicht nur, ob ein erforderlicher Strafantrag gestellt sei, sondern auch, ob ein Delict vorliege, welches den Strafantrag erfordert, R. X. 187; — Aufhebung des Urtheils einer Strafkammer am Amtsgericht und Zurückverweisung an ein benachbartes Gericht durch Zuweisung der

S.

des Sachverständigen in der Hauptverhandlung auf den in der Voruntersuchung geleisteten Eid; Nothwendigkeit neuer Beeidigung, R. IX. 453.

Salzsteuer, Irrthum über die Strafbarkeit der Hinterziehung kein Strafausschließungsgrund, E. XII. 103; — „Pfannenstein" als Salz im Sinne des Gesetzes, R. VII. 312.

Schiff, unbewohntes im Sinne des § 123 des StGB. nicht als Wohnung oder als befriedetes Besitzthum und als Geschäftsraum nur in den zu besonderen Geschäften bestimmten einzelnen Theilen des Schiffes zu erachten, R. VIII. 82. E. XIII. 312; — unter Schiffen im Sinne der kaiserl. VO. vom 7. Jan. 1880 sind auch offene Fischerboote und andere offene Boote zu verstehen, R. X. 505. E. XVIII. 89.

Schlägerei, bloße Abwehr keine Betheiligung an einer Schlägerei im Sinne des § 227 des StGB., R. IX. 584; — für die Anwendbarkeit des § 227 Abs. 1 ohne Belang, ob der Angeklagte bei Versetzung der tödtlichen Wunde sich im Zustande der Nothwehr befand oder zu befinden glaubte; verschuldete Betheiligung an der Schlägerei muß dem Angeklagten nachgewiesen werden, R. X. 627. 668.

Schöffengerichte, Zuständigkeit derselben im Falle des § 27 Ziff. 2 des GVG., auch wenn nicht Einziehung sondern Verfallerklärung auszusprechen ist, R. VII. 150. E. XII. 75.

Schriftvergleichung, nothwendige Eigenschaften der bei einer Schriftvergleichung zu Grunde zu legenden Schriftprobe, E. XV. 319.

Schwurgerichte, die Schwurgerichte müssen in zusammenhängenden Sitzungsperioden ihre Aufgabe erfüllen, nicht durch Zusammentritt nach Bedarf innerhalb gewisser Zeitperioden, R. X. 513.

Socialdemokratische Bestrebungen, Verbreitung einer verbotenen Druckschrift als Mittel zur Verhinderung der Vollziehung des Ges. vom 21. Octbr. 1878; verlängerte Wirksamkeitsdauer des Ges. vom 21. Octbr. 1878; Einflußlosigkeit für die fortdauernde Gültigkeit der bereits ergangenen Verbote von Druckschriften, E. XI. 350; — polizeilich nicht genehmigte Versammlungen keine verbotenen Versammlungen; Begriff der verbotenen und aufgelösten Versammlungen, E. XI. 371; — Strafbarkeit des Theilnehmers an einer Versammlung, welcher sich nach polizeilicher Auflösung der letzteren nicht sofort entfernt, E. XII. 109; — Verbreitung liegt nicht vor bei Hingabe an nur eine Person zu deren ausschließlichem Gebrauche; Zugänglichmachen einer Mehrzahl von bestimmten Personen, wobei eine Anzahl von drei Personen genügen kann, R. VII. 613; — einmalige Aufforderung zur Auflösung (§ 17) genügt, dreimalige polizeiliche Aufforderung wird nicht erfordert; zum Begriffe einer Rede ist eine Mehrheit zusammenhängender Worte hinreichend, R. VIII. 409; — Unanwendbarkeit des § 19 auf den Fall, wo eine verbotene Zeitschrift unter veränderter Bezeichnung fortgesetzt wird und der Verbreiter zwar von dem verbietenden Erlasse, aber nicht von dem Umstande Kenntniß hat, daß das Verbot sich auf die von ihm verbreitete Zeitschrift bezieht; Anwendbarkeit des § 21, E. XIV. 224; — bloßes Vorlesen einer verbotenen socialistischen Druckschrift kein Verbreiten derselben, R. VIII. 786. E. XV. 118; — Unbrauchbarmachung von in Beschlag genommenen Druckschriften nur den Verwaltungsbehörden zustehend; Voraussetzungen für die Einziehung von Druckschriften, welche nach § 19 des Ges. vom 21. Octbr. 1878 nicht verbreitet werden dürfen, im objectiven Verfahren nach § 40 des StGB.; Bestellung einer verbotenen Druckschrift bei dem ausländischen Verleger und Zusendung durch denselben als Theilnahme an der durch die Versendung bewirkten Verbreitung, wenn auch die Absicht weiterer Verbreitung nicht besteht, R. IX. 335. E. XVI. 114; — Thatbestand der Verbreitung verbotener Druckschriften nicht Absicht, sondern nur das Bewußtsein des Thäters erforderlich, daß durch die That die Schrift verbreitet werde oder werden könne; Versendung einer verbotenen Schrift vom Ausland ins Inland als eine im Inlande strafbare Verbreitung und die Bestellung als Anstiftung, die Verbringung im Inlande mindestens als Beihülfe strafbar, R. IX. 410. X. 68. 242. E. XVI. 176; — Begriff „Verbreiten von Druckschriften"; Aufgabe zur Post als Verbreitung, R. IX. 490. E. XVI. 245; — Bekanntmachung des Verbotes einer Druckschrift und Kenntniß von dieser Bekanntmachung, keine Voraussetzung des § 19, sondern nur Kenntniß von dem Verbote selbst, E. XVI. 252; — die bloße Annahme einer verbotenen Druckschrift mit der ausgesprochenen Absicht, dieselbe an den Adressaten weiter zu befördern, als Beihülfe zur strafbaren Verbreitung, E. XVII 384; — Tragen verbotener Schriften an den Ort, wo sie Anderen zugänglich gemacht werden sollen, kein Verbreiten dieser Schriften; Voraussetzungen der Strafbarkeit als Beihülfe oder Mitthäterschaft; Gültigkeit der Polizeiverordnung für Berlin vom 19. Febr. 1867, betr. das Collectenwesen, R. X. 478. E. XVIII. 58; — Verhinderung der Postbeförderung nach erlangter Kenntniß des Verbots als Verbreitung, R. X. 500. E. XVIII. 96; — Verbreitung durch Hingabe an drei einzelne Personen auch dann, wenn eine weitere Verbreitung nach den Umständen des Falls ausgeschlossen, R. X. 508; — verbotene socialistische Versammlung auch dann, wenn bei Bekanntgabe des Verbotes auf die treffenden Stellen des Gesetzes nicht ausdrücklich verwiesen ist, R. X. 527. E. XVIII. 119; — der Transport von Waffen zu einem den Gebrauch derselben in ihrer Eigenschaft als Waffe ausschließenden Zweck fällt nicht unter das Verbot des Tragens von Waffen, R. X. 683.

Spielkartenstempel, Causalität der Fahrlässigkeit für die unterbliebene Stempelung; Begriff der „Niederlegung" der ungestempelten Karten in dem dafür bestimmten Behältniß; Bedeutung des Nachweises, daß Angeklagter die Hinterziehung nicht hat bewirken wollen oder können, für die Ordnungsstrafe, E. XI. 402.

Sprengstoffe, „im Besitz betroffen werden", Begriff; Wirkung der dem juristischen Besitzer ertheilten Erlaubniß zu Gunsten desjenigen, welcher lediglich als Gehülfe oder in Stellvertretung des Besitzers die Detention ausübt, R. VII. 147. E. XII. 73. 431; — Wissentlichkeit des Besitzes, fehlendes Bewußtsein aus Fahrlässigkeit, R. VII. 358. 379. 649. E. XII. 244. 256; — Begriff des „Unternehmens des Ueberlassens an Andere", R. VII. 365. E. XVII. 257; — Absicht, Dynamitpatronen zum unerlaubten Fischen zu verwenden, enthält einen unerlaubten Zweck, R. VII. 407. 611. VIII. 86. X. 1. E. XIII. 305; — Irrthum über die Zuständigkeit des die Genehmigung ertheilenden Polizeibeamten; Schuldausschließungsgrund, R. VII. 579. 649. E. XII. 431; — Irrthum über den Umfang der ertheilten polizeilichen Genehmigung als Strafausschließungsgrund; Irrthum über die Ausführungsbestimmungen des Bundesraths und über die Nothwendigkeit einer polizeilichen Genehmigung für den Besitz von Sprengstoffen als Irrthum über das Strafgesetz, R. VII. 649. E. XII. 398; — Einfluß der polizeilichen Genehmigung, welche dem Stellvertreter des Besitzers ertheilt ist, zu Gunsten des Besitzers selbst; ideale Concurrenz des § 9 mit § 367 Ziff. 5 des StGB., R. VII. 583. E. XIII. 22; — Nothwendigkeit des Vorhandenseins der polizeilichen Genehmigung bei Beginn des Besitzes; „im Besitze betroffen werden", jedes wissentliche Innehaben von Sprengstoffen, ohne daß es auf die Art der Entdeckung des ungenehmigten Besitzes ankommt, R. VII. 628.

665. E. XIII. 35. 46; — Dolus bei § 9; nicht das Bewußtsein der Rechtswidrigkeit als Voraussetzung, sondern nur das Bewußtsein der Umstände, welche zum gesetzlichen Thatbestande gehören, also von dem Besitze des Sprengstoffs und dem Mangel polizeilicher Genehmigung; vorsätzliche Unterlassung der Erlaubnißeinholung kein Erforderniß, R. VII. 665. IX. 57. E. XIII. 46. XV. 158; — Befugniß der Polizeibehörde zur Ertheilung einer Erlaubniß, welche außer den juristischen Besitzer auch dessen Vertreter (Arbeiter, Fuhrleute) deckt; Anwendbarkeit des § 9 auf denjenigen, welcher Namens des mit Erlaubniß versehenen Besitzers als dessen Vertreter den Besitz ausübt, R. VII. 683. E. XIII. 90; — ideale Concurrenz des § 9 mit Diebstahl, E. XIII. 145; — Gesetzesconcurrenz zwischen § 9 des Gesetzes und § 296 des StGB. über verbotenes Fischen mit Sprengstoffen, R. VIII. 86. E. XIII. 305; — Begriff des „Ueberlassens" an Andere, E. XIV. 231; — Umfang der polizeilichen Erlaubniß im Sinne des § 9 Abs. 2; jede thatsächliche Einräumung der Gewaltherrschaft über Sprengstoffe als Ueberlassen, R. VIII. 538; — Begriff des „Vertriebes"; der Transport als eine Handlung, auch wenn dabei an verschiedenen Orten die dort geltenden polizeilichen Transportverordnungen verletzt worden sind, R. IX. 99. E. XV. 237; — Strafbestimmung des § 9 Abs. 2 wegen bereits bestehender Bestimmungen über den Verkehr mit Sprengstoffen auch dann anwendbar, wenn eine bestehende Polizeiverordnung für gewisse Fälle die Beobachtung speciell zu erlassender polizeilicher Anordnungen ausdrücklich vorschreibt und diesem Gebote zuwidergehandelt wird, E. XV. 207; — Umfang der dem Versender obliegenden Pflicht zur Anzeige der Transportmodalitäten; unter „polizeilichen Bestimmungen" sind auch die über den Transport von Sprengstoffen ergangenen landespolizeilichen Verordnungen begriffen, R. IX. 681. E. XV. 245; — Nothwendigkeit der polizeilichen Erlaubniß für denjenigen, welcher eine Legitimation zum Besitze von Sprengstoffen besitzt, zur Ueberlassung von solchen an einen Dritten, auch wenn dieser gleichfalls die Erlaubniß zum Besitze von Sprengstoffen erhalten hat, R. IX. 228. E. XV. 387; — Ungültigkeit der Bestimmungen der §§ 23. 25. 26 der badischen Verordn. vom 6. Novbr. 1879, R. IX. 242; — „Zweck" im Sinne des Gesetzes als schließlicher Gebrauch des Sprengstoffs durch Verbrauch; nothwendige Feststellung zur Abwendung der Strafe, daß dieser Zweck ein erlaubter, R. IX. 632;

— Besitz von Sprengstoffen in einer Menge, welche zur Verwendung als Sprengmittel ausreicht, für den Thatbestand des § 9 genügend, E. XVII. 278.

Staatsanwaltschaft, Unzulässigkeit der Verlesung der in einer Strafsache ergangenen Berichte der Staatsanwaltschaft an ihre vorgesetzte Behörde, R. VIII. 264; — Substitutionsrecht der ersten Beamten der Staatsanwaltschaft bei den Oberlandesgerichten und den Landgerichten, deren Sprengel aus Gebietstheilen verschiedener Bundesstaaten bestehen, R. VIII. 369; — Zulässigkeit der Revision im Schwurgerichtsverfahren bei einem freisprechenden Spruche wegen unzulässiger Einleitung des Berichtigungsverfahrens, E. XIV. 298; — mehrfache Vertretung in der Hauptverhandlung, und zwar nicht nur gleichzeitig, sondern auch successive, R. IX. 292; — nicht erforderlich, daß der im Laufe der Hauptverhandlung neben dem fungirenden Beamten der Staatsanwaltschaft auftretende erste Beamte dieser Behörde seine Mitwirkung zuvor besonders erklärt hat und bei der ganzen vorausgegangenen Verhandlung gegenwärtig gewesen ist, R. IX. 407. E. XVI. 180; — kein processuales Recht auf Feststellung des Wortlautes einer Aeußerung, R. X. 156; — Beweisanträge des Staatsanwalts, deren Wirksamkeit zu Gunsten des Angeklagten; Bedeutung eventueller Beweisanträge des StA., E. XVII. 375.

Standesbeamter und Standesregister; Befugniß desselben, eine eidesstattliche Versicherung auch über solche Umstände abzunehmen, welche nur für den Erlaß des Aufgebotes, nicht aber für den Bestand der zu schließenden Ehe von Erheblichkeit sind, R. VII. 733. E. XIII. 161; — falsche Beurkundung von Seiten eines Standesbeamten, welcher die standesamtliche Urkunde durch einen Dritten aufnehmen läßt, ohne dem Acte beigewohnt zu haben, E. XIII. 116; — Strafbarkeit des Standesbeamten, welcher unter vorsätzlicher oder fahrlässiger Außerachtlassung der Vorschriften, welche die Ehe der Militärpersonen von einer Erlaubniß abhängig machen, die Eheschließung einer Militärperson vollzieht, R. VIII. 704. 745. IX. 604. X. 102. E. XV. 47. XVI. 386; — Strafbarkeit desselben wegen Vollziehung einer Eheschließung ohne Beobachtung landesgesetzlicher Vorschriften, welche die vorherige Nachweisung, Auseinandersetzung oder Sicherstellung des Vermögens erfordern, E. XV. 374; — Vergehen eines Geistlichen oder andern Religionsdieners aus § 67, wenn er zu den religiösen Feierlichkeiten einer

Antrages ohne Verlesung derselben vor dem Antragsteller und ohne dessen Unterschrift als Protokoll, R. VII. 259. E. XII. 173; — eines Taubstummen nach vollendetem 18. Lebensjahr; Antragsberechtigung des Vormunds nur dann, wenn überhaupt eine Vormundschaft besteht, R. VII. 465; — Befugniß des vom Gewerbetreibenden zum Vertriebe seiner mit geschütztem Waarenzeichen versehenen Waare bestellten Generalagenten zur Stellung des Antrags wegen Mißbrauch des Waarenzeichens; Stellung des Antrags durch einen hierzu nicht Berechtigten; Unerheblichkeit der Genehmigung des Berechtigten nach Ablauf der Antragsfrist; Zulässigkeit von Erhebungen nach Ablauf der Antragsfrist über die Begründung des behaupteten Rechtes eines Dritten zum rechtzeitig von demselben gestellten Antrag, E. XII. 327; — Selbständigkeit des Antragsrechts des gesetzlichen Vertreters eines minderjährigen Verletzten gegenüber dem Antragsrecht des Ehemannes oder Vaters aus § 195 des StGB.; die eheliche Mutter bei Lebzeiten, jedoch in Abwesenheit des Vaters kraft Auftrags als Vertreter ihres Kindes, Bayern, E. XII. 415; — Strafantrag nicht nothwendig bei Diebstahl oder Unterschlagung von Gewerbsgehülfen oder Gesellen, welche mit dem Beschädigten in häuslicher Gemeinschaft leben, R. VII. 588. E. XIII. 14; — Recht des Familienhauptes zum Strafantrage wegen Indiscretionen des Arztes gegen Familienangehörige, R. VII. 607. E. XIII. 60; — Unzulässigkeit des Strafantrags von Seiten eines Vorgesetzten nach dem Tode des beleidigten Beamten, R. VII. 698. E. XIII. 95; — Antragsrecht des Vaters aus § 232 des StGB. auch nach dem Tode des verletzten Kindes, E. XIII. 115; — Unzulässigkeit des Strafantrages von Seiten des verantwortlichen Redacteurs wegen beleidigender Angriffe gegen die Zeitschrift, R. VII. 718. E. XIII. 126; — Nothwendigkeit des Strafantrages, wenn der Dienstherr der Bestohlene war, nicht aber, wenn der Bestohlene in der häuslichen Gemeinschaft des Dienstherrn sich befindet und zu dessen Angehörigen gehört, R. VIII. 109; — Unzulässigkeit der Beifügung suspensiver oder resolutiver Bedingungen; scheinbare Bedingung durch Hinweisung auf vergangene Thatumstände, welche dem Gerichte bekannt sind, R. VIII. 291. E. XIV. 96; — Zulässigkeit der Beschränkung des Strafantrages auf einzelne Theile des Inhaltes eines Schriftstückes, R. VIII. 377; — Antragsberechtigung der Generalcommissionen in Preußen wegen der den ernannten Commissarien widerfahrenen Beleidigungen, E. XIV. 182;

— Strafantragsrecht des militärischen Vorgesetzten eines preußischen Gendarmen wegen dienstlicher Beleidigung, wenn die Beleidigung auch in Bezug auf eine dem Civildienst angehörige Handlung erfolgt war, R. VIII. 512; — Befugniß des preußischen Kriegsministers zur Stellung des Strafantrages wegen Beleidigung von Militärpersonen, R. VIII. 743. E. XV. 75; — Berechtigung des bayerischen Gesammt-Staatsministeriums als Behörde zum Strafantrag, R. VIII. 747. E. XV. 85; — fortdauernde Gültigkeit des von dem Vormunde eines unehelichen Kindes gegen den Ehemann der Mutter des Kindes wegen Mißhandlung desselben gestellten Strafantrages, auch wenn später der Ehemann den Nachweis führt, daß das Kind von ihm erzeugt und daher durch nachfolgende Ehe legitimirt ist, R. IX. 47. E. XV. 176; — Zulässigkeit eines Strafantrages nach Eröffnung des Hauptverfahrens, R. IX. 83; — Bezeichnung der Person des Thäters zur Wirksamkeit des Strafantrages bedarf es bei absoluten Antragsvergehen nicht, R. IX. 95; — der mit der allgemeinen Dienstaufsicht betraute Amtsrichter in Bayern als zur Stellung des Strafantrags wegen Vergehen gegen das Amtsgericht als Behörde berechtigt, E. XV. 212; — Beginn der Antragsfrist bei fortgesetzten Delicten, R. IX. 183. E. XV. 370; — Befugniß des Gymnasialdirectors zum Strafantrage für die Lehrer, R. IX. 307; — Stellung des Strafantrages zu militärgerichtlichem Protokoll gegen eine der Militärgerichtsbarkeit nicht unterworfene Person, R. IX. 446; — Bedeutung des „Antrages“ der ausländischen Behörde im Sinne des § 4 Abs. 2 Ziff. 3 Schlußsatz des StGB., R. IX. 481. E. XVI. 216; — Gerichtskasse in Preußen eine Behörde, Vertreter derselben der Kassencurator, R. X. 23. 412; — Untheilbarkeit des Antrags auch bei den s. g. relativen Antragsdelicten, R. X. 38. E. XVII. 246; — Voraussetzungen, unter welchen der einem preußischen Gerichte zur unentgeltlichen Beschäftigung überwiesene Gerichtsassessor zur Stellung des Strafantrages wegen Beleidigung gegen das Amtsgericht befugt ist, R. X. 86. E. XVII. 88; — eine vor dem Schiedsmann behufs Weitergabe an die Staatsanwaltschaft abgegebene und unterzeichnete Erklärung auf Strafverfolgung als schriftlicher Strafantrag, R. X. 90; — Befugniß des Landraths in der preußischen Rheinprovinz zum Strafantrag wegen Beleidigung eines städtischen Bürgermeisters, E. XVII. 81; — die Unterkreuzung des protokollirten Strafantrages im mündlichen Auftrage des Antragstellers und mit Beifügung seines Namens genügend; ein durch unzweideutige Zeichen ertheilter Auftrag gleich einem mündlichen, R. X. 92; — fortgesetztes Delict; Wirksamkeit des auf dessen Verfolgung gerichteten Antrages auch gegen nachfolgende Beihülfe- und Begünstigungshandlungen, welche an und für sich selbständige Delicte bilden, R. X. 207. E. XVII. 227; — nach bremischem Rechte die Mutter nicht gesetzliche Vertreterin ihres minderjährigen unehelichen Kindes, E. XVIII. 65; — Recht der Antragstellung für Vater oder Mutter, wenn das Gesetz das Recht zur Stellung des Strafantrages den „Eltern" gewährt, E. XVIII. 101; — Magistrat antragsberechtigt für die als Beamte erscheinenden Mitglieder der bei den Magistraten in Preußen bestehenden Deputationen, R. X. 565; — bei Verfolgung eines Antragsdelicts der Anschluß des Verletzten als Nebenkläger im Zweifel als Strafantrag zu betrachten, R. X. 606.

Strafausmessung, bei einem mit zeitlicher Zuchthausstrafe bedrohten, aber unter mildernden Umständen verübten und deshalb mit Gefängniß zu ahndenden Verbrechen, wenn der Thäter eine jugendliche Person ist, R. VIII. 571; — Unzulässigkeit einer höheren als 15jährigen Gefängnißstrafe gemäß § 57 Ziff. 1 des StGB., selbst bei Concurrenz anderer Delicte, R. IX. 574. E. XVI. 282.

Strafverfügung, polizeiliche; nochmalige Verfolgung derselben That unter dem Gesichtspunkte eines ideell concurrirenden Vergehens bei vollstreckbar gewordener polizeilicher Strafverfügung; processuales Verfahren in Preußen nach Ges. vom 23. April 1883 § 10 Abs. 2, R. VII. 132; — Anwendbarkeit des ne bis in idem gegenüber von amtsgerichtlichen Strafbescheiden, wenn das Urtheil in der Hauptverhandlung die Handlung unter demselben oder einem milderen rechtlichen Gesichtspunkte wie der Strafbescheid auffaßt, R. VIII. 606. E. XIV. 358.

Straßenpolizei, Strafbarkeit, wenn durch Polizeiverordnung die Befolgung specieller, zur Erhaltung der Sicherheit ꝛc. ergehender Anordnungen des Aufsichtsbeamten vorgeschrieben und einer desfallsigen Anordnung zuwidergehandelt ist, R. IX. 359.

T.

Tabaksteuer, Voraussetzungen des Falles aus § 36 Abs. 1, „daß der Betrag der vorenthaltenen Steuer überhaupt nicht festgestellt werden kann"; Einfluß des Umstandes, daß gemäß § 6 eine Ermittelung der zu vertretenden Gewichtsmenge stattgefunden hat, bei der nach § 35 Abs. 2 erfolgenden Ermittelung des vorenthaltenen Steuerbetrages, R. VIII. 119. E. XIII. 346; — Begriff des „Surrogates", insbesondere des Tabaksurrogates; Unterschied von Surrogaten und bloßen Hülfsmitteln der Fabrikation; Concurrenz der Verwendung nicht gestatteter Tabaksurrogate und des Vergehens der Verfälschung von Genußmitteln, R. VIII. 385. E. XIV. 145; — Dolus bei Verwendung von nicht zugelassenen Tabakssurrogaten nicht erforderlich; Anwendbarkeit des § 40 im Falle des Gegenbeweises, nicht bloß auf § 34, sondern auch auf die §§ 27, 36 Abs. 2, R. IX. 292. E. XV. 429.

Telegraphen, Eintreten der Verhinderung der Benutzung, nicht bloße Gefahr der Verhinderung als Voraussetzung der Strafbarkeit, R. VII. 8. E. XI. 336.

Tödtung, vorsätzliche und fahrlässige; ideale Concurrenz des § 211 und 251 des StGB. durch vorsätzliche und mit Ueberlegung erfolgte Tödtung und Beraubung eines Menschen, R. VII. 127; — fahrlässige durch Verletzung der Berufspflicht nicht bloß innerhalb des Kreises der bestallungsmäßigen Funktionen, sondern auch dann, wenn die Handlung in den Kreis der Amts-, Berufs- oder Gewerbshandlungen überhaupt fällt, R. VII. 301; — bei Unternehmung einer strafbaren Handlung, kein Specialdelict, sondern ein die Strafbarkeit erhöhender Umstand; daher Nebenfrage nicht Hülfsfrage an die Geschworenen, R. VII. 367. E. XII. 250; — der Thatbestand des § 213 des StGB. keine selbständige Delictsform, sondern mildernder Umstand im Verhältnisse zu § 212; Reizung zum Zorn ein von dem Strafgesetze besonders vorgesehener Umstand, zu dessen Verneinung eine Mehrheit von zwei Drittheilen der Stimmen der Geschworenen erforderlich ist; Zulässigkeit der Aberkennung der bürgerlichen Ehrenrechte, auch wenn zu Gunsten des Angeklagten Reizung desselben zum Zorne festgestellt ist, R. VIII. 441. E. XIV. 298; — Fragestellung bei Mordversuch, R. X. 256; — aus Fahrlässigkeit durch unterlassene Pflege einer hülflosen Person, nachdem der Vertrag, wodurch die Verpflichtung zur Verpflegung übernommen worden war, abgelaufen ist, E. XVII. 260; — der Inhalt einer ertheilten Concessionsurkunde nicht maßgebend für den Unternehmer einer der behördlichen Genehmigung unterstehenden gewerblichen Anlage gegen den Vorwurf, daß er es fahrlässigerweise unterlassen, eine zur Sicherheit der Arbeiter

U.

scheins. R. VII. 420. E. XII. 313; — Antrag keine Voraussetzung bei der Unterschlagung von Gewerbegehülfen oder Gesellen, welche mit dem Beschädigten in häuslicher Gemeinschaft leben, R. VII. 588. E. XIII. 14; — von Werthpapieren. welche ein Commissionär auf eigenen Namen für den Committenten gekauft und bei dem Verkäufer liegen hat, als fremde in seinem Gewahrsam befindliche Sachen, E. XIII. 178; — durch Occupation von Thieren, welche dem Jagd- oder Fischereirechte eines Dritten unterworfen sind, E. XIII. 195; — durch Veräußerung einer Banknote, welche dem Veräußerer in der irrthümlichen Meinung eines geringeren als des wirklichen Werthes übergeben ist, R. VIII. 43; — Zueignung durch Vorenthalten abzuliefernder Sachen; nicht nothwendige Absicht des Thäters auf Erlangung eines Vermögensvortheils, R. VIII. 481; — Bereithalten der Mittel zur jederzeitigen Rückerstattung, nicht unter allen Umständen geeignet, das Bewußtsein rechtswidriger Zueignung auszuschließen, E. XIV. 242; — Unmöglichkeit idealer Concurrenz zwischen Unterschlagung einer in Pfand gegebenen Sache durch den öffentlichen Pfandleiher und unbefugtem Pfandgebrauche, R. VIII. 751. E. XV. 147. — Erklärung desjenigen, der eine fremde Sache in Verwahrung hat: er gebe dieselbe dem Berechtigten nicht heraus, er behalte sie für sich, als Aneignungsact, R. IX. 291; — Möglichkeit realer Concurrenz zwischen Betrug und Unterschlagung der durch den Betrug erlangten Sache, E. XV. 426; — rechtswidrige Zueignung von Werthpapieren, welche der Thäter behufs Verpfändung für ein aufzunehmendes Darlehen leihweise überlassen erhalten und als Pfand bestellt, demnächst aber veräußert hat; Umfang des in diesem Falle durch die rechtswidrige Veräußerung behufs Deckung des Pfandgläubigers dem benachtheiligten Eigenthümer verursachten Schadens. E. XVI. 241; — Zueignung der fremden im Besitze des Verkäufers befindlichen Sache durch den bloßen Verkauf ohne gleichzeitige Ueberlieferung, R. X. 33. E. XVII. 59; — durch den persönlich haftenden Gesellschafter einer Commanditgesellschaft an der Commanditgesellschaft gehörigen Geldern, E. XVIII. 123; — begriffliche Voraussetzung, daß die Aneignung erst erfolgt, nachdem der Thäter den Gewahrsam erlangt hatte, R. X. 707; — Unterschlagung (Diebstahl, Untreue) an einem Wechsel, auf welchem die Unterschrift des Ausstellers und eines Acceptanten sich befinden, und welcher ausgestellt wird, um zur Prolongation eines gleich beschaffenen Wechsels zu dienen, R. X. 715.

mächtigter auch derjenige, welcher den Auftrag zu einem unerlaubten Rechtsgeschäft annimmt, R. IX. 247; — „Nachtheil“ setzt Vermögensbeschädigung, nicht Verletzung rein persönlicher Rechte und Interessen voraus; diese Vermögensbeschädigung muß bereits eingetreten sein; dieses auch bei bloß drohender Vermögensgefährdung der Fall, wenn dadurch allein schon eine Verminderung des Vermögenswerthes bewirkt ist; Nothwendigkeit des Bewußtseins dieser Benachtheiligung seitens des Thäters, sowie der Rechtswidrigkeit des Handelns, R. IX. 267; X. 37. E. XVI. 77; — Kassier einer eingetragenen Genossenschaft vermöge der ihm zustehenden Verwaltung der Gesellschaftskassa als Bevollmächtigter, R. IX. 356; — eine vom Darlehengeber ertheilte Erlaubniß an den Entleiher zur Verpfändung der dargeliehenen Werthpapiere in eigenem Namen als Vollmachtsverhältniß, E. XVI. 241; — der Vater im Bezirke des Oberlandesgerichtes Cöln nach dem Tode seiner Ehefrau gemäß § 95 Abs. 2 der preuß. Vormundschaftsordnung vom 5. Juli 1875 als Vormund seiner minderjährigen Kinder, R. IX. 580. E. XVI. 307; — Anwendbarkeit des § 266 Ziff. 1 auf den Vater als gesetzlichen Vormnnd, auch wenn die That aus § 247 des StGB. straflos bleibt, R. IX. 635. E. XVI. 343; — der als Liquidator einer aufgelösten Handelsgesellschaft fungirende frühere Gesellschafter als Bevollmächtigter, R. X. 201; — des Vormundes gegen den Mündel durch Verfügung über das an denselben herauszugebende Vermögen nach Beendigung der Vormundschaft, R. X. 251. E. XVII. 241.

Unzucht, widernatürliche; wenn ein Mann den Geschlechtstheil eines anderen, nicht bei Bewußtsein befindlichen Mannes zu Zwecken der Unzucht in den Mund nimmt, R. X. 416.

Unzüchtige Handlungen, Möglichkeit idealer Concurrenz zwischen § 240 und § 176 Ziff. 3 des StGB.; Bestrafung aus § 240 bei idealer Concurrenz mit § 176 Ziff. 3 des StrGB., obschon die Erkenntniß der Strafbarkeit der Handlung aus § 176 Ziff. 3 verneint wird, E. XI. 387; — Stiefvater zugleich Adoptivvater; ideelle Concurrenz aus § 173 Abs. 2 und § 174 Ziff. 1 des StGB., R. VII. 422, 759. E. XII. 292; — Begriff der Pflegeeltern und Pflegekinder im Sinne des StGB. und des preuß. allg. LR., R. X. 483. E. XIII. 148; — Begriff des Vormundes; Ausschluß der Personen, welche nach den Landesgesetzen zwar die Benennung als Vormund führen, deren Function sich aber auf die Verwaltung oder Beaufsichtigung des Vermögens eines Dritten beschränkt R. VIII. 737. E. XV. 72; — in einer nur dem Lehrer und den aufgenommenen Schülern zugänglichen Schulklasse nicht öffentlich verübt, R. IX. 464; — Begriff der Oeffentlichkeit; Anwesenheit von Personen, welche von der That nicht umfaßt waren, R. IX. 627. E. XVI. 345; — genügende Feststellung des subjectiven Thatbestandes des § 176 Ziff. 3, der Angeklagte habe für möglich gehalten, daß das gemißbrauchte Kind noch nicht 14 Jahre alt sei, R. IX. 742.

Unzüchtige Schriften, Begriff des „Ausstellens"; Ausstellen in einem Schaufenster, so daß nur der unanstößige Titel gelesen werden kann, R. VIII. 607. E. XIV. 397; — Ausstellen unzüchtiger Bilder, wenn Jemand dieselben in einer Gaststube der Wahrnehmung der dort anwesenden Gäste durch Vorzeigen zugänglich macht, R. IX. 196.

Unzuständigkeitsbeschluß, Unterlassung der Fristeröffnung nach § 270 Abs. 4 der StPrO. hat keine Aufhebung des Urtheils zur Folge bei unterlassener Rüge in der Hauptverhandlung; materielle Unrichtigkeit des Beschlusses kein Hinderungsgrund der Aburtheilung für das höhere Gericht, R. VII. 641; — wenn ein Vergehen dem Schöffengericht überwiesen worden war, dieses aber sich für unzuständig erklärt und die Sache an das LR. verwiesen hatte, ohne in dem Beschluß die Bestandtheile eines Eröffnungsbeschlusses aufzunehmen, kann der landgerichtliche Eröffnungsbeschluß zur Ergänzung verlesen werden; Voraussetzung der Zulässigkeit eines Aussetzungsantrags des Angeklagten, R. IX. 439.

Urheberrecht an Schriftwerken (Ges. vom 11. Juni 1870); Veranstalter des Nachdruckes auch derjenige, für dessen Rechnung der Nachdruck hergestellt wird, sowie derjenige, welcher den sonst erforderlichen geschäftlichen Apparat und die sonst erforderlichen technischen Anstalten für die Herstellung hergibt, E. XII. 34; — Verpflichtung der Staatskasse zur Tragung der Kosten des Einziehungsverfahrens; Voraussetzungen, unter welchen bei nur theilweisem Nachdruck die Beschränkung der Einziehung auf den als Nachdruck erkannten Theil des Werkes ꝛc. fortfällt, R. VII. 297. E. XII. 198; XIII. 19. — Begriff „einzelne Artikel aus Zeitschriften und anderen öffentlichen Blättern" im Sinne von § 7 Abs. 6; Gedichte, welche von einer Privatperson der Redaktion einer Zeitung zur Veröffentlichung im Inseratentheile der Zeitung übersendet und im letzterem veröffentlicht worden sind, R. VII. 488. E. XII. 359; — Unzulässigkeit der Einziehung der Nachdrucksexemplare, wenn der Verletzte nur den Antrag auf Bestrafung, nicht auch auf Einziehung gestellt hat, R. VIII. 72. E. XIII. 324; — Aufnahme einer Schrift von geringerem Umfang in ein größeres, ein selbständiges wissenschaftliches Werk bildendes Ganze; Voraussetzungen der Strafbarkeit, R. VIII. 223; — Nachdruck durch Abschreiben; Mehrheit von Exemplaren; Begriff des „Verbreitens", R. VIII. 226. E. XIV. 46. — Nachdruck durch Abdruck eines Artikels aus einer Zeitung, welche denselben selbst unbefugt nachgedruckt hat; Nachdruck vom Nachdruck; Kalender weder Zeitungen noch Zeitschriften, Begriff der Zeitschrift, R. VIII. 240. E. XIV. 67; — Begriff des „Veranstaltens" und „Veranlassens" eines Nachdruckes; Stellung des Geschäftsführers, R. VIII. 474. E. XIV. 236; — Thatbestand des Nachdrucks, wenn der Verleger, welcher mittels Verlagsvertrags Urheberrechte nur für eine Zeitdauer erworben hatte, bezüglich eines Theiles der von ihm noch innerhalb der Vertragszeit hergestellten Druckexemplare die Absicht verfolgte, dieselben auch noch später buchhändlerisch abzusetzen, falls ihm dieses innerhalb der Vertragszeit nicht mehr möglich sein sollte, R. VIII. 495. E. XIV. 267; — Begriff „novellistisches Erzeugniß" im Sinne des § 7b; Feuilletonartikel; die Schutzberechtigung novellistischer Erzeugnisse nicht dadurch bedingt, daß an der Spitze derselben der Abdruck untersagt wird; der Verfasser des in einer Zeitung veröffentlichten novellistischen Erzeugnisses, mit Ausschluß des Herausgebers oder Redacteurs, zur Stellung des Strafantrags berechtigt. E. XV. 59; — der Procurist einer offenen Handelsgesellschaft zum Strafantrage wegen Verletzung des Urheberrechts berechtigt. R. VIII. 754. E. XV. 144; — des Verfertigers von Zeichnungen, welche im Auftrage des Eigenthümers einer Fabrik zur Ausführung technischer Einrichtungen derselben angefertigt sind; Schutzberechtigung, wenn dieselben nicht bloße Bauzeichnungen und, in ihrer Eigenschaft als technische, nicht als Kunstwerke zu betrachten sind, E. XV. 405; — Begriff des vorsätzlichen Feilhaltens im § 25; Entschuldbarkeit des Irrthums über das Strafgesetz aus § 18 Abs. 2 auch in diesem Falle, R. IX. 236, 520. E. XV. 419; — Schutz des literarischen Eigenthums gegen Nachdruck 2c. zwischen Elsaß-Lothringen und Frankreich, R. IX. 559; — Schutz des Urheberrechtes sich nicht bloß auf die erstmalige Ausgabe des Werkes, sondern auch auf spätere Ausgaben oder Auflagen erstreckend; Grenze zwischen unerlaubtem Nachdrucke und erlaubter Entlehnung; „Sammlung zu einem eigenthümlichen literarischen Zwecke"; Schutz der einzelnen Lieferungen einer solchen geschützten Sammlung, wenn sie selbständig verkauft werden, E. XVI. 352; — Adreßbücher als neue Producte geistiger Arbeit; Nachdruck, E. XVII. 195; — genaue und zuverlässige Ermittelung des Schadens bei der Buße wegen Verletzung des Urheberrechtes nicht erforderlich, R. X. 224. E. XVII. 190; — Zulässigkeit eines Vervielfältigungsrechtes an Schriftwerken ohne Zustimmung des Urhebers, R. X. 281. E. XVII. 268; — Nachdruck einer Lotteriegewinnliste (Privatunternehmen), R. X. 728.

Urheberrecht an Werken der bildenden Künste (Ges. vom 9. Jan. 1876); Veranstaltung einer Nachbildung und die Verbreitung derselben keine ideal concurrirenden Delicte; Ablieferung der rechtswidrig hergestellten Nachbildung eines Gemäldes von Seiten des Verfertigers an den Veranstalter als keine den Lauf der Verjährung begründende Verbreitung, E. XI. 333; — Vermögensinteresse nicht der ausschließliche Gegenstand des Urheberrechts; Verhältnis des Begriffes „Nachbildung" zu „Vervielfältigung"; Nachbildung des Originals mittels Uebermalens einer im rechtmäßigen Wege entstandenen Photographie. R. VII. 21. E. XI. 360; — Antragsrecht des Inhabers eines beschränkten Verlagsrechts, welches die Nachbildung nur in einem bestimmten Kunstverfahren (Photographie) gestattet, gegen denjenigen, welcher das Originalwerk durch ein anderes, dem Urheber vorbehaltenes Kunstverfahren (Oelfarbendruck) ohne Erlaubnis des Urhebers nachbildet, R. VIII. 428. E. XIV. 217; — Zulässigkeit eines Vervielfältigungs- oder Nachbildungsrechts an Kunstwerken ohne Zustimmung des Urhebers. R. X. 281. E. XVII. 268; — die Wiedergabe eines Gemäldes in der Diaphanie als Nachbildung durch die malende, nicht die plastische Kunst, R. X. 398, 685. E. XVII. 365; — bleibende Aufstellung eines plastischen Kunstwerkes an der Straße, Schutz des Modells, nach welchem jenes geschaffen wurde, gegen Nachbildung; Nachbildung eines mit einem Bauwerke verbundenen, an der Straße bleibend sich befindenden plastischen Kunstwerkes; Begriff der Kunstform im Sinne des § 6 Ziff. 3 des Ges., R. X. 444. E. XVIII. 30.

Urheberrecht an Photographien (Ges. vom 10. Jan. 1876); Voraussetzungen, unter welchen dem Verfertiger, nicht dem Besteller, eines photographischen Porträts das Urheberrecht an denselben zusteht; Begriff „freie Benutzung“ und „neues Werk“ im Sinne des § 2 des Ges.; Zusammenstellung photographischer Einzelporträts zu Gruppenbildern als neues Werk, R. VIII. 237; X. 281. E. XIV. 51; XVII. 268. — Recht des Bestellers eines photographischen Porträts kein selbständiges Dispositionsrecht, sondern Autorrecht; Berechnung der Schutzfrist aus § 6 des Ges., R. IX. 109. E. XV. 249.

Urheberrecht an Mustern und Modellen (Ges. vom 11. Jan. 1876); Beeinträchtigung des Schutzrechtes eines Musters, welches äußerlich erkennbar und für den Gebrauch eines einzelnen Abnehmers bestimmt ist; verbotene Nachbildung und Verbreitungsabsicht, wenn im vorbezeichneten Falle ein Dritter im Auftrage des fraglichen Abnehmers lediglich für dessen Gebrauchszwecke das Muster nachgebildet hat; Begriff der „Einzelcopie“, R. VII. 259. E. XII. 173; — der Zeichner als Urheber eines Musters oder Modells, welches der Eigenthümer einer gewerblichen Anstalt zu dem Zwecke hat anfertigen lassen, dasselbe an einem Werke seiner Anstalt nachzubilden, R. VIII. 5. E. XIII. 219; — Zulässigkeit eines Vervielfältigungs- oder Nachbildungsrechts ohne Zustimmung des Urhebers, R. X. 281. E. XVII. 268.

Urkunden, deren Verlesung; gegen den Angeklagten ergangene Disciplinarbeschlüsse dürfen verlesen werden, R. VII. 276; — Zulässigkeit der Verlesung der in ein Augenscheinsprotokoll aufgenommenen Angaben von Personen, welche nothwendig sind, um den Zweck des Augenscheins zu erreichen, R. VII. 370. E. XII. 308.

Urkundenfälschung, Gebrauch des echten dem Thäter zu einem andern erlaubten Zwecke behändigten Stempels einer Behörde zur Anfertigung einer inhaltlich falschen Urkunde; Gebrauchmachen von derselben. E. XII. 17; — durch Veränderung des Datums einer stempelpflichtigen Urkunde zur Abwendung der Stempelstrafe und Vorlage der Urkunde an die Stempelsteuerbehörde, R. VII. 86; — Adresse eines Briefes eine Urkunde; Gebrauchmachen zum Zwecke des Entlastungsbeweises in einer Untersuchung, R. VII. 180. E. XII. 170; — rechtswidrige Absicht als Voraussetzung des Gebrauchs verfälschter Urkunden (§ 270 des StGB.); Nothwendigkeit der Aufnahme in der Fragestellung, R. VII. 186. E. XII. 112; — die von einem im Gebiete der preuß. Landgemeindeverfassung vom 14. April 1836 von einer Gemeindeversammlung zur Abnahme der Gemeinderechnung gewählten Ausschusse ausgestellten Entlastungserklärungen keine öffentlichen Urkunden; der Ausschuß keine öffentliche Behörde, E. XII. 91; — Urkundenfälschung in erwarteter Genehmigung des Ausstellers; Ausschluß der rechtswidrigen Absicht auf Seiten des Thäters nur dann, sofern auch den anderen Personen gegenüber die rechtswidrige Absicht durch besondere Umstände ausgeschlossen wird, R. VII. 266; — der Abschnitt einer Postpacketbegleitadresse zu einer unfrankirten Sendung, hinsichtlich der Bemerkung des Portobetrages auf demselben durch den Postbeamten keine öffentliche Urkunde R. VII. 390 E. XII. 323; — Zustellungsbescheinigung ausgestellt von einem formlos bestellten Zustellungsbeauftragten ohne Beifügung des Amtscharakters keine öffentliche Urkunde; Einflußlosigkeit des Umstandes, daß das fragliche Schriftstück mit anderen zweifellos öffentlichen Urkunden äußerlich verbunden ist, R. VII. 393. E. XII 270; — fälschliche Anfertigung einer Urkunde durch Unterschrift des Namens einer dritten Person, Kenntniß desjenigen, welchem gegenüber von der Urkunde Gebrauch gemacht ist, daß die Unterschrift nicht von demjenigen herrührt, auf welchen die Schrift hinweist, jedoch Irrthum darüber, daß der Schreiber von dem Träger des geschriebenen Namens zum Gebrauch desselben ermächtigt sei, keine Urkundenfälschung R. VII. 568; — Geldrollen, welche mit der Bezeichnung ihres Inhalts und mit einem zu dieser Bezeichnung in Beziehung gebrachten Namen versehen sind, als beweiserhebliche Privaturkunden E. XIII. 71; — Taufschein, zwar öffentliche Urkunde, aber nicht zum Beweise des Alters der Braut gegenüber dem Bräutigam bestimmt R. VII. 681. E. XIII. 65; — Rechtserheblichkeit einer von einem Hypothekenschätzer in Bayern behufs Errichtung einer Hypothek abgegebenen schriftlichen Erklärung über den Werth von Liegenschaften; unterlassene Beifügung zu dem hypothekenamtlichen Protokolle oder zu einer Notariatsurkunde E. XIII 112; — an Privaturkunden, welche auf dem Wege mechanischer Vervielfältigung hergestellt und nur mit einer gedruckten Unterschrift versehen sind, R. VII. 738; E. XIII. 168; — dadurch, daß Jemand eine Urkunde mit seinem Familiennamen und seinem Rufnamen, eine zweite Urkunde mit seinem Familiennamen und einem anderen seiner Vornamen unterzeichnet, um den Schein hervorzurufen, als rührten beide Unterschriften von verschiedenen Personen her, R. VII. 743. E. XIII. 171; — Anbringung einer echten Plombe an Stelle einer zufällig von einem zollamtlich verschlossenen Coli verlorenen seitens eines Unberechtigten, als Fälschung einer öffentlichen Urkunde, R. VII. 758. E. XIII. 193; — eine vor dem Abschluß des Frachtvertrags vorgenommene unberechtigte Abänderung des Frachtbriefes, von welchem zum Zwecke der Täuschung Gebrauch gemacht wird, als Verfälschung einer beweiserheblichen Urkunde, R. VIII. 30; — desjenigen, welcher sich einen falschen Namen beigelegt hat, durch Ausstellung unter diesem falschen Namen und Gebrauchmachen von derselben zu dem Zwecke, die schon vorher bewirkte Täuschung über seinen Namen zu unterhalten, E. XIII. 245; — Abwendung einer Conventional-Geldstrafe als Vermögensvortheil, R. VIII. 112; — ein von der Ortspolizeibehörde in Bayern ausgestelltes Zeugniß, durch welches die Dauer des Besitzes eines zur Preisbewerbung vor der Prüfungscommission des Landesgestütes vorzuführenden Pferdes bestätigt wird, als öffentliche Urkunde; Ausstellung desselben Namens der „Gemeindeverwaltung“, E. XIII. 367; — eine nach § 636 der CPrO. im Mahnverfahren erfolgte Ladung zur mündlichen Verhandlung als rechtserhebliche Urkunde, R. VIII. 209. E. XIV. 1; — auf Grund der preuß. VO. vom 13. Febr. 1843 über die Legitimation zur Veräußerung eines Pferdes auszustellende Atteste sind öffentliche Urkunden, wenn auch einzelne Formvorschriften nicht erfüllt sind, R. VIII. 247; — Beweiserheblichkeit der gefälschten Urkunde für den Gebrauchszweck des Thäters nicht erforderlich, es genügt, daß sie im Falle ihrer Echtheit irgend ein Rechtsverhältniß zu beweisen dienlich gewesen wäre, R. VIII. 262; — schriftliche geschäftliche Empfehlung als beweiserhebliche Privaturkunde, R. VIII. 298; — Gebrauch der gefälschten Urkunde zur Täuschung durch Anerbieten, eine gefälschte Urkunde vorzulegen, mit dem Erfolg, daß Jemand an einem dritten Orte von der Urkunde Einsicht nimmt, R. VIII. 319; — Nummerzeichen, welche an im Walde stehenden Holzhaufen angebracht sind und auf Grund deren demnächst eine Zuweisung der einzelnen Haufen an verschiedene Personen stattgefunden hat, keine Urkunden, selbst wenn die Beifügung von einer öffentlichen Behörde erfolgte. R. VIII. 412. E. XIV. 175; — auch die dem Adressaten übergebene Abschrift einer durch einen Postboten in einer Strafsache über eine Zustellung errichteten Urkunde hat die Eigenschaft einer öffentlichen Urkunde, R. VIII. 417; — Abänderung der im Besitze eines Kaufmanns gebliebenen Handelsbücher keine Urkundenfälschung, auch wenn die Abänderung erfolgt, um einen Beweis über den Geschäftsumfang zu führen, R. VIII. 470. 504;

— Mitthäterschaft, wenn der eine Thäter persönlich nur die Fälschung, der andere aber die Gebrauchshandlung vorgenommen hat, R. VIII. 481; — Gebrauch einer gefälschten oder verfälschten Urkunde, auch ohne daß dieselbe dem zu Täuschenden zu Gesicht kommt, R. VIII. 489. E. XIV. 242; — Fälschung behufs Ausübung eines Rechts, welches ohnedem und unabhängig von der Fälschung bereits bestand, R. VIII. 493; — Gebrauch einer echten, aber falsche Thatsachen versichernden Urkunde zum Zwecke der Täuschung, nicht unter § 270 fallend, E. XV. 5; — Unterschied zwischen Verfälschung einer Urkunde und Blanketfälschung; die Blanketfälschung nicht dadurch bedingt, daß „das mit der Unterschrift eines Andern versehene Papier" schlechthin einen urkundlichen Inhalt im Sinne des § 267 nicht hat; Ausfüllung eines mit Blankoaccept versehenen Wechselformulars, R. VIII. 740. E. XV. 67; — Vorlesen der gefälschten Urkunde als Gebrauchmachen, R. VIII. 746. E. XV. 110; — bei der Staatsanwaltschaft unter fremden Namen eingereichte Strafanzeige als beweiserhebliche Privaturkunde, R. VIII. 770; — die zum zollamtlichen Verschlusse dienende Plombe als öffentliche Urkunde; Urkundenfälschung durch unbefugte Uebertragung auf ein anderes Colli, R. IX. 105. E. XV. 214; — Auszüge aus dem Standesregister über einen Geburtsfall auch dann öffentliche Urkunden, wenn das Standesregister zur Beurkundung der eingetragenen Geburt nicht bestimmt ist, R. IX. 124; — Voraussetzung der fälschlichen Anfertigung einer Urkunde; ob die durch die Urkunde bestätigte Thatsache wahr oder nicht wahr, ist nicht entscheidend, wenn keine fälschliche Anfertigung vorliegt, R. IX. 148; — ein von einem Geistlichen des linksrheinischen deutschen Gebietes ausgestelltes Geburtsattest ist zwar keine öffentliche Urkunde, wohl aber eine beweiserhebliche Privaturkunde, R. IX. 250; — Versuch der Urkundenfälschung auch dann, wenn der Thäter in Bethätigung seines auf Ausführung der Urkundenfälschung in deren vollem Umfange gerichteten, und nur das zur Vollendung der That erforderliche Gebrauchmachen an weitere Bedingungen knüpfenden Entschlusses die Urkunde fälschlich angefertigt hat, R. IX. 352 E. XVI. 133; — Vorlage einer Abschrift der gefälschten Urkunde an den Proceßrichter als Gebrauchmachen, R. IX. 384. E. XVI. 228; — Urkundenfälschung, wenn Jemand in der irrigen Meinung, die Frist zur Nachbringung des (preußischen) Stempels sei abgelaufen, zur Abwendung einer vermeintlich verwirkten Stempelstrafe das Datum einer stempelpflichtigen Urkunde verändert und dieselbe der Steuerbehörde behufs Cassation des Stempels vorlegt. R. IX. 540 E. XVI. 262; — Wildpassirschein als rechtserhebliche Privaturkunde, R. IX. 555; — die Zustimmung desjenigen, mit dessen Unterschrift eine Urkunde von einem andern fälschlich angefertigt wird, zur Benützung seines Namens, den Begriff der Urkundenfälschung nur unter bestimmten Voraussetzungen ausschließend R. IX. 602 E. XVI. 325; — Bestimmung zum Beweise als nothwendiges Merkmal des Urkundenbegriffs, R. IX. 731. E. XVII. 103; — Atteste der in Preußen angestellten Fleischbeschauer über Untersuchungen auf Trichinen, als öffentliche Urkunden; Urkundenqualität sonstiger Bescheinigungen angestellter Fleischbeschauer, welche bezwecken, die Einfuhr von Fleisch in Städte zu ermöglichen, worin Schlachthäuser mit Schlachthauszwang bestehen; Preußen, R. X. 70. E. XVII. 94; — Voraussetzungen des Urkundenbegriffs. Indem die Post Packetadressen mit Abschnitten, welche den Vordruck „Name, Wohnort und Wohnung des Absenders" tragen, ausgibt, fordert sie nicht, daß ihr mittels Einschreiben des Namens rc. des Absenders in den Abschnitt ein urkundlicher Nachweis über die Person des Absenders ausgestellt werde. Inwiefern entsteht durch Einschreiben eines Namens in den Abschnitt der Postpacketadresse eine Urkunde bezw. falsche Urkunde? Wird durch Aufgeben eines so ausgefüllten Abschnittes zur Post von einer Urkunde der Post gegenüber Gebrauch gemacht? R. X. 104. E. XVII. 141; — rechtswidrige Absicht setzt nicht das Bewußtsein voraus, durch die Fälschung die Rechte Dritter zu verletzen, sondern besteht nur in dem Willen, für eine Thatsache mittels Täuschung ein falsches, rechtserhebliches Beweisinstrument sich zu verschaffen, R. X. 141. E. XVII. 200; — eine Rechnung als beweiserhebliche Privaturkunde, R. X. 205; — Aenderung des Datums eines unterzeichneten aber unausgefüllten Vollmachtsformulars, um eine Stempelstrafe zu verhüten, keine Urkundenfälschung an einer beweiserheblichen Privaturkunde, R. X. 218. E. XVII. 205; — Unterschied zwischen § 267 und § 270 des StrGB.; Zeitpunkt einer vollendeten Urkundenfälschung; Verfälschung zum besseren Fortkommen, R. X. 233; — Bezeichnung der Verpackung einer Waare mit der Firma und dem Orte der Handelsniederlassung des Versenders keine Urkunde, R. X. 239. E. XVII. 282; — zur Beweiserheblichkeit der Privaturkunde nicht nothwendig, daß der Aussteller als durch sie verpflichtet sich darstellt, R. X. 293 E. XVII. 298; — Zusammensetzung einer Postfreimarke aus verschiedenen Theilen echter und unverwertheter Postfreimarken und Verwendung dieser den Anschein eines unverwendeten Zeichens erweckenden Freimarke zur Frankirung einer Postsendung, keine Anfertigung bezw. kein Gebrauch eines falschen Postwerthzeichens; mißbräuchliche Verwendung bereits einmal verwendeter Postwerthzeichen unter Beseitigung des Entwerthungszeichens, keine Urkundenfälschung, R. X. 311. E. XVII. 394; — Urkundenbegriff; Nothwendigkeit eines Gedankeninhalts; Bedeutung von bloßen Zeichen; Stempelabdrücke auf Eisenbahnschienen als Urkunden, R. X. 317. E. XVII. 352; — Möglichkeit der Verfälschung einer Urkunde, auch wenn zur Zeit der Abänderung noch ein Theil des Inhalts der später vervollständigten Urkunde gefehlt hat; schriftliche Genehmigung des Kreisdirektors in Elsaß-Lothringen, welche derselbe in einer Kirchenbausache zur Leistung einer nicht bedingungsgemäßen Zahlung seitens der Gemeinde ertheilt hat, als öffentliche Urkunde, E. XVII. 328; — fälschliche Anfertigung einer Strafanzeige als Urkundenfälschung strafbar, R. X. 396; — rechtliche Bedeutung der Beeidigung und öffentlichen Anstellung der in § 36 Abs. 1 der Gewerbeordnung vom 21. Juni 1869 bezeichneten Gewerbetreibenden bezüglich der von ihnen ausgestellten Zeugnisse, E. XVIII. 37; — Ladung des Angeklagten zur Hauptverhandlung keine öffentliche Urkunde, wenn sie vom Vorsitzenden, nicht vom Staatsanwalt ausgefertigt ist, R. X. 464. E. XVIII. 76; — § 272 des StrGB. findet auch dann Anwendung, wenn der angestrebte Vermögensvortheil in der für Begehung der That zugesagten oder gewährten Belohnung besteht, R X. 551. E. XVIII. 145; — ärztliche Recepte als rechtserhebliche Privaturkunden, R. X. 563. E. XVIII. 149.

Urkundenfälschung, intellectuelle; Erklärung einer falschen Thatsache vor einer zur Entgegennahme derselben nicht befugten Person und Eintragung durch diese in das Standesregister keine intellectuelle Urkundenfälschung, R. VII. 154. E. XII. 62; — Dolus bei derselben; Bewußtsein, daß die unrichtig beurkundete Thatsache für Rechte oder Rechtsverhältnisse erheblich ist, R. VII. 190; — Melderegister des Einwohnermeldeamts in Berlin kein öffentliches Register, R. VII. 343. E. XII. 228; — das im Reglement für die preußischen Gefängnisse vom 16. März 1881 vorgeschriebene Gefangenbuch I als öffentliches Register, R. VII. 429. E. XII. 315; — lediglich Strafbarkeit aus § 360 Ziff. 8 des StrGB., wenn eine Person, welche zu Protokoll einer Verwaltungsbehörde eine Anzeige macht, sich hierbei eines falschen Namens bedient, R. VII. 469; — Unanwendbarkeit des § 271 des StrGB., wenn die ein Bewirken der falschen Beurkundung enthaltende Handlung des Dritten sich als Theilnahme an dem vom Beamten vorsätzlich bewirkten Vergehen aus § 348 darstellt; die Feststellung, daß der Beamte, von welchem die falsche Beurkundung ausgeht, nicht vorsätzlich gehandelt habe, keine Voraussetzung der Anwendbarkeit des § 271, R. VII. 590. E. XVIII. 52; — die Einträge der Gefangenwärter in Bayern in die Verzeichnisse der Gefangenen und die von ihnen zu erstattenden Anzeigen über Namen, Gewerbe ꝛc. des Gefangenen keine Beurkundungen im Sinne des § 271 des StrGB., E. XIII. 334; — falsche Beurkundung dadurch nicht bewirkt, daß eine die Urkunde vorbereitende Mittelsperson getäuscht wird, ohne daß die Täuschung auf den beurkundenden Beamten übergeht, E. XIII. 367; — Unanwendbarkeit des § 271 auf Personen, welche sich ein Abzugsattest oder ein Gesindedienstbuch von der zuständigen Polizeibehörde in Preußen unter falschem Namen ausstellen lassen, R. VIII. 307. E. XIV. 99; — Angabe eines falschen Namens in der amtsgerichtlichen Gefangenenliste und Verurtheilung unter diesem Namen in Württemberg, R. IX. 432. E. XIV. 11; — Bewirkung falscher Beurkundung dadurch, daß, auf unrichtige Angaben noch nicht großjähriger Ehezeugen hin, der Standesbeamte letztere als großjährig im Heirathsregister aufgeführt hat, R. IX. 77. E. XV. 256; — keine intellectuelle Urkundenfälschung, wenn ein Arbeitgeber bei der Anmeldung versicherungspflichtiger Personen zur Gemeindekrankenkasse zu dem darüber zu führenden Verzeichnisse der Gemeinde falsche Angaben über die Zeit des Beginnes der Beschäftigung seitens des Anzumeldenden macht, E. XV. 414; — Straflosigkeit der Bewirkung eines unrichtigen Eintrages in eine öffentliche Urkunde, wenn sich die unwahre Angabe auf einen Umstand bezieht, welcher durch die Urkunde nicht bewiesen werden soll; unrichtige Bezeichnung seitens der Mutter als Wittwe bei Anzeige des Todes ihrer Tochter zu dem Standesregister, R. IX. 328. E. XVI. 87; — durch wissentlich unrichtige Angabe der Straße und Hausnummer bei der Anzeige einer erfolgten Geburt zum Standesregister mit dem Bewußtsein, daß der Standesbeamte die Bezeichnung von Straße und Haus für erheblich hält, R. IX. 415; — die nach § 1 Ziff. 1 der Bundesraths-Verordnung vom 16. Juni 1882 von der Staatsanwaltschaft über den Strafvollzug zu führenden Strafregister sind mit Bezug auf Namen und Stand, sowie überhaupt auf die Identität der darin genannten bestraften Personen keine öffentlichen Urkunden, R. IX. 432. X. 397; — die bei der Anzeige zum Sterberegister gemachte unwahre Angabe über eine zwischen der Anzeigenden und dem Erzeuger ihres unehelichen, gestorbenen Kindes bestehende Ehe als intellectuelle Urkundenfälschung, R. X. 42; — das vom Gefangenwärter in den bayerischen Gerichtsgefängnissen zu führende „Tagebuch für Strafgefangene“ kein öffentliches Register, welches zu der Feststellung bestimmt ist, daß die eingetragenen Personen auch wirklich den eingetragenen Namen führen, R. X. 369. E. XVII. 402; — ein der Leitung eines Gerichtsschreibers zur Ausbildung in den Geschäften der Gerichtsschreiberei unterstellter Justizanwärter in Preußen ist zur Aufnahme von öffentlichen Urkunden in Sachen des § 271 nicht ohne weiteres befugt, R. X. 589; — unrichtige Eintragungen in das Handelsregister keine intellectuelle Urkundenfälschung, R. X. 625. E. XVIII. 179; — Ueberzeugung des Thäters von der Unrichtigkeit der beurkundeten Thatsachen, Verhandlungen oder Erklärungen kein Erforderniß des Thatbestandes, E. XVIII. 309.

Urkundenstempel (Gesetz vom 1. Juli 1881); Begriff der „für den Handelsverkehr bestimmten Renten- und Schuldverschreibungen“; Ausgabe eines Werthpapieres im Sinne des Gesetzes; Person des Ausgebers bei Actiengesellschaften; Irrthum über die Eigenschaft eines Werthpapiers als einer für den Handelsverkehr bestimmten Schuldverschreibung als Rechtsirrthum; strafrechtlicher Irrthum über die Stempelpflichtigkeit eines Werthpapiers als Fehlen der Hinterziehungsabsicht und Ausschließungsgrund für die Hinterziehungsstrafe; Ordnungsstrafe, R. VII. 43. E. XI. 426; — Haftbarkeit des Firmeninhabers als Aussteller der Schlußnote, auch wenn der Procurist solche unterzeichnet hat; Anwendbarkeit der Tarifbestimmung unter II 4[a] auch auf solche Schriftstücke, durch welche das betreffende Geschäft erst zu Stande kommt und nicht durch Zusammenstellen der Bedingungen das vorherige Zustandekommen nur bewiesen werden soll; Begriff des „Briefes“, R. VII. 69. E. XII. 22; — Stempelpflicht eines Briefes, welcher die zwischen dem Committenten und dem Commissionär zwecks Verkaufs von Börsenpapieren gewechselten Telegramme zusammenfaßt nach Tarif II 4[a], E. XI. 339; — Stempelpflichtigkeit der Loose bei Ausspielungen der geringsten Art auf Märkten und bei Volksbelustigungen; Begriff des Looses; jeder Zettel, der durch ein Zeichen den Anspruch auf einen Gewinn begründet, R. VII. 110; — Bedeutung der Bundesrathsbeschlüsse für die Auslegung des Stempelgesetzes; Anwendung des Tarifs II 4ᵇ auf die Berechnung über Gutschrift von Coupons, welche in Folge ertheilten Incassomandates erhoben worden sind, als Berechnung über ein Guthaben aus einem Anschaffungsgeschäfte; Auslegung des sich auf diese Frage beziehenden Bundesrathsbeschlusses vom 5. Juli 1882, R. VII. 113. E. XII. 40; — Vereinbarung bei einem Waarenlieferungsgeschäfte, daß der Kaufpreis durch Bezahlung oder durch Wechsel entrichtet werden könne, kein Kauf- oder anderweites Anschaffungs- oder Lieferungsgeschäft über Wechsel, E. XII. 281; — Anwendbarkeit der Befreiungsbestimmung 3 zum Tarife II 4 auch auf solche Briefe, welche nach ihrem Inhalte unter den Begriff der Rechnungen im Sinne der Tarifnummer 4ᵇ fallen; ein Brief, welcher eine Rechnung über eine abgeschlossene Hingabe an Zahlungsstatt enthält, als Brief „über eines der unter II 4ᵃ genannten Geschäfte" im Sinne der Befreiungsbestimmung, E. XII. 135; — Schlußnoten über directe Reportgeschäfte; Versteuerung als zwei Kaufverträge; Anwendung auf Deportgeschäfte, R. VII. 409. E. XII. 284; — Anwendbarkeit der fünfjährigen Verjährungsfrist aus § 17 des Wechselstempelsteuergesetzes vom 10. Juni 1869 auch auf den Fall einer verwirkten Ordnungsstrafe aus § 25 des Ges. vom 1. Juli 1881 betr. die Erhebung von Reichsstempelabgaben, R. VII. 462. E. XII. 345; — Annahme von Wechseln an Zahlungsstatt ist ein Anschaffungsgeschäft, R. VII. 476; — Unanwendbarkeit des § 23ᵃ des Ges. vom 29. Mai 1885, wenn nach dem 1. Octbr. 1885 über Verfehlungen gegen die Bestimmungen über „Schlußnoten und Rechnungen" zu erkennen ist, welche vor diesem Tage begangen wurden, R. VIII. 36. E. XIII. 249; — Haftbarkeit der Vorstandsmitglieder einer Actiengesellschaft für die Zuwiderhandlungen gegen das Stempelsteuergesetz, R. VIII. 40; — Anwendbarkeit des Gesetzes nur auf öffentliche Lotterien im Sinne des § 286 des StGB., nicht auf eine nur auf den bestimmten Kreis von Vereinsmitgliedern beschränkte Lotterieveranstaltung, R. VIII. 460. IX. 134. E. XV. 274; — für die im § 4 Abs. 1 das. dem Emittenten von Werthpapieren auferlegte Verpflichtung, der Steuerbehörde vor der Auflegung der Papiere zur Zeichnung Anzeige zu erstatten, das Vorhandensein urkundlich ausgefertigter Werthpapiere keine Voraussetzung; die Anzeigepflicht auch anwendbar auf die Fälle der Simultangründung und die Fälle nicht öffentlicher Zeichnung, R. X. 435. E. XVII. 431.

Urkundenstempel, (preuß. Ges. vom 7. März 1822); Stempelpflichtigkeit der Auseinandersetzungsverträge zwischen Gesellschaftern, R. VIII. 619; — eine mit Abreden über die Valutazahlung verbundene Cession unterliegt dem Cessionsstempel, R. IX. 357; — Voraussetzungen, unter welchen durch Briefwechsel geschlossene Verträge der Stempelpflicht unterliegen, R. IX. 749. E. XVII. 34.

Urkundenvernichtung, Beschädigung, Beiseiteschaffen; Beiseiteschaffung einer Bekanntmachung aus dem amtlich veranlaßten Umlaufe mittelst Täuschung des Inhabers und Bestimmung desselben zur Herausgabe, R. VII. 100. E. XII. 67; — Beiseiteschaffung durch Unterlassungen; Identität des Thäters mit dem Beamten oder Dritten, welchem die Urkunde anvertraut worden ist, R. VII. 361. E. XII. 247; — Urkundenbeschädigung ohne Rücksicht, ob das Recht, welches durch die Urkunde in derjenigen Gestalt, wie sie ohne die Veränderung vorlag, bewiesen wurde, wirklich bestand und mit rechtlichem Erfolg in Anspruch genommen werden konnte, R. VIII. 722; — Absicht, einem Anderen Nachtheil zuzufügen; Begriff; Unterschied von Vorsatz; erlaubte Selbsthülfe bei der Urkundenbeschädigung, E. XVI. 150; — Nichterforderniß einer zum Beweise von Rechten oder Rechtsverhältnissen erheblichen Urkunde, sondern nur einer Urkunde im weiteren Sinne, R. IX. 537; — Begriff der amtlichen Zugänglichkeit einer Urkunde im Sinne des § 348 Abs. 2 des StGB.; Bestimmung zum Beweise als nothwendiges Merkmal des Urkundenbegriffs, R. IX. 731. E. XVII. 103; — ein dem Schuldner zur Einsicht und Unterzeichnung vom Vollstreckungsbeamten übergebener Entwurf eines Protokolls über eine Vollstreckungshandlung als ein einem Dritten amtlich übergebener Gegenstand, dessen vorsätzliche Vernichtung strafbar, R. X. 679; s. a. Grenzverrückung.

Urtheil, Wirkungen der Aufhebung; processuale Bedeutung der mildernden Umstände bei Aufhebung der dem Urtheile zu Grunde liegenden Feststellungen, R. VII. 378; — Aufhebung wegen einer in idealer Concurrenz neben der negativen Feststellung in Betreff des Vergehens festgestellten Uebertretung; Befassung des Instanzrichters mit der ganzen That, R. VIII. 19; — Aufhebung des Urtheils wegen Ablehnung des Antrags auf Stellung einer Hülfsfrage aus rechtsirrigen Gründen auch dann, wenn die Geschworenen eine auf eine schwerere Schuld lautende Frage bejaht haben, nach welcher die beantragte Hülfsfrage nicht mehr zur Beantwortung gelangt wäre; Wirkung der Aufhebung auch auf andere Angeklagte, welche die Revision nicht eingelegt haben, wenn der die Ablehnung der Hülfsfrage herbeiführende Rechtsirrthum ein materiellrechtlicher war, R. VIII. 86. E. XIII. 305; — Zulässigkeit der Zurückverweisung in die Instanz, wenn auch nur noch über die Buße zu erkennen ist, R. VIII. 532; — Aufhebung zu Gunsten des nicht revidirenden Angeklagten aus § 397 der StPrO., wenn die Aufhebung wegen Verletzung von Rechtsnormen erfolgt, welche die in der Person eines Angeklagten begründete Straferhöhung oder Strafmilderung betreffen, während die gleiche Rechtsverletzung bezüglich der nicht revidirenden Angeklagten vorliegt, R. IX. 693. E. XVI. 417; — Aufhebung zu Gunsten des nicht revidirenden Angeklagten findet nicht statt bei Vorhandensein von einander unabhängiger Straffälle, insbesondere wenn auch keinerlei Theilnahmeverhältniß festgestellt ist, R. X. 74.

Urtheilsfindung, Begriff der „in der Anklage bezeichneten That“; Anklage wegen Diebstahls, Verurtheilung wegen Hehlerei an derselben Sache; veränderter Gesichtspunkt, E. XII. 187; — Nothwendigkeit eines positiven Ausspruches über Klageänderung nur dann, wenn die seitens der Proceßbetheiligten vorgebrachten oder die vom Richter festgestellten Thatsachen den Anlaß boten, R. VII. 522. VIII. 785. X. 635; — Zulässigkeit der Verhandlung gegen den der Hehlerei Angeschuldigten ohne seine Zustimmung wegen Anstiftung; keine andere That, R. IX. 722; — Zulässigkeit der Anwesenheit eines zur Ausbildung beim Gericht beschäftigten Referendars bei Berathung und Abstimmung des erkennenden Gerichts, wenn er in der Sache als Gerichtsschreiber fungirt, R. X. 549. E. XVIII. 161; — Verbot der Anwesenheit anderer Personen als der Richter bei Berathung des Urtheils hauptsächlich gegen die Anwesenheit der zur Dienstesaufsicht berufenen Beamten gerichtet, R. X. 640.

Urtheil in Strafsachen; Verlesung der Urtheilsformel; Differenz mit der protokollirten Formel, R. VII. 233; — Unzulässigkeit von Abänderungen oder Ergänzungen des Urtheils nach dessen Verkündung, auch wenn dieselben sofort noch in der Sitzung vorgenommen werden, R. VII. 245; — Unterschrift der Richter erst nach der Revisionsbegründung begründet keine Aufhebung des Urtheils, R. VII. 493. IX. 480; — Unzulässigkeit einer Ergänzung oder Aenderung der Urtheilsgründe durch den Vorsitzenden nach Unterschrift sämmtlicher Richter, E. XIII. 66; — Befugniß des Gerichts, nach Verkündung des Urtheils offensichtliche Schreib- oder Fassungsfehler in der Urtheilsformel zu berichtigen, E. XIII. 267; — Erwähnung und Würdigung des Ergebnisses des auf Antrag des Angeklagten aufgenommenen Entlastungsbeweises in den Urtheilsgründen; Voraussetzung, R. VIII. 598; — mangelnde Unterschrift unter dem Urtheile von Seiten eines bei einer Strafgerichtssitzung beigezogenen nicht am Gerichtssitze wohnenden Hülfsrichters, R. VIII. 739; — unvollständige Verkündung des beschlossenen Urtheils; Zulässigkeit nachträglicher Verkündung, R. IX. 132. E. XV. 271; — Bezeichnung der Kasse, in welche die erkannte Geldstrafe fließt, nicht erforderlich, auch wenn diese eine Privatkasse ist, R. IX. 373. E. XVI. 142; — Identität der zur Untersuchung gezogenen und der im Erkenntnisse für erwiesen erachteten Beleidigung wird dadurch nicht ausgeschlossen, daß die beleidigende Aeußerung vom erkennenden Richter auf einen anderen als den im Eröffnungsbeschlusse bezeichneten Verletzten bezogen wird, R. IX. 430; — Zulässigkeit der mündlichen Eröffnung der Urtheilsgründe auch im Falle der Aussetzung der Urtheilsverkündung, R. IX. 603; — Verkündung des Urtheils ohne Verlesung der Urtheilsformel; die Behauptung eines Widerspruchs zwischen der verkündeten und der demnächst in das Urtheil aus dem Sitzungsprotokolle übergegangenen Formel nur erheblich, wenn angegeben ist, worin der Widerspruch besteht, E. XVI. 347; — Nothwendigkeit der Fortführung der Verhandlung bei Antragsdelicten, auf Verlangen des StA., selbst bei zulässiger Zurücknahme des Strafantrags, R. X. 32; — Unzulässigkeit der Vernehmung eines Zeugen oder Sachverständigen, nachdem das Gericht sich zur Berathung des Urtheils zurückgezogen hat; Unerheblichkeit des Umstandes, ob das Urtheil auf dieser Vernehmung beruht, R. X. 276. E. XVII. 287; — die Behauptung des wegen Beleidigung oder leichter Körperverletzung Angeklagten, daß er die Beleidigung oder Körperverletzung auf der Stelle erwidert habe, ein die Strafe mindernder oder ausschließender Umstand im Sinne des § 266 Abs. 2 der StPrO., daher in den Urtheilsgründen festzustellen; Voraussetzung dieser Feststellung, je nach dem Inhalte des Sitzungsprotokolls, eines zur Ergänzung bestimmten

Nachtrages zu demselben oder der Urtheilsgründe, R. X. 364. E. XVII. 346; — Unzulässigkeit der Trennung der von der angeschuldigten Strafthat umfaßten Objecte in ein theils verurtheilendes oder freisprechendes, theils behufs weiteren Erhebens die Vertagung aussprechendes Urtheil, E. XVIII. 297.

Urtheilszustellung, dem Angeklagten, welcher die Revision angemeldet hat, ist das Urtheil mit Gründen zuzustellen; bloße Zustellung der Urtheilsformel ist unwirksam, R. IX. 161; — nach eingelegter Revision Zustellung des Urtheils bei Vorhandensein mehrerer Angeklagter für jeden nur in denjenigen Theilen nothwendig, durch welche er wenigstens mittelbar berührt wird, R. X. 422.

V.

Verächtlichmachung obrigkeitlicher Anordnungen; Begriff von „Thatsachen"; darunter auch innere Thatsachen begriffen; der Angriff muß gegen die zur Zeit der That bestehende Regierungsgewalt gerichtet sein, R. IX. 674. E. XVI. 368.

Verbindungen, unerlaubte; Begriff der „Vollziehung von Gesetzen" im Sinne des § 129 des StGB.; Verbreitung einer verbotenen Druckschrift als ungesetzliches Mittel zur Verhinderung der Vollziehung des Ges. vom 21. Octbr. 1878, die Bestrebungen der Socialdemokratie betr., E. XI. 350. XVII. 193; — Begriff der „Verbindung"; eine politische Partei nicht nothwendig eine Verbindung im Sinne des Gesetzes; Absicht der Geheimhaltung bedarf keiner ausdrücklichen Verabredung; gesetzwidriger Zweck kann vorliegen, auch wenn es noch nicht zur Beschäftigung damit gekommen ist; Aufforderung zur Verfolgung des gesetzwidrigen Zweckes als Beschäftigung mit demselben, R. VII. 762. E. XIII. 273; — Begriff der Theilnahme an einer unerlaubten Verbindung; Theilnahme an einer unerlaubten Verbindung, die außerhalb Deutschlands ihren Sitz hat; Theilnahme an derselben während des Aufenthalts in Deutschland, R. VIII. 363; — eine Verbindung, deren Dasein, Verfassung und Zweck geheim gehalten werden soll, auch dann vorhanden, wenn diese Geheimhaltung nur gegenüber der deutschen Staatsregierung, nicht aber auch gegenüber dem Auslande erfolgt, R. IX. 423. E. XVI. 165; — Theilnahme an einer geheimen Verbindung durch Förderung der Verbindungszwecke, R. IX. 464; — das Merkmal aus § 129 des StGB., daß Maßregeln der Verwaltung und Vollziehung von Gesetzen durch ungesetzliche Mittel verhindert werden sollen, nicht anwendbar auf einen Verein, welcher bei einer Reichstagswahl für einen Candidaten Stimmen zu werben bezweckt und zur besseren Erreichung dieses Zweckes die landesgesetzlich vorgeschriebene Anzeige seiner Versammlungen unterläßt; Verbindung, eine Vereinigung auf längere Dauer, R. IX. 567. E. XVI. 294.

Vereins- und Versammlungsrecht; die Bestimmung in § 16 des preuß. Ges. vom 11. März 1850, nach welcher der Strafrichter auf Schließung politischer Vereine erkennen kann oder muß, durch § 6 des Einf.-Ges. zum StGB. nicht aufgehoben; Verbot der politischen Vereine, welche allein aus Frauen bestehen; gerichtliche Schließung eines politischen Vereins keine Strafe, sondern Verwaltungsmaßregel; zum Dolus aus § 16 der Wille genügend, daß der Verein die Erörterung solcher Gegenstände bezwecke, welche gesetzlich als politische angesehen werden; das Bewußtsein, daß die wirklich erörterten Gegenstände politische seien, nicht erforderlich, R. IX. 142. 182. E. XV. 305; — Nichtanwendbarkeit des § 17 Abs. 3 auf solche Personen, welche wissen, daß die Genehmigung der Versammlung gar nicht nachgesucht worden war, R. IX. 310; — Nothwendigkeit polizeilicher Anzeige der Versammlungen eines Vereins, welcher einem Wahlcandidaten bei der Reichstagswahl Stimmen zu werben bezweckt (Preußen), R. IX. 567. E. XVI. 294; — „politische Gegenstände" im Sinne des § 8ᵇ und „Verbindungen zu gemeinsamen Zwecken", Begriff; Verhältniß der §§ 8. 16 zu § 152 der RGew.-O., R. IX. 590. E. XVI. 383; — eine in öffentlicher Versammlung zur Ausführung der Versammlungsbeschlüsse gewählte und zu diesem Zwecke auf längere Dauer zusammengetretene Commission als Verein; irrige Auffassung des Begriffs „Verein" entschuldigt nicht, R. X. 611. E. XVIII. 169.

Verfahren, gemischt gerichtliches in Bayern; Voraussetzungen einer s. g. gemischt gerichtlichen Untersuchung; Betheiligung von Civil- und Militärpersonen bei einem und demselben „Vorfalle"; Prüfung der Zuständigkeit von Seiten des Civilgerichts an kein bestimmtes Proceßstadium gebunden; Zulässigkeit der Unzuständigkeitserklärung von Seiten des Civilgerichts, selbst wenn die Militärbehörde ihre Zustimmung zur gemischt gerichtlichen Untersuchung ertheilt hat, R. X. 470. E. XVIII. 51.

Verjährung, Beginn derselben bei Verletzung des Urheberrechts an Werken der bildenden Künste, E. XI. 333; — richterliche Handlungen, welche äußerlich nicht sowohl durch den Zweck der Ueberführung des Thäters, als durch nebensächliche Beweggründe veranlaßt worden sind, als „gegen den Thäter“ gerichtete Handlungen; Zuständigkeit des handelnden Richters und wenn letzterer ein ersuchter Richter ist, Zuständigkeit oder Legitimation der ersuchenden Instanz keine Voraussetzung für die Unterbrechung der Verjährung, R. VII. 28. E. XI. 364; — Beginn derselben bei Fortsetzungshandlungen, R. VII. 247; — Anwendbarkeit der fünfjährigen Verjährungsfrist aus § 17 des Wechselstempelsteuergesetzes vom 10. Juni 1869 auch auf den Fall einer verwirkten Ordnungsstrafe aus § 23 des Ges. vom 1. Juli 1881 betr. die Erhebung von Reichsstempelabgaben, R. VII. 462. E. XII. 345; — die Vorschriften über Verjährung als materielles Strafrecht; Befugniß des Revisionsrichters bei materieller Rechtsbeschwerde, auch ohne darauf bezüglichen Angriff, die Frage der Verjährung zu prüfen; Gebundenheit desselben an die thatsächlichen Feststellungen des ersten Richters; Befugniß zum Zurückgehen auf die Acten behufs Entscheidung, ob eine Unterbrechung der Verjährung eingetreten ist, R. VII. 560. E. XII. 434; — Unterbrechung der Verjährung gegen einen Mitbeschuldigten durch eine gegen diesen in Mitbeziehung stehende richterliche Handlung gegen den Beschuldigten; Beginn der Verjährungsfrist nach erfolgter Unterbrechung nicht am Tage nach, sondern mit dem Abschlusse der Unterbrechungshandlung; Einflußlosigkeit eines von dem Eröffnungsbeschlusse abweichenden rechtlichen Gesichtspunktes, aus welchem verurtheilt ist, auf die Dauer der Verjährungsfrist, R. VII. 594. E. XIII. 57; — Unanwendbarkeit der dreimonatlichen Verjährungsfrist aus § 67 des StGB. auf Zolldelicte, welche mit einer Strafe von mehr als 150 *M.* nicht bedroht sind, R. VIII. 14. E. XIII. 223; — einjährige der Ordnungsstrafen aus § 35 des Brausteuergesetzes vom 31. Mai 1872, R. VIII. 152. E. XIV. 15; — Unterbrechung der Verjährung durch Handlungen, welche ein dem Amtsgerichte zur Beschäftigung überwiesener Gerichtsassessor im Auftrage des Amtsrichters in einem Rechtsgebiete (Hamburg) übernimmt, in welchem die Vertretung eines Richters nur durch ständig angestellte Richter erfolgen darf, E. XIII. 408; — Unterbrechung derselben durch die im Administrativverfahren auf Requisition der Verwaltungsbehörde erfolgte richterliche Vernehmung von Zeugen in Steuersachen, R. VIII. 353. E. XIV. 134; — Einrechnung des Tages der Begehung der That in die Verjährungsfrist, R. VIII. 493; — Verjährungsfristen der Zuwiderhandlungen gegen das bayer. Gesetz vom 10. März 1879 betr. die Besteuerung des Gewerbebetriebes im Umherziehen, E. XIV. 247; — Begriff „richterliche Handlung, welche wegen der begangenen That gegen den Thäter gerichtet ist"; Antrag auf Voruntersuchung wegen Kindstödtung, nicht auch zu beziehen auf die Beiseiteschaffung der Leiche; abweichende Entscheidung des Gerichtes von dem Spruche der Geschworenen über den Zeitpunkt der Verübung der That in Beziehung auf die Verjährung, E. XV. 107; — bei dem Vergehen des Ehebruchs; Beginn mit dem Tage der Rechtskraft des Ehescheidungsurtheils, R. IX. 121. E. XV. 261; — die einzelnen successiven Acte, welche durch Verlag und Vertrieb einer Druckschrift bedingt sind, als eine einzige Handlung; Beginn der Verjährung des Preßdelicts mit dem letzten Verbreitungsacte, R. IX. 483; — die sich später ändernde rechtliche Beurtheilung der Strafthat übt keinen Einfluß aus bezüglich der Unterbrechung der Verjährung der Strafverfolgung, R. X. 31.

Verlesung von Zeugenaussagen, Zeugnissen und Erklärungen öffentlicher Behörden; Zulässigkeit der Verlesung eines im Auslande aufgenommenen Protokolles, bei welchem die Benachrichtigung der Proceßbetheiligten unterblieben ist, weil die Landesgesetzgebung deren Anwesenheit nicht gestattete, R. VII. 11. E. XI. 391; — Verlesung aller Vernehmungsprotokolle, welche über Aussagen einer Person vorliegen, nicht nothwendig, R. VII. 153; — Unzulässigkeit der Verlesung eines Registraturvermerkes über die Glaubwürdigkeit eines Zeugen, welcher von dem im Vorverfahren thätigen Amtsrichter und Gerichtsschreiber unterschrieben ist, R. VII. 199; — nicht zu ermittelnder Aufenthalt eines Zeugen; Begriff; Unerheblichkeit des Verzichts des Angeklagten auf die in dieser Beziehung erforderlichen Ermittelungen, E. XII. 104; — Verlesbarkeit von Protokollen derselben Untersuchung in Fällen des § 252, wenn der Zeuge daselbst als Beschuldigter vernommen worden ist, E. XII. 118; — bei gegebener Zulässigkeit der Verlesung besteht kein Unterschied zwischen inländischen und ausländischen Protokollen, R. VII. 293; — eine unzulässige Verlesung von Zeugenaussagen ist nicht dadurch heilbar, daß die Proceßbetheiligten einverstanden waren oder keinen Widerspruch erhoben, R. VII. 401; — Verlesbarkeit, wenn der Zeuge im Auslande unbeeidigt vernommen war, weil nach der Gesetzgebung des Vernehmungsortes Zeugen außerhalb der Hauptverhandlung nicht beeidigt werden dürfen, R. VII 503. E. XII. 347; — Unzulässigkeit der Verlesung der in einem Schulzeugnisse sich auf das sittliche Verhalten der Schüler beziehenden Stellen, R. VII. 757; — Unvollständigkeit der Verlesung, wenn dieselbe sich nicht auf dasjenige Protokoll über eine frühere Erklärung des Zeugen erstreckt, auf welches in dem verlesenen Protokolle Bezug genommen ist, R. IX. 176. E. XIV. 1; — Voraussetzung der Verlesung keine absolute Unmöglichkeit der Ermittlung des Aufenthalts; thatsächliche Prüfung des Instanzrichters, R. VIII. 459; — Anordnung der Verlesung des Protokolls über eine Zeugenvernehmung durch den Vorsitzenden, wenn nur bewiesen werden soll, daß der Zeuge eine bestimmte Aussage gemacht hatte, R. VIII. 718; — Zulässigkeit der Einhändigung des Protokolls zur Unterstützung des Gedächtnisses eines Polizeibeamten, welcher als Zeuge über ein von ihm protokollirtes Geständniß vernommen wird, R. VIII. 722. IX. 475; — Zulässigkeit des Vorhalts einer früheren Aussage des Zeugen in der Hauptverhandlung; Voraussetzung der Zulässigkeit der Verlesung der früheren Aussage, R. IX. 123; — analoge Anwendbarkeit des § 250 der StPrO. über Verlesung von Zeugenaussagen bei Zeugen, welche wegen Krankheit zur commissarischen Vernehmung unfähig sind, wenn deren Heilung in absehbarer Zeit nicht erwartet werden kann, R. IX. 211. E. XV. 409; — Zulässigkeit der Verlesung der vom Zeugen im Laufe der Untersuchung erstatteten amtlichen Berichte zur Unterstützung seines Gedächtnisses, R. IX. 379; — Zulässigkeit der Ablehnung eines Antrages auf Verlesung der von dem Angeklagten in einer andern Strafsache als Zeuge abgegebenen polizeilichen Aussage zum Nachweise dessen, was vor dem vernehmenden Polizeibeamten bekundet ist, R. IX. 448; — Zulässigkeit der Verlesung von Erklärungen öffentlicher Behörden selbst dann, wenn die betreffende Behörde nur aus einem Beamten besteht; Beschaffenheit solcher Erklärungen hinsichtlich des Inhalts und der Form, R. IX. 489; — Verlesung des Protokolls über die commissarische Vernehmung eines Zeugen, zu der der Angeklagte, nicht aber der dem Gerichte bereits bezeichnete Vertheidiger geladen war, auch ohne in der Hauptverhandlung erhobenen Protest unstatthaft, es sei denn, daß der Angeklagte von der nicht erfolgten Ladung des Vertheidigers Kenntniß hatte, R. IX.

745; — zulässig, daß ein Zeuge bei seiner Aussage eigene Notizen über den betreffenden Vorfall verliest, selbst wenn die Notizen im Auftrage des Zeugen von einer anderen Person geschrieben worden waren, R. X. 15; — Unzulässigkeit der bloßen Mittheilung des Inhalts eines als Beweismittel angerufenen Erkenntnisses, vollständige Verlesung geboten, R. X. 16; — von Schriftstücken, welche nicht Wahrnehmungen ihrer Aussteller enthalten, sondern den unmittelbaren Beweis der in ihnen niedergelegten Willenserklärungen bilden, R. X. 29; — Zulässigkeit der Verlesung einer früher von dem Angeklagten bei Gericht eingereichten Eingabe in der Hauptverhandlung, E. XVIII. 23; — Zulässigkeit der Verlesung der Erklärungen öffentlicher, in- oder ausländischer Behörden, welche eine Zusammenstellung von Thatsachen und Vorgängen enthalten, aus welchen sich die im Interesse politischer (socialistisch revolutionärer) Bestrebungen aufgewendete Thätigkeit und der Einfluß auf die Parteigenossen ergibt, R. X. 450; s. a. Protokolle, deren Verlesung.

Versammlungsort, religiöser; Kirchhof, auf welchem herkömmlich bei Beerdigungen religiöse Handlungen vorgenommen werden, als solcher; ehebrecherische Beischlafsvollziehung an solchem Orte als beschimpfender Unfug, R. VII. 196.

Versteigerungen, öffentliche; Abhalten vom Mitbieten; fernere Anwendbarkeit des § 270 des preuß. StGB.; keine Gesetzesconcurrenz zwischen der Anstiftung zu dem Vergehen aus § 270 und der Erpressung, E. XVII. 202; — Anstiftung zur Handlung des Thäters auf Seiten desjenigen, der sich vom Mitbieten abhalten läßt, R. X. 713.

Versuch, der Erpressung, wenn der durch Drohung angestrebte Vermögensvortheil objectiv nicht rechtswidrig war, aber vom Thäter für rechtswidrig gehalten wurde, R. VII. 248; — vollendeter Diebstahl erst dann, wenn die Sache aus der Verfügungsgewalt des Eigenthümers in die Verfügungsgewalt des Diebes übergegangen ist, R. VII. 539; — Versuch zu Fahrlässigkeitshandlungen des § 14 des Reichsges. vom 14. Mai 1879 ist ausgeschlossen, R. VII. 634; — Möglichkeit des Versuchs des betrüglichen Bankerutts vor erfolgter Concurseröffnung oder Zahlungseinstellung, R. VII. 642. E. XIII. 41; — des Meineids; Aberkennung der Zeugnißfähigkeit unzulässig, R. VII. 660. E. XIII. 76; — der Urkundenfälschung durch Herstellung der Urkunde auf mechanischem Wege (Holzdruck), E. XIII. 212; — Einflußlosigkeit des freiwilligen Rücktritts des einen Mitthäters in Bezug auf das Verschulden des anderen, R. VIII. 12; — des Betrugs, wenn der, welcher betrogen werden soll, unterrichtet von der betrügerischen Absicht, die Ausführungshandlungen geduldet hat, um den Betrüger zu überführen, R. VIII. 98; — Straflosigkeit des versuchten Meineids durch Berichtigung der wahrheitswidrigen Angaben seitens des Zeugen vor Abschluß seiner Vernehmung, R. VIII. 171. E. XIV. 19; — thätige Reue; auch die zur Abwendung des zur Vollendung einer Strafthat gehörigen Erfolges veranlaßte Thätigkeit eines Dritten als eigene Thätigkeit in Betracht kommend; der Betrugsversuch mit dem Abschlusse der Täuschungshandlungen nicht beendet, wenn die Absicht des Thäters dahin geht, den Getäuschten zur Zahlung einer Nichtschuld zu vermögen, E. XV. 44; — Feilbieten gesundheitsschädlicher Nahrungsmittel kein Versuch des Verkaufs, E. XV. 56; — Vorhandensein des zum Versuch erforderlichen Entschlusses auch dann, wenn derselbe nur für den Fall gefaßt ist, daß noch unbestimmte thatsächliche Voraussetzungen künftig eintreten; Anfertigen einer falschen Urkunde, späteres Gebrauchmachen, R. IX. 352. E. XVI. 133; — Versuch der Verbreitung falschen Geldes im Falle des § 147; Absicht das falsche Geld sich als solches zu verschaffen und in den Verkehr zu bringen, E. XVI. 111; — Abstand von der begonnenen Ausführung eines Diebstahls wegen unvermutheten Erscheinens eines Dritten kein freiwilliger Rücktritt, E. XVI. 182; — Anwendbarkeit des § 44 Abs. 2 auch in dem Falle, daß das Gesetz das vollendete Verbrechen wahlweise mit lebenslänglicher oder zeitiger Zuchthausstrafe bedroht; Zulässigkeit von Polizeiaufsicht, R. IX. 641. E. XVI. 400; — Anfang der Ausführung des Verbrechens der Kindsabtreibung, nicht Vorbereitungshandlung, wenn eine weibliche Person das zur Abtreibung bestimmte Mittel in den Mund nimmt, R. IX. 687; — Straflosigkeit des Versuchs der Beihülfe, R. IX. 724; — Strafbarkeit des Versuchs mit untauglichen Mitteln, E. XVII. 158; — Betrag der Geldstrafe bei Vorliegen bloßen Versuchs, wenn für das vollendete Vergehen die Geldstrafe nur mit 3 ℳ bemessen ist, R. X. 454. E. XVIII. 125; — kein Erforderniß des strafbaren Versuchs, daß das Object des Verbrechens zur Zeit der vorgenommenen Handlung von derselben hatte getroffen werden können, R. X. 467. E. XVIII. 82; — Versuch des Meineids auch dann, wenn der Zeuge noch innerhalb derselben Vernehmung auf Vorhalt des Vorsitzenden seine Aussage richtig stellt, R. X. 555.

jenigen Thatsachen, über welche die Zeugen vernommen werden und hinsichtlich derer sie die vernommenen Zeugen widerlegen sollten, nicht angegeben seien, R. VII. 534; — Befugniß des Vorsitzenden, nicht zur Sache gehörige Ausführungen des Vertheidigers, durch Entziehung des Wortes in dieser Richtung abzuschneiden; keine Beschränkung der Vertheidigung, R. VIII. 271; — durch Widerspruch des Protokolls und des Urtheils über die Gründe der Ablehnung eines Beweisantrages, R. VIII. 462; — genügende Begründung eines Beweisantrages auf Vernehmung von Zeugen mit der Behauptung, die Zeugen hätten die incriminirte Aeußerung hören müssen, wenn der Angeklagte sie gethan hätte, weil sie mit ihm in derselben Stube gewesen wären, R. VIII. 693; — unzulässige Beschränkung der Vertheidigung, wenn dem Vertheidiger untersagt wird, bei seinen Ausführungen auf die Strafe einzugehen, mit welcher das Gesetz die dem Angeklagten zur Last gelegte That bedroht, R. IX. 679. E. XVI. 365; — durch Ablehnung des Beweisantrages: die gestohlene Sache sei Eigenthum der wegen Diebstahls angeklagten Person, mit der Begründung, das Beweisthema enthalte ein Urtheil und es sei unanfechtbar widerlegt, R. X. 29; — durch Ablehnung eines Beweisantrages mit der Begründung, der Antrag sei nach der Ueberzeugung des Gerichtes nur zur Verschleppung der Sache und nicht im Ernst gestellt, R. X. 148; — keine Beschränkung der Vertheidigung, wenn bei Aussetzung der Vernehmung eines Zeugen wegen Angetrunkenheit von dem Angeklagten keine Anträge auf wiederholte Abhör gestellt werden, R. X. 546; s. a. **Beweisanträge.**

Vertreter, **gesetzlicher**; Erlöschen des selbständigen Rechtes zur Einlegung von Rechtsmitteln für den volljährigen Sohn, auch bei fortdauernder väterlicher Gewalt, R. VII. 631.

Verwaltungsbehörde, Unanwendbarkeit der erweiterten Frist des § 469 der StPrO. zur Anbringung von Revisionsanträgen, behufs Verfolgung der von der Staatsanwaltschaft rechtzeitig eingelegten, aber nicht begründeten Revision, für die Verwaltungsbehörde, welche sich zwar dem Verfahren als Nebenklägerin angeschlossen, ihrerseits aber Revision nicht eingelegt hat, E. XII. 342; — Befugniß der Verwaltungsbehörde zur Revision gegen ein freisprechendes Urtheil, auch wenn die Anklage auf ideale Concurrenz der Contrebande mit dem Vergehen aus § 328 des StGB. gerichtet ist, R. VII. 618. E. XIII. 30; — bloße Anschlußerklärung der Verwaltungsbehörde

nehmung des Zeugen noch durch Verlesung erhoben wird, R. VII. 605; — Befugniß des Vorsitzenden, nicht zur Sache gehörige Ausführungen des Vertheidigers dadurch abzuschneiden, daß dem Vertheidiger das Wort in dieser Richtung entzogen wird, R. VIII. 271; — Befugniß des Vorsitzenden die Reihenfolge der Zeugenvernehmungen zu bestimmen; Unzulässigkeit einer gerichtlichen Beschlußfassung, R. VIII. 286; — Zeitpunkt, bis zu welchem der Vorsitzende seine vor Auslosung der Geschworenen getroffene Anordnung, daß ein Ergänzungsgeschworener zugezogen werden soll, zurücknehmen kann, E. XIV. 206; — uneingeschränktes Recht zur Aufrechthaltung der Ordnung in der Sitzung; Recht zur Ertheilung von Rügen, auch gegen die als Parteivertreter betheiligten Rechtsanwälte, R. VIII. 657; — Recht des Vorsitzenden zur Bestimmung des mit der commissarischen Vernehmung eines Zeugen beauftragten Richters, R. VIII. 712; — keine Verpflichtung des Vorsitzenden, dem schwerhörigen Angeklagten bei Befragung aus § 256 der StPrO. den Inhalt der Zeugenaussagen zur Kenntniß zu bringen, E. XV. 172; — lediglich Ermessen des Vorsitzenden und Gerichts bezüglich Feststellung des Wortlautes einer Aeußerung, R. X. 156; — Befugniß des Vorsitzenden in einzelnen Fällen nach Verlesung des Beschlusses über die Eröffnung des Hauptverfahrens zur Erläuterung und Verdeutlichung desselben eine allgemeine Sachdarstellung aus den Acten zu geben; diese Sachdarstellung darf sich nicht zu einer Beweisaufnahme gestalten, R. X. 347; — ohne Rectificationsantrag gebliebene unrichtige Constatirungen des Vorsitzenden aus den Acten kein Revisionsgrund, R. X. 546.

W.

Waarenzeichen (Ges. vom 30. Novbr. 1874); Anwendbarkeit des § 20 auch auf den Schutz ausländischer Firmen; Einfluß der unter dem 8. Octbr. 1873 zwischen dem Deutschen Reiche und Frankreich getroffenen Declaration des Art. 11 der zusätzlichen Uebereinkunft vom 12. Octbr. 1871 zum Friedensvertrage vom 10. Mai 1871 auf Wiederherstellung des früheren Schutzes französischer Firmen, E. XI. 397; — Uebertragbarkeit des Schutzrechts auf einen Anderen; Befugniß des vom Gewerbetreibenden zum Vertriebe seiner mit geschütztem Zeichen versehenen Waaren bestellten Generalagenten zur

Stellung des Strafantrags wegen Mißbrauchs der Waarenzeichen, E. XII. 327; — Etiketten als Waarenzeichen; Anwendbarkeit der Normen des betreffenden ausländischen Rechtes auf die Frage, ob eine im Leipziger Zeichenregister als Marke eingetragene ausländische Firma den deutschen Markenschutz genießt, R. VIII. 234. E. XIV. 59; — Vollendung der „widerrechtlichen Waarenbezeichnung"; Herstellung der Gefäße, in welchen die falsche Waare verpackt und versendet werden soll, E. XIII. 388; — Unzulässigkeit der Befugnißertheilung zur öffentlichen Bekanntmachung aus § 14 des Gesetzes, wenn die Verletzung des Markenschutzes in idealer Concurrenz mit Betrug verübt ist, E. XIV. 3; — Unanwendbarkeit der Vorschrift, daß Waarenzeichen nicht ausschließlich in Zahlen, Buchstaben oder Worten bestehen dürfen, auf Waarenzeichen solcher Gewerbetreibender, welche im Inlande eine Handelsniederlassung nicht besitzen, E. XIV. 234; — Bedeutung der zum Zwecke der Unkenntlichmachung auf ein zur widerrechtlichen Bezeichnung von Waaren benutztes Waarenzeichen mittelst Stempels aufgedruckten Schrift für die Frage der Verletzung des Markenschutzes, E. XIV. 415; — Zulässigkeit des Strafantrags unter dem Namen der schutzberechtigten Firma; Nichtnennung oder falsche Benennung des Thäters beeinträchtigt nicht die Wirkung des Antrags, R. VIII. 726. E. XV. 293; — Beginn der Frist zum Strafantrage bei einer durch längere Zeit fortgesetzten Zuwiderhandlung gegen das Schutzrecht, wenn die einzelnen Handlungen als fortgesetztes Delict angesehen werden, R. IX. 183. E. XV. 370; — Nichtkenntniß des § 18 des Gesetzes kein Ausschließungsgrund des Dolus; der gute Glaube an eine civilrechtliche Befugniß als Ausschließungsgrund des Dolus, E. XV. 349; — Schutz der für eine inländische Firma eingetragenen Marke, welche ein Ausländer, der im Inlande keine Handelsniederlassung besitzt und dessen Zeichen wegen Mangels der Gegenseitigkeit kein Schutzrecht im Inlande genießt, für seine Waaren gebraucht, wenn die inländische Firma mit Zustimmung des Ausländers dessen Waare im Inlande einführen und mit der Marke in Verkehr bringen will, R. IX. 593. E. XVI. 312; — Beschränkung des Verbotes, öffentliche Wappen in das Register einzutragen, auf inländische öffentliche Wappen, R. X. 43. E. XVII. 84; — die in das Handelsregister eingetragene Firma eines Handeltreibenden oder Producenten ist gegen Nachahmung oder Mißbrauch nur in dem eingetragenen Wortlaut geschützt; mit Zusätzen oder Abänderungen nur dann, wenn dieselben nur durch Anwendung besonderer Aufmerksamkeit wahrgenommen werden können, R. X. 344.

Wahlfälschung, Abgabe eines Stimmzettels für einen Anderen unter Mißbrauch des Namens des Letzteren; Wahl desselben Candidaten ohne Einfluß für die Strafbarkeit, R. VII. 168; — Voraussetzung der Wahlbestechung, daß der Thäter sich die Stimme gegen Hingabe oder Versprechen eines Vermögensvortheils zusagen läßt; Versprechen, dem Wähler eine Unterstützung bei einem Dritten zu verschaffen, R. X. 289. E. XVII. 296.

Wechselstempelsteuer vom 10. Juni 1869; der Rechtsanwalt, welcher auf Grund einfacher Proceßvollmacht Auftrag zur Vorlage des Wechsels an den Schuldner zur Zahlung und zur Protesterhebung gibt, kein Theilnehmer am Umlaufe des Wechsels oder „Inhaber" im Sinne des Gesetzes, R. VII. 229. E. XII. 145; — Aufdrücken des Firmenstempels auf die Vorderseite eines Solawechsels von Seiten des innehabenden Wechselgläubigers keine „Unterzeichnung" im Sinne des § 11; Zurückgabe eines Solawechsels von Seiten des Inhabers an den Aussteller aus Anlaß eines Rechtsgeschäftes, zu Folge dessen der Aussteller gegen Zurückgabe jenes Wechsels einen neuen Solawechsel auszustellen hatte, als „aus den Händen geben"; Verantwortlichkeit des Firmeninhabers als solchen hinsichtlich der von der Firma erworbenen Wechsel für die Entrichtung der Stempelabgabe, R. VIII. 542. E XIV. 409; — Befugniß des Ausstellers eines inländischen und ersten Inhabers eines ausländischen Wechsels, den mit einem inländischen Indossamente noch nicht versehenen Wechsel vor Entrichtung der Stempelabgabe an den Gerichtsvollzieher behufs Präsentation und Protesterhebung zu übergeben, R. VIII. 734. E. XV. 80; — der Acceptant eines unvollständigen gezogenen Wechsels strafrechtlich verantwortlich für die unterlassene Versteuerung, E. XVI. 206; — zur stempelfreien Checkanweisung nicht nothwendig, daß die Urkunde eine ausdrückliche Bezeichnung als „Check" enthalte, es genügt, daß die Checkeigenschaft aus Inhalt oder Form der Urkunde sich ergibt, R. X. 94. 557. E. XVIII. 154; — Begriff eines Check, R. X. 557. E. XVIII. 154.

Wegnahme der eigenen beweglichen Sache; Zurückbehaltungsrecht aus einer berechtigterweise vorgenommenen Privatpfändung von Vieh im Großherzogthum Meklenburg-Schwerin bezw. im Gebiete des gemeinen Rechtes, E. XIII. 405; — aus dem Gewahrsam des Retentionsberechtigten; Beurtheilung des Retentionsrechts nach

Landesrecht; Bescheinigung des Anspruchs nach § 541 Ttl. 20 Thl. I des preuß. allg. LR.; ideale Concurrenz mit Körperverletzung; Verhältniß zur Erpressung, R. VIII. 162. E. XIII. 399; — das gesetzliche Pfandrecht des Vermiethers ergreift alle inferirten Sachen, ohne Rücksicht ob sie zur Deckung der Miethforderung erforderlich oder nicht; Wegschaffen inferirter Sachen aus einer Miethwohnung in eine andere desselben Hauses keine Wegnahme, selbst wenn die Wegschaffung mit Veräußerung der Sachen verbunden ist (Preußen), R. VIII. 272; — Pfandrecht des Vermiethers an Illaten der Ehefrau (Preußen), R. VIII. 419; — Pfand- und Sperrrecht des Vermiethers in Hamburg an den eingebrachten Sachen des Miethers; besondere Erklärungen und Proteste des Vermiethers, als Voraussetzungen für dessen Ausübung, R. VIII. 514. X. 120. E. XIV. 321; — die Zerstörung eines Gegenstandes, an welchem, als zu den Illaten gehörig, dem Vermiether die Rechte eines Pfandgläubigers zustehen, keine Wegnahme, R. IX. 211. E. XV. 434; — Antragsberechtigung dessen, der einen gültigen Miethvertrag abgeschlossen hat, auch wenn er nicht Eigenthümer ist, R. IX. 284; — Pfandrecht des gutgläubigen Vermiethers auf das in die Miethwohnung eingebrachte Eigenthum dritter Personen (Hamburger Recht), R. IX. 467; — dem Verpächter verursachter materieller Schaden keine nothwendige Voraussetzung des § 289 des StGB.; Unrichtigkeit der Annahme, daß dem Verpächter bloß der Anspruch auf Zurücklassung so vieler Illaten zustehe, als zur Deckung des Pachtzinses erforderlich, R. IX. 730; — Pfandrecht des Vermiethers für Forderungen aus dem Anspruch auf rechtzeitige Rückgewähr der Miethswohnung nach Beendigung der Miethe (Preußen), R. X. 91; — Einfluß vermeintlicher Gegenforderungen gegenüber der Pachtgeldforderung; Dolus, R. X 137; — Ausdehnung des Pfandrechts des Verpächters auf sämmtliche Früchte, auch wegen des laufenden Zinses, R. X. 170; — Umfang des Gebrauchsrechtes; Wegnahme einer Sache, welche sich im gemeinsamen Gewahrsam des Eigenthümers und des Gebrauchsberechtigten befunden hat, R. X. 389. E. XVII. 358; — wenn der Vermiether mehr Sachen zurückbehält, als zu seiner Deckung erforderlich, darf der Miether die retinirten Sachen nicht wegnehmen, sondern muß den Civilrichter angehen (Preußen), R. X. 476. E. XVIII. 80.

Wehrpflicht, Entziehen aus derselben; freie Beweiswürdigung des Gerichts, ob ein Umstand der in § 472 der StPrO. bezeichneten

Erklärung entgegensteht, R. VII. 254; — Nothwendigkeit des Gebrauchs der auf Täuschung berechneten Mittel gegenüber einer Behörde, welche in irgend einer Instanz über die Wehrpflicht des Thäters zu entscheiden hat, R. VIII. 538; — bei Würdigung, ob ein Umstand der Erklärung der Controlbehörde entgegensteht, können die bei den Acten befindlichen, schriftlich niedergelegten, die Auswanderung der angeklagten Wehrpflichtigen betreffenden Wahrnehmungen der berufenen Beamten berücksichtigt werden; Nothwendigkeit der Verlesung der Schriftstücke in der Hauptverhandlung; bei Freisprechung, weil das militärpflichtige Alter erst erreicht sei, nachdem mehr als 10 Jahre seit der Auswanderung abgelaufen waren, muß festgestellt werden, daß der ausländische Aufenthalt ein ununterbrochener war, R. IX. 628.

Widerklage, Unzulässigkeit derselben in dem wegen Beleidigung durch öffentliche Klage anhängig gemachten Strafverfahren, R. VII. 216.

Widerstand gegen die Staatsgewalt; Widerstand gegen die Beschlagnahme des von dem Jagdfrevler geführten Gewehres eines unbeeidigten Privatjagdaufsehers in Braunschweig; rechtmäßige Ausübung seines Rechtes, E. XI. 421; — Begriff der Gewalt, R. VII. 85; — Thatbestand des Widerstands gegen Zollbeamte bei nur erheblicher Erschwerung der Amtsausübung, völlige Vereitlung derselben nicht erforderlich, R. VII. 92; — Einflußlosigkeit eines unverschuldeten Irrthums des Beamten über die seiner Befugniß zu Grunde liegenden thatsächlichen Voraussetzungen für die Frage der Rechtmäßigkeit der Amtshandlung, R. VII. 238; — rechtmäßige Amtsausübung seitens niederer Polizeibediensteter bei Vollzug eines ihnen von einem dienstlich Vorgesetzten ertheilten Befehls, auch wenn dieser rechtswidrig war, R. VII. 280; — Befugniß des Forstaufsehers in Bayern zur Vornahme von Haussuchungen; Zuziehung eines Polizeibeamten; Gemeindediener kein Polizeibeamter; Ungültigkeit einer Vollstreckungshandlung wegen unterlassener Zuziehung der vorgeschriebenen Zeugen, R. VII. 383. E. XII. 261; — von Mehreren gemeinschaftlich auch ohne vorhergehende Verabredung und bei verschiedener Art der Widerstandsleistung seitens der Mehreren, R. VII. 453; — rechtmäßige Amtshandlung bei ohne Beisein des Richters oder des Staatsanwalts stattfindenden Durchsuchungen, wenn auch die Beiziehung eines Gemeindebeamten oder zweier Gemeindemitglieder unterlassen wurde; pflichtmäßiges Ermessen des die Durchsuchung vornehmenden Beamten, ob die Zuziehung ohne Gefährdung des Zweckes der Durchsuchung ausführbar, R. VII. 544; — Nothwendigkeit der Aufforderung zum Auseinandergehen an die versammelte Menge, nicht an die einzelnen Ungehorsamen allein; daß auch nach der dritten Aufforderung noch eine Menschenmenge versammelt ist, kein Erforderniß; Schutzmänner als zur Aufforderung zuständige Beamte, Preußen; E. XII. 426; — Absicht des Widerstands gegen einen Vollstreckungsact oder einer Verhinderung der Dienstausübung bei dem „thätlichen Angriffe" gegen im Dienste befindliche Personen nicht erforderlich; zur Uebung ausrückende Truppe von Spielleuten, R. VII. 632. E. XIII. 105; — rechtmäßige Amtsausübung des Gendarmen, welcher im Wege der Präventivpolizei in einer Schlägerei den Streitenden die Stöcke abnimmt, auch bei Nichtvorhandensein der Voraussetzungen aus § 100 der StPrO., R. VII. 668. E. XIII. 44; — Forstreferendare in Preußen vermöge ihrer Dienststellung nicht zur Ausübung des Forstschutzes berechtigt, E. XIII. 215; — beeidigter Privatforstaufseher in Preußen nicht befugt, aus eigener Entschließung eine Durchsuchung der Wohnung des Forstdiebes behufs Beschlagnahme der zur Begehung des Diebstahls geeigneten Werkzeuge vorzunehmen; Unerheblichkeit des Umstandes, daß dazu der Gemeindevorsteher „zugezogen" wird, R. VIII. 105. E. XIII. 270; — rechtmäßige Ausübung seines Rechtes seitens eines zum Jagdschutz bestellten, wenn auch unbeeideten, Privataufsehers, wenn er den in seinem Aufsichtsbezirke betroffenen unbekannten Jagdcontravenienten vorläufig festnimmt und der Behörde vorführt; ein während des Transportes außerhalb des Aufsichtsbezirkes geleisteter gewaltsamer Widerstand ist strafbar, R. VIII. 103; — gegen Forstbeamte; daß die Amtshandlung, gegen welche Widerstand geleistet wird, gerade innerhalb des Forst vorgenommen wurde oder in unmittelbarem Zusammenhange mit der Verfolgung eines im Forste auf frischer That entdeckten Frevels steht, nicht erforderlich, R. VIII. 367; — Befugniß der Beamten des Polizeidienstes, die Persönlichkeit eines Zeugen, nöthigenfalls durch Sistirung auf das Polizeibureau, festzustellen, R. VIII. 390; — Zeitpunkt des Beginns der Amtsausübung; der Amtsrichter, welcher mit seinem Protokollführer auf Antrag der Staatsanwaltschaft in einer Strafsache einen Zeugen außerhalb des Gerichtssitzes zu vernehmen hat, kein Beamter, welcher zur Vollstreckung von Gesetzen und Anordnungen der Verwaltungsbehörde berufen ist, E. XIV. 259; —

Einflußlosigkeit der Verletzung unwesentlicher Formvorschriften von Seiten des Vollstreckungsbeamten auf die Frage der Rechtmäßigkeit der Amtsausübung, R. VIII. 546; — Unzulässigkeit der Zwangsvollstreckung gegen einen noch nicht gehörten Drittbesitzer, R. VIII. 688; — Begriff „zur Vollstreckung von Gesetzen rc. berufene Beamte" nicht auf die eigentlichen Vollstreckungsbeamten zu beschränken; Vollstreckung einer richterlichen Verfügung durch den Richter selbst, insbesondere bei Mitwirkung zur Vollstreckung einer von ihm in Ausübung der Sitzungspolizei angeordneten Maßregel durch persönliches Eingreifen, R. IX. 26. E. XV. 227; — Unkenntniß der erfolgten Vereidigung eines Privatforstaufsehers auf das Forstdiebstahlsgesetz schützt gegen Bestrafung wegen Widerstands (Preußen), R. IX. 382; — Gewalt an der Person nicht identisch mit Gewalt gegen die Person, E. XVI. 172; — Unkenntniß des Widerstand Leistenden, daß der Förster als Aufseher für denjenigen Waldbezirk aufgestellt ist, in welchem er sein Recht ausübte, macht straflos, R. IX. 473; — berechtigte Amtsausübung des Grenzzollbeamten, welcher behufs Wahrnehmung seiner dienstlichen Functionen uneingefriedigte Privatgrundstücke betritt, ohne in der Verfolgung flüchtiger Defraudanten begriffen zu sein, R. IX. 496. E. XVI. 248; — berechtigte Amtsausübung des Gerichtsvollziehers, wenn er zum Zwecke einer Pfändung die Kleidertaschen am Leibe des Schuldners zwangsweise nach Pfändungsobjecten durchsucht, R. IX. 503. E. XVI. 218; — berechtigte Amtsausübung des Gerichtsvollziehers bei Vollziehung einer Zwangsvollstreckung, wenn das Urtheil nicht dem Schuldner selbst, sondern dessen Proceßbevollmächtigten zugestellt worden ist, R. IX. 519. E. XVI. 275; — Verhältniß des § 113 zu § 114 des StGB., R. IX. 525; — Befugniß des Jagdpolizeibeamten zur Wegnahme des Gewehres, wenn er nur hierdurch die Fortsetzung der Uebertretung verhindern kann, R. IX. 556; — gegen Vornahme einer Versteigerung im Verwaltungszwangsverfahren in Preußen, bei welcher die im Art. 51 der Anweisung vom 15. Sept. 1879 vorgeschriebene dreitägige Frist für Bekanntmachung der Versteigerung nicht eingehalten ist, R. X. 97. E. XVII. 122; — rechtmäßige Amtsausübung der Polizei nur dann, wenn entweder die öffentliche Ruhe, Sicherheit und Ordnung zu wahren oder eine strafbare Handlung zu verhüten ist, R. X. 585; — einem Forstbeamten bei Leitung und Beaufsichtigung von Forstculturarbeiten von einem Dritten (Nichtarbeiter) geleistete

Widerstand nach § 113 nicht § 117 strafbar, R. X. 590; s. a. Amtsausübung rechtmäßige.

Wiederaufnahme des Verfahrens; Zulässigkeit einer Wiederaufnahme der Klage nach rechtskräftiger Ablehnung der Eröffnung des Hauptverfahrens auf Grund neuer Thatsachen und Beweismittel, auch ohne Wahrung der Formvorschriften über Wiederaufnahme eines durch rechtskräftiges Urtheil geschlossenen Hauptverfahrens, E. XIII. 295; — analoge Ausdehnung des § 411 Abs. 4 der StPrO. über Veröffentlichung des aufhebenden Urtheils gegen verstorbene Personen auf die Fälle des § 413 findet nicht statt; dagegen steht im letzteren Falle dem freigesprochenen Antragsteller ein selbständiges Recht auf Bekanntmachung zu, R. IX. 62. E. XV. 188; — ein im Wiederaufnahmeverfahren ergangenes, das frühere aufrecht erhaltendes Urtheil muß ersehen lassen, daß dasselbe den ganzen Thatbestand, Schuld- und Strafausspruch, selbständig geprüft hat, R. X. 429.

Wiedereinsetzung in den vorigen Stand; Versehen des Vertheidigers bezüglich der Frist zur Einlegung der Revision kein unabwendbarer Zufall, R. VIII. 508; — Zuständigkeit des Reichsgerichts über Gesuche um Wiedereinsetzung gegen Versäumung der Fristen bei Anbringung der Anmeldung der Revision und der Revisionsanträge, R. VIII. 704.

Wucher, Unzulässigkeit der Berücksichtigung der dem Schuldner aus der Darlehensgewährung erwachsenen Vortheile bei Prüfung des Mißverhältnisses zwischen dem Vermögensvortheile des Darlehensgebers und dessen Leistung; freiwillige Uebernahme der Schuld eines Dritten gegenüber dem Gläubiger kein Fall des § 302[a], E. XI. 388; — Nothstand; Unkenntniß des Darlehensempfängers von den ihm noch zur Verfügung stehenden Vermögenswerthen; Annahme des Nothstandes auf Seite des Hülfesuchenden, in Folge irriger Vorstellungen anderer Art, welche ihn von der Benützung gebotener Hülfsquellen absehen lassen; productiver Zweck des Darlehens, R. VII. 403. E. XII. 303; — wucherliche Vortheile bei Zahlung unverhältnißmäßig hoher Zinsen bei Prolongationen des Wechsels genügt nicht zur Annahme wechselmäßigen Versprechens wucherlicher Vortheile, wenn über das Darlehen ein Wechsel ausgestellt wurde, und bei der ersten Wechselausstellung die Voraussetzungen des Wuchers fehlen, R. VII. 486; — gewerbsmäßig betriebener Wucher ein Collectivvergehen; Verpflichtung des erkennenden Richters, nicht im Eröffnungsbeschlusse bezeichnete, jedoch bis zur Entscheidung erwiesene andere Wuchergeschäfte seiner Beurtheilung zu unterziehen, R. VIII. 134; — das Sichversprechenlassen übermäßiger Vermögensvortheile ohne die Absicht, sich solche demnächst wirklich zu verschaffen, für den Begriff des Wuchers nicht ausreichend, E. XV. 333; — die Gewerbs- und Gewohnheitsmäßigkeit als straferhöhender Umstand für den Wucher auch im Falle des § 302c des StGB., E. XVIII. 100; — Discontirung von Wechseln als Gewährung von Darlehen, E. XVIII. 181.

Z.

Zeugen im Allgemeinen; Untersuchungsrichter als Zeuge über frühere Aussagen eines nach vorschriftsmäßiger Belehrung vernommenen Zeugen, der in der Hauptverhandlung von den Zeugnißverweigerungsrechte Gebrauch macht, R. VII. 278; — Entlassung eines Zeugen durch den Vorsitzenden nach erfolgter Vernehmung ohne Gehör des Angeklagten, R. VII. 379; — Umfang der Zeugnißpflicht, R. VIII. 459; — über Zulässigkeit der Vernehmung eines Beamten entscheidet die Verwaltungsinstanz auf Beschwerde des Gerichtes oder des Angeklagten. R. IX. 123.

Zeugen, deren Beeidigung; Verdacht der Theilnahme an der strafbaren Handlung nach Leistung des Zeugeneides; Würdigung der Aussage eines solchen Zeugen als einer unbeeidigten, R. VII. 89; — Motivirung über Art des Verdachts und der Theilnahme bei Nichtbeeidigung eines Zeugen; Zusammentreffen mehrerer selbständiger Delicte; Beeidigung des Zeugen bezüglich der Delicte, wo kein Verdacht der Theilnahme festgestellt ist, R. VII. 98. X. 36. — Schwierigkeit der Eidesabnahme wegen körperlicher Gebrechen; Taubheit und Unfähigkeit, Geschriebenes zu lesen; Beiziehung eines Dolmetschers, R. VII. 148; — Theilnahme des Gemeinschuldners aus § 56 Ziff. 3 der StPrO. an dem Vergehen aus § 213 der Conc.-O., R. VII. 193. E. XII. 122; — Theilnahme an der den Gegenstand der Anklage bildenden That; Nichtvorliegen, wenn die Anklage auf Erpressung mittels Androhung der Anzeige wegen Diebstahls gerichtet ist und der Zeuge dieses Diebstahls für verdächtig erachtet wird, R. VII. 281. E. XII. 190; — Nothwendigkeit nochmaliger förmlicher Beeidigung eines im Vorverfahren eidlich vernommenen Zeugen bei seiner im Hauptverfahren nothwendig werdenden commissarischen Vernehmung; Unzulässigkeit der Berufung auf den früher geleisteten Eid, R. VII. 529. E. XII. 373; — Unzulässigkeit der Beeidigung eines rechtskräftig verurtheilten Diebes in der Hauptverhandlung gegen den Hehler, R. VII. 627; — Theilnahme eines Zeugen an der zur Anklage stehenden That, auch wenn diese Betheiligung unter einem besonderen strafrechtlichen Gesichtspunkt mit Strafe bedroht, und ihre Verfolgung verjährt ist, R. VIII. 34; — Anstiftung zum falschen Zeugnisse, welches abgegeben, aber vor Schluß der Vernehmung berichtigt worden ist; Unzulässigkeit einer Beeidigung des Angestifteten als Zeuge in der Untersuchung gegen den Anstifter; der außer Verfolgung gesetzte Mitangeschuldigte als Theilnehmer verdächtig; Gegenstand der Untersuchung; Begriff; abweichendes Ergebniß der Hauptverhandlung von dem Eröffnungsbeschlusse, letzterer nicht entscheidend, R. VIII. 171. E. XIV. 19; — Verschweigung einer rechtskräftigen Verurtheilung zu einer noch nicht angetretenen Gefängnißstrafe nach Leistung des Zeugeneides; Freisprechung wegen fahrlässigen Meineides; Begriff der Bestrafung, R. VIII. 275; — uneidliche Vernehmung desjenigen, welcher der Verleitung des Beschuldigten zur Ableistung eines fahrlässigen falschen Eides verdächtig ist, R. VIII. 294; — Beistandleisten im Sinne des § 56 Ziff. 3 der StPrO. dadurch, daß Jemand den zur Anzeige einer von Amtswegen zu verfolgenden Strafthat Entschlossenen bestimmt, von der Strafanzeige abzustehen, E. XIV. 88; — Voraussetzung der Nichtbeeidigung als Zeugen geladener Bahnbediensteter in der Untersuchungssache aus § 316 Abs. 2 des StGB., R. VIII. 601; — Ablehnung der Beeidigung eines Zeugen unter der Motivirung, derselbe erscheine als Theilnehmer, Begünstiger oder Hehler verdächtig, dann ungenügend, wenn einer der verschiedenen Alternativen nach den Umständen des Falles unmöglich vorliegen kann, R. IX. 76; — Zulässigkeit promissorischer Beeidigung eines Zeugen, obschon zu vermuthen ist, daß bei ihm Verhältnisse vorliegen, welche ihn zur Zeugnißverweigerung berechtigen, E. XV. 385; — auch bei sofortiger Erwiderung gegenseitiger Körperverletzungen erscheint der als Zeuge vernommene Verletzte nicht theilnahmeverdächtig, R. IX. 234; — nur strafbare Mitwirkung bei einem Vorgange kann den Verdacht der Theilnahme begründen, R. IX. 312; — Voraussetzung der Straflosigkeit einer bei einer Strafthat in an sich strafbarer Weise betheiligten jugendlichen Person im Alter von 12—18 Jahren und darnach auch der Eidesfähigkeit derselben, wenn sie in derselben Strafsache als Zeuge vernommen wird, R. IX. 367; — eidliche Vernehmung eines Zeugen in der Hauptverhandlung zulässig, wenn sich daselbst ergibt, daß ein Verdacht im Sinne des § 56 Ziff. 3 der StPrO. nicht vorliegt, auch wenn gegen den Zeugen früher Voruntersuchung wegen derselben That eingeleitet und diese noch nicht zur Erledigung gebracht ist, R. IX. 403. E. XVI. 209; — Nothwendigkeit der Beschlußfassung über die Beeidigung eines Zeugen wegen allfallsiger Theilnahme an einem Fahrlässigkeitsdelicte, R. IX. 414; — Entbehrlichkeit eines die Nichtbeeidigung des Zeugen rechtfertigenden Gerichtsbeschlusses, wenn ersichtlich ist, ob und welcher die Nichtbeeidigung rechtfertigende Grund nach der Annahme des Gerichtes vorlag; Eidesunfähigkeit eines nach preuß. StGB. vom 14. April 1851 wegen Meineides zu Zuchthaus Verurtheilten, R. IX. 535; — Unzulässigkeit der eidlichen Vernehmung des Verkäufers einer Wahlstimme als Zeuge gegen den Käufer, R. X. 18. E. XVII. 101; — Begriff von „That" und „Theilnahme" im Sinne des § 56 Ziff. 3 der StPrO.; Beeidigung der körperlich Verletzten und derjenigen Betheiligten an einer nicht unter § 227 des StGB. fallenden Schlägerei, welche an der zur Untersuchung stehenden Körperverletzung nicht theilgenommen haben, als Zeugen zulässig, R. X. 126. E. XVII. 116; — Mitangeklagte können über Anklagepunkte, bei welchen sie in keiner Weise betheiligt sind, zwar gehört, aber nicht beeidet, überhaupt nicht als Zeugen behandelt worden, R. X. 343; — in der Untersuchung gegen den Bankhalter wegen gewerbsmäßigen Glückspiels können die Mitspieler als Zeugen vereidet werden, R. X. 587.

Zeugen, geladene; Nothwendigkeit der Vernehmung der vom Angeklagten geladenen Zeugen nur beim Nachweis der Ladung gemäß § 38 der StPrO., R. VII. 24; — Zahlung der gesetzlichen Entschädigung aus der Staatskasse an unmittelbar geladene Zeugen, deren Aussage zur Aufklärung der Sache dienlich war, vorbehaltlich der späteren Entscheidung darüber im Schlußurtheil, R. IX. 476. E. XVI. 212. — Aussetzung der Vernehmung eines Zeugen wegen Angetrunkenheit, Nothwendigkeit der Stellung von Anträgen seitens des Angeklagten auf wiederholte Abhör; bei Unterlassung von Anträgen keine unzulässige Beschränkung der Vertheidigung, R. X. 546; — auch dann darf von Vernehmung geladener Zeugen nur mit Genehmigung der Proceßparteien Umgang genommen werden, wenn auf Grund einer Vorfrage, wie des fehlenden Strafantrages, das Verfahren ohne Eingehen in den Schuldbeweis beendet werden kann, R. X. 649; — Nichtvernehmung geladener Zeugen ohne Verzicht der Parteien führt nicht nothwendig zur Aufhebung des Urtheils, wohl aber dann, und zwar auch im Falle der Verneinung des strafbaren Thatbestandes, wenn die Vernehmung der Zeugen möglicherweise eine andere Beurtheilung bewirkt haben würde, R. X. 718.

Zeugenvernehmung, commissarische; Zulässigkeit der Verlesung eines im Auslande aufgenommenen Protokolles, bei welchen die Benachrichtigung der Proceßbetheiligten unterblieben ist, weil die Landesgesetzgebung deren Anwesenheit nicht gestattet, R. VII. 11. E. XI. 391; — Zulässigkeit, daß Zeugen trotz großer Entfernung ihres Wohnorts geladen, andere desselben Wohnorts commissarisch vernommen werden, R. VIII. 358. X. 63; — Recht des Vorsitzenden zur Bestimmung des mit der commissarischen Vernehmung eines Zeugen beauftragten Richters, R. VIII. 712; — Verlesung einer commissarischen Zeugenvernehmung, von welcher weder der Angeklagte noch der Vertheidiger benachrichtigt war; bezüglich des Angeklagten keine Aufhebung des Urtheils, wenn die Verlesung ohne seinen Widerspruch erfolgte, wohl aber bezüglich des Vertheidigers, auch wenn der Angeklagte nicht widersprach, es sei denn, daß er von dem Verstoße gegen das Gesetz Kenntniß hatte, R. VIII. 731; — Unzulässigkeit der commmissarischen Vernehmung eines Mitangeschuldigten, R. IX. 387. E. XVI. 232; — Unzulässigkeit des Verfahrens, bei commissarischer Vernehmung eines Zeugen, dessen frühere Aussage ohne die Voraussetzungen des § 252 der StPrO. und statt weiterer Befragung zu verlesen, R. X. 280; — enthält das von dem commissarisch vernommenen Zeugen in Bezug genommene frühere Vernehmungsprotokoll zugleich Erklärungen anderer Personen, dürfen letztere Aussagen nicht verlesen werden, R. X. 374. E. XVIII. 24; — vorgerückte Schwangerschaft als Zustand der Gebrechlichkeit; Begriff einer längeren Verhinderung, eine solche von 4—6 Wochen, R. X. 451; — Zeugen, welche im Bezirke desjenigen Landgerichts sich aufhalten, welches ihrer Vernehmung bedarf, sollen in der Regel nicht wegen großer Entfernung commissarisch vernommen werden; bei Vorliegen besonderer Gründe müssen dieselben in dem betreffenden Beschluß bezeichnet werden, R. X. 675.

Zeugschaftsentschlagung, Einflußlosigkeit des Unterschiedes zwischen ehelicher und unehelicher Geburt; Recht des außerehelichen Sohnes zur Verweigerung des Zeugnisses gegen die ehelichen Kinder seiner

Mutter, E. XII. 143; — Vernehmung anderer Personen (des Untersuchungsrichters) über die im Vorverfahren gemachte Aussage einer zur Zeugnißverweigerung berechtigten Person, welche von diesem Rechte in der Hauptverhandlung Gebrauch macht, R. VII. 278. 336. IX. 170; — unterlassene Belehrung eines zur Zeugnißverweigerung berechtigten Zeugen ein Revisionsgrund, wenn auch dem Gerichte das Verwandtschaftsverhältniß unbekannt war, R. VII. 346. E. XVI. 214; — Verzicht auf Zeugnißverweigerung; Nothwendigkeit der nachträglichen Belehrung über das Recht, die Eidesleistung zu verweigern, R. VII. 357; — Unanwendbarkeit des § 251 der StPrO. auf solche Zeugen, die im Laufe der Voruntersuchung das Zeugniß verweigert haben, oder wenn die frühere Aussage eine freiwillige, vom Gericht nicht verlangte, oder eine außergerichtliche war, R. VII. 457; — Zuziehung des gesetzlichen Vertreters eines Unmündigen bei der Belehrung des letzteren über seine Befugniß zur Zeugnißverweigerung nicht erforderlich; Belehrung „vor jeder Vernehmung", Begriff; wiederholte Abhör in verschiedenen Terminen des Vor- und Hauptverfahrens; Voraussetzung für die unterlassene wiederholte Belehrung, daß die wiederholten Abhörungen sich als zusammenhängende Theile einer einheitlichen Vernehmung darstellen, R. VII. 512. E. XII. 403; — eigenes Ermessen eines Beamten, inwieweit die Pflicht zur Amtsverschwiegenheit ihm eine Auskunft als Zeuge verbiete; Befugniß des Richters, den Zeugen auf seine Pflicht zur Amtsverschwiegenheit aufmerksam zu machen, R. IX. 142. E. XIII. 154; — kein die Zeugnißverweigerung begründendes Verlöbniß, welches während noch bestehender Ehe eines Theiles und für den Fall der Trennung derselben abgeschlossen ist, E. XIV. 7; — Unerheblichkeit des Umstandes für den Begriff der Schwägerschaft, daß die Verwandtschaft des Zeugen zum Ehegatten des Beschuldigten auf unehelicher Geburt beruht, R. VIII. 439. E. XIV. 187; — Zulässigkeit der Vernehmung eines Gendarmen über die außergerichtliche Aussage einer zur Zeugnißverweigerung berechtigten Person; Folgerung des Gerichts aus der Zeugnißverweigerung, R. VIII. 502. E. XIV. 266; — die Eröffnung des vorgesetzten Ministers an einen Beamten über dessen von Amtswegen zu verfügende Versetzung als in das Gebiet der Amtsverschwiegenheit fallend, E. XV. 85; — Ueberflüssigkeit der Belehrung eines promissorisch beeidigten Zeugen, welcher erklärt hat, Zeugniß ablegen zu wollen, auch darüber, daß er die

Beeidigung des Zeugnisses verweigern könne, R. X. 516. E. XV. 358. — Beweis darüber, was ein Zeuge in einer schwurgerichtlichen Sache unter Verzicht auf das Zeugnißverweigerungsrecht ausgesagt hatte, in einer wiederholten, nach Aufhebung des ersten Urtheils stattfindenden Hauptverhandlung, in welcher der Zeuge die Aussage verweigert, durch einen Geschworenen der ersten Hauptverhandlung, R. IX. 342. E. XVI. 119; — Zeugnißverweigerung hinsichtlich einer in derselben Hauptverhandlung abzuurtheilenden selbständigen That, bei welcher der Angehörige des Zeugen nicht betheiligt ist, E. XVI. 154; — grundsätzliches Zeugnißverweigerungsrecht derjenigen Personen, welche Angehörige nicht aller Angeklagten sind, auch dann, wenn verschiedene selbständige Strafthaten wegen Zusammenhanges verbunden sind, R. X. 24. 59; — Nothwendigkeit der Belehrung, im Falle die Ehefrau des Angeklagten, mit welcher er in Bigamie lebt, als Zeugin vernommen werden soll, E. XVIII. 42; — ausdrückliche Constatirung der Belehrung über das Verweigerungsrecht und die Erklärung des Verzichts im Sitzungsprotokoll; Bezugnahme auf ein früheres Protokoll reicht nicht aus, R. X. 727.

Zollbeamte, Widerstand gegen dieselben; Thatbestand bei unerheblicher Erschwerung der Amtsausübung, völlige Vereitlung derselben nicht erforderlich, R. VII. 92.

Zollvergehen, durch ein Unternehmen, welches darauf abzielt, den mit der Denaturirung befaßten Beamten über die Bestandtheile eines dazu dargebotenen Stoffes zu täuschen und so die Anwendung eines zur Denaturirung nicht geeigneten Mittels herbeizuführen, R. VII. 37. E. XI. 366; — Einflußlosigkeit der Vorentscheidung der Verwaltungsbehörde über das Fallen einer concreten Waarengattung unter eine bestimmte Position des Zolltarifs; selbständige Entscheidung des Strafrichters, R. VII. 57. E. XII. 1; — Haftbarkeit des Waarenführers für die Unverletztheit des Verschlusses, wenn Waaren unverzollt auf der Eisenbahn einer Hebestelle im Innern zur zollamtlichen Abfertigung zugeführt werden; Begriff des Waarenführers, R. VII. 122. E. XII. 11; — Verbindung mehrerer Personen zur gemeinschaftlichen Ausübung der Contrebande; Betroffenwerden auf frischer That keine Voraussetzung, E. XII. 106; — Aufhebung der Vorschrift in § 59 des preuß. Zollstrafgesetzes vom 23. Jan. 1838 durch § 6 des Einf.-Ges. zur StPrO.; Befugniß des subsidiarisch Verhafteten, nachdem die Zolldefraudationsstrafe rechtskräftig geworden ist, zur Geltendmachung der Behauptung, daß nicht eine Defraudations-, sondern eine Ordnungsstrafe hätte ausgesprochen werden sollen; Beschränkung der subsidiarischen Verhaftung auf diese Ordnungsstrafe durch das erkennende Gericht, R. VII. 324. E. XII. 212; — unrichtige Declaration verbotener Gegenstände durch „Gewerbetreibende"; Gewerbegehilfen als Gewerbetreibende, R. IX. 330. E. XII. 241. XVI. 109; — Befreiung „gebrauchter Kleidungsstücke" von dem Eingangszolle; neue Kleidungsstücke, welche lediglich behufs Hinterziehung des Zolles angezogen worden sind, R. VII. 460. E. XII. 342; — Zulässigkeit der Defraudationsstrafe neben der Strafe für ein damit ideal concurrirendes anderweites Delict, R. VII. 697. E. XIII. 69; — Unanwendbarkeit der dreimonatlichen Verjährungsfrist aus § 57 des StGB. bei Vergehen gegen die Zollgesetze, auch wenn sie sich nach der Höhe der Strafe als Uebertretungen darstellen, R. VIII. 14. E. XIII. 223; — Zeitpunkt der Vollendung einer Zolldefraudation; Bedeutung der Betheiligungsacte, welche dem Ueberschreiten der Zollgrenze vorausgegangen oder nachgefolgt sind, als Begünstigung, E. XIII. 223; — Zulässigkeit der Strafe aus § 146 Abs. 3 wegen wiederholten Bandenschmuggels, auch wenn der jetzt zu bestrafende Thäter die frühere That gemeinsam mit anderen Personen als den gegenwärtig dazu verbundenen verübt hat, R. VIII. 130. E. XIII. 362; — die dem amtlichen Waarenverzeichnisse zum Vereinszolltarife vorgedruckten sog. Instructionspunkte als ordnungsmäßig erlassene Beschlüsse des Bundesrathes; Instructionspunkt III als Bestandtheil des Waarenverzeichnisses; Zuständigkeit des Bundesrathes zur Erlassung dieses Instructionspunktes, derselbe kein neuer Zollsatz, E. XIII. 321; — Anwendbarkeit der inländischen Gesetze gegen die auf einer Grenzstation gegenüber dem Beamten eines exponirten deutschen Zollamtes erfolgte unrichtige Declaration, auch dann, wenn die zur Einfuhr bestimmten Waaren die deutsche Zolllinie nicht erreicht haben; bloße Ordnungsstrafe, wenn der Angeklagte nachweist, daß er eine Defraudation nicht habe verüben können oder wollen, R. VIII. 194. 614. E. XIII. 410; — Straflosigkeit der im Inlande geleisteten Beihülfe zu einem Vergehen gegen die ausländischen Zollgesetze; desgleichen wenn die Handlung an sich die Thatbestandsmerkmale des Betruges erfüllt; Einfluß abändernder Staatsverträge, R. VIII. 281. E. XIV. 124; — der Confiscation unterliegende Gegenstände; Uebergang des Eigenthums an den

Fiscus mit der Beschlagnahme, nicht erst durch Ausspruch des Richters; resolutive Bedingtheit dieses Eigenthums; Wegnahme der beschlagnahmten Gegenstände als Diebstahl, Dolus; der Irrthum, daß die beschlagnahmten Gegenstände ungeachtet der Beschlagnahme noch dem Defraudanten, nicht dem Fiscus gehören, als Ausschließungsgrund des Dolus; Fortbestehen der Beschlagnahme ungeachtet des Eigenthumsübergangs hinsichtlich der beschlagnahmten Gegenstände an den Fiscus, R. VIII. 339. E. XIV. 112; — Voraussetzungen für die tarifmäßige Bestimmung des Betrages der vorenthaltenen Abgabe und der darnach zu bemessenden Defraudationsstrafe auf Grund der thatsächlichen Feststellung, daß ein seiner sonstigen Beschaffenheit nach unbekannter Gegenstand, unter Hinterziehung der Eingangsabgabe, über die Zollgrenze eingeführt worden sei; Zulässigkeit der Confiscation wegen Zolldefraude, auch wenn nicht auf Strafe zu erkennen ist, R. VIII. 433. E. XIV. 195; — erschlichene Vieheinfuhr unter unbefugter Benutzung des einer andern Person ertheilten Erlaubnißscheines enthält außer Zuwiderhandlung gegen die Einfuhrverbote noch den Thatbestand der Contrebande, R. VIII. 697; — Mitthäterschaft dadurch nicht ausgeschlossen, daß der Beschuldigte bei dem Hinüberschaffen über die Grenze unmittelbar nicht thätig gewesen ist; Anwendung des § 146 gegen Gehülfen, welche sich mit den Thätern zur gemeinsamen Ausübung der Contrebande verbunden haben; beim Mangel eines Zollcartells bezieht sich § 148 nur auf den Widerstand gegen inländische Beamte; solidarische Haftbarkeit der Gehülfen und Thäter für den an Stelle der Confiscation zu erkennenden Wertherſatz, R. IX. 33; — Legitimationsschein aus § 119 des ZVGes. zur Legitimation von Personen, auf deren Namen er nicht lautet, nicht ausreichend, E. XV. 156; — zur Beseitigung der nach § 136 Ziff. 5[d] obwaltenden Vermuthung genügt nicht der Nachweis des Transportirenden, daß er die Gegenstände vor Beginn des Transports in seinem Besitz gehabt habe, R. IX. 209; — Erkennung der Zolldefraudationsstrafe neben der Strafe für das gemeine Vergehen (§ 158) sowohl im Falle realer als idealer Concurrenz, R. IX. 296. E. XVI. 58; — Zuständigkeit der Gerichte in dem für Zollvergehen vorgeschriebenen Verfahren auch über die subsidiäre Vertretungsverbindlichkeit dritter Personen zu erkennen, R. IX. 330. E. XVI. 109; — Hinterziehung österreichischer Zölle; die Worte im § 17 des deutsch-österreichischen Zollcartells von 1881 „auf Antrag" nicht im Sinne eines Strafantrags aus § 61 des StGB. zu verstehen; Verjährung der in Oesterreich verübten Zolldefraudationen, R. IX. 391. E. XVI. 235; — § 137 Abs. 2 legt dem Angeschuldigten keine formelle Beweislast auf; Beweis in Angaben des Angeschuldigten, R. IX. 468; — Zollpflichtigkeit der Gegenstände des Verzehrens, welche sich zwar innerhalb der für Verzehrungsgegenstände gestatteten Zollfreiheit bewegen, aber nicht zum Verzehren bestimmt sind, R. IX. 511. E. XVI. 224; — Bedeutung und Umfang der in § 124 Abs. 3 und § 136 Ziff. 7 vorgesehenen Buchcontrole; Anwendung auf Waaren, deren Einfuhr verboten ist, und auf solche Waaren, welche nicht in den Grenzbezirk gelangen, R. IX. 528. E. XVI. 254; — beim Transport verbotener Waaren versteht § 136 Ziff. 5^{d} unter „Zollausweis" den im § 119 Abs. 1 vorgeschriebenen Legitimationsschein, R. IX. 535; — Zollbefreiung nach § 13 lit. c Ziff. 1 des Zolltarifgesetzes vom 24. Mai 1885 findet nur statt, wenn der Einführende zum Gebrauch in der eigenen Industrie das früher bezogene Quantum einführt und ist nicht übertragbar, auch nicht an solche, die selbst einen Befreiungsgrund für sich haben, R. IX. 658. E. XVII. 21; — Zollfreiheit von 2 kg Fleisch im Grenzverkehr; Berücksichtigung auch solcher Fleischarten bei Berechnung dieses Gewichtes, deren Einfuhr verboten ist, R. IX. 709. E. XVII. 9; — das Vorhandensein einer Zolldefraudation wird nicht dadurch ausgeschlossen, daß eine Waare mit unrichtiger Declaration der Zollbehörde zur Revision vorgelegt wird, E. XVII. 1; — Art der Berechnung des Werthes der der Confiscation verfallenen, nicht verzollten Waaren bei unausführbarer Confiscation, R. X. 1; — Anstifter einer von mehreren gemeinschaftlich ausgeführten Contrebande nur dann Anführer, wenn er persönlich bei der Ausführung mitgewirkt hat; auf Erlegung des Werthes der contrebandirten Gegenstände ist nicht zu erkennen, wenn sie nach der Beschlagnahme gestohlen sind, R. X. 6; — die in den §§ 136. 137 des Vereinszollgesetzes aufgestellte Vermuthung für Contrebande oder Zolldefraudation nicht anwendbar auf die nach dem Gesetze vom 17. Juli 1881 strafbaren Zuwiderhandlungen gegen die österreichisch-ungarischen Zollgesetze, R. X. 12. E. XVII. 35; — Verwerthung der formalen Merkmale der Contrebande aus § 136 zur Herstellung des Thatbestandes eines Complottes im Sinne des § 146, R. X. 328. E. XVII. 388; — Begriff des „Innehalten des Weges" im Sinne des § 136 Ziff. 5^{b}, R. X. 509. E. XVIII.

92; — bei Begünstigung und Beihülfe hierzu kommen die treffenden Bestimmungen des RStGB. zur Anwendung, deshalb Verhängung der im Zollvereinsgesetz vorgesehenen Confiscation resp. Werthserhebung ausgeschlossen, R. X. 567. E. XVIII. 191. — Zolldefraudation durch Austausch der Waare, R. X. 600. E. XVIII. 231; — Anwendung des härteren Strafgesetzes auch dann, wenn neben der Confiscation gemäß § 134 des Vereinszollgesetzes aus § 328 des StGB. Gefängnißstrafe zu verhängen ist; Häufung der aus § 328 des StGB. und § 146 des Vereinszollgesetzes zu verhängenden Freiheitsstrafen bei Idealconcurrenz, R. X. 619. E. XVIII. 174; — die deutsche auf dem Schweizer Centralbahnhofe in Basel errichtete Zollabfertigungsstelle mit Bezug auf Verzollung und den Uebergang der Waaren als Inland anzusehen, R. X. 669. E. XVIII. 241.

Zuchthausstrafe, Anrechnung erlittener Untersuchungshaft auf Zuchthausstrafe; Unanwendbarkeit des Umwandlungsmaßstabes aus § 21 des StGB. für die Gefängnißstrafe, E. XV. 143.

Zuckersteuer, Begriff des „Declaranten", wenn bei der Ausfuhr von Zucker durch unrichtige Angabe des Zuckergehalts Steuer- oder Zollvergütung in Anspruch genommen ist, bei dessen Ausfuhr eine Vergütung überhaupt nicht gewährt wird; Waarenführer, Exporteur oder der Beauftragte des Letzteren, R. VIII. 324. E. XIV. 105.

Züchtigungsrecht des Ehemannes gegen die Ehefrau nach preußischem Recht, R. VII. 517. E. XII. 368; — der Lehrer, Bestehen desselben auch ohne ausdrückliche Einräumung durch Landesrecht; Ueberschreitung desselben; Strafbarkeit trotz Bestimmungen des Landesrechts, R. IX. 165; — Züchtigungsrecht des Lehrers in der Provinz Preußen; Bedeutung der von der vorgesetzten Aufsichtsbehörde über Art und Mittel der Handhabung desselben ertheilten Regulative für die Frage der Ueberschreitung, R. IX. 205. E. XV. 376; — Befugniß der Schulaufsichtsbehörde zur Ermächtigung des Directors einer Lehranstalt, einem Lehrer unter Umständen das Züchtigungsrecht zu entziehen; Anwendbarkeit des Strafgesetzes wegen demungeachtet vorgenommener Züchtigungen, R. IX. 245. E. XVI. 34; — nothwendige Feststellung zur Verurtheilung nicht nur die vorsätzliche Verübung der Mißhandlung, sondern auch die wissentliche Ueberschreitung des Züchtigungsrechtes, R. IX. 686.

Zündhölzer (Ges. vom 13. Mai 1884); Strafbarkeit desjenigen, welcher in Anwesenheit jugendlicher Personen Zubereitungsarbeiten vornimmt, und desjenigen, welcher in der Lage ist den Aufenthalt in den Arbeitsräumen zu gestatten bezw. zu verbieten und von dieser Befugniß keinen Gebrauch macht, R. X. 298. E. XVII. 349.

Zurechnungsfähigkeit, Möglichkeit idealer Concurrenz zwischen Nöthigung aus § 240 des StGB. und Vornahme unzüchtiger Handlungen mit Personen unter 14 Jahren; Verurtheilung aus § 240, obschon die Erkenntniß der Strafbarkeit der Handlung aus § 176 Ziff. 3 des StGB. verneint wird, E. XI. 387; — durch den Zustand eines relativ Strafunmündigen nicht ausgeschlossen, in welchem derselbe unfähig erscheint, sich durch sittliche oder rechtliche Motive bestimmen zu lassen, R. VIII. 760. E. XV. 97.

Zusammenhang der Strafsachen; Gerichtsstand des Zusammenhanges für alle Angeklagten bei dem Gerichte, an welches die Sache gemäß § 394 der StPrO. verwiesen ist, auch wenn diese Verweisung nur in Ansehung einzelner Mitangeklagter erfolgte und in erster Instanz gegen andere Mitangeklagte das Verfahren ausgesetzt worden war, E. XIV. 396.

Zusammenrottung, Vereinigung von nur zwei Personen als „Zusammenrottung", R. VII. 606. E. XIII. 17; — Thatbestand der Zusammenrottung erschöpft durch das mit vereinten Kräften unternommene Zusammenwirken zweier oder mehrerer räumlich nicht getrennter Gefangener zum Zwecke eines gewaltsamen Ausbruchs, R. VIII. 322; — für den in Zusammenrottung „mit vereinten Kräften" unternommenen Ausbruch nicht erforderlich, daß jeder Betheiligte mit seinen Körperkräften unmittelbar an den Ausbruchshandlungen mitgewirkt hat; Theilnahme an der Zusammenrottung mit dem Bewußtsein der von einem der Mitwirkenden für alle begangenen Ausbruchshandlung ausreichend, R. VIII. 764. X. 47. E. XV. 217. XVII. 47; — Gebrauch eines Nachschlüssels an sich keine Gewaltanwendung, R. X. 47. E. XVII. 47.

Zuständigkeit, der Schöffengerichte aus § 27 Ziff. 2 des GVG., auch wenn neben der Strafe von 600 *M.* oder drei Monaten Gefängniß auf Verfallerklärung zu erkennen ist, R. VII. 150. E. XII. 75; — Befugniß des Gerichts, die örtliche Unzuständigkeit auch dann auszusprechen, wenn dies dem Angeklagten nicht mehr freistand, R. VII. 520; — der Strafkammer zur Aburtheilung von Holzdiebstählen wegen Zusammenhanges mit anderen Strafsachen oder wegen Anwendbarkeit eines veränderten Gesichtspunktes der Anklage, E. XIII. 383; — der Civilgerichte, wenn eine Person des Beurlaubtenstandes, nach Wahrnehmung einer Controlversammlung, noch am Tage derselben ein gemeines Vergehen begangen, die Militärbehörde aber an diesem Tage davon keine Kenntniß erlangt hat, R. VIII. 548. E. XIV. 328; — ausschließliche Zuständigkeit des Reichsgerichts über Gesuche um Wiedereinsetzung in den vorigen Stand gegen Versäumung der Fristen bei Anbringung der Anmeldung der Revision und der Revisionsanträge, R. VIII. 704; — keine Verletzung der sachlichen Zuständigkeit, wenn das Landgericht über eine ihm zu Unrecht überwiesene That entscheidet, welche zur absoluten Zuständigkeit des Schöffengerichts gehört, E. XVI. 39; — der Civilgerichte für die Cartelträgerei der Offiziere der Reserve und Landwehr innerhalb des Gebietes der preuß. Militärstrafgerichtsordnung, R. X. 258. E. XVII. 243; — zur Wahrung des Einwandes der örtlichen Zuständigkeit eine vor der Hauptverhandlung abgegebene Erklärung nicht genügend, sondern Wiederholung in der Hauptverhandlung erforderlich, E. XVII. 412; — der Schwurgerichte in Württemberg zur Aburtheilung der Delicte des RPreßges. vom 7. Mai 1874 § 21, R. X. 704. E. XVIII. 293; s. a. Gerichtsstand, Militärgerichtsstand, Verfahren gemischt gerichtliches.

Zwangsvollstreckung, drohende; Eintragenlassen einer simulirten Hypothek auf das eigene Grundstück als Beiseiteschaffen von Vermögensstücken, E. XII. 129; — Absicht, die Befriedigung eines Gläubigers definitiv zu vereiteln, nicht erforderlich, dennoch der Besitz von anderweitem ausreichendem Vermögen von Belang für die fraudulose Absicht; diesbezüglicher Beweisantrag zulässig, R. VII. 304; — Strafbarkeit von Scheinveräußungen, welche der Veräußerer nach Verübung einer Strafthat im Bewußtsein der ihm drohenden Strafverfolgung zu dem Zwecke vornimmt, die Einziehung der Untersuchungskosten zu vereiteln, R. VII. 712. E. XIII. 138; — Beiseiteschaffen setzt keine dauernde Entziehung voraus; passives Verhalten des Exequenden genügt nicht, R. VIII. 60; — aus einem nichtigen, aber gerichtlich noch nicht als nichtig anerkanntem Geschäfte, E. XIII. 292; — Uebergabe von Sachen, deren Pfändung bevorsteht, an einen Dritten in der Absicht, um ein bereits früher gegebenes Versprechen zu erfüllen, R. VIII. 126; — eine Zwangsvollstreckung, zu deren Sicherung Forderungen oder Wechsel des Schuldners mit Arrest belegt sind, als drohend, auch wenn ein Urtheil in der Hauptsache noch nicht ergangen ist, R. VIII. 781.

E. XV. 114; — Strafantragsberechtigung des Regierungspräsidenten in Preußen, wegen Veräußerung oder Beiseiteschaffung von Gewehren und Jagdgeräthen, auf deren Einziehung erkannt ist, R. IX. 10. E. XV. 164; — kein Vergehen aus § 288, wenn der Vertreter einer Actiengesellschaft bei einer gegen letztere drohenden Zwangsvollstreckung in der Absicht, die Befriedigung eines Gläubigers zu vereiteln, Vermögensstücke der Actiengesellschaft veräußert, R. IX. 344. E. XVI. 121; — nur solche Realgläubiger, welche im Subhastationsverfahren als Antragsteller oder Adhärenten aufgetreten sind, zum Strafantrag berechtigt; Möglichkeit idealer Concurrenz mit Arrestbruch, R. X. 19. E. XVII. 42; — bei Gerichtskostenforderungen des Fiscus, deren Befriedigung vereitelt werden soll, ist in Preußen der Kassencurator zum Strafantrage befugt, R. X. 412.

Zweikampf, Zuständigkeit der Militärgerichte für Herausforderungen und Zweikämpfe der Assistenzärzte der Marinereserve nach erfolgter Verabschiedung, R. VII. 326. E. XII. 231; — Aussöhnung der Parteien; Unerheblichkeit, wenn dieselbe erst erfolgt, nachdem die Ausführung des Zweikampfes durch einen vom Willen der Parteien unabhängigen Umstand verhindert worden war, R. VII. 603. E. XIII. 1; — Mitwirkung bei einem Ehrengerichte, welches allein die Frage der zu benutzenden Waffen zum Austrage zu bringen hat, als Beihülfe, R. VIII. 63. E. XIII. 265; — Protokollführer eines studentischen Ehrengerichts als Gehülfe eines stattgehabten Zweikampfes, R. IX. 285; — Cartellträger, welcher vor Ausrichtung des Auftrags des Herausfordernden den Zweikampf zu verhindern bemüht gewesen ist, nicht straflos; Zuständigkeit der Civilgerichte für Cartellträgerei der Offiziere der Reserve und Landwehr innerhalb des Gebietes der preuß. Militärstrafproceßordnung, R. X. 258. E. XVII. 243; — Mittheilung einer beleidigenden Aeußerung an einen Dritten mit dem Bewußtsein der Herbeiführung eines Zweikampfes als Anreizung, R. X. 623. E. XVIII. 239.

Chronologisches Register.

I.

Nachtrag

aus Band XI und XII der Entscheidungen zum Jahrgang 1884 unter Wiederholung der entsprechenden Erkenntnisse in der Rechtsprechung.

Urth. v.	Rechtspr.	Entsch.
1. Nov. 1884	VI. 680.	XI. 380
20. „ „	VI. 742.	XI. 321
20. „ „	VI. 749.	XI. 352
8. Dec. „	VI. 787.	XI. 386
11. „ „	VI. 793.	XI. 342
11. „ „	VI. 795.	XI. 355
15. „ „	VI. 819.	XII. 94
16. Dec. 1884	VI. 826.	XI. 382
16. „ „	VI. 829.	XI. 328
18. „ „		XI. 387
22. „ „	VI. 838.	XI. 330
15/22. „ „	VI. 840.	XII. 64
22. „ „		XI. 333

II.

Neue Folge.

Urth. v.	Rechtspr.	Entsch.
2. Jan. 1885	VII. 3.	XI. 345
2. „ „	VII. 8.	XI. 336
2. „ „	VII. 10.	
2. „ „		XI. 339
2. „ „		XI. 350
5. „ „	VII. 11.	XI. 391
5. „ „	VII 17.	
5. „ „		XI. 388
7. „ „	VII. 20.	
8. „ „	VII. 20.	
9. Jan. 1885	VII. 21.	XI. 360
9. „ „	VII. 24.	
9. „ „	VII. 25.	
12 „ „	VII. 26.	
12. „ „	VII. 28.	XI. 364
12. „ „		XII. 17
13. „ „	VII. 30.	
13. „ „	VII. 32.	XII. 102
15. „ „	VII. 33.	
15. „ „		XI. 375

Urth. v.	Rechtspr.	Entsch.
15. Jan. 1885		XI. 398
15. „ „		XI. 402
15. „ „		XI. 421
16. „ „	VII. 34.	
16. „ „	VII. 37.	XI. 366
16. „ „		XI. 371
20. „ „		XI. 406
22. „ „	VII. 41.	
22. „ „	VII. 43.	XI. 426
26. „ „	VII. 52.	XI. 414
26. „ „		XI. 412
27. „ „	VII. 55.	
27. „ „	VII. 56.	
27. „ „	VII. 57.	
29. „ „	VII. 57.	XII. 1
29. „ „		XI. 418
30. „ „	VII. 63.	XI. 436
30. „ „	VII. 65.	
30. „ „	VII. 65.	
30. „ „	VII. 66.	XII. 19
31. „ „	VII. 69.	XII. 22
2. Febr. „	VII. 69.	XI. 438
2. „ „		XII. 34
3. „ „		XII. 103
5. „ „	VII. 83.	
5. „ „	VII. 85.	
6. „ „	VII. 86.	
6. „ „	VII. 89.	
6. „ „	VII. 92.	
9/16. „ „	VII. 93.	
10. „ „	VII. 94.	XII. 6
10. „ „	VII. 96.	XII. 37
12. „ „	VII. 98.	
13. „ „	VII. 100.	XII. 67
13. „ „	VII. 102.	XII. 8
13. „ „	VII. 106.	
13. „ „	VII. 106.	
13. „ „	VII. 107.	

Urth. v.	Rechtspr.	Entsch.
16. Febr. 1885	VII. 108.	
16. „ „	VII. 110.	
16. „ „	VII. 113.	XII. 40
17. „ „	VII. 118.	XII. 70
17. „ „	VII. 122.	XII. 11
17. „ „	VII. 127.	
17. „ „	VII. 128.	
19. „ „	VII. 130.	XII. 275
19. „ „	VII. 132.	
20. „ „	VII. 135.	XII. 45
23. „ „	VII. 138.	
24. „ „	VII. 140.	XII. 49
24. „ „	VII. 144.	
24. „ „	VII. 145.	XII. 69
26. „ „	VII. 147.	XII. 73
26. „ „		XII. 53
26. „ „		XII. 54
27. „ „	VII. 148.	
27. „ „	VII. 150.	XII. 75
27. „ „	VII. 153.	
27. „ „		XII. 58
3. März „	VII. 154.	XII. 62
5. „ „		XII. 104
5. „ „		XII. 281
9. „ „	VII. 156.	XII. 78
10. „ „	VII. 163.	
10. „ „	VII. 164.	XII. 88
10. „ „		XII. 86
10. „ „		XII. 87
12. „ „	VII. 167.	XII. 168
12. „ „	VII. 168.	
12. „ „	VII. 170.	XII. 115
13. „ „	VII. 172.	
13. „ „	VII. 174.	
13. „ „	VII. 175.	
13. „ „		XII. 91
13. „ „		XII. 106
16. „ „	VII. 180.	XII. 170

Urth. v.	Rechtspr.	Entsch.
17. März 1885	VII. 184.	
17. " "	VII. 186.	
17. " "		XII. 109
20. " "	VII. 186.	XII. 112
20. " "	VII. 190.	
23. " "	VII. 191.	
23. " "		XII. 118
24. " "	VII. 193.	XII. 122
24. " "		XII. 119
27. " "	VII. 195.	
27. " "	VII. 198.	XII. 125
27. " "	VII. 199.	
28. " "	VII. 201.	
30. " "	VII. 203.	
30. " "	VII. 207.	XII. 138
31. " "	VII. 212.	XII. 128
31. " "	VII. 214.	
31. " "	VII. 216.	
9. April "	VII. 218.	
9. " "	VII. 221.	XII. 127
10. " "	VII. 222.	
13. " "		XII. 140
13. " "		XII. 294
14. " "	VII. 225.	
14. " "	VII. 226.	
14. " "		XII. 129
16. " "	VII. 229.	XII. 145
16. " "	VII. 233.	
16. " "		XII. 132
17. " "	VII. 234.	XII. 150
17. " "		XII. 135
17. " "		XII. 143
20. " "	VII. 238.	
20. " "		XII. 277
21. " "	VII. 239.	
21. " "	VII. 241.	XII. 154
23. " "	VII. 245.	
23. " "	VII. 247.	

Urth. v.	Rechtspr.	Entsch.
23. April 1885	VII. 248.	
24. " "	VII. 250.	
24. " "	VII. 252.	XII. 158
24. " "	VII. 254.	
24. " "	VII. 256.	
28. " "	VII. 257.	XII. 216
30. " "	VII. 259.	XII. 173
30. " "	VII. 264.	
30. " "		XII. 161
1. Mai "	VII. 266.	
1. " "	VII. 269.	XII. 180
1. " "	VII. 271.	
1. " "	VII. 273.	XII. 162
1. " "		XII. 164
4. " "	VII. 274.	
4. " "	VII. 276.	
4. " "		XII. 183
5. " "	VII. 276.	
5. " "		XII. 187
7. " "	VII. 278.	
7. " "	VII. 279.	
7. " "	VII. 280.	
8. " "	VII. 281.	XII. 190
8. " "	VII. 285.	
8. " "	VII. 287.	XII. 184
11. " "	VII. 290.	XII. 194
15. " "	VII. 293.	
15. " "	VII. 296.	
15. " "	VII. 297.	XII. 198
16. " "	VII. 301.	
16. " "	VII. 302.	
16. " "	VII. 302.	
18. " "	VII. 304.	
18. " "		XII. 203
19. " "	VII. 306.	XII. 205
20. " "	VII. 312.	
20. " "	VII. 313.	
21. " "	VII. 314.	

Urth. v.	Rechtspr.	Entsch.
21. Mai 1885	VII. 316.	
21. " "	VII. 317.	
21. " "	VII 320.	
21. " "		XII. 219
22. " "	VII. 321.	XII. 224
22. " "	VII. 324.	XII. 212
23. " "	VII. 326.	XII. 232
28. " "	VII. 334.	XII. 226
28. " "	VII. 336.	
29. " "	VII. 338.	
2. Juni "	VII. 341.	
2. " "	VII. 343.	XII. 228
2. " "	VII. 346.	
5. " "	VII. 348.	
5. " "	VII. 349.	XII. 254
5. " "	VII. 351.	
5. " "		XII. 241
6. " "	VII. 352.	XII. 297
6. " "	VII. 356.	
8. " "	VII. 357.	
8. " "	VII. 358.	XII. 244
9. " "	VII. 361.	XII. 247
9. " "	VII. 363.	
9. " "	VII. 364.	
9. " "	VII. 364.	
9. " "	VII. 365.	
11. " "	VII. 367.	XII. 250
11. " "	VII. 370.	XII. 308
11. " "	VII. 374.	
12. " "	VII. 377.	
12. " "	VII. 378.	
12. " "	VII. 379.	XII. 256
15. " "	VII. 382.	
15. " "	VII. 383.	XII. 261
15. " "	VII. 390.	XII. 323
15. " "	VII. 393.	XII. 270
15. " "		XII 379
16. " "	VII. 397.	XII. 267
16. Juni 1885	VII. 399.	
16. " "	VII. 401.	
18. " "	VII. 402.	
18. " "	VII. 403.	XII. 303
18. " "	VII 405.	XII. 301
18. " "	VII. 407.	
19. " "	VII. 409.	XII. 284
19. " "	VII. 416.	XII. 305
19. " "	VII. 420.	XII. 313
22. " "	VII. 422.	XII. 292
22. " "	VII. 424.	
24. " "	VII. 426.	
24. " "	VII. 427.	XII. 335
24. " "	VII. 429.	XII. 315
24. " "	VII. 431.	XII. 331
25. " "	VII. 434.	XII. 395
29. " "	VII. 438.	
30. " "	VII. 441.	XII. 319
30. " "	VII. 445.	
30. " "		XII. 317
1. Juli "	VII. 446.	XII. 337
1. " "	VII. 450.	
1. " "	VII. 453.	
1. " "	VII. 457.	
2. " "	VII. 460.	XII. 342
2. " "	VII. 462.	XII. 345
2. " "		XII 327
3. " "	VII. 465.	
3. " "	VII. 467.	
6. " "	VII. 469.	
6. " "	VII. 471.	
7. " "	VII. 473.	
7. " "	VII. 474.	
9. " "	VII. 476.	
9. " "	VII. 479.	XII. 353
9. " "	VII. 484.	
10. " "	VII. 486.	
11. " "	VII. 488.	XII. 359

Urth. v.	Rechtspr.	Entsch.
13. Juli 1885	VII. 492.	
14. " "	VII. 493.	
14. " "	VII. 495.	
25. " "	VII. 497.	
26. Aug. "	VII. 501.	
26. " "	VII. 503.	XII. 347
17. Sept. "	VII. 508.	XII. 371
17. " "	VII. 510.	XIII. 243
17. " "	VII. 512.	XII. 403
17. " "		XII. 364
18. " "	VII. 515.	
18. " "	VII. 517.	
18. " "	VII. 517.	XII. 368
18. " "		XII. 367
21. " "	VII. 519.	
22. " "	VII. 520.	
22. " "	VII. 522.	
22. " "	VII. 524.	
22. " "	VII. 525.	XII. 381
24. " "	VII. 529.	XII. 373
25. " "	VII. 531.	XII. 376
25. " "	VII. 534.	
25. " "		XIII. 18
28. " "	VII. 535.	
28. " "		XII. 407
29. " "	VII. 536.	
29. " "	VII. 539.	
29. " "	VII. 541.	XII. 388
29. " "	VII. 544.	
29. " "	VII. 545.	
1. Oct. "	VII. 546.	XII. 400
1. " "		XII. 398
1. " "		XII. 409
2. " "	VII. 548.	XII. 392
2. " "	VII. 550.	
2. " "	VII. 551.	
6. " "	VII 552.	
6. " "	VII. 554.	
6. Oct. 1885	VII. 555.	XIII. 3
8. " "	VII. 557.	XII. 437
8. " "	VII. 560.	XII. 434
8. " "		XII. 415
9. " "	VII. 562.	XII. 419
9. " "	VII. 568.	
12. " "	VII. 569.	XII. 428
12. " "	VII. 571.	XII. 426
12. " "	VII. 572.	
12. " "		XIII. 6
12. " "		XIII. 8
13. " "	VII. 577.	
13. " "	VII. 579.	XII. 431
15. " "	VII. 582.	
15. " "	VII. 583.	XIII. 22
16. " "		XIII. 12
19. " "	VII. 588.	XIII. 14
19. " "	VII. 590.	XIII. 52
19. " "	VII. 594.	XIII. 57
19. " "		XIII. 27
20. " "	VII. 597.	
20. " "	VII. 603.	XIII. 1
20. " "	VII. 605.	
22. " "	VII. 606.	XIII. 17
22. " "	VII. 607.	XIII. 60
23. " "	VII. 611.	
26. " "	VII. 613.	
26. " "	VII. 616.	
26. " "		XIII. 71
27. " "	VII. 618.	XIII. 30
20/28. " "	VII. 621.	
29. " "	VII. 624.	
29. " "	VII. 626.	
29. " "	VII. 627.	
29. " "		XIII. 19
30. " "	VII. 628.	XIII. 35
30. " "		XIII. 49
2. Nov. "	VII. 631.	

Urth. v.	Rechtspr.	Entsch.
2. Nov. 1885	VII. 632.	XIII 105
2. „ „	VII. 634.	
2. „ „	VII. 635.	
3. „ „	VII. 636.	
3. „ „	VII. 638.	
6. „ „	VII. 638.	
6. „ „	VII. 641.	
6. „ „		XIII. 38
9. „ „	VII. 642.	XIII. 41
9. „ „	VII. 645.	XIII. 107
9. „ „	VII. 649.	
10. „ „	VII. 653.	
10. „ „	VII. 655.	
10. „ „	VII. 657.	
12. „ „	VII. 658.	
12. „ „	VII. 660.	XIII. 76
13 „ „	VII. 664.	
13. „ „	VII. 664.	
16. „ „	VII. 665.	XIII. 46
16. „ „	VII. 668.	XIII. 44
19. „ „	VII 670.	
19. „ „	VII. 674.	XIII. 84
19. „ „	VII. 679.	XIII. 151
21. „ „	VII. 681.	XIII. 65
21. „ „	VII. 683.	XIII. 90
21. „ „	VII. 687.	
21. „ „	VII. 688.	
21. „ „		XIII. 66
23. „ „	VII. 691.	
23. „ „	VII. 692.	
23. „ „		XIII. 133
24. „ „	VII. 696.	
24. „ „	VII. 697.	XIII. 69
24. „ „		XIII. 123
26. „ „	VII. 698.	XIII. 95
26. „ „		XIII. 112
26. „ „		XIII. 115
27. „ „	VII. 700.	XIII. 81

Urth. v.	Rechtspr.	Entsch.
27. Nov 1885	VII. 704.	XIII. 93
27. „ „		XIII. 134
30. „ „	VII. 705.	XIII. 97
30. „ „	VII. 707.	
30. „ „	VII. 708.	XIII. 156
30. „ „		XIII. 154
1. Dec. „	VII. 710.	
3. „ „		XIII. 116
4. „ „	VII. 712	XIII. 138
4. „ „	VII. 718.	XIII. 126
7. „ „	VII. 720.	XIII. 121
7. „ „		XIII. 129
7. „ „		XIII. 158
8. „ „	VII. 722.	
8. „ „		XIII. 145
10. „ „	VII. 724.	XIII. 200
10. „ „		XIII. 146
10. „ „		XIII. 195
11. „ „	VII. 730.	
11. „ „	VII. 733.	XIII. 161
11. „ „	VII. 738.	XIII. 168
11. „ „	VII. 740.	XIII. 169
11. „ „		XIII. 148
15. „ „	VII. 743.	XIII. 172
15. „ „		XIII. 176
17. „ „		XIII. 178
17. „ „		XIII. 181
17. „ „		XIII. 212
18. „ „	VII. 746.	XIII. 182
18. „ „	VII. 749.	XIII. 186
22. „ „	VII. 752.	
22. „ „	VII. 755.	XIII. 191
22. „ „	VII. 757.	
22. „ „		XIII. 189
22. „ „		XIII. 207
23. „ „	VII. 757.	
23. „ „	VII. 758.	XIII. 193
23. „ „	VII. 759.	

Urth. v.			Rechtspr.		Entsch.	
23.	Dec.	1885	VII.	761.		
1/23.	„	„	VII.	762.	XIII.	273
1/23.	„	„			XIII.	215
2/ 5.	Jan.	1886	VIII.	3.		
2/ 5.	„	„	VIII.	4.		
4.	„	„			XIII.	218
5.	„	„	VIII.	5.	XIII.	219
5.	„	„	VIII.	9.		
5.	„	„	VIII.	11.	XIII.	211
5.	„	„	VIII.	12.		
7.	„	„	VIII.	14.	XIII.	223
7.	„	„	VIII.	18.		
8.	„	„	VIII.	19.		
8.	„	„	VIII.	21.		
8.	„	„	VIII.	23.		
9.	„	„	VIII.	24.	XIII.	235
11.	„	„	VIII.	30.		
11.	„	„	VIII.	34.	XIII.	248
11.	„	„			XIII.	245
12.	„	„	VIII.	36.	XIII.	249
12.	„	„	VIII.	40.		
12.	„	„	VIII.	43.		
14.	„	„	VIII.	45.		
14.	„	„	VIII.	46.		
14.	„	„	VIII.	51.	XIII.	229
14.	„	„	VIII.	55.		
14.	„	„	VIII.	57.		
15.	„	„	VIII.	60.		
15.	„	„			XIII.	234
18.	„	„	VIII.	63.	XIII.	265
19.	„	„	VIII.	64.	XIII.	254
21.	„	„	VIII.	66.	XIII.	285
4/21.	„	„	VIII.	72.	XIII.	324
21.	„	„	VIII.	80.		
21.	„	„			XIII.	257
22.	„	„	VIII.	82.	XIII.	312
22.	„	„	VIII.	86.	XIII.	305
22.	„	„	VIII.	89.	XIII.	302
22.	Jan.	1886			XIII.	267
25.	„	„	VIII.	92.	XIII.	259
25.	„	„			XIII.	292
25.	„	„			XIII.	308
26.	„	„	VIII.	97.		
26.	„	„	VIII.	98.		
26.	„	„			XIII.	295
28.	„	„			XIII.	300
28.	„	„			XIII.	333
29.	„	„	VIII.	100.	XIII.	316
29.	„	„	VIII.	102.		
29.	„	„	VIII.	105.	XIII.	270
2.	Febr.	„	VIII.	107.	XIII.	319
2.	„	„	VIII.	108.		
2.	„	„	VIII.	109.		
4.	„	„			XIII.	334
8.	„	„			XIII.	321
9.	„	„	VIII.	109.		
11.	„	„	VIII.	112.		
11.	„	„	VIII.	113.	XIII.	337
12.	„	„	VIII.	116.	XIII.	341
15.	„	„			XIII.	344
16/19.	„	„	VIII.	119.	XIII.	346
18.	„	„	VIII.	123.	XIII.	351
18.	„	„			XIII.	354
18.	„	„			XIII.	405
19.	„	„	VIII.	126.		
19.	„	„	VIII.	127.		
19.	„	„	VIII.	128.		
22.	„	„	VIII.	130.	XIII.	362
22.	„	„	VIII.	133.	XIII.	366
22.	„	„			XIII.	365
23.	„	„	VIII.	134.		
23.	„	„	VIII.	136.		
25.	„	„			XIII.	367
26.	„	„	VIII.	139.	XIII.	371
1.	März	„	VIII.	143.	XIII.	376
2.	„	„	VIII.	147.	XIII.	380

Urth. v.	Rechtspr.	Entsch.
2. März 1886	VIII. 149.	
2. „ „		XIV. 1
4. „ „	VIII. 150.	
4. „ „	VIII. 152.	XIV. 15
4. „ „		XIII. 383
4. „ „		XIII. 388
5. „ „	VIII. 155.	XIII. 391
8. „ „	VIII. 158.	XIII. 393
8. „ „		XIII. 396
11. „ „	VIII. 160.	
11. „ „	VIII. 161.	XIII. 407
11. „ „		XIII. 408
12. „ „	VIII. 162.	XIII. 399
12. „ „	VIII. 165.	
15. „ „	VIII. 168.	
15. „ „	VIII. 169.	
15. „ „	VIII. 171.	XIV. 19
16. „ „	VIII. 180.	XIII. 432
16/23. „ „	VIII. 183.	XIII. 436
18. „	VIII. 188.	
18. „ „	VIII. 189.	XIV. 28
19. „ „	VIII. 194.	XIII. 410
19. „ „	VIII. 203.	
19. „ „	VIII. 204.	XIII. 426
19. „ „	VIII. 207.	XIII. 423
19. „ „	VIII. 209.	XIV. 1
19. „ „	VIII. 211.	XIII. 421
19. „ „	VIII. 213.	
23. „ „	VIII. 214.	XIV. 32
23. „ „		XIV. 3
23. „ „		XIV. 35
25. „ „	VIII. 215.	XIV. 36
25. „ „	VIII. 223.	
25. „ „	VIII. 226.	XIV. 46
25. „ „		XIV. 4
29. „ „	VIII. 231.	XIV. 55
29. „ „	VIII. 234.	XIV. 59
29. „ „	VIII. 237.	XIV. 51

Urth. v.	Rechtspr.	Entsch.
30. März 1886	VIII. 239.	XIV. 8
1. April „	VIII. 240.	XIV. 67
1. „ „		XIV. 7
1. „ „		XIV. 11
2. „ „	VIII. 247.	
2. „ „	VIII. 250.	XIV. 75
5. „ „	VIII. 253.	
5. „ „	VIII. 254.	
5. „ „	VIII. 256.	XIV. 78
5. „ „	VIII. 257.	XIV. 80
6. „ „	VIII. 261.	
6. „ „	VIII. 262.	
6. „ „		XIV. 88
8. „ „	VIII. 264.	
8. „ „	VIII. 266.	
8. „ „	VIII. 267.	XIV. 226
8. „ „	VIII. 269.	XIV. 89
9. „ „	VIII. 271.	
9. „ „	VIII. 272.	
9. „ „	VIII. 274.	
9. „ „	VIII. 275.	
12. „ „	VIII. 277.	
12. „ „	VIII. 281.	XIV. 124
16. „ „	VIII. 286.	XIV. 92
16. „ „	VIII. 291.	XIV. 96
16. „ „	VIII. 294.	
16. „ „	VIII. 295.	
19. „ „	VIII. 296.	
19. „ „	VIII. 298.	
19. „ „	VIII. 300.	
20. „ „	VIII. 301.	
20. „ „	VIII. 302.	
20. „ „	VIII. 303.	
20. „ „	VIII. 304.	
20. „ „	VIII. 305.	
20. „ „	VIII. 306.	
20. „ „	VIII. 307.	XIV. 99
29. „ „	VIII. 310.	XIV. 229

Urth. v.	Rechtspr.	Entsch.
29. April 1886	VIII. 313.	XIV. 102
29. „ „	VIII. 317.	
29. „ „	VIII. 319.	
29. „ „	VIII. 322.	
29. „ „	VIII. 323.	
30. „ „	VIII. 324.	XIV. 105
30. „ „	VIII. 330.	
30. „ „	VIII. 331.	
3. Mai „	VIII. 332.	XIV. 253
3. „ „	VIII. 336.	
3. „ „	VIII. 337.	
3. „ „	VIII. 338.	
4. „ „	VIII. 339.	XIV. 112
4. „ „	VIII. 342.	
4. „ „	VIII. 342.	XIV. 118
6. „ „	VIII. 344.	XIV. 130
7. „ „	VIII. 346.	XIV. 119
10. „ „	VIII. 348.	
11. „ „	VIII. 350.	XIV. 121
11. „ „	VIII. 353.	XIV. 134
11. „ „	VIII. 355.	
14. „ „	VIII. 356.	
14. „ „	VIII. 358.	
14. „ „	VIII. 360.	
14. „ „	VIII. 360.	
18. „ „	VIII. 362.	
18. „ „		XIV. 135
20. „ „	VIII. 363.	
20. „ „	VIII. 367.	
20. „ „	VIII. 369.	
21. „ „	VIII. 370.	XIV. 137
21. „ „	VIII. 377.	
24. „ „	VIII. 378.	
24. „ „	VIII. 380.	XIV. 170
24. „ „	VIII. 383.	
25. „ „	VIII. 385.	XIV. 145
25. „ „	VIII. 390.	
25. „ „	VIII. 391.	XIV. 151

Urth. v.	Rechtspr.	Entsch.
27. Mai 1886	VIII. 393.	XIV. 153
27. „ „		XIV. 206
28. „ „	VIII. 400.	XIV. 161
28. „ „		XIV. 182
31. „ „	VIII. 408.	XIV. 174
31. „ „	VIII. 409.	
31. „ „	VIII. 412.	XIV. 175
31. „ „	VIII. 417.	
1. Juni „	VIII. 419.	
1. „ „	VIII. 420.	
1. „ „	VIII. 421.	
4. „ „	VIII. 421.	
4. „ „	VIII. 423.	XIV. 184
4. „ „	VIII. 424.	
7. „ „	VIII. 425.	XIV. 214
7. „ „	VIII. 428.	XIV. 217
7. „ „	VIII. 433.	XIV. 195
7. „ „		XIV. 202
8. „ „	VIII. 439.	XIV. 187
8. „ „	VIII. 441.	XIV. 298
8. „ „	VIII. 443.	
8. „ „	VIII. 445.	
10. „ „	VIII. 446.	
10. „ „	VIII. 451.	
11. „ „	VIII. 454.	XIV. 189
11. „ „	VIII. 459.	
17. „ „	VIII. 460.	
18. „ „	VIII. 462.	
18. „ „		XIV. 258
21. „ „	VIII. 462.	XIV. 221
21. „ „	VIII. 465.	
21. „ „	VIII. 468.	
21. „ „	VIII. 469.	
21. „ „	VIII. 470.	
21. „ „		XIV. 234
22/25. „ „	VIII. 474.	XIV. 236
22. „ „	VIII. 479.	
22. „ „	VIII. 479.	

Urth. v.	Rechtspr.	Entsch.
22. Juni 1886	VIII. 481.	
22. „ „		XIV. 224
24. „ „	VIII. 481.	
24. „ „	VIII. 483.	XIV. 279
24. „ „		XIV. 259
25. „ „	VIII. 489.	XIV. 242
25. „ „	VIII. 492.	XIV. 264
25. „ „	VIII. 493.	
25. „ „		XIV. 231
28. „ „	VIII. 493.	
28. „ „	VIII. 495.	XIV. 267
28. „ „	VIII. 502.	
28. „ „		XIV. 247
29. „ „	VIII. 504.	
29. „ „	VIII. 506.	
1. Juli „	VIII. 507.	
1. „ „	VIII. 508.	
1. „ „		XIV. 266
2. „ „	VIII. 508.	XIV. 261
2. „ „		XIV. 303
5. „ „	VIII. 511.	
5. „ „	VIII. 512.	
5. „ „	VIII. 514.	XIV. 321
5. „ „		XIV. 310
6. „ „	VIII. 519.	XIV. 286
6. „ „	VIII. 524.	
7. „ „	VIII. 525.	XIV. 312
8. „ „		XIV. 318
9. „ „	VIII. 531.	
9. „ „		XIV. 276
12. „ „	VIII. 532.	
13. „ „	VIII. 534.	XIV. 293
27. „ „	VIII. 536.	
10. Sept. „	VIII. 538.	
16. „ „	VIII. 538.	
16. „ „	VIII. 540.	
17. „ „	VIII. 541.	
20. „ „	VIII. 542.	XIV. 409

Urth. v.	Rechtspr.	Entsch.
20. Sept. 1886	VIII. 546.	
20. „ „		XIV. 401
21. „ „	VIII. 546.	
21. „ „	VIII. 548.	XIV. 328
23. „ „	VIII. 551.	
23. „ „	VIII. 552.	
23. „ „	VIII. 555.	XIV. 419
23. „ „		XIV. 413
23. „ „		XIV. 415
24. „ „	VIII. 556.	XIV. 305
24. „ „	VIII. 560.	XIV. 327
27. „ „	VIII. 560.	
27. „ „	VIII. 563.	XIV. 332
27. „ „	VIII. 570.	XIV. 342
27. „ „		XIV. 340
28. „ „	VIII. 571.	
28. „ „		XV. 9
30. „ „	VIII. 573.	
30. „ „		XIV. 407
1. Oct. „	VIII. 575.	
1. „ „	VIII. 577.	XIV. 344
1. „ „	VIII. 580.	XIV. 345
1. „ „	VIII. 581.	
1. „ „		XIV. 348
5. „ „	VIII. 582.	
5. „ „	VIII. 583.	XIV. 365
5. „ „	VIII. 598.	
7. „ „	VIII. 600.	
7. „ „	VIII. 600.	
7. „ „	VIII. 600.	
8. „ „	VIII. 601.	
8. „ „	VIII. 601.	
8. „ „	VIII. 601.	XIV. 352
8. „ „	VIII. 604.	XIV. 350
8. „ „	VIII. 606.	XIV. 358
8. „ „		XIV. 356
11/18. „ „	VIII. 607.	XIV. 397
11. „ „	VIII. 611.	

Urth. v.	Rechtspr.	Entsch.
11. Oct. 1886		XIV. 396
12. „ „	VIII. 611.	XIV. 360
14. „ „	VIII. 612.	XIV. 421
14. „ „	VIII. 614.	
14. „ „	VIII. 614.	XV. 19
14. „ „	VIII. 617.	
8/15. „ „	VIII. 617.	XIV. 382
15. „ „	VIII. 619.	
15. „ „	VIII. 621.	
15. „ „	VIII. 623.	
15. „ „	VIII. 624.	XIV. 384
18. „ „	VIII. 625.	XIV. 423
19. „ „	VIII. 629.	XIV. 362
19. „ „	VIII. 632.	XIV. 387
19. „ „	VIII. 634.	
21. „ „	VIII. 635.	XV. 1
22. „ „	VIII. 638.	
22. „ „	VIII. 638.	XIV. 392
26. „ „	VIII. 641.	XV. 4
28. „ „ / 4. Nov. „	VIII. 643.	XV. 23
29. Oct. „	VIII. 649.	
29. „ „	VIII. 649.	
29. „ „	VIII. 650.	
29. „ „	VIII. 652.	XV. 12
30. „ „	VIII. 653.	
1. Nov. „	VIII. 657.	
1. „ „	VIII. 657.	XV. 29
1. „ „	VIII. 659.	
2. „ „	VIII. 660.	XIV. 428
5. „ „	VIII. 676.	XV. 32
5. „ „	VIII. 678.	XV. 34
5. „ „	VIII. 681.	XV. 15
8. „ „	VIII. 687.	XV. 39
8. „ „	VIII. 688.	
9. „ „	VIII. 692.	
9. „ „	VIII. 693.	
9. „ „	VIII. 694.	

Urth. v.	Rechtspr.	Entsch.
9. Nov. 1886	VIII. 694.	XV. 41
11. „ „	VIII. 697.	
11. „ „	VIII. 697.	
11. „ „	VIII. 700.	XV. 290
11. „ „	VIII. 703.	
12. „ „	VIII. 704.	
12. „ „		XV. 44
13. „ „	VIII. 704.	XV. 47
15. „ „	VIII. 712.	
15. „ „		XV. 133
16. „ „	VIII. 714.	
17. „ „		XV. 59
18. „ „	VIII. 715.	
20. „ „		XV. 56
22. „ „		XV. 64
23. „ „	VIII. 717.	XV. 58
23. „ „	VIII. 718.	
23. „ „	VIII. 720.	
26. „ „		XV. 105
29. „ „	VIII. 721.	
2. Dec. „	VIII. 721.	
2. „ „		XV. 138
3. „ „	VIII. 722.	
3. „ „	VIII. 722.	
6. „ „	VIII. 724.	
6. „ „	VIII. 726.	XV. 293
6. „ „		XV. 113
7. „ „	VIII. 730.	
7. „ „	VIII. 731.	
7. „ „		XV. 107
9. „ „	VIII. 731.	XV. 82
9. „ „	VIII. 734.	XV. 80
9. „ „	VIII. 735.	
9. „ „	VIII. 737.	XV. 72
9. „ „	VIII. 739.	
9. „ „	VIII. 740.	XV. 67
10. „ „	VIII. 743.	XV. 75
10. „ „	VIII. 745.	

Urth. v.	Rechtspr.	Entsch.
10. Dec. 1886	VIII. 746.	XV. 110
13. „ „	VIII. 747.	XV. 85
13. „ „	VIII. 750.	
13. „ „	VIII. 751.	XV. 147
13. „ „	VIII. 754.	XV. 144
13. „ „		XV. 78
14. „ „	VIII. 757.	XV. 90
14. „ „	VIII. 760.	
14. „ „	VIII. 760.	XV. 97
14. „ „	VIII. 762.	
14. „ „		XV. 112
14. „ „		XV. 148
16. „ „	VIII. 763.	
17. „ „	VIII. 764.	
18. „ „	VIII. 764.	XV. 217
13/20. „ „	VIII. 767.	XV. 277
20. „ „	VIII. 770.	
20. „ „		XV. 100
20. „ „		XV. 151
17/21. „ „	VIII. 771.	
21. „ „	VIII. 776.	XV. 101
21. „ „	VIII. 779.	
21. „ „	VIII. 780.	
22. „ „	VIII. 781.	XV. 114
22. „ „	VIII. 783.	XV. 116
22. „ „	VIII. 785.	
23. „ „	VIII. 786.	XV. 118
28. „ „	VIII. 790.	XV. 126
28. „ „	VIII. 791.	XV. 122
3. Jan. 1887	IX. 3.	
3. „ „	IX. 4.	
3. „ „		XV. 140
3. „ „		XV. 143
3. „ „		XV. 253
4. „ „	IX. 5.	
4. „ „	IX. 6.	
4. „ „	IX. 7.	
4. „ „	IX. 7.	

Urth. v.	Rechtspr.	Entsch.
4. Jan. 1887	IX. 9.	
4. „ „		XV. 178
7. „ „	IX. 9.	XV. 170
7. „ „	IX. 10.	XV. 164
7. „ „	IX. 15.	
7. „ „		XV. 156
7. „ „		XV. 161
7. „ „		XV. 172
10. „ „	IX. 15.	
10. „ „	IX. 17.	XV. 295
10. „ „	IX. 25.	XV. 304
10/17. „ „	IX. 26.	XV. 227
10. „ „		XV. 174
11. „ „	IX. 31.	
11. „ „	IX. 33.	
13. „ „	IX. 37.	XV. 190
13. „ „	IX. 39.	XV. 337
13. „ „	IX. 42.	
13. „ „		XV. 281
14. „ „	IX. 43.	XV. 181
14. „ „	IX. 47.	XV. 176
14. „ „	IX. 49.	XV. 205
14. „ „	IX. 52.	XV. 221
14. „ „	IX. 55.	
14. „ „		XV. 207
17. „ „	IX. 57.	XV. 158
17. „ „	IX. 59.	
17. „ „		XV. 211
18. „ „	IX. 62.	
18. „ „	IX. 62.	XV. 188
18/25. „ „	IX. 63.	
20. „ „	IX. 66.	
20. „ „	IX. 71.	XV. 192
20. „ „	IX. 76.	
20. „ „	IX. 77.	XV. 256
20. „ „		XV. 212
21. „ „	IX. 79.	XV. 198
21. „ „	IX. 83.	

Urth. v.	Rechtspr.	Entsch.
24/31. Jan. 1887	IX. 85.	XV. 323
24. „ „	IX. 89.	
24. „ „	IX. 90.	XV. 226
25. „ „	IX. 92.	
25. „ „	IX. 92.	
25. „ „	IX. 93.	XV. 232
25. „ „	IX. 95.	
28. „ „	IX. 96.	XV. 235
28. „ „	IX. 96.	XV. 202
28. „ „	IX. 99.	XV. 237
28. „ „	IX. 102.	XV. 340
1. Febr. „	IX. 105.	XV. 214
1. „ „	IX. 107.	
1. „ „		XV. 244
4. „ „	IX. 109.	XV. 249
4. „ „	IX. 112.	XV. 259
4. „ „		XV. 245
7. „ „	IX. 114.	
7/14. „ „	IX. 116.	XV. 328
8. „ „	IX. 120.	
8. „ „	IX. 121.	XV. 261
8. „ „	IX. 123.	
10. „ „	IX. 123.	
11. „ „	IX. 124.	
11. „ „		XV. 263
11. „ „		XV. 266
11. „ „		XV. 284
14. „ „	IX. 127.	XV. 268
14. „ „	IX. 129.	
14. „ „		XV. 345
15. „ „	IX. 132.	XV. 271
15. „ „	IX. 134.	XV. 274
15. „ „	IX. 137.	
17. „ „	IX. 138.	
17. „ „	IX. 139.	XV. 315
18. „ „	IX. 142.	XV. 305
18. „ „	IX. 144.	
18. „ „	IX. 144.	XV. 286

Urth. v.	Rechtspr.	Entsch.
18. Febr. 1887	IX. 147.	
18. „ „	IX. 148.	
22. „ „	IX. 149.	
22. „ „	IX. 150.	XV. 348
24. „ „	IX. 151.	
25. „ „	IX. 153.	
25. „ „	IX. 155.	XV. 309
25. „ „	IX. 160.	
25. „ „		XV. 319
25. „ „		XV. 333
26. „ „	IX. 161.	
28. „ „	IX. 161.	XV. 321
28. „ „ / 7. März „		XVI. 55
1. März „	IX. 164.	
1. „ „		XV. 349
3. „ „	IX. 165.	
3. „ „	IX. 169.	
4. „ „	IX. 170.	
4. „ „	IX. 171.	
7. „ „	IX. 171.	XV. 352
8. „ „	IX. 175.	
8. „ „		XV. 405
10. „ „	IX. 175.	
10. „ „	IX. 176.	
14. „ „	IX. 177.	
14. „ „	IX. 177.	
14. „ „		XV. 374
15. „ „	IX. 179.	
15. „ „	IX. 179.	XV. 364
15. „ „		XV. 356
18. „ „	IX. 182.	
18. „ „	IX. 183.	XV. 370
18. „ „	IX. 186.	XV. 367
18. „ „		XV. 358
24. „ „	IX. 188.	
24. „ „	IX. 189.	
24. „ „	IX. 191.	XV. 359

Urth. v.			Rechtspr.	Entsch.
24.	März	1887	IX. 193.	
24.	„	„	IX. 196.	
25.	„	„	IX. 197.	
25.	„	„	IX. 197.	XV. 388
25.	„	„		XV. 361
28.	„	„	IX. 198.	
28.	„	„	IX. 200.	
28.	„	„	IX. 203.	
28.	„	„		XVI. 25
29.	„	„	IX. 204.	
29.	„	„	IX. 205.	XV. 376
29.	„	„	IX. 209.	
29.	„	„	IX. 211.	XV. 434
29.	„	„		XV. 391
31.	„	„	IX. 213.	XV. 409
1.	April	„	IX. 218.	XV. 396
1.	„	„	IX. 226.	
4.	„	„	IX. 227.	XV. 382
4.	„	„	IX. 228.	XV. 387
4.	„	„		XV. 414
5.	„	„	IX. 230.	
5.	„	„	IX. 231.	
5.	„	„		XVI. 15
14.	„	„	IX. 232.	
15.	„	„	IX. 234.	
15.	„	„	IX. 236.	XV. 419
18.	„	„	IX. 242.	
18.	„	„	IX. 243.	XVI. 32
18.	„	„	IX. 245.	XVI. 34
19.	„	„	IX. 247.	
19.	„	„	IX. 250.	
19.	„	„	IX. 253.	
20.	„	„	IX. 253.	XVI. 1
21/28.	„	„	IX. 267.	XVI. 77
21.	„	„		XVI. 37
22.	„	„	IX. 272.	XVI. 16
25.	„	„	IX. 279.	XV. 439
25.	„	„	IX. 280.	XVI. 29

Urth. v.			Rechtspr.	Entsch.
25.	April	1887	IX. 283.	
25.	„	„	IX. 284.	
25.	„	„	IX. 285.	
26.	„	„	IX. 287.	
26.	„	„	IX. 289.	XV. 437
26.	„	„		XV. 426
28.	„	„	IX. 290.	
28.	„	„	IX. 291.	
28.	„	„	IX. 292.	
29.	„	„	IX. 292.	XV. 429
29.	„	„		XVI. 39
2.	Mai	„	IX. 294.	XVI. 83
2.	„	„		XVI. 101
3.	„	„	IX. 296.	XVI. 58
3.	„	„	IX. 298.	XVI. 56
5.	„	„	IX. 299.	
5.	„	„	IX. 300.	
5.	„	„		XVI. 60
6.	„	„	IX. 301.	XVI. 49
6.	„	„	IX. 307.	
6.	„	„	IX. 308.	XVI. 42
9.	„	„	IX. 310.	
10.	„	„	IX. 311.	
10.	„	„	IX. 312.	
12.	„	„		XVI. 91
12.	„	„		XVI. 136
13.	„	„	IX. 313.	
13.	„	„	IX. 314.	XVI. 69
13.	„	„	IX. 316.	XVI. 63
13.	„	„	IX. 319.	XVI. 66
16.	„	„	IX. 322.	
16.	„	„		XVI. 93
17.	„	„	IX. 323.	XVI. 98
17.	„	„	IX. 324.	XVI. 73
20.	„	„		XVI. 111
21.	„	„	IX. 328.	XVI. 87
23.	„	„	IX. 330.	XVI. 109
23.	„	„	IX. 334.	

Urth. v.	Rechtspr.	Entsch.
24. Mai 1887	IX. 335.	XVI. 114
24. „ „	IX. 340.	
24. „ „	IX. 340.	XVI. 126
26. „ „	IX. 342.	XVI. 119
26. „ „	IX. 344.	XVI. 121
27. „ „	IX. 348.	XVI. 129
27. „ „	IX. 349.	XVI. 130
27. „ „	IX. 352.	
27. „ „	IX. 352.	XVI. 133
27. „ „	IX. 355.	
2. Juni „	IX. 356.	
7. „ „	IX. 357.	
7. „ „	IX. 359.	
7. „ „	IX. 361.	
7. „ „	IX. 361.	XVI. 139
9. „ „	IX. 362.	XVI. 204
9. „ „	IX. 363.	
9. „ „	IX. 364.	XVI. 161
9. „ „	IX. 367.	
9. „ „	IX. 369.	XVI. 159
9. „ „	IX. 371.	
9. „ „		XVI. 157
13/18. „ „	IX. 423.	XVI. 165
14. „ „	IX. 373.	XVI. 142
14. „ „		XVI. 171
17. „ „	IX. 374.	XVI. 144
21. „ „	IX. 376.	XVI. 147
21. „ „	IX. 379.	
23. „ „	IX. 381.	
24. „ „	IX. 382.	
24. „ „		XVI. 150
24. „ „		XVI. 154
27. „ „	IX. 384.	XVI. 228
28. „ „	IX. 387.	
28. „ „		XVI. 172
30. „ „	IX. 387.	XVI. 232
30. „ „	IX. 391.	XVI. 235
30. „ „		XVI. 206
1. Juli 1887	IX. 393.	
1. „ „	IX. 395.	
1. „ „	IX. 399.	
2. „ „	IX. 400.	XVI. 238
4. „ „	IX. 403.	XVI. 209
4/11. „ „	IX. 405.	XVI. 173
5. „ „	IX. 407.	XVI. 180
5. „ „	IX. 410.	XVI. 176
8. „ „		XVI. 182
11. „ „	IX. 414.	
12. „ „	IX. 415.	
12. „ „	IX. 418.	
12. „ „		XVI. 203
13. „ „		XVI. 184
13. „ „		XVI. 241
9. Sept. „	IX. 420.	XVI. 186
13. „ „	IX. 421.	XVI. 187
16. „ „	IX. 430.	
19. „ „	IX. 432.	
19. „ „	IX. 436.	
19. „ „	IX. 439.	
20. „ „	IX. 441.	
20. „ „	IX. 445.	XVI. 188
20. „ „	IX. 446.	
20. „ „	IX. 447.	
20. „ „	IX. 448.	
20. „ „	IX. 449.	
20. „ „	IX. 451.	
22. „ „	IX. 453.	
23. „ „	IX. 455.	
23. „ „	IX. 457.	
23. „ „	IX. 458.	
23. „ „	IX. 460.	
23. „ „	IX. 461.	XVI. 191
23. „ „	IX. 464.	
23. „ „	IX. 464.	
26. „ „	IX. 464.	
26. „ „	IX. 466.	

Urth. v.	Rechtspr.	Entsch.
26. Sept. 1887	IX. 467.	
26. „ „		XVI. 193
26. „ „		XVI. 197
27. „ „	IX. 468.	
27. „ „	IX. 471.	
27. „ „	IX. 471.	
27. „ „	IX. 473.	
29. „ „	IX. 475.	
29 „ „	IX. 476.	XVI. 212
29. „ „	IX. 480.	
30. „ „	IX. 481.	XVI. 216
30. „ „	IX. 483.	
30. „ „	IX. 486.	XVI. 267
3. Oct. „		XVI. 214
4. „ „	IX. 489.	
7. „ „		XVI. 268
10. „ „	IX. 490.	XVI. 245
13. „ „		XVI. 221
14. „ „	IX. 496.	XVI. 248
14. „ „	IX. 498.	XVI. 269
15. „ „	IX. 502.	
15. „ „	IX. 503.	XVI. 218
15. „ „	IX. 506.	XVI. 284
17. „ „	IX. 511.	XVI. 224
17/24. „ „	IX. 512.	XVI. 414
17. „ „	IX. 515.	XVI. 273
18. „ „	IX. 517.	
20/24. „ „	IX. 519.	XVI. 275
20. „ „		XVI. 225
21. „ „	IX. 520.	
21. „ „	IX. 522.	
21. „ „	IX. 524.	
21. „ „	IX. 525.	
24. „ „	IX. 525.	
24. „ „		XVI. 252
25. „ „	IX. 527.	
28. „ „	IX. 528.	XVI. 254
28. „ „	IX. 535.	
28. Oct. 1887	IX. 535.	
28. „ „	IX. 537.	
28. „ „	IX. 537.	XVI. 253
1. Nov. „	IX. 539.	
1. „ „	IX. 540.	XVI. 262
1. „ „	IX. 545.	XVI. 290
1. „ „	IX. 546.	
1. „ „	IX. 547.	
1. „ „	IX. 549.	XVI. 277
3. „ „	IX. 551.	
3. „ „	IX. 552.	
3. „ „	IX. 553.	XVI. 374
4. „ „	IX. 555.	
4. „ „	IX. 556.	
5. „ „	IX. 559.	
5. „ „		XVI. 282
7. „ „	IX. 563.	
7. „ „	IX. 564.	XVI. 376
7. „ „	IX. 566.	
8. „ „	IX. 567.	XVI. 294
8. „ „	IX. 572.	
10. „ „	IX. 573.	XVI. 300
10. „ „	IX. 574.	XVI. 282
10. „ „	IX. 576.	XVI. 301
10. „ „	IX. 580.	XVI. 307
10. „ „	IX. 584.	
10. „ „	IX. 585.	XVI. 378
10. „ „	IX. 590.	XVI. 383
10. „ „	IX. 593.	XVI. 312
10. „ „		XVI. 305
11. „ „	IX. 596.	XVI. 336
11. „ „	IX. 598.	XVI. 321
14. „ „	IX. 602.	XVI. 325
14. „ „	IX. 603.	
14. „ „	IX. 604.	XVI. 386
14. „ „		XVI. 316
15. „ „	IX. 608.	XVI. 319
15. „ „	IX. 610	

Urth. v.			Rechtspr.	Entsch.
15.	Nov.	1887	IX. 610.	XVI. 327
17.	„	„	IX. 615.	XVI. 333
17.	„	„	IX. 617.	XVI. 391
17.	„	„	IX. 619.	XVI. 393
17.	„	„		XVI. 340
21/28.	„	„	IX. 625.	XVI. 359
21.	„	„		XVI. 352
22.	„	„	IX. 627.	XVI. 345
22.	„	„	IX. 628.	
22.	„	„	IX. 631.	
22.	„	„	IX. 632.	
22.	„	„	IX. 634.	
24.	„	„	IX. 635.	XVI. 343
24.	„	„	IX. 638.	XVI. 363
24.	„	„	IX. 641.	XVI. 400
24.	„	„	IX. 643.	XVI. 402
25.	„	„	IX. 648.	XVI. 350
25.	„	„	IX. 650.	XVI. 347
25.	„	„	IX. 652.	XVII. 19
25.	„	„	IX. 654.	
25.	„	„	IX. 656.	XVII. 16
28.	„	„	IX. 658.	XVII. 21
28.	„	„	IX. 668.	XVI. 409
28.	„	„	IX. 672.	
29.	„	„	IX. 674.	XVI. 368
29.	„	„	IX. 679.	XVI. 365
29.	„	„	IX. 681.	
29.	„	„	IX. 684.	
1.	Dec.	„	IX. 686.	
1.	„	„	IX. 687.	
1.	„	„		XVII. 1
2.	„	„	IX. 688.	XVI. 372
2.	„	„	IX. 690.	
5.	„	„	IX. 690.	XVI. 433
5.	„	„	IX. 693.	XVI. 417
6.	„	„	IX. 697.	
6.	„	„	IX. 700.	XVI. 426
6.	„	„	IX. 705.	XVI. 421

Urth. v.			Rechtspr.	Entsch.
6.	Dec.	1887	IX. 708.	
6.	„	„	IX. 709.	XVII. 9
8.	„	„	IX. 710.	
8.	„	„	IX. 711.	
8.	„	„	IX. 713.	
8.	„	„		XVII. 10
9.	„	„	IX. 714.	
9.	„	„	IX. 715.	
9.	„	„		XVI. 431
10.	„	„	IX. 716.	
12.	„	„	IX. 717.	
13.	„	„	IX. 720.	
13.	„	„	IX. 722.	
13.	„	„	IX. 724.	
13.	„	„	IX. 727.	XVII. 31
16.	„	„	IX. 730.	
19.	„	„	IX. 731.	XVII. 103
20.	„	„	IX. 742.	
20.	„	„	IX. 742.	
20.	„	„	IX. 743.	
21.	„	„	IX. 745.	
22.	„	„	IX. 747	XVII. 193
22.	„	„		XVI. 437
22.	„	„		XVII. 15
23.	„	„	IX. 748.	
30.	„	„	IX. 749.	XVII. 34
2.	Jan.	1888	X. 3.	
2.	„	„	X. 3.	
2.	„	„		XVII. 195
3.	„	„	X. 6.	
3.	„	„	X. 9.	XVII. 38
3.	„	„	X. 12.	XVII. 35
5.	„	„	X. 15.	
7.	„	„	X. 16.	
9.	„	„	X. 18.	XVII. 101
10.	„	„	X. 19.	XVII. 42
10.	„	„	X. 23.	
10/13.	„	„	X. 24.	

Urth. v.	Rechtspr.	Entsch.
23. Febr. 1888	X. 187.	
24. " "	X. 189.	
24. " "	X. 189.	
24. " "	X. 192.	XVII. 341
24. " "	X. 196.	XVII. 173
24. " "		XVII. 178
27. " "		XVII. 158
27. " "		XVII. 220
1. März "	X. 201.	
5. " "	X. 205.	
5. " "	X. 207.	XVII. 227
5. " "		XVII. 233
6. " "	X. 210.	XVII. 185
6. " "	X. 215.	
6. " "	X. 217.	
6. " "	X. 218.	XVII. 205
6. " "		XVII. 202
8. " "	X. 220.	
9. " "	X. 224.	XVII. 190
9. " "	X. 227.	XVII. 208
9. " "	X. 233.	
9. " "	X. 236.	XVII. 256
12. " "	X. 237.	XVII. 279
12. " "	X. 239.	XVII. 282
12. " "	X. 242.	
13. " "	X. 242.	
13. " "	X. 244.	XVII. 217
13. " "	X. 245.	
15. " "	X. 248.	XVII. 239
15. " "	X. 250.	XVII. 230
17. " "	X. 251.	XVII. 241
19. " "	X. 253.	
19. " "	X. 256.	
19. " "		XVII. 257
20. " "	X. 258.	XVII. 243
20. " "	X. 260.	XVII. 231
21. " "	X. 261.	
21. " "		XVII. 260

Urth. v.	Rechtspr.	Entsch.
23. März 1888	X. 264.	
23. " "	X. 266.	
23. " "		XVII. 264
26. " "	X. 268.	
27. " "	X. 271.	
27. " "	X. 272.	XVII. 285
28. " "	X. 274.	XVII. 291
28. " "	X. 276.	XVII. 287
6. April "	X. 279.	
6. " "	X. 280.	
6. " "	X. 281.	XVII. 268
9. " "	X. 289.	XVII. 296
9. " "	X. 291.	XVII. 293
10. " "	X. 293.	
10. " "	X. 293.	XVII. 298
10. " "		XVII. 278
12. " "		XVII. 321
13. " "	X. 295.	XVII. 307
16. " "	X. 296.	XVII. 301
16. " "	X. 298.	XVII. 350
16. " "	X. 300.	XVII. 413
17. " "	X. 302.	XVII. 309
17. " "	X. 304.	
17. " "		XVII. 303
19. " "	X. 307.	XVII. 316
19. " "	X. 309.	XVIII. 14
19. " "	X. 311.	XVII. 394
19. " "	X. 317.	XVII. 352
19. " "		XVII. 318
20. " "	X. 323.	XVII. 311
20. " "	X. 325.	
23. " "		XVII. 328
25. " "	X. 328.	XVII. 388
25. " "	X. 331.	
26. " "	X. 333.	XVII. 332
26. " "	X. 335.	XVII. 334
26. " "	X. 341.	
26. " "	X. 343.	

Urth. v.	Rechtspr.	Entsch.
26. April 1888	X. 344.	
27. „ „	X. 347.	
27. „ „	X. 349.	
30. „ „	X. 353.	XVII. 415
30. „ „		XVIII. 23
1. Mai „	X. 364.	XVII. 346
1. „ „	X. 368.	XVII. 315
3. „ „	X. 369.	XVII. 402
3. „ „	X. 372.	XVII. 406
3. „ „	X. 374.	XVIII. 24
3. „ „	X. 376.	XVIII. 1
7. „ „	X. 383.	
7. „ „	X. 385.	
7. „ „		XVII. 384
7. „ „		XVII. 427
8. „ „	X. 389.	XVII. 358
14. „ „	X. 391.	XVII. 363
14. „ „	X. 391.	
15. „ „	X. 393.	XVII. 409
15. „ „	X. 396.	
15. „ „	X. 396.	XVII. 375
15. „ „		XVII. 392
17. „ „	X. 397.	
18. „ „	X. 398.	XVII. 365
18. „ „	X. 407.	
18. „ „	X. 409.	XVII. 379
18. „ „	X. 412.	
28. „ „	X. 416.	
29. „ „	X. 417.	
29. „ „	X. 418.	
29. „ „	X. 419.	
29. „ „		XVII. 377
1. Juni „		XVII. 412
4. „ „	X. 420.	
7/14. „ „	X. 422.	
11. „ „	X. 429.	
11. „ „	X. 432.	XVIII. 9
12. „ „	X. 435.	XVII. 431

Urth. v.	Rechtspr.	Entsch.
14. Juni 1888		XVIII. 27
18. „ „		XVII. 440
19. „ „	X. 443.	XVIII. 71
20. „ „	X. 444.	XVIII. 30
20. „ „		XVIII. 37
22. „ „	X. 450.	
25. „ „	X. 451.	
28. „ „	X. 453.	
28. „ „	X. 454.	XVIII. 125
28. „ „		XVIII. 42
28. „ „		XVIII. 65
2. Juli „	X. 457.	XVIII. 43
2. „ „	X. 459.	XVIII. 45
3. „ „		XVIII. 73
6/13. „ „	X. 464.	XVIII. 76
9. „ „	X. 467.	XVIII. 82
9. „ „	X. 470.	XVIII. 51
10. „ „	X. 476.	XVIII. 80
13. „ „	X. 478.	XVIII. 58
13. „ „	X. 483.	
13. „ „	X. 484.	
13. „ „	X. 487.	
12. Sept. „	X. 488.	
17/24. „ „	X. 490.	
18. „ „	X. 493.	
18. „ „	X. 494.	
18. „ „	X. 498.	XVIII. 85
18. „ „		XVIII. 88
20/27. „ „	X. 500.	XVIII. 96
20. „ „	X. 501.	XVIII. 116
20. „ „	X. 504.	
21. „ „	X. 505.	
21. „ „	X. 505.	XVIII. 89
21. „ „	X. 508.	
21. „ „	X. 509.	XVIII. 92
21. „ „	X. 512.	
21. „ „	X. 512.	XVIII. 95
24. „ „	X. 513.	

Urth. v.			Rechtspr.	Entsch.
24.	Sept.	1888	X. 515.	
25.	„	„	X. 516.	
25.	„	„		XVIII. 100
25.	„	„		XVIII. 101
27.	„	„	X. 518.	
27.	„	„	X. 521.	XVIII. 128
27.	„	„		XVIII. 186
1.	Oct.	„	X. 527.	XVIII. 119
1.	„	„		XVIII. 135
2.	„	„	X. 530.	XVIII. 105
2.	„	„	X. 539.	XVIII. 138
2.	„	„	X. 542.	XVIII. 103
2.	„	„	X. 543.	XVIII. 188
4.	„	„	X. 546.	
4.	„	„		XVIII. 123
4.	„	„		XVIII. 142
8.	„	„	X. 547.	
8.	„	„	X. 548.	
8.	„	„	X. 549.	XVIII. 161
8.	„	„		XVIII. 181
8.	„	„		XVIII. 272
9.	„	„	X. 551.	XVIII. 145
9.	„	„	X. 554.	
9.	„	„	X. 555.	
11.	„	„	X. 557.	XVIII. 154
12.	„	„	X. 563.	XVIII. 149
12.	„	„	X. 564.	
12.	„	„	X. 565.	
12.	„	„	X. 565.	
12.	„	„	X. 567.	XVIII. 191
15.	„	„	X. 569.	
15.	„	„	X. 570.	XVIII. 193
16.	„	„	X. 579.	XVIII. 151
19.	„	„	X. 582.	
19.	„	„	X. 583.	
23.	„	„	X. 585.	
23.	„	„	X. 585.	
23.	„	„	X. 587.	
23/30.	Oct.	1888	X. 589.	
25.	„	„	X. 590.	
25.	„	„	X. 592.	XVIII. 163
25.	„	„	X. 594.	
25.	„	„		XVIII. 204
26.	„	„	X. 595.	
26.	„	„	X. 597.	XVIII. 167
29.	„	„	X. 599.	
29.	„	„	X. 600.	
29.	„	„	X. 600.	XVIII. 231
29.	„	„	X. 606.	
1.	Nov.	„	X. 608.	XVIII. 238
1.	„	„	X. 609.	
1.	„	„	X. 611.	
2.	„	„	X. 611.	XVIII. 169
2.	„	„	X. 619.	
2.	„	„	X. 619.	XVIII. 174
5.	„	„	X. 623	XVIII. 239
5.	„	„	X. 625.	XVIII. 179
6.	„	„	X. 627.	
6.	„	„	X. 627.	XVIII. 207
9.	„	„	X. 632.	XVIII. 215
9.	„	„	X. 635.	
9.	„	„	X. 636.	
12.	„	„	X. 638.	
12.	„	„	X. 640.	
12/19.	„	„	X. 642.	XVIII. 286
13.	„	„	X. 648.	
13.	„	„	X. 649.	
14.	„	„	X. 652.	XVIII. 246
15.	„	„	X. 664.	XVIII. 219
16.	„	„	X. 668.	
19.	„	„	X. 669.	XVIII. 241
19.	„	„	X. 672	XVIII. 224
19.	„	„	X. 675.	
20.	„	„	X. 675.	XVIII. 261
20.	„	„	X. 679.	
22.	„	„	X. 680.	XVIII. 226

Urth. v.	Rechtspr.	Entsch.
22. Nov. 1888	X. 683.	
22. „ „	X. 685.	
22/26. „ „	X. 685.	
22. „ „		XVIII. 229
26. „ „		XVIII. 265
27/30. „ „	X. 692.	XVIII. 273
29. „ „	X. 703.	
29. „ „	X 704.	XVIII. 293
29. „ „ / 3. Dec. „	X. 707.	
3. Dec. „	X. 710.	
6. „ „		XVIII. 269
10. „ „	X. 713.	
10. „ „	X. 715.	

Urth. v.	Rechtspr.	Entsch.
11. Dec. 1888	X. 718.	
11. „ „	X. 719.	XVIII. 30
13. „ „		XVIII. 29
17. „ „	X. 722.	XVIII. 29
17. „ „	X. 724.	
17. „ „		XVIII. 31
20. „ „	X. 727.	
20. „ „		XVIII. 29
20. „ „		XVIII. 30
21. „ „	X. 728.	
21. „ „	X. 730.	XVIII. 31
28. „ „		XVIII. 30
29. „ „	X. 734.	
29. „ „	X. 736.	XVIII. 30

www.ingramcontent.com/pod-product-compliance
Lightning Source LLC
LaVergne TN
LVHW092151300926
849161LV00002B/241
9783486726701